10판

교육공학과 교수매체

Instructional Technology and Media for Learning

Sharon E. Smaldino · Deborah L. Lowther · James D. Russell 지음
이미자 · 권혁일 · 김도헌 · 박인우 · 설양환 · 손 미 · 송상호 · 이수영 · 최 욱 · 홍기칠 옮김

PEARSON 아카데미프레스

Instructional Technology and Media for Learning

Tenth Edition

Authorized Translation from the English language edition, entitled INSTRUCTIONAL TECHNOLOGY AND MEDIA FOR LEARNING,10th Edition by SMALDINO, SHARON E.; LOWTHER, DEBORAH L.; RUSSELL, JAMES D., published by Pearson Education, Inc, publishing as Allyn & Bacon, Copyright © 2012

KOREAN language edition published by PEARSON EDUCATION KOREA LTD and ACADEMY PRESS, Copyright © 2011

Allyn & Bacon
is an imprint of

PEARSON

www.pearsonhighered.com

역자 서문

이 책은 Sharon E. Smaldino, Deborah L. Lowther, James D. Russell 교수가 공저한 『Instructional Technology and Media for Learning』(제10판)을 번역한 것이다. 이 책은 1990년대부터 현재까지 예비교사와 현직교사가 수업의 효과, 효율, 매력을 향상시킬 수 있도록 교육공학적 접근과 교수매체를 어떻게 사용할 것인지에 대한 이론과 실제를 광범위하게 다루며 그동안 10회에 걸쳐 개정되었다.

특히, 이번 『교육공학과 교수매체』 제10판을 집필한 저자들은 모두 미국의 교육공학회(AECT)에서 회장, 분과위원장, 회원으로 오랫동안 교육공학 영역에서 두드러진 활동을 하고 있으며, 연구와 출판을 통해 교육공학의 발전에 크게 기여한 학자들이다. 또한 저자들은 현재 여러 대학에서 예비교사들을 가르치고 있을 뿐 아니라 이전에는 중고등학교 교사로서 또는 교육청에서 교육공학 및 교수매체와 관련한 다양한 일을 통해 구체적 경험을 가지고 있다. 따라서 이 책의 전체적인 내용은 교육현장 중심으로 실제 활용 측면을 강조해 구성되어 있다. 따라서 이 교재를 사용하는 독자들은 학교교육에서의 다양한 교수매체 사용법을 익힐 수 있으며 이러한 매체를 수업에 교육공학적으로 활용하는 방법을 터득할 수 있을 것이다. 제10판의 구체적인 특징은 저자서문에 자세히 설명되어 있다.

이 책의 번역에는 우리나라 전국의 10여 개 사범대학과 교육대학교 교수들이 공동으로 참여하였다. 역자들 모두 이 책을 통해 교육현장에서 전통적인 교수매체와 21세기의 새로운 매체를 접목하여 수업의 새로운 지평을 넓힐 것이라는 가능성을 공감하며, 오랜 시간 기꺼이 수고해 주셨다. 무엇보다 어려운 여건 속에서 번역서를 출판해 주신 아카데미프레스 사장님께 감사드리며 유난히 긴 장마기간에 애써 주신 편집부 직원들에게도 고마움을 표한다.

2011년 8월 역자 일동

저자 소개

Sharon E. Smaldino

Sharon은 Northern Illinois University(NIU) 사범대학에서 교사교육 분야의 L.D. and Ruth G. Morigridge 석좌교수로 재직 중이다. 그녀는 NIU에 가기 전에 오랫동안 University of Northern Iowa의 교육공학 교수로 재직했다. Sharon은 1987년 Southern Illinois Univeristy(Carbondale)에서 Ph.D를 받았다. 박사학위를 받기 전에는 초등교육 전공으로 M.A를 취득하고 십여 년 이상을 플로리다와 미네소타 주의 여러 학교에서 교사, 언어치료사, 특수교사로 활동하였다. Sharon은 Northern Iowa 대학에서는 학부와 대학원에서 교수매체 과목들을 가르쳤으며 교육공학 프로그램의 코디네이터로 일했다. 또한 대학원에서 교수개발, 테크놀로지 통합, 원격교육, 전문가 표준과 윤리적 실천 등의 과목을 가르쳤다. 그녀는 뛰어난 강의로 인한 여러 수상기록을 가지고 있다. 현재, 그녀는 교사 및 교수진과 함께 학습과정에 테크놀로지를 통합하는 데 관심을 집중하고 있다. 주, 국가, 국제 컨퍼런스에서의 발표를 통해 Sharon은 교실 및 원격교육의 테크놀로지 적용방안에 있어서 중요한 역할을 해왔다. 강의 및 컨설팅과 더불어, Sharon은 주된 연구 관심사인 학습에서의 효과적인 공학 통합에 대해 주 및 국가 차원의 저널에 논문을 발표해왔다. 그녀는 공학을 통한 학습환경 향상을 중요시했던 교사 질 강화 연구기금을 통해 일해 왔으며, AECT 출간물인 TechTrends의 편집인으로도 활동했다.

Deborah L. Lowther

Deborah는 30여 년간 교육자로 일해 왔다. 그녀의 경력 중 첫 7년은 중학교 과학교사로 일하면서 교사들의 전문성 개발 활동에 적극적으로 참여해 왔다. 교사와 일하고자 하는 바람 때문에 Deborah는 1994년도 교육공학 박사학위를 받았으며, 1995년 University of Memphis에서 교수로 임용되었다. 그 대학에 재직하는 중 Deborah는 교육정책 연구센터에서 공학 책임연구원으로 봉사하면서 PK-12 교육과정에의 공학통합 이슈를 연구하였다. 그녀는 개인적으로 PK-12 교실을 관찰하고, 여러 학교의 학생, 교사, 교장을 면담하였다. 그러한 현장연구를 통해 얻은 지식과 경험을 바탕으로 그녀는 Dr. Gary Morrison과 NTeQ(iNtegrating Technology for iQuiry) 모델을 개발하게 된다. 이 모델은 미시간 주의 Freedom to Learn 프로그램, 테네시 주의 EdTech Launch 프로그램 등 몇몇 테크놀로지 통합 프로젝트의 기본적인 접근방식을 제공하게 된다. 학문적으로 Deborah는 다수의 책과 학술지 논문을 공동 저작했으며, 다양한 국제 학술대회에서 발표해 왔으며, 여러 교육기관에게 전문성 개발프로그램을 제공해 왔다.

James D. Russell

Jim은 38년 동안 재직했던 Purdue University에서 교육공학과 명예교수이다. 또한 Jim은 퍼듀대학교의 Instructional Excellence 센터에서도 일했다. 그곳에서 교수기법에 대한 워크숍을 운영했으며 교수컨설팅을 제공했다. 14번의 봄학기에 걸쳐 플로리다 주립대학교에서 교육심리 및 학습체제 학과에서 방문교수를 역임했다. 그곳에서도 역시 교수학습센터에서의 일을 병행했다. 고등학교 수학 및 물리 교사경험을 포함해 Jim의 교육경력은 45년이나 된다. 그는 퍼듀대학교에서 학과의 우수강의상 및 사범대학의 최우수 강의상 등 다양한 강의 관련 수상을 했다 그는 또한 AECT의 다이아몬드 멘토상의 수상자이기도 하다. 그는 퍼듀의 교수 명예의 전당 회원으로 선정되었으며, 퍼듀의 위대한 교수 사전에 등록되었다. 그는 전문영역인 프레젠테이션 기법과 교실에서의 매체 및 공학 활용 분야에서 다양한 저작과 발표 등을 통해 국가적 차원의 명성을 얻었다. 그의 강의, 워크숍, 컨설팅, 그리고 본서를 통해 Jim은 교실 수업 실천활동에 커다란 기여를 하였다.

저자 서문

교육공학과 교수매체 제10판은 수업 계획 수립을 위한 ASSURE 모형을 활용하여 다양한 형태의 테크놀로지와 매체를 수업에 어떻게 통합시킬 수 있는지 보여준다. 이 책은 교사의 관점에서 집필되었기 때문에 테크놀로지와 매체가 교수와 학습을 어떻게 강화하고 뒷받침할 수 있는지 정확하고도 실제적으로 보여준다. 이 책은 학습에 높은 가치를 부여하는 초 · 중 · 고 · 대학의 모든 교육자들을 염두에 두었다. 이 책의 목적은 교육자들이 테크놀로지와 매체를 교수 도구로 사용하고, 학습자들이 테크놀로지와 매체를 학습 도구로 사용하도록 지도함으로써 테크놀로지와 매체를 최상의 수업에 통합하여 사용하는 것을 도와주는 데 있다. 초 · 중등학교 교사들이 이 책의 이전 판본들을 유용하게 생각한다는 것을 알기 때문에, 우리는 초 · 중 · 고등 교육 현장의 다양한 실제 사례를 포함시켰다.

테크놀로지의 모든 측면, 특히 컴퓨터, 웹2.0, 소셜 네트워크 및 인터넷과 관련된 부문의 변화 속도가 놀랍도록 빠르기 때문에 이 개정판이 출간되었다. 점점 빨라지는 정보의 디지털화 경향과 학교에서의 웹, 위키, 블로그 같은 원격통신 도구의 활용을 반영하여 책의 내용이 수정 · 보완되었다. 또한 제10판은 교사, 테크놀로지 지원 보조자, 학교 매체 전문가 등 학교 안의 상호보완적 혹은 상호의존적 집단들이 맡은 역할 사이의 상호작용에 대해서도 다루고 있다.

집필진의 접근

집필진은 이번 판본의 기저에 깔려있는 여러 확신을 공유하고 있다. 첫째로, 우리는 교수와 수업에 대한 절충주의적(eclectic) 접근을 믿는다. 절충주의자들은 행동주의자, 인지론자, 구성주의자, 사회심리학자 등 교수와 수업에 대한 서로 다른 접근을 뒷받침하는 이론과 철학의 다양성을 지지한다. 우리는 이러한 이론적 입장을 교수와 학습이라는 복잡한 세계를 연구하기 위한 서로 다른 관점 혹은 서로 다른 시각으로 여긴다. 집필진은 다양한 관점 각각의 가치를 인정하고, 우리가 제시하는 설명에 각 관점이 반영되었다고 생각한다.

둘째로, 집필진은 교수와 수업에 기여하는 역할에 관해 균형 잡힌 태도를 취하고 있다. 이런 시각 때문에 우리는 각 테크놀로지의 장점뿐 아니라 한계와 적용 범위를 항상 함께 고려하였다. 어떤 테크놀로지도 단순히 '좋다' 혹은 '나쁘다'라고만 설명할 수 없기 때문에 집필진은 다양한 테크놀로지와 매체 자원에 대해 균형 잡힌 접근을 제공하기 위해 노력하였다.

셋째로, 집필진은 교사의 시각에서 고려했을 때 테크놀로지를 수업에 가장 잘 통합할 수 있다고 믿고 있다. 그러므로 이 책 전체에서 우리는 교사들이 일상 수업현장에서 흔히 부딪치는 어려움이라는 점에서 테크놀로지와 매체의 활용에 접근하려고 노력하였으며, 테크놀로지와 관련된 전문용어의 사용은 가능한 한 피하고자 하였다. 이 책에 포함된 사례들은 여러 교과 영역에 걸쳐 교실 현장에서 나타나는 이슈들을 다루고 있다.

제 10판에 새롭게 추가된 내용

테크놀로지가 가진 끊임없는 변화라는 속성 때문에 우리는 테크놀로지를 활용한 수업에 영향을 미치는 새로운 경향과 도구를 계속 주시할 필요가 있다. 이런 변화를 반영하기 위해 집필진은 이 책의 제10판에 새로운 정보와 특기 사항을 추가하게 되었다.

- **21세기 학습에 초점을 둠.** 21세기가 도래하면서, 오늘날의 학생들에게 영향을 미치는 새로운 방향에 초점을 맞추는 것은 중요하다. 각 장은 21세기 학습자들과 학습자의 흥미와 필요를 충족시키기 위해 테크놀로지와 매체를 어떻게 가장 잘 쓸 수 있는지에 초점을 맞춘다.
- **제2장, 21세기 학습자에 대한 이해.** 상당히 많은 부분이 개정된 이 장은 교사들의 교수 수업과 수업 전략을 향상시킬 수 있는 새로운 도구뿐만 아니라 새로운 어려움 또한 존재하는 21세기 교실로 독자를 인도한다.
- **웹2.0.** 웹2.0 자원과 도구는 책 전반에 걸쳐서 다뤄진다. 특히 제6장은 교실에서 컴퓨터를 넘어서는 확장으로서 활용 가능한 웹2.0 도구의 유형에 대해 다룬다. 웹2.0 도구의 예로서 다양한 공개 자료와 온라인 자원이 소개된다.
- **웹사이트와 온라인 자원.** 더 많은 웹사이트와 온라인 자원이 각 장에서 특징적으로 다루어진다. 이 책 전반에 걸쳐 다루고 있는 다양한 테크놀로지와 매체에 대한 주제와 관련하여 학생들이 직접 사용할 수 있는 웹사이트와 교사들이 참고할 만한 웹사이트가 골고루 소개된다.

혁신 테크놀로지

디지털 패브리케이터: 실물 제작 프린터

패버(fabber)라는 3D 프린터 또는 시제품 신속 제조기(rapid prototyping machines)는 재료를 정교하게 장착해서 3D 실물을 만들어내는 컴퓨터 출력 장치이다. CAD 프로그램으로 기하학적인 청사진을 만들고, 적합한 신속 제작이 가능한 액체를 적절히 넣고, 전통적인 제작 방법을 쓰게 되면 특별한 도구와 기술이 필요한 물건을 만들 수 있다. 이 장치는 새로운 디자인 아이디어를 자유롭게 내면서 다양한 물건을 실험적으로 제작해보는 모험을 가능하게 해준다. 전통적인 3D 프린터는 방 크기만 하고 많은 비용이 소요되었다. 그런데 테크놀로지가 발달되면서 관련 업체들이 사진에서 보듯이 디멘전(Dimension) 3D 프린터와 같이 학교, 가정, 소규모 사업에 활용 가능한 형태로 작게 만들 수 있게 되었다. The Fab@Home이라는 디지털 패브리케이터 프린터는 일반 프린터 크기 정도로 작아지고 가격도 내려서 가정용 컴퓨터와 함께 사용할 수 있을 정도가 되었다. 이 기기는 3D 물건을 만들기 위해 실리콘 초크(silicon calk), 신속 건조되는 합성수지, 치즈 위즈(Cheez Wiz) 등의 공통 재료를 사용한다. 이 프린터가 만들 수 없는

혁신 테크놀로지

각 장의 마지막 부분에 제시되는 특기사항은 교사와 학생에게 영향을 미치는 테크놀로지의 새로운 개발을 조명한다.

학 습 목 표

이 장에서는 ISTE NETS-T 2를 중점적으로 소개하며 다음의 학습결과를 기대한다.

1. 미디어를 소비하고 생산하는 차원에서의 미디어 리터러시에 대해 논의한다.
2. 학습에서 멀티미디어의 장점, 제한점, 교육적 활용에 대해 토의한다.
3. 학습 센터의 네 가지 유형에 대해 논하고, 구체적인 예를 각각 설명한다.
4. 학습자가 보고 직접 조작할 수 있는 교수매체에 특히 적합한 수업 상황에 대해 설명한다.
5. 다양한 전시판의 장점과 단점을 비교한다.
6. 특히 현장학습, 전시물, 디오라마에 적합한 수업 상황에

개정된 국제교육공학회 전국 교육공학 표준-교사용(ISTE NETS-T)

각 장의 첫머리에 각 장의 '학습목표'와 연계된 국제교육공학회 전국 교육공학 표준(교사용)이 제시되어 있다. 각 장의 끝에는 국제교육공학회 전국 교육공학 표준(교사용)을 반영하는 전문적인 테크놀로지 활동을 새롭게 보충하였다. 각 장의 정리 활동에 최소한 하나의 표준을 확인할 수 있도록 했다.

테크놀로지 통합 사례

뉴테크 고등학교

캘리포니아에서 시작된 뉴테크 네트워크는 혁신적인 고등학교들을 개발할 국가 주도의 사업이다. 이 사업은 대안적인 수업 접근방식을 통해 학생들에게 권한을 위임하면 그들이 창조자, 지도자, 미래의 생산적 시민이 될 것이라는 철학으로부터 시작되었다. 뉴테크 네트워크는 다음과 같은 학생 중심의 학습 환경을 주창한다.

- 문제 기반 학습을 통해 학습자를 참여시킨다.
- 학생들과 교사가 학습경험의 주도권을 함께 갖는다.
- 공학은 전 학습경험을 통하여 통합된다.

이 네트워크의 목적은 학생들에게 학습의 매개수단으로서 비판적 사고, 협업, 문제해결을 강조하는 통합 교육과정을 제공하는 것이다. 이 뉴테크 네트워크에 참여하는 고등학교들의 졸업률은 국가 평균보다 훨씬 높으며, 이는 이 네트워크의 교육과정이 매우 잘 운영되고 있음을 입증하는 것이다. 또한 뉴테크 고등학교의 졸업생은 고등학교 졸업생 평균보다 수학, 과학, 공학 분야에서 더 많이 그들의 경력을 추구하고 있다.

Shutterstock

테크놀로지 통합 사례

테크놀로지와 매체 적용에 대한 짧은 사례들은 교사들이 다양한 환경에서 테크놀로지를 어떻게 사용하고 있는지 보여준다. ASSURE 수업 사례와 마찬가지로 이 사례들은 테크놀로지와 매체가 사용되는 맥락을 잘 나타낸다.

◀ 테크놀로지 통합을 위한 ASSURE 모형

ASSURE 모형은 이 책의 앞부분 제3장에서 제시되었고, 관련된 세부 설명은 상당 부분 수정되었다. 이 판본에서 ASSURE 모형에 대한 설명은 더 명확하게 실제적으로 수정되었고, 초·중·고등학교 과정의 교수와 학습에 초점을 맞추었다. 제3장부터 제11장까지 각 장의 첫머리 특정 교실 수업 비디오 클립으로 소개되는 'ASSURE 수업 사례 연구'는 'ASSURE 사례 성찰'에서 다시 주기적으로 재참조되고 설명된다. 'ASSURE 사례 성찰'은 교사가 각 장의 특정 내용과 관련된 맥락에서 테크놀로지 통합을 고려할 때 맞닥뜨릴 수 있는 의문점을 중심으로 장의 개괄 사례를 확장시키는 간단한 설명과 성찰 질문으로 구성된다. 장의 마지막 부분에 제시되는 'ASSURE 수업계획서'는 장의 앞에서 간략히 제시된 교수 상황이나 교실 상황에 대한 자세한 정보를 제공하고 가능한 해결책을 제시한다.

ASSURE 수업 사례 연구

3학년 교사인 Roman은 시험 성적을 통해 학생들이 수학 도형을 시각화하는 데 문제가 있다는 것을 알게 되었다. 특히 학생들은 2차원 도형을 3차원 이미지로 전환하는 데 어려움을 겪고 있었다. 교사는 미술교사인 Edlund와 함께 학생들이 아이디어를 시각화하는 것을 이해할 수 있도록 도와주는 방법에 대하여 논의하였다. 미술과 테크놀로지를 학습에 활용하는 것에 대하여 학교가 관심을 갖고 있기 때문에 Edlund 교사 역시 미술을 이용하여 학습을 평가하는 방법을 찾기 원했고, 미술 수업에 테크놀로지를 활용하 방법을 찾고 있었다. 두 교사는 학생들이 자신의 학습에 대하여 생각하고 자신을 표현하는 데 어려움을 겪고 있다는 것을 알고 있었다.

여기 언급한 수업 사례를 동영상으로 보기 위해 해당 사이트(www.myeducationkit.com)에 가서 8장의 'ASSURE Video'를 클릭하면, Roman 교사가 미술교사인 Edlund와 함께 학생들이 아이디어를 시각화하는 것을 이해하도록 돕기 위해 미술과 테크놀로지를 활용한 방법을 찾아가는 과정을 탐색할 수 있다. 여러분은 이 장의 내용과 해당 수업 사례를 연계하는 성찰 질문들을 이 장 전체에서 받게 될 것이다. 이 장의 마지막에서는 여러분이 선택한 주제와 학습자를 위해 수업전략, 테크놀로지, 매체, 수업자료를 통합하는 ASSURE 수업을 개발하게 될 것이다.

ASSURE 사례 연구 성찰

PEARSON myeducationkit

이 장의 첫머리에 제시된 ASSURE 수업 사례 연구와 비디오를 다시 검토하시오. 시각자료의 사용이 학습자들이 3차원 사물을 시각화하는 것을 학습하는 데 얼마나 도움을 주는지 규명하시오. 2차원 평면에 있는 사물을 3차원적으로 시각화하는 것을 학습자가 이해할 수 있도록 하기 위해 Roman 교사는 어떻게 시각자료를 사용할 수 있는가? 어떠한 유형의 시각자료가 가장 효과적인가? 미술 수업의 학습을 촉진시키기 위해 시각자료가 어떻게 사용될 수 있는가? 한 유형의 시각자료를 사용하는 것은 다른 유형의 시각자료 사용보다 더 유리할 수 있는가?

학습을 돕기 위한 ASSURE 모형

학습자 분석(Analyze learner)

수업 계획의 첫 단계는 학습성과와 관련된 것으로 보이는 학습자 특성을 확인하고 분석하는 것이다. 이 정보는 수업설계를 하는 동안에 의사결정하는 것을 안내할 것이다. 학습자 분석을 하는 동안에 고려할 핵심 영역은 (1) 학습자의 일반적 특성, (2) 구체적 출발점 능력(주제에 관한 지식, 기술, 태도), (3) 학습양식을 포함한다.

표준과 목표 진술(State standards and objectives)

다음 단계는 가능한 한 명세적으로 표준과 목표를 진술하는 것이다. 주 혹은 국가 수준의 학생 수행준거에 근거한 지역교육청에서 채택한 교육과정과 공학표준에 따라 진술하라. 잘 진술된 목표는 목표가 의도한 학습자, 시연될 활동(행동), 행동 혹은 수행이 관찰될 조건, 새로운 지식 혹은 기능이 숙달되어야 할 준거를 포함한다. 이 책에서 그 조건은 학습을 지원하고, 학습목표 혹은 표준의 성취를 사정하기 위한 공학과 매체 사용을 포함할 것이다.

전략, 공학, 매체, 자료 선정(Select strategies, technology, media, and materials)

학습자를 분석하고 표준과 목표를 진술하고 나면, 수업의 시작점(학생의 현재 지식, 기능, 태도)과 종결점(학습목표)을 확립한 셈이다. 이제 남은 과제는 목표 성취를 위해 적절한 수업전략, 공학, 매체와 자료를 선택함으로써 이 두 지점 사이의 다리를 연결하는 것이다.

공학, 매체, 자료 활용(Utilize technology, media, and materials)

이 단계는 학생들이 학습목표를 성취하도록 돕기 위하여 공학, 매체, 자료를 활용하기 위한 교수역할을 계획하는 것을 포함한다. 이것을 하기 위해, '5P' 과정을 따른다: 공학과 매체와 자료를 사전에 검토하라(Preview), 공학, 매체, 자료를 준비하라(Prepare), 환경을 준비하라(Prepare), 학습자를 준비시켜라(Prepare), 학습경험을 제공하라(Provide).

학습자 참여 요구(Require learner participation)

효과적인 수업이 되기 위해서는 학습자들의 능동적인 사고 활동을 요구해야 한다. 공식적인 평가가 이루어지기 전에 학습자들에게 그들이 배운 지식이나 기능을 연습해 보고, 그 노력의 적절성에 대한 피드백을 받아 보는 활동을 제공하라. 연습에는 학습자 자기 검증, 컴퓨터 보조수업, 인터넷 활동, 집단 연습이 포함될 것이다. 피드백은 교사, 컴퓨터, 동료 학생들 혹은 자기 평가를 통해 받을 수 있다.

평가와 수정(Evaluate and revise)

수업 실행 후에, 학생 학습에 영향을 평가하라. 이 평가는 학생들이 학습목표 성취 정도를 검증할 뿐 아니라, 전체 수업과정과 공학과 매체 사용의 영향을 검증한다. 학습목표와 학생 성취 간의 불일치가 어디에 있었는지 발견되면, 관련 영역에 대한 수업계획을 수정하라.

ASSURE 수업계획서

PEARSON myeducationkit

아래에 제시된 ASSURE 수업 지도안은 ASSURE 수업 사례와 이 장의 첫머리에 소개한 동영상에 대한 자세한 설명과 분석을 제공하고 있다. 해당 동영상을 다시 보기 위해서는 'MyEducationKit' 5장에 있는 'ASSURE Video'를 클릭한다. 이 동영상은 4학년 학생들이 물의 순환에 대한 지식을 표현하는 일환으로 파워포인트 프로젝트를 완수하기 위해 Kerry Bird 교사가 어떻게 수업을 실행했는가를 보여준다.

학습자 분석(Analyze learners)

일반적 특징. Kerry Bird 교사의 4학년 학생들은 다양한 인종으로 구성되어 있으며, 저소득층에서 중산층 가정 출신이다. 학생들의 성비는 비교적 균등하게 분포되어 있고, 연령은 (만으로) 9~10세 정도이다. 대부분의 학습자들은 자기 학년 수준의 읽기 능력을 보여주고 있으며, 그 중 네 명은 4학년 이상의 수준인 반면에, 세 명은 3학년 수준에도 못 미치는 독해 능력을 지니고 있다. 전체적으로 학생들은 정상적인 교실 행동을 보이고 있지만, 수업을 일방적으로 전수받는 전통적인 수업 방식에서는 오래 집중하지 못하는 경향을 보인다.

출발점 능력. 학습자들은 전체적으로 현재 다음 능력을 가지고 있다.

- 파워포인트 발표 자료를 작성하고 저장
- 서버로부터 파일을 불러오고 내려받기
- 발표 자료에 다양한 그래픽 자료 추가
- 발표 문장을 입력하고 편집

학습양식. Kerry Bird 교사의 4학년 학생들은 체험 위주의 활동에 적극 참여할 때 가장 학습을 잘한다. 이 학습자들의 동기화는 자신의 학습 결과물을 만들어내는 일에 컴퓨터를 활용할 때 향상된다. 그리고 몇몇 학생들은 창의적인 서술형 이야기나 직접 그린 이미지들을 통해 표현하는 것을 선호하는 반면에, 또 다른 학습자들은 자신의 생각을 표현하는 데 기존의 시각자료를 찾거나 만들어내는 것을 더 좋아한다. 또한 학생들은 학습 형태에서 독자적인 활동이나 다른 급우들과의 협동 차원에서도 선호도가 다르다.

표준과 목표 진술(State standards and objectives)

교육과정 표준. 'National Science Education Standards-Content Standard D'에 의하면, K-4학년까지의 학습 활동의 결과로, 모든 학습자들에게 지구와 하늘의 변화에 대한 이해능력이 개발되어야 한다.

공학 표준. 초등학교 3학년을 위한 'National Education Standards-Technology Productivity Tools'에 의하면, 학습자들은 학습을 촉진시키고, 생산성을 향상시키고, 창의력을 증진시키기 위해 테크놀로지를 활용해야 한다.

학습자 분석

ASSURE 수업 사례 연구

일반적 특성

Tiare Ahu 교사는 평균 수준의 9학년 기초영어 과목을 가르치고 있다. 학생들은 14, 15세이다. 몇 명의 학생들은 학습부진아로 확인되었지만 다른 학생들은 읽기, 쓰기능력이 평균이상이다. 학생들은 사회경제적 환경이 주로 중류층이지만 저소득층까지 분포되어 있고 도시지역의 일반적인 인종 분포를 나타낸다. 일반적으로 학생들은 온순하게 행동한다. 그러나 그들은 수업이 교과서와 지필위주의 활동일때에는 학습에 대한 흥미와 열정이 부족한 편이다.

출발점 능력

일반적으로 학생들은 다음과 같은 것을 할 수 있다.

- 워드프로세서로 문서를 작성하고 저장하기
- 인터넷 검색하기
- 디지털비디오 제작하고 저장하기
- 학년수준의 중상에서 중하수준의 읽기, 쓰기, 의사소통 능력으로 반응하기

학습양식

Tiare는 학생들이 공학과 매체를 통합하는 활동을 통해 가장 잘 학습한다는 것을 알았다. 컴퓨터 사용은 개별화된 작업을 할 수 있고, 학습에 대한 주의 깊은 성찰을 할 수 있기 때문에 내적 동기를 유발한다. 학생들은 선호하는 표현형태가 다양하다: 어떤 학생들은 자기 생각을 교재에 써 넣는 것을 선호하고, 어떤 학생들은 디지털비디오로 자기 생각을 표현하기를 원하고, 어떤 학생들은 오디오로 녹음하는 것을 선호한다. Tiare는 대부분의 학생들이 조용한 분위기에서 작업하기를 어려워하는 것을 알고, 디지털 포트폴리오를 만들 때 MP3 플레이어로 음악을 들으며 하도록 허용한다.

Tiare 교사의 9학년 영어과목 수업에서 전자 포트폴리오를 만드는 것을 보기 위해서 MyEducationKit의 3장 섹션을 찾아보라.

저작권 관련 사항

비디오

1976년 저작권법은 저작권이 있는 방송의 복사본을 교육적으로 활용하는 것까지 포함하지 않았다. 산업체, 교육기관, 정부의 대표자들로 구성된 협상 위원회는 교육 목적을 위한 방송의 비디오 녹화에 대한 가이드라인에 동의하였다. 다음 가이드라인은 비영리 교육 기관에만 적용된다.

다음 내용을 지켜야 한다.

- 장비나 전문성이 부족하다면, 매체/테크놀로지 전문가에게 프로그램 녹화를 요청하라.
- 45일 동안 녹화한 방송(케이블 전송을 포함하여)을 보유하라. 그 이후에는 프로그램을 지워야 한다.
- 45일 중 처음 10일 동안 학급당 한 번씩 녹화물을 활용하라. 그리고 수업에서 필요하다면 두 번째 활용이 가능하다.
- 합법적인 요구를 충족시키기 위해 복사본 수를 제한하라. 그렇지만 원본을 지울 때에는 복사본도 지워야 한다.
- 보증서가 있는 프로그램일 경우, 일부분만 활용하라.
- 그 프로그램을 계속적으로 활용하기 위해서는 저작권을 가지고 있는 사람에게 라이선스 동의를 구하라.

다음 내용을 삼가야 한다.

- 허가 없이 HBO와 같은 고급 케이블 서비스를 기록하는 것
- 프로그램의 원래 내용을 바꾸는 것
- 프로그램에 있는 저작권 안내를 제외하는 것
- 활용할 것이라 예측하여 프로그램을 녹화하는 것
- 45일 이후에도 프로그램이나 복사본을 보유하는 것

이러한 지침은 저작권법의 일부분이 아니라 제작자와 교육자 간의 동의라 할 수 있음을 기억하라.

저작권에 대한 일반적인 정보를 얻기 위해서는 1장의 '저작권 관련 사항: 저작권법'을 보라. 1장의 끝에 저작권에 대한 자원(인쇄물 및 웹사이트)을 제시하였다.

저작권 관련 사항

이 부분은 해당 장의 내용과 관련된 저작권 이슈에 대한 통합된 논의를 제공한다.

매체 실례

어린이들의 검색엔진

askkids.com

이 사이트는 Ask.com의 어린이 버전으로서 어린이들이 질문을 할 때 나이에 적합한 검색어들을 사용하여 좀 더 효과적으로 검색하도록 관리해준다.

kidsclick.org

도서관들이 어린이들의 검색을 돕기 위해 만들었다. 메인 메뉴들과 링크들이 어린이들이 좀더 친근한 검색을 하도록 도와준다.

kids.yahoo.com

이 사이트는 7~12세 어린이들을 위해 미리 선정한 사이트들로 다양한 컬러색과 상호작용할 수 있는 방법으로 검색하도록 도와준다. 교사들이 선정한 사이트들을 검토하였고 또한 부모들이 어린이들이 인터넷을 좀 더 의미 있게 활용할 수 있도록 도울 수 있는 안내도 제공하고 있다.

매체 선정기준을 살펴보고 어떠한 매체가 자신의 수업설계에 적합한지 평가하고 결정해 보라.

PEARSON myeducationkit

매체 실례

독자들에게 교실에서 사용 가능한 매체가 무엇인지 알려주기 위하여 다양한 유형의 구매 가능한 실제 매체들이 소개된다. 소개되는 자료는 해당 유형의 가장 모범적인 예시라기보다는 전형적인 특성을 나타내는 것으로 이해해야 한다. 실례에 대한 집필진의 어떠한 추천이나 승인을 의미하지 않는다.

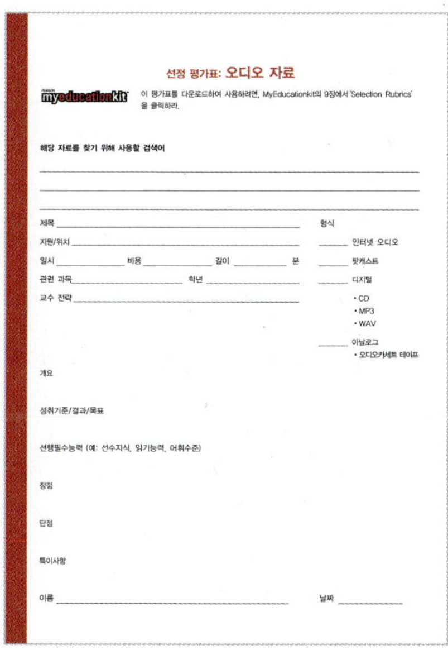

선정 평가표: 오디오 자료

PEARSON myeducationkit 이 평가표를 다운로드하여 사용하려면, MyEducationkit의 9장에서 'Selection Rubrics'을 클릭하라.

해당 자료를 찾기 위해 사용할 검색어

____

제목 ____________________
지원/위치 ____________________
일시 ________ 비용 ________ 길이 ________ 분
관련 과목 ________ 학년 ________
교수 전략 ____________________

형식
______ 인터넷 오디오
______ 팟캐스트
______ 디지털
• CD
• MP3
• WAV
______ 아날로그
• 오디오카세트 테이프

개요

성취기준/결과/목표

선행필수능력 (예: 선수지식, 읽기능력, 어휘수준)

장점

단점

특이사항

이름 ____________________ 날짜 ________

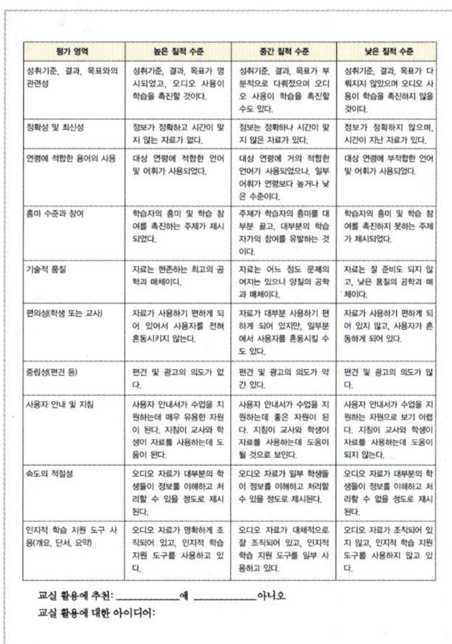

평가 영역	높은 질적 수준	중간 질적 수준	낮은 질적 수준
성취기준, 결과, 목표와의 관련성	성취기준, 결과, 목표가 명시되었고, 오디오 사용이 학습을 촉진할 것이다.	성취기준, 결과, 목표가 부분적으로 다뤄졌으며 오디오 사용이 학습을 촉진할 수도 있다.	성취기준, 결과, 목표가 다뤄지지 않았으며 오디오 사용이 학습을 촉진하지 않을 것이다.
정확성 및 최신성	정보가 정확하고 시간이 맞지 않는 자료가 없다.	정보는 정확하나 시간이 맞지 않은 자료가 있다.	정보가 정확하지 않으며, 시간이 지난 자료가 있다.
연령에 적합한 용어의 사용	대상 연령에 적합한 언어 및 어휘가 사용되었다.	대상 연령에 거의 적합한 언어가 사용되었으나, 일부 어휘가 연령보다 높거나 낮은 수준이다.	대상 연령에 부적합한 언어 및 어휘가 사용되었다.
흥미 수준과 참여	학습자의 흥미 및 학습 참여를 촉진하는 주제가 제시되었다.	주제가 학습자의 흥미를 대부분 끌고, 대부분의 학습자가의 참여를 유발하는 것이다.	학습자의 흥미 및 학습 참여를 촉진하지 못하는 주제가 제시되었다.
기술적 품질	자료는 현존하는 최고의 공학과 매체이다.	자료는 어느 정도 문제의 여지는 있으나 양질의 공학과 매체이다.	자료는 잘 준비도 되지 않고, 낮은 품질의 공학과 매체이다.
편의성(학생 또는 교사)	자료가 사용하기 편하게 되어 있어서 사용자를 전혀 혼동시키지 않는다.	자료가 대부분 사용하기 편하게 되어 있지만, 일부분에서 사용자를 혼동시킬 수도 있다.	자료가 사용하기 편하게 되어 있지 않고, 사용자가 혼동하게 되어 있다.
중립성(편견 등)	편견 및 광고의 의도가 없다.	편견 및 광고의 의도가 약간 있다.	편견 및 광고의 의도가 많다.
사용자 안내 및 지침	사용자 안내서가 수업을 지원하는데 매우 유용한 자원이 된다. 지침이 교사와 학생이 자료를 사용하는데 도움이 된다.	사용자 안내서가 수업을 지원하는데 좋은 자원이 된다. 지침이 교사와 학생이 자료를 사용하는데 도움이 될 것으로 보인다.	사용자 안내서가 수업을 지원하는 자원으로 보기 어렵다. 지침이 교사와 학생이 자료를 사용하는데 도움이 되지 않는다.
속도의 적절성	오디오 자료가 대부분의 학생들이 정보를 이해하고 처리할 수 있을 정도로 제시된다.	오디오 자료가 일부 학생들이 정보를 이해하고 처리할 수 있을 정도로 제시된다.	오디오 자료가 대부분의 학생들이 정보를 이해하고 처리할 수 없을 정도로 제시된다.
인지적 학습 지원 도구 사용(개요, 단서, 요약)	오디오 자료가 명확하게 조직되어 있고, 인지적 학습 지원 도구를 사용하고 있다.	오디오 자료가 대체적으로 잘 조직되어 있고, 인지적 학습 지원 도구를 일부 사용하고 있다.	오디오 자료가 조직되어 있지 않고, 인지적 학습 지원 도구를 사용하지 않고 있다.

교실 활용에 추천: ________ 예 ________ 아니오
교실 활용에 대한 아이디어:

선정 평가표

각 테크놀로지, 매체 유형과 관련된 새롭게 수정된 평가표는 매체들을 체계적으로 미리 검토하고, 향후 참고할 만한 정보를 보존하는 것을 용이하게 해준다. 이 책의 사용자들은 개인적 용도에 한해 평가기준표를 복사할 수 있으며, 마이에듀케이션키트의 참고자료 부분에서 내려받아 사용할 수도 있다.

웹2.0 도구는 언제 사용하는가

다음과 같이 학생들의 학습이 강화될 때 사용한다.

지침	예시
공유한 학습경험에 대해 읽고 쓰기	중학교 학생들이 학급 블로그 사이트에 정보를 게시한다.
제2외국어로 영어 연습하기	고등학교 영어 학습자들이 교실 수업을 위하여 팟캐스트를 듣는다.
학급의 다른 친구들과 정보 교환하기	초등학교 학생들이 자신들이 그린 그림과 쓴 이야기를 다른 사람들과 공유하기 위하여 Bookr에 디지털 이야기를 게시한다.
탄소발자국 프로젝트에 대한 정보 교환하기	중학교 학생들이 학급 블로그 사이트에 휴대전화로 찍은 영상을 게시하고 그들이 관찰한 것에 대하여 글을 쓴다.

… 언제 사용하는가

이 부분은 테크놀로지와 매체를 명확하고 솜씨 있게 극적인 효과를 내도록 사용하는 데 구체적인 조언을 제공한다. 이는 ASSURE 모형의 'U'(Utilize; 테크놀로지, 매체, 자원의 활용)와 관련된다.

다양한 학습자들을 위한 테크놀로지

교실에서의 웹2.0 도구

학습 장애가 있거나 모국어가 영어가 아닌 경우 제한된 언어 사용 능력 때문에 교실에서 자기 자신을 표현하는 데에 어려움을 겪는 학생들이 있다. 이들은 조용할 때가 많으며 집단 토론이나 교실 수업에 참여하지 않는 경향이 있다. 반대로 영재 학습자들은 그들만의 학습을 위해 더 많은 도전을 원하는 경우가 있다. 학생들의 학습을 향상시키기 위해 모든 학생들이 정보에 접근하는 것을 도와주는 자원이 많이 있다.

오디오 팟캐스트는 수업이 끝나고 학생들이 교사의 설명을 다시 들을 수 있게 한다. 이를 통해 학생들은 수업 내용을 복습할 수 있고, 제시된 지시사항을 따를 수 있으며, 교실에서 다룬 내용에 대한 시험을 준비할 수 있다. 비디오 팟캐스트는 청각 자료와 함께 시각자료를 제공하여 학생들이 다양한 학습 양식을 사용하여 학습하는 것을 돕는다. 이러한 도구는 특히 개념이나 적용된 전략의 시각적인 표현을 통해 학습 효과를 얻을 수 있는 학습자들을 도와줄 수 있다. 또한 교사의 시연을 충분히 이해하기 위해 한 번 이상 절차를 복습해야 하는 학생들에게 매우 도움이 된다.

학생들이 글쓰기를 어려워할 때, 위키를 통해 다른 독자들이나 학급 친구들과 정보를 공유함으로써 학생들의 글쓰기 능력을 향상시킬 수 있다. 위키는 모든 사람들이 정보를 제공하고 교환할 수 있게 한다. 또한 위키는 글을 통해 생각을 표현하는 방법을 다른 사람들에게 알려줄 수 있기 때문에 글쓰기 실력에 영향을 줄 수 있다.

폭넓은 범위의 기술과 능력을 지닌 학생들에게 도전적인 과제를 제시하는 것은 어려운 일이다. MIT의 새로운 리터러시 프로젝트(MIT New Literacies Project)와 같은 협력적 소셜 네트워킹 도구를 사용하여 영재 학생들은 전 세계의 다른 학생들과 그들의 생각을 나눌 수 있다. 학생들은 이러한 교류를 통해 그들 스스로를 표현할 기회를 얻고 다른 사람들로부터 배울 수 있다.

다양한 학습자들을 위한 테크놀로지

완전히 수정된 이 부분은 학습 장애가 있는 학습자부터 영재 학습자에 이르기까지 다양한 학습자들의 학습 요구를 충족할 수 있는 테크놀로지와 매체를 설명한다.

무료 및 저렴한 자원

학습양식 측정

Memletics 학습양식 진단지
www.learning-styles-online.com/inventory/questions.asp?cookieset=y
Memletics 학습양식 진단지는 청각, 시각, 언어, 신체적, 논리적, 사회적, 고독의 영역과 관련하여 주도적 및 부가적 학습양식을 측정하는 70가지의 질문을 제공한다.

Abiator의 온라인 학습양식
www.berghuis.co.nz/abiator/lsi/lsitest1.html
이 진단은 청각적, 시각적, 촉각적 학습양식을 측정하는 30항목으로 구성되어 있다.

학습장애 학생의 학습양식 진단지
www.ldpride.net/learning_style.html
LDPride.net은 학습장애를 가진 학생들의 선호 학습양식을 규명할 진단지를 제공한다. 진단결과는 교육자 및 학부모에게 학생의 학습 선호도에 대한 이해도를 높여준다. 이 정보는 개별 학습자의 요구를 보다 잘 충족할 학습환경을 채택하는 데 도움을 준다.

무료 및 저렴한 자원

많은 학교들이 예산이 부족하기 때문에, 무료 혹은 저렴하지만 실제적이면서 가치 있는 자료의 목록을 제공한다. 또한 독자들에게 어떻게 자원을 구할 수 있는지도 알려준다. 이는 각 장의 마지막에 전부 새로운 웹사이트 링크와 함께 제공된다.

전문성 개발에 초점을 두다

학습을 위한 테크놀로지와 매체의 효과적인 활용과 관련하여, 독자들이 지속적으로 전문 지식과 기술을 개발하는 것을 돕기 위해 각 장의 끝부분에 '나의 전문성 개발하기' 부문을 강화하였다.

첫 번째 '전문 지식 확인하기' 부문에서는 각 장 첫머리에 있는 '학습목표' 에 관련된 질문들을 제시한다. 다음 부문인 '전문 기술 시연하기' 에서 독자들은 국제교육공학회 전국 교육공학 표준(교사용)과 관련된 활동을 통해 그들이 학습한 것을 통합할 수 있다. 또한 이 책의 마이에듀케이션키트(MyEducationKit)에 추가 활동이 제공되어 있다. 마지막 부문은 '전문 포트폴리오 만들기' 이다. 제3장부터 제11장까지 독자들은 아래의 세 단계를 이용하여 수업을 조직하는 데 ASSURE 모형을 사용하게 된다.

- '수업 설계하기' 는 독자들에게 각 장에서 다룬 테크놀로지와 매체를 통합하는 수업을 개발하기 위한 자신만의 주제와 환경을 선택하도록 한다. 해당 장과 관련된 구체적인 질문은 독자들이 적절한 교수전략과 테크놀로지, 매체를 활용한 자신의 지도안을 만드는 데 필요한 여러 가지 의사 결정을 도와준다.
- '수업 개선하기' 는 독자들에게 수업을 향상시킬 수 있는 또 다른 전략, 테크놀로지, 매체, 자료를 생각해 보도록 한다. 독자들은 학습 지도안이 목표로 하는 지식과 기술을 이미 습득하고 있는 학생들을 포함한 학습자들의 다양한 요구를 충족하기 위해 수업을 향상시킬 수 있는 방안을 모색한다.
- '수업 성찰하기' 는 독자들이 수업, 수업을 개발하는 과정, 그 수업에서 혜택을 입을 수 있는 다양한 유형의 학생들에 대해 성찰해보게 한다. 또한 독자들은 수업 대상자, 내용, 전략, 테크놀로지, 매체, 자료를 연계하는 과정에 대해 그들이 배운 내용을 성찰하게 된다.

강사용 보충자료

강사용 보충자료는 책 전반에 제시된 내용을 뒷받침하고 강화해준다. 이 책을 사용하는 모든 강사들은 강사용 보충자료를 피어슨 출판사의 암호 보완된 '강사 자원 센터(www.personhighered.com/irc)' 에서 내려받을 수 있다.

강사용 지도서

강사용 지도서는 강의실에서 각 장별로 사용할 수 있는 도구들을 제공한다. 교수 전략, 교실 내 활동, 학생 프로젝트, 주요 용어 정의, 도움이 학습 자원은 주요 개념 혹은 그 적용을 강화해주고 학생들의 수업 참여를 유지하도록 해준다.

마이테스트: 컴퓨터화된 문제 은행

'마이테스트: 컴퓨터화된 문제 은행(www.pearsonmytest.com)' 은 각 장별로 선다형과 서술식 평가문항을 제공한다. 피어슨 출판사의 마이테스트는 강사들이 손쉽게 퀴즈와 시험 문제를 만들고 인쇄할 수 있도록 지원하는 강력한 평가 생성 프로그램이다. 질문 문항과 테스트는 온라인상에서 작성되며, 이는 언제든지 어디서든지 평가문항을 만들고 인쇄할 수 있는 효율적 기능성과 유연성을 보여준다! 피어슨 출판사의 마이테스트와 여러분의 문제 은행 파일에 접속하려면 www.pearsonmytest.com에 가서 로그인을 하고, 등록을 하거나 접근 권한을 요청하면 된다.

피어슨 마이테스트의 특징

최고급 평가 내용

- 피어슨 교재와 여러분의 수업의 학습목표를 보충해주는 풍부한 평가문항 라이브러리에서 추출할 수 있다.
- 특정한 교수 목적에 적합하도록 문항이나 테스트를 편집할 수 있다.

강사들을 위한 자원

- 단순한 드래그 앤 드롭 및 MS 워드와 비슷한 조작으로 이미지, 다이어그램, 차트를 포함하는 문항들을 손쉽게 만들고 저장할 수 있다.
- 신속한 테스트 만들기를 돕기 위해 피어슨 출판사가 제공하는 문항의 난이도나 학습목표와 같은 부가 정보를 사용할 수 있다.

시간절약을 위한 부가자료

- 간단한 툴바 하나를 이용하여 머리말과 꼬리말을 추가하거나 문항과 선택지들의 순서를 손쉽게 바꿀 수 있다.
- 테스트나 답지를 다양한 버전으로 빠르게 만들 수 있고, 준비가 되면 MS 워드나 PDF로 저장 가능하며 출력할 수 있다.
- Blackboard 6.0, CE(WebCT), 혹은 Vista(WebCT)에서 사용 가능하도록 테스트를 내보낼 수 있다.

마이테스트 지원

강사들이 작성한 마이테스트 문항들은 피어슨 고객 지원센터를 통해 지원되며, www.247personed.custhelp.com과 www.pearsonmytest.com/support.html에 다수의 도움말 문서들이 게시되어 있다.

파워포인트 슬라이드

각 슬라이드는 본문에서 다루는 주요 개념과 큰 아이디어를 보강한다. 이는 강사용 자원 센터에서 내려받을 수 있다.

PEARSON myeducationkit™

여러분의 필요를 충족시키는 역동적인 자원

마이에듀케이션키트는 본문에서 다룬 개념을 효과적인 수업 실행과 연결하는 역동적인 웹사이트다. 더불어, 이 웹사이트는 사용하기 쉬우며 학생용 과제 및 강의와 쉽게 통합할 수 있다. 본문 중에 마이에듀케이션키트 로고가 나오면, 간단한 지시사항을 따라 강사와 학생의 다양한 교수 · 학습 요구를 충족하도록 설계된 다양한 멀티미디어 자원을 활용할 수 있다. 사용 가능한 몇 가지 특징은 다음과 같다.

- 자기 평가, 사전/사후 테스트 퀴즈, 학습 자료, 플래시 카드를 포함하는 온라인 학습 계획
- 온라인 성적표인 성적 추척기(Gradetracker)
- 교실수업 비디오 자료, 평가표, 전략, 지도안을 포함한 풍부한 멀티미디어 자원
- 각 분야의 중요한 국내 기관이나 사이트에 대한 주석이 달려있는 웹 링크

학습 계획. 마이에듀케이션키트의 학습 계획은 각 장의 학습목표와 연계된 선다형 문항과 피드백으로 구성된다. 잘 짜여진 학습 계획은 각 장의 학습목표로 제시된 필수적인 교육과정 내용을 충분히 익힐 수 있는 다양한 기회를 제공한다.

- 학습목표는 각 장의 수업목표와 연계되고, 학생들에게 그들이 교재를 읽고 공부할 때 초점을 맞추어야 할 목표를 제시한다. 학습목표는 국제교육공학회 전국교육공학 표준(학생용)과 연계되어 있다.
- 선다형 평가(사전/사후 평가)는 내용의 숙달정도를 평가한다. 이 평가는 각 장의 학습목표와 매칭되어 있고, 학생들은 원하는 만큼 반복해서 선다형 테스트를 치를 수 있다. 이 테스트는 각 학습목표에 대한 총점을 보여줄 뿐만 아니라 특정 문항에 대한 답이 왜 옳고 왜 그른지를 설명해 준다.

- 학습 자료: 복습과 강화는 학생들에게 학습목표와 연계된 본문 발췌문을 통해 장의 내용과 관련해서 학생들이 아는 것과 모르는 것에 대한 심도 있는 이해를 제공한다.
- 플래시 카드는 학생들이 각 장의 주요 용어의 정의를 공부하는 것을 돕는다.

과제와 활동. 강사들의 강의 준비 시간을 절약하고 학생의 이해를 강화하기 위해 설계되었으며, 과제 활동은 비디오, 사례, 학생과 교사가 만든 자료 등을 통해서 실제 사용되는 개념들을 보여준다. 이는 학생들이 책에서 읽은 개념과 전략을 통합하고 적용하는 것을 돕는다.

멀티미디어 자원. 마이에듀케이션키트에 포함된 풍부한 매체 자원은 다음과 같다.

- *ASSURE 비디오:* 비디오는 제3장부터 제11장까지의 ASSURE 지도안과 직접적으로 연계되어 있다.
- *부가적인 교실수업 비디오:* 마이에듀케이션키트의 실제 교실수업 비디오는 실제 교사들이 교실 상황을 어떻게 다루는지 보여준다. 영상 자료에 대한 논의와 분석은 본문에 나온 개념의 이해를 심화할 뿐만 아니라 학생들과 교실을 관찰하는 기술을 형성해준다.
- *선정 평가표:* 각 장의 선정 평가표는 마이에듀케이션키트의 교재 참고자료 부문에서 이용 가능하다. 교재에서 직접 복사해서 사용할 수 있지만, 사이트에서 출력하여 사용할 수도 있다.
- *전략과 학습 지도안:* 교사들이 테스팅하고 연구에 기반을 두는 전략과 학습 지도안은 초 · 중 · 고등학교 전 학년과 모든 교과 내용을 포함한다.
- *주석이 달린 웹링크:* 마이에듀케이션키트에서는 장에서 다루는 주제에 관련된 사이트를 검색하지 않아도 된다. 각 분야에서 중요하고, 본문에서 다루는 개념에 대한 관점을 제공하는 웹사이트가 제공되며 이를 탐색할 수 있다.

마이에듀케이션키트의 일반 자원. 마이에듀케이션키트의 자원 부문은 학생들이 교사 자격 시험을 통과하는 것을 돕고, 효과적인 포트폴리오와 지도안을 통합하며, 교사로서의 경력 첫 해를 대비할 수 있도록 인도하며, 주요 교육 표준, 정책, 법규를 이해하는 것을 돕도록 고안되었다. 이 부문은 다음을 포함한다.

- *교사자격 시험*: Praxis 시험을 통과하기 위한 가이드라인을 포함한다. 연습 시험 문제는 연습용 선다형 문항, 사례 연구 문항, 예시 문항에 포함된 비디오 사례 연구 등을 포함한다.
- *학습 지도안 작성기*: 학생들이 지도안을 작성하고 공유하는 것을 돕는다.

- *자격과 표준:* 주(州)별 교사자격 표준과 국가 표준을 설명하는 링크를 제공한다.
- *교사로서의 경력 시작하기:* 다음과 관련된 팁, 조언, 가치 있는 정보를 가르치고 제공한다.
    - 이력서 쓰기와 면접 보기: 인상적인 이력서 쓰는 법과 구직 면접을 준비하는 법에 대한 전문적인 조언을 제공한다.
    - 교사로서의 첫 해: 교실 조직, 학생 행동 관리하기, 교수와 평가 계획하기에 대한 실제적인 조언을 제공한다.
    - 법규와 공공정책: 'No Child Left Behind' 법안과 2004년 제정된 '장애자 교육 향상' 법안을 이해하는 데 필요한 구체적인 지침과 설명을 제공한다.

흥미로운 새로운 온라인 교수 자원의 데모를 보기 위해 www.mydeucationkit.com을 방문하세요.

감사의 말

집필진은 각각의 판본에 걸쳐 이 책이 의도한 교육과정을 가르치는 사람들로부터 지도를 받는 행운을 누렸다. 이 판본을 준비하면서, 다시 한 번 우리는 관련 분야의 내용과 강조점에 대해 각 분야 전문가와 지도자들의 조언을 구하였다. 또한 본문의 비판적 검토를 해당 분야의 저명한 동료들에게 의뢰했다. 이 책이 현재 모습으로 나오는 데에 시간과 전문 지식을 내준 모든 이들에게 감사의 말을 전한다. 특히 우리는 제10판을 검토해주고 개선점을 제안한 유능한 전문가 분들께 감사의 말을 전하고자 한다: 알버니 주립 대학의 Gerald Burgess, 에름허스트 대학의 Donna Goodwyn, 더햄 공과 대학의 Kelly Marie Gordon, 벨퍼레이조 대학의 Ruth Johnston, 인디애나 주립 대학의 Mark Jones, 테네시 주립 대학의 Nicole Kendall, 스타크 주립 대학의 Carrilyn E. Long, 일리노이-어바나 샴페인 대학의 Sharon Tettegah, 북 일리노이 대학의 Lisa Yamagata-Lynch.

우리는 여러 장으로 이루어진 교재를 한 권으로 묶어내는 일을 도와준 멤피스 대학원생인 Angela Christopher와 함께 일한 것을 행운으로 여긴다. 특히 이번 판본에서 교수 보충 자료의 증보와 확대를 도와준 것에 감사를 표한다. 우리는 또한 마이에듀케이션키트의 학습 계획 부분을 도와준 Jean Callary에게도 감사를 표하고 싶다.

우리는 또한 전문적 지식과 테크놀로지 통합 수업을 녹화할 수 있도록 허용해준 다음 교사들에게도 감사의 말을 전하고자 한다: 제3장—Tiare Ahu, 9학년; 제4장—Lindsay Kaiser와 Jena Marshall, 5학년; 제5장—Kerry Bird, 4학년; 제6장—Vicki Davis, 고등학교; 제7장—Jimmy Chun, 고등학교; 제8장—Christine Edlund, 미술 그리고 Mary Roman, 3학년; 제9장—Aina Akamu, 고등학교; 제10장—Scott James, 5학년; 제11장—Phil Ekkers, 1학년.

피어슨 에듀케이션 출판사의 편집과 제작 관련 직원들, 특히 Kelly Villella Canton과 Greg Erb는 특별한 감사의 말을 받을 자격이 있다. 편집과 제작 멤버인 Maxine Effenson Chuck과 개발 편집자인 Amy Nelson, 사진 편집자인 Annie Pickert, 그리고 이번 판본의 외모를 대단히 향상시킨 오메거타이프 인쇄소 디자이너에게 감사의 말을 전한다. 우리는 또한 귀중한 편집과 컴퓨터 관련 내용에 대한 지원을 해준 원고 편집자에게 감사를 표하고자 한다. Angela Christopher는 파워포인트 슬라이드를 새롭게 보충해주고 강사용 매뉴얼과 문제 은행을 준비하는 데 많은 도움을 주었다. 우리는 이전에 그 어떤 출판 팀으로부터도 이처럼 치밀하고 도움이 되는 지원을 받은 적이 없다.

우리는 우리가 재직하고 있는 북 일리노이 대학, 멤피스 대학, 퍼듀 대학의 동료들이 제공해 준 수년에 걸친 다양하고 값진 도움에 감사한다.

마지막으로, 이 프로젝트가 가능하게 해준 가족에게 감사한다. 이 프로젝트를 끝마칠 수 있도록 도와준 가족의 인내와 지원은 값을 따질 수 없을 정도로 소중하다.

Sharon E. Smaldino
Deborah L. Lowther
James D. Russell

ASSURE 수업 사례 연구 비디오 클립

제3장: 테크놀로지와 매체를 교수에 통합하기: ASSURE 모형

Time: 10:20

Tiare Ahu는 9학년 영어 수업에서 쓰기와 독해 능력을 향상시키는 방법으로서 학생들이 전자 포트폴리오를 만드는 데에 컴퓨터, 드림위버, 아이무비 소프트웨어를 사용하도록 한다.

제4장: 21세기의 학습을 성취하기 위한 교수 전략 사용하기

Time: 7:17

Lindsay Kaiser와 Jena Marshall은 5학년을 같이 가르치고 있다. 사회과 교육에 대한 학생들의 제한된 관심을 높이기 위해서, 둘은 학생들이 루이스와 클락의 유명한 탐험이야기를 탐색하는 것을 지도하기 위해 웹퀘스트를 사용한다.

제5장: 학습자들이 컴퓨터에 관심을 갖도록 하기

Time: 6:57

Kerry Bird의 4학년 학급 학생들은 물의 순환에 관한 개인 발표물을 만들기 위해 컴퓨터, 파워포인트 소프트웨어, 인터넷 자원을 사용함으로써 물의 순환에 대한 이해를 증가시키고 있다.

제6장: 웹2.0 도구를 사용하여 학습자들 연결하기

Time: 10:22

Vicki Davis는 새로운 테크놀로지 애플리케이션을 탐색하는 데 흥미가 있는 고교생으로 구성된 기술과 수업에서 강의를 한다. 수업은 학생들이 만든 가상 세계에서 그들보다 어린 학생들의 온라인 보안 학습을 돕는 것에 대한 논의를 포함한다. 학생들은 온라인 도구를 이용하여 논의 내용을 기록하고 있다.

제7장: 원격 학습자들 연결하기

Time: 12:23

하와이에 있는 Jimmy Chun의 고등학교 사회과 수업 학생들은 뉴 햄프셔에 있는 학생들과 소통하기 위해 양방향 음성/영상 원격교육과 블랙보드 수업 관리 소프트웨어를 이용한다.

제8장: 시각자료를 활용하여 학습 향상시키기

Time: 11:44

Mary Roman이 가르치는 3학년 학생들은 미술교사인 Christine Edlund와 함께 대칭과 같은 수학 개념의 이해를 보여주는 전자 미술 포트폴리오를 만드는 작업을 하고 있다.

제9장: 음성자료를 활용하여 학습 향상시키기

Time: 11:25

Aina Akamu가 가르치는 고등학교에서는 말하기 의사소통 고급반 학생들이 '하와이인이라는 것은 과연 어떤 의미일까' 에 대한 자신들의 느낌을 나타내는 발표물을 만들기 위해 음성 녹음과 다양한 매체를 이용하고 있다.

제10장: 영상자료를 활용하여 학습 향상시키기

Time: 20:07

Scott James는 5학년 학생들이 직접 대본을 쓴 자연 재해에 대한 뉴스 방송을 만들기 위해 디지털 비디오, 아이무비, '그린 스크린' 을 사용하도록 하고 있다.

제11장: 학습자들의 관심을 높이기 위해 멀티미디어 활용하기

Time: 12:14

Phil Ekkers의 1학년 학생들은 오디오 북 및 분수에 관한 반복 연습 소프트웨어가 포함된 일련의 학습 센터 활동을 완벽하게 함으로써 읽기, 수학, 쓰기 기술을 향상시킨다.

차례

1 21세기 학습 탐구

2 21세기 학습자의 이해

3 공학과 매체를 수업에 통합하기: ASSURE 모형

4 21세기 학습 환경 조성

5 컴퓨터

6 웹2.0 도구를 사용한 학습자 연결

7 원격교육

8 시각자료를 통한 학습 향상

9 오디오에 의한 학습 향상

10 비디오를 이용한 강화

11 멀티미디어

12 미래 도전에 대한 준비

특기사항

ASSURE 수업 사례 연구, 성찰, 수업계획서

저작권 관련 사항

혁신 테크놀로지

매체 실례

선정 평가표

테크놀로지 통합 사례

다양한 학습자들을 위한 테크놀로지

교실에서 ______ 사용하기

언제 사용하는가

제 1 장

21세기 학습 탐구

학 습 목 표

이 장에서는 ISTE NETS-T 3, 4, 5를 중점적으로 소개하며 다음의 학습결과를 기대한다.

1. 21세기 학습 구조의 주요 요소를 설명한다.
2. 오늘날의 유치원, 초중등학교의 공학 격차 현상을 논의한다.
3. 공학과 매체의 차이점을 구분한다.
4. 매체의 여섯 가지 유형을 열거하고 설명한다.
5. 교사 및 학습자의 공학과 매체 사용의 차이점을 구분한다.
6. 리터러시의 여덟 가지 유형을 열거하고 설명한다.
7. 전통적 교실에서 디지털 교실에 이르기까지 세 가지 교수 유형을 논의한다.
8. 교육적 사용을 위한 저작권법과 관련한 주요 고려사항을 설명한다.

목 적

21세기 학습에 적절한 공학과 매체 사용에 대하여 학습한다.

서론

이 책에서는 21세기에 학습자의 학습 촉진을 위해 공학과 매체 사용의 체제적 접근을 소개한다. 체제적 접근은 교사의 효과적, 통합적 수업계획을 지원하는 ASSURE 모델을 기반으로 하고 있으며 이 모델은 모두 여섯 단계의 과정으로 구성되어 있다. 학교 교실에서 사용되는 전통적 공학은 물론 미래에 보편적으로 사용될 혁신적 첨단공학을 탐구하여 교실 안팎에서의 학습 촉진을 위해 사용될 공학과 매체를 살펴볼 것이다. 또한 21세기의 성공적인 직업 활동에 필요한 지식과 기능을 학습자들이 학습할 수 있도록 공학과 매체를 어떻게 선택, 사용, 평가할 것인가를 살펴보고자 한다.

1장은 21세기 학습과정에서 교실에서의 교사 및 학습자의 역할에 공학과 매체가 미치는 영향에 대하여 탐구한다. 교과서와 교사가 교실에서 주요 정보 제공자이던 시대는 지났으며, 대신 교사는 학습자들의 지식 획득을 위한 촉진자 역할을 하게 된다. 학습자들은 간단한 몇 번의 컴퓨터 키보드 조작을 통해 엄청난 양의 온라인 자원을 탐색할 수 있으며, 다양한 디지털 매체를 사용하여 원하는 정보를 얻고 국제적으로 전문가와 학습자들이 실시간으로 검색한 결과에 대하여 토론도 할 수 있다.

이런 흥미로운 혁신적 변화는 학습자들에게 무한한 교육 기회를 제공하지만, 교사들에게는 도전해야 할 많은 과제이기도 하다. 교과서 의존적 교육방법을 벗어나 어떻게 효과적인 수업을 수행할 것인가? 선택의 여지가 무수히 많은 가운데 적절한 공학과 매체를 어떻게 선택할 것인가? 보다 중요한 것으로, 이러한 공학적 도구와 자원을 효과적으로 사용하여 학습자들이 새로운 지식과 기능을 획득할 수 있음을 확신할 수 있는 학습 경험을 어떻게 만들 것인가?

학습활동은 개별적으로, 소집단으로 혹은 교사와 함께 활발하게 수행될 수 있다.

Richard B. Levine/Newscom

21세기 학습 구조

한 세기에서 다음 세기로 전환될 때, 유치원 및 초중등 교육의 기본 요소는 새로운 세기의 시민 및 성공적인 직업인으로서 갖추어야 될 사회적 요구에 부응하는 방향으로 변화되는 것이 중요하다. 오늘날의 교사들은 주요 교과목 학습뿐만 아니라 21세기에 필요한 지식과 기능 획득을 위해서 학습자들을 지도해야 하는 과제에 직면하고 있다. 경영 및 교육뿐만 아니라 다양한 기관 및 협회 지도자들이 함께 모여 유치원 및 초중등 학습을 위한 새로운 접근 방법 및 학습기대의 확장성에 대하여 제안하고 있다(ISTE, 2007; Partnership for 21st Century Skills, 2008). 21세기에 필요한 지식과 기능의 기본은 창의성, 혁신, 의사소통, 연구, 문제해결 등을 위해 학습자들이 공학과 매체를 의미 있고 목적적으로 사용할 수 있도록 준비시키는 것이다. 적응력, 리더십, 책임감 같은 평생교육 기능, 글로벌 의식, 기업정신 등과 관련된 주제들이 주요 교과목 내용에 포함될 것이 제안되고 있다. 따라서 이 책에서는 교사들이 21세기 지식과 기능을 교수학습 계획 및 실행에 통합할 수 있는 안내를 제공할 것이다.

공학

대부분의 사람들이 공학(technology)이란 말을 들으면, 컴퓨터, MP3, 웹캠과 같은 하드웨어를 먼저 떠올린다. 본서에서 **교수공학**은 교사 및 학습자의 사용, 도구에 대한 지식, 학습자의 학습 개선을 위한 기법 등의 통합을 지칭한다.

일부 교육자들은 공학을 교실문제 해결사로 보는 경향이 있지만, 컴퓨터나 기타 공학은 교사 능력을 자동적으로 향상시키는 것이 아님을 알아야 한다. 교사들은 공학을 교육과정에 통합하는 우수사례를 많이 접해야 한다. ASSURE 모델은 공학을 효과적으로 활용하여 수업목적을 성취할 수 있도록 교사들이 수업설계를 하는 데 유용한 구조와 단계적 안내를 제공한다. 이 모델은 다양한 학습조건에서 모든 교과영역에 모든 유형의 공학을 적용할 때도 적용된다.

교사는 공학을 활용하거나 혹은 활용하지 않고도 수업을 할 수 있다.
Masterfi le RF

현재의 공학은 교사에게 다음과 같은 몇 가지 이점을 제공한다. 첫째, 디지털 정보의 저장과 대량 정보 접근 가능성이다. 표 1.1에 정리된 바와 같이 텍스트, 오디오, 시각자료, 게임, 동영상 등이 CD나 DVD 등에 저장된다. 둘째, 학습자들의 다양한 요구에 부응할 수 있는 적응성이다. 〈다양한 학습자들을 위한 테크놀로지〉에 제시된 바와 같이 교사는 다양한 공학 도구를 활용하여 교수를 차별화하여 다양한 학습으로 접근할 수 있다. 셋째, 학습자의 학습은 더 이상 교실에 국

표 1.1 CD와 DVD 비교대조표

포맷 형식	CD	DVD
Audio(Music)	Yes	Yes
Movie	No	Yes
ROM/ Read only Memory	Yes	Yes
R(+or−)/ Record Once	Yes	Yes
RW(+or−)/ Rewritable	Yes	Yes
RAM/ Random Access Memory	No	Yes
Mini(3.15 inch/ 80 mm)	210MB	1.4GB
One side, single layer	700MB	4.7GB
One side, double layer	Not available	8.5GB
Two sides, single layer	Not available	9.4GB
Two sides, double layer	Not available	17GB
Players	음악CD 전용 players	음악CD 및 대부분의 DVD 포맷 재생 가능
Drives	모든 CD 포맷 재생 가능 DVD 포맷은 재생 불가	모든 CD 및 DVD 포맷 재생 가능 (DVD RAM 제외)
Low	1×= 150KB/sec	1×= 1.35MB/sec
High	52×= 7.8MB	24×= 32.4MB

CD(Compact Disc)−4.72인치 (120mm) 광학 디스크로 한 면에 오디오 및 데이터 파일 저장용으로 사용.
DVD (Digital Versatile Disc 또는 Digital Video Disc)− CD와 같은 크기의 광학 디스크로 영화, 상호작용 매체, 데이터 저장용으로 사용.
CD에 비해 DVD는 대용량이며 (고밀도 축적 저장) 때문 양면저장이 가능하며, 한 면에 다층 기록이 가능하다.

한되지 않는다. 학교 매체 센터 및 컴퓨터 네트워크를 통해 세계가 교실 안으로, 교실이 세계로 연결된다.

공학 격차 현상

다른 공학을 통합한 수업을 계획할 때, 교수적 선택에 영향을 줄 수 있는 '디지털 격차' 와 같은 현재의 공학적 이슈를 고려하는 것은 매우 중요하다. 학교에서의 디지털 격차 혹은 공학 격차는 점차 줄어가고 있다. 다양한 경제적 수준의 배경을 가진 학습자들이라도 최근엔 대부분의 학교에서 컴퓨터를 이용해 고속 인터넷 망에 접속할 수 있다. 컴퓨터 1대당 4명의 학습자 비율(Bausell, 2008)은 가정에 컴퓨터가 없는 학습자들에게 디지털 격차를 줄이는 환경이 제공되고 있음을 시사한다.

반면, 성인의 인터넷 사용에 있어서는 공학 격차가 다양하게 나타난다. 2009년도에 약 79%의 미국 성인이 가정이나 직장에서 인터넷을 사용하고 있지만, 교육 수준이나 소득 수준 대비 인터넷 사용에는 큰 격차를 보인다(Pew/Internet and American Life Project, 2009). 예를 들면, 대졸 성인의 거의 대부분(94%)은 인터넷을 사용한다고 한

다양한 학습자들을 위한 테크놀로지

서론

통합교육의 결과, 일반 교실에 특수아동의 수가 점차 증가하고 있다. 이와 같은 특수한 경우의 교육에서 공학은 매우 중요한 역할을 한다. 특수아동을 위해 특별히 적응적으로 디자인된 공학과 매체는 모든 학습자들을 위해 효과적인 교수 제공에 공헌할 뿐만 아니라, 타고난 능력에 관계없이 학습자들의 잠재능력을 최대로 발휘할 수 있도록 돕는다.

특히 장애를 가진 아동들은 특별한 교수적 개입이 필요하다. 예를 들면, 지적 장애아동은 매우 구조화된 학습상황이 제공될 때 보다 많은 학습 기회를 갖는다. 구조는 비구조적 선행지식을 보완할 수 있다. 장애 학습자들은 비구조적 지식 형태로는 메시지를 자신들의 비전형적인 정신구조에 쉽게 통합하지 못한다. 이런 학습자들의 경우는 익숙한 맥락에 있는 메시지를 통해서 효과적으로 통합할 수 있도록 하는 것이 필요하다.

시각장애 혹은 청각장애를 가진 학습자들은 일반 학습자들과는 다른 유형의 학습자료가 필요하다. 시각장애 아동의 경우 청각적 요소가 필요하며 청각장애 아동의 경우 시각적 요소가 필요하다. 모든 특수 예외적 학습자 그룹을 위한 적응적 수업에서는 공학과 매체 의존성이 클 뿐만 아니라 특별한 목적에 맞는 자료의 적절한 선택이 중요하다. 많은 교사들은 특수아동을 위한 이러한 보조적 전략이 또한 모든 학습자를 돕는 추가적 이점이 있음을 알고 있다.

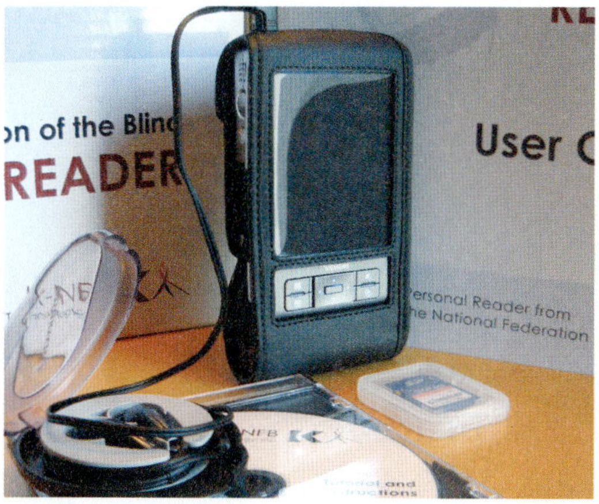

시각장애 학습자는 Kurzweil 자동 독서기를 활용하여 인쇄자료를 읽을 수 있다.

Kurzweil Educational Systems

보조적 공학은 낮은 수준, 중간 수준, 높은 수준의 기술로 분류될 수 있다. 낮은 수준의 공학은 전기 장치(건전지, 플러그 인 전기 등 포함)를 사용하지 않는 수준이다. 예를 들면, 시각장애 학습자를 위해 인쇄 자료를 확대해서 보여주기 위해 확대경을 사용하는 것은 낮은 수준의 보조적 공학이다. 중간 수준의 공학은 전기 장치를 포함한다. 빛의 양을 증대하기 위해 미니 독서 램프를 사용하는 것은 중간 수준의 기자재 사용의 대표적 예다. 높은 수준의 공학은 컴퓨터의 활용을 포함한다. Kurzweil 자동 독서기는 높은 수준의 보조적 공학의 예다.

다양한 학습자에는 일반 교실 과제 이외의 주제 탐색을 위해 신문, 정기간행물, DVD, 보존문서 등을 활용하는 영재아도 포함된다. 또한 영재아들은 최근 정보를 인터넷에서 검색하고, 수업에서 사용하는 책의 저자, 수업에서 다루는 환경문제에 관심을 두는 주지사와 실시간 채팅에도 참여할 수 있다. 또한 탐색한 자료에 대하여 분석하고 종합하여 PPT를 활용해서 교실에서 발표할 수 있으며 탐색결과를 교실 홈페이지에 올리기도 한다.

상세한 정보는 이 책의 여러 곳에서 제공되는 〈다양한 학습자들을 위한 테크놀로지〉를 참조하라.

반면, 고졸 성인의 70%만이 인터넷을 사용하는 것으로 나타났다. 소득 수준에서도 유사한 패턴이 나타나는데, 소득 수준에 따라 인터넷 사용이 감소하는 것으로 나타났다. 고무적인 점은 인종에 따른 인터넷 사용은 중간정도의 차이를 보인다는 것이다. 구체적으로 보면, 영어 사용 히스패닉계 미국인의 84%가, 백인의 79%가, 아프리카계 미국인은 67%가 가정이나 직장에서 인터넷을 활용하는 것으로 나타났다.

매체

매체는 송신자와 수신자 간에 정보를 전달하는 모든 것을 의미하며, 의사소통과 학습 촉진이 그 목적이다.

2장에서 매체에 대해 상세하게 논의되고 있으나, 이 장에서는 개요 차원에서 학습을 위해 사용되는 여섯 가지 매체 유형—텍스트, 오디오, 비디오, 시각물, 조작물, 인적 매체—에 대하여 간략하게 소개한다(그림 1.1). 먼저 텍스트는 가장 보편적으로 사용되는 매체로서 숫자와 문자로 구성되며 책, 포스터, 화이트보드, 컴퓨터 스크린 등과 같은 다양한 포맷으로 나타낼 수 있다. 오디오도 학습에서 보편적으로 많이 사용되는 매체로서 여기에는 사람의 목소리, 음악, 기계음, 잡음(noise) 등과 같이 들을 수 있는 것이 다 포함된다. 오디오는 실연 혹은 기록 형태로 나타낼 수 있다. 시각물 또한 학습 촉진을 위해 주로 사용되는 매체로서 컴퓨터 스크린에 나타나는 다이어그램, 화이트보드의 그림, 사진, 책에 나타나는 그래픽, 만화 등을 포함한다. 비디오는 움직임을 나타내는 시각 및 청각 매체로서 DVD에 저장될 수 있고, 컴퓨터 에니매이션처럼 인터넷으로부터 스트리밍될 수도 있다. 실물이나 모형은 간혹 매체로 고려되지 않는 경우도 있지만, 학습자들이 직접 만지고 조작할 수 있는 3차원 입체 조작물이다. 마지막으로 인적 매체는 학습에서 결정적으로 중요하다. 학습자들은 교사, 동료 학습자, 성인들로부터 배우고 학습한다.

매체 포맷

매체는 텍스트, 오디오, 시각물, 비디오, 조작물, 인적 매체 등 매우 광범위한 유형으로 구분되며, 각 유형 또한 다양한 매체의 종류를 포함하는데 이를 **매체 포맷**이라 한다. 매체 포맷은 내용 혹은 메시지가 포함되어 나타나는 물리적 형태로서, 예를 들면 화이트보드(텍스트와 시각물), 파워포인트 슬라이드(텍스트와 시각물), CD(목소리와 음악), DVD(비디오), 컴퓨터 멀티미디어(오디오, 텍스트, 비디오) 등이 그 예다. 각각의 매체 포맷은 메시지가 기록되고 나타나는 종류에 따라서 장단점이 다르다. 선택 가능한 매체와 공학의 다양성, 학습자의 다양성, 성취되어야 할 학습목표의 다양성 등을 고

그림 1.1
매체의 여섯 가지 유형

려할 때 매체 포맷의 선택은 복잡한 과제이기도 하다(표 1.2). 매체 포맷을 선택할 때 교수 상황이나 구성(대집단, 소집단, 자기주도적 학습 등), 학습자 변인(독서능력 혹은 시각 및 청각적 선호도 등), 학습목표의 특성(인지적, 정의적, 심체적 혹은 대인관계 등) 등의 요소를 신중히 고려해야 할 뿐만 아니라, 각 매체 포맷의 제시 속성(정사진 시각물, 비디오, 인쇄 단어, 음성단어 등)도 고려해야 한다.

교수자료/교재

DVD와 같이 일단 매체 포맷이 결정되면, 사용할 적절한 DVD가 어떤 것이 있는가를 결정해야 하며, 이렇게 결정된 구체적인 DVD가 곧 교수자료가 된다.

교수자료는 학습자의 학습에 영향을 미치는 수업에서 사용되는 특정한 항목들이다. 예를 들면, 중학교 다항식 덧셈 수업에서 컴퓨터 프로그램 소프트웨어를 활용하여

표 1.2 미디어 포맷과 교수자료의 예

매체	매체 포맷	교수자료
텍스트	책, 컴퓨터 소프트웨어	교재용 교과서
오디오	CD, 생생한 목소리, 팟캐스트	웹캐스트의 각종 연설문 파일
시각물	상호작용 화이트보드에 제시되는 그림, 뉴스 사진	음표 및 음계그림, 지역 건축물 사진
비디오	DVD, IMAX 기록영화, 스트림 비디오	*Lewis & Clark: 서부 대탐험*
조작물	실물 혹은 가상물	대수학용 타일조작물
사람	교사, 교과 및 내용 전문가	NASA 책임 연구원

가상 학습자를 통해 문제해결을 위한 덧셈풀이 과정을 구체적인 예시를 통해 제공할 수 있다. 컴퓨터 프로그램 소프트웨어는 피드백과 지속적인 연습 기회를 제공한다. 이 소프트웨어에서 제공하는 특정 수학문제와 피드백은 곧 교수자료가 된다. 또 다른 교수자료의 예는 현재 여러분이 읽고 있는 이 교재인데, 교제의 각 장은 텍스트 및 시각정보, 그리고 각 장의 말미에 제시되는 연습 문제 등으로 구성되어 있다.

교수자료의 설계 및 활용은 매우 중요한데, 그 이유는 학습자들이 실제 학습을 유발하고 강화하는 교수자료와 상호작용하기 때문이다. 만약 교수자료가 약하거나, 부적절하게 구성되었다거나 혹은 계열성이 미흡하다면 제한적인 학습이 될 수밖에 없다. 반면 잘 설계되고 준비된 교수자료는 학습자들이 다양한 방법으로 부호화, 기억, 회상, 활용할 수 있는 경험을 촉진한다. 만약 교수자료가 학습자들에게 중요하게 영향을 미치는 방식으로 제공되면, 학습자들은 교수자료를 잘 기억할 것이다.

교사의 공학 및 매체 사용

수업이 교사 중심으로 진행될 경우, 공학과 매체는 수업의 보조도구로 사용된다. 예를 들면, 교사는 학습자들이 시간의 경과에 따른 인구성장 추이를 예상할 때 전자 화이트보드를 통해 다양한 막대그래프 종류를 제시할 수 있다. 교사는 또한 포켓 차트를 활용하여 단어 카드를 재배열함으로써 문장의 의미가 어떻게 변화되는지를 보여줄 수 있다. 동물원에서 동물들에게 먹이를 주는 생생한 비디오를 통해 새의 먹이습성에 대한 교사의 설명을 촉진할 수 있다. 분명한 것은 적절하게 설계된 교수자료는 학습을 촉진하고 장려한다는 점이다. 이 책에서는 교사들이 교수전략, 매체, 공학, 자료를 선정하고 활용하는 것을 돕기 위해 ASSURE 모델을 적용한다. 그러나 그 활용 효과는 다음 장에서 소개되는 바와 같이 신중한 교수계획, 적절한 자원의 선정 등에 의해 결정된다.

교사는 정보전달을 위해 교실에서 교수매체를 사용하기도 한다.
Ellen Senisi

디지털 교사

디지털 도구는 다양한 교사의 역할 및 교사로서의 책무성을 수행하는 교사의 능력을 확장하고 증진한다. 이러한 디지털 도구는 '디지털 교사'가 동료 교사와 함께 글로벌 실천공동체에 참여하여 상호작용 수업을 계획하고 실천하는 것을 돕는다. 아래의 예는 잘 갖추어진 디지털 환경에서의 잠재적 가능성을 보여준다.

상호작용 수업. 디지털 교사의 수업은 매체 활용 및 상호작용이 풍부한 설명과 제시를 제공한다. 예를 들면, 실시간 디지털 비디오 컨퍼런스를 통해 역사가, 소설가, 내용 전문가와 교실에서 상호작용을 한다거나, 브레인스토밍 세션에서 전자칠판에 바로 노트하고 개념도를 그리고, 즉석에서 학습자에게 이메일을 보낼 수 있다. 교수적 설명은 또한 특정 개념을 소개하는 간단한 클립에서부터 원문에 이르기까지 인터넷 기반 파일에서 스트림하여 디지털 비디오 및 오디오를 제공할 수 있다. 교사는 또한 학습목표 부분과 관련된 특정 부분을 DVD에서 바로 찾아서 고속 혹은 저속으로 보여줄 수 있다. 파워포인트 활용 수업은 또한 애니메이션, 음성, 하이퍼링크를 디지털 정보로 통합한다.

개별 응답 시스템. 디지털 교사는 교사의 질문에 학습자들이 답하는 것을 종합하여 그 결과를 그래픽과 함께 제시하기 위해 **개별 응답 시스템**(PRS)과 같이 손에 들고 사용하는 디지털 도구를 사용한다. 일반적으로 clicker로 불리는 개별 응답 시스템은 TV 리모콘과 유사한 모습인 무선 키패드로 학습자 반응을 전달한다. 학습자별 개별 응답 시스템이 할당되어 있기 때문에, 학습자 주의집중을 위해서 사용될 수 있다. 그러나 개별 응답 시스템의 주요 장점은 교사가 다양한 상황에서도 각 학습자의 반응을 용이하게 파악할 수 있는 점이다. 수업 중에 개별 응답 시스템을 활용하는 것은 전체 교실수업에서 학습자와 교수자 간의 상호작용을 촉진하여 결과적으로 보다 나은 학습결과를 획득할 수 있는 것으로 보고된다(Flynn & Russell, 2008). 개별 응답 시스템의 교육적 사용 예를 들면 학습자의 개념 이해 정도를 측정하기, 다양한 아이디어에 대한 학습자들의 태도 비교하기, '만약 이런 경우라면~' 과 같은 상황 예상하기, 기본 기능의 반복 연습을 촉진하기 등이다. 개별 응답 시스템은 교사 질문에 대한 학습자의 반응과 학습자들의 즉각적인 피드백을 시각적 그래프로 제시한다. 교사는 이러한 정보를 활용하여 토의의 방향이나 속도를 조절하고 학습자의 학습 요구에 맞추어 어떤 교수적 결정을 할 수 있다.

모바일 평가 도구. 모바일 컴퓨터 기술의 발전으로, 교사가 학습자에 대한 평가 자료를 손에 들고 사용하는 소형 디지털 장치에 기록하면 이 장치는 성적표 작성을 위해 컴퓨터로 자료를 전송한다. 예를 들면, 모바일 디지털 장치를 활용하여 초등학생의 읽기 능력, 발표, 실험, 보고서 등에 대한 수행평가 자료를 입력하여 바로 그 결과를 산출한다(Weinstein, 2005).

학습자들은 개별 응답 시스템을 사용하여 교사에게 즉각적으로 피드백을 한다.

Interwrite Learning

초등학교 교사들은 대부분 모바일 평가 도구 사용에 빠르게 적응하여 학습자들의 읽기 능력을 모니터하고 기록하는 데 모바일 평가 도구를 활발하게 사용하고 있다. 많은 교사들이 무선세대(Wireless Generation)에서 개발한 mCLASS:Reading 3D 소프트웨어를 활용하는데, 이 소프트웨어를 활용하여 교사는 학습자들에게 읽기 자료를 제공하고 학습자들의 읽기 수행과정을 용이하게 관찰할 수 있다(그림 1.2). 또한 이 소프트웨어는 기초 초급 리터러시 기능 평가지표(Dynamic Indicators of Basic Early Literacy Skills, DIBELS)의 디지털 버전을 제공한다.

모바일 장치를 사용하면 교사의 시간을 절약하는 데 도움이 될 뿐만 아니라 소프트웨어를 활용하여 학습자의 학습 결과에 따른 시간과 점수를 자동화할 수 있다. 교사는 즉각적으로 결과를 확인할 수 있기 때문에 지속적으로 개별화 수업을 할 수 있다. 평가 자료는 전체 학급뿐 아니라 개별 학습자에 대한 다양한 보고서 양식을 제공하는 보안이 안전한 웹사이트에 용이하게 다운로드된다.

특수아동 지도 교사들은 모바일 평가 도구인 GoObserve 소프트웨어가 내장된 모바일 컴퓨터 도구를 사용하기도 한다. 이 평가 프로그램은 학습자의 개별 교육 계획에

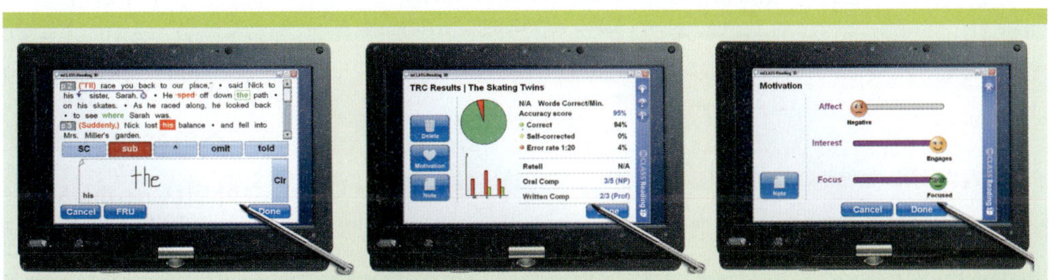

그림 1.2 mCLASS: 읽기 3D 소프트웨어의 세 가지 예
(1) 학습자 응답 공간 제공, (2) 즉각적인 개별 점수 제시, (3) 학습 동기 기록에 사용되는 슬라이드 척도

출처: Wireless Generation, Inc. www.wirelessgeneration.com

맞추어 활동을 기록하는 맞춤형이 가능하다. 학습자 수행 및 행동을 관찰하는 동안 교사는 스타일러스(stylus)를 이용해 관찰된 전략을 선택항목 목록표에서 선택한다. 교사는 또한 학습자 기록에 교사의 관찰 노트나 코멘트를 추가할 수 있다. 관찰이 끝나면 교사는 관찰 정보를 자신의 컴퓨터에 전송하여 성적표를 산출하고 학습자 성장 도표를 작성한다.

교사 동아리. 디지털 교사는 **교사 동아리**(Community of practice, CoP) 활동에 참여하기도 한다. 교사 동아리는 전국 단위 혹은 국제 단위로 아이디어와 자원을 공유하면서 공동의 목적을 위해 활동하는 교육자들의 모임이다. 이러한 인터넷 기반 상호작용을 통해 교사들은 교육 관련 아이디어와 자료를 교환하고 상호 협동할 수 있다. 교사 동아리는 동일 교과목을 가르치는 교사, 동학년 교사 혹은 유사한 교육적 요구와 관심을 가진 교사(예: 공학의 통합적 활용, 학급 관리, 영재아 지도) 등과 같이 다양한 목적을 가진 사람들로 구성될 수 있다.

공학을 수업에 통합하는 데 관심 있는 교사들은 전문가 네트워크와 자원, 멘토, 다양한 웹 커뮤니티에서 활동하는 새로운 동료들을 활용할 수 있다. 예를 들면, 'Tapped In'은 전국의 교사 및 세계의 다양한 교사들과 협동할 수 있는 환경을 제공하는 가상 공동체다. 구체적으로 예를 들면, 두 지역의 학습자들이 공동의 문제해결에 참여할 수 있도록 교사들은 학습 프로젝트를 공동으로 계획하고 실시한다. 교사들은 또한 주요 교육문제를 집중적으로 다루는 포커스 그룹 주제토론에 참여할 수도 있다. 교사 동아리 활동을 통해 또한 온라인 수업에 참여하거나, 다른 교육자를 지도하는 멘토 활동을 하거나 안정적이고 협조적인 환경에서 새로운 아이디어를 추진해 보는 것 등이 가능할 것이다(그림 1.3).

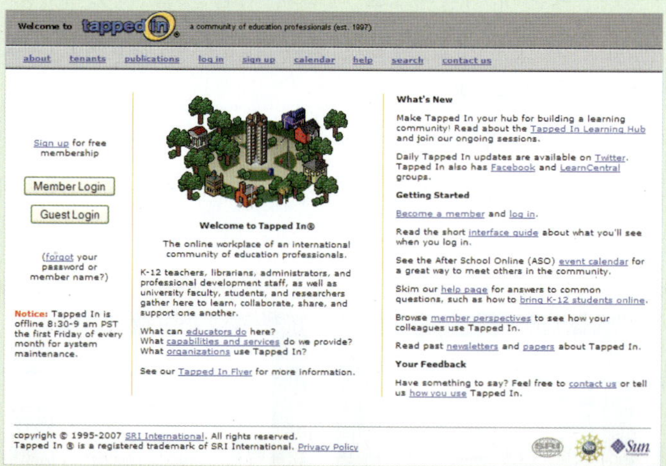

그림 1.3 Tapped In

이 온라인 교사 동아리는 교사 전문성 기능 향상 및 협력을 위한 다양한 기회를 제공한다.

출처: http://tappedin.org/tappedin. Reprinted by permission. Tapped In is owned and operated by SRI International.

수학포럼의 가상 수학팀(Virtual Math Teams, VTM) 회원으로서 수학교사들은 학습자들이 대수학 및 기하학 지식과 기능을

표 1.3 교사를 위한 국가교육공학 표준(NETS-T)

표준 항목	세부 내용
학생들의 학습과 창의성을 촉진하고 영감을 줌	교사들은 교과, 수업과 학습, 공학의 지식을 활용하여 면대면 수업과 가상학습 상황에서 학생들의 학습, 창의성, 혁신을 촉진한다.
디지털 시대의 학습 경험과 평가를 설계하고 개발함	교사들은 현대적 도구와 자원을 활용하여 실제적인 학습경험과 측정을 설계, 개발, 평가하여 맥락에서의 수업내용 학습을 최대화하며 NETS-S에서 확인된 지식, 기능, 태도를 개발한다.
디지털 시대의 작업과 학습의 모델이 됨	교사들은 글로벌 사회, 디지털 사회에서 혁신적 전문성을 지닌 대표자로서 지식, 기술, 작업 과정을 시범 보인다.
디지털 시민 정신과 책임감을 촉진하고 모델이 됨	교사들은 진화하는 디지털 문화에서 지역 및 세계의 사회적 이슈와 책임을 이해하고, 교직을 수행할 때 법적이고 윤리적으로 행동한다.
전문성 신장과 리더십에 참여함	교사들은 전문가로서 또한 평생학습자의 모델로서 디지털 도구와 자원을 효과적으로 사용하여 지속적으로 전문성을 향상시키고 학교와 교직사회에서 리더십을 보인다.

출처: 다음 도서에서 승인을 받아 게재함. *National Educational Technology Standards for Teachers: Preparing Teachers to Use Technology*, 2008, ISTE(International Society for Technology in Education, www.iste.org.

요하는 불규칙한 실제 문제를 해결하는 데 공학을 사용하도록 촉진할 수 있다. 가상수학팀을 통해 중등학교 교사들은 특별히 화이트보드 소프트웨어를 공유하여 인터넷 채팅으로 동료 교사들과 작업할 수 있으며 또한 학생들도 함께 사용할 수 있다.

교사를 위한 국가교육공학 표준

교사를 위한 국가교육공학 표준(National Educational technology Standards for Teacher, NETS-T)은 디지털 교사로서 갖추어야 할 역량으로 다섯 가지 기본 가이드라인을 제공하고 있다(ISTE, 2008). 표 1.3에 제시된 바와 같이 교사를 위한 국가교육공학 표준은 교실수업실제, 수업개발, 기대되는 교사 전문성 등에 대하여 기술하고 있다. 이 책의 각 장에 제시된 〈나의 전문성 개발하기(Continuing My Professional Development)〉는 교사를 위한 국가교육공학 표준의 중요성을 인식하면서 전문 기능에 대한 시범 예시와 NETS-T와 직접적으로 연관된 나의 전문 포트폴리오 만들기 활동을 돕기 위한 목적으로 제공되고 있다.

ASSURE 모델

학습자의 학습 촉진을 위해서 교사는 적절한 학습 환경을 제공해 주어야 한다. 이 책은 이를 위해 고려해야 할 요소들의 균형과 활용을 위한 의사결정 과정에 대하여 설명할 것이다. 교사는 학습자들의 특성에 대하여 충분히 파악하고 이해하고 있어야 한다. 기대되는 학습결과(학습목표)는 명백하게 제시되어야 한다. 적절한 교수전략과 자료를 선택해야 한다. 최적의 학습 제공을 위해 가장 유용한 공학과 매체를 적절히 사용해야 한다. 적절한 연습과 피드백을 제공하여 학습자를 적극적으로 참여시켜야 한다. 교수-학습 전 과정에서 학습자의 학습을 측정하고, 각 요소는 물론 수업 경험을 평가하여 필요한 경우 수정, 보완을 해야 한다. 이 모든 과정이 ASSURE 모델에 통합되어 있으며 3장에서 각 단계에 대하여 보다 상세하게 논의될 것이다.

공학과 매체의 장점을 최대한 활용할 수 있는 수업 계획 지원도구로 개발된 ASSURE 모델은 학습경험을 창출하기 위한 체계적 과정을 제공한다. 공학과 매체의 가장 중요한 역할 중의 하나는 전체 수업 환경을 변화시키는 촉매 역할이다.

공학과 매체의 효과적 활용은 교사가 미리 철저하게 준비할 것을 요한다. 즉 먼저 학습목표를 고려하고 교실의 일상적 패턴을 필요한 방식으로 바꾸고, 수업이 인지적 능력과 정서, 가치, 대인관계 기술, 심체적 기술 등에 미치는 효과를 결정하기 위해 어떻게 평가할 것인가 등을 미리 생각하고 조직해야 한다. 그러나 21세기로의 변화와 디지털 자원에 대한 접근성 증대로 인해 교사의 기능 및 역할이 변화될 뿐만 아니라 학습자 역할 또한 바뀐다는 것을 인식해야 한다.

학습자의 공학 및 매체 사용

수업이 학습자 중심으로 이루어질 때, 공학과 매체의 일차적 사용자는 학습자 자신들이다. 학습자 중심 수업 활동에서 교사는 학습자의 학습을 안내하고 평가하며, 개별 학습자에게 컨설팅을 하고, 일대일 혹은 소집단별 지도에 보다 많은 시간을 할애하게 된다. 이와 같은 활동에 교사가 어느 정도 시간을 투자해야 하는지는 공학과 매체가 교수자 역할을 어느 정도로 잘 해낼 것인가에 달려있다. 어떤 상황에서는 공학과 매체가 교수 활동을 전적으로 담당하는 경우도 있다. 사실 이 경우 매체는 학습목표 목록, 주어진 학습목표 성취를 위한 안내, 필요한 학습 자료의 첨부, 자가평가 안내서 등과 함께 패키지로 제공되는 경우가 종종 있다. 물론 교수공학이 교수자 역할을 대신해야 할 경우도 있지만, 교사는 공학과 매체를 사용하여 단순히 정보를 제공하기

주의 깊게 설계된 공학은 학습을 더 효율적으로 하게 한다.
Shutterstock

보다는 학습경험을 창조적으로 관리할 수 있다.

디지털 학습자

디지털 학습자는 공학이 중요한 학습 환경으로 통합된 교실에서 세계와 소통하면서 학습한다. 디지털 도구와 디지털 연결 활동으로 현재 학습자의 능력이 다양한 방향으로 향상될 가능성이 크다.

상호작용 도구. 디지털 학습자는 공학이 필요한 곳이라면 학교에서뿐만 아니라 학교 밖에서도 디지털 도구를 들고 다니면서 다양한 방법으로 활용한다. 예를 들면, 학습자는 독서실에서 무선 노트북을 이용하여 인터넷 자료를 탐색하고, PDA로 자료 정리도 하고, 소형 노트북을 도서관에 가져와서 신문자료를 정리하여 기록한다. 또한 학습자들은 짝을 이루어 학교 교정의 대칭적 기하학적 건축 구조를 촬영하기 위해 디지털 카메라를 사용한다. 초등학생은 디지털 탐침을 이용해 무 재배에 적합한 흙을 찾기 위해 여섯 종류 흙의 pH를 조사한다. 고등학생은 읽기 숙제로 미처 잘 듣지 못한 Michael Chabon의 '셜록홈즈 창작하기' 파일을 MP3로 듣거나 오디오 파일을 다운로드하여 듣는다. 이처럼 무선 디지털 도구들은 아날로그 방식으로는 경험할 수 없는 풍부하고 다양한 학습경험을 확장하는 데 기여한다.

학습자 간 상호작용. 오늘날의 무선 디지털 환경에서처럼 학습자 간 연결이 활발한 적은 이전에 없었다. 스마트 폰, PDA, 노트북 등을 이용하여 음성, 텍스트, 애니메이션 메시지를 전송하고, 음악, 뉴스, 스포츠 중계 등을 듣고, 최신 음악비디오나 영화를 감상한다. 학습자들은 디지털 도구를 이용하여 음성으로, 수기 기록으로, 미니 키보드 등으로 상호작용을 한다. 또한 디지털 형태로 편집된 문서들은 학습자와 교사 , 학습자와 학습자, 학습자와 전문가들 사이에 손쉽게 교환되고 전달된다. 학습자 학습 공동체는 웹기반 상호작용 의사소통 도구의 활용으로 점차 세계화되고 있는데, 이러한 의사소통 도구에는 다수가 접근할 수 있는 개인 온라인 저널인 **블로그(blogs)**, 등록된 사용자면 누구나 편집이 가능한 웹정보 도구인 **위키(wikis)**, 모바일 도구로 바로 다운로드될 수 있게 포맷된 인터넷 전송 멀티미디어 파일인 **팟캐스트(podcasts)** 등이 있다. 예를 들면, 학습자들이 지구 온난화에 대한 블로그를 만들어 정기적으로 의견과 정보를 공유하고 세계 다른 관련 학습자 블로그로 링크하여 상호작용한다. 중학생의 경우 위키를 활용하여 자신의 글에 답글을 써주는 대학생과 소통을 하고, 고등학생의 경우 국어시간에 작가와의 인터뷰 팟캐스트를 학급 웹사이트에 업로드하여 사용한다.

Neisen 사의 2010년 조사 보고서에 의하면, 소셜미디어 사이트 사용 시간이 한 해에 82% 급증하고 있어 이러한 도구에 대한 대중의 활용과 인기는 점차 높아지고 있다. 위키피디아의 사용도 급증하여 2010년 7월 현재 3백만 개 이상의 표제어가 200개의 언

표 1.4 학습자를 위한 국가교육공학 표준(NETS-S)

표준 항목	세부 내용
창의성과 혁신	학생들은 공학을 활용하여 창의적 사고를 시범보이며, 지식을 구성하고, 혁신적인 결과물과 과정을 개발한다.
의사소통과 협력	학생들은 원격교육이 포함되는 디지털 미디어와 환경을 사용하여 의사소통하고, 협력하여 공부하며, 개인적인 학습을 지원하고 다른 학생이 학습하는데 기여한다.
연구와 능숙한 정보 활용	학생들은 디지털 도구를 사용하여 정보를 수집, 평가, 활용한다.
비판적 사고, 문제 해결, 의사 결정	학생들은 비판적 사고 기능을 활용하여 연구를 기획하여 수행하고, 프로젝트를 관리하며 문제를 해결한다. 그리고 적합한 디지털 도구와 자원을 활용하여 정보에 기반한 의사결정을 한다.
디지털 시민정신	학생들은 공학과 관련지어 인간, 문화, 사회적 이슈를 이해하고 합법적이고 윤리적인 행동을 실천한다.
공학 작동과 개념	학생들은 공학 개념, 시스템과 작동법 등에 대하여 잘 이해하고 있음을 보여준다.

출처: 다음 도서에서 승인을 받아 게재함. *National Educational Technology Standards for Students*, 2007, ISTE(International Society for Technology in Education, www.iste.org.

어로 기재되고 있다(http://en.wikipidia.org/wiki/Main_Page). 오늘날 디지털 교사와 함께 디지털 학습자는 개별 학습 탐구, 조사 및 향상뿐만 아니라 다른 학습자의 지식 구성을 도와주기 위해서 공학을 활용하고 있다.

학습자를 위한 국가교육공학 표준

학습자를 위한 국가교육공학 표준(NETS-S)은 학습자들이 학교 및 직장에서 성공적으로 활동하는 데 필요한 여섯 가지 중요한 기능을 제공한다(ISTE, 2007). 이 표준은 표 1.4에 보인 바와 같이 21세기 지식 및 기능과 매우 밀접하게 연관되어 있다. 한편 주목할 부분은 1998년도 표준에서는 첫 번째 표준 항목으로 배치되었던 '공학 조작 및 개념' 이 2007년에는 마지막으로 배치되었다는 점이다. 따라서 교사들은 학습자를 위한 국가교육공학 표준을 잘 이해할 필요가 있으며, 교사를 위한 교육공학 표준과 충분히 일치되게 공학 지식과 기능을 향상하는 것이 매우 중요하다. 이 책에서는 다양한 예시를 제공하여 학습자를 위한 국가교육공학 표준이 ASSURE 모델 활용 수업계획에 어떻게 통합되는지 알아본다.

21세기에 필요한 다양한 리터러시

학습자들이 교실에서 다양한 학습경험과 활동을 함으로써 중요한 일련의 리터러시 향상에 필요한 지식과 기능을 획득할 수 있도록 하는 것은 매우 중요하다. 미래 학습과 성공적인 직업 경력을 위해 필요한 리터러시는 다음과 같이 여덟 가지로 정리할 수 있다.

일반 리터러시

교사들은 **일반 리터러시**에 대한 이해가 필요하다. 일반 리터러시는 학습자들이 필요한 정보를 탐색, 해석, 활용, 변형하여 필요한 새로운 정보로 창출하는 능력을 말한다. ASSURE 모델을 활용하여 수업계획을 할 때 일반 리터러시를 위한 지식 및 기능이 형성될 수 있도록 학습기회를 항상 제공하도록 해야 한다.

텍스트 리터러시

만약 현재와 같은 성장패턴이 지속된다면, 정보의 '디지털 우주'는 18개월마다 정보량이 두배로 증가하게 된다(Farmer, 2009). 학습자들은 텍스트 기반 자원을 활용하기 위해 텍스트 정보를 수집, 해석하고 의사소통하기 위해 **텍스트 리터러시** 기능이 필요할 것이다.

컴퓨터 리터러시

컴퓨터 리터러시는 교사가 학습자들에게 보다 풍부하고 향상된 학습기회를 제공하기 위해 공학을 선택하고 활용하는 지식과 기능을 포함한다. 컴퓨터 리터러시에는 시스템 작동을 이해하고 활용하기, 하드웨어와 소프트웨어 관련 문제를 인식하고 해결하기 등과 같은 능력이 포함된다.

원격학습 리터러시

원격학습 리터러시는 학습경험을 설계하고 촉진하기, 학습과 책임감을 모델링하고 격려하기, 평생학습에 참여하기 등 세 가지 주요 요소로 구성되는데 이는 교사 및 학습자가 시간적, 물리적으로 떨어진 곳에서 이루어지는 학습 상황에 적용되는 능력이다.

사이버학습 리터러시

사이버학습은 일반 교실수업 환경이 아닌 곳에서 학습자와 인적 자원 및 지적 자원과의 연결 및 상호작용을 위해 다양한 공학 도구의 활용을 필요로 한다. 사이버학습 환경에서 학습을 극대화하기 위해 학습자들은 **사이버학습 리터러시**가 필요하며 또한 사이버학습 도구를 성공적으로 활용할 수 있는 지식과 기능이 필요하다.

시각 리터러시

교과서, 워크북, 디지털 매체, 신문, 책, 잡지 등은 모두 시각적 이미지 자료로 가득한 자원이다. 시각 매체로 학습이 잘 이루어지도록 하기 위해서는 학습자들에게 **시각 리**

터러시 기능이 필요한데 이는 시각정보를 정확하게 이해하고 또 정보를 시각적으로 정확하게 표현할 수 있는 학습된 능력을 의미한다.

오디오 리터러시

오디오는 수업, 강의 혹은 정보를 말로 설명할 때 항상 중요한 요소이며 교사의 주요 역할이기도 하다. 학습자는 학습에서 청각(hearing)과 청취(listening) 역할을 이해하기 위해 **오디오 리터러시** 기능이 필요하다. 또한 교실에서 공학의 영향력이 점차 증대하는 상황이므로 학습자들은 오디오 제작 기능도 습득해야 한다.

비디오 리터러시

DVD, 다운로드 파일 등과 같은 디지털 매체에 대한 접근성이 증대하면서 비디오는 매우 자주 교수 학습 활동에 통합되어 사용되고 있다. 비디오를 활용한 수업의 학습효과를 극대화하기 위해 학습자들은 비디오 메시지 내용을 평가하고 이해하는 능력, 의도한 학습결과에 적절한 비디오를 제작하는 능력 같은 **비디오 리터러시** 기능을 습득해야 한다.

미디어 리터러시

수업에 통합, 활용할 수 있는 미디어의 종류는 매우 다양하기 때문에 미디어 활용 수업을 위해서는 학습자들의 **미디어 리터러시** 지식과 기능이 요구된다. 즉 학습자들은 텍스트, 오디오, 시각물, 비디오, 멀티미디어 등 미디어의 다양한 유형에 대한 이해와 그러한 미디어를 통해 전달되는 메시지를 해석하고 또 제작도 할 수 있어야 한다.

교실수업 형태의 연장선: 전통 방식에서 디지털 방식으로

오늘날의 수업은 전통적 방법과 도구의 활용에서 점차 디지털 방법 및 도구의 활용이 증대되는 경향으로 바뀌고 있다. 그러나 전통적 교실에서 디지털 교실 환경으로의 변화는 교사에 따라, 학교에 따라 상당한 차이를 보인다. Prensky(2006)는 교실수업에서 교사들이 공학을 수용하여 적용하는 과정을 속도와 관계없이 (1) 맛보기 단계(dabbling), (2) 기존 활동을 옛날 방법으로 하기, (3) 기존 활동을 새로운 방법으로 시도하기, (4) 새로운 활동을 새로운 방법으로 하기(p. 43) 등 네 단계로 설명하고 있다(그림 1.4).

1단계 '맛보기'에서는 교실수업이나 도서관 등에 부분적으로 공학 도구를 임의적으로 추가하여 사용해본다. 2단계에서는 기존 활동을 옛날 방법으로 하는 데 공학을 사용하는 것으로 수업내용 제시를 위해 OHP를 사용하던 것을 파워포인트로 바꾸어 활용하는 경우가 그 예다. 3단계는 기존 활동을 새로운 방법으로 시도하는 것으로, 예를 들면, 교사가 화합물의 구조를 설명할 때 칠판에 그리기보다 가상 입체모형을 활용하여 화합물의 구조도를 보여준다거나, 학습자들이 에세이를 작성할 때 공책에 수기로 쓰거나 이미지를 그리기보다 워드프로세스와 클립아트를 사용하여 작성하는 경우다. 마지막으로 4단계는 새로운 활동을 새로운 방법으로 시도하는 것으로, 공학과 매체를 최대한으로 활용하는 경우다. 그러나 이 단계에서는 학습자들에게 "학습자들이 강력한 첨단 맞춤형 일대일 공학을 최대한 활용하여 프로그램을 개발하고, 필요한 지식을 찾아내고, 활발한 네트워크 활동을 할 수 있도록 미래지향적 내용을"(p. 45) 제공하는 것이 중요하다.

1단계 맛보기
2단계 기존 활동을 옛날 방법으로
3단계 기존 활동을 새로운 방법으로
4단계 새로운 활동을 새로운 방법으로

그림 1.4
Prensky(2006)의 공학 수용 및 적용의 4단계

오늘날엔 이미 4단계 공학 적용 과정이 적용된 교실상황을 쉽게 볼 수 있다. 예를 들면, 공학의 활용으로 교실 환경은 이미 다른 지역의 학습자, 전문가, 학부모와 활발한 상호작용이 가능한 환경으로 변하고 있다. 교사들은 웹사이트를 통해 숙제 일정표와 과제 안내, 온라인 자료 및 정보 등을 제공하고 있으며 때론 학부모들이 학습자의 발달 과정에 대한 보고서를 실시간으로 확인할 수 있다.

21세기 교실수업 4단계 : 새로운 활동을 새로운 방법으로 하기
Bob Daemmrich/PhotoEdit

면대면 수업, 원격학습, 블렌디드 학습 등은 이런 단계에 비추어 세 가지 기본적인 수업 유형으로 볼 수 있다. 이미 우리는 학교나 가정 혹은 과외 활동 등에서 면대면 수업을 많이 경험해 왔다. 현재 학교에서 가장 보편적으로 적용되는 면대면 수업도 효과적으로 수행된다면 매우 훌륭한 수업방법이다. 원격학습은 교수자와 학습자가 물리적으로 동일한 장소에서 교수-학습 활동을 할 수 없을 경우에 적용되는 방식이다. 2008~2009년 미국의 50개 주 중 60%에 해당되는 29개 주의 중학교 및 고등학교에서 온라인 가상 수업을 학습자들에게 제공하여 선택 기회를 확장하는 것으로 보고되었다(Hightower, 2009). 또한 면대면 수업과 원격학습을 통합한 블렌디드 수업을 제공하는 학교도 다수 있는데, 예를 들면 학습자들은 교사의 시범을 온라인으로 관찰하고 오프라인에서 실험하기, 음악 및 예술 활동하기, 입체도형 만들기 등의 실제 활동을 협동학습으로 한다. 다양한 수업방법에 대한 상세한 논의는 4장 '21세기 학습 환경 조성'에서 소개하기로 한다.

매체 센터의 역할 변화

대부분의 학교 도서관은 전통적인 서지자료는 물론이고 공학적 접근을 통해 얻을 수 있는 다양한 정보 형태를 제공하는 **매체 센터**로 점차 변화되고 있다. 대부분의 매체 센터는 고속 인터넷이 연결된 컴퓨터 장비를 갖추고 디지털 도서, 참고자료, 교육용 소프트웨어 등의 온라인 정보를 제공하고 있다. 매체 센터에서는 또한 교사들에게 실험도구 키트에서 교과목별 특정 주제에 해당하는 비디오 및 소프트웨어에 이르기까지 다양한 교실수업자료를 제공한다. 따라서 매체 센터의 주요 역할은 디지털 자원 접속 방법의 전문성을 지속적으로 업데이트하고, 컴퓨터공학에 대하여 기본적으로 이해하여 매체 센터에서 학습자들이 잘 사용할 수 있도록 도와주는 것이다.

저작권 관련 사항: 저작권법

저작 및 제작자, 정보 및 예술의 원본 보급자들의 경제적 이익을 보호하기 위해 국가들은 저작권법을 채택하고 있다. **저작권**은 고유한 원본에 대한 법적 권리를 의미한다. 저작권은 원본의 복사 가능 여부, 부분 및 전체 복사 혹은 원본을 복사할 수 있는 매체 형태 등에 대한 일련의 조건들로 구성되어 있다. 저작권법이 없으면 작가, 예술가, 매체 제작자 등이 자신의 창작에 대한 정당한 가치를 보상받을 수 없다. 따라서 창작품의 유통은 점차 줄고 결국 우리 모두가 손해를 감수하게 된다.

특히 인터넷과 같은 공학의 발달로 매우 다양한 디지털 자료—텍스트, 시각물, 오디오, 비디오 등—를 손쉽게 복사할 수 있게 되었다. 인터넷상의 모든 자료는 특별한 경우를 제외하고는 대부분 저작권이 있다. 1998년 공정한 사용에 관한 컨퍼런스에서 한 보고서(www.uspto.gov/web/offices/dcom/olia/confu/confurep.pdf)를 발표하였는데, 이 보고서는 법적 효력이 없지만 저작권 보유 자료의 사용에 대한 합의를 보여주고 있다.

우리 모두는 학습자들에게 바른 역할 모델을 보여주어야 하는 법적, 윤리적 책임이 있으며 따라서 모든 자료를 사용할 때는 전문가답게 윤리적 방법으로 사용해야 한다. 또한 학습자들은 물론 아주 어린 학습자에게도 저작권법에 대하여 가르쳐 줄 필요가 있다. 저작권법 관련 지도 내용에 대하여 도서관 혹은 매체 센터의 전문가 및 사서들에게 문의하여 협조를 구할 수 있다.

아래에 제시되는 저작권법 관련 정보를 숙지할 것을 권장하며 상세한 정보는 1장 말미의 참고문헌과 MyEducationKit 웹사이트를 참고하기 바란다.

교육자와 저작권법

만약 교육자가 저작권법을 알고도 의도적으로 위반했다면 어떻게 될 것인가? 1976년의 저작권 조항에 의하면 민사 및 형사적 구속 모두에 해당된다. 저작권법 위반에 따른 벌금은 사안에 따라 750달러에서 30,000달러에 해당한다. 만약 의도적으로 저작권을 위반했다는 증거가 확보되면 벌금은 150,000달러까지 올라간다. 저작권법을 위반하여 상업적 목적으로 사용하였다면 벌금은 250,000달러까지 높아지며 최대 5년의 징역형을 받는다. 저작권 위반은 중범죄에 해당된다는 것을 명심해야 한다.

공정한 사용

공정한 사용은 교사와 학습자에게 매우 중요한 저작권 예외의 기회를 제공한다. 만약 적절하게 출처를 밝히고 수업에서 사용한다면 저작권이 있는 원본 자료라도 일부분을 사용할 수 있다. 비록 교육현장에서의 공정한 사용을 규정하는 완벽한 가이드라인은 없지만, 저작권법은 공정한 사용의 원칙을 결정하는 네 가지 기준을 다음과 같이 제시하고 있다.

- *사용목적 및 특징.* 상업목적 혹은 비영리 교육목적인가? 예를 들어, 저작물이 교육목적으로 사용되는 것은 상업목적으로 사용되는 것보다 공정한 사용으로 간주된다.
- *저작물의 특성.* 만약 저작물이 특정한 교육목적으로 출판된 것이 아니고 일반적인 잡지와 같은 것이라면 교실에서의 공정한 사용으로 인정된다. 영화나 음악과 같은 오락물은 쉽게 공정한 사용으로 간주되지 않을 것이다. 저작물이 특성상 그 자체가 교육적이라면 판매에 잠재적 영향을 미치므로 공정한 사용으로 간주되기 어렵다.
- *전체 저작물에 견주어 사용된 분량 및 실재성.* 전체 저작물 중 아주 적은 부분의 사용은 많은 부분의 사용보다는 공정한 사용으로 간주된다.
- *저작물 사용의 잠재적 시장 가치.* 저작물 사용이 원본의 잠재적 판매에 부정적 영향을 미친다면 공정한 사용에 위배되는 것으로 간주된다.

특별히 법정 판결이 없는 경우, 교사와 매체 전문가는 자료를 복사할 때 공정한 사용 기준을 적용하여 판단할 수 있다. 예를 들면, 만약 학교 매체 센터에서 정기 구독하는 학술지 및 잡지의 내용이나 기사를 학습자들에게 소개하거나, 내용 이해를 위해 일부 내용의 그래픽을 디지털 슬라이드로 만들어 활용한다면 이는 아래와 같은 준거에 의해 공정한 사용으로 볼 수 있다.

- 저작물의 특성이 매우 일반적인 것으로 그 주요 대상이나 시장이 지배적으로 교

육 공동체가 아닌 경우
- 사용의 특성이 비영리적인 경우
- 복사한 부분이 원본의 극소한 일부분인 경우
- 원작을 대체하려는 의도가 없고 학습자들이 잘 활용할 수 있도록 하기 위한 경우

저작권 보유 자료 사용 동의 구하기

저작권 관련 가이드라인을 지키면서 저작권 보유 자료를 자유롭게 사용할 수 있는 다른 방법은 무엇인가? 그것은 분명 저작권 소유자로부터 사용 동의를 구하는 것이며 필요하다면 사용료를 지불하는 것이다. 어떤 경우는 사용료 지불 없이도 원본 자료를 활용할 수 있는데, 예를 들면 시각장애자를 위한 번역이나 혹은 프로그램의 시험적 사용 목적으로 제공된 자료가 이에 해당된다. 저작권 권리소멸 상태의 자료는 저작자 동의 없이 사용할 수 있다.

저작권 자료의 사용 동의를 구하는 가장 좋은 방법은 저작자보다는 그 자료의 출판사나 보급자에게 연락하는 것이다. 저작자가 저작권을 소유하든 아니든 간에 일반적으로 출판사나 보급자가 사용 동의 요청서를 처리하고 비용을 청구하게 된다. 출판사의 주소가 자료에 제시되어 있지 않다면 인터넷에서 그 출판사를 찾을 수 있다.

저작권 자료 사용 동의를 구할 때는 다음 사항을 고려할 필요가 있다.

- 가능한 한 구체적으로 요청한다. 인쇄물 자료의 경우 사용할 쪽수와 정확한 복사분량을 제시하고 가능하면 자료의 복사본을 함께 보낸다. 그리고 자료를 어디서 어떻게 활용할 것인지를 상세히 알려준다.
- 저작권 자료의 사용료는 협상이 가능하다는 점을 기억한다.
- 만약 어떤 이유에서 저작권 자료를 사용하지 않게 되면 이를 출판사나 보급자에게 반드시 알려준다. 만약 이를 알리지 않을 경우 그 자료는 사용된 것으로 간주되어 사용료가 청구된다.
- 저작권이 있는 교수자료의 사용 동의를 구하기 위해 연락하거나 주고받은 기록은 모두 보관해 둔다.
- 다른 방법은 사용료가 없는 매체들을 확보해두는 것이다. 많은 업자들이 사용료 없이 사용할 수 있는 이미지나 사운드를 모아 CD에 저장하여 판매하기도 한다. 이 경우 사용료 면제(royalty free)는 업자의 모음집에 따라 그 의미가 달라질 수 있으므로 사용료 등에 대한 안내문을 꼭 확인해야 한다. 즉 어떤 경우는 제한 조건 없이 자료를 사용할 수 있는가 하면, 어떤 경우는 디지털 방식의 산출물을 만드는 경우 사용이 허용되지 않는다.

보호기간

저작권 보호기간은 1998년의 Sonny Bono 저작권 보호기간 연장 조항에 의해 바뀌었다. 개별 저자의 경우 저작권 보호기간은 사후 70년까지 지속된다. 고용기관의 요구에 의한 저작물의 경우 저작일로부터 100년 또는 처음 출판일 혹은 보급일로부터 75년까지 중 먼저 발생한 것에 준하여 저작권이 보호된다. 1978년 1월 1일 이전의 저작권 소유 저작물은 28년 동안 보호되며, 이후는 저작권을 갱신해야 하며 이 경우엔 원래 저작권일로부터 75년까지 저작권을 보호받는다.

자료의 포맷 바꾸기

비록 아날로그 자료를 디지털 포맷으로 바꿀 수 있다 해도 이는 저작권법 및 가이드라인 위반에 해당된다. 원 저작물의 파생품에 대한 저작권도 원 저작자가 소유한다. 예를 들면, 아날로그 VHS 비디오를 구입하여 디지털 포맷으로 전환하는 것은 불법이다. 마찬가지로 저작권이 있는 인쇄자료를 디지털 포맷으로 전환하는 것도 불법에 해당된다.

저작권이 있는 자료가 든 매체 형태를 다른 매체 형태로 전환하는 것 역시 금지되어 있다. 저작권법은 아이디어가 표현된 매체의 포맷까지도 보호한다(Becker, 2003). 교사들은 도서관에서 빌린 책이나 교과서를 학습자들에게 사용하기 위해 오디오로 녹음할 수 없다. 그러나 시각장애자에게 사용하기 위해 책을 녹음하는 경우는 예외로 하고 있다.

장애 학습자

국가교수자료 접근성 표준(National Instructional Materials Accessibility Standard, NIMAS)은 초중등학교 장애 학습자를 위해 교과서나 다른 교수 자료를 디지털 버전으로 제작 및 온라인 보급하는 데 대한 안내를 제공하여 텍스트를 읽기로 변환하기와 같이 장애 학습자들에게 필요한 형태로 쉽게 전환할 수 있도록 하고 있다.

국가교수자료 접근성 표준은 또한 보편적 학습설계(universal design for learning, UDL) 개념을 포함한 추가적 안내를 제공하고 있다. 보편적 학습설계는 특히 장애가 있는 모든 학습자의 학습기회를 확장하기 위해 고안되었다(Center for Applied Special Technology[CAST], 2009). 보편적 학습설계는 다음과 같은 세 가지 주요 원리를 중심으로 구성된다.

- *표현 수단의 다양성.* 정보나 지식을 획득하기 위해 학습자에게 다양한 선택 기회를 준다.

- *실행 및 나타내기의 다양성.* 학습자들이 알고 있는 것을 다양하게 표현하고 시연할 수 있도록 선택 기회를 준다.
- *참여의 다양성.* 학습자의 흥미 유발, 적절한 도전감 제공, 동기 촉진 등을 위해 다양한 참여 기회를 제공한다(CAST, 2009).

요약

1장에서는 학습에 영향을 주는 공학과 매체에 대한 이해의 중요성을 강조하고 있다. 또한 학습에서 공학과 매체의 역할에 대하여 교사의 관점 및 학습자의 관점에서 논의하였다. 효과적인 학습에 필요한 핵심 리터러시와 공학 도구를 기반으로 하는 다양한 학습상황에 대하여 소개하였다.

PEARSON myeducationkit™

이 장에서 학습한 내용에 대한 이해 정도를 확인하기 위해 본 장의 MyEducationKit에 제시된 'Study Plan'을 완성하시오. 퀴즈를 풀고 그에 대한 피드백을 검토한 후 이 장의 내용 이해를 촉진하는 데 도움이 되는 자원을 살펴본다.

나의 전문성 개발하기

전문 지식 확인하기

1. 21세기 학습 구조의 주요 요소는 무엇인가?
2. 오늘날의 초중등학교에서 나타나는 공학 격차 현상에 대하여 어떻게 생각하는지 설명하시오.
3. 공학과 매체의 차이점은 무엇인가?
4. 매체의 여섯 가지 유형은 무엇이며 각 유형의 주요 특징은 무엇인가?
5. 교사와 학습자는 공학 및 매체 사용 면에서 어떤 차이가 있는가?
6. 오늘날 학습자에게 필요한 리터러시의 여덟 가지 주요 특징은 무엇인가?
7. 교실의 연장선상에서 면대면 수업, 원격학습, 블렌디드 학습에 대하여 기술하시오.
8. 교육적 사용을 위한 저작권법에 관한 핵심 고려사항은 무엇인가?

전문 기능 시연하기

1. 21세기 학습을 위한 구조에 대한 여러분의 생각을 10분짜리 발표 자료로 준비하시오. (ISTE NETS-T 5.C)
2. 실제 수업상황 혹은 가상적 수업상황을 분석하고 수업에서 강화되는 리터러시 기능을 확인하시오. (ISTE NETS-T 2.C)
3. 면대면 수업, 원격학습, 블렌디드 학습의 장점과 주의점을 나타내는 개념도를 준비하시오. (ISTE NETS-T 5.C)
4. 교육적 사용을 위한 저작권법을 잘 적용하기 위하여 저작권 관련 확인 사항 목록 및 안내서를 작성하시오. (ISTE NETS-T 5.C)

전문 포트폴리오 만들기

- *포트폴리오 향상하기.* 웹에서 공학이 통합된 수업을 선택하여 수업의 출처를 밝힌 다음, 1장에서 논의한 주제에 따라 수업을 분석한다. 특히 수업에서 아래에 제시된 사항들에 대하여 어떻게 다루고 있는지를 기록한다: (1) 공학과 매체의 사용, (2) 사용된 매체의 유형, (3) 요구되는 리터러시 기능 유형, (4) 수업의 유형, (5) 교사의 공학 사용, (6) 학습자의 공학 사용, (7) 저작권법이 적용되어야 할 부분. 그리고 분석한 수업에 대하여 성찰하고, 수업의 장단점을 파악하여 작성하고, 학습자의 학습 촉진을 위해 공학과 매체 사용을 위한 제안을 한다. (ISTE NETS-T 5.C)
- *학습 성찰하기.* 여덟 가지 리터러시 기능에 대하여 여러분 자신의 교육적 경험을 위해 요구되는 지식과 기능을 비교하면서 성찰한다. 즉 주요한 차이는 무엇인가? 자신이 지도하는 학습자들이 21세기 지식과 기능을 습득하는 데 있어 가장 힘든 부분과 가장 좋은 부분은 무엇이라고 생각하는가? (ISTE NETS-T 2.B)

보충자료

공학을 교육과정에 통합하기에 관한 출판물

Ashburn, E., & Floden, R. (2006). *Meaningful learning using technology: What educators need to know and do*. New York: Teachers College Press.

Brooks-Young, S. J. (2009). *Making technology standards work for you* (2nd ed.). Washington, DC: International Society for Technology in Education.

Brown, J. M. (2002). Enhancing on-line learning for individuals with disabilities. *New Directions for Teaching and Learning*, 91, 61-68.

Burke, J. J. (2006). *Library technology companion: A basic guide for library staff* (2nd ed.). New York: Neal-Schuman.

Clyde, W., & Delohery, A. (2005). *Using technology in teaching*. New Haven, CT: Yale University Press.

Cummins, J., Brown, K., & Sayers, D. (2006). *Literacy, technology, and diversity: Teaching for success in changing times*. Boston: Allyn & Bacon.

Lamb, A. (2006). *Building treehouses for learning: Technology in today's classroom* (4th ed.). Emporia, KS: Vision to Action.

Male, M. (2002). *Technology for inclusion: Meeting the special needs of all students* (4th ed.). Boston: Allyn & Bacon.

Scherer, M. J. (2003). *Connecting to learn: Educational and assistive technology for people with disabilities*. Washington, DC: American Psychological Association.

저작권에 관한 출판물

Becker, G. H. (2003). *Copyright: A guide to information and resources* (3rd ed.). Lake Mary, FL: Gary H. Becker (P.O.Box 951870, Lake Mary, FL 32795-1870).

Bielfefeld, A., & Cheeseman, L. (2006). *Technology and copyright law: A guidebook for the library, research, and teaching professions* (2nd ed.). New York: Neal-Schuman.

Bottertbush, H. R. (1996). *Copyright in the age of new technology*. Bloomington, IN: Phi Delta Kappa Educational Foundation.

웹링크

교육공학회 저작권 위원회 블로거(Association for Educational Communications and Technology [AECT] Copyright Committee Blog)

http://aect.motime.com

이 블로그는 위원회의 뉴스, 아나운스, 발표 등을 보급한다.

에듀토피아(Edutopia)

www.edutopia.org

George Lucas 재단이 후원하는 에듀토피아는 교사들에게 최선의 특별 보고서, 블로그, 비디오 등을 제공한다.

e학교 뉴스(e School News)

www.eschoolnews.com

이 사이트는 학교의 다양한 활동, 행사 등을 수시로 업데이트 하여 편리하게 제공한다.

교육용 멀티미디어를 위한 공정한 사용 가이드라인(Fair Use Guidelines for Educational Multimedia)

www.utsystem.edu/ogc/intellectualproperty/ccmcguid.htm

공정한 사용을 위한 컨퍼런스에서 교사들을 위해 멀티미디어 프로젝트의 공정한 사용이 무엇인가에 대한 가이드라인을 개발하였다.

Gary Becker의 저작권 정보 사이트(Gaty Becker's Copyright Information Site)

www.beckercopyright.com

이 사이트는 교육자와 사서들에게 저작권법 정보와 자원을 제공한다.

인터넷법 도서관(Internet Law Library)

www.lawguru.com/ilawlib/?id=325

이 사이트는 지적재산과 저작권법에 대한 법률자원 관련 링크를 제공한다.

공학, 교육, 저작권 조화(Technology, Education, and Copyright Harmonization [TEACH] Act, 2002)

www.ala.org/ala/issuesadvocacy/copyright/teachact/highlightsS487.pdf

미국도서관협회는 TEACH Act를 요약하였으며, 이 조항들은 교육목적으로 저작권 보유 저작물을 사용할 수 있는 상황을 확대하여 제시하고 있다.

미국 저작권 담당부서 홈페이지(U.S. Copyright Office Home Page)
www.copyright.gov
이 사이트는 주요 출판물, 저작권법 링크, 저작권 기록, 국회 증언, 최신 정기간행물 등을 제공한다.

제 2 장

21세기 학습자의 이해

학 습 목 표

이 장에서는 ISTE NETS-T 2, 4, 5를 중점적으로 소개하며 다음의 학습결과를 기대한다.

1. 21세기 학습자의 특성을 기술한다.
2. 이 장에서 기술된 학습 이론을 토론한다.
3. 21세기 학습자를 위한 효과적인 교수 원리를 나열한다.
4. 효과적인 공학 및 매체 활용의 원리를 토론한다.
5. 텍스트를 학습에 통합할 때의 장점과 제약점을 비교하고 대조한다.

목적

21세기 학습자의 특성을 이해한다.

서론

학습이란 한 개인이 정보 및 환경과 상호작용해 나가며 새로운 지식, 기술, 태도를 개발하는 것이다. 학습은 마술처럼 일어나지 않는다. 오히려 교사들은 학습이 확실히 일어나도록 하기 위해서 중요한 의사결정을 내려야만 한다. 특히 공학이나 매체를 수업에 통합하고자 할 때 그러하다. 이 장에서는 학습자에 관하여 상세하게 살펴볼 것이다. 그리고 21세기 학습자들의 교육과정을 지원할 수 있는 효과적인 공학 및 매체의 수업 통합 원리에 대하여 살펴볼 것이다.

미래를 위한 지식과 기술 요구사항이 끊임없이 진화하는 도전에 대처하기 위해서 21세기 학습자들은 보다 나은 교육을 받을 필요가 있다(21세기 기술을 위한 파트너십 참조). 오늘의 학습은 불확실한 내일의 준비를 위해 필요하다. 그리고 평생학습이야말로 미래의 지식 및 기술 이동에 어떻게 접근할 것인지를 이해하도록 학습자를 안내하는 데 있어서 토대가 된다. 공학과 매체는 학생들이 글로벌 커뮤니티에 언제든 접속할 수 있게 해주고 그들이 무엇을 어떻게 배워야 하는지에 관한 새로운 길을 열어준다. 이를 통하여 공학과 매체는 학생들이 자신들의 교육을 진전시키는 데 있어서 필수적인 상호작용의 수단이 된다.

오늘날 학생들에게 이용가능한 자원은 학습을 위한 많은 기회를 제공한다.

Shutterstock

어린 시기일지라도 어린이들은 학습기회를 넓히기 위해 공학을 사용하는 것을 배운다.

Jonathan Nourok/PhotoEdit

학생들은 범세계적 이슈들에 대한 보다 깊은 이해를 가지고 교실로 들어가고 있다. 학교에 오는 많은 학생들이 하나 이상의 언어를 사용할 수 있다. 2025년경에는 교실의 절반 이상의 학생들이 영어를 그들의 주 언어로 사용하지 못할 것이라고 예측하고 있다(21세기 기술을 위한 파트너십 참조). 학생들은 이제 다문화 영향에 보다 많이 노출되고 있는 것이다. 더구나 학생들은 공학과 매체의 사용에도 훨씬 유능해졌다. 아동의 상당수가 취학 전부터 이미 학습도구로서 텔레비전을 사용한 경험을 가지고 있다. 또한 많은 학생들이 학습이나 소통 수단으로 컴퓨터를 사용하는 방법에 대하여 이해하고 있다. 의사소통과 상호작용의 또 다른 매체인 휴대전화는 학생들의 사회적, 인종적 배경에 상관없이 모든 학생들을 평등하게 만드는 훌륭한 장치가 되었다.

21세기 학습자의 특성

Donovan과 Bransford(2005)는 교사들이 학생들에게 질 높은 학습경험을 제공하기 위해서는 학생들의 특성을 이해할 필요가 있다고 제안한다. 그들은 21세기 학습자들이 세상이 작동하는 방식에 대한 선입관을 가지고 교실에 들어온다고 말한다. 학생들은 반드시 교실 지식을 자신들의 아이디어와 연결하지는 않는다. 그러나 학생들이 적극적인 학습경험에 몰입하게 될 때에는 그들의 아이디어를 끌어들여 탐색하고 시험해보며 자신의 지식을 발전시켜 나가려 할 것이다. 21세기 학습자들은 능동적이고 실제적인 학습경험 활동에 참여하리라고 기대하고 있다. 21세기 학습자들은 자신의 아이디어를 자신의 방식대로 탐색할 권한을 부여받기를 바란다. 교사에게는 정보를 전달하는 사람이 아닌 코치나 조력자의 역할을 기대한다.

더 나아가, 우리의 교실 학생들은 자신의 탐구역량을 개발할 필요가 있다. 지식은 기하급수적 비율로 증가하고 있기 때문에, 한 개인이 필요한 정보를 즉시 사용할 수 있도록 저장소에 보관한다는 것은 불가능하다. 그러므로, 교사가 학생들이 내용 사실을 수집하기 위한 탐색적 접근방식을 개발하도록 돕는 것이 중요하다. 또한 그러한 탐색적 접근방식은 지식의 이해와 적용을 촉진시킬 목적으로 학생들이 수집한 내용을 설명할 개념적 프레임워크를 구성하도록 도울 수 있어야 한다.

교사들은 21세기 학습이 새로운 정보를 탐색하도록 안내할 수 있다.

Ron Nickel/Newscom

하지만, 21세기 학습자들은 내용을 분리하여 학습하지 않는다. 학생들은 여러 과제에 동시에 참여하며, 정보를 광범위하고 네트워크화된 형태로 바라본다. 학생들은 자신의 독서와 탐구능력을 도전케하는 간학문적 프로젝트를 기대한다. 그러한 프로젝트를 통해서 학생들은 수학, 사회, 과학, 건강과 같은 중첩적인 주제 영역에서의 지식과 기술을 요구하는 문제들을 다루게 된다. 각 학생은 프로젝트에서 요구하는

테크놀로지 통합 사례

뉴테크 고등학교

캘리포니아에서 시작된 뉴테크 네트워크는 혁신적인 고등학교들을 개발할 국가 주도의 사업이다. 이 사업은 대안적인 수업 접근방식을 통해 학생들에게 권한을 위임하면 그들이 창조자, 지도자, 미래의 생산적 시민이 될 것이라는 철학으로부터 시작되었다. 뉴테크 네트워크는 다음과 같은 학생 중심의 학습 환경을 주창한다.

- 문제 기반 학습을 통해 학습자를 참여시킨다.
- 학생들과 교사가 학습경험의 주도권을 함께 갖는다.
- 공학은 전 학습경험을 통하여 통합된다.

이 네트워크의 목적은 학생들에게 학습의 매개수단으로서 비판적 사고, 협업, 문제해결을 강조하는 통합 교육과정을 제공하는 것이다. 이 뉴테크 네트워크에 참여하는 고등학교들의 졸업률은 국가 평균보다 훨씬 높으며, 이는 이 네트워크의 교육과정이 매우 잘 운영되고 있음을 입증하는 것이다. 또한 뉴테크 고등학교의 졸업생은 고등학교 졸업생 평균보다 수학, 과학, 공학 분야에서 더 많이 그들의 경력을 추구하고 있다.

Shutterstock

구체적인 성과와 기대가 있음을 이해하며 이러한 유형의 학습경험에 참여한다. 그러나 그러한 성과에 도달하는 방식은 각 개인마다 다를 수 있다. (〈테크놀로지 통합 사례: 뉴테크 고등학교〉 참조).

또한 21세기의 학습자들은 비디오, 오디오, 온라인 자원과 같은 테크놀로지 자원을 통해 모은 다양한 자원을 사용하면서 책 이상의 다중적 형태로부터 학습하고 싶은 강한 열망을 보여준다. 그리고 학습자들은 블로그나 온라인 저널과 같은 비구조화된 수단을 통하여 타인과 그 정보를 공유한다. 또한 학습자들은 학습경험을 강화하기 위한 방법으로 소셜네트워크를 이용한다. 테크놀로지는 이미 휴대전화 같은 모바일 테크놀로지에 연결되어 분리될 수 없는 개인적 삶의 한 부분이 된 것이다. 트위터나 페이스북 같은 사회적 미디어 도구들을 학습경험에 통합하는 것은 교사와 학습자들이 21세기 학습 공동체 속으로 가깝게 나아갈 수 있게 한다.

다양한 매체 형태 내에서 다중 작업(multitasking)은 21세기 학습자들로 하여금 그들의 학습결과를 통제하는 것을 요구한다. **초인지(metacognition)**는 개인이 자신의 학습을 관찰하고 스스로 학습과정을 어떻게 조절할지를 이해할 능력을 서술하는 데 사용되는 용어다. 학생들이 학습에 대한 책임을 갖도록 안내하기 위해 교사들은 학생들이 그들 스스로 지식 수집 능력을 탐색해 볼 수 있도록 하는 것이 필요하며 또한 학생들의 학습 비율(효율성)과 수준(효과성)을 관찰하는 것이 요구된다. 학생들은 그들이 추구하는 지식과 기능을 깊게 이해하는 과정에 참여하는 데 있어서 효과적이고 효율적으로 학습과제에 접근하고 있는지를 확인하기 위해 자신들의 학습 수준을 자각할 필요가 있다. 자기 자신의 학습과정을 스스로 모니터링하는 것은 성공적인 탐구의 성취를 가능하게 해주며, 유사한 학습 상황에 그 기능들을 적용할 수 있게 해준다. 학습자가 학습을 자기 조절할 수 있도록 안내하는 것은 교사의 역할이다.

과제를 완성하고자 하는 욕구인 **동기(motivation)**는 모든 학생들이 학습해야 하는 중요한 초인지 기능이다. 동기는 사람이 할 수 있는 것보다는 사람이 하고자 하는 것을 정의하는 내적 상태를 말한다(Keller, 1987). 21세기 학습자는 지식과 기능을 강화해 나가는 데 있어서 자기 관찰을 위한 초인지 기능 활용 능력뿐만 아니라 모든 유형의 경험과 기회를 사용하고자 하는 동기 부여 능력이 필요하다.

학생 동기를 이해하는 데 도움이 되는 하나의 접근방식은 Keller의 ARCS 모형이다. Keller는 교사가 수업을 설계할 때 설명할 수 있는 동기의 네가지 본질적 양상을 다음과 같이 기술하고 있다.

- *주의(Attention).* 학생들이 흥미 있고 고려해볼 만한 가치가 있다고 느낄 수 있도록 수업 개발하기
- *관련성(Relevance).* 수업이 의미 있고 학생들의 학습요구와 목적에 부합한다는 것을 확실히 하기
- *자신감(Confidence).* 학생 스스로의 노력을 바탕으로 성공할 수 있다는 기대감을 갖도록 수업 설계하기
- *만족감(Satisfaction).* 학생들이 수업으로부터 받게 되는 내적, 외적 보상 설명하기

다중 지능

교사가 수업을 계획할 때 학생 지능의 다중적 유형을 인식하는 것은 중요하다. **다중 지능(multiple intelligences)**의 개념은 지능의 개념과 일원적인 지능관에 대해 불만족했던 Gardner(2006)에 의해 개발되었다. Gardner는 모든 사람은 같은 능력을 가지고 있지 않으며 같은 방식으로 학습하지 않는다는 것을 언급하며, 지능의 아홉 가지 양상을 규명하였다.

- 구술적/언어적 (언어)
- 논리적/수학적 (과학적/양적)
- 시각적/공간적 (공간 내 대상물 상상하기/항해)
- 음악적/리듬적 (듣기/운동)

- 신체적/운동적 (댄싱/체육)
- 대인관계적 (타인 이해)
- 개인 내적 (자기 이해)
- 자연주의자 (자기 주변과 연계하기)
- 존재론자 (성찰 능력)

Gardner의 이론은 효과적인 교사들은 학생들이 이러한 각 영역에서 강점과 약점이 크게 다를 수 있음을 인식하면서 그들의 각기 다른 학습 능력을 고려할 필요가 있음을 암시한다. 이를 위한 최선의 방법은 학생들의 지각적 선호도와 강점, 정보처리 습관, 동기 요인, 학습능력에 영향을 주는 심리적 특성을 고려하면서 학생 능력차의 범위를 적극적으로 반영하는 수업을 설계하는 것이다. 21세기 학습자들은 각기 다른 능력의 개발상태에서 교실로 들어온다. 교사의 책무는 지식과 기능을 얻고자 하는 학생들의 개별적 접근방식에 관심을 기울임과 동시에 그들의 학습 요구를 해결할 최선의 방안을 결정하는 것이다.

대부분의 수업은 광범위한 학생 능력차에 접근하는 다양한 공학과 매체를 포함할 수 있다. 예를 들어, 여러분은 수업에 언어적 강점을 가진 학생들에게는 작문활동을, 시각적/공간적 능력을 가진 학생들에게는 그래픽 사용을, 신체적/운동적 학습을 선호하는 학생들에게는 야외활동을 포함시킬 수 있다.

지각적 선호와 강점

학생들마다 어떤 감각 기관(시각적, 청각적, 촉각적, 신체적)을 사용하길 선호하고, 익숙해져 있는지가 다를 것이다. 흥미롭게도, 연구는 대부분의 학생들이 청각적 수용에 선호도나 강점을 가지고 있지 않다는 것을 보여주지만 직접 교수법은 여전히 초중고등학교에서 가장 일반적인 수업방식이다(Ross, Smith, Alberg, & Lowther, 2004). 연구는 느린 학습자일수록 촉각적 또는 신체적 경험을 포함하는 조작적이고 능동적인 참여활동을 선호하는 경향이 있다고 밝히고 있다. 그러나 촉각적이고 신체적인 양식에 대한 의존도는 학생들이 성숙해질수록 줄어든다(Ross et al., 2004).

정보처리 습관

교사들은 학생들이 정보를 배우고 처리하는 방식에서 차이가 있음을 발견하게 된다. 이러한 **정보처리** 습관이나 **정신양식(mind styles)**은 구체적 대 추상적, 무상적 대 계열적 양식에 따라 학습자를 분류하는 데 활용된다(Butler, 1986). 그러한 분류작업은 네 개의 부류를 산출한다.

- *구체-계열적.* 학습자는 논리적 순서로 제시된 직접적 체험적 경험을 선호한다.

그들은 워크북, 컴퓨터 기반 수업, 시연, 구조화된 실험실습 등의 방법으로 가장 잘 학습한다.

- *구체-무선적.* 학습자는 시행착오적 접근을 선호하며, 탐구적 경험으로부터 빠르게 결론을 내리는 경향이 있다. 그들은 게임, 시뮬레이션, 독립적인 연구 프로젝트, 발견학습과 같은 방법을 선호한다.
- *추상-계열적.* 학습자는 논리적 계열로 제시된 언어적 상징적 메시지를 잘 해독한다. 읽거나 발표를 듣는 것을 선호한다.
- *추상-무선적.* 학습자는 사람이 하는 설명으로부터 의미를 잘 추출한다. 그들은 메시지뿐만 아니라 화자(speaker)의 음성 음조(tone)나 스타일에 반응한다. 그들은 세계빈곤 같은 복잡한 주제에 대한 집단토의, 질의 응답식 강의, 상호작용 DVD와 같은 매체 활용을 통한 매개 경험 등의 방법으로 잘 학습한다.

심리적 요소

성차, 건강, 환경적 조건에 관련된 요소 또한 학습에 영향을 준다. 남녀 아이들은 다양한 학교 경험에 다르게 반응하는 경향이 있다. 예를 들어, 남자 아이는 여자 아이보다 경쟁적이고 공격적인 경향이 있으며 결과적으로 경쟁적인 게임을 잘 수행한다. 반면, 여자 아이는 토론과 정보 공유와 같은 학생 참여를 포함하는 학습활동을 선호하곤 한다. 그리고 당연한 말이지만, 학습자 요구를 분석할 때 Maslow의 욕구 위계(Maslow & Lowery, 1998)를 기억해두는 것은 중요하다. 배고픔, 온도, 소음, 불빛, 시간대와 같은 학생들의 기본 욕구가 해소되지 않는다면 학생들은 의미 있는 학습 활동에 정신적으로 몰입하기 힘들 수 있다. 교사들은 학생들이 이러한 요소들과 관련해서 각기 다른 선호도와 인내심을 가지고 있다는 것을 발견하게 될 것이다.

편안한 공간을 제공하는 교실은 다양한 학습양식을 보다 잘 충족시킬 수 있다.

Anthony Magnacca/Merrill

학습양식 측정

십 여 년 전에 Dunn과 Dunn(1992)은 학습자들의 학습양식과 환경적 선호도를 측정할 표준 측정도구를 개발했다. 그 측정도구는 여전히 학교 현장에서 가장 잘 알려져 있고 가장 널리 사용되는 측정도구다. 그러한 측정 분석을 바탕으로 개인 학습 프로그램을 처방해온 교사들은 학업 성취도, 태도, 규율을 향상시키는 데 있어서 학습양식 측정도구가 실용적인 가치를 갖는다고 느낀다(뒤에 제공되는 〈무료 및 저렴한 자원〉 참조).

학생의 학습양식 정보를 사용하는 의도는 학습자들의 개인적 요구에 맞도록 수업을 조절하기 위해서다. 다행히도, 학생 학습양식에는 공통적 경향성이 있다. 이러한 경향성이 교사로 하여금 같거나 유사한 학습양식을 가진 다수의 학생들을 위해 수업의 일반적인 조절을 가능하게 한다. 독서공간에 카펫과 안락한 의자를 함께 제공하기, 학습장소에 어느 정도 사적이고 조용한 공간이 되는 잔잔한 전등 배치하기 등은 이러한 학습양식에 수업을 적응한 예라 할 수 있다. 아주 조용한 상태에서 공부하는 데 어려움을 갖는 학생들을 돕기 위해, 교사는 학생들이 MP3 플레이어를 가지고 음악을 조용히 들을 수 있도록 허락할 수도 있다.

ASSURE 모형(3장 참조)은 학습자 요구 해결 과정과 관련한 유용한 전략과 자원을 제공함으로써 학생들의 학습 요구를 충족하기 위한 좋은 의사결정을 내릴 수 있도록 안내할 수 있다. 그 모형을 통하여 교사들은 학습자들의 학습 노력을 도울 수 있는 다양한 전략과 테크놀로지 및 매체의 배치방법이 있음을 알게 될 것이다.

학습이론

교실에서의 공학과 매체의 역할에 대한 교사의 관점은 사람이 어떻게 학습하는가에 관한 신념에 따라 달라진다. 지난 반세기 동안, 몇 가지 지배적인 학습이론들이 있었다. 각 이론은 일반적으로 수업에 대한 시사점을 제공하고 있으며 공학과 매체의 활용에 대한 특별한 시사점을 제공하기도 한다. 여기에서는 주요 학습관점들에 대하여 간략히 정리하고, 각 관점의 시사점을 논의한다. Driscoll (2005)은 이러한 학습이론들과 각 이론이 수업 의사결정에 미치는 영향에 대해 상세히 다룬 바 있다.

학습은 종종 홀로 공부하는 개별 학습자에 의해 가장 잘 일어난다.

Richard B. Levine/Newscom

행동주의 관점

1950년대 **행동주의**의 선구자이며 하버드대학의 심리학자인 B.F.Skinner는 관찰 가능한 행동에 대한 과학적 연구를 수행하였다. 그는 Pavlov의 유명한 개 실험에서 묘사된 반사적 행동보다는 새로운 기능 학습과 같은 자발적 행동에 더 관심이 많았다. 그는 강화, 즉 바람직한 반응에 대한 보상이 유기체의 행동패턴을 형성할 수 있음을 밝혀내었다. Skinner는 일련의 비둘기 실험을 통해서 강화이론이라 알려진 그의 학습이론의 기반을 마련하였다. 그는 동일한 절차가 인간에게도 적용될 수 있을 것이라 추론하였다. 그 연구 결과는 CAI(컴퓨터 보조 수업)의 기반이 되었다. 초기 학습연구와는 달리 Skinner의 연구는 논리적이고 정확하였으며, 교수-학습의 향상에 직접적으로 기여하였다.

행동주의자들은 학습이 일어날 때 머리 내부에서 발생하는 것을 조사하기를 거부했다. 그들은 오로지 관찰 가능한 행동에만 매달렸다. 따라서 행동주의 이론은 상대적으로 간단한 학습과제를 설명하기에 적합하며, 고차적 기술을 가르치는 데는 제한된 시사점을 갖는다. 예를 들어, 행동주의자들은 학습자가 어떻게 정보를 처리하는지에 대해 추론하기를 꺼린다. 많은 사람들은 행동주의의 개념들이 21세기의 교실과 학습자들에게 적합하지 않을 것이라고 주장한다. 그러나 학교에서 가르치는 기초 지식과 기술의 일부는 여전히 행동주의적 교수법을 필요로 한다.

인지주의 관점

20세기 후반, 인지주의자들은 학습자들이 정보를 어떻게 받아들이고, 처리하고, 조작하는지에 대한 새로운 모델을 만들어 냄으로써 학습이론 부문에 새로운 공헌을 하였다. 스위스의 심리학자 Piaget(1977)의 연구에 기반을 둔 **인지주의**는 개인이 환경에 반응할 때 사용하는 정신적 과정을 탐구한다. 즉, 사람들이 어떻게 생각하고 문제를 해결하며, 결정하는가와 같은 과정을 연구한다. 예를 들어 행동주의자들은 연습이 자극에 대한 반응을 강화한다고 하는 반면, 인지주의자들은 장기 기억과 단기 기억의 정신모델을 만들어낸다. 새로운 정보는 단기 기억에 저장된다. 단기 기억에서는 장기 기억에 저장되기 전까지 시연이 이루어진다. 만약 정보가 시연되지 않으면, 정보는 단기 기억에서 사라지게 된다. 그 다음, 학습자들은 인지전략이나 복잡한 과제를 다루는 기능을 개발하기 위해 정보와 기능을 장기 기억에 결합한다.

인지주의자들은 행동주의자에 비해 학습에 대해 폭넓게 지각한다. 학생들은 교사의 안내에 덜 의존하고, 이용 가능한 학습자원을 활용한 자신의 인지전략에 더 의존한다. 많은 사람들은 인지주의적 접근이 학생들이 요구받는 수준, 표준 평가, 21세기형 학생을 가르치기 위한 초인지적 접근 간의 요구에 대한 좋은 절충점을 제공한다고 생각한다.

구성주의 관점

구성주의는 인지주의적 개념을 초월하여 확장된 관점이다. 구성주의는 유의미한 경험 활동에의 참여를 경험적 학습의 본질로 고려한다. 구성주의자들은 정보의 수동적 전달보다 능동적 문제해결과 발견에 관심을 두면서 학습자들이 지각하는 정보세계에 대한 그들만의 해석을 창조할 수 있다는 점을 강조한다. 구성주의자들은 학생들의 학습경험을 그들 자신의 경험세계 속에 맥락화할 수 있다고 주장한다. 또한 수업의 목적은 정보를 가르치는 것이 아니라 학생들이 자신의 이해를 돕기 위해 정보를 해석할 수 있는 조건을 만들어주는 것이라고 주장한다. 수업의 역할은 학생들에게 사실들을 알려주기보다 지식을 구성할 방법을 제공하는 것이다. 구성주의자들은 학생들이 유의미한 맥락(예: Learnig by Doing)에서 실제적인 과제에 참여할 때 학습이 가장 효과적으로 일어난다고 믿는다. 그러므로 학습의 궁극적인 측정은 실생활에서의 사고를 촉진하는 지식의 활용능력이라 할 수 있다. 이러한 구성주의자들의 접근방식은 21세기 학습자들이 불확실한 미래세계에 직면하기 위해 필요한 학습능력과 잘 부합하는 것이다. 21세기 학습자들은 효과적인 해결책을 찾기 위해 기존 지식을 이용할 뿐만 아니라 추가적인 새로운 정보나 기능을 찾아내서 문제들을 해결해야 하기 때문이다.

사회심리학적 관점

사회심리학은 교수-학습 연구에서 또 하나의 잘 정립된 접근방식이다. 사회심리학자들은 교실의 사회적 조직이 학습에 어떻게 영향을 미치는지에 관하여 살핀다. 교실에서의 집단 구조는 어떠한가? (개별 학습인가, 소그룹 형태인가 또는 전체 학습 형태인가?) 권위 구조는 어떠한가? (학생들이 학습활동에 대해 얼마나 통제권을 갖는가?) 보상 구조는 어떠한가? (경쟁보다 협동이 더 권장되는가?)

Slavin(1990)과 같은 연구자들은 협동학습이 경쟁학습과 개별학습보다는 효율적이고 사회적으로 더 유익하다는 입장을 취한다. 그는 소그룹 협력, 학습자 주도 수업, 그룹 활동 기반의 보상전략에 관한 원리를 구체화하는 일련의 협동학습 기법들을 개발했다. 이러한 기법은 4장에서 구체적으로 논의하도록 한다.

21세기 학습자들은 테크놀로지 기반의 사회적 네트워킹을 통해 개발한 많은 기능을 가지고 교실로 들어온다. 사회심리학적 관점의 개념들은 21세기 학습자들이 그들의 학습활동 일부로 사용할 필요가 있는 그러한 독립적 협업 능력을 설명한다.

한 쌍의 학생은 학습과제에 대해 협업할 수 있다.
Bob Daemmrich/PhotoEdit

> 교사들은 학습심리학의 여러 학파들을 절충하는 태도를 개발할 필요가 있다. 물론 특정 학습이론에 대하여 맹신할 필요는 없다. 효과적인 학습이론을 사용하면 되는 것이다. 특정 학습상황이 행동주의 접근에 알맞다고 생각한다면 행동주의적 기법을 사용하면 되는 것이다. 역으로 어떤 상황

에서 인지주의나 구성주의적 접근이 필요해 보이면, 그렇게 하면 되는 것이다. 교실에서 21세기 학습자들을 다루고자 할 때, 어떤 학습이론이 주어진 학습과제의 특정 유형에 가장 잘 적용될 수 있을지를 고려하자.

정보와 교수

교육자로서 정보와 교수를 분별하는 것은 중요하다. **정보**란 지식, 사실, 뉴스, 논평, 내용이다. 정보는 메모로, 교실에서, 교과서로, 웹상에서 표현될 수 있다. 프레젠테이션은 실시간이든, 인쇄물이든, 인터넷상이든지 간에 대개 일반적 내용을 다룬다. 프레젠테이션의 목적은 아이디어나 특정 주제(흥미 유발, 배경정보 제공, 세부 절차사항 제공 등)에 대한 개관을 제공하는 것이다.

학습자들은 보거나 들은 정보의 기억과 사용에 관한 책임을 지지 않아도 된다. 전화번호부 같은 직무 보조자료에 제공되는 정보는 기억하고 있을 필요가 없는 것이다. 필요로 할 때 언제든지 정보를 찾아보면 된다.

컴퓨터는 특정 상황에서 이전보다 더 빠르고 세부적인 정보를 제공하는 것이 가능하다. 그러한 점에서 컴퓨터는 개개인을 조력하고 코치한다고도 볼 수 있다. 비록 업무 도우미 자료나 컴퓨터 도움체제를 빈번하게 사용하여도, 사람은 도움체제를 통하여 제공된 정보를 점점 더 많이 기억하면서 점차적으로 내면화할 수 있다. 학습은 정보나 도움을 적시에 제공하는 것에 목표를 둔 그러한 시스템의 계획된 한 부분이 아니다. 반면, **수업**(instruction)은 학습자들이 바람직한 능력의 변화를 성취할 수 있도록 학습경험의 세심한 배열을 통해 학습을 자극하는 의도적 노력이라 할 수 있다. 수업은 학습을 이끄는 것을 의미한다. 정보에 대한 능동적 참여활동(예: 정보에 대한 질문, 토론, 실천상황에 적용)은 수업의 중요한 요소다. 정보에 대한 유의미한 이해, 기억, 적용능력 습득을 위해서는 연습과 피드백 같은 교수활동이 필요하다. 따라서 교수의 목적은 학습자 능력의 지속적인 변화다. 이것이 교수를 단순히 정보를 제공하는 것과 구분해야 하는 중요한 점이다. 교수란 정보의 배열이자 학습을 촉진하는 환경이다. 여기서 환경은 교수가 발생하는 장소만 의미하는 것이 아니라 정보 제공과 학습 지도를 위해 필요한 전략, 공학, 매체를 함께 의미한다. 학습자나 교수자가

우리는 매일 정보의 홍수 속에 산다.

F. Schussler/PhotoDisc/Getty

이러한 일을 할지 모른다. Gagné (1985)는 교수를 학습자의 내적 학습 과정을 지원하기 위하여 설계된 일련의 외적 이벤트로 묘사한다.

교수 환경을 준비하는 것은 교사들에게 중요한 일이다. 학생들의 학습기회를 만들어 줄 수 있는 책임 있는 교사가 되려면, 그들을 학습공동체 내에서 학습하도록 도와줄 필요가 있다. 교실 블로그, 위키, 소셜 네트워킹 자원, 학습 관리 시스템 등과 같은 협업 학습도구들을 사용함으로써, 21세기 학습자들이 목표와 기대 성과에 도달하는 데 필요한 다양한 수준의 학습경험을 갖도록 도울 수 있을 것이다.

효율적인 교수 원리

교사의 역할은 학습자들에게 요구되는 학습성과를 이끌어내는 학습환경을 조성하는 것이다. 때때로 그러한 성과들은 구체적인 공식 문건이나 국가학습 표준에 근거할 수 있으며, 어떤 상황에서는 개별 학습자들과 성과에 대한 협의에 근거할지도 모른다. 어떤 방향을 취하든지 간에 교사는 학습과정에 학생들을 어떻게 참여시킬지에 대하여 지속적으로 사고할 필요가 있다.

교육자로서 우리의 실천을 향상시키기 위한 방안을 끊임없이 찾고자 할 때, 학습자들을 학습에 어떻게 참여시킬 것인가에 대하여 생각하는 것이 중요하다. 모든 교실상황에서 공통점은 학생들의 학습수준과 학습요구가 다양하다는 점이다. 그렇기 때문에 모든 학생들의 요구를 충족할 최선의 방법을 결정하는 것은 무척 중요하다. 교사는 모든 학생들이 각자의 방식에서 적절히 도전받을 수 있도록 수업방법을 차별화할 수 있는 기술을 습득할 필요가 있다.

이러한 문제에 접근하는 데 있어서 교사는 학생 참여방법에 대한 '최선의' 또는 연구기반의 실천전략 활용을 고려할 필요가 있다. 다음은 다양한 문헌을 통해 발전해온 효과적인 교수 원리다.

- *선수 지식의 평가.* 적절한 수업을 제공하려면 우선 각 학생들의 지식과 기능 수준에 대한 관련 정보를 수집해야 한다. 학생들이 이미 알고 있는 지식에 대하여 알 필요가 있다. 많은 자료와 활동들로부터 학습하기 위해서, 학생들은 선행요구 지식과 기능을 가지고 있어야 한다.(Newby, Stepich, Leman, & Russell, 2010)
- *개인차 고려.* 학습자들은 개성, 태도, 과목에 대한 지식, 기타 많은 것들이 다양하다. 학생들의 다양한 학습 욕구에 대하여 인식하라. 예를 들면, 학생의 집에서 영어가 아닌 다른 언어가 사용되고 있는지와 같은 것이다. 교사들은 학생들의 과거 공학 및 매체 사용 경험이나 어떤 자원이 학생들의 학습을 돕는 데 필수적인

지를 고려할 필요가 있다. 효과적인 수업은 각 개인이 다른 속도로 성장하고, 다른 자료를 학습하고, 심지어 각기 다른 활동에 참여하도록 돕는다. (Cooper & Varma, 1997)

- *목표의 진술.* 교사와 학생들이 수업이 어디로 가고 있으며, 무엇이 달성되고 있는지 알기 위해서 목표는 구체적이어야 한다. 학습목표는 기대되는 결과나 표준에 부합하여야 한다. (Mager, 1997)
- *초인지 기술의 개발.* 학습 접근방식을 선택적으로 모니터링하고, 평가하고, 조절하는 기술은 학생들의 학습을 강화하고 그들을 평생학습자로 만들도록 돕는다. 학습자들은 그들의 학습과정과 학습과정에서 필요로 하는 자원을 이해하는 데 있어서 조력이 필요하다. (Nelson, 1992)
- *사회적 상호작용의 제공.* 교사들과 튜터 또는 그룹 구성원으로 역할하는 동료들은 교육학적 지원은 물론 사회적 지원을 제공할 수 있다. 학습자들은 교실 안팎에서 타인들과 협업하면서 경험과 전문성을 얻는다. (Jonassen, Howland,Marra, & Crismond, 2008)
- *실제적 맥락의 통합.* 학습자들은 실세계 맥락에서 제시된 실제적 지식을 가장 잘 기억하고 적용한다. 기계적 학습은 "불활성 지식(inert knowledge)"으로 이끈다. 즉, 학습자들은 무언가를 알고 있으나 그것을 실생활에 적용할 수 없는 지식을 말한다. 학생들이 그들의 지식과 기술이 주변 세계에 어떻게 접목되는지를 이해하는 것은 매우 유익하다. (Bransford, Brown, & Cocking, 2000)
- *학생들을 관련된 경험에 참여시키기.* 가장 효과적인 학습경험은 바람직한 결과를 위해 필요한 기능을 학습자들이 연습할 수 있게 만드는 경험들이다. 학습자 참여는 학습의 가능성을 증가시킨다. 다양한 맥락에서의 연습은 기억력과 새로운 지식, 기술, 태도의 적용능력을 향상시킨다. 연습은 보다 깊고 오래 지속하는 학습을 촉진한다. (Morrison & Lowther, 2010)
- *빈번하고 적시적이고 건설적인 피드백의 제공.* 학생 학습은 오개념, 오해, 취약점들에 대한 정확한 정보를 필요로 한다. 학습자들은 그들의 생각이 제대로 이루어지고 있는지 알 필요가 있다. 피드백은 교사, 튜터, 컴퓨터의 전자메시지, 게임의 점수체제, 자기 자신으로부터 제공될 수 있다. 학생들은 반응의 부정확함을 아는 것과 함께 실패의 원인과 다음 수행의 향상방법에 대해 알 필요가 있다. 더 나아가 정확한 응답이

학생들을 학습에 참여시키는 것은 바람직한 결과를 성취하는 데 중요하다.

Bob Daemmrich Photography

왜, 어떻게 옳았는지에 대해 세부적으로 아는 것도 학습한 것에 대한 보다 깊은 이해를 돕는다.

이러한 원리의 많은 부분이 3장에서 설명될 ASSURE 모델에 통합되어 있다.

효과적인 공학 활용의 원리

교사들은 수업에서의 공학 활용에 유능해야 한다는 기대를 받는다(Bowes, D' Onofrio, & Marker, 2006). 특히 21세기 학습자들과 함께 일하고, 그들에게 필요한 기능을 가르치고자 할 때 더욱 그러하다. 왜냐하면 교사들은 수업에서 효과적으로 공학을 활용할 뿐만 아니라 학생들이 학습을 강화하기 위해 공학적 도구들을 사용할 수 있도록 안내할 필요가 있기 때문이다. 새로운 공학의 등장은 수업에 통합할 최적의 도구에 대한 중요한 의사결정을 요구한다. 이 책에서는 이러한 새로운 공학 자원을 많이 소개할 것이다.

학생을 위한 **국가교육공학 표준(NETS-S) 위원회**는 학습을 안내할 학생들의 공학사용을 통한 기대사항을 아래 목록과 같이 요약하고 있다(ISTE, 2007).

- 창의성과 혁신
- 소통과 협업
- 조사와 정보 유창성
- 비판적 사고, 문제해결, 의사결정
- 디지털 시민정신
- 공학 조작과 개념

이러한 표준의 많은 부분이 21세기 지식과 기능을 성공적으로 습득하는 데 필수적인 요소들이다. 교사는 학습을 지원하기 위해 학생들의 공학 사용 능력을 강화하고, **공학 리터러시** 능력으로 알려진 위에서 제시된 여섯 가지 역량 영역을 다룰 필요가 있다.

교사들은 학생들의 정보 학습과 지식 소통 방식에 공학을 활용함으로써 내용영역과 정보 리터러시 기능에 관련된 지식과 기능을 적절히 조합할 수 있다. 예를 들어, 날씨에 관한 과학 수업에서 교사는 학생들이 해결해야 할 문제를 제시한다. 학생들은 문제해결을 위해 필요한 정보를 웹사이트에서 검색할 수 있다. 외부의 전문가와 협업할 할 의사소통 도구를 사용할 수도 있다. 협업적으로 문제에 대

교사는 학습을 위해 공학을 사용하는 방법의 모델이 된다.

Shutterstock

한 해결책을 만들어 낼 수 있다. 그리고 창의적 자원을 활용해서 자신의 아이디어를 동료들에게 설명할 수 있을 것이다. 이러한 방식으로 수업에 접근함으로써 학생들의 평가 표준의 많은 부분을 충족하고 학생들이 지식과 기능을 개발하는 데 있어서 실천활동을 안내할 수 있을 것이다.

효과적인 매체 활용의 원리

우리는 정보를 제공하며 우리의 사고에 도전하는 다양한 매체로부터 끊임없이 배우고 있다. 이러한 매체의 사용자로서, 우리는 매체에 어떻게 접근하고 이해하며, 어떻게 내용을 분석하고, 어떻게 새로운 매체의 메시지를 만들어낼 것인지를 알기 위하여 미디어 리터러시 기술이 필요하다(Stansbury, 2009).

다양한 매체로부터 학습하는 방법을 아는 것은 학생들에게 매우 중요하다.
Robert F. Bukaty/AP

이 책에서 다루는 텍스트, TV, 비디오, 기타 매체 자원은 효과적이고 중요한 정보 자원이다. 여러분의 역할은 학생들이 학습에 있어 미디어 자원을 현명하고 안전하고 생산적으로 사용하도록 안내하는 것이다. 예를 들어, 학생들은 TV 뉴스에서 들었던 사실의 증명을 위해 다양한 자원을 찾는 학습을 필요로 한다. 학생들은 그들이 많은 것을 알고 있고, 그들의 결론이 정확하다는 것을 확증하기 위하여 비판적 사용자가 되는 것을 배울 필요가 있다. 앞에서 언급한 ISTE NETS-S는 학생들이 주위에 있는 매체 자원의 성공적인 소비자가 되는 데 필요한 많은 기술을 설명한다.

더욱이, 여러분의 교수적 접근은 학생들에게 지식을 소통하기 위해 매체 자원을 어떻게 활용할지에 대해 탐색할 기회를 제공하여야 한다. 이 책에서 교사가 어떻게 학생들이 지식 및 기술 표현수단으로 매체 활용을 하도록 안내하는지 보여주는 몇 가지 사례를 소개한다.

효과적인 텍스트 활용의 원리

텍스트는 학생들의 학습경험 어디에나 있다. 텍스트 자료는 교과서, 소설과 비소설, 신문, 소책자, 컴퓨터 화면, 잡지, 학습 안내서, 매뉴얼, 워크시트뿐 아니라 학생과 교사에 의해 준비된 워드 문서에도 포함되어 있다. 교과서는 오랫동안 교실수업의 기초가 되어 왔다. 이 책에서 다루어진 여러 형태의 공학과 매체들이 텍스트 기반의 자료와 연계되거나 또는 보조형태로 자주 사용된다.

21세기 학습자들은 텍스트를 공학과 매체의 일상적인 상호작용 과정에서 자주 접하게 된다(〈다양한 학습자를 위한 테크놀로지: 책 읽어주는 컴퓨터와 디지털 책〉 참조). 정보를 모으고 소통하기 위한 수단으로서 텍스트를 사용하는 능력은 **텍스트 리터러시**라고 알려져 있다. 학습 과정의 일부로서 텍스트를 사용한다는 것은 읽기와 쓰기 두 가지 측면이다. 읽기는 텍스트를 살펴보고 메시지로부터 지식을 모으는 능력이다. 쓰기는 연필, 펜, 컴퓨터와 같은 도구를 통하여 텍스트를 생산해내는 능력이다. 읽기와 쓰기 능력은 장기간에 걸쳐 개발되며 교사가 사용하는 공학과 매체는 학생들의 그러한 리터러시 발달에 도움을 줄 수 있다.

교과서 학습은 교실 경험의 한 부분이다.
David R. Frazier/DanitaDelimont.com/Newscom

장점

- *이용성.* 텍스트 기반 자료는 다양한 주제와 형태로 쉽게 이용할 수 있다.
- *유연성.* 텍스트는 많은 목적에 적용할 수 있으며 조명이 있는 환경이라면 어디에서도 사용될 수 있다.
- *휴대성.* 텍스트는 매우 쉽게 옮길 수 있으며, 특별한 장치나 전원 공급을 요구하지 않는다.
- *사용자 친밀성.* 적절하게 고안된 텍스트 자료는 탐색하는 데 특별한 노력을 들일 필요가 없을 만큼 사용하기 쉽다.
- *경제성.* 텍스트 기반 재료는 생산하거나 구입하는 데 비교적 저렴하며 재활용할 수 있다. 어떤 자료는 획득하는 데 매우 저렴하거나 무료다.

단점

- *읽기 수준.* 텍스트 자료의 주된 제약점은 이해를 위해서는 읽기 수준이 요구된다는 것이다. 어떤 학생들은 글을 읽지 못한다. 어떤 학생들은 그들의 읽기 수준을 뛰어넘는 텍스트 자료를 해독하는 기술이 부족하다. 또 다른 학생들은 단어와 용어를 이해할 사전 지식이 부족하다.
- *기억.* 일부 교사들은 학생들에게 많은 사실과 정의를 암기하도록 요구한다. 그

럴 때 텍스트 자료는 단순한 암기도구로 전락하기 쉽다.

- *단어.* 일부 교과서는 많은 양의 단어와 개념을 작은 지면 공간에 소개하고 있다. 그것은 학생들에게 압도감을 느끼게 하는 무거운 인지적 부담이 될 수 있다.
- *일방향 자료 제시.* 대다수 텍스트 자료가 상호작용적이지 않기 때문에 텍스트 자료가 때로는 이해(comprehension) 없이 수동적 방식에서 사용되기도 한다.
- *교육과정 결정.* 교과서는 교육과정을 지원해야 하는데 때때로 교육과정을 간섭하는 경우가 있다. 종종 특정 지역이나 지방의 교육과정 지침에 따라 교과서가 저술된다. 결과적으로 이러한 저작방식은 교과서 내용에 부당하게 영향을 미칠 수 있다.
- *엉성한 검정.* 교과서 선정위원회는 교과서를 주의 깊게 검사하지 않을 수 있다. 심사자의 '5분간의 훑어보기' 만으로 교과서가 채택될지도 모른다.

다양한 학습자들을 위한 테크놀로지

텍스트 읽어주는 컴퓨터와 디지털 책

영어가 모국어가 아니거나 학습 장애를 이유로 읽기가 서툰 학생들은 읽기가 느리고, 부정확하며 지루해한다. 그들은 문구를 몇 번씩 다시 읽기도 하고, 익숙지 않은 단어들을 해독하는 데 힘들어하며, 피로와 스트레스로 고통받는다. 반면, 재능이 있는 학습자는 교실에서 배우는 텍스트 자료가 매우 쉽고 도전하기에는 지루하다고 인식한다.

이러한 다양한 유형의 학습자들에게 적합한 텍스트 형식에서 정보에 접근할 수 있도록 돕는 여러 가지의 자원이 있다. 오디오나 디지털 책은 특정 페이지나, 단원, 제목에 버튼을 누름으로써 즉각적으로 접근하는 것을 가능하게 한다. 청취를 위해서는 책을 재생시키는 기능이 탑재된 휴대용 미디어 플레이어나 CD 드라이브가 내장된 컴퓨터 또는 특정 소프트웨어가 필요하다. 전자책 장치인 Kindle은 읽기 자료를 조작하기 위한 텍스트 기반 수단을 제공한다. 시각 손상이 있거나 심한 학습 장애가 있는 학생들은 'Recording for the Blind and Dyslexic(www.rfbd.org)' 라는 비영리 단체로 부터 CD나 수많은 전자책에 접근 가능하다. 디지털로 저장된 6000개가 넘는 교육 작품(젊은 층에게 인기 있는 소설 등을 포함)이 해당 단체의 91,000개 자료목록에 더해졌다.

Kurzweil Reader(www.kurzweiledu.com)는 제한된 시력을 가진 학생들이 추가적으로 활용할 수 있는 적응적 공학자원이다. 텍스트를 언어로 변환해주는 이 장치는 인쇄/전자 텍스트를 시각 및 청각장치를 통해 강화하는 멀티미디어 접근방식을 제공한다. 이 장치는 스스로 읽을 수 없는 학생들에게 텍스트를 '읽어' 줄 수 있고 심지어 웹페이지나 이메일을 읽어줄 수도 있다.

교육과정과의 통합

텍스트 자료의 가장 보편적인 적용은 정보를 제시하는 것이다. 학생들은 읽기 과제를 부여받고 교실 토론과 평가를 통해 읽기 과제의 내용을 설명할 수 있게 된다. 교사가 손수 만든 유인물은 교사의 프레젠테이션을 보완할 수 있고, 학생들은 유인물을 활용하여 독립적으로 공부할 수 있다. 학생들은 교사가 제시한 정보나 다른 매체로부터 얻은 내용을 증대시키기 위해 텍스트 자료를 사용할 수도 있다. 학생들은 교과서에 수록되지 않은 특정 주제에 대한 정보를 찾기 위하여 보조적인 인쇄 자료(예: 매체 센터의 책이나 잡지)를 참고하기도 한다.

교사는 학습을 촉진시키기 위한 최적의 텍스트 활용 방안에 대한 이해가 필요하다. 양질의 텍스트 기반 자료를 설계하는 것은 몇 가지 기초 요소를 포함한다.

- *글자체 선택.* 명확한 글자체를 선택하는 것은 학습자들이 정보를 읽는 데 도움을 준다는 사실을 기억하라. 한두 가지 글자체만을 선택하라; 한 문서에 다양한 종류의 글자체를 사용할 필요가 없다. 간결하고 깔끔함을 유지하는 것이 텍스트 글자체 선택에 있어 가장 좋다.
- *배경과 패턴.* 텍스트를 페이지나 웹사이트, 파워포인트 프레젠테이션에 배열할 때 주의를 분산시키는 이미지들이 많지 않은 배경을 사용하라. 페이지 여백을 줄이지 마라. 두 배의 공간간격(double space)과 넓은 여백을 사용하는 것이 훨씬 나으며, 이것은 모든 수준의 학습자들의 읽기를 쉽게 만든다.
- *배열.* 학습자들이 정보를 쉽고 빠르게 찾을 수 있도록 이탤릭체나 굵은 서체와 같은 글자 스타일을 사용하라. 표제와 서체의 변화를 통하여 학생들이 가장 중요한 정보를 모을 수 있도록 안내한다. 이것은 특히 학습자들의 주의를 환기시킬 때 유용하다.
- *점검과 교정.* 항상 텍스트 자료를 점검해야 한다. 스펠링을 점검하는 소프트웨어는 도움을 줄 수 있으나 완벽하지는 않다. 여러분은 'then' 의 의미로 타이핑을 했지만 'hen' 으로 받아들일 수도 있다. 스펠링 점검기는 'hen' 을 맞은 것으로 받아들일 것이며, 단어의 오용으로 의미가 부딪힐 것이다. 또한 특별히 조심스럽게 검토하고 필요 시 수정할 필요가 있는 부분이 있는데 모든 학생들이 메시지를 올바로 이해하도록 도울 지침 안내문 같은 중요한 구문

정보는 교과서 이외의 자료에서도 학습될 수 있다.
Davis Barber/PhotoEdit

텍스트 기반 자료는 언제 사용하는가

다음과 같이 학생들의 학습이 강화될 때 사용한다.

지침	예시
학생들이 설명할 필요가 있는 텍스트 정보를 읽게 하기	고등학교 학생들이 온라인에 있는 할당된 기사를 읽는다.
교사 제시 자료를 보충하기	학생들이 특정 주제에 대한 지식을 늘리기 위하여 도서관 책, 백과사전, 신문을 이용한다.
학습활동을 안내할 핸드아웃을 사용하기	학생들이 책 보고서를 작성하기 위하여 단계별 안내를 이용한다.
SQ3R 방법을 실행하기 (〈교실에서 텍스트 자료 사용하기〉 참조)	학생들이 권리장전에 대한 인쇄정보에 대해 개요하고(Survey), 질문을 던지고(Question), 읽고, 암기하고(Recite), 복습한다(Review).

이 이에 해당한다.

텍스트 기반 자료는 읽기를 배운 모든 과목, 모든 연령대의 학생들에게 사용된다. 매체 센터는 수많은 주제와 생각할 수 있는 거의 모든 형태의 텍스트 자료를 제공한다. 지침과 예시는 별도로 제시된 〈텍스트 기반 자료는 언제 사용하는가〉와 〈교실에서 텍스트 자료 사용하기〉에서 찾아볼 수 있다.

교실에서 **텍스트 자료** 사용하기

- 학습자들을 텍스트 자료 학습에 적극적으로 참여시켜라. 한 가지 기법은 학생들이 'SQ3R' 방법을 사용하도록 하는 것이다—개괄 파악하기(Survey), 질문하기(Question), 읽기(Read), 암기하기(Recite), 복습하기(Review). 개괄 파악하기 단계에서는 학생들이 텍스트 자료를 대강 파악하고 개관이나 요약을 읽도록 한다. 질문하기 단계에서는 읽는 동안 답할 질문의 목록을 작성한다. 읽기 단계에서는 학생들이 자료의 전체 구성을 파악하고 중심 개념에 괄호를 치고, 보충 자료에 밑줄을 치며, 이전 단계에서 작성된 질문에 답을 찾게 한다. 암기 단계에서는 읽는 동안 스스로를 테스트해 보도록 하며 내용을 자신의 언어로 표현해 보도록 한다. 끝으로, 복습 단계에서 학생들은 읽기 후 즉각적으로 자료를 다시 점검하도록 한다. 그리고 다음 날, 일주일 후 등에도 자료 복습을 반복해 나갈 수 있도록 한다 (Robinson, 1946).
- 학생들이 목표와 질문을 가지고 독서를 할 수 있도록 안내하라. 그리고 그렇게 하지 못하는 학생이 있다면 워크시트를 제공하라.
- 텍스트 자료 내 시각물의 활용을 강조하라. 학생들에게 내용의 이해도를 높이기 위해 내용 속 시각물을 활용하도록 가르쳐라. (8장 참조)

평가

교사는 학생들이 교실에서 대할 수 있는 모든 형태의 텍스트 기반 자료를 고려하고 싶을 것이다. 또한 학생들이 메시지를 읽고 이해할 능력이 있는지에 관한 학생 읽기 능력을 확인하고 싶을 것이다. 학생들의 읽기 능력을 평가하여 학생들을 적절한 읽기 및 리터러시 학습그룹에 배치함으로써 학생들의 리터러시 수준을 향상시킬 필요가 있다. 예를 들어, 교과서가 개별 학생의 정확한 읽기수준에 대한 고려 없이 일반 학년의 읽기수준만을 고려해 준비되는 경우가 있다. 또한 학생들이 기타 다른 영역의 텍스트 자료를 읽을 수 있는지를 확인하고 싶을 때가 있다. 이 장의 마지막에 제시된 텍스트 자료 선정 평가표가 교실에서 필요한 텍스트 자료를 검토할 때 도움이 될 것이다.

요약

이 장에서는 21세기 학습자의 특성에 대해 논의했다. 또한 교사가 다양한 학생들을 가르칠 때 어떻게 그들에게 적응해야 하는지를 다루었다. 교사는 21세기 학습자들의 요구를 충족시킬 수업을 설계할 필요가 있다. 교사로서 여러분은 학생들을 동기부여하고 그들이 성공적인 학습자가 되기 위해 필요한 지식과 기능을 얻을 수 있도록 도움을 주는 공학과 매체 활용에 준비되어 있어야 한다.

PEARSON myeducationkit™

이 장에서 학습한 내용에 대한 이해 정도를 확인하기 위해 본 장의 MyEducationKit에 제시된 'Study Plan'을 완성하시오. 퀴즈를 풀고 그에 대한 피드백을 검토한 후 이 장의 내용 이해를 촉진하는 데 도움이 되는 자원을 살펴본다.

나의 전문성 개발하기

전문 지식 확인하기

1. 21세기 학습자의 세 가지 특성은 무엇인가?
2. 이 장에서 토의된 학습이론들의 유사점과 차이점을 기술하시오.
3. 효과적인 교수의 8가지 원리는 무엇인가?
4. 효과적인 공학 및 매체 활용의 원리에서 유사점과 차이점을 기술하시오.
5. 텍스트 리터러시란 무엇인가?

6. 텍스트를 학습에 통합하는 장점과 단점을 기술하시오.

전문 기능 시연하기

1. 이 장의 한 주제를 정해 여러분의 생각을 10분정도의 프레젠테이션으로 준비하시오. (ISTE NETS-T 5.C)
2. (실제 또는 가설적) 수업상황을 분석하시오. 수업상황 속에 내재된 학습에 대한 심리학적 관점과 활용된 공학 및 매체를 규명하시오. (ISTE NETS-T 5.C)
3. 교육에서의 공학 및 매체의 역할에 대한 견해를 작성하시오. (ISTE NETS-T 5.C)
4. 여러분의 경험이나 학습에 근거해 교육적 상황에서의 교수공학 및 매체의 실제적 활용을 기술하시오. (ISTE NETS-T 5.A)

전문 포트폴리오 만들기

- *단위수업 강화하기.* 웹이나 교실의 한 단위 수업을 선정하시오. 수업의 특정 부분에 이 책에서 설명된 심리학적 관점(행동주의, 인지주의, 구성주의, 사회심리학적 관점)이 나타나 있다면 어떻게 묘사하고 있는지를 명시하시오. 단위수업의 출처를 인용하라. 해당 수업의 분석과정을 성찰해보면서 장점, 단점, 특정 학생집단에 적용할 때의 추천사항을 제시하시오. (ISTE NETS-T 2.C)
- *단위수업 성찰하기.* 이 장에서 논의된 네 가지 학습 이론 관점에 대해 성찰해보시오. 교사와 학생 양쪽의 관점으로부터 각 학습이론에 근거한 공학 활용 수업의 예를 제시하시오. (ISTE NETS-T 5.C)

보충자료

출판물

Anderson, r., Grant, M., Speck, B. (2008). *Technology to teach literacy: A resource for K-8 teachers* (2nd ed.). boston: Allyn & Bacon.

Callison, d. (2003). *Key words, concepts and methods for information age instruction: A guide to teaching information inquiry.* Englewood, CO: Libraries Unlimited.

Del, A., Newton, D., & Petroff, J. (2007). *Assistive technology in the classroom: Enhancing the school experiences of students with disabilities.* Upper Saddle River, NJ: Prentice Hall.

Erben, T., Ban, R., & Castanda, M. (2008). *Teaching English language learners through technology.* New York: Routledge.

Jonassen, D. H., Howland, J., Moore, J., & Marra, R. M. (2002). *Learning to solve problems with technology: A constructivist perspective* (2nd ed.). Upper Saddle River, NJ: Merrill/Prentice Hall.

O' Bannon, B., & Puckett, K. (2010). *Preparing to use technology: A practical guide to curriculum integration* (2nd ed.). boston: Allyn & Bacon.

Roblyer, M., & Doering, A. (2010). *Integrating educational technolgy into teaching* (5th ed.). Boston: Allyn & Bacon.

웹링크

브라우저로 이 웹사이트에 쉽게 접근하기 위해서는 MyEducationKit의 2장으로 가서 웹사이트 링크들을 클릭하라.

eSchool News
www.eschoolnews.com
이 사이트에서 학교에서의 공학 활용에 대한 최신 동향과 뉴스를 편하게 살펴볼 수 있다.

International Society for Technology in Education
www.iste.org
ISTE는 학습, 교수, 행정 분야에서의 공학 활용을 통해 교육을 향상시키고자 하는 협회이다. ISTE 회원은 교사, 행정가, 컴퓨터 코디네이터, 정보자원 관리자, 교육공학 전문가 등이다.

Kathy Shrock's Guide
http://school.discovery.com/schrockguide/index.html
교사를 위한 많은 자원 사이트들 중에서 학교 교사인 Kathy Shrock에 의해 개발된 사이트다. 이 사이트는 학교 교사들에게 유용한 관련 링크, 수업 지도안, 전문성 개발의 조언을 제공하고 있다.

Partnership for 21st Century Skills
www.21stcenturyskills.org
21세기 기능을 위한 파트너십 조직은 21세기가 요구하는 기능을 교육에 포함시키기 위해 경제, 교육, 정책 분야의 지도자들과 함께 일한다. 변화를 촉진하고 추진할 도구들과 자원들을 제공하고 있다.

무료 및 저렴한 자원

학습양식 측정

Memletics 학습양식 진단지
www.learning-styles-online.com/inventory/questions.asp?cookieset=y
Memletics 학습양식 진단지는 청각, 시각, 언어, 신체적, 논리적, 사회적, 고독의 영역과 관련하여 주도적 및 부가적 학습양식을 측정하는 70가지의 질문을 제공한다.

Abiator의 온라인 학습양식
www.berghuis.co.nz/abiator/lsi/lsitest1.html
이 진단은 청각적, 시각적, 촉각적 학습양식을 측정하는 30항목으로 구성되어 있다.

학습장애 학생의 학습양식 진단지
www.ldpride.net/learning_style.html
LDPride.net은 학습장애를 가진 학생들의 선호 학습양식을 규명할 진단지를 제공한다. 진단결과는 교육자 및 학부모에게 학생의 학습 선호도에 대한 이해도를 높여준다. 이 정보는 개별 학습자의 요구를 보다 잘 충족할 학습환경을 채택하는 데 도움을 준다.

선정 평가표: **텍스트 자료**

PEARSON myeducationkit

이 평가표를 다운로드하여 사용하려면, MyEducationkit의 2장에서 'Selection Rubrics'을 클릭하라.

해당 자료를 찾기 위해 사용할 검색어

____

____

____

제목 ______________________________

자원/위치 ______________________________

일시 __________ 비용 __________ 길이 __________ 분

관련 과목 _______________ 학년 __________

교수 전략 ______________________________

개요

형식

________ 교과서

________ 소설

________ 비소설

________ 컴퓨터 화면

________ 매뉴얼

________ 기타 ________

성취기준/결과/목표

선행필수능력 (예: 선수지식, 읽기능력, 어휘수준)

장점

단점

특이사항

이름 ______________________________ 날짜 ____________

평가 영역	높은 수준	중간 수준	낮은 수준
성취기준, 결과, 목표와의 관련성	성취기준, 결과, 목표가 명시되었고, 텍스트 사용이 학습을 촉진할 것이다.	성취기준, 결과, 목표가 부분적으로 다뤄졌으며 텍스트 사용이 학습을 촉진할 수도 있다.	성취기준, 결과, 목표가 다뤄지지 않았으며 텍스트 사용이 학습을 촉진하지 않을 것이다.
정확성 및 최신성	정보가 정확하고 오래된 자료가 없다.	정보는 정확하나 오래된 자료가 있다.	정보가 정확하지 않으며, 오래된 자료가 있다.
연령에 적합한 용어의 사용	대상 연령에 적합한 언어 및 어휘가 사용되었다.	대상 연령에 거의 적합한 언어가 사용되었으나, 일부 어휘가 연령보다 높거나 낮은 수준이다.	대상 연령에 부적합한 언어 및 어휘가 사용되었다.
흥미 수준과 참여	학습자의 흥미 및 학습 참여를 촉진하는 주제가 제시되었다.	주제가 학습자의 흥미를 대부분 끌고, 대부분의 학습자가의 참여를 유발하는 것이다.	학습자의 흥미 및 학습 참여를 촉진하지 못하는 주제가 제시되었다.
기술 수준	자료는 현존하는 최고의 매체이다.	자료는 어느 정도 문제의 여지는 있으나 양질의 매체이다.	자료는 잘 준비도 되지 않고, 낮은 품질의 매체이다.
편의성(학생 또는 교사)	자료가 사용하기 편하게 되어 있어서 사용자를 전혀 혼동시키지 않는다.	자료가 대부분 사용하기 편하게 되어 있지만, 일부분에서 사용자를 혼동시킬 수도 있다.	자료가 사용하기 편하게 되어 있지 않고, 사용자가 혼동하게 되어 있다.
중립성(편견 등)	편견 및 광고의 의도가 없다.	편견 및 광고의 의도가 약간 있다.	편견 및 광고의 의도가 많다.
사용자 안내 및 지침	사용자 안내서가 수업을 지원하는 데 매우 유용한 자원이 된다. 지침이 교사와 학생이 자료를 사용하는 데 도움이 된다.	사용자 안내서가 수업을 지원하는 데 좋은 자원이 된다. 지침이 교사와 학생이 자료를 사용하는 데 도움이 될 것으로 보인다.	사용자 안내서가 수업을 지원하는 자원으로 보기 어렵다. 지침이 교사와 학생이 자료를 사용하는 데 도움이 되지 않는다.
조직화의 명료성	텍스트 자료가 대부분의 학생들이 정보를 이해할 수 있을 정도로 제시된다.	텍스트 자료가 일부 학생들이 정보를 이해할 수 있을 정도로 제시된다	텍스트 자료가 대부분의 학생들이 정보를 이해할 수 없을 정도로 제시된다.
목차/순서	목차와 순서는 정보접근에 유용하다.	목차와 순서는 정보접근에 어느 정도 유용하다.	목차와 순서는 정보접근에 유용하지 않다.

교실 활용에 추천: ___________예 ___________아니오

교실 활용에 대한 아이디어:

제 3 장

공학과 매체를 수업에 통합하기: ASSURE 모형

학 습 목 표

이 장에서는 ISTE NETS-T 2, 4, 5를 중점적으로 소개하며 다음의 학습결과를 기대한다.

1. 학습자 분석 준거의 세 가지 주요 유형을 진술하고, 학습을 위한 체계적 계획 과정에서 그 준거의 역할을 기술하라.
2. 학습목표의 이론적 근거와 목적을 논의하라.
3. 대상, 행동, 조건, 숙달도를 포함하는 학습목표를 기술하라.
4. 수업자료를 선택, 수정, 설계하기 위한 절차를 기술하고, 그러한 각 선택이 언제 적절한지 지적하라.
5. 공학, 매체, 자료를 활용하는 다섯 가지 기본 단계의 예를 들어보라.
6. 수업 중에 공학과 매체를 사용할 때 학생 참여를 유도하기 위한 방법을 기술하고 정당화하라.
7. 학생의 학업 성취, 공학, 매체, 전략, 수업을 평가하기 위한 기법을 비교, 대조하라.

목 적

교실에서 공학과 매체의 사용을 효과적으로 통합하는 차시를 체계적으로 계획하기 위하여 ASSURE 모형을 사용한다.

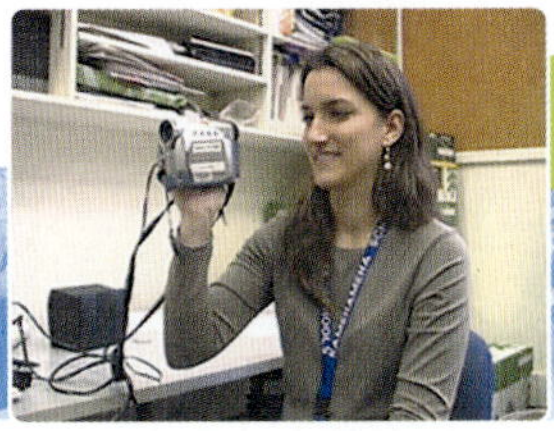

ASSURE 수업 사례 연구

ASSURE 모형은 교사가 교실에서 공학과 매체의 사용을 효과적으로 통합하는 차시를 계획하도록 돕기 위하여 설계되었다. ASSURE 모형의 6단계 사용법을 설명하기 위하여, 각 단계를 기술한 후에, 각 단계의 수업 사례 연구를 제공한다. 함께 제시되는 이 단계들은 실제 학급 교사의 수업계획을 기술하는 표본 ASSURE 차시계획을 구성한다.

이 ASSURE 수업 사례 연구는 흔히 e-포트폴리오라 하는 전자 포트폴리오를 사용하여 학생들의 학습과 의사소통 기술을 향상시키기를 원하는 고등학교 영어 교사인 Tiare Ahu가 사용한 수업계획을 기술한다. Tiare는 가르치는 9학년 학생들이 쓰기와 말하기 의사소통 기능을 향상시키는 데 관심이 부족하다고 생각한다. 학생들은 전형적으로 과거 학습경험에 대한 성찰 없이 숙제를 완성하기 때문에 능력을 향상시키고 개선시키는 데 한계가 있다. 교사는 먼저 학생들로 하여금 학습장을 이용한 쓰기 포트폴리오를 작성하도록 하여 관심을 불러일으킨다. 그러나 학생들은 기존의 학습장을 이용해 숙제를 수정하거나 개선하는 데 어려움이 있었고, 원래의 문서를 손상시키지 않고 반성적 코멘트를 달아주는 것에도 어려움이 있었다. 교사는 이러한 문제점을 학생들이 e-포트폴리오를 사용하도록 함으로써 해결하였는데, 학생들은 이것을 이용하여 숙제를 쉽게 업데이트하고, 수정하고, 반성하는 글이나 비디오를 첨가하였다. 각 장을 통하여 여러분도 전자 포트폴리오 사용을 통합하는 차시 설계를 하기 위하여 Tiare가 ASSURE 모형을 사용한 것을 따라 할 수 있다.

이 장의 ASSURE 수업 사례 연구 비디오를 보려면 MyEducationKit 3장의 'ASSURE Video'를 클릭한다. 전자 포트폴리오로 공부하는 9학년 담당 Tiare Ahu 교사의 영어 수업 비디오를 볼 수 있다.

서론

오늘날 교사들은 학생들이 21세기를 준비하도록 하기 위하여 혁신적인 공학과 매체의 사용으로 전통적인 실제를 넘어서는 흥미 있는 기회를 가진다. 이 장에서는 ASSURE 모형을 소개한다. 이 모형은 학생 학습을 향상시키기 위하여 공학과 매체 사용을 효과적으로 통합하는 차시를 개발하기 위한 단계별 과정을 사용한다. ASSURE 모형으로 개발한 수업은 지역 수준부터 국가 수준까지의 교육과정 표준뿐 아니라 교사를 위한 국가교육공학 표준(교육을 위한 공학국제협회[ISTE], 2008)과 학생을 위한 국가교육공학 표준(ISTE, 2007)(이후에는 NETS-T와 NETS-S라고 함)과 일치한다. ASSURE 모형으로 개발한 수업은 어떤 학교 혹은 지역교육청 수업계획 양식과도 쉽게 일치하는 수업설계를 위한 표준 연구기반 접근을 활용한다.

ASSURE 모형

모든 효과적인 수업은 주의 깊은 계획을 요구한다. 수업 매체와 공학을 포함한 교수는 더욱 더 예외일 수 없다. 이 장은 공학과 매체의 효과적인 사용을 위해 어떻게 체계적으로 계획할 것인가를 검토한다. 우리는 ASSURE라고 하는 첫 머리글자를 딴 절차적 모형을 만들었는데, ASSURE란 효과적인 수업을 보증한다(assure)는 의미도 내포한다.

교수-학습에 대한 일관된 관점은 일련의 연속적인 단계 혹은 수업사태(events of instruction)로 보는 것이다(Gagné, 1985). 연구에 의하면 잘 설계된 수업은 학생들의 흥미를 유발한 후 새 자료를 제시하고, 학생들에게 배운 것을 연습할 기회를 주고, 피드백을 주며, 그들의 이해를 사정한 후, 관련된 후속 활동을 제공한다. ASSURE 모형은 이러한 모든 수업사태를 포함한다.

학습자 분석

ASSURE 모형은 학습 능력에 영향을 주는 학습자 특성을 분석하기 위한 체계적 접근을 제공한다. 분석정보는 학생들의 요구에 맞도록 수업을 계획하는 데 사용된다. 학습자 분석에서는 일반적 특성, 구체적 출발점 능력, 학습양식을 검토한다.

학습을 돕기 위한 ASSURE 모형

학습자 분석(Analyze learners)

수업 계획의 첫 단계는 학습성과와 관련된 것으로 보이는 학습자 특성을 확인하고 분석하는 것이다. 이 정보는 수업설계를 하는 동안에 의사결정하는 것을 안내할 것이다. 학습자 분석을 하는 동안에 고려할 핵심 영역은 (1) 학습자의 일반적 특성, (2) 구체적 출발점 능력(주제에 관한 지식, 기술, 태도), (3) 학습양식을 포함한다.

표준과 목표 진술(State standards and objectives)

다음 단계는 가능한 한 명세적으로 표준과 목표를 진술하는 것이다. 주 혹은 국가 수준의 학생 수행준거에 근거한 지역교육청에서 채택한 교육과정과 공학표준에 따라 진술하라. 잘 진술된 목표는 목표가 의도한 학습자, 시연될 활동(행동), 행동 혹은 수행이 관찰될 조건, 새로운 지식 혹은 기능이 숙달되어야 할 준거를 포함한다. 이 책에서 그 조건은 학습을 지원하고, 학습목표 혹은 표준의 성취를 사정하기 위한 공학과 매체 사용을 포함할 것이다.

전략, 공학, 매체, 자료 선정(Select strategies, technology, media, and materials)

학습자를 분석하고 표준과 목표를 진술하고 나면, 수업의 시작점(학생의 현재 지식, 기능, 태도)과 종결점(학습목표)을 확립한 셈이다. 이제 남은 과제는 목표 성취를 위해 적절한 수업전략, 공학, 매체와 자료를 선택함으로써 이 두 지점 사이의 다리를 연결하는 것이다.

공학, 매체, 자료 활용(Utilize technology, media, and materials)

이 단계는 학생들이 학습목표를 성취하도록 돕기 위하여 공학, 매체, 자료를 활용하기 위한 교수역할을 계획하는 것을 포함한다. 이것을 하기 위해, '5P' 과정을 따른다: 공학과 매체와 자료를 사전에 검토하라(Preview), 공학, 매체, 자료를 준비하라(Prepare), 환경을 준비하라(Prepare), 학습자를 준비시켜라(Prepare), 학습경험을 제공하라(Provide).

학습자 참여 요구(Require learner participation)

효과적인 수업이 되기 위해서는 학습자들의 능동적인 사고 활동을 요구해야 한다. 공식적인 평가가 이루어지기 전에 학습자들에게 그들이 배운 지식이나 기능을 연습해 보고, 그 노력의 적절성에 대한 피드백을 받아 보는 활동을 제공하라. 연습에는 학습자 자기 검증, 컴퓨터 보조수업, 인터넷 활동, 집단 연습이 포함될 것이다. 피드백은 교사, 컴퓨터, 동료 학생들 혹은 자기 평가를 통해 받을 수 있다.

평가와 수정(Evaluate and revise)

photos by Patrick White/Merrill

수업 실행 후에, 학생 학습에 영향을 평가하라. 이 평가는 학생들이 학습목표 성취 정도를 검증할 뿐 아니라, 전체 수업과정과 공학과 매체 사용의 영향을 검증한다. 학습목표와 학생 성취 간의 불일치가 어디에 있었는지 발견되면, 관련 영역에 대한 수업계획을 수정하라.

일반적 특성

학생 학습에 영향을 주는 일반적 특성을 이해하는 것은 중요하다. 이 특성들은 성, 인종과 같은 불변의 변인으로부터 태도, 흥미와 같은 일상적 기반에 따라 변하는 변인까지 포함한다.

학생들의 연령 차이를 확인하고 학습활동 중에 집중하는 능력이나 행동패턴을 더 잘 이해하기 위하여 학생 생활기록부를 검토하라. 집단활동을 계획할 때, 주의집중이나 참여하려는 의욕에 영향을 줄 성차를 고려하라. 예를 들면, 혼성집단은 초등학교 저학년 학급에서는 활동하기 좋으나, 중학생의 학습에는 피하는 것이 좋다. 학생들이 다인종으로 구성되어 있을 때, 문화적 정체성과 가치를 우선하는 수업자료나 예를 선택하라. 예를 들면, 학생들이 수업주제와 그들과의 관련성을 높일 수 있도록 같은 인종의 아동들과 함께 사진과 클립아트를 선택하라. 교사가 학생들의 배경을 이해하면, 그것은 각 학생의 독특한 요구를 반영하는 의미 있는 수업을 설계하고 실행하기 위하여 학생의 태도와 흥미를 관찰하는 것과 결합될 것이다.

구체적 출발점 능력

최근 연구는 학생들의 특정 과목에 대한 선수지식은 어떤 심리적 특성보다 학생들이 어떻게 무엇을 배울 것인지에 대해 더 큰 영향을 준다는 사실을 보고하고 있다(Dick, Carey, & Carey, 2009). 그러므로 수업을 설계하는 데 중요한 요소는 학생들의 구체적 출발점 능력을 확인하는 것이다. 교사는 이것을 비공식적으로(교실에서 설문조사와 같은) 확인할 수도 있고, 더 공식적인 수단(표준화검사를 검토하거나 교사가 제작한 검사나 평가를 하는 것과 같은)으로 확인할 수도 있다. **출발점 검사(entry tests)**는 수업을 잘 이해하기 위해 학생들이 필요한 **선행필수능력(prerequisites)**을 가지고 있는지를 측정하는 평가다. 예를 들면, 여러분이 학생들에게 기하도형의 영역을 계산하도록 가르칠 예정이라면, 출발점 검사는 수업 이전에 교정이 필요한 학생들을 확인하기 위하여 곱셈기능에 초점을 둘 것이다. 많은 수업에서 중요한 선행필수능력은 읽기능력이다. 그러므로 교사는 학생들의 기존의 읽기능력을 검사하거나 배열하기를 원할 것이다.

학습자 분석은 가끔 개별적으로 학생을 검사하는 것을 포함한다.
Ellen Senisi

구체적 출발점 능력을 확인하려면, 그것을 수업에 목록화하고, 수업실행 전에 교정이 필요한 학생을 확인하기 위한 출발점 검사를 포함하라. 교사는 역시 가르치려고 계획한 것을 학생들이 이미 숙달하지는 않았는지 확인하기 위하여 사전검사(pretest)를 실시할 것이다.

ASSURE
수업 사례 연구

학습자 분석

일반적 특성

Tiare Ahu 교사는 평균 수준의 9학년 기초영어 과목을 가르치고 있다. 학생들은 14, 15세이다. 몇 명의 학생들은 학습부진아로 확인되었지만 다른 학생들은 읽기, 쓰기능력이 평균이상이다. 학생들은 사회경제적 환경이 주로 중류층이지만 저소득층까지 분포되어 있고 도시지역의 일반적인 인종 분포를 나타낸다. 일반적으로 학생들은 온순하게 행동한다. 그러나 그들은 수업이 교과서와 지필위주의 활동일때에는 학습에 대한 흥미와 열정이 부족한 편이다.

출발점 능력

일반적으로 학생들은 다음과 같은 것을 할 수 있다.

- 워드프로세서로 문서를 작성하고 저장하기
- 인터넷 검색하기
- 디지털비디오 제작하고 저장하기
- 학년수준의 중상에서 중하수준의 읽기, 쓰기, 의사소통 능력으로 반응하기

학습양식

Tiare는 학생들이 공학과 매체를 통합하는 활동을 통해 가장 잘 학습한다는 것을 알았다. 컴퓨터 사용은 개별화된 작업을 할 수 있고, 학습에 대한 주의 깊은 성찰을 할 수 있기 때문에 내적 동기를 유발한다. 학생들은 선호하는 표현형태가 다양하다: 어떤 학생들은 자기 생각을 교재에 써 넣는 것을 선호하고, 어떤 학생들은 디지털비디오로 자기 생각을 표현하기를 원하고, 어떤 학생들은 오디오로 녹음하는 것을 선호한다. Tiare는 대부분의 학생들이 조용한 분위기에서 작업하기를 어려워하는 것을 알고, 디지털 포트폴리오를 만들 때 MP3 플레이어로 음악을 들으며 하도록 허용한다.

Tiare 교사의 9학년 영어과목 수업에서 전자 포트폴리오를 만드는 것을 보기 위해서 MyEducationKit의 3장 섹션을 찾아보라.

학습양식

학습양식(learning style)은 한 개인이 학습 환경을 지각하고 상호작용하고 정서적으로 반응하는 방식을 결정하는 다음과 같은 심리적 특성이다: 다중지능, 지각적 선호와 강점, 정보처리 습관, 동기, 심리사회적 요인.

학생의 일반적 특성, 구체적 출발점 능력, 학습양식을 분석한 정보는 ASSURE 수업을 설계할 때 의사결정 과정을 안내할 것이다(그 과정의 예는 〈ASSURE 수업 사례 연구〉 참조).

표준과 목표 진술

ASSURE 모형의 두 번째 단계는 수업을 위한 표준과 학습목표를 진술하는 것이다. 수업을 다 하고 난 후에 학습자가 무슨 새로운 능력을 갖게 되어야 하는가? 학습목표는 교육청, 주 혹은 국가 수준에서 확립한 기대하는 학생 수행성과의 기술, 교육과정, 공학 **표준**으로부터 도출된다. 표 3.1에 보이는 바와 같이, 교육과정, 공학 표준은 기대되는 학생

수행의 일반적 기술을 제공하는 반면, 교사 혹은 교육청에서 작성한 학습목표는 전형적으로 매우 구체적이다. **학습목표**는 수업자가 수업에서 행할 계획에 대한 진술이 아니라 학습자가 수업에서 성취해야 할 것에 대한 진술이라는 점을 아는 것이 중요하다.

표 3.1 국가교육과정과 공학 표준 및 학습목표: PK-4 그리고 9-12 예

국가교육과정 표준	국가공학 표준	국가 표준과 일치된 학습목표
국립학교역사센터(NCHS) (http://nchs.ucla.ed를 보라) **K-4 내용 표준:** 주제 2: 학생이 거주하는 주 혹은 지역의 역사 표준 3A: 학생은 학생이 거주하는 주나 지역에 처음 살았던 원주민의 역사를 이해한다. **3, 4학년** 그러므로 학생들은 오늘날의 미국 원주민과 하와이인의 삶이 100년 전 조상의 삶과 어떻게 다른지 비교, 대조할 수 있다.	학생을 위한 국가공학 표준(NETS-S) (www.cnets.iste.org를 보라) **표준:** 1. **창의성과 혁신.** 학생들은 공학을 사용하여 창의적 사고를 진술하고, 지식을 구성하며, 혁신적인 산출물과 과정을 개발한다. 2. **의사소통과 협동.** 학생들은 원거리를 포함하여 개별학습을 지원하고 다른 사람의 학습에 기여하기 위하여, 협동적으로 의사소통하고 작업하기 위한 디지털 매체와 환경을 사용한다. 6. **공학 조작과 개념.** 학생들은 공학 개념, 체제, 조작의 건전한 이해를 나타낸다. **PK-4학년** 수행지표 4: 협동작업 집단에서, 교육과정 영역 내의 디지털 프레젠테이션 혹은 산출물을 산출하기 위한 다양한 공학을 사용한다(1, 2, 6).	과거 100년에 걸친 남서지역 원주민 미국인의 생활양식을 기술하는 다섯가지 상의한 이야기책이 주어지면, 3학년 학생들은 오늘날의 남서지역 원주민 미국인과 100년 전의 원주민 간의 주거, 음식, 전통, 일을 비교하고 대조하는 학부모의 밤을 위한 6장의 슬라이드로 된 파워포인트 프레젠테이션을 만들 것이다.
예술교육 국가표준 (http://artsedge.kennedy-center.org/teach/standards.cfm을 보라) **9~12학년 시각 예술** 내용표준: 1: 매체, 기법, 과정을 이해하고 적용한다. 성취표준: 아이디어의 의사소통이 그들이 사용하는 매체, 기법, 과정과 어떻게 관련되는지에 대한 이해를 나타내는 시각예술의 작업을 지각하고 창조한다.	NETS-S(www.cnets.iste.org를 보라) **표준:** 1. **창의성과 혁신.** 학생들은 공학을 사용하여 창의적 사고를 진술하고, 지식을 구성하며, 혁신적인 산출물과 과정을 개발한다. 2. **의사소통과 협동.** 학생들은 원거리를 포함하여 개별학습을 지원하고 다른 사람의 학습에 기여하기 위하여, 협동적으로 의사소통하고 작업하기 위한 디지털 매체와 환경을 사용한다. **9~12학년** 상이한 역사적 기간, 문화, 국가의 이해를 나타내는 예와 설명이 붙은 온라인 예술 갤러리를 창안하고 출판한다(1, 2).	디지털 카메라, 컴퓨터, 포토샵 소프트웨어가 주어지면, 10학년 학생들은 (1) 자유의 개념을 대표하는 두 가지 기술적 단어와 적어도 세 가지 디지털 사진을 포함한 시각 예술 산출물을 만들고, (2) 자유의 이해를 나타내기 위하여 매체, 기법, 과정의 선택을 지지하는 이론적 근거를 제공할 것이다.

표준과 목표의 중요성

전략, 공학, 매체 선정을 위한 기초. 왜 표준과 학습목표를 진술해야 하는가? 학생들이 수업 결과 무엇을 알고, 할 수 있게 되는지를 분명하게 진술할 때, 학습을 보증할 전략, 공학, 매체를 주의 깊게 잘 선택하게 된다.

평가를 위한 기초. 또한 표준과 학습목표를 진술하는 것은 학생 학습의 정확한 평가를 돕는다. 명백히 진술된 학생 성과는 의도한 지식과 기능을 측정하는 평가를 안내하고, 요구된 표준화검사와 직접적으로 연관된다.

학생 학습 기대를 위한 기초. 학생들이 기대되는 성과를 알게 될 때, 학습활동에 참여하기 위한 준비를 더 잘 할 수 있다. 학습목표는 교사와 학습자 간의 하나의 계약형태로 볼 수도 있다: "교사로서 나의 책임은 학생들이 그 목표를 성취하도록 적절한 학습활동을 제공하는 것이다. 학습자로서 여러분의 책임은 그러한 학습활동에 성실하게 참여하는 것이다."

잘 진술된 학습목표의 ABCD

잘 진술된 목표의 ABCD는 학습목표 진술을 위해 다음과 같이 쉬운 과정을 제공한다: 그 목표가 누구를 위해 의도되는가의 대상(audience), 보여주어야 할 행동(behavior), 그리고 그 행동이 관찰될 조건(condition), 새로운 지식이나 기능이 숙달되어야 할 정도(degree)를 명세화하라.

대상(Audience). 학습목표는 학습자가 수업 후에 무엇을 알고 할수 있는가에 초점을 두기 때문에 표적이 된 학습자를 분명하게 정하는 것은 중요하다—예를 들면, 2학년 학생들. 일년 내내 가르칠 학생들에 대해서는 일반적인 대상 확인자로 '학생들은...' 혹은 흔히 TLW로 단축해서 진술할 수 있다. 개별교육계획이 필요한 학생에 대해서는 목표에 그 학생의 이름을 넣어서 진술할 수 있다.

행동(Behavior). 목표의 핵심은 학습자들이 수업 후에 갖게 될 새로운 능력을 진술할 동사다. 이 동사는 '정의하다(define)', '범주화하다(categorize)', '시연하다(demonstrate)' 와 같은 관찰 가능한 행동으로 진술된다. '알다(know)', '이해하다(understand)', '감상하다(appreciate)' 와 같은 애매한 용어는 관찰 가능한 수행을 표현하지 못한다. 표 3.2에 있는 100개의 목록은 수행을 나타내는 데 도움이 되는 동사 예다.

깊이 있는 이해와 실세계에서 필요한 능력을 반영하는 학생 행동과 수행을 진술하도록 노력하라. 다시 말해서, "수질 보존에 대한 검사에서 정답을 선택하라." 보다는 "가장 친환경적인 것을 확인하기 위한 두 가지 수질보존 체제를 비교하고 대조하라." 라고 진술하라. 혹은 "학습지에 기하도형의 이름을 선택하라." 고 하기보다는 학생들로 하여금 "금문교(the Golden Gate Bridge)에서 사용된 도형을 확인하라." 고 하는 것이 더 바람직하다.

표 3.2 도움이 되는 100개의 수행 용어

제안한 수행 용어			
감소하다(Reduce)	반복연습하다(Drill)	쓰다(Write)	조직하다(Organize)
개요를 말하다(Outline)	발음하다(Pronounce)	알파벳 순으로 하다 (Alphabetize)	준비하다(Prepare)
개정하다(Revise)	배열하다(Arrange)	양분하다(Bisect)	지적하다(Indicate)
계산하다(Compute)	번역하다(Translate)	예언하다(Predict)	지키다(Defend)
계획하다(Plot)	범주화하다(Categorize)	예증하다(Illustrate)	진술하다(State)
곱하다(Multiply)	분류하다(Classify)	완성하다(Complete)	짓다(Build)
구별하다(Distinguish)	선별하다(Sort)	위치를 정하다(Position)	짜다(Weave)
구성하다(Compose)	분석하다(Analyze)	위치를 표시하다(Locate)	차다(Kick)
그래프화하다(Graph)	붙잡다(Hold)	이끌어내다(Derive)	참가하다(Attend)
기술하다(Describe)	비교하다(Compare)	이름을 정하다(Name)	채색하다(Color)
나타내다(Designate)	빻다(Grind)	읽다(Read)	추론하다(Deduce)
다이어그램으로 나타내다 (Diagram)	빼다(Subtract)	입증하다(Verify)	추산하다(Estimate)
대조하다(Contrast)	생산하다(Produce)	자르다(Cut)	추정하다(Extrapolate)
더하다(Add)	생성하다(Generate)	작동하다(Operate)	측정하다(Measure)
던지다(Throw)	선택하다(Choose)	잡다(Grasp, hold)	치다(Hit)
라벨을 붙이다(Label)	선택하다(Select)	재구성하다(Reconstruct)	입력하다(Type)
만들다(Make)	설계하다(Design)	적용하다(Apply)	페인트칠하다(Paint)
말하다(Verbalize)	설명하다(Explain)	전환하다(Convert)	평가하다(Evaluate)
맞추다(Fit)	설치하다(Install)	정의하다(Define)	포장하다(Pack)
부합하다(Match)	세우다(Construct)	제거하다(Remove)	표로 만들다(Tabulate)
명령하다(Order)	교정하다(Correct)	제곱하다(Square)	해결하다(Solve)
명세화하다(Specify)	수정하다(Modify)	제시하다(Present)	행하다(Conduct)
모으다(Assemble)	스케치하다(Sketch)	제안하다(Suggest)	확인하다(Identify)
무게를 달다(Weigh)	스키 타다(Ski)	조각하다(Carve)	흔들다(Swing)
밑줄을 긋다(Underline)	시간을 정하다(Time)	조작하다(Manipulate)	
	시연하다(Demonstrate)		

조건(Condition). 학습목표는 수행이 평가될 조건을 포함해야 한다. 다시 말해서, 그 목표의 숙달을 시연하는 데 학생들에게 무슨 도구나 자료를 사용하도록 허용할 것인가 혹은 허용하지 않을 것인가? 따라서, 어떤 목표는 "과거 100년 동안의 지진발생 목록이 주어지면, 학생들은 시간경과에 따른 경향을 나타내는 선그래프를 그릴 것이다."라고 진술될 것이다. 언어과목 목표는 "참고문헌 없이, 학생들은 영양과 학습의 관계에 대한 300단어로 된 에세이를 쓸 것이다."라고 진술될 것이다.

정도(Degree). 잘 진술된 목표의 마지막 요구는 수용 가능한 최소한의 수행을 판단할 정확성 혹은 능숙성의 정도다. 확실히 학생들은 진술된 기대를 넘어설 수 있다. 고등학교 화학 목표는 "잘 알려지지 않은 6가지 물질과 검사도구가 주어지면, 학생들은 6가지 중에서 5가지를 확인할 수 있을 것이다."라고 진술될 것이다. 범위가 넓은 산출물을 평가하기 위한 정도 혹은 준거를 진술할 때는 평정척도가 적절할 것이다. 예를 들면, 18세기 군주제에 대한 파워포인트 발표에 대한 능숙함의 정도는 다음과 같이 진술될 수 있을 것이다: "평정척도 3점 이상을 성취하라(최고점이 4점인 척도에서)." 평정척도 작성에 대한 자세한 사항은 이 장의 '평가와 수정' 절에 제시되어 있다.

학생들이 수행해야 할 정도를 아는 것은 중요하다.
Stewart Cohen/Stone/Getty

ABCD 목표 점검표

교사의 목표가 학습의도를 어느 정도 잘 나타냈는가를 평가하기 위해서 ABCD 목표 점검표(그림 3.1)를 사용하라. 목표 진술에 대한 더 많은 지침은 Gronlund(2009)의 '교수와 평가를 위한 수업목표 진술(Writing Instructional Objectives

ABCD 목표 점검표

대상(Audience)	적절한 진술	부적절한 진술	진술 없음
목표가 의도하는 학습자를 명세화하라.	☐	☐	☐
행동(Behavior: 행위 동사)			
수업 후 학습자에게 기대된 능력을 기술하라. • 학습자 수행으로 진술 • 관찰 가능한 행동으로 진술 • 실세계 기능을 기술(vs 단순한 검사 수행)	☐	☐	☐
조건(Condition: 자료와 환경)			
수행이 제시될 조건을 기술하라. • 학습자가 사용하거나 사용하지 않을 기재, 도구, 보조도구, 참고자료 • 학습자가 수행해야 할 특별한 환경 조건	☐	☐	☐
정도(Degree: 준거)			
수용 가능한 수행의 적용 가능한 표준을 기술하라. • 시간 제한 • 정확성의 범위 • 요구된 정확한 반응의 비율 • 질적 표준	☐	☐	☐

그림 3.1
ABCD 목표 점검표

for Teaching and Assessment)'에 논의되어 있다.

교사는 교육과정 표준, 교과서, 온라인 수업, 그리고 그 밖의 수업자료에서 나타난 학습목표가 ABCD 요소 중 한두 가지가 부족한 일반적인 형식으로 진술된 것을 발견할 것이다. 교사는 학생들의 특별한 학습요구에 따라 그러한 목표를 수정할 수 있다. 예를 들면 교육청 표준은 "학습자는 분수를 나눌 수 있을 것이다."라고 진술되어 있을 것이다. 수학에 어려움을 느끼는 학생들이 있다면, 교사는 다음과 같은 조건을 추가하여 목표를 수정할 수 있다. "조작물이 주어지면, 학습자는 분수를 나눌 수 있을 것이다." 더 상위수준의 학생들을 위한 목표에는 조작물을 포함하지 않을 것이다.

또한 많은 교육과정 표준은 학습목표 성취에 있어서 학생들을 돕기 위한 공학의 사용이 부족하다. 그러므로, 교사는 다음 예에서와 같이 목표의 조건 요소에 공학을 포함함으로써 학생을 위한 적절한 NETS(NETS-S)를 추가할 필요가 있을 것이다.

- *인구증가, 천연자원, 지구 온난화에 대한 자료와 스프레드시트 소프트웨어가 주어지면*, 6학년 과학과목을 공부하는 학생들은 적어도 세 가지 전망으로부터 천연자원에 대한 인구증가의 영향을 평가하기 위해 스프레드시트를 사용할 것이다.
- *클립아트와 파워포인트 소프트웨어가 주어지면*, 1학년 학생들은 네 명의 학생들의 기분(행복함, 슬픔, 화남, 지루함)을 나타내기 위해 각 슬라이드에 한 학생이 선택한 클립아트 이미지로 4장의 파워포인트 슬라이드를 만들 것이다.
- *미국전쟁에 대한 웹기반 자원과 워드프로세싱 소프트웨어에 접속하도록 하면*, 미국역사 과목을 공부하는 고등학생들은 1차 세계대전과 2차 세계대전 간의 25가지 유사점과 차이점을 보여주는 표를 워드프로세스로 작성할 것이다.
- *Inspiration 소프트웨어와 무선으로 묶은 단어목록이 주어지면*, 언어과목을 공부하는 7학년 학생들은 그 단어들을 6개의 말하기 집단으로 배열하는 개념도를 작성할 것이다.

부진아를 가르칠 때, 개인별로 각 목표에 대한 많은 상이한 표준이 있을 수 있다.

Elizabeth Crews

학습목표와 개인차

학습목표를 개별 학습자의 능력에 맞추는 것은 중요하다. 대부분의 학교에서 진술된 교육이념은 학생들이 충분한 잠재력을 성취하도록 돕는 것이다. 예컨대, 학생들의 능력 수준이 혼합된 학급의 체육 수업에서 학기 중간의 목표는 모든 학생이 운동장에서 100m 달리기를 완료하는 것이지만, 시간 기준은 달라진다. 어떤 학생에게는 12초, 어떤 학생에게는 16초나 20초가 현실적일 것이다. 신체 장애아에게는 1분에 10m를 달리는 것이 중요한 성취가 될 것이다.

학습목표는 학생들이 학습하는 것을 제한하려는 의도가 아니라 오히려 기대된 성취의 최소 수준을 제공하려는 것이다. 학습은 학생에 따라 다른 형태로 나타날 것이기 때문에 뜻밖의 혹은 우연적 학습이 일어날 것으로 기대해야 한다(그리고 그러한 학습을 격려해야 한다). 그러므로 수업 상황에서 학급 토론이나 여러 형태의 학생 참여는 하나의 특정한 목표로 엄격하게 제한해서는 안 된다. 참으로 우연적 학습과 개인차에 따른 학습을 촉진하기 위해 학생들에게 자신의 목표를 몇 가지로 명세화해 보도록 하는 것은 바람직하다(〈ASSURE 수업 사례 연구: 표준과 목표 진술〉 참고).

ASSURE 수업 사례 연구

표준과 목표 진술

표준

- 교육과정—영어표준 4의 교사 전국협의회: 학생들은 상이한 목적을 위해, 그리고 다양한 청중들에게 효과적으로 의사소통하기 위해 구어, 문어, 시각언어(예: 집회, 스타일, 어휘) 사용에 적응한다.
- 공학—3학년 학생을 위한 국가교육공학 표준(공학 산출물 도구): 학생들은 학습을 촉진하고, 생산성을 증가시키고, 창의성을 촉진하기 위하여 공학 도구를 사용한다.

수업목표

1. 다음 질문이 주어지면, 9학년 영어수업 학생들은 과제종이에 목록화된 '최종 연도 성찰' 준거에 일치된 지필 혹은 비디오 성찰에서 다음 질문에 답함으로써 성찰적 사고를 표현하는 능력을 나타낼 것이다.
   - 지난해 동안에 나는 나 자신과 읽기, 쓰기 학습에 대해서 무엇을 배웠는가?
   - 내가 10학년이 되는 다음 해에 이 영역에서 성취하기를 기대하는 것은 무엇인가?
2. 드림위버(Dream Weaver) 소프트웨어를 사용하여, 9학년 영어수업 학생들은 전자 포트폴리오 성찰 폴더에 포함된 준거와 일치되는 '최종 연도 성찰' 이란 제목의 새로운 페이지를 작성할 것이다.
3. 이전에 완성한 작업 파일을 사용하여, 9학년 학생들은 전자 포트폴리오 폴더에 '최종 연도 성찰' 페이지에 접근할 수 있는 포맷으로 비디오 성찰을 올리거나 손으로 작성한 성찰을 추가할 수 있을 것이다.

Tiare Ahu 교사는 3장을 위한 비디오 녹화된 9학년 영어수업을 위한 교육과정, 공학표준, 목표에 대해 토론한다. 9학년 영어과목 수업의 비디오를 보기 위해 MyEducationKit의 3장 섹션을 찾아보라.

전략, 공학, 매체, 자료 선정

공학과 매체의 적절한 사용을 통하여 학습을 지원하는 효과적인 수업을 개발하는 데 있어서 다음 단계는 수업전략, 공학, 매체, 수업자료의 체계적 선정이다. 다음 지침은 선정과정을 설명한다.

전략 선정

수업을 위한 전략을 확인할 때, 우선 교사중심 전략을 사용해야 할지, 학생중심 전략이 더 좋을지 고려하라. 교사 전략은 비디오를 보여주거나 이야기를 읽으면서 개념을 제시하거나 동사를 어떻게 활용하는지 설명하기 위해 상호작용적 화이트보드를 사용하는, 교사의 교수활동을 포함한다. 학생중심 전략은 한 주제의 운율이나 시제에 대한 토의, 인터넷으로 조사하기, 한 과정의 디지털 사진 찍기 혹은 현재 주제에 대해 팟캐스트(podcast)로 듣기와 같이 학생들이 능동적으로 학습에 참여하는 전략이다. 대부분의 수업은 여러 가지 교사 전략과 학생 전략을 포함한다.

Wagner(2008)는 학생들이 NET-S에 따라 사이버 학습을 하거나 21세기 지식과 기능—예를 들면 학생들이 비판적 사고와 문제해결을 통하여 정보를 분석하고 접근하거나, 학급 내에서나 밖에서 다른 사람과 협동하고 의사소통하거나, 창의적이고 상상적이며 적용 가능한 학습에 참여하는—을 사용하는 전략을 배열하는 방법을 제안한다.

수업전략을 선정할 때 중요한 고려사항은 그 전략이 표준과 목표에 따른 학생 성취를 가져올 것인가라는 점이다. 또한 학생들의 다양한 요구를 더 잘 만족시키기 위한 전략을 선정하는 것과 같이, 학생들의 학습양식과 동기를 고려하라. 여러분의 전략이 학생들을 주의집중시키고, 그들의 요구와 관련시키고, 자신감을 갖도록 하기 위하여 적절한 성취수준을 요구하고, 그들이 배운 것에 대한 만족감을 주는 것인지 보려면 ARCS 모형을 참고하라.

공학과 매체 선정

적절한 공학과 매체를 선정하는 것은 복잡한 과제가 될 수 있다—가용한 자원의 방대한 배열, 학습자의 다양성, 추구해야 할 구체적 학습목표.

예를 들면, 비디오는 제시속도가 문제가 되어 핵심내용에 더 쉽게 접근하도록 지원하는 디지털 제시보다 덜 적절할 것이다. 교육용 게임에서는 적절한 연습과 교정적 피드백이 있는지 검토하라. 오디오 이야기책을 선정할 때, 재생음의 선명도, 반복 읽기를 위한 쉬운 되돌리기와 같은 기능을 검토하라. 이러한 과정의 도움을 얻기 위해서는 MyEducationKit에서 공학과 매체를 위한 선정 평가표(Selection Rubrics)를 참고하라.

선정 평가표. 선정 평가표는 특정한 공학과 매체의 질을 판단하기 위한 체계적 절차를 제공한다. 각 평가표는 지정된 공학과 매체(예: 컴퓨터 소프트웨어, 오디오)를 위한 준거뿐 아니라 일관된 선택준거(아래에서 보는 바와 같이)를 포함한다. 교사는 진술된 학습목표를 학생들이 성취하는 데 어느 준거가 가장 중요한지 결정할 필요가 있다.

선정 평가표

- 표준, 결과, 학습목표와의 연계
- 정보의 정확성과 최신성
- 연령에 맞는 언어의 사용
- 흥미수준과 참여도
- 기술 수준
- 사용의 용이성
- 객관성
- 사용 설명과 안내

선정 평가표는 검토될 공학/매체를 평가하기 위한 미리 정의된 평정척도와 함께 매체제목, 출처, 간단한 설명을 넣기 위한 분리된 공간을 가진 양식이다. 이 책을 위한 선정 평가표를 보려면 MyEducationKit를 참고하라.

자료의 선정, 수정, 설계

수업에 필요한 전략과 공학과 매체 유형을 선정했다면, 교사는 수업 실행을 지원하기 위한 자료를 선정할 준비가 된 것이다. 이 단계는 세 가지 일반적인 선정방법을 포함한다: (1) 이용 가능한 자료 선정하기, (2) 기존 자료 수정하기, (3) 새 자료 설계하기.

이용 가능한 자료 선정하기. 교사가 사용한 대부분의 수업자료는 "당장 손에 넣을 수 있는 기존의 자료" 이다. 즉, 학교나 교육청 혹은 그 밖에 쉽게 접근 가능한 출처로부터 이용 가능하거나 기존의 자료이다. 이러한 자원의 대부분은 무료이거나 싼 것이다. 많은 이용 가능한 자료를 어떻게 적절히 선정할 것인가?

공학/매체 전문가 포함시키기. 여러분은 공학/매체 전문가와 만나서 교사의 학습목표, 수업전략, 바람직한 매체 유형에 대해 협의하고 싶을 것이다. 전문가가 교사의 요구에 대해 더 좋은 아이디어를 제공함에 따라, 매체 선정을 위해 학교 도서관/매체 센터 혹은 다른 매체 수집처(공공기관, 교육기관, 지역 도서관)를 조사해볼 수 있다.

다른 교사와 협력하기. 자료 평가는 시간이 걸리고 복잡하기 때문에, 동료교사를 참여시키는 것이 유용하다. 특히 수년동안 매체와 자료를 다루어 본 경험이 있는 교사는 교

학교의 공학/매체 전문가는 교사가 수업을 위한 적절한 수업자원을 검토하고 선정하는 데 도움을 줄 수 있다.

Michael Newman/PhotoEdit

육자원에 대하여 많은 중요한 분석을 할 수 있다. 다른 교사들과 함께 작업하는 것은 자료 사용에 대한 아이디어를 공유하고 박물관 혹은 기관으로부터 더 쉽게 자료를 구할 수 있는 장점이 있다.

매체 자원 안내서 조사. 온라인 혹은 매체 자원 안내서는 무료이거나 싼 자료를 조사하는 데 도움이 된다. 예를 들면, GEM(the Gateway to Educational Material) 데이터베이스(www.thegateway.org)는 수업계획서, 주제별 모음, 학생 자료와 같은 4만 종 이상의 교육자원을 포함하고 있다. 전국교육연합회(NEA)로부터 지원을 받는 GEM은 NASA, 워싱턴 DC의 스미소니언(Smithsonian) 박물관, 국가과학재단, 샌프란시스코의 탐구관을 포함한 국가 최고 박물관, 대학, 정부 프로그램으로부터 정보를 수집한다. 여러분은 주제별, 학년수준별, 핵심어별로 GEM 데이터베이스를 검색할 수 있다. GEM은 자료를 추가하기 전에 각 자원에 대해 자세한 기준 적용과 재검토 과정을 거친다. 교육자를 위한 Kathy Schrock의 안내서는 세 가지 범주로 군집된 수많은 자원 디렉터리와 연결되어 있다: 학교, 일반교육, 유아교육. 또한 공학, 장치, 방법, HTML-인터넷, 일반교수, 제2의 인생(Second Life), 웹2.0에 대한 권고문 제목과 연결되어 있다(http://school.discoveryeducation.com/schrockguide/edres.html).

기존 자료 수정하기. 학생들의 다양한 요구에 부응하기 위해 노력할 때, 학습목표에 더 근접하도록 하기 위해 기존 자료를 수정해야 할 필요를 느낄 것이다. 공학은 기존자료를 수정하기 위한 여러 가지 방법을 제공한다.

다행스럽게도, 많은 교육자원은 저작권에 저촉되지 않는 디지털 파일로 혹은 종이 복사물로 제공된다. 디지털 자료는 전형적으로 내려받기가 가능한 자원을 제공하는 교육용 웹사이트에서 찾을 수 있다. 예를 들면 수업지침, 교사 파워포인트 프레젠테이션, 쉬운 데이터를 입력하게 포맷되어 있는 엑셀 스프레드시트 등이다.

그러나 자료가 PDF나 혹은 종이형태로만 이용이 가능할 때, 디지털 스캐닝을 하거나 복사기를 적절히 사용하여 수정할 수 있다. 예를 들면, 편집용 소프트웨어를 이용하여 자료를 스캔하거나 수정할 수 있다. 또 다른 방법은 종이자료 원본을 수정하고 그 자료를 다시 복사하는 것이다. 예를 들면, 학생들이 메뚜기 그림 20마리를 분류하기를 원한다면, 가지고 있는 자료가 50마리로 되어 있을 경우 30마리를 주의 깊게 가린 후에 나머지를 복사할 수 있을 것이다.

상업적으로 제작된 자료를 사용하거나 수정할 때에는 그 자료의 경고문을 잘 읽어보고 저작권법을 위반하지 않는지 유의해야 한다. 의심스럽다면, 학교 매체 전문가, 행정가 혹은 법률 고문에게 문의해보라. 일반적인 저작권 지침은 1장에서 언급되었다.

스캐너와 사진복사기는 수정된 수업자료를 복사하는데 사용될 수 있다.
David Young-Wolff/PhotoEdit

새 자료 설계하기. 기존 자료를 이용할 수 없거나 쉽게 수정할 수 없을 때 수업자료를 직접 설계할 필요가 있다. 그것은 손으로 만든 괘도(flip chart)로부터 유인물, 프레젠테이션, 온라인 웹퀘스트(WebQuest)를 제작하는것에 이르기까지 다양하다. 뒷장에서 다양한 공학과 매체를 포함한 의미 있는 자료를 개발하기 위한 지침이 제공될 것이다. 수업자료를 설계할 때, 핵심 고려사항은 학습자 요구와 학습목표임을 명심하라(〈ASSURE 수업 사례 연구〉 참고).

공학, 매체, 자료 활용

이 단계는 공학, 매체, 자료를 활용하기 위한 교사의 역할을 계획하는 것을 포함한다. '5P' 절차를 따라라: 공학, 매체, 자료의 사전 검토와 준비(Preview and prepare the technology, media, materials), 환경 준비(Prepare the environment), 학습자 준비(Prepare the learners), 학습경험 제공(Provide the learning experience).

공학, 매체, 자료 사전 검토

선택하는 과정에서 여러분은 학습자에게 적절한 공학, 매체, 자료를 확인했다. 이 단계에서 학습목표와 관련하여 선택된 공학, 매체를 사전 검토하는 것이 필요하다. 그 목적은 수업에 직접 일치된 부분을 선택하는 것이다. 예를 들면, 여러분의 수업목표가 전치사의 정확한 사용에 있다면, 수업목표와 일치되는 반복연습 활동을 발견하기 위해 여러 가지 언어과목 소프트웨어 프로그램을 사전에 검토하라. 그리고 전체 계열보다는 소프트웨어의 전치사 영역만을 포함한 수업을 설계하라. 마찬가지로, 비디오 다큐멘터리를 사용하려면, 수업과 직접 관련된 장면을 선택하라. 그리고 DVD는 표적 장면에 쉽게 접근하도록 해준다는 것을 기억하라.

교사는 결정할 때 이미 출판된 리뷰, 배포자의 광고, 동료교사들의 평가를 참고하였

ASSURE
수업 사례 연구

전략, 공학, 매체, 자료 선정

전략 선정

Tiare Ahu 교사는 전자 포트폴리오 수업을 위해 교사중심, 학생중심 전략을 선택한다. 전자 포트폴리오 사용의 전체 목적을 재검토하기 위해, 그리고 마지막 성찰을 완성하기 위한 가이드라인을 학생들에게 소개하기 위해 교사중심 전략을 선택한다. 학생들이 그들의 학습에 대해 손으로 작성하거나 비디오로 녹화한 성찰을 전자 포트폴리오에 추가하도록 하기 위해 학생중심 전략을 사용한다. 교사는 전자 포트폴리오가 학생들의 주의를 끌도록 하기 위하여 학생들에게 ARCS 모형(Keller, 1988)을 사용하도록 안내한다. 관련성 성취를 위해서 학생들은 자신의 일 년에 걸친 개인적 성장과 다음 해를 위한 목표를 반영한다. 학생들의 자신감은 다른 전자 포트폴리오 활동에서 이전에 숙달한 기능을 이 수업에 사용하도록 함으로써 강화된다. 학생들은 색채, 클립아트, 사진과 같은 디지털 매체로 자신의 성찰을 개별화함으로써 만족감을 얻는다.

공학과 매체 선정

이 수업은 웹기반 포트폴리오를 만들기 위해서 블랙보드(Blackboard) 과정 관리 소프트웨어와 드림위버(DreamWeaver) 소프트웨어를 지속적으로 사용한다. 또한 이 수업은 학생 성찰을 기록하기 위해 디지털 비디오 카메라가 필요하고, 비디오 성찰을 편집하기 위한 아이무비(iMovie) 사용이 필요하다. 다음 가이드라인은 교사가 공학과 매체 선택의 적절성을 평가하는 데 도움을 준다.

- *표준, 결과, 학습목표와의 연계.* 소프트웨어는 학생들이 학습목표를 성취하기 위해 필요한 도구를 제공해준다.
- *정보의 정확성과 최신성.* 공학과 매체 선정을 위해 적용할 필요가 있다.
- *연령에 맞는 언어의 사용.* 소프트웨어 적용은 9학년을 위한 적절한 수준으로 쓰여진다.
- *흥미수준과 참여도.* 소프트웨어 적용은 학생들이 그들의 전자 포트폴리오를 개별화할 수 있는 형태로 제공된다.
- *기술 수준.* 소프트웨어 적용은 기술적으로 우수하다.
- *사용의 용이성.* 응용프로그램은 초기에 훈련이 필요하고 연차적으로 학생이 쉽게 사용하도록 기능을 재검토하는 것이 필요하다.
- *객관성.* 소프트웨어 적용은 편향성을 지양한다.
- *사용 설명과 안내.* 온라인은 소프트웨어를 비교적 쉽게 사용하도록 도와준다. 학생들은 대부분 기술적 어려움을 자주 동료나 교사에게 질문하거나 혹은 공학적 도움을 요구한다.

자료 선정

이 수업을 위한 자료는 전자 포트폴리오의 최종 성찰을 만들거나 추가하는 것을 자세히 설명하는 교사제작의 학생 학습지를 포함한다. Ahu 교사는 학습지가 매우 구체적이고 자세한 것을 요구하기 때문에 이용 가능한 자료를 사용할 수도 혹은 기존 자료를 수정할 수도 없었다.

Tiare Ahu 교사가 9학년 영어과 수업에서 사용한 전략, 공학, 매체, 자료를 보기 위해서 이 교사의 9학년 영어수업 비디오를 보여주는 MyEducationKit의 3장 섹션을 찾아보라.

지만, 그것을 사용하기 전에 교사가 직접 그 자료를 사전 검토해야 함을 명심하여야 한다. 그 자료의 잠재력을 충분히 발휘하여 사용할 수 있도록 내용을 전체적으로 사전에 검토하는 것만이 몇몇 컴퓨터게임, 비디오, 온라인 혹은 인쇄된 정기간행물에서 발견되는 부적절한 내용이나 언어에 학생들이 노출되지 않도록 보증할 것이다.

수업을 계획할 때 다양한 공학, 매체, 자료를 주의 깊게 사전검토하라.

Lori Whitley/Merrill

공학, 매체, 자료의 적절한 사용을 보증하기 위한 시설을 배열함으로써 환경을 준비하라.

Lori Whitley/Merrill

수업목표의 성취를 지원하기 위한 공학, 매체, 자료를 준비하라.

Velerie Schultz/Merrill

수업활동에 충분히 참여하도록 학습자를 주의 깊게 준비시켜라.

Lori Whitley/Merrill

공학, 매체, 자료 준비

다음으로 교사 자신이 계획하는 수업 활동을 지원해주는 공학, 매체와 자료를 준비할 필요가 있다. 첫 단계는 필요한 모든 기재와 자료를 모으는 것이다. 그리고 그 자료를 사용할 순서와 교사가 그것을 가지고 무엇을 할 것인지 결정하라. 예를 들면, 교사는 난이도가 다른 일련의 질문을 준비하거나 혹은 새로운 주제에 대한 질문을 준비함으로써 교육용 게임을 사용하는 방법을 변화시키기를 원할지도 모른다. 혹은 비디오의 오디오 부분이 학생 요구와 일치하지 않는다면, 교사는 그 오디오 부분을 빼고 교사 자신이 직접 설명할 수도 있다.

각 수업에 필요한 자료와 기재 목록을 만들거나 그 활동의 제시 순서의 개요를 만들어라. 마지막으로, 수업 실행 전에 자원의 사용을 연습하라.

환경 준비

학습이 일어나는 곳은 어디든지—교실, 실험실, 매체 센터—공학, 매체와 자료를 효과적으로 사용할 수 있도록 시설이 갖추어져야 할 것이다. 어떤 매체는 암실, 편리한 전원, 접근하기 쉬운 전기 스위치가 요구된다. 교사는 사용할 기재가 작동하는지 사전에 점검해야 한다. 모든 학생들이 잘 볼 수 있고 들을 수 있도록 시설을 배치하라. 협동학습을 할 때에 학생들이 서로 마주 보고 들을 수 있도록 좌석을 배열해야 한다.

학습자 준비

학습에 관한 연구 결과, 어떤 활동을 통한 학습은 학습자가 수업에 대해 얼마나 준비되었느냐에 크게 달려 있다(Garne, Briggs, & Wager, 1992). 우리는 쇼 프로그램에서 연예인들이 적당히 달아오르는 청중의 열기에 사로잡힌다는 것을 안다. 효과적인 수업도 다음 중 하나 이상의 적절한 준비가 필요하다.

- 수업 내용에 대해 전반적인 개요를 제시하는 안내
- 그 내용이 실세계 적용과 어떤 관련성이 있는지 말해주는 논리적 설명
- 그 내용에 대해 알아야 할 필요성을 느끼게 하는 동기적 진술
- 수업의 특별한 측면에 주의를 기울이도록 지시하는 단서

이 모든 경우에 있어서 교사는 학생들이 공학과 매체를 사용하는 데 필요한 어떤 새로운 기능을 소개하고, 학습목표를 제시하고, 친숙하지 않은 어휘를 소개하고, 수업에 필요한 선행필수 기능을 재검토하기를 원할 것이다.

학습경험 제공

지금 교사는 학습경험을 제공하려고 한다. 흔히 교사중심 학습경험 제공은 프레젠테이션, 시연, 반복연습 혹은 개인교수 등을 포함한다. 하나의 전략으로서 프레젠테이션을 사용함에 있어서, 다음에 제시된 〈교실에서 프레젠테이션 기술 사용하기〉의 프레젠테이션 기술 지침을 따르는 것이 중요하다. Tiare Ahe 교사의 〈ASSURE 수업 사례 연구: 공학, 매체, 자료 활용〉 참조).

학습경험을 제공할 때, 교사중심 활동, 학생중심 활동이 모두 활용 가능함을 기억하라.

Lori Whitley/Merrill

교실에서 프레젠테이션 기술 사용하기

계획하기

- *학습자를 분석하라.* 여러분이 제시하려고 하는 주제와 관련하여 학습자들의 요구, 가치, 배경, 지식수준, 오개념은 무엇인가?
- *학습목표를 명세화하라.* 학생들은 무엇을 해야 하는가? 제시하는 데 얼마나 많은 시간이 걸리는가? 목표와 내용을 허용된 시간 내에 할 수 있도록 제한하라.
- *가르칠 핵심을 확인하라.* 주요 아이디어를 브레인스토밍하라. 그것을 독서 카드나 접착 메모지(stick on note)에 적어라. 대부분의 프레젠테이션은 5~9개 주요 요점을 포함할 것이다.
- *하위 요소와 보충자료의 자세한 내용을 확인하라.* 독서 카드와 접착 메모지를 다시 사용하라. 각각의 주요 요점에 대해 하위요점 5~9개로 제한하도록 노력하라.
- *논리적 순서로 프레젠테이션을 조직하라.* 다음은 간단한 조직전략의 예다.
  1. 개관: 여러분이 말하려고 하는 것을 미리 개략적으로 그들에게 말하라.
  2. 제시: 그들에게 내용을 제시하라.
  3. 정리: 그들에게 말했던 것을 다시 말하라.

연습하기

- 프레젠테이션할 때 내용을 읽는 것이 아니라 말하도록 스크립트보다는 핵심단어를 사용하라.
- 각 아이디어를 복습하기 위해 머릿속으로 전체 제시 내용을 순서적으로 그려보라.
- 프레젠테이션할 교실이나 그와 비슷한 곳에서 일어서서 연습해보라.
- 예상되는 학습자 질문에 대한 대답을 연습하라.

제시 환경 준비하기

- 교실 배열을 체크하고 기재가 제대로 놓여 있는지, 제대로 작동하는지 점검하라.
- 컴퓨터 혹은 비디오 투사를 위해, 앞면 중앙에 스크린을 준비하라(그림 A).

A.

- OHP용 스크린 혹은 괘도(flip chart)는 교실 코너에 45도 각도로 놓아라. 오른손잡이면 OHP용 스크린을 오른쪽에, 괘도를 왼쪽에 놓아라. 왼손잡이면 그 반대로 놓아라(그림 B).

B.

- 앞면 중앙에 공부할 자료를 놓아라. 더 이상 공부하지 않을 때는 그것을 치워라.

제시하기

불안

- 여러분이 신임교사이거나 새로운 내용을 제시할 때, 제시하기 전이나 제시 중에 불안해하거나 긴장하는 것은 당연하다.
- 적절한 계획과 준비는 불안을 경감시켜 준다.
- 제시 불안의 에너지를 적극적으로 이용하라. 그것을 신체 움직임, 제스처, 목소리 크기 등에 적극적으로 이용하라.
- 천천히 심호흡하라. 심장 혈관 체제가 불안 증상

을 낮추고 완화시킬 것이다.

전달

- 더 많은 주의를 끌기 위해 제시할 때 일어서라.
- 시선접촉을 유지하기 위해 학습자와 대면하라. 학생들이 여러분의 얼굴표정을 보게 하라.
- 화이트보드를 사용할 때, 판서를 한 후에 말하라(그림 C).

C.

- 학습자와 더 많은 개인적 접촉을 하기 위해 교탁 앞이나 옆에 서라. 더 자연스럽게 보일 것이다.
- 말할 동안 움직여라. 한 곳에 계속 서서 아무런 제스처도 하지 않는 것은 학생들의 주의집중을 쉽게 잃도록 한다. 움직이면서 몸짓을 하라. 그러나 지나치게 하지는 말라.
- 자연스러운 제스처를 써라. 친구들과 활기차게 대화해 왔다면, 교실에서도 그렇게 할 수 있도록 제스처를 연습하라.
- 포켓 속에 손을 넣지 말라. 손을 등 뒤로 돌려 잡지 말라. 손을 신경질적으로 비틀지 말라. 볼펜이나 다른 것을 돌리거나 장난치지 말라.

목소리

- 자연스러운 대화체를 사용하라. 직접적이고 개인적인 태도로 학습자와 관계를 맺어라.
- 제시자료를 읽지 말라. 제시자료의 일부가 단지 정보 전달이라면, 학생들에게 복사해서 나눠 주어 읽게 하라.
- 학습자 요구와 내용의 복잡성에 맞게 편안한 속도로 말하라.
- 교실 뒤에서도 들을 수 있도록 충분히 크고 분명하게 말하라. 목소리 크기가 적당한지 의심스럽다면, 뒷줄에 있는 학생에게 잘 들리는지 물어보라.
- 핵심을 제시한 후 약간 멈추는 것은 그것을 강조하는 좋은 방법이다. 아이디어가 중요할수록 일시 중지함으로써, 다음 아이디어로 넘어가기 전에 그 단어를 마음에 새겨보게 하는 것은 중요하다.

시선 맞추기

- 학습지와 시선을 맞추라. 시선 맞추기는 여러분의 프레젠테이션을 1:1의 대화처럼 만들 것이다.
- 학습자의 주의집중을 유지하는 최선의 방법은 적어도 3초동안 각 학생과 눈을 맞추는 것이다. 학습자를 너무 빨리 스쳐 지나가거나 벽이나 스크린을 쳐다보거나 오랫동안 주목하지 말라.

학습자 참여

50년 전에 Bloom 등(1956)이 예측한 것처럼, 오늘날 세계경제는 학생들이 단지 정보를 알고 해석하는 것보다는 그것을 적용하고, 분석하고, 종합하고, 평가하는 경험을 가지고 **연습(practice)**하기를 요구할 것이다. 이것은 학습이란 학습자들이 목표를 성취한 정도와 그들의 수행을 향상시키는 방법을 알도록 정보적 **피드백(feedback)**을 받기 위한 관련된 실제적 경험으로부터 능동적으로 정신적 과정을 구성하는 것이라고 하는 구성주의적 관점을 반영한다. 학생을 위한 NETS(NETS-S)는 다양한 공학과 매체 사용을 통하여 이러한 학생 참여 수준을 지원한다.

ASSURE
수업 사례 연구

공학, 매체, 자료 활용

공학, 매체, 자료 사전 검토

Tiare Ahu 교사는 사이트맵과 드림위버(DreamWeaver)의 속성 선택, 디지털 비디오 카메라와 아이무비(iMovie) 소프트웨어 사용법을 사전 검토한다.

공학, 매체, 자료 준비

Tiare는 학생들이 손으로 쓰거나 비디오로 녹화하여 그들의 '최종연도 성찰'을 완성하기 위해 무엇을 해야 하는가를 설명하는 유인물을 만든다. 그녀는 또한 자신의 표준 전자 포트폴리오를 위하여 '최종연도 성찰'을 하나 추가한다.

환경 준비

이 수업은 컴퓨터실과 비디오 녹화실에서 할 것이다. 컴퓨터실의 각 컴퓨터는 드림위버와 아이무비 소프트웨어가 작동하는지, 모든 컴퓨터가 서버에 저장되고 프린트되는지 점검할 필요가 있다. 녹화실은 학생들이 녹화하도록 디지털비디오를 위해 삼각대가 설치되어야 하고, 적절한 배경으로 좌석이 배치되어야 한다. 교사는 디지털 매체 저장 기재에 학생 비디오 성찰을 저장하기 위한 충분한 공간이 있는지 점검해야 한다.

학습자 준비

학습자를 준비시키기 위하여, 교사는 수업을 소개하고 학습목표를 재검토한다. 각 학생들은 전자 포트폴리오를 위한 '최종연도 성찰'을 완성하는 데 대한 유인물을 받는다. 또한 유인물은 성찰을 위한 평가준거를 포함한다.

학습경험 제공

교사는 학생들이 전자 포트폴리오에 성찰을 추가하는 방법을 재검토하고, 손으로 작성하거나 비디오 작업을 할 때 그들을 점검함으로써 학습을 안내한다.

Tiare Ahu 교사가 e-포트폴리오를 위한 공학, 매체, 자료를 활용하는 방법을 보기 위해, 이 교사의 9학년 영어수업 비디오를 보여주는 MyEducationKit의 3장 섹션을 찾아보라.

연습

수업목표는 학생들이 수업 후에 무엇을 할 수 있는지를 분명하게 진술한다. 따라서 새로운 지식과 기능과 함께 분명한 연습을 통하여 학습자 참여를 요구하는 것은 중요하다. NETS-S의 6가지 중에 4가지는 학생들이 제작, 커뮤니케이션, 연구, 문제해결 혹은 의사결정을 위한 다양한 공학 도구를 사용하는데 있어서 학생 참여 활동을 계획할 때 직접 적용 가능한 것이다.

제작 도구로서의 공학. 학습자 참여를 요구하는 한 가지 일반적인 방법은 제작 도구를 사용하는 것을 통해서이다. 예를 들면, 유아가 어휘단어를 학습하는 경험에 있어서, 단어의 의미는 학생들이 새로운 단어를 표상하는 이미지를 발견하고 그들의 선택을 설명하기 위하여 키드픽스(KidPix)를 사용할 때 향상될 수 있다. 또 하나의 예는 중학생들이 과거 100년동안의 미국 민속음악의 경향을 설명하는 파워포인트 프레젠테이션을 만드는 것이다. 이 활동은 역사 자료로부터 핵심 아이디어를 요약하고, 가장 좋은 사진

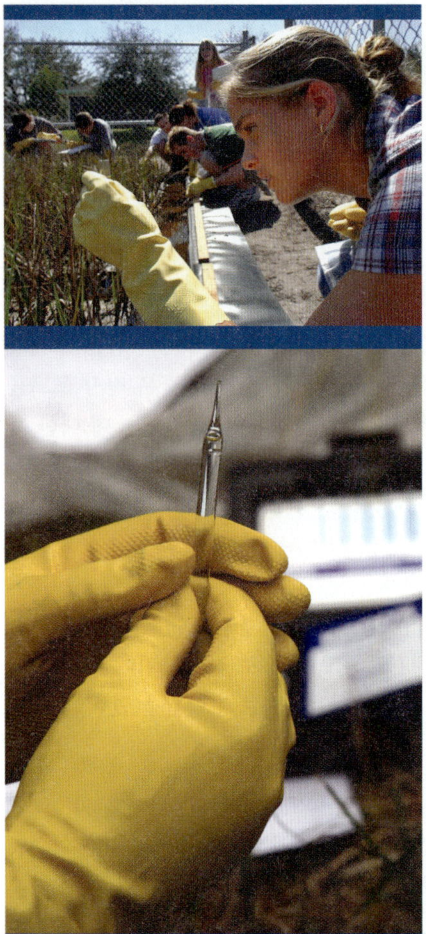

바람직한 기능을 연습하는 것은 학습경험의 효과를 촉진한다.
Jim Damaske/Zuma/Newscom(top), Michele Meller/Zuma/Newscom(bottom)

과 소리 클립을 선택하고, 의미 있는 방법으로 내용을 계열화하는 것을 요구한다. 고등학교 수준에서, 사회과목을 공부하는 학생들은 향후 50년 동안의 국가 인구증가 경향과 증가 예측치를 검증하기 위하여 스프레드시트를 사용할 수 있다.

커뮤니케이션 도구로서의 공학. NETS-S는 학생들이 "원거리에서, 개별 학습을 지원하고 타인의 학습을 돕도록 하기 위해 협동적으로 의사소통하고 일하기 위한 디지털 매체와 환경"을 사용할 수 있는 방법을 고려한다(NETS-S2)(ISTE, 2007). 예를 들면, 알래스카에 사는 학생들의 사진(still pictures)을 투사한 것을 사용할 때, 학생들에게 그 사진 속의 학생들과 자신들을 비교하는 토론을 실제로 해보도록 할 수 있다. 학생들은 알래스카 생활에 대한 초보지식을 얻기 위해 알래스카 학생들과 전자우편(email)을 교환할 수 있다. 또 다른 예로서, 학생들로 하여금 의견을 표현하는 권리와 책임을 각성하도록 하는 것이 목표라면, 학생집단은 지역의 뉴스 웹사이트의 일반인 의견 섹션에 그들의 아이디어를 써서 탑재할 수 있다.

연구 도구로서의 공학. 인터넷은 학생들로 하여금 무제한의 자원에 즉각 접속하도록 한다. 그러므로 그들은 쉽게 "정보를 수집하고, 평가하고, 사용하기 위한 디지털 도구를 응용"할 수 있다(NETS-S2)(ISTE, 2007). 교사로서, 여러분은 학생들이 부과된 과제를 위하여 의미 있는 결과를 보고하고, 정보를 처리함에 있어서 적극적으로 관여하는 활동을 계획하는 것은 중요하다. 또한 학생연구는 책, 정기간행물, 사람으로부터 얻은 정보를 포함해야 한다. 왜냐하면 다중자원은 학생들이 과제를 할 때 웹기반 정보를 과제에 단순히 잘라서 붙이지 않도록 하는 것을 보증하기 때문이다. 예를 들면, 학생들이 여성의 권리에 영향을 미치는 사태에 대한 개념도를 작성한다면, 교사는 다양한 디지털과 비디지털 자원을 사용하고, 내용을 재구성하고, 적절한 인용을 하기를 기대할 것이다.

문제해결과 의사결정 도구로서의 공학. "학생들은 절절한 디지털 도구와 자원을 사용하여, 연구를 계획하고 실행하고, 프로젝트를 관리하고, 문제를 해결하고, 공식적인 의사결정을 하기 위해 비판적 사고기능을 사용한다."(NETS-S4)(ISTE, 2007). 그전에는 결코 학생들이 그러한 방대한 양의 자료와 정보에 접근하지 못했다. 모든 연령대의 학생들은 전자장비(예: 과학탐침과 현미경), 디지털 오디오와 비디오 장비(예: 카메라와 화이트보드), 일반적인 소프트웨어(예: 스프레드시트와 데이터베이스)와 같은 도구를 통하여 이전의 어느 세대보다 더 자세히 정보를 검증할 수 있다. 만약 학생들이 "그 사람은 대중투표에서 이기는가?"라고 질문을 제기하면, 그들은 전자투표와 대중투표의 전체를 비교하기 위한 스프레드시트로 선거결과를 내려받을 수 있다. 물고기에게 인공연못과 자연연못 중 어느 곳이 안전한가를 결정하기 위하여, 학생들은 물 견본을 수집하고, 다양한 전자탐침을 이용하여 자료를 모으고, 스프레드시트에서 비교할 수 있다. 색채를 학습하는 어린 학생들은 "너는 우리 반 교실에서 무지개 색깔을 찾을 수 있니?"와 같은 문제를 해결할 수 있다. 학생들은 짝을 지어 '우리 반에서 무지개'라는 활동교재에 있는 무지개의 각 색깔과 맞는 물건을 촬영하기 위하여 디지털 카메라를 사용할 수 있다.

그림 3.2 심시티 사회 목적지(SimCity Societies Destinations)
심시티 사회 목적지는 학생들에게 문제해결과 의사결정 경험을 갖게 한다.
출처: Sim Cities Societies Destinations materials © 2010 Electronic Arts, Inc. All rights reserved. Used with permission.

공학 도구는 특히 학생들로 하여금 컴퓨터 게임과 시뮬레이션을 포함한 문제해결에 관여하도록 한다. 게임은 학생들이 내용에 대한 지식을 얻도록 하기 위해 경쟁, 음모, 호기심 등을 수단으로 사용한다. 가장 좋은 예는 매스 블래스터(Math Blaster)인데, 이것은 학생들이 표준 수학내용을 학습하도록 빠른 행동 게임(fast-action game)을 하는 소프트웨어다. 시뮬레이션도 동일한 형태를 사용하지만, 학습자가 게임에서 성과에 영향을 주는 선택을 할 때 더 많은 유연성을 허용한다. 심시티(SimCity)는 학생들이 '그라운드 업(ground up)'으로부터 도시를 설계하고 관리하는 시뮬레이션 게임으로 잘 알려져 있다(그림 3.2).

연습을 위한 교육용 소프트웨어 사용. NETS-S 활동에 더하여, 교육용 소프트웨어는 다양한 능력을 가진 학생들이 기초 지식과 기능에 초점을 둔 개별화된 학습활동에 관여하도록 우수한 자원을 제공한다. 그 프로그램은 평균이하의 능력을 가진 학생들이 즉각적인 피드백과 교정을 받으면서 자신의 속도대로 학습할 수 있도록 한다. 다른 학생들은 이전의 기능 숙달을 시연한 후에 보다 도전적인 활동을 시도할 수 있다.

학습자 참여 요구

ASSURE 수업 사례 연구

학습자 연습활동

학생들은 개별적으로 "나는 올해 나 자신에 대해서, 읽기, 쓰기, 학습에 대해서, 일반적으로 삶에 대해서 무엇을 배웠는가?"라는 성찰질문에 답해본다. 학생들은 손으로 쓸 것인지 비디오로 성찰할 것인지 선택할 수 있다.

학생들은 각자 전자 포트폴리오에 성찰 페이지를 추가하기 위해 산출 도구로서 컴퓨터와 드림위버 소프트웨어를 사용한다. 성찰을 쓰기 위해 선택한 학생들은 페이지에 직접 추가한다. 비디오를 선택한 학생들은 디지털 카메라로 성찰을 기록하기 위해 교사와 만난다. 그 파일은 그들의 전자 포트폴리오를 올리기 전에 아이무비로 편집하기 위해 학생들의 컴퓨터로 전환된다.

피드백

Tiare Ahu 교사는 각 학생의 전자 포트폴리오를 재검토하기 위해 과제 준거를 사용한다. 그녀는 전자 포트폴리오 과제를 위한 블랙보드의 학년 책(gradebook) 섹션에서 각 학생 파일에 개별적으로 주석을 단다.

Tiare Ahu 교사의 9학년 학생들이 전자 포트폴리오를 만들기 위해 요구된 다양한 참여수준은 이 장을 위해 비디오로 녹화된다. 또한 학생들의 작업에 대해 교사가 피드백을 제공하는 장면이 포함된다. 이 교사의 9학년 영어수업 비디오를 보기 위해 MyEducationKit의 3장 섹션을 찾아보라.

연습을 위한 다른 매체 사용. 토론, 짧은 퀴즈, 응용 연습은 수업 중에 연습과 피드백 기회를 제공할 수 있다. 교사 지침과 매뉴얼은 흔히 학생 반응을 유도하고 강화하기 위한 기법과 활동을 제안한다. 그러나 이러한 자원의 대부분은 공학과 매체의 사용에 통합되지 않았다. 그러므로 여러분은 이러한 도구를 학생들이 어디에서 사용하는 것이 적절한지 결정하기 위해 ASSURE 모형의 적용 가능한 요소를 사용할 필요가 있을 것이다.

피드백

모든 사례에 있어서, 학습자는 그들의 반응의 정확성에 대한 피드백을 받아야 한다. 피드백은 교사가 해주거나 소집단에서 동료학생들 간에 서로 주고받을 수 있다. 또한 피드백은 독립적으로 행한 자기 점검 활동의 일부일 수도 있고, 멘토로부터 혹은 컴퓨터로부터 받을 수 있다. 누구로부터 피드백을 받느냐 하는 것과 관계없이, 중요한 것은 도움이 되는

교사의 피드백은 학생들이 학습을 향상시키는 데 도움을 준다.

Bill Aron/PhotoEdit

피드백을 받는다는 것이다(〈ASSURE 수업 사례 연구〉에서처럼).

평가와 수정

ASSURE 모형의 마지막 구성요소인 평가와 수정은 질 높은 수업을 개발하는 데 가장 중요하지만, 수업설계에서는 흔히 무시된다. 이 단계 없이는 수업이 성공적이었는지, 성공적이지 않은 전략을 수정하기 위해서는 어떻게 해야 하는지 아는 것이 불가능하다. 또한 공학과 매체의 다른 유형의 효율성을 판단하는 것도 어렵다.

학습자 성취 평가

수업에 관한 궁극적 질문은 학생들이 배우기로 한 것을 배웠는지 여부다. 그들이 진술된 표준과 목표에서 명세화한 능력을 나타낼 수 있는가? 이 질문에 답하는 첫 단계는 ASSURE 모형의 시작 단계에서 수용 가능한 수행준거를 포함하는 학습목표를 설정할 때 이미 주어졌다. 지금 여러분은 목표에서 진술된 행동을 나타내도록 학생들에게 요구하는 평가과제를 개발할 필요가 있다.

성취평가 방법은 목표의 성질에 달려 있다. 어떤 학습목표는 비교적 단순한 인지적 기능을 요구한다. 예를 들면 옴(Ohm)의 법칙 진술하기, 형용사와 부사 구분하기, 독립선언서의 원리 요약하기 등이다. 이와 같은 학습목표의 평가에는 전통적인 지필검사가 알맞다.

그 밖의 목표는 처리-유형 행동(예: 문장 도해하기, 이차방정식 풀기, 동물 분류하기), 산출물 창조(예: 조각, 작문, 파워포인트 프레젠테이션, 포트폴리오), 태도 표현(예: 자유활동시간 중에 읽기 선택하기, 재활용 상자에 사용한 종이 넣기 혹은 건강에 좋은 스낵 먹기) 등을 요구할 것이다. 이러한 학습목표 유형은 자연스러운 맥락에서 학생들이 학습을 시연하는 수행기반 평가와 같은 보다 포괄적인 **수행평가(authentic assessment)**를 요구한다.

수행평가. 학생들의 수행평가에 관심이 고조된 것은 구성주의자들의 노력 때문이라고 할수 있다. 수행평가는 학생들에게 학습한 내용과 기능에 적절한 과정을 사용하도록 요구하고, 그러한 내용과 기능이 실세계에서 어떻게 사용되는지를 요구한다. 그것은 과학적 사실을 학습한 것과 과학자들이 하는 것을 하도록 하는 것 간의 차이다. 얼마나 많은 사람들이 업무의 일부로서 지필검사를 치렀는가? 수행평가의 특수한 유형인 **포트폴리오(portfolio)**는 시간경과에 따른 수행의 대표적인 본보기를 학생들이 선정하고, 그것이 왜 그들의 최선의 노력의 결과인지 성찰한 것이 포함된 것인데 아래에서 논의될 것이다.

수행평가는 최선의 수행 혹은 산출물에 적용될 수 있다. 수행평가에서 일반적으로 가장 많이 사용되는 평정척도는 수행 점검표, 태도척도, 산출물 평정 점검표, 평가표 등을 포함한다.

기초적인 처리기능을 평가할 때, 수행 점검표는 학생 수행을 기록하는 효과적이고 객관적인 방법이 될 수 있다. 그림 3.3은 오디오 이야기 책을 사용하기 위한 1학년 점검표를 보여준다. 간단한 예/ 아니오 기록체제다.

태도는 분명히 평가하기 어렵지만, 측정도구로 태도 척도 같은 것이 고안되었다(그림 3.4의 생물학의 예 참조). 5점 척도('매우 그렇다' 에서 '전혀 그렇지 않다' 까지)가 태도의 범위를 선택할 기회를 제공한다. 태도 측정에 관한 많은 제안은 Robert Manger의 저서(2003)에서 소개되었다(이 장의 참고문헌 참조).

산출 기능에 대해서, 산출 평정 점검표가 그림 3.5의 학생이 만든 디지털 개념도에 대한 평정 점검표처럼, 더 객관적인 질적 판단과 중요한 하위기능의 평가를 가능하게 한다. 이 점검표는 각 산출 구성요소가 예/아니오 척도보다 '아주 불량한(poor)' 에서 '매우 우수한(excellent)' 에 이르기까지 5단계 척도로 되어 있기 때문에, 학생 수행에

수행 점검표: 오디오 이야기책 사용하기

이름 ______________________ 반 __________

적당한 줄에 'x' 로 예, 아니오를 표시하시오.

학생들은 다음 사항을 했는가?	예	아니오
1. 배당된 오디오 이야기책을 정한 위치에 두는가?	____	____
2. 이야기책을 위한 자료 체크양식을 기재하는가?	____	____
3. 적당한 CD 플레이어를 선택하는가?	____	____
4. 적당한 헤드폰을 선택하는가?	____	____
5. 이야기책 CD를 정확히 삽입하는가?	____	____
6. 헤드폰을 정확히 연결하는가?	____	____
7. CD를 작동하고 이야기책이 읽히는 대로 듣는가?	____	____
8. 이야기가 끝났을 때 CD와 헤드폰을 제거하는가?	____	____
9. 이야기책, CD 플레이어, 헤드폰을 제자리에 갖다 두는가?	____	____
10. 자료 반환 양식을 기재하는가?	____	____

교사 이름 ______________________ 날짜 __________

그림 3.3
표본 수행 점검표

대한 보다 자세한 정보를 제공해준다.

학생 수행에 대한 더 포괄적인 평가를 제공해주는 데 사용하는 **평가표(rubric)**는 학생 산출 혹은 수행을 평가하거나 판단하는 데 대한 평가준거 세트다. 평가표는 전형적으로 수행수준을 기술하는 지시문에 기초한 수행준거 평정척도로 구성되어 있다. 수행준거는 수행 혹은 산출(예: 문제 제시, 지원 그래픽, 적절한 평어)에 대한 핵심영역이다. 수행준거의 성취 측정을 위한 평정척도는 보통 3~6개 수준의 숫자나 평어로 구성된다. 3점 척도는 보통 (1) 노력이 더 필요함, (2) 보통, (3) 우수로 기술된다, 4점 척도는 (1) 초보 (2) 발전 (3) 성취 (4) 모범으로 기술된다. 수행수준에 대한 진술문은 학생 수행이나 각 수행수준의 산출을 기술한다. 실제 학생 산출이나 수행과 진술문을 비교함으로써, 교사는 점수화할 수 있다. 멀티미디어 산출에 대한 평가표 예는 그림 3.6과 같다. 〈무료 및 저렴한 자원: 평가표〉를 참고하라.

태도 척도: 생물학

아래의 각 진술은 생물학에 대한 느낌을 나타낸다. 여러분이 동의하는 정도에 따라 각 진술을 평가하라. 각각에 대해 매우 동의하면 A, 동의하면 B, 모르겠으면 C, 동의하지 않으면 D, 전혀 동의하지 않으면 E를 써 넣어라.

A	B	C	D	E
매우 동의	동의	모름	동의하지 않음	전혀 동의하지 않음

_______ 1. 나는 생물학이 매우 재미있다.
_______ 2. 나는 생물학을 좋아하지 않는다. 그리고 그것을 하기가 겁난다.
_______ 3. 나는 생물반에서 항상 무서운 긴장 속에 있다.
_______ 4. 생물학은 매혹적이고 재미있다.
_______ 5. 생물학을 공부하는 것은 나에게 안정감을 준다.
_______ 6. 생물학은 불편하고, 긴장의 연속이고, 애태우고, 견딜 수 없는 느낌을 준다.
_______ 7. 나는 일반적으로 생물학에 대해 좋은 느낌을 가지고 있다.
_______ 8. 나는 생물학이란 말을 들을 때 부정적 느낌이 든다.
_______ 9. 나는 생물학에 망설이면서 접근한다.
_______ 10. 나는 정말로 생물학을 좋아한다.
_______ 11. 나는 항상 학교에서 생물학을 공부하는 것이 재미있다.
_______ 12. 생물 실험을 하는 것을 생각만 해도 설렌다.
_______ 13. 나는 생물학이 쉽다고 느끼고, 그것을 매우 좋아한다.
_______ 14. 나는 생물학에 대해 아주 긍정적이다. 그것은 재미있다.

그림 3.4
표본 태도 척도

산출물 평가 점검표: 디지털 개념도

이름 ______________________ 반 ________

적당한 □ 안에 체크하여 내용의 기초와 레이아웃에 대한 디지털 개념도를 평정하라.

내용	불량	약간 불량	보통	우수	매우 우수
• 핵심 아이디어가 나타남	□	□	□	□	□
• 지원 아이디어가 논리적임	□	□	□	□	□
• 정보가 정확함	□	□	□	□	□
• 알기 쉽게 바꾸어 말하기 적절함	□	□	□	□	□
내용에 대한 서술 평가:					
레이아웃					
• 주요 아이디어 형태가 적절함	□	□	□	□	□
• 지원 아이디어 형태가 적절함	□	□	□	□	□
• 연결선이 있음	□	□	□	□	□
• 그래픽이 개념을 지원함	□	□	□	□	□
• 색채 사용이 적절함	□	□	□	□	□
• 글자크기가 분명하고 읽기 쉬움	□	□	□	□	□
레이아웃에 대한 서술 평가:					
총 평가	**총 서술 평가**				

그림 3.5
표본 산출물 점검표

포트폴리오 평가. 각 학생의 전체적인 개별 수행을 평가할 계획이 있다면, 전통적인 포트폴리오 혹은 전자 포트폴리오 평가가 도움이 될 것이다. 포트폴리오는 분석, 종합, 평가의 관점에서 학생 성취를 나타내는 실제적인 산출물을 평가하는 데 사용된다. 포트폴리오의 핵심 요소는 포트폴리오 산출을 설명하는 학생 자신의 학습에 대한 자기 성찰 기록을 요구하는 것이다. 예를 들면, 학생들에게 학습목표 성취를 나타내는 작업을 선택하고, 그것을 선택한 이유와 그 목표 지식과 기능을 보여주는 방법에 대해 설명

멀티미디어 산출물 평가표

학생 이름 ______________________ 날짜 ____________

범주	4	3	2	1
내용	주제가 자세하고 예를 포함하고 있어 깊이 있음. 교과지식이 매우 우수함.	주제에 대한 핵심지식이 포함됨. 교과지식이 우수함.	주제에 대한 핵심정보가 포함되나 1~2개 사실 오류가 있음.	내용이 매우 적거나 사실오류가 여러 개 있음.
출처	출처정보는 모든 그래픽, 사실, 인용을 위해 수집됨. 모두 바람직한 형태로 문서화됨.	출처정보는 모든 그래픽, 사실, 인용을 위해 수집됨. 대부분 바람직한 형태로 문서화됨.	출처정보는 모든 그래픽, 사실, 인용을 위해 수집됨. 그러나 바람직한 형태로 문서화되지 않음.	출처정보가 거의 없거나 적음.
조직	내용이 잘 조직되고, 관련자료를 묶기 위해 표제와 단락으로 된 목록을 사용함.	조직하기 위해 표제와 단락을 사용하지만 주제의 전체조직은 갈라짐.	내용은 대부분 논리적으로 조직됨.	사실의 많은 부분 논리적, 조직적 구조가 분명치 않음.
필수요건	모든 필수요건은 충족되고 초과됨.	모든 필수요건은 충족됨.	하나의 필수요건이 충족되지 않음.	하나 이상의 필수요건이 충족되지 않음.
독창성	산출물은 대부분 독창적 사고를 보여줌, 아이디어는 독창적이고 발명적임.	산출물은 약간의 독창성을 보여줌. 작업은 새로운 아이디어와 통찰을 보여줌.	타인의 신뢰로운 아이디어를 사용하지만, 독창적 사고 증거는 거의 없음.	타인의 아이디어를 사용하지만, 그 아이디어가 신뢰롭지 못함.

그림 3.6

표본 멀티미디어 선정 평가표

출처: Adapted from 4teachers.org's Rubistar http://rubistar.4teachers.org/index.php. Copyright 1995-2006 ALTEC, the University of Kansas. Funded by the U.S. Department of Education Regional Technology in Education Consortium, 1995-2005 to ALTEC (Advanced Learning Technologies in Education Consortia) at the University of Kansas, Center for Research on Learning.

하도록 요구한다. 이러한 성찰을 요구하는 이유는 학생들에게 학습을 향상시키기 위해 그들이 남과 다르게 했던 것을 기술하게 함으로써 상위인지 기능을 개발하고자 하는 의도가 있다.

포트폴리오를 사용하기 위해, 우선 전통적인 포트폴리오를 할 것인지 전자 포트폴리오를 할 것인지 결정해야 한다. 그리고 표준과 목표의 학생 성취를 나타낼 결과물의 유형을 확인하고, 적절한 평정척도(이미 기술한 것처럼)를 선택하고 개발하라. 평가표(rubric)는 산출물을 만들기 전에 학생들에게 배부되어야 한다. 포트폴리오에 포함되는 결과물 유형은 다음과 같다.

무료 및 저렴한 자원

평가표(Rubric)

루비스타(Rubistar)
http://rubistar.4teachers.org/index.php
Rubistar는 다양한 평가표를 만드는 데 교사를 돕기 위해 설계된 무료 온라인 도구이다. 웹사이트는 핵심 단어 찾기를 통하여 접속될 수 있는 평가표의 다양한 예를 가지고 있다. 여러분이 새로운 평가표를 만든다면, 그 사이트는 평가표 개인교수를 제공해준다. 여러분이 평가할 준비가 되어 있을 때, 루비스타는 평가표를 만들고 인쇄할 때 쉽게 사용할 수 있는 양식을 제공해준다.

캐시 샤록(Kathy Schrock)의 평가와 평가표 정보
http://school.discovery.com/schrockguide/assess.html#rubrics
이 사이트는 평가표 자원을 위한 방대한 링크를 제공한다. 이 링크에는 Student Web Page Rubric, Subject Specific and General Rubrics, Rubric Builders, Educator Technology Skills and Rubric, Related Articles 등이 있다.

평가표와 평가 자원
www.ncsu.edu/midlink/ho.html
이 사이트는 특별한 평가표(예, 책 보고서 평가표, 멀티미디어 프로젝트 평가표, 지필평가 평가표)에서부터 일반적인 평가양식에 이르기까지 평가표 자원의 모음 정보를 제공한다.

- 시, 이야기, 연구논문과 같은 작문 문서
- 토론, 패널토의, 구두설명의 오디오 기록물
- 촌극(skits), 실험실 실험, 3D 모형의 비디오 기록물
- 타임라인(animated timeline), 팟캐스트(Podcasts), 웹퀘스트(WebQuests)와 같은 컴퓨터 멀티미디어

전통적 vs 전자적 포트폴리오. 전통적 포트폴리오는 학생들의 작업을 물리적으로 모아둔 것인 반면, 전자 포트폴리오는 디지털 작업을 포함한다. 전통적 포트폴리오는 문서, 비디오와 오디오 기록 혹은 3D 모형으로 구성된다. 포트폴리오는 흔히 큰 둥근 고리가 세 개 있는 바인더와 보관 상자로 되어 있는데, 학생의 진급에 따라 담당교사들에게 전달된다. 예상하듯이, 시간이 지남에 따라 그 포트폴리오는 매우 분량이 많아져서 관리하고 저장하기가 어려워진다.

반면에, **전자 포트폴리오(e-포트폴리오라고도 함)**는 디지털 파일로 모든 학생들의 작품을 저장한다. 예를 들면, 스프레드시트, 워드프로세스 리포트, 웹퀘스트와 같은 컴퓨터로 제작한 산출물이 포트폴리오에 직접 추가된다. 그림, 손으로 쓴 시 혹은 삽화를 넣은 이야기와 같은 종이로 된 학생 작품은 스캔을 이용하여 디지털 형태로 전환될 수 있다(MyEducationKit Tutorials의 〈Skill-Builder Tutorial: Scanning〉 참조). 실제 학생

수행을 수집하기 위해서, 디지털 오디오와 비디오는 전자 포트폴리오의 중요한 요소다. 여기에는 일기, 촌극, 프레젠테이션, 학생이 만든 3D 모형, 실험실 실험 등이 포함된다. 또한 디지털 포맷은 학생들에게 문서나 오디오 내레이션과 같은 스스로 만든 것을 추가할 수 있도록 한다.

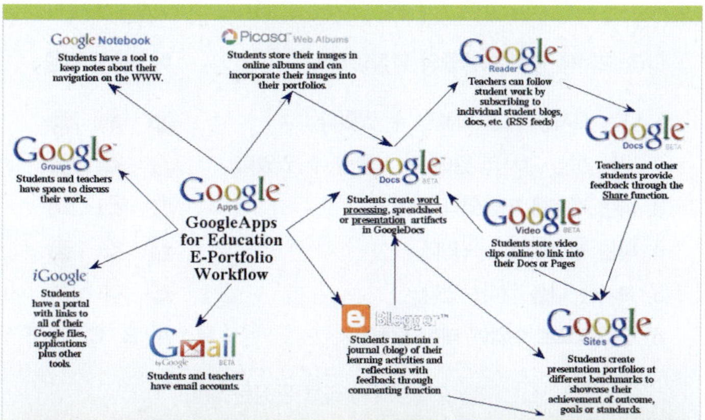

그림 3.7 GoogleApps
GoogleApps는 전자 포트폴리오 사용을 위한 다중도구를 제공한다.
출처: http://electronicportfolios.com/google/index.html. © 2007, Helen Barrett, Ph.D.

전자 포트폴리오는 온라인 사이트에서 전문화된 포트폴리오 소프트웨어나 파워포인트와 같은 기본적인 소프트웨어와 조합해서 만들 수 있다. 전자 포트폴리오의 단점은 접근과 보안 문제뿐 아니라 장비와 시간의 가용성 문제를 포함한다. 교사뿐 아니라 학생 모두 그 도구에 접근하는 것이 필요하다. 더구나 전자 포트폴리오를 만드는 것은 교사나 학생이 유용하고 매력적인 방법으로 문서를 스캔하고, 저장하고, 포맷하는 방법을 배울 필요가 있기 때문에 시간이 많이 걸린다. 그러나 이러한 과정을 한 번 익혀놓으면, 전자 포트폴리오는 전통적인 포트폴리오에 비해 유지하는 데 시간이 덜 걸리고, 저장공간도 적게 차지한다. 보안은 학부모, 교장, 상담교사, 교사, 학생들 사이에 그 파일에 접속하려고 할 때 관련된다. 전자 포트폴리오를 위한 개방된 출처 소프트웨어 해결책으로 Google Docs를 사용하는 것에 대한 실제적인 도움말은 Barrett 박사의 'GoogleApps의 ePortfolios' (http://sites.google.com/site/eportfolioapps)를 방문하라.

전략, 공학, 매체의 평가와 수정

평가는 전략, 공학, 매체의 평가를 포함한다. 수업전략이 효과적인가? 그것이 향상될 수 있었는가? 공학과 매체가 학생이 학습목표를 달성하는 데 도움이 되었는가? 그것이 학생들의 흥미를 유발하는 데 효과적이었는가? 그것이 학생들의 의미 있는 참여를 지원했는가? 수업의 평가와 수정을 위한 핵심 요소는 학생 반응이다. 교사는 비디오와 같은 특정 매체, 활동의 효과성에 대해 혹은 전체 수업에 대해 학생들에게 반응을 요구할지도 모른다. 그림 3.8과 같은 학생 조사가 학습자의 코멘트를 수집하기 위해 사용될 수 있다.

또한 교사는 토의나 면접을 통하여 교사의 수업전략과 공학 및 매체의 사용에 관하여 학생 피드백을 받을 수 있다. 예를 들면, 학생들은 여러분이 선택한 집단 프레젠테

학급 교사에 대한 학생들의 평정양식	여러분의 반응
1. 나는 교사를 쉽게 이해할 수 있었다.	☺ 😐 ☹
2. 나는 항상 교사의 말에 귀 기울일 수 있었다.	☺ 😐 ☹
3. 나는 주의를 기울였다.	☺ 😐 ☹
4. 나는 참여했다고 느낀다.	☺ 😐 ☹
5. 교사는 나를 쳐다보았다.	☺ 😐 ☹
6. 전체적으로 수업에 대한 평점은:	A B C D F
학생으로부터 수집될 완성된 양식	

그림 3.8
교사 평가를 위하여 학생들이 사용한 양식 표본

이션보다 독립적인 학습을 더 선호한다는 것을 알게 될 것이다. 혹은 학생들은 여러분이 선택한 온라인 사이트를 싫어하고, 비디오를 보면 더 학습이 잘 될 것으로 느낀다는 것을 알게 될 것이다. 또한 학생들은 여러분의 수행이 좀 더 좋아지기를 바라는 어떤 면이 있다는 것을 알기를 바랄 것이다.

교사의 평가. 어떤 교실장면에서 다른 수업요소와 함께 평가받아야 할 주요 요소는 교사이다. 교수(teaching)에 대한 평가는 어떤 우려를 불러일으킬지도 모르지만, 평가 결과는 개선할 필요가 있는 영역이나 질 높은 교수 영역에 대한 뛰어난 피드백을 제공해 줄지도 모른다. 교사 평가는 네 가지 유형이 있다: 자신, 학생, 동료교사, 행정가.

자기 평가를 위해, 여러분은 그림 3.9와 같은 평가표를 사용해서 수업 후에 보고 들으며 평가하기 위해 수업장면에 대한 오디오 녹음 혹은 비디오 녹화를 할 수 있다.

저학년 학생일지라도 학년수준에 맞는 조사도구로 가치 있는 피드백을 제공해 줄 수 있다. 학생들은 개방된 학급토의에서 그들의 교사를 '평가' 하는 것을 꺼릴지 모르지만, 집단에서 아이디어를 공유하거나 익명으로 코멘트를 할 수 있을 것이다.

여러분은 동료교사들에게 교실 뒤에 앉아서 수업을 참관하도록 요청할 수 있다. 피드백을 받기 위해서는 자유기술식(평가지에 빈칸을 두는)으로 평가해주도록 요구하거나 혹은 여러분이 피드백받고 싶은 영역을 포함한 평가표를 설계할 수 있다.

특별한 학생활동에 대한 그들의 반응을 얻기 위해 학생과 함께 하면서 작업한다.
Harry Cabluck/AP

대부분의 학교에서, 행정가는 연중 혹은 학기 중에 예정된 일정에 따라 교사를 방문한다. 교사는 행정가에게 '비공식적으로' 더 자주 방문해주도록 요청할 수 있다. 많은 학교들은 행정가가 교사 수업을 관찰하고 피드백을 제공하는 표준양식을 가지고 있다. 교사도 역시 행정가에

프레젠테이션 평가양식

교사 ______________ 평가자 ______________ 날짜 ______________

SA = 매우 동의함　A = 동의함　D = 동의 안 함　SD = 전혀 동의 안 함

1. 교수자가 긴장한 것 같았다. 참고:	SA	A	D	SD
2. 내용이 잘 전달되었다. 참고:	SA	A	D	SD
3. 움직임이 교수를 촉진했다. 참고:	SA	A	D	SD
4. 목소리가 자연스럽고 대화체였다. 참고:	SA	A	D	SD
5. 다양한 목소리를 사용하였다. 참고:	SA	A	D	SD
6. 교수자의 목소리가 잘 들렸다. 참고:	SA	A	D	SD
7. 주의를 산만하게 하는 독특한 버릇이 없었다. 참고:	SA	A	D	SD
8. 시선 접촉이 잘 유지되었다. 참고:	SA	A	D	SD
9. 제스처가 자연스러웠다. 참고:	SA	A	D	SD
10. 전체적으로 교수가 잘 되었다. 참고:	SA	A	D	SD

교수자의 장점:

교수자의 단점:

종합평가:

그림 3.9
자기 자신, 동료교사나 행정가를 위한 교수자 평가양식 표본

ASSURE 수업 사례 연구

평가와 수정

학생의 성취도 평가

Tiare Ahu 교사는 학생들의 최종연도 성찰을 평가하기 위해 다음 평정양식을 사용한다.

성찰 평정척도

1=최소한의 반응으로 주로 사실을 진술함.
2=적당한 반응으로, 보통 정도의 성찰을 나타냄.
3=자세한 반응으로, 의미 있는 성찰을 나타냄.

- 질문1에서 각 항목에 대해 학생들이 성찰을 어느 수준으로 썼는가? 다음 사항에 대해 나는 무엇을 배웠는가?
  - 나 자신
  - 읽기
  - 쓰기
  - 학습
  - 전체
- 질문2에 대해 학생들이 성찰을 어느 정도의 수준으로 썼는가? 내가 10학년이 되는 다음 해에 이 영역에서 내가 성취하기를 희망하는 것은 무엇인가?

공학 평정척도

1=기술된 과제를 완성하지 않았음.
2=기술된 과제를 완성했음.

- 학생들이 그들의 전자 포트폴리오에 '최종연도 성찰' 이라는 제목의 새로운 웹페이지를 만들기 위해 드림위버 소프트웨어를 사용했는가?
- 학생들은 드림위버 전자 포트폴리오 폴더에 '최종연도 성찰' 에 손으로 쓰거나 혹은 비디오로 성찰을 녹화한 것을 추가했는가?

전략, 공학, 매체 평가

활용된 전략, 공학, 매체를 평가하기 위해, Tiare Ahu는 학생들과 함께 보고활동을 실시했다. 더구나 그녀는 전체 과정동안에 학생들과 비공식적으로 이야기를 했다. 그녀는 학습하는 동안 학습을 평가하기 위해 전자 포트폴리오 사용의 중요성을 안내하는 코멘트를 한다. 이러한 보고회의 주요 목적은 학생들이 전자 포트폴리오를 제작하는 것을 가치 있는 것으로 생각하는지 여부를 판단하기 위한 것이다. 그리고, 그들에게 수업 개선을 위한 아이디어를 쓰도록 한다.

수정

학생들과 교사는 학생 성취, 전략, 공학, 매체의 전체적인 평가를 위해 교사가 개발한 양식을 완성한다. 그녀는 학생들의 반응과 자신이 지각한 전체 평균 평정을 비교한다. 불일치가 발견되는 항목에 대해서는 학습활동 선택, 공학과 매체 선택, 평가자료를 수정할 필요성을 알게 될 것이다.

Tiare Ahu 교사는 이 장을 위한 비디오에서 9학년 전자 포트폴리오를 평가하기 위한 자신의 아이디어와 전략을 공유한다. 그녀의 9학년 영어수업에서 활용한 전자 포트폴리오 작업에 대한 비디오를 보기 위해 MyEducationKit의 3장 섹션을 찾아보라.

게 관찰해주기를 원하는 여러 측면들을 제시할 수 있다.

전략, 공학, 매체의 수정. 수업 순환과정의 마지막 단계는 앉아서 그 사정과 평가 자료를 보는 것이다. 여러분의 의도와 실제로 일어난 것 사이의 불일치를 검증하라. 학생 성취는 하나 이상의 학습목표에 미달했는가? 학생들은 수업전략, 공학, 매체에 어떻게 반응했는가? 여러분은 여러분이 선택한 자료의 가치에 만족하는가?

수업과 그 수업의 각 요소에 대해 성찰하라. 수업 종료 후 즉시 메모하라. 그리고 다시 수업을 하기 전에 그것을 참고하라. 만약 평가자료가 어느 영역의 약점을 지적한다면, 바로 지금 그 계획의 실패한 부분에 대해 수정해야 한다. 그러나 여러분이 수업의 질을 향상시키기 위해 평가 결과를 일관성 있게 사용할 경우에만 이 모형은 유용할 것이다 (〈ASSURE 수업 사례 연구: 평가와 수정〉 참조).

요약

이 장은 ASSURE 모형과 학생 학습을 지원하고 촉진하기 위하여 공학과 매체를 효과적으로 사용하는 수업을 계획하는 데 그 모형이 어떻게 사용될 수 있는지 소개했다. 이 모형은 다음 질문과 같이 수업계획의 중요한 측면을 통합한다.

- 여러분의 학습자는 누구인가?
- 어떻게 학습목표를 표준에 이르게 할 것인가?
- 학습자를 위해 여러분은 어떤 전략, 공학, 매체, 자료를 선정할 것인가?
- 여러분과 학생들이 어떻게 자료를 최상으로 잘 사용하게 할 것인가?
- 학습자를 어떻게 학습에 참여시킬 것인가?
- 학습자와 여러분의 수업을 어떻게 평가할 것인가?
- 여러분의 수업을 개선한다면 무슨 개정이 필요할 것인가?

PEARSON **myeducationkit**™

이 장에서 학습한 내용에 대한 이해 정도를 확인하기 위해 본 장의 MyEducationKit에 제시된 'Study Plan' 을 완성하시오. 퀴즈를 풀고 그에 대한 피드백을 검토한 후 이 장의 내용 이해를 촉진하는 데 도움이 되는 자원을 살펴본다.

ASSURE 수업계획서

학습자 분석(Analyze learners)

- 일반적 특성(연령, 학년 등 전체 학급 특성을 기술하라.)
- 출발적 능력(수업 전에 학습자에게 기대되는 지식 유형을 기술하라.)
- 학습양식(개별 학생의 선호하는 학습양식을 기술하라.)

표준과 목표 진술(State standards and objectives)

- 성취될 교육과정과 공학표준을 목록화하라.
- ABCD 유형을 사용한 학습목표를 기술하라.

전략, 공학, 매체, 자료 선정(Select strategies, technology, media, and materials)

- 수업에 핵심적인 전략, 공학, 매체, 자료를 기술하라.
- 선정근거를 제시하라.
- 공학과 매체의 적절성을 평가하기 위한 선정 평가표를 사용하라.

공학, 매체, 자료 활용(Utilize technology, media, and materials)

- 공학, 매체, 자료를 사전에 검토하라(공학, 매체, 자료로 가르치기 전에 미리 점검하는 것은 중요하다).
- 공학, 매체, 자료를 준비하라(수업 전에 공학, 매체, 자료 사용을 연습하라).
- 환경을 준비하라(공학, 매체, 자료의 효과적 사용을 위해 시설을 배열하라).
- 학습자를 준비시켜라(학생들에게 기대하는 것을 아는 것은 학습에서 학생 참여를 보증하는 데 도움이 된다).
- 학습경험을 제공하라(교사 중심, 학생 중심 학습경험을 제공하라).

학습자 참여 요구(Require learner participation)

- 학습자에게 적극적인 정신적 관여를 요구하라.
- 학습자에게 새로운 지식이나 기능을 연습하도록 하라.
- 공학과 매체로 학습을 지원하라.
- 형성평가 이전에 수행 피드백을 제공하라.

평가와 수정(Evaluate and revise)

- 진술된 표준과 목표에 대한 학습자 성취도를 결정하기 위해 전통적 평가와 수행평가를 사용하라.
- 전체 수업과정과 공학과 매체 사용의 영향을 검증하라.
- 학습목표와 학생 성취 간의 불일치가 확인되면, 관련 영역의 수업계획을 수정하라.

나의 전문성 개발하기

전문 지식 확인하기

1. 학습자 분석을 위해 사용된 준거의 주요 유형은 무엇인가?
2. 왜 학습목표가 수업계획의 주요 측면인가?
3. 잘 진술된 목표의 네 가지 요소는 무엇인가?
4. 전략, 공학, 매체를 선택하고 수정하고 설계하기 위한 절차를 목록화하고 기술하시오.
5. 공학, 매체, 자료를 활용하기 위한 다섯 가지 기초단계는 무엇인가?
6. 수업에 공학과 매체를 사용할 때, 학생 참여를 유도하는 방법을 기술하시오.
7. 학생 성취, 공학, 매체, 전략, 수업을 평가하는 기법의 유사점과 차이점은 무엇인가?

전문 기능 시연하기

남은 장에서 전문적 기능 활동 진술하기가 국제교육공학회의 교사를 위한 국가교육공학 표준(NETS-T)을 소개하기 위해 설계된다(ISTE, 2008). NETS-T에 일치된 항목이 괄호 속에 표준 숫자로 기재된다.

1. 학생들이나 여러분이 가르치려고 하는 사람들의 학습자 분석을 쓰시오. 그들의 일반적 특성을 기술하고, 여러분이 선택한 주제에 대한 그들의 구체적 출발점 능력을 쓰고, 그들의 학습양식을 논의하라. 여러분이 아직 교사가 아니라면, 여러분이 가르치려고 계획하는 학년수준에 있는 학생들에 대한 연구를 할 필요가 있다.
2. 한 차시 수업을 위해 적어도 5가지 수업목표를 쓰시오. 그리고 목표 점검표(그림 3.1)로 각 목표를 평가하시오.
3. 학생의 공학 사용과 더불어 가르칠 주제를 선택하고 일련의 학습목표와 관련된 평가도구를 개발하시오(전통적 평가와 수행평가를 포함하여).(NETS-T 2.A, 2.C, 2.D)
4. 인터넷을 사용하여 연습과 피드백을 제공하지 않는 한 차시 수업을 찾아라. 그리고 그 수업에 연습과 피드백을 제공하는 수업활동을 설계하시오.

전문 포트폴리오 만들기

지속적인 전문성 개발을 위한 중요한 요소는 이 교재로부터 얻은 지식과 기능을 나타내기 위해 전문적 포트폴리오를 작성하는 것이다.

- *수업 설계하기.* ASSURE 모형을 사용하여, 부록 A에 있는 표로부터, 장에 있는 예로부터 한가지 시나리오에 대하여 혹은 자신의 설계의 한 가지 시나리오를 사용하여 한 차시 수업을 설계하시오. 여러분은 내용영역 표준 혹은 여러분이 가르치려고 계획하는 주제를 선택하여 이것을 할 수 있다. 학습자, 학습목표, ASSURE 모형의 다른 모든 요소들에 대한 정보를 포함하고 있는지 확인하시오. 수업을 마친 후에 학습자, 내용, 전략, 공학, 매체, 자료를 일치시키는 데 대하여 여러분이 알게 된 것과 여러분이 사용한 과정에 대해 성찰하시오.
- *수업 개선하기.* 여러분이 학급에서 학생들의 다양한 요구를 어떻게 반영하였는지 기술함으로써 여러분이 만든 수업계획을 향상시키시오. 특히 수업계획에서 표적이 된 지식과 기능을 이미 가진 학생들을 위하여 여러분이 포함한 전략을 기술하시오. 또한 그 수업의 선행필수지식

을 가지지 못한 학생들 혹은 학습할 능력이 없는 학생들을 지원하기 위해 여러분이 통합할 수 있었던 전략, 공학, 매체를 기술하시오. 예를 들면, 시각 혹은 청각 장애를 지닌 학생들의 요구 혹은 읽기능력이 학년수준 이하이거나 이상인 학생들의 요구를 어떻게 할 것인가?

수업을 위한 여러분의 수업전략에 통합할 수 있는 공학과 매체의 다른 유형을 기술하시오. 만약 그 수업이 워드프로세스 보고서를 요구한다면, 여러분은 학생들이 디지털 카메라로 사진을 찍고, 보고서의 상호작용적 프레젠테이션을 하는 것을 고려해야 한다. 혹은 학생들이 곱셈 문제를 배우기 위하여 반복연습형 소프트웨어를 사용한다면, 여러분은 그들에게 파워포인트 전자 플래시 카드 연습세트를 만들도록 할 수 있다. (NETS-T 2.A, 2.B, 2.C, 3.B, 4.B)

- *수업 성찰하기.* 이 장에서 여러분이 만든 수업에 대해서, 그리고 그 수업을 향상시킨 방법에 대해서 성찰하라. 성찰함에 있어서 다음을 고려하라: ASSURE 모형 사용이 어떻게 수업을 강화했는가? ASSURE 모형의 어떤 측면이 여러분이 개발한 수업에서 가장 중요하다고 생각하는가? ASSURE 수업은 어떻게 개선될 수 있었는가? (NETS-T, 4.B & 5.C)

보충자료

출판물

Arter, J., & Chappuis, J. (2006). *Creating and recognizing quality rubrics*. Portland, OR: Educational Testing Service.

Bailey, G., & Ribble, M. (2007). *Digital citizenship in schools*. Washington, DC: International Society for Technology in Education.

Bray, M., Brown, A. H., & Green, T. D. (2005). *Technology and the diverse learner: A guide to classroom practice*. Thousand Oaks, CA: Corwin.

Brooks-Young, S. J. (2009). *Making technology standards work for you* (2nd ed.). Washington, DC: International Society for Technology in Education.

Carr-Chellman, A. A. (2010). *Instructional design for teachers*. New York: Routledge.

Chapman, C., & King, R. S. (2006). *Differentiated reading and writing strategies for middle and high school classrooms: A multimedia kit for professional development*. Thousand Oaks, CA: Corwin.

Hartnell-Young, E., & Morriss, M. P. (2006). *Digital portfolios: Powerful tools for promoting professional growth and refl ection*. Thousand Oaks, CA: Corwin.

Jones, S. J. (2003). *Blueprint for student success: A guide to research-based teaching practices K - 12*. Thousand Oaks, CA: Corwin.

Keller, J. M. (1999). Using the ARCS motivational process in computer-based instruction and distance education. *New Directions for Teaching and Learning*, 78, 39 - 47.

Klein, M. S., Cook, E. W., & Richardson-Gibbs, A. M. (2001). *Strategies for including children with special needs in early childhood settings*. Florence, KY: Thomson Delmar Learning.

Mager, R. F. (2003). *How to turn learners on . . . without turning them off* (3rd ed.). Atlanta, GA: Center for Effective Performance.

O' Donoghue, J. (2006). *Technology supported learning and teaching: A staff perspective*. Hershey, PA: Information Science.

Ormrod, J. E. (2005). *Artifact case studies: Interpreting children' s work and teachers' classroom strategies*. Upper Saddle River, NJ: Merrill/Prentice Hall.

Stiggins, R. J. (2005). *Student-involved classroom assessment* (4th ed.). Upper Saddle River, NJ: Merrill/Prentice Hall.

Stiggins, R. J., Arter, J., Chappuis, J., & Chappuis, S. (2004). *Classroom assessment for student learning—Doing it right, using it well.* Portland, OR: Assessment Training Institute.

Tomei, L. A. (2003). *Challenges of teaching with technology across the curriculum: Issues and solutions.* Hershey, PA: Information Science.

Walker-Tileston, D. E. (2006). *Teaching strategies for active learning: Five essentials for your teaching plan.* Thousand Oaks, CA: Corwin.

웹링크

브라우저에서 이 웹링크에 쉽게 접속하려면, MyEducationKit의 3장으로 가서 웹링크를 클릭하라.

아동과 청소년을 위한 전자 자료

www.eduscapes.com

이 사이트는 다중 주제에 대해 여러 학습자 계층을 위한 교육자료로 링크하도록 한다.

평가공학: 교사를 위한 최신의, 신뢰로운, 유용한 자원

www.evalutech.sreb.org

교사를 위한 다양한 평가도구가 이 사이트에 탑재되어 있다.

ISTE Wikispaces: NETS-S 2007 Implementation Wike

http://nets-implementation.iste.wikispaces.net

이 위키 호스트는 교실 수업에서 학생을 위한 2007 NETS 실행방법을 논의한다.

인터넷 연구 방법

www.lib.monash.edu.au/vl/www/wwwcon.htm

이 사이트는 인터넷 기반 연구를 실행하기 위한 자세한 단계를 제고한다. 이것은 성공적인 연구 성취를 위한 힌트, 웹사이트에 대한 내용 평가방법, 정확한 인용 제공방법을 제공한다.

공학과 교재 교수 기법

www.techlearning.com/story/showArticle.jhtml?articleID=185303854

Susan Bishop은 다양한 과목을 가르치기 위한 공학 사용에 대하여 많은 도움말을 제공한다.

Web Walkabout: Educational Resources by Subject

http://ntweb.mcps.k12.md.us/schools/travilahes/walkabout.html

특별한 과목영역과 학년수준을 위한 웹기반 학급자료를 찾을 때 매우 유용한 사이트다.

교육 목적과 목표 쓰기

www.personal.psu.edu/staff/b/x/bxb11/Objectives/index.htm

펜실베이니아 주립대학 호스트로, 이 웹사이트는 교사들에게 교육목적과 목표를 쓸 때 쉽게 따라할 수 있는 가이드라인을 제공해준다. 또한 이 사이트는 다양한 과목과 학년수준의 목적과 목표의 많은 예를 포함한다.

제 4 장

21세기 학습 환경 조성

학 습 목 표

이 장에서는 ISTE NETS-T 1, 2, 3, 5를 중점적으로 소개하며 다음의 학습결과를 기대한다.

1. 교사 중심 학습 전략과 학습자 중심 학습 전략의 차이점을 파악한다.
2. 학습 전략 10가지 유형의 장단점을 비교, 설명한다.
3. 학습경험을 촉진하는 공학과 매체를 어떻게 선택할 것인가를 설명한다.
4. 교사들이 직면하게 될 초중등학교에서의 학습 환경 유형과 상황에 대하여 논의한다.
5. 무료 혹은 저렴한 가격으로 사용할 수 있는 교수 자료의 장단점을 열거한다.

목적

다양한 초중등학교 환경에서 21세기 학습 성취를 위해 학습 전략, 공학, 매체, 교수자료의 적절한 선택 및 사용에 대하여 이해한다.

ASSURE 수업 사례 연구

이 장에 제시된 ASSURE 수업 사례 연구는 Lindsay Kaiser와 Jena Marshall 교사가 농촌의 중산계층 중심의 한 학교에서 공동 수업한 5학년 사회과 수업에 적용한 교수전략을 소개한다. 학습자들은 중상 정도의 읽기 수준이며 다양한 공학 활용 경험을 가지고 있다. 각 학습자들은 고속 인터넷이 장착된 노트북을 사용한다. 교사들은 Lewis와 Clark의 서부탐험에 대한 다양한 활동으로 미국 역사에 관심이 없는 학습자들에게 역사에 대한 관심을 고취시키고자 한다. 이를 위한 주요 활동에는 Lewis와 Clark가 사용했던 보트 설계하기 활동도 포함된다. 수업은 학습자들이 둘씩 짝지어 Lewis와 Clark의 웹퀘스트(WebQuest)에서 탐험과 그들이 직면했던 보트 관련 다양한 문제를 학습하는 것으로 시작된다. 보트 설계를 위해 필요하면 학습자들은 인터넷 검색을 통해 웹퀘스트에서 학습한 정보와 관련하여 보충 및 심화 자료를 확보한다. 학습자들은 자신이 만든 보트 판매 광고도 제작하고, 새로 만든 Lewis와 Clark 보트의 판로 개척을 위해 보트 제작사 대표에게 편지도 쓴다. 최고의 산출물을 낸 학습자에겐 최우수 디자인상이 수여될 것이다.

여기 언급한 수업 사례를 동영상으로 보기 위해 해당 사이트(www.myeducationkit.com)에 가서 4장의 'ASSURE Video'를 클릭하면, Lindsay Kaiser와 Jena Marshall 교사가 21세기 학습 환경 조성을 위해 어떻게 수업전략, 공학, 매체, 교수자료를 활용하였는가를 탐색할 수 있다. 여러분은 이 장의 내용과 해당 수업 사례를 연계하는 성찰 질문들을 이 장 전체에서 받게 될 것이다. 이 장을 학습한 후 소개된 교수전략, 공학, 매체, 교수자료 등을 통합, 활용하여 여러분 자신의 ASSURE 수업을 개발할 수 있기를 바란다.

서론

4장에서는 Kaiser와 Marshall 교사가 적용한 21세기 학습 환경에서 필수적인 협동학습과 같은 다양한 교수전략과 상황에 대하여 탐색한다. 먼저 교사중심 전략과 학습자 중심 전략의 특징적 차이에 대하여 논의하고, 보편적으로 적용되는 열 가지 교수전략 각각의 장단점을 파악하고, 공학과 매체 통합 방안에 대하여 살펴본다.

21세기 학습 환경

21세기의 적절한 정보 탐색 활동을 위해서 교사는 21세기 학습자들이 세계에 대해 잘 이해하고 자신들의 지식 향상과 기능 발전을 위해 실제적인 경험을 할 수 있도록 학습 환경을 조성해야 한다. 그림 4.1에서와 같이 21세기 학습 환경은 교사 주도 및 학습자 주도 학습전략, 학습 촉진을 위한 공학과 매체 및 교수자료의 통합, 다양한 학습 맥락을 포괄한다. 이 장에서는 학습자가 ASSURE 모델에 따라 의도한 학습표준과 학습목표를 성취할 수 있는 학습 환경 요소들을 계획하고 관리하기 위한 안내를 제공하고자 한다.

교사 주도 및 학습자 주도 학습전략

이 절에서는 다양한 학습 상황에서 모든 학년의 학습자에게 성공적으로 적용된 교수전략의 예와 정보가 소개된다. 이를 편의상 특히 교사에 의해 수업이 진행되는 **교사 주도 교수전략**과 학습에 대한 학습자 자신의 책임감이 강조되는 **학습자 주도 학습전략**으로 구분하여 설명한다. 교사는 교사 주도 및 학습자 주도 수업 설계 모두에서 핵심 역할을 하게 된다. 그러나 적용되는 전략의 방향과 강조점 등에서 다르다.

교사 주도 교수전략

ASSURE 모델은 특정 학습상황에 어떻게 접근할 것인가에 대하여 6단계를 안내하며 ASSURE는 각 단계의 첫 글자들을 조합한 단어이다. 먼저 학습자 분석(Analyze) 후 학습목표를 기술하고(State), 수업의 다양한 요소(전략, 공학, 매체, 자료 등)를 선택하고(Select), 선택한 전략, 공학, 매체, 자료를 활용한다(Utilize). 교사 주도 수업전략은 활용단계에서 적용된다. 특히 교사가 특정 교수목적을 가지고 학습을 이끌어가게 된다. 교사 주도 수업 전략의 예로는 교사의 수업설명 제시, 시범, 반복연습, 개인지도 등이 포함된다. 교사 주도 수업전략이 학습자의 고등사고를 촉진하고 공학과 매체를 효과적으로 활용하여 학습기회를 강화할 수 있도록 하는 것이 매우 중요하다. 예를 들면, 교사가 디지털 현미경을 이용하여 아메바 행동을 보여주기, 상호작용 화이트보드를 이용하여 학습자들이 협력적으로 작문하도록 하기, 혹은 선도과학자들과 교실에서 가상 인터뷰하기 등은 모두 공학과 매체를 활용한 교사 주도 수업을 강화할 수 있는 전략들이다. 학습자들은 개별 응답 시스템(clicker)을 이용하여 교사의 질문에 답하거나 교사가 지시한 온라인 게임에서 경쟁할 수 있다. 특히 영어학습자(ELL)를 위한 교수전략에 대한 상세한 정보는 〈다양한 학습자들을 위한 테크놀로지〉를 참조하기 바란다.

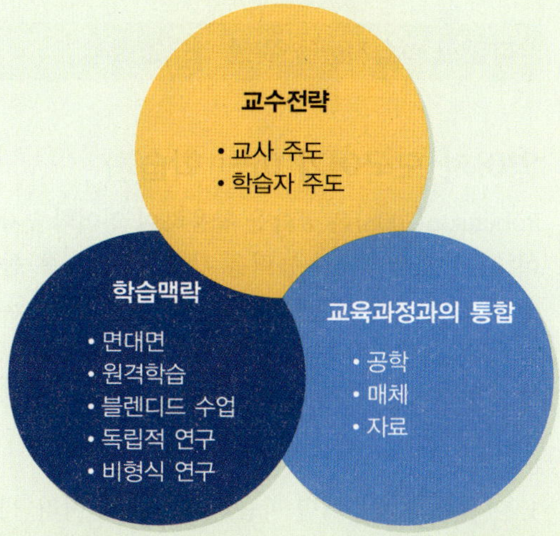

그림 4.1
21세기 학습 환경 구성요소

교사 주도 교수전략은 언제 사용하는가

교수상황	전략	가능한 공학 및 매체
전 학급이 동사 활용 학습할 때	제시/발표	• 클릭이나 키보드 입력을 통해 다양한 동사 변형을 보여주는 파워포인트 제시 • 디지털 비디오 카메라를 활용하여 비디오 제작—각 동사 변형을 보여주고 동사를 활용하는 학습자 모습을 비디오 클립으로 보여주기
안전문제상, 교사가 실험약품 시범을 보여주어야 할 때	시연/시범	• 교실 안전 매뉴얼에 따라 교사의 특정 화학 약품 사용 시연하기 • 화학약품을 안전하게 다루는 유튜브 동영상 보여주기
선수 학습의 내용을 복습 및 연습할 필요가 있을 때	반복연습	• 교사는 상호작용 화이트보드를 통해 수학문제를 제시하고, 학습자는 개별 응답 시스템을 사용하여 문제에 답하기 • 학습자가 학교에서 자유롭게 사용하도록 학습센터에서 반복연습 소프트웨어를 제작, 활용하기
시험결과 이미 배운 개념이나 기능이 충분히 학습되지 않은 학습자들이 있을 때	개인지도	• 학습자가 연습과 즉각적 피드백이 제공되는 온라인 개인지도 프로그램으로 자유롭게 학습하기 • 교사는 학습자가 학습하도록 학교의 통합 학습 시스템에서 특정 수업 선택하기 • 교사는 보충 학습이 필요한 학습자들을 위해 학습자가 온라인 개인지도 학습을 할 수 있도록 팟캐스트에 링크시켜 두기

다양한 학습자들을 위한 테크놀로지

영어가 모국어가 아닌 학습자

Robertson(2008)은 공학을 활용하여 영어학습자들이 21세기 학습자의 능력을 갖출 수 있도록 돕는 일곱 가지 전략을 소개하고 있다. 비록 Robertson의 전략은 영어학습자를 주 대상으로 하지만 능력 향상을 꾀하는 모든 학습자에게 활용할 수 있는 우수 사례이다.

1. *어휘력 쌓기.* 개별 학습자의 요구에 따라 새로운 공학 용어를 소개하고 새로운 어휘 학습을 하기 전에 학습자 이해 여부를 확인한다.
2. *유인물 활용하기.* 언어 이해의 어려움을 돕기 위해 컴퓨터 스크린의 시각자료를 유인물로 인쇄하여 준다.
3. *간단한 과제 만들기.* 학습자에게 익숙한 내용으로 학습하도록 한다. 예를 들면, 학습자들의 출신지역이나 나라의 주요 도시에 대한 자료를 이용하고 새로운 공학 내용보다는 공학 기능에 대한 학습에 집중하도록 한다.
4. *충분한 연습하기.* 학습자들에게 마우스나 저장, 인쇄, 복사 등과 같은 기본 컴퓨터 기능 연습을 위한 여유 시간을 준다. 왜냐하면 영어를 배우는 학습자들에겐 공학 사용 방법뿐만 아니라 소프트웨어 언어를 자국어로 이해할 시간이 필요하기 때문이다.
5. *짝 혹은 소그룹 활동하기.* 영어가 모국어인 학습자와 아닌 학습자가 짝을 이루어 공학 기능을 학습하면 영어가 모국어가 아닌 학습자는 영어 기능을 향상할 수 있고, 영어를 모국어로 하는 학습자는 공학과제를 다른 방법으로 완성할 수도 있음을 알게 된다.
6. *의미 있는 목적 설정하기.* 공학 프로젝트의 초점을 새로운 공학 기능과 함께 영어 리터러시 기능 향상에 둔다. 슬라이드 개수, 발표 시 링크의 수 등과 같이 공학 프로젝트 기준에 대하여 안내함과 동시에 교과내용 이해에 대한 분명한 기대수준을 제공한다.
7. *자원 활용 지도하기.* 어떤 경우는 정보 접근이 제한적이거나 온라인 정보에 대한 신뢰가 약한 문화권에서 온 영어학습자들이 있을 수 있다. 이 경우 교사는 학습자의 요구에 정확하고 관련된 정보임을 평가할 수 있도록 도와주어야 한다.

학습자 주도 학습전략

학습자 주도 전략은 ASSURE 모델에서 학습자 참여를 촉진하기 위해 필요한 전략이다. 학습자 주도 전략의 경우 교사는 학습자가 활발한 상호작용 학습활동과 학습자가 주도하는 경험에 참여하도록 안내하는 촉진자 역할을 한

ASSURE 사례 연구 성찰

PEARSON myeducationkit™

4장 서두에 언급한 비디오와 ASSURE 수업 사례 연구를 다음의 문제를 중심으로 검토한다. 이 수업에서 포함된 교사 주도 교수전략과 학습자 주도 학습전략은 무엇인가? 교사 주도 교수전략과 학습자 주도 학습전략의 차이점은 무엇인가? 학습자 주도 학습 활동에서 Kaiser와 Marshall 교사는 어떤 방법으로 학습을 지원하였는가?

다. 현행 교육과정과 공학 표준은 학습자의 실제적이고 경험적인 학습자 주도 활동의 중요성을 강조한다. 학습자 주도 전략의 이론적 근거에 의하면 학습자들이 의미 있는 활동에 적극적으로 참여할 때 학습이 촉진된다(Marzano, Pickering, & Pollock, 2001). 학습자 주도 전략은 때론 모델을 만들거나, 문제를 해결할 때, 혹은 게임 전략을 형성할 때 등의 경우 개별적 혹은 그룹으로 학습자에 의해 의사결정이 이루어진다. 학습자 주도 학습전략의 예로 토론, 협동학습, 게임, 시뮬레이션, 발견학습, 문제해결 등을 들 수 있다. 비록 학습자들이 학습을 주도하지만, 교사는 학습자가 충분히 학습의 중심 역할을 하도록 수업을 계획하고 조정하고 촉진할 책임이 있다.

학습자 주도 학습전략은 언제 사용하는가

교수상황	전략	가능한 공학 및 매체
학습자가 특정 주제를 학습하고 교사가 관련 질문을 할 때	토론/토의	• 교사는 온라인 토론방에 문제를 공지한다. • 교사는 토론 주제나 문제를 파워포인트로 제시한다.
학습자들이 협동으로 연구 활동 후 결과 발표하는 등의 활동을 통해 학습자의 학습능력을 향상시키고자 할 때	협동학습	• 학습자들은 무료 온라인 협동 도구(NING, Google Docs, Social Bookmarking 등)를 활용해서 온라인상에서 만난다. • 데이터베이스 등 컴퓨터 소프트웨어를 이용하여 학습자들이 함께 학습한 정보를 입력하게 한다. • 최종 결과물을 제작할 때 실물을 활용할 수도 있다.
학습자가 새로 학습한 내용을 게임 형태로 복습할 때	게임	• 학습자들은 교사가 제공하는 학습할 주제 관련 온라인 게임 링크들을 선택한다. • 소집단별로 최고점수 획득자를 파악할 수 있는 디지털 게임을 만든다.
학습자들이 지식과 기능을 실제 상황에 적용할 필요가 있다고 판단될 때	시뮬레이션	• 시뮬레이션 컴퓨터 소프트웨어(예, Decisions, Decisions)가 학습자들에게 해결해야 할 상황을 안내한다. • 비디오로 문제 상황을 제시하고 학습자가 지식이나 기능을 적용해서 그 문제를 해결하도록 비디오를 선택하여 안내한다. • 학습자는 인터넷을 활용하여 가상현실 상황에서 다른 학습자들과 상호작용한다.
보다 높은 수준의 이해력 촉진을 위해 학습자가 주요 개념을 발견할 필요가 있을 때	발견학습	• 학습자는 새로운 다양한 정보 간의 관계성을 발견하도록 디지털 개념지도를 제작한다. • 학습자는 기상정보를 다운로드하여 스프레드시트로 정리하고 이 데이터를 활용하여 기상예측도를 만들어 본다.
특정 주제에 대해 학습자 스스로 알고 있는 것과 알아야 할 것이 무엇인가를 생각해야 할 때	문제해결	• 모바일 컴퓨터를 학습자에게 제공하여 현장 자료를 수집한 후 다른 지역의 학습자가 수집한 자료와 비교하도록 한다. • 과학수사실 같은 가상 상황을 만들어 교사가 구성한 '범죄 수사' 활동을 위해 학습자들은 다양한 자원과 도구를 활용한다.

프레젠테이션

프레젠테이션을 통해 원천 정보, 극화된 정보, 혹은 전파된 정보가 학습자에게 전달된다. 교사, 교과서, 인터넷 사이트, 오디오, 비디오, 다른 학습자들이 모두 정보의 원천이 된다. 교사와 학습자 간에 상호 질의응답 및 코멘트를 하면서 프레젠테이션은 매우 상호작용적으로 이루어질 수 있다. 프레젠테이션에서 생생한 인터넷 방송, 저자의 시 낭송 팟캐스트, 상호작용 화이트보드에 학습자들이 만든 철새의 이동에 대한 개념도 등을 활용하는 경우와 같이 이 경우 공학은 프레젠테이션에서 매우 중요한 역할을 한다. 그러나 교실에서의 프레젠테이션은 공학적 전략을 활용하지 않고 단순히 전통적인 방식으로 이루어지기도 한다.

장점

- *한 번의 프레젠테이션.* 한 번의 프레젠테이션으로 모든 학습자에게 정보를 전달할 수 있다.
- *노트정리 전략.* 학습자들은 제공되는 정보를 다양한 방식으로 기록, 정리할 수 있다.
- *정보 원천.* 공학과 매체 자원은 양질의 최근 정보의 원천으로 활용될 수 있다.
- *학습자 발표.* 학습자들이 학습한 정보를 전체 학급 혹은 소그룹에게 발표할 수 있다.

단점

- *프레젠테이션이 적절하지 않은 학습자.* 어떤 학습자에겐 프레젠테이션 방식이 정보 획득에 적절하지 않을 수 있기 때문에 수업은 한 가지 이상의 내용 제시 방식(예: 읽기, 듣기, 혹은 비디오 시청하기)을 포함할 필요가 있다.
- *지루할 가능성.* 상호작용이 없는 프레젠테이션은 학습자들에게 지루한 감을 줄 수 있다. 따라서 질의응답, 기입 점검표, 대화 등의 상호작용 요소를 프레젠테이션에 포함하는 것은 중요하다.
- *노트정리의 어려움.* 학습자들이 프레젠테이션을 통해 효과적인 학습을 하기 위해서는 노트정리를 잘 해야 한다. 한 가지 대안은 부분적으로 정리된 미완성된 노트를 학습자에게 주고 프레젠테이션 동안 노트정리를 완성하게 한다.
- *연령의 적절성.* 어린 학습자들은 장시간 프레젠테이션에 주의집중하기 어렵기 때문에 학습자의 연령과 주의집중 수준에 맞추어 프레젠테이션을 조정하는 것은 매우 중요하다.

교육과정과의 통합

프레젠테이션에 도움이 되는 공학과 매체 자원은 매우 많다. 예를 들면, 상호작용 화이트보드를 활용하여 비디오에서 스프레드시트 도표로, 학습자의 의견과 반응이 기록된 노트로 자연스럽게 옮겨갈 수 있다. 파워포인트 슬라이드는 프레젠테이션에 보편적으로 사용되는 도구로 인터넷 정보 링크 기능과 내용 요약 및 관련 이미지와 함께 개념을 나타내는 애니메이션 다이어그램 등을 포함한다. 프레젠테이션에 정보를 추가할 때, 교사는 물론 학습자들에게 저작권 지침을 신중히 고려해야 함을 알려야 한다. 개별 응답 시스템(clicker) 질문에 대한 학습자 반응이 바로 나타나도록 하여 프레젠테이션을 촉진할 수 있는 공학 도구다. 실물 화상기를 이용하여 인쇄 자료나 작은 입체물을 투사하는 것도 프레젠테이션에 공학을 통합하는 또 다른 방법이다. 예를 들면, 기념비적인 옛날 사진을 상세하게 비추어 보여준다거나 책을 읽으면서 이야기책을 비추어주거나 번데기가 나비로 변형되는 과정을 비추어 관찰하게 하는 것 등을 들 수 있다.

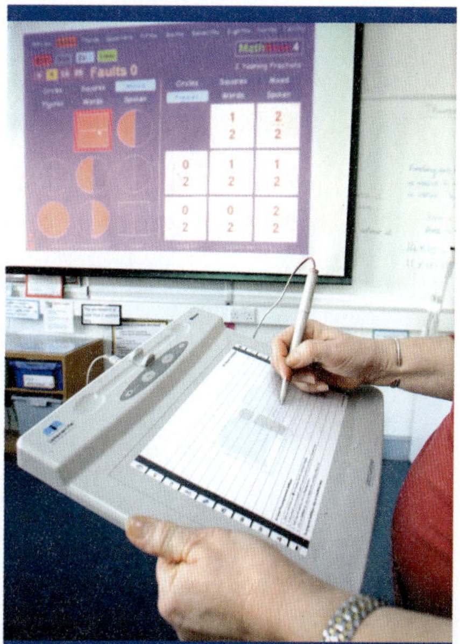

교사는 상호작용 화이트보드를 활용하여 다양한 방법으로 정보를 제시하는 동안 학습자들이 몰입할 수 있게 한다.

Trevor Smith/Alamy

프레젠테이션은 오랫동안 성공적으로 활용되어 온 핵심 수업전략이다. 오늘날 교사는 학습자들이 고등사고 활동과 높은 수준의 유의미 학습 과정에 몰입할 수 있도록 공학과 매체를 통합, 활용함으로써 전략 확장의 혜택을 갖는다.

시범/시연

시범 수업에서 학습자들은 앞으로 학습하게 될 기능이나 절차의 시연을 보게 된다. 시범 수업은 전체 학급이나 소집단을 대상으로 적용할 수 있으며, 또한 특히 작업 방법이나 과정에 대한 추가 설명이 필요한 개별 학습자들에게 유용한 방법이다. 어린 학습자에게 교사는 편지 인쇄하기, 디지털 카메라 사용하기, 단어 발음하기 등과 같은 기본 절차를 시범적으로 보여줄 수 있다. 또한 중등학교 교사들은 대수학 문제 풀기, 역사 자료 도표 해석하기, 상호작용적 웹사이트 제작하기, 특별한 작업 방식을 이해하기 등과 같이 보다 복잡한 과정에 대하여 시범을 보여준다.

시범수업의 목적은 디지털 풍량 측정기 사용과 같이 학습자들이 물리적으로 수행해야 할 과정이나 절차를 잘 모방할 수 있도록 하는 것이며, 또한 협동작업을 할 때 어떤 태도로 질문하는 것이 바람직한 것인지를 보여주는 것과 같이 역할 모델이 보여준 태도를 학습자들이 잘 수용할 수 있도록 하는 것이다. 어떤 경우엔 바이메탈 판의 열 효과와 같이 어떤 일이나 작업에 대해 간단히 예시하는 경우도 있다. 워드프로세스 프로그램에서 복사하여 붙이기 기능 활용하기 등과 같이 어떤 경우엔 일대일 동료 시범 수업으로 진행할 수 있다. 이 경우 복사 및 붙이기와 같이 어떤 일에 대한 경험이 있는 학습자가 다른 동료 학습자에게 그 일의 수행 절차를 시범적으로 보여줄 수 있다. 이런 시범 수업은 활동 학습 과정에 질의응답이 활발하게 적용되도록 한다.

장점

- 학습자가 직접 어떤 일을 하기 전에 먼저 그 과정을 볼 수 있다.
- 과제가 잘 수행될 수 있도록 대집단 학습자들에게 동시에 안내를 제공할 수 있다.
- 모든 학습자가 동시에 모든 자료를 취급하지 않기 때문에 최소한의 자료나 보조물이 필요하다.
- 안전문제의 측면에서 시범수업은 위험한 장치나 자료를 활용할 때 학습자에게 일어날 수 있는 잠재적 위험을 교사가 통제할 수 있다.

단점

- 교사의 시연 과정이나 기능을 동시에 학습자가 똑같이 따라 할 수 있는 기회가 제공되지 않으면 학습자들은 직접 경험하지 못한다.
- 교사의 시범을 모든 학습자들이 똑같은 시각과 방향에서 볼 수 없다. 따라서 경험의 어떤 요소를 놓칠 가능성이 있다. 이에 대한 공학적 대안으로 실물 화상기로 시범을 비추어 주는 방법이 있다.
- 모든 학습자가 교사의 시범 속도에 동일하게 적응하지 못한다. 시범을 비디오로 녹화하여 필요한 학습자가 시범을 볼 수 있도록 하는 것도 유용한 방법이다.

교육과정과의 통합

디지털 카메라와 같은 공학 장치를 활용하여 시범 수업을 강화할 수 있다. 디지털 비디오 카메라로 시범과정을 녹화하거나 수업 전에 미리 녹화할 수 있다. 시범의 다양한 요소를 검토하기 위해 녹화된 자료를 교실 전체 학생들에게 보여주거나, 소집단별로 혹은 개별적으로 사용하도록 한다. 학습자들이 비디오 녹화를 하도록 과제를 줄 수도 있다. 만약 여러 대의 카메라로 시범과정을 녹화했다면 아이무비(iMovie)나 무비메이커(MovieMaker)를 이용하여 테이프를 합성할 수 있다. 특히 복잡한 과정에 대한 시연이나 실물을 이용한 복잡한 프로젝트 시연의 경우 비디오 촬영은 매우 효과적이다.

바람, 온도, 습도, 속도, pH 등과 같은 특수한 현상을 기록하는 디지털 장치나 디지털 현미경과 같은 확대 도구들 또한 시범수업에 통합할 수 있는 공학적 장치다. 이러한 도구들은 특히 수학이나 과학 시범에서 그 결과를 전체 학급이나 소집단 학생에게 투사하여 보여주는 데 매우 유용하다.

또 다른 통합 방법은 유튜브 같은 온라인 동영상 자료를 가져와서 디지털 비디오로 시연하는 것이다. 예를 들면 주판활용의 기본, 정수 나누기, 연못의 pH 조사하기 등과 같은 시범 비디오를 찾아 보여줄 수 있을 것이다. 온라인 비디오를 검색할 때 교육적 내용이나 질적 상태가 검증되지 않은 예시와 자료가 상당히 많이 검색되기 때문에 교실 수업에 사용하기 전에 이들을 신중하게 검토해야 하며 또한 저작권 관련 지침을 충실히 따라야 한다.

그림 4.2 The Magic School Bus
매직스쿨버스는 생명과학, 고고학, 우주 등과 같은 주제에 대한 온라인 반복연습 게임을 제공한다.
출처: http://scholastic.com/MagicSchoolBus. Copyright © 2010 by Scholastic Inc. The Magic School Bus is a registered trademark of Scholastic Inc.

반복연습

반복연습은 주로 수학이나 언어영역의 내용 지식 및 기능 습득에 보편적으로 활용되는 주요 수업전략으로 학습자들이 내용 지식이나 기능을 충분히 이해하고 습득할 때까지 반복연습의 기회를 제공한다, 반복연습 전략은 학습자들이 먼저 개념, 원리, 절차 등에 대하여 수업을 받은 후에 보충적으로 활용하는 것을 전제한다. 반복연습이 효과적이기 위해서는 정답에 대한 강화적 피드백, 오답에 대한 교정적 피드백이 제공되어야 한다.

장점

- *정답 피드백.* 학습자들은 자신의 반응에 대하여 올바른 피드백을 받게 된다.
- *정보 묶음.* 정보가 소단위로 제시되어 학습자들은 수업자료를 소단위로 검토하기 용이하다.
- *내재된 연습기회.* 제시되는 소단위의 정보에 연습문제가 내재되어 있어 새로 학

습한 지식을 바로 성공적으로 확인할 수 있는 기회가 제공된다.

단점

- *반복성.* 모든 학습자가 반복적인 학습 특성에 잘 반응하는 것은 아니다. 따라서 단조로운 반복성을 최소화하기 위해서 문제풀이 시간과 문제 수를 제한하는 것이 중요하다.
- *지루함.* 반복연습 문제 수가 너무 많으면 학습자들은 지루함을 느끼게 된다. 따라서 연습하는 내용을 검토하고 그 내용과 관련된 자료에 한하여 연습하도록 한다.
- *비적응성.* 만약 학습자가 지속적으로 오답 반응만 하는 경우, 반복연습은 학습에 도움이 안 된다. 학습자의 반응을 잘 관찰한 후 학습이 부진하다고 판단되면 다른 교수전략을 활용해야 한다.

교육과정과의 통합

많은 컴퓨터 프로그램들은 반복연습을 게임방식과 통합하여 학습자들이 재미있게 정보를 검토하고 지식 및 기능을 반복연습할 기회를 제공한다. 또한 온라인 플래시카드와 상호작용 학습활동지 같은 전통적인 방식의 반복연습 소프트웨어도 있다. 디지털 버전의 반복연습 프로그램도 가능한데, 예를 들면 매스 블래스터(Math Blaster)나 리더 래빗(Reader Rabbit) 같은 멀티미디어 소프트웨어, 매직스쿨버스(Magic School Bus) 시리즈 같은 상호작용 온라인 프로그램이 있다(그림 4.2). 효과성이 입증된 아날로그 방식의 반복연습 프로그램도 많은데, 예를 들면 개별학습 혹은 동료 학습에서 가장 인기 있는 반복연습은 플래시카드와 단어카드이며 또한 단어, 수학, 언어 영역에서 사용되는 연습장 등이 있다.

개인교수

개인교수(tutorials)는 학습자가 사람, 컴퓨터 소프트웨어 혹은 인쇄자료 등과 같이 어떤 매개체를 활용하여 개별 학습하는 방식이다. 개인교수용 자료에는 학습할 내용 제시, 질문이나 문제 제시, 학습자의 반응 요구, 학습자 반응 분석 및 적절한 피드백 제공, 일정한 수준의 학습 성취를 위한 연습기회 등이 통합되어 있다. 개인교수 전략에서 학습자가 독립적으로 학습하거나 지식 형성을 위해 특별히 필요한 경우 일대일 짝으로 학습한다.

장점

- *독립적 학습.* 학습자는 수업자료를 독립적으로 학습하고 학습과정에 대한 피드백을 받을 수 있다.
- *자기 학습속도.* 학습자 자신의 학습속도에 따라 진행하고 다음 학습으로 이행하기 전 필요한 경우 정보를 반복학습할 수 있다.
- *개별화.* 컴퓨터 기반 개인교수는 학습자 반응을 판단해서, 한 주제에 대한 내용 이해가 달성되었으면 새로운 주제로 이행하도록 하고, 반복과 복습이 필요하면 보충학습 활동으로 이행하도록 한다.

단점

- 다양한 변화 없이 한 가지 방식을 반복적으로 할 경우 개인교수는 지루하게 된다.
- 개인교수를 통해 학습 향상 및 발전이 없다면 학습자들은 좌절감을 느낄 수 있다.
- 교사의 안내나 지도 부재는 수업자료에 대한 학습 진행이 효과적으로 이루어지지 못함을 의미한다. 이를 방지하기 위해서 교사는 개인교수 프로그램을 적용할 때, 어떤 도움을 지속적으로 제공할 것인지 신중하게 선택해야 한다.

교육과정과의 통합

개인교수 프로그램은 교수자-학습자(예, 소크라테스식 대화), 학습자-학습자(예, 컴퓨터보조 개인교수 소프트웨어), 인쇄자료-학습자(예, 워크북) 등의 짝 구성이 가능하다. 개인교수는 대집단 학습 상황에서 학습이 어려운 학습자나 새로운 정보나 자료를 학습할 때 특히 도움이나 지원이 필요한 학습자에게 유용하다.

교사와 학습자가 한 쌍인 개인교수의 경우, 교사는 개별 학습자 혹은 소집단 학습자들과 함께 학습자들의 학습속도에 맞추어 신중하게 지도한다. 학습자 대 학습자 쌍의 개인교수에서 특히 교사는 학습자들이 교수진행 안내를 잘 따르고 있는지를 주시해야 한다. 컴퓨터 대 학습자 방식의 개인교수는 개별화된 즉각적 피드백을 일관되게 제공할 수 있다는 점에서 특히 초중등학교 교실에 보편적으로 적용되고 있다. 예를 들면, SuccessMaker, NovaNet, Plato Learning 등과 같은 **통합학습시스템(integrated learning systems, ILS)**은 컴퓨터 및 인터넷 기반 수업을 제공한다. 학습자는 이 시스템에 **로그온**한 후, 새로운 개인교수 단원을 학습하거나 이전 학습을 지속할 수 있다. 개인교수에서 학습은 내용에 대한 완전학습을 기반으로 진행된다. 통합학습시스템은 고비용이 들므로 학교단위보다는 지역단위로 주로 구매한다.

주로 학교 중앙에 위치한 **학교 매체 센터**는 매우 우수한 개인교수 자원이다. 학교 매체 센터는 컴퓨터 소프트웨어, 오디오 녹음, 인쇄물 등 다양한 개인교수 유형을 확보하고 있어 대출하여 학습자들과 함께 활용할 수 있다.

토의

토의는 학습자와 학습자들, 혹은 교사와 학습자들이 서로 아이디어와 의견을 교환하는 방식으로 대집단 혹은 소집단 수업 중에 적용하기 용이하다. 토의는 학습목표를 설정하기 전에 학습자들의 태도, 지식, 기능의 정도를 평가하는 방법으로 매우 유용하다. 특히 새로운 주제를 소개할 때나 학년 초에 교사가 아직 학습자들에 대하여 충분한 정보가 없을 때 토의방식의 적용은 더욱 유용하다. 토의방식은 또한 교사가 협력 및 협동학습을 촉진하기 위해 집단의 학습자들 간에 친밀감을 형성할 때도 유용하다.

토의는 새로운 주제를 소개하거나, 기본 개념을 심도 있게 탐구할 수 있는 매우 효과적인 방법이다. 교사는 먼저 질문을 던져 학습자들의 반응을 유도하거나, 토의 주제를 그룹별로 할당하여 토의를 시작하도록 한다. 토의 주제는 학습자들이 학습할 내용과 밀접히 관련된 것이어야 한다. "만약 ~라면 어떻게 될까?"와 같이 학습자들이 토의 주제를 신중히 생각할 수 있는 질문을 해야 한다(Marzano, Pickering, & Pollock, 2001). 이때 학습자들이 생각하여 답할 수 있는 충분한 시간을 주도록 한다.

장점

- *흥미.* 학습자들은 다른 사람이 하는 말을 앉아서 듣는 것보다 토의 활동에 더 흥미 있어 한다.
- *도전.* 토의 주제를 숙고하면서 자신의 지식을 적용할 수 있도록 학습자의 도전의식을 고취시킨다.
- *포괄성.* 몇몇 학습자가 교사의 질문에 답하기보다 모든 학습자가 참여하여 의견을 말할 수 있다.
- *새로운 아이디어.* 교사의 설명 프레젠테이션에 새로운 아이디어를 통합하는 유용한 방법이다.

단점

- *제한적 참여 가능성.* 모든 학습자가 참여하는 것이 아니므로 교사는 모든 학습자에게 참여 기회를 주는 것이 중요하다.

Skype 기반 토론을 통해 뉴욕과 네덜란드에 있는 학습자들이 서로 아이디어를 공유할 수 있다.

Steve Nesius/Ap

- *도전감 저하.* 이미 학습자가 알고 있는 그 이상의 수준으로 토의가 이루어지지 않으면 지식 확장의 도전감이 저하될 수 있다.
- *난이도 수준.* 학습자 지식수준에 비해 질문이 너무 어려우면 원활한 토의가 이루어지지 않을 수 있다.
- *연령 적절성.* 토의는 교사의 지도가 없다면 어린 학습자들에게 효과적인 전략이 아닐 수 있다.

교육과정과의 통합

최근엔 교실 밖으로의 의사소통 확장 방법으로 교실 수업에 공학 기반 토의가 점차 보편적으로 활용되고 있다. Skype 같은 비디오 컨퍼런싱 소프트웨어는 여러 지역의 학습자들과 토의하면서 서로 보고 들을 수 있다. 학습자들은 또한 교실 밖에서 다른 학습자들과 특정 시간에 온라인 토론에 참여할 수 있다. 공학과 매체는 또한 교실 토의를 지원하기 위해 사용할 수 있다. 예를 들면, 개념지도 소프트웨어를 이용하여 토론 중에 나온 주요 아이디어와 문제를 정리하여 학습자들의 생각을 촉진하거나 토의 세션을 기록해둔다.

많은 소프트웨어 프로그램은 그 자체에 협동학습이 가능하도록 활동이 내재되어 있다.

Peter Skinner/Photo Researchers

협동학습

협동학습은 학습자들이 서로 학습을 도와주면서 공통의 학습목표를 달성하도록 하는 집단구성 전략이다. 학습자들이 팀 프로젝트를 하면서 서로서로 학습을 도와준다(Johnson & Johnson, 1999; Slavin, 1989-1990)는 연구는 오랫동안 지지받고 있다. 컴퓨터를 활용하여 작업할 때 개별적으로 하기보다 2~3명이 함께 할 때 많은 학습이 이루어진다.

Johnson과 Johnson(1999)은 성공적인 협동학습을 위한 조건을 다음과 같이 제시하고 있다.

- 전체 팀의 일부로서 자신의 역할을 생각하는 팀원
- 집단 구성원 간의 상호작용적 참여

- 개별 및 집단 책무성
- 대인관계 기술 및 리더십 기술
- 개별 학습 및 집단 기능에 대한 성찰 능력

교사는 특별한 학습결과 성취를 위해 그에 적절한 협동학습 집단을 구성할 수 있으며(Marzano, Pickering, & Pollock, 2001) 각 팀원에게 기록, 시간 측정, 과제 감독 등과 같은 특정 역할을 부여할 수 있다. 협동학습경험은 형식적인 교실수업 이외의 비형식적 학습경험으로 적용할 수 있다. 즉 학습자들이 스스로 학습요구를 결정하여 학습경험을 촉진하도록 학습자들과 협동으로 작업을 수행한다. 이 경우 교사는 모든 조원들이 활발하게 상호작용하는지를 주의 깊게 모니터링할 필요가 있다.

교실에서의 지배적인 경쟁적 분위기는 많은 교육자들로부터 학습자들의 상호 협력학습을 방해한다는 점에서 비판받아 왔다. 학습자들이 지식 습득을 위해 서로 도움을 줄 수 있기 위해서 교사는 협동학습 상황을 학습자들에게 제공하는 것이 바람직하며, 이는 또한 21세기 사회에서 필요한 기능을 성취할 수 있는 기회를 제공하는 방법이다.

장점

- 다양한 능력 수준의 학습자들이 함께 학습활동을 하므로 모든 학습자들에게 상호 도움이 될 수 있다.
- *형식적 및 비형식 구성.* 협동집단은 학습요구에 따라 형식적 혹은 비형식적으로 구성될 수 있다.
- *학습기회.* 장기적인 협동학습 집단을 구성하여 다양한 학습경험을 만들어 가도록 할 수 있다.
- *내용 영역.* 협동학습은 모든 내용 영역의 학습에 적용할 수 있다.

단점

- *집단 크기 제한.* 학습자들이 형평성 있게 참여하도록 하기 위해서 협동학습 집단 크기는 3~5명으로 제한할 필요가 있다.
- 지나친 협동학습 전략은 학습효과를 약화할 수도 있다. 협동학습 전략은 토의와 아이디어 공유를 통해 학습이 향상될 수 있을 때 선택한다.
- 학습능력이 동질한 학습자들로 구성된 협동학습 집단의 경우 학습자들이 서로의 학습 향상에 큰 도움을 주지 못할 수도 있기 때문에 교사는 학습집단을 구성할 때 이질 집단이 되도록 신중하게 배려해야 한다.

교육과정과의 통합

그림 4.3 Food Force
UN 세계식량프로그램(WFP)은 어린이들이 세계 기아 문제 대처에 대해 학습할 수 있도록 World Hunger-Food Force 프로그램을 제공한다.
출처: www.supersmartgames.com/Big_Kids/Social_Studies/World_Hunger-Food_Force. Reprinted by permission

학습자들은 텍스트 자료에 대해 토의하기, 매체 시청하기, 매체 제작하기 등과 같은 활동을 함께 하면서 학습할 수 있다. 예를 들면, 학습자들은 팟캐스트, 비디오 및 파워포인트 발표 자료를 협동적으로 설계, 제작할 수 있으며 이때 교사는 파트너로서 함께 작업하는 역할을 해야 한다.

만약 교실에 컴퓨터가 한 대 있다면 협동학습 모둠을 구성하여 모둠별로 컴퓨터 작업을 하도록 한다. 협동모둠 학습자들은 World Hunger-Food Force(그림 4.3)와 같은 프로그램을 함께 사용할 수 있다. 이런 소프트웨어 프로그램은 대체로 **협력** 및 공유의 학습활동을 포함하므로 협동학습 모둠에 유용하게 활용할 수 있다.

테크놀로지 통합 사례

서부로의 대 이동

초등 3학년 담당 Cinnie Courbat 교사는 다양한 학습능력 수준으로 구성된 학급 학생들이 1800년대 서부로의 대이동이란 주제 학습에서 모두 긍정적인 학습을 경험하기를 원했다. 수업목표는 선택한 삶의 방식이 역사에 어떤 영향을 미치는가에 대하여 학습자들이 잘 이해하는 것이었으며, 따라서 교사는 협동학습 모둠을 구성하여 학습할 주제를 소개하였다. 교실에서는 협동 모둠별로 컴퓨터에서 Oregon Trail 소프트웨어를 활용하여 개척시대 모험을 경험하도록 하였다. 협동 모둠을 구성할 때 다양한 수준의 학습자들이 모두 포함되도록 이질 집단을 구성하여 학습자들이 서로 돕도록 하였다. 교사는 또한 협동 모둠의 각 구성원에게 팀리더, 기록자, 자료 관리자 등의 역할을 수행하도록 배정하였다. 수업이 진행되는 동안 교사는 협동 모둠을 둘러보면서 질문에 답하거나 과제를 적절하게 수행하고 있는지를 관찰하고 필요한 경우 도와주는 촉진자 역할을 하였다. 정리단계에서 협동 모둠별로 경험한 Oregon 서부이동 모험을 성공담 및 실패담을 포함하여 발표하도록 하였다.

Corbis RF

교사는 협동학습 모둠별로 주제 발표 자료를 준비하여 전체 학급에서 발표하도록 할 수도 있다. 따라서 각 협동 모둠은 학습할 전체 내용을 나누어 그 부분에 대한 내용 전문가 역할을 할 수도 있다. 발표 자료를 준비하는 과정에서 학습자들은 주어진 학습 내용에 대한 이해뿐만 아니라 풍부한 관련 내용 이해와 경험의 기회를 갖는다(〈테크놀로지 통합 사례: 서부로의 대 이동〉 참조).

게임

교육용 게임은 학습자들이 설정된 목표를 성취하기 위해 특정 규칙에 따라 진행하는 경쟁적 환경을 제공한다. 일반적으로 게임은 한 명 혹은 여러 명이 함께 참여하고, 동기유발이 잘 되므로 특히 반복적이거나 지루한 내용 영역에 적용하면 유용하다. 어떤 게임은 고도의 정확성이나 효율성이 필요한 내용에 대한 완전학습을 위해, 그리고 주어진 특정 문제를 해결하기 위해 학습자들에게 문제해결 기능을 요구한다.

게임을 하면서 학습자들은 특정 상황에서 찾은 패턴을 인식하게 된다(Moursund, 2006). 예를 들면, 집중력 게임을 하는 어린 아동들은 일치되는 패턴을 맞추면서 회상 기억력을 향상할 수 있다. 또한 학습자들은 Leonardo' s Language Bridge 게임을 활용하여 외국어를 학습할 수 있는데 이 게임에서 학습자들은 다양한 장애물을 극복하면서 가상의 교각을 만들기 위해 새로운 외국어를 사용하게 되는 모험 여행을 경험한다.

컴퓨터 게임 및 전통방식의 게임들은 다양한 학습경험을 통합하고 관련 기능 습득을 위한 연습의 기회를 제공하여 게임을 도전적이고 재미있게 만들 수 있다. 학습자들은 게임놀이를 좋아하며 게임을 통해 도전적 환경으로 학습경험을 확장한다.

학습자들은 교대로 컴퓨터 게임을 한다.
Valerie Schultz/Merrill

장점

- *몰입.* 게임을 하면서 학습자들은 학습에 빠르게 몰입한다.
- *학습결과와 일치.* 게임은 성취할 학습결과에 맞추어 적용할 수 있다.
- *상황의 다양성.* 게임은 전체 학급에서부터 개별 활동에 이르기까지 다양한 교실 상황에서 활용할 수 있다.
- *주의집중.* 대부분의 게임은 화려한 색상, 높은 상호작용성, 경쟁성 등의 속성이 있어 학습자들은 특정한 주제나 기능 학습에 주의집중하기 쉽다.

단점

- *경쟁심.* 게임은 승리의 속성으로 인해 특별한 주의를 하지 않으면 지나치게 경쟁적일 수 있다.
- *난이도.* 학습능력이 떨어지는 학습자의 경우 게임의 속도나 난이도에 적응하기 어려울 수 있다. 학습자 수준에 맞추어 게임의 난이도를 조절해야 한다.
- *고비용성.* 컴퓨터 게임 등은 고비용으로 구매가 쉽지 않을 수 있다. 경우에 따라선 유사한 대용 게임을 온라인 웹에서 무료로 사용할 수도 있다.
- *비의도적 활용 가능성.* 게임에서는 때론 학습보다 승리에 더 관심을 갖게 되므로 의도한 학습결과가 발생하지 않을 수 있다. 따라서 학습자들이 게임을 사용하기 전에 학습목표가 무엇인지 분명히 인지하도록 해야 한다.

교육과정과의 통합

교육용 게임은 디지털 형태 및 전통적 방식의 가로세로 글자 퍼즐, Suduko, 직소 퍼즐, 논리 퍼즐 등 그 종류가 매우 다양하다. 퍼즐은 단어나 나라의 수도 익히기 등의 단순 정보학습에 유용하며, 문제해결 및 논리력 향상을 위해서는 Sudoku 퍼즐이, 사고력 향상을 위해서는 직소 퍼즐이 유용하게 활용될 수 있다.

교육용 게임은 보편적으로 비즈니스에 대한 학습을 포함하고 있다. 이런 게임을 활용하여 초등학교 교실에서 상품 판매 및 구매 활동을 경험할 수 있다. 중고등학교 교실에서는 학습자들이 Hot Dog Stand: The Works라는 컴퓨터 게임을 활용하여 비즈니스 시장에 대한 이해의 정도를 나타내기 위해 판매용 상품을 만들 수 있다. 이 게임에서 최대의 이윤을 남긴 협동 팀이 승리하게 된다.

웹상에는 모든 연령의 모든 교과영역에서 활용할 수 있는 이름 있는 다양한 게임이 무료로 제공되고 있다. 예를 들면, NASA의 우주공간(그림 4.4), 스미소니언 교육, 환경보호단체의 환경 지킴이 어린이 동아리 게임방(The Environmental Protection Agency's Environmental Kids Club Game Room), PBS Kids Go! 등은 웹상에서 제공되는 양질의 게임 프로그램들이다. 교사는 학급에서 사용

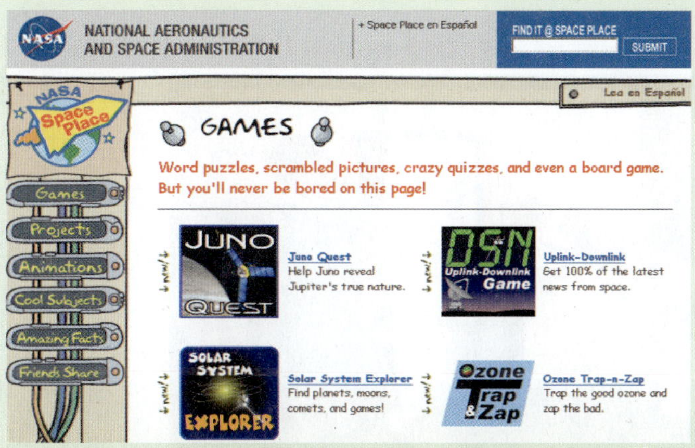

그림 4.4 NASA Space Place
이 웹사이트와 같이 많은 게임들이 웹에 무료로 제공되고 있다.
출처: http://spaceplace.nasa.gov/en/kids/games.shtml

하고자 하는 게임이 학습목표 성취에 도움이 되는지를 신중히 검토해야 한다. 또한 학습자들이 수업과 밀접히 관련된 게임 활동만을 하도록 주지해야 한다.

시뮬레이션

시뮬레이션은 학습자들이 축약되거나 단순화된 실제 생활의 어떤 상황이나 과정을 경험할 수 있는 기회를 제공한다. 시뮬레이션에선 고비용이나 위험부담 없이 실제적 연습을 할 수 있다. 최근 공학기술 발달로 3차원 입체 시뮬레이션을 웹에서 혹은 교육용 소프트웨어를 통해 쉽게 활용할 수 있다. 대화 참여 및 자료나 도구의 조작이 가능한 시뮬레이션도 있다.

시뮬레이션은 실제 세계가 아니면 경험하지 못하는 것을 모의 경험할 수 있도록 전체 학급 혹은 소집단에 활용할 수 있다. 예를 들면, 교실에서 모의 선거활동을 통해 학습자들은 선거 관련 다양한 요소를 경험하고 학습한다. 이 과정에서 학습자들은 선거운동 홍보문, 유권자 등록 안내문을 만들고, 선거부스를 설치하고, 과정을 기록하고 결과를 보고할 담당자를 선출하는 등 일련의 활동을 경험할 수 있다.

역할놀이를 넘어 시뮬레이션은 방대한 규모의 상황이나 매우 복잡한 상황을 교실 안으로 가져올 수 있는 대표적인 전략이다. 예를 들면, 내연기관에 대한 과학 수업 시간에 교사는 두 가지 유형의 시뮬레이션 자원을 활용할 수 있다. 한 가지 방법은 직접적 경험을 제공하는 것으로, 색상 코드 처리된 작은 자동차 엔진을 가지고 학습자들이 직접 조작하면서 학습하도록 한다. 그런 다음 학습자들은 4륜 구동 엔진 시뮬레이터(4-Stroke Engine Simulation) 같은 프로그램으로 그 작동과정을 알아보기 위해 3차원 입체 엔진 시뮬레이션을 관찰한다(그림 4.5). 학습자들은 모형 엔진과 3차원 입체 시뮬레이션을 통해 위험으로부터 보호하기 위해 가려진 실제 엔진의 내부 모습을 볼 수 있다.

역할놀이는 학습자의 학습몰입도를 높이는 효과적인 전략이다.

Bill Bachmann/Photo Researchers

또 다른 방법은 The Whole Frog Project 같은 온라인 시뮬레이션으로 학습자들에게 학습경험을 제공하는 것이다(MyEducationKit 웹사이트에 제공된 시뮬레이션 참조). The Whole Frog Project는 고등학교 수준의 프로그램으로 개구리의 내장기관을 디지털 이미지로 보여주는 MRI 사진과 같은 공학을 활용하여 개구리 관련 복잡한 실험을 할 수 있는 시뮬레이션이다. 이 시뮬레이션을 이용하여 실제로 교실에선 볼 수 없는 개구리의 혈액 순환 기관, 소화기관, 근육조직 등에 관한 정보를 수집할 수 있다.

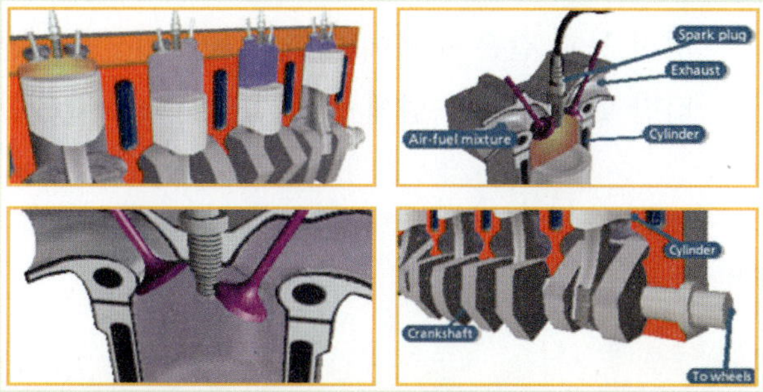

그림 4.5
엔진의 3D Forge FX 시뮬레이션 스크린샷
출처: Developed by ForgeFX for Pearson Prentice Hall. www.forgefx.com

장점

- *안전성.* 시뮬레이션을 활용하여 실제에서 가능한 위험을 겪지 않고도 안전하게 학습을 경험할 수 있다.
- *역사 재구성.* 고대 로마 역사 역할놀이처럼 시뮬레이션은 역사적 사건을 재구성하고 경험해볼 수 있는 대표적인 한 방법이다.
- *조작성.* 시뮬레이션은 학습자들에게 조작적 경험을 제공한다.
- *수준의 다양성.* 시뮬레이션은 다양한 학습 수준에 맞추어 경험을 제공할 수 있다.

단점

- *표현의 한계.* 예술적 사항에 대하여 비디오나 사진이 아닌 시뮬레이션을 활용할 경우 실제적 사건이나 상황을 있는 그대로 충실하게 표현하는 데 한계가 있을 수 있다.
- *복잡성.* 시뮬레이션은 경우에 따라선 교실 상황에서 사용하기엔 너무 복잡하거나 고밀도일 수 있다. 따라서 시뮬레이션을 사용하기 전에 신중히 검토한 다음 필요한 부분만을 수업에 통합하여 활용할 필요가 있다.
- *시간적 제약.* 대부분의 시뮬레이션은 끝내는 데 많은 시간을 요한다. 따라서 짧은 시간 내에 개념을 학습할 수 있는 시뮬레이션 모형을 찾아서 활용해야 한다.

교육과정과의 통합

대인관계 기술이나 물리과학의 실험실습 등은 시뮬레이션을 활용하기에 적절한 대표적인 교과영역이다. 수학 시뮬레이션의 경우, 학습자가 특정 변수 조작에 따른 결과 및 영향을 결정해 볼 수 있는 수학적 모델 시뮬레이션도 있다. 스키 슬로프의 경사 각도를 조절하여 그에 따른 스키 속도를 관찰하는 것이 그 예가 된다.

역할놀이는 보편적인 시뮬레이션의 한 유형으로 활용되고 있다. Tom Snyder's Decisions, Decisions 같은 소프트웨어는 학습자들이 실제 생활에서 다양한 역할을 해볼 수 있는 기회를 제공하여 역할에 관련된 문제를 해결하거나 과정 수행에 필요한 정보 획득을 돕는다. Decisions, Decisions 소프트웨어는 고대제국, 헌법, 미디어 폭력, 냉전 등과 같은 주제에 대한 시뮬레이션을 제공한다. 이들 시뮬레이션은 한 대의 컴퓨터만 있는 교실 수업에 충분히 통합하여 활용할 수 있다.

발견학습

발견학습 전략은 학습자들이 내용을 심도 있게 이해할 수 있도록 하는 귀납적 탐구 방식이다. 발견학습 전략의 대표적인 방법은 '과학적 방법' 이다. 과학적 방법에서는 가설이나 문제를 설정하고 이를 해결하기 위해 실험하고 이를 통해 얻은 정보를 가설검증을 위해 적용하는 일련의 작업을 하게 된다. 다양한 소프트웨어 애플리케이션(예: 스프레드시트, 데이터베이스, 개념지도 등)과 디지털 도구(예: 과학 측정기, 현미경 등)들을 활용하여 학습자들은 문제해결에 필요한 데이터와 정보를 조직, 분석하고 보고서 작성 등을 용이하게 할 수 있다. ASSURE 모델을 적용할 경우 혹은 발견학습 수업을 계획하고 설계할 때 주의할 점은 문제해결을 위해 학습자들이 공학, 매체, 자료 등을 활용할 때 충분한 안내와 지원이 제공되도록 해야 한다. 이를 위해 선수지식에 기초하여 학습자들이 학습경험을 수행할 수 있도록 스캐폴딩 전략을 신중하게 계획한다. 예를 들어, 만약 학습자가 학습과정에서 어떤 한 단계의 학습을 끝내지 못한다면, 그 이유가 무엇인지 어떤 도움이 필요한지 등을 고려해야 할 것이다.

발견학습에서 학습자는 실세계의 경험을 탐구하고 학습하기 위해 디지털 현미경을 사용한다.

Adrian Keating/AP

장점

- *몰입.* 발견학습은 모든 수준의 학습자들이 몰입할 수 있는 학습전략이다.
- *반복 단계.* 발견학습은 이전에 가르친 단계나 절차를 반복적으로 활용할 수 있다.
- *학습자의 통제권.* 발견학습은 학습자들이 학습을 스스로 조절할 수 있도록 한다.

단점

- *시간적 요소.* 발견학습은 수업설계 및

적용에 많은 시간이 든다. 웹기반 발견수업을 활용하면 수업설계 및 적용에 소요되는 시간을 절약할 수 있다.

- *철저한 사전 준비.* 교사는 발견학습 중에 일어날 수 있는 모든 가능한 문제에 사전에 신중하게 대비해야 한다. 여러 번의 경험을 통해 이런 문제는 다소 해결될 수 있다.
- *오개념.* 발견학습은 학습할 내용영역에 대한 오개념을 형성할 가능성이 있다. 따라서 발견학습 수업을 정리하면서 학습자들에게 사후보고(debrief)를 하도록 하여 오개념 혹은 잘못된 이해 부분을 수정해 주어야 한다.

교육과정과의 통합

공학과 매체를 활용하여 발견학습을 지원하는 방법은 매우 다양하다. 예를 들어, 디지털 카메라를 설치하여 하루 동안 식물이 빛을 향해 어떻게 움직이는지를 촬영하는 시간압축법으로 관찰할 수 있으며, 강둑의 어느 지역을 시간대별로 촬영한 GPS 이미지 사진을 관찰하여 하루 동안 풍경이 어떻게 변화하는지를 조사할 수 있다. 학습자들은 권리헌장, 헌법전문과 같은 알려진 문서의 읽기 수준을 파악하기 위해 혹은 고전 소설이 역사적 전기문보다 읽기 쉬운지를 파악하기 위해 고전 서적의 초록을 비교할 때 워드프로세서 도구를 활용할 수 있다.

과학교과에서 발견식 수업을 할 때 자연적으로 일어나는 사건들을 디지털 비디오를 활용하여 정지, 확대, 느린 동작으로 보여주면 학습자들의 호기심 유발 및 질문 촉진에 도움이 된다. 발견학습에서 학습자에게 질문을 한다거나 학습자들이 발견한 것 혹은 알게 된 것을 말하도록 하여 학습을 안내하는 것은 중요한 전략이다.

문제기반학습

생활에서 겪는 다양한 문제들은 학습의 중요한 출발점을 제공할 수 있다. 실세계의 난관을 극복하려는 과정에서 학습자들은 21세기 사회에 필요한 지식과 기능을 획득하게 된다. **문제기반학습**을 하는 가운데 학습자들은 실제 세계의 구조적 혹은 비구조적 문제 상황에 대한 해결안을 적극적으로 찾게 된다.

구조적 문제는 해답을 비교적 분명하게 찾을 수 있는 것으로서, 예를 들면 문장제 수학 문제들은 학습자들이 이미 알고 있는 수학계산 기능을 적용할 수 있는 구조적 문제의 예이다. 반면, 비구조적 문제들은 한 가지 이상의 해결안이 가능한 문제이다. 예를 들면, 만약 학습자들에게 학교 재활용 활동에 많은 학습자들이 동참할 수 있는 방법을 고안하라고 한다면, 매우 다양한 방안들이 도출될 수 있을 것이다. 문제에 대한 해결방안이 다양하기 때문에 학습자들이 학습목표를 적절하게 성취했는지의 여부를 판단하기 위해서 루브릭(rubrics)과 같은 평가 도구가 필요하다. 〈테크놀로지 통합 사례〉에 소개된 Ebolra Problem은 문제해결을 위해 공학을 활용하는 문제기반학습의 우수한 사례다.

Jonassen, Howland, Marra, Crismond(2008)에 의하면 공학은 학습자들을 문제기반 학습에 적극 참여할 수 있도록 도와주고 지원해주는 지적 파트너 역할을 한다. 학습자들은 공학 및 도구를 활용하여 정보를 탐색하고 조작하고 표현한다. 이런 일련의 과정을

테크놀로지 통합 사례

Ebola 문제

고등학교 학생들이 교실에 들어와서 책상 위에 있는 다음과 같은 메모를 발견한다—여러분은 콩고의 브라자빌(Brazzaville)에 발령을 받은 UN 대표 의사이다. 오늘 아침 여러분이 병원에 도착했을 때, 병원으로부터 서쪽 100마일 떨어진 어느 마을의 추장으로부터 온 "긴급사항" 메시지가 책상 위에 있음을 알게 된다.

메시지 내용은 "급히 왕진을 부탁합니다. 이 마을은 현재 원인 모를 질병으로 고통받고 있습니다. 이미 네 명의 사상자가 발생했으며 스무 명의 부락민이 고열과 설사로 사경을 헤매고 있습니다. 또한 열여섯 명의 환자가 오두막에 격리되어 있으니 급히 왕진을 요청합니다."

학습자들은 이 문제상황을 접하고 해결하기 위해 발생 가능한 질병에 대한 가설을 설정하고 자료수집 방법을 계획한 다음, 알고 있는 데이터에 기초한 일차적인 스프레스시트를 만들기 위해 PDA를 활용하였다. 다음 단계로 학습자들은 교실 밖으로 나가 한 마을의 오두막으로 들어갔으며 그곳에서 바닥에 널려 있는 종이로 자른 열네 구의 시체를 발견한다. (여기서 메시지에 나온 환자 수와 발견한 수의 불일치는 학습자들이 해결해야 할 첫 번째 문제이다. 사망자가 추가 발생하였으며 몇몇은 오두막을 떠나 마을 주민들과 합류했다.) 각 시체 대용 종이는 환자의 병세가 기록된 카드이며, 이 기록들을 스프레스시트에 옮겨 적었다.

San Diego Union Tribune/Zuma/Newscom

온라인 의료진단 사이트(예: virtualmedicalcentre.com)의 도움으로 마을 주민들이 겪고 있는 질병이 무엇이며 감염정도를 판단하기 위해 학습자들은 스프레드시트 정보를 검토하였다. 학습자들이 내린 잠정적인 결론은 마을에 Ebola가 퍼졌으며 또한 실수로 말라리아 환자를 다른 환자들과 함께 집단 수용한 사례가 발생한 것으로 판단하였다. 학습자들이 해야 할 다음 일은 환자들을 위해 어떤 처치가 이루어져야 하는지, 그리고 이 질병의 확산을 방지하기 위한 대책이 무엇인지에 대한 보고서를 워드로 작성하는 것이다.

출처: Stepien, W. J. (1999). Consortium for Problem-Based Learning, Northern Illinois University. Retrieved from http://ed.fnal.gov/trc_new/tutorial.

수행하기 위해서 학습자들은 인지학습 전략과 비판적 사고 기능을 활용하게 된다.

장점

- *적극적 참여.* 문제기반학습에서 학습자들은 실세계의 학습경험에 적극적으로 참여한다.
- *학습 맥락.* 학습자들이 문제를 해결하는 과정에서 맥락적 지식과 기능을 분명하게 이해한다.
- *복잡성 수준.* 시간의 경과에 따라 점진적으로 문제의 복잡성 수준을 조절할 수 있다.

단점

- *문제 구성의 어려움.* 문제기반학습에 필요한 양질의 문제상황을 개발하는 것은 쉬운 일이 아니다. 문제를 개발할 때 동료교사와 함께 혹은 웹자원을 활용하여 만들면 용이할 수 있다.
- *연령 적절성.* 교사는 학습자의 연령과 경험의 정도에 따라 문제기반학습을 통제하고 조절해야 한다.
- *시간 요구.* 문제해결 수업을 준비하고 활용하기 위해서는 많은 시간이 필요하다. 수업을 개선하고 재활용하기 위해 ASSURE 모델의 평가 단계를 적용할 수 있다.

교육과정과의 통합

문제기반학습을 지원하기 위해 활용 가능한 컴퓨터 애플리케이션이 많이 있다. The Factory Deluxe 같은 소프트웨어는 특정의 패턴 디자인 문제 관련 프로그램으로 처음엔 비교적 쉬운 문제에서 출발하여 학습이 진행되면서 점차 복잡한 문제를 제공한다. Inspiration과 같은 인지적 개념도 소프트웨어는 문제해결에 필요한 개념들 간의 관계를 나타내는 링크를 활용하여 정보를 그래프로 표현할 수 있는 도구를 제공한다. Access 같은 데이터베이스 소프트웨어를 사용하여 학습자들은 문제 해답을 위한 일련의 데이터 조합을 개발하고 탐구할 수 있다. 예를 들면, "미국 대통령들의 가장 공통된 특징은 무엇인가?" 라는 질문에 대한 정보를 제공하기 위해 미국 대통령에 대한 데이터베이스를 만들 수 있다.

웹퀘스트(WebQuests)는 문제해결을 위해 학습자들이 단계별로 수행할 과정, 관련된 온라인 자원, 해결안 발표 및 보고서 작성 안내 등을 포함한 구조화된 문제들이다. 교사들이 개발한 많은 웹퀘스트는 웹사이트에서 활용 가능하며, 또한 교사들이 직접 자신의 웹퀘스트를 만들고자 할 때 적절한 소프트웨어이다. 그림 4.6은 고등학교 역사 문제기반

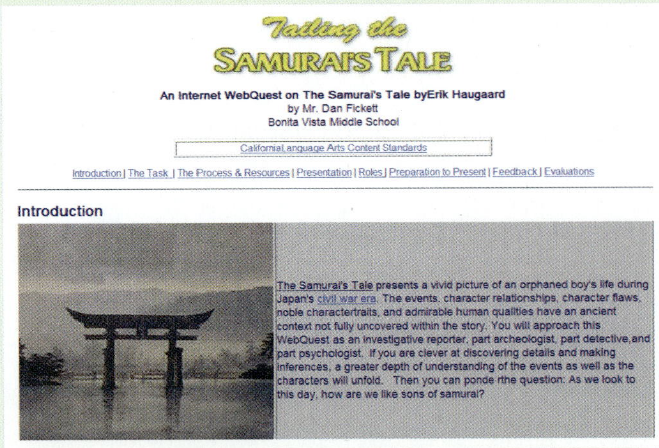

그림 4.6 웹퀘스트의 예
우수 수상작인 이 웹퀘스트는 문제기반수업을 위해 사무라이 이야기를 활용하고 있다.

출처: http://edtech.suhsd.k12.ca.us/inprogress/act/dfi ckett/japan/samuraistale.htm. Reprinted by permission of Dan Fickett.

수업인 The Samurai's Tale WebQuest의 시작 화면이다.

학습맥락

다양한 학습맥락을 강조하는 학습전략은 많다. 초중등학교 환경에서 가장 보편적으로 접하게 되는 다섯 가지 맥락 혹은 상황은 면대면 교실수업, 원격학습, 블렌디드 학습, 독립적 학습, 비형식적 연구이다.

면대면 교실수업

최근 다른 학습맥락들이 주목을 받고 있지만, 초중등학교에서 면대면 교실수업은 여전히 가장 보편적인 학습맥락이다. 면대면 교실수업은 교사와 학습자가 같은 교실에 있게 되므로 다양한 학습경험을 위한 선택의 여지는 많지 않지만 용이하게 활용할 수 있는 공학과 매체는 다양하다. 예를 들면, 교사는 학습자 개별 응답 시스템을 활용하여 강의 중에 학습자의 의견을 수렴하고, 상호작용 화이트보드를 활용하여 역사적 사건 비디오을 보여주고, 팟캐스트를 통해 수학문제 풀이에 대한 수학자의 설명을 보여줄 수 있으며, 이집트에서 고고학자와 현장 인터뷰를 실시할 수 있다.

> **ASSURE 사례 연구 성찰**
>
> 
>
> PEARSON myeducationkit
>
> 이 장 서두의 ASSURE 수업 사례 연구와 비디오를 다음의 문제를 중심으로 검토한다. Kaiser와 Marshall 교사가 어떤 학습전략을 사회과 수업에 적용하여 미국 역사에 대한 학습자들의 흥미와 관심을 촉진시켰는가? 적용한 전략은 학습목표 달성에 어떻게 기여하였는가?

원격학습

우편통신으로 시작된 원격학습의 역사는 100년이 넘지만, 최근의 공학 혁신으로 원격학습은 보다 편리하고 역동적으로 이루어지고 있다. 원격학습은 교사와 학습자들이 물리적으로 떨어진 장소에서 이루어지며, 만약 교사가 원격수업을 하게 되면 교실 여러 작은 부분으로 나누어진 것처럼 생각하고 그에 적절한 수업방법을 고려할 필요가 있다. 학습자들이 교실에 출석한 상태가 아니므로 학습자들은 교사의 수업을 직접 들을 수도 볼 수도 없다. 이러한 상황에 어떤 교수 전략을 선택할 것인가는 학습자들이 자료를 효율적으로 주고받을 수 있는 가능한 공학자원에 따라 결정된다.

원격교육은 학습자들에게 유용한 교육 기회를 제공한다.

Spencer Grant/PhotoEdit

블렌디드 수업

블렌디드 수업은 **실시간 상황**(예: 면대면 혹은 실시간 비디오 및 TV)과 비실시간 상황(교사와 학습자가 같은 시간에 함께 있지 않는 경우)을 결합한 수업방식이다. 예를 들면, 블렌디드 수업 대수학 강좌에 등록한 고등학생들이 월요일과 수요일에만 면대면 교실수업을 받고, 나머지 시간에는 학습자가 편리한 시간에 온라인 코스웨어를 활용하여 과제를 수행한다. 그리고 학습자들은 제출 날짜에 맞추어 과제물을 온라인에 업로드한다.

구조화된 독립적 연구

구조화된 독립적 연구는 학습자들이 교사의 직접적인 지도 없이 정보를 학습하고 기능을 습득할 수 있다는 생각에 기반을 두고 있다. 그러나 교사는 학습자를 위해 적절한 자료를 선정하거나 직접 제작하여 독립적 연구 맥락을 준비해야 한다. 웹은 교과서에 수록되지 않은 내용 및 그 이상의 자료를 최신 자료에서부터 역사적 자료에 이르기까지 방대한 자료를 제공한다. 따라서 구조화된 독립적 연구에서 학습자들은 자신의 학습속도에 맞추어 다양한 자료를 통해 학습하고 교실수업에서 학습한 지식을 적용할 수 있다.

교사는 학습자에게 적절한 독립적 연구자료를 선정하여 학습자가 학습목표를 성공적으로 성취할 수 있도록 돕는다.

Patrick White/Merrill

독립적 연구는 학습센터를 활용하여 학교 수업 중에 이루어질 수도 있으며, 웹자원, 텍스트, 오디오, 비디오, 컴퓨터 소프트웨어 등의 다양한 공학과 매체 및 자료를 활용할 수 있다. 또한 교사는 수업에서 가르치는 주제를 학습하는 데 어려움이 있는 학습자를 위해 보충자료를 개발하여 활용할 수도 있다.

ASSURE 사례 연구 성찰

PEARSON myeducationkit™

4장 서두에 언급한 비디오와 ASSURE 교실 사례 연구를 다음의 문제를 중심으로 검토한다. Kaiser와 Marshall 교사가 사회과 수업에 통합하고자 했던 학습경험을 가장 훌륭하게 지원해줄 수 있는 학습 맥락은 무엇인가? 그 이유는 무엇이라고 생각하는가?

비구조화된 독립적 연구

오늘날 학습자들은 학교 밖에서 접할 수 있는 다양한 경험을 통해 배우고 학습하는 비형식적 교육기회가 많다. 따라서 교사는 교실 수업에 정보통신 리터러시 기술을 적용함으로써 학습자들이 접하게 될 비형식적 교육기회를 통해 성공적인 학습이 이루어질 수 있도록 준비시킬 수 있다. 동시에 교사는 학습자들이 학습에 긍정적인 생각과 흥미를 갖도록 도와야 하고 학습자들이 어떻게 평생교육 학습자가 되어야 하는지를 교사 자신이 열정을 가지고 모범을 보여주어야 한다.

독립적 연구에서 학습활동 그 자체가 비형식적 속성을 나타낸다. 즉 학습자들은 인터넷을 통해 정보를 검색하고 교실수업에서 학습하지 않은 내용이나 주제에 대해 스스로 학습할 수 있기 때문이다. 예를 들면, 독립적 학습을 하면서 친환경 녹색 운동을 어떻게 할 것인가에 대하여 온라인 토론에 참여하거나, 동물원 견학 후에 판다곰의 역사에 관한 정보를 탐색하거나, 지진발생의 원인을 탐구하기 위해 지진 관련 웹사이트 조사 활동을 하는 것은 모두 비형식적 학습활동이다. 비형식적 학습은 또한 TV의 History Channel, National Geographic Channel, Public Broadcasting System의 프로그램을 시청하면서도 발생한다. 교사의 직접적인 교수적 안내 없이도 이러한 경험을 통해 학습자들은 종합적 지식을 습득하게 된다.

무료 및 저렴한 교수자료 통합적 활용

최근 교실 수업에 활용할 수 있는 교수자료의 가격이 점차 증가하고 있는 상황에서, 교사들은 양질의 값싼 교수자료 혹은 무료로 활용할 수 있는 교수자료에 대한 다양한 정보를 알아둘 필요가 있다. 많은 경우 저렴하거나 무료의 교수자료는 온라인에서 찾아볼 수 있는데 **오픈소스**들이 그 예가 된다. 오픈소스 웹사이트는 워드프로세싱, 스프레드시트, 프레젠테이션 소프트웨어 등과 같은 제작도구들을 무료로 제공한다. 구글 닥스(Google Docs)와 오라클의 오픈오피스(Oracle' s OpenOffice)는 가장 대표적인 오픈소스 사이트이다.

또한 교사와 학습자들은 국내외의 다양한 웹사이트에 접속하여 디지털 비디오, 오디오, 사진 및 자료를 비교적 쉽게 찾을 수 있다. 웹은 또한 협동학습을 촉진하고 교실과 세계를 연결할 수 있는 다양한 협력도구를 무료로 제공한다. 많은 경우 교사들이 웹에 올려

놓은 다양한 교과영역의 수업안 및 아이디어, 매체, 자료를 찾아 활용할 수도 있다.

무료 혹은 저비용의 교수자료를 포스터, 게임, 소책자, 보고서, 차트, 서적, CD, 오디오, 비디오, 멀티미디어, 실물 등 모든 매체 유형을 포함한다. 또한 어떤 경우엔 학습자들이 공유할 수 있도록 많은 교수자료가 학교 매체 센터에 기증되며, 교사는 이런 기증 자료를 풍부한 학습경험 제공을 위해 활용할 수 있다.

장점

- *최신성.* 온라인 자원을 통해 확보할 수 있는 저렴한 혹은 무료의 교수자료는 교과서나 다른 매체에는 없는 최신의 정보를 제공할 수 있다.
- *상세한 내용.* 주제 관련 자료는 대체로 주제에 대한 상세하고 심도 있는 정보를 제공한다.
- *활용의 다양성.* 학습자들은 학교 교실 밖의 다양한 오픈소스 애플리케이션에 접속할 수 있으며, 시청각 자료를 독립적 학습에서 활용하거나, 전체 학습에서 발표를 위해 활용할 수 있다. 포스터, 차트, 지도 등을 통합하여 학습주제에 대한 연구 결과 발표물을 만들 수 있다.
- *학습자 조작.* 확장 및 조작 등이 가능한 교수자료는 적극적인 학습자 참여를 촉진하는 장점이 있다. 학습자들은 또한 인쇄정보나 시각자료를 스캔하여 디지털 학습결과물 제작에 활용할 수 있다.

단점

- *의도성 및 광고.* 무료 혹은 저비용의 교수자료는 특정 기관에서 제작, 보급되는 경우가 많은데, 이들 기관이 개인 또는 비영리단체이건 정부기관이건 많은 경우 어떤 의도를 전달하고자 하는 경우가 많다. 따라서 교수자료를 사전에 신중히 검토하여 교실수업에 적절히 활용해야 한다.
- *특정한 관심 조성.* 어떤 교수자료는 광고 의도는 없으나 완곡한 방법으로 특정한 관심을 조성하고자 하는 경우도 있다. 한 주제에 대한 다양한 출처의 교수자료는 다양한 관점을 제공하는 데 도움이 되기도 하다.
- *제한된 수량.* 인쇄 교수자료의 제작 보급 비용이 증가함에 따라 한 번에 제공되는 보급 수량이 제한적일 수 있어 학급의 모든 학습자들이 활용할 수 있는 충분한 수를 확보하기 어려울 수 있다.

무료 및 저렴한 교수자료 소스

온라인에서 국내외의 다양한 무료 및 저비용 교수자료를 확보할 수 있다. 표 4.1은 많이 활용되는 무료 교육 자료를 소개하고 있다.

무료 및 저렴한 교수자료 확보

표 4.1에서 보는 바와 같이 대부분의 교실수업용 교수자료는 제공처의 웹사이트에서 쉽게 다운로드할 수 있다. 온라인에서 찾을 수 없는 자료의 경우, 이메일이나 전화, 팩스 혹은 우편으로 신청할 수 있다. 어떤 보급처의 경우엔 학교장 직인이 찍힌 신청서를 요구하기도 한다. 학습자가 직접 개별적으로 신청할 경우 교사의 승인이 있어야 한다. 교수자료의 복사본을 요청할 경우 먼저 복사본 하나를 검토한 후 이상이 없을 경우에 다수의 복사본을 요청하고 여러 교사와 공유하도록 한다. 웹사이트에서 피드백 선택사항이 있는 온라인 자원을 확보할 때는 교실수업에 학습자 반응에 따라 그 교수자료를 어떻게 활용할 것인가에 대한 설명을 요구하기도 한다. 많은 경우 무료 혹은 저비용의 교수자료는 사용자의 의견을 반영하여 개선하고자 하는 목적으로 제공되므로 교사는 친절하고 솔직하게 의견을 제시하고 설명하여 개선에 도움이 되도록 하는 것도 중요하다.

무료 및 저렴한 교수자료 평가

무료 혹은 저비용의 교수자료를 사용할 때, 그 자료의 교육적 가치를 신중하게 평가할 필요가 있다. 어떤 자료는 기술적 측면에선 우수해 보이지만 교육적 가치가 미흡한 경우

표 4.1 무료 및 저렴한 교수자료 소스

소스	교수자료 유형/ 주제
기업 및 상공회의소	기업 및 산업, 투자, 예산 등의 주제 관련 초청강사 및 자료
지역사회 조직	특정 관심 주제에 대한 소책자(예: 미국적십자, 여성유권자연맹 등)
연방정부 출판물	정부 출판국(www.gpoaccess.gov)의 포스터, 차트, 소책자, 책(그림 4.7 참조), 국가기술정보서비스(www.ntis.gov)
외국 정부	포스터, 지도, 여행안내책자, 무료대여용 비디오
정부기관	정부 각 부처에 대한 교실수업 자료-Cooperative Extension Services(예: 농업, 수의, 생명공학, 환경, 기술); 보건복지부(예: 강사, 보고서, 건강, 보건복지, 공공 비상대처 등에 대한 소책자); 국립공원관리부(강사, 현장견학 계획, 비디오 대여 등)
의료기관 및 협회	국립의료원/협회 등에서 출간한 건강 및 의료 관련 소책자, 초청 강사 팟캐스트, 기타 정보(예: Tox Town 오디오, 비디오, 소책자, 유인물, 슬라이드쇼, 클립아트 등, 그림 4.8 참조)
박물관	문화, 예술, 약도 등에 대한 PDF 복사물, 수업계획안-스미소니언 박물관, 자연사 박물관, 국립미술관(이미지 CD, DVD, 비디오, 온라인 상호작용 자료 등을 포함된 수업패키지)
뉴스 방송	인터뷰 비디오/오디오 팟캐스트, 뉴스 기사
경찰서 및 소방서	안전 시범 및 프레젠테이션 및 자료
공영 방송	유인물, 온라인 활동, 역사, 사회과학, 건강, 환경 등에 대한 비디오/오디오
공공 도서관	비디오, 인쇄물, 소프트웨어, 책, 강사
공익사업기관	에너지 보존, 자연보호 및 친환경, 안전 등을 가르치기 위한 교실수업 자료
기상청	악천후, 기후와 날씨의 차이점 등에 대한 초청 강사 및 자료

도 있다. 교수자료 평가를 위해 매체 유형에 따른 자료 선정 준거로서 선정 평가표(Selection Rubric)를 활용하는 것이 효과적이다. 이 책에서 제공되는 모든 선정 평가표는 '편견의 배제'를 평가 준거로 포함한다. 특히 무료 및 저비용 교수자료를 평가할 때 이 항목을 현명하게 반영하도록 한다. 평가하고자 하는 교수자료에 적절한 선정 평가표를 선택할 때 MyEducationKit에 있는 목록을 참조한다.

그림 4.7 정부 출판국

정부 출판국으로부터 다양한 자원을 제공받을 수 있다.

출처: www.gpoaccess.gov

요약

이 장에서는 교사 주도 수업과 학습자 주도 수업의 차이점을 살펴보았으며 보편적으로 활용되는 열 가지 수업 전략에 대하여 상세하게 논의하였다. 또한 각 수업전략의 장단점을 제시하였으며 교실수업에 이들 전략을 통합하는 다양한 예를 제시하였다. 그리고 학습자의 학습 촉진을 위해서 특정한 공학과 매체, 교수자료를 어떻게 적용하는지를 강조하였다. 초중등학교 교육에서 보편적으로 볼 수 있는 다섯 가지 학습맥락: 면대면 교실수업, 원격학습, 블렌디드 수업, 독립적 연구, 비형식적 연구를 살펴보았다. 마지막으로 무료 혹은 저렴한 교수자료 유형과 소스에 대하여 고찰하였다.

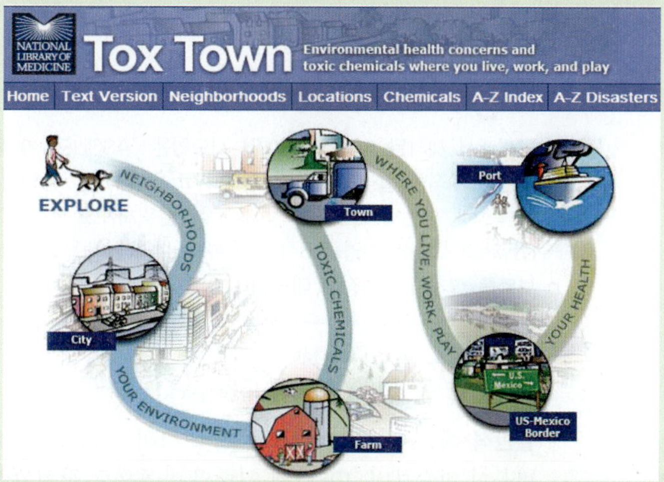

그림 4.8 Tox Town

국립의학도서관의 Tox Town 사이트는 독극물과 환경오염이 인체 건강에 미치는 영향을 학습할 수 있는 상호작용 학습환경을 제공하며 교사용 지도자료(오디오, 비디오, 소책자, 유인물, 슬라이드, 클립아트 등)도 제공하고 있다.

출처: http://toxtown.nlm.nih.gov/index.php

혁신 테크놀로지

상호작용 멀티터치 데스크

미래 교실은 책상과 랩탑이 일체형인 상호작용 멀티터치 데스크로 배치될 것이다. 이것은 TV시리즈 스타 트렉(Star Trek)에서 사용한 내비게이션 인터페이스와 유사한데, 데스크의 스크린은 개별 작업 공간으로서 상호작용 화이트보드로 협력학습 도구로 사용될 수 있다. 학습자들은 손가락이나 펜으로 데스크와 상호작용하며 아바타나 아이콘으로 자신의 공간을 지정할 수 있다. 데스크는 상호작용 교실 시스템과 완전히 연결되어 있어 모든 스크린에서 학습자 활동이 교사의 콘솔(console)을 통해 모니터링된다.

SynergyNet에서 개발한 상호작용 멀티터치 데스크는 손가락이나 펜으로 접속이 되는 직관적 인터페이스를 제공한다.

Courtesy of Durham University

PEARSON **myeducationkit**™

이 장에서 학습한 내용에 대한 이해 정도를 확인하기 위해 본 장의 MyEducationKit에 제시된 'Study Plan'을 완성하시오. 퀴즈를 풀고 그에 대한 피드백을 검토한 후 이 장의 내용 이해를 촉진하는 데 도움이 되는 자원을 살펴본다.

ASSURE 수업계획서

PEARSON **myeducationkit**™

아래에서 제시된 ASSURE 수업 지도안은 'ASSURE 수업 사례 연구'와 이 장의 초입에 소개한 동영상에 대한 구체적인 설명과 분석을 제공하고 있다. 해당 동영상을 다시 보기 위해서는 'MyEducationKit'에 가서 4장에 있는 'ASSURE Video'를 클릭하시오. 비디오는 Lindsay Kaiser와 Jena Marshall 교사가 Lewis와 Clark 수업을 5학년 사회과 수업에 적용하여 학습자들이 웹퀘스트를 완성하고 Lewis와 Clark 보트를 설계하는 과정에 대하여 보여준다.

학습자 분석(Analyze learners)

일반적 특성. Kaiser와 Marshall 교사의 5학년 학급의 학습자들은 다문화 중산층에 속한다. 남녀 비율이 비슷하며, 10~11세 연령의 아동으로 구성되었다. 모든 학습자들은 중상정도의 읽기 수준이며 문제행동을 보이는 아동은 거의 없다.

출발점 능력. 5학년 학생들은 수업활동을 위해 일반적으로 다음과 같은 과제를 수행한다.

- 인터넷에서 자료를 검색한다.
- 워드프로세스로 문서를 작성하고 저장한다.

- 출판 소프트웨어(예: MS Pblisher)를 이용하여 문서를 작성하고 저장한다.
- 측정 이미지를 그리기 위해 그래프지를 활용한다.

학습양식. 5학년 학생들은 흥미와 관심 있는 직접 조작활동을 할 때 가장 몰입하여 학습한다. 모둠별 경쟁 활동이 학습자의 흥미와 동기수준을 높인다. 학습결과를 발표하는 방법에서 학습자들의 선호도 차이가 있어 다양한 학습양식이 나타난다. 예를 들면, 보트 광고문 작성에서 학습자에 따라 아이디어와 생각을 나타내는 방법으로 작문 혹은 사진이나 이미지를 선정하고 배열한다.

표준과 목표 진술(State standards and objectives)

교육과정 표준. 미국의 국가 역사 교육과정 표준, 5~12학년 표준, 확장과 개척시대(1801~1861): 표준 1: 1801~1861년 미국 영토의 확장, 외부의 힘과 미국 원주민 관계에 미치는 영향; 표준 1A: 루이지애나 영토 매입의 국제적 배경과 결과에 대하여 이해한다.

공학 표준. 학습자를 위한 국가교육공학 표준 3.B—연구 및 정보 활용능력: 다양한 자원과 매체로부터 정보를 검색, 조직, 분석, 평가, 종합하고 윤리적으로 활용할 수 있다.

학습목표

1. 인터넷 자원과 그림 자료를 받고, 5학년 학습자는 둘씩 짝을 지어 Lewis와 Clark가 모험 중에 직면하는 도전들에 적절한 보트를 설계한다.
2. 학습자 중심 학습 방식으로 5학년 학습자는 둘씩 짝을 지어 Lewis와 Clark 보트에 대한 광고문을 만든다. 광고문에는 자신들이 만든 보트가 Lewis와 Clark 탐험의 지속성을 어떻게 만족하는지 그 이유를 밝힌다.
3. 학습자 중심 보트 설계를 하면서 5학년 학습자는 둘씩 짝을 지어 보트 제작회사가 왜 자신들의 보트를 제작해주어야 하는지 설득하는 편지를 작성한다.

전략, 공학, 매체, 자료 선정(Select strategies, technology, media, and materials)

전략 선정. Kaiser와 Marshall 교사는 토의, 문제해결, 발견학습, 협동학습 등 네 가지 학습자 중심 전략을 선택한다. 예를 들면, 두 명의 학습자가 함께 웹퀘스트를 완성하고, Lewis와 Clark가 사용한 보트에 대한 정보를 인터넷에서 검색하고, 그 보트를 판매할 광고문을 작성하고, 보트 제작회사 대표에게 보낼 설득 편지를 작성한다.

공학, 매체 선정. 이 수업에서 학습자들은 인터넷이 연결된 컴퓨터, Lewis와 Clark의 웹퀘스트, 보트 정보 검색을 위한 웹브라우저, 광고문 제작을 위한 출판 소프트웨어, 도서관 자원, 편지 작성을 위한 워드프로세스 도구를 사용한다. 또한 광고문 작성을 위해 인쇄 사진을 복사할 스캐너가 사용될 수도 있다.

- *표준, 결과, 목표와의 연계.* 웹퀘스트, 인터넷, 도서관 자원, 제작 소프트웨어 등은 학습자가 학습목표 달성을 위해 필요한 도구를 제공한다.
- *정보의 정확성과 최신성.* 학습자들은 Lewis와 Clark에 대한 다양한 정보 자원을 접하면서 내용 정확성을 상호 확인한다. 수작업에 의한 보트 제작 아이디어를 위해 기존 정보를 활용한다.
- *연령에 맞는 언어의 사용.* 웹퀘스트는 5학년 수준에 적절한 언어 수준이지만 어떤 경우 학습자들이 온라인 자료를 해석하는 데 교사의 도움이 필요하다.
- *흥미수준과 참여도.* 웹퀘스트, 보트 설계, 광고문 경쟁 등은 학습자의 높은 수준의 흥미와 몰입을 유지하는 데 도움이 될 것이다.

- *기술 수준.* 학습자들이 사용하는 웹퀘스트와 제작 소프트웨어는 기술적으로 양질의 수준이다.
- *사용의 용이성.* 웹퀘스트는 5학년을 위해 만들어졌고, 학습자들은 워드프로세스를 쉽게 사용할 수 있지만, 출판 소프트웨어의 사용을 위해서는 훈련과 지원이 필요할 것이다.
- *객관성.* 웹퀘스트와 제작 소프트웨어는 편견이 개입되지 않았다.
- *사용 설명과 안내.* 웹퀘스트와 제작 소프트웨어에 대한 온라인 안내는 5학년 학습자들이 쉽게 활용할 수 있지만, 학습자들이 서로 돕고 교사가 기술적 문제를 해결해준다.

자료 선정. Kaiser와 Marshall 교사는 Lewis와 Clark에 대한 웹퀘스트가 학습자들이 학습목표를 성취하는 데 필요한 정보를 제공하기 때문에 선택하였다. 교사들은 매체 전문가의 도움으로 수업에 필요한 적절한 자원을 수집하였고 5학년에 적절한 Lewis와 Clark 정보를 제공하는 웹사이트들도 미리 선정하였다.

공학, 매체, 자료 활용(Utilize technology, media, and materials)

공학, 매체, 자료 사전 검토. Kaiser와 Marshall 교사는 웹퀘스트와 온라인 북마크 사이트를 검토하여 적절한 인터넷 자원 목록을 정리한다.

공학, 매체, 자료 준비. Kaiser와 Marshall 교사는 보트 설계, 편지, 광고문에 대한 지도 안내서와 루브릭을 준비한다. 또한 웹퀘스트 링크와 인터넷 자원을 학습 홈페이지의 Lewis와 Clark 정보에 추가한다.

환경 준비. Kaiser와 Marshall 교사는 교실에 사용할 노트북의 인터넷 연결 상태가 양호한지, 출판 소프트웨어가 설치되어 있는지를 확인한다. 도서관에서 Lewis와 Clark 자료를 대출하고 수업에서 사용할 루브릭과 학습 활동지를 준비한다.

학습자 준비. Kaiser와 Marshall 교사는 Lewis와 Clark 모험에 대한 학습맥락을 제공하기 위해 1800년대 미국 역사에 대하여 간략히 소개한다. 또한 보트 설계 및 모형 만들기에 대한 개인적인 경험을 상호 공유하도록 한다.

학습경험 제공. Kaiser와 Marshall 교사는 Lewis와 Clark에 대한 소개 및 그 시대의 역사적 배경에 대해 간단히 설명하면서 수업을 시작한다. 그런 다음 보트 제작 대회 및 수업활동 진행에 대하여 설명한다.

학습자 참여 요구(Require learner participation)

연습활동. Kaiser와 Marshall 교사의 학생들은 과제 수행을 위해 노트북, 워드프로세서, 출판 소프트웨어, 인터넷을 활용한다. 각 학습자들은 개별적으로 Lewis와 Clark의 웹퀘스트를 가지고 학습한 후 파트너와 함께 인터넷, 도서관 자료 등을 활용하여 연구를 수행한다. 이 활동의 목적은 Lewis와 Clark 보트와 보트 만들기에 대한 추가적 정보를 탐색하는 것이다. 이런 일련의 연구활동을 통해 학습자들은 웹퀘스트에 학습한 정보를 확인한다. 학습자들은 이러한 정보를 보트를 설계하고 광고문을 작성하고 설득 편지를 작성하는 데 적용한다. 이 모든 활동들은 학습자들이 실습에 적극 참여하고 Lewis와 Clark 정보를 다시 학습하는 기회를 제공한다.

피드백. Kaiser와 Marshall 교사는 학습자들이 인터넷 및 도서관 정보를 탐색하고, 설계 초안을 작성하고, 편지 초안을 작성하는 동안 지속적으로 피드백을 제공한다. 학습자들은 루브릭을 활용하여 세 가지 작업 과정을 확인하고 작업에 집중한다.

평가와 수정(Evaluate and revise)

학습자 성취도 평가. Kaiser와 Marshall 교사는 각 팀의 최종 보트 설계, 광고문, 편지를 루브릭을 활용하여 평가한다. 루브릭은 광고문, 편지에서 보여준 학습자들의 내용 이해 정도와 공학 기술에 따라 평가한다. Kaiser와 Marshall 교사는 학습자의 최종 산출물을 평가함으로써 이러한 기능을 측정한다.

전략, 공학, 매체 평가. Kaiser와 Marshall 교사는 전략, 공학, 매체를 평가한다. 수업전략은 학습자들의 최종 산출물을 검토하여 학습목표에 도달한 학습자와 그렇지 못한 학습자를 판단한다. 또한 학습자들과 지속적인 의사소통을 하여 좋았던 점과 개선점을 파악한다. Kaiser와 Marshall 교사는 학교 공학지원 담당자들과 공학 관련 문제를 정기적으로 의논한다.

수정. Kaiser와 Marshall 교사는 전략, 공학과 매체에 대한 평가로부터 얻을 정보를 검토한다. 평가정보에 따르면 Lewis와 Clark의 웹퀘스트 보트 설계 활동을 안내하는 우수한 정보자료이지만, 학습자들은 설득 편지를 작성하는 데 어려움을 나타내었다. Kaiser와 Marshall 교사는 설득 편지 작성의 검토 및 연습을 포함하는 수업으로 수정하였다.

나의 전문성 개발하기

전문 지식 확인하기

1. 교사 중심 수업전략과 학습자 중심 학습 전략의 차이점을 비교하시오.
2. 열 가지 유형의 학습전략의 장단점을 비교 설명하시오.
3. 학습경험을 촉진하는 공학과 매체를 어떻게 선정하는지 설명하시오.
4. 초중등학교에서 일반적으로 볼 수 있는 학습 환경과 상황 유형에 대하여 논의하시오.
5. 무료 및 저비용 교수자료의 수업 통합의 장단점을 열거하시오.

전문 기능 시연하기

1. 열 가지 교수 전략과 각 전략을 ASSURE 수업에 어떻게 활용할 것인지에 대한 설명을 표로 작성하시오. (ISTE NETS-T 2.A & 2.B)
2. 위에서 작성한 표에 각 전략별로 공학이 어떻게 활용될 수 있는지에 대한 항목을 추가 설명하시오. (ISTE NETS-T 2.A & 2.B)
3. 내용과 학습 환경을 하나 선택하여 ASSURE 수업을 설계하시오. (ISTE NETS-T 2.A & 2.B)
4. 특정 학년 및 교과를 선택하고 교육과정 표준을 활용하여 수업에 활용할 무료 및 저비용 교수자원의 목록을 작성하고 어떻게 활용할 것인지를 설명하시오. (ISTE NETS-T 5.C)

전문 포트폴리오 만들기

- *수업 설계하기.* ASSURE 모델을 이용하여 자신의 수업을 설계하거나 또는 부록 A(Appendix A)의 사례 연구 차트에서 한 사례를 선택하여 수업을 설계한다. 수업에는 4장에서 논의한 교수

전략과 공학 및 매체를 하나 이상 통합하도록 한다. 수업에 적절한 학습 맥락을 선택한다. 학습자, 학습목표, 기타 ASSURE 모형에 제시된 항목들에 대하여 신중하게 기술한다. 의도한 학습 결과가 교육과정 표준에 일치되는지를 확인한다.

- *수업 개선하기.* 위에서 작업한 수업을 활용하여 다양한 학습자 요구를 어떻게 맞추어 줄 것인지를 고려한다. 읽기 수준이 낮은 학습자를 지도하면서 동시에 우수 학습자들을 학습에 적극 참여시키려면 어떤 전략적 적용이 필요한가? 학습자들이 지식과 기능을 다른 학습 상황으로 전이할 수 있기 위해서는 어떤 변화가 필요한가? 수업에 활용할 무료 혹은 저비용 교수 자료를 살펴본다. 수업에 공학과 매체를 어떻게 추가적으로 활용할 수 있는가?
- *수업 성찰하기.* 수업 설계 과정과 교실 수업에서 학습자 요구에 맞추기 위해 수업을 향상시키려고 한 것에 대하여 성찰한다. 이 장에서 소개한 교수전략, 학습맥락, 무료 혹은 저비용 자료에 대한 정보가 자신의 수업 설계 결정에 어떻게 도움이 되었는가? 수업을 위해 자신이 선택한 공학과 매체가 학습자들의 학습 향상에 어떻게 기여하였는가?

보충자료

출판물

Conklin, W. (2007). *Instructional strategies for diverse learners.* Huntington Beach, CA: Teacher Created Materials.

Elementary teachers guide to free curriculum materials (67thed.). (2010). Randolph, WI: Educators Progress Service.

Herr, N. (2008). *The sourcebook for teaching science, grades 6 - 12: Strategies, activities, and instructional resources.* San Francisco: Jossey-Bass/Wiley.

Hoffner, H. (2007). *The elementary teacher's digital toolbox.* Upper Saddle River, NJ: Merrill/Prentice Hall.

Lengel, J. G., & Lengel, K. M. (2006). *Integrating technology: A practical guide.* Boston: Allyn & Bacon.

Middle school teachers guide to free curriculum materials (12thed.). (2010). Randolph, WI: Educators Progress Service.

Nash, R. (2009). *The active classroom: Practical strategies for involving students in the learning process.* Thousand Oaks, CA: Corwin.

SchifferDanoff, V. (2008). *Easy ways to reach & teach English language learners: Strategies, lessons, and tips for success with ELLs in the mainstream classroom.* New York: Scholastic.

Secondary teachers guide to free curriculum materials (119thed.). (2010). Randolph, WI: Educators Progress Service.

웹링크

The Federal Reserve Board

www.federalreserve.gov/kids

이 사이트는 11~14세 아동에게 Federal Reserve Board의 역할 설립목적, 주요 책무사항 등을 홍보하기 위해 만들어졌으며 자체 평가표가 내재되어 있다.

Leon M. Lederman Science Education Teacher Resource Center
http://ed.fnal.gov/home/educators.shtml
이 사이트는 미국 에너지자원부와 Fermi National Accelerator Loboratory가 공동으로 제작한 교사자원센터로 다양한 유치원 초중등교육용 수학, 과학 관련자료를 교사에게 제공한다.

Resources to Help ELL Students
www.mcsk12.net/SCHOOLS/peabody.es/ell.htm
Judie Haynes가 제작한 이 사이트는 영어가 제2외국어인 학습자의 영어학습능력 향상을 위해 온라인 활동과 게임 활동 전략을 제공한다.

The Whole Frog Project
http://froggy.lbl.gov
미국 상무부는 미전역의 다양한 과학 연구소들과 협력하여 우주, 생물, 지구과학, 환경 등에 대한 교사 및 학생용 수업자료를 개발, 제공하고 있다.

선정 평가표: 시뮬레이션과 게임

PEARSON myeducationkit

이 평가표를 다운로드해 사용하려면, MyEducationkit의 4장에서 'Selection Rubrics'를 클릭하라.

해당 자료를 찾기 위해 사용할 검색어

____

____

____

제목 ____________________________________

자원/위치 __________________________________

일시 __________ 비용 __________ 길이 __________

관련 과목 __________________ 학년 __________

학습 경험 __________________________________

주요 형식

________ 시뮬레이션

________ 게임

주요 사용자(들)

________ 학생

________ 교사

개요

성취기준/결과/목표

선행필수능력 (예: 선수지식, 읽기능력, 어휘수준)

장점

단점

특이사항

이름 __________________________________ 날짜 ____________

평가 영역	높은 수준	중간 수준	낮은 수준
교육과정 표준, 학습결과, 학습목표의 일치성	교육과정 기준을 중심으로 학습 촉진에 초점을 두고 있음.	교육과정 기준이 부분적으로 적용되며 학습 촉진의 가능성이 있음.	교육과정 기준이 적용되지 않으며 학습 촉진의 가능성이 적음.
정확성 및 최신성	정확한 정보 및 최신의 자료를 제공함.	정보는 정확하나 최신의 자료를 제공하지 않음.	정보가 정확하지 않으며 최신의 자료가 제공되지 않음.
연령에 적절한 언어 수준	대상 연령에 적합한 언어 및 어휘가 사용됨.	대상 연령에 거의 적합한 언어이나 대상에 적합한 어휘 수준이 아님.	대상 연령에 부적합한 언어 및 어휘가 사용됨.
흥미 수준 및 몰입	학습자의 흥미 및 학습 촉진을 유발하는 주제가 제시됨.	학습자의 흥미 및 학습 촉진을 어느 정도 유발하는 주제가 제시됨.	학습자의 흥미 및 학습 촉진을 유발하지 못하는 주제가 제시됨.
학습자 참여	대부분의 학습자들이 적극적으로 참여할 수 있는 주제가 제시됨.	일부 학습자들이 적극적으로 참여할 수 있는 주제가 제시됨.	대부분의 학습자들이 적극적으로 참여하지 않는 주제가 제시됨.
기술 수준	학습자료는 가장 적합한 매체를 사용하고 있음.	학습자료는 어느 정도 문제의 여지는 있으나 양질의 매체를 사용하고 있음.	학습자료는 질적으로 부적합한 매체를 사용하고 있음.
중립성(편견 등)	편견 및 광고의 의도가 없음.	편견 및 광고의 의도가 약간 있음.	편견 및 광고의 의도가 많음.
사용자 안내 및 설명	문서가 수업 활용에 매우 유용한 자원이 될 수 있으며 학습자들이 학습자료를 사용하는 데 문서가 매우 도움이 됨.	문서가 수업 활용에 유용한 자원이 될 수 있으며 학습자들이 학습자료를 사용하는 데 어느 정도 도움이 됨.	문서가 수업 활용에 유용한 자원이 되지 못하고 학습자들이 학습자료를 사용하는 데 도움이 되지 않음.
관련된 기능 연습 제공	학습할 기능들에 대한 충분한 연습이 제공됨.	학습할 기능들에 대한 어느 정도의 연습이 제공됨.	학습할 기능들에 대해 거의 연습 기회가 제공되지 않음.
게임: 우연성보다 학습자의 노력에 의한 승리	게임의 성공이 플레이어의 수행에 의해 결정됨.	게임의 성공이 플레이어의 수행과 운에 의해 결정됨.	게임의 성패가 운에 의해 결정됨.
시뮬레이션: 시뮬레이션의 타당도, 실제적이고 정확한 현실감 재현	시뮬레이션이 실제 상황을 정확하게 재현하고 있음.	실제 상황과 시뮬레이션이 어느 정도 관련성이 있음.	시뮬레이션과 실제 상황이 상호 관련성이 거의 없음.
진행과 사후보고에 대한 명확한 안내	진행 설명 및 안내가 명확하며 사용자가 이해하기 쉽게 진술되어 있음.	진행 설명 및 안내가 부분적으로 불명확함.	진행 설명 및 안내가 명확하지 않으며 사용자가 이해하기 어려움.

교실 활용에 추천: ____________ 예 ____________ 아니오

교실 활용에 대한 아이디어:

제 5 장

컴퓨터

학 습 목 표

이 장에서는 ISTE NETS-T 1, 2, 3을 중점적으로 소개하며 다음의 학습결과를 기대한다.

1. 교육과정에 컴퓨터 자원을 활용하는 전략과 사례를 설명한다.
2. 교실에서 적용 가능한 소프트웨어의 다섯 가지 유형을 제시한다.
3. 컴퓨터의 교육적 활용에 대한 장점과 단점에 대해 논의한다.
4. 교육과정에 컴퓨터를 적용하는 사례와 기법에 대해 서술한다.
5. 단일 컴퓨터 설치 교실, 다수 컴퓨터 설치 교실, 이동식 컴퓨터 설치 교실, 컴퓨터 전용실을 설치하고 활용할 때의 다른 점을 지적한다.
6. 컴퓨터의 교육적 활용을 위한 적절한 교수상황(설치, 학습 주제, 학습자, 학습목표, 수업자료 내용, 활용 필요성 등)에 대해 설명한다.

목적

학습을 촉진하기 위해 수업에 필요한 컴퓨터 자원(computer resources)을 선정하고 활용한다.

ASSURE 수업 사례 연구

이 장에서는 30여 년의 초등교육 경력에서 자신의 학교에서 ICT 활용 교육을 처음으로 도입한 교사 중 하나인 Kerry Bird의 수업 사례를 소개한다. Bird 교사는 4학년 담임을 맡고 있으며, 컴퓨터의 출현이 자신의 교직 경력에서 경험한 가장 큰 교육적 변화라고 생각하고 있어서 수업에서의 다양한 컴퓨터 교육적 활용에 많은 노력을 경주하고 있다. 교사는 학습자가 컴퓨터를 실제적인 활동에 적극적으로 활용하게 되면 동기와 학습 효과가 증진된다는 사실을 알게 되었다. 그래서 이 교사는 학습자가 평소에 어려워하는 개념인 '물의 순환'에 대한 프레젠테이션을 향상시키는 학습과제를 컴퓨터 교육적 활용과 연계하였다. 여기서 학습자가 이해한 물의 순환에 대한 개념을 컴퓨터를 이용하여 포스터를 제작하도록 수업을 실행했지만, 이 활용전략이 최선인지에 대해서는 확신할 수 없다. 여기 언급한 수업 사례를 동영상으로 보기 위해 해당 사이트(www.myeducationkit.com)에 가서 5장의 'ASSURE Video'를 클릭하면, Bird 교사가 물의 순환 학습에서 21세기 학습 환경을 위해 어떤 교수매체 활용전략을 실행했는가를 탐색할 수 있다.

여러분은 이 장의 내용과 해당 수업 사례를 연계하는 성찰 질문들을 이 장 전체에서 받게 될 것이다. 그리고 이 장의 마지막 부분에서는 여러분이 선택한 학년에 적합한 ICT 차원의 교수매체 활용전략을 반영하는 ASSURE 수업을 설계할 기회를 갖게 될 것이다.

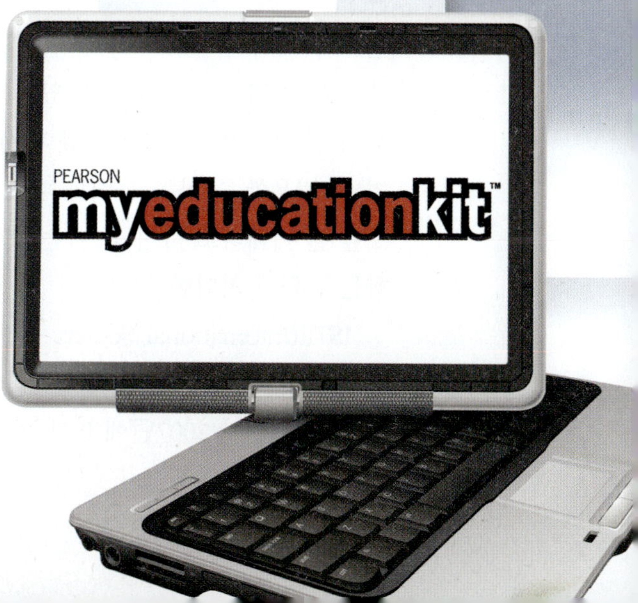

서론

컴퓨터는 21세기 학습자의 특성에 적합한 핵심 교수매체로서 자리매김하고 있다. 컴퓨터는 교육과정 내에서 개인 교수에서 창의력 개발을 위한 자원에 이르기까지 다양한 역할을 수행하고 있다. 또한 교사는 학습자의 학업 성취 자료를 수집할 뿐만 아니라 학급활동을 관리할 수 있는 중요한 보조 수단으로도 컴퓨터를 활용할 수 있게 되었다. 따라서 지혜로운 교육적 판단이 이루어지도록 우리는 컴퓨터의 다양한 교육적 활용 방안(문서 작성, 그래픽, 프레젠테이션 소프트웨어, 게임과 시뮬레이션, 개인 교수법, 교수 자료 등)에 대해 충분한 이해를 구축할 필요가 있다.

많은 교육용 소프트웨어가 범람하고 있기 때문에 교육용 소프트웨어에 대해 평가할 수 있는 비평 능력을 키우는 것이 중요하다. 하지만 하드웨어에 대해서는 몇몇 중요한 용어만 알고 있으면 그리 큰 문제가 되지 않을 것이다. 교수자가 몇 대의 컴퓨터를 가지고 수업하는가의 여부와 상관없이 이러한 소프트웨어와 하드웨어 대한 기본 내용을 알고 있다면 컴퓨터를 교육에 정확하게 활용하는 데 많은 도움이 될 것이다. 이 장은 교실에서 활용 가능한 컴퓨터 자원의 유형에 초점을 두고 있으며, 또한 학습을 지원하는 데 필요한 소프트웨어를 어떻게 선정할 것인가에 대한 내용도 중점적으로 다루고 있다. 또한 컴퓨터가 어떻게 작동되는가를 이해하기 위해, 컴퓨터 구성요소와 함께 최적의 컴퓨터 교육적 활용을 위한 설치에 대한 정보를 수록해놓았다.

교실에서의 컴퓨터 활용

컴퓨터 리터러시

컴퓨터 리터러시(literacy)는 컴퓨터와 테크놀로지(technology)를 효과적으로 활용할 줄 아는 능력이라고 말할 수 있다(Wikipedia, 2009). 또한 원하는 학습목표를 달성하기 위해 필요한 컴퓨터 소프트웨어(예를 들어, 문서를 쓰고, 편집하며, 완성하는 문서작성기)를 적용할 줄 아는 능력도 이에 포함된다. 컴퓨터 리터러시는 컴퓨터의 주요 구성요소를 잘 이해하고 다룰 줄 아는 것뿐만 아니라, 컴퓨터 시스템의 문제를 인지하고 교정하는 능력도 의미한다.

ISTE(International Society for Technology in Education)가 처음으로 학습자를 위한 컴퓨터 리터러시를 규정할 때는 위에서 언급한 기기를 잘 다루는 능력에 초점을 맞추었다. 그러나 2007년에 ISTE는 이러한 능력을 가장 중시하던 기존의 원칙을 깨고 가장 중요도가 낮은 표준(from the first skill to the last)으로 적시하였다(ISTE, 2009). 비록 ISTE는 컴퓨터를 효과적으로 다룰 줄 아는 능력이 여전히 필요하지만, 학습을 위해 컴퓨터를 활용할 줄 아는 능력이 컴퓨터 구성요소를 잘 알거나 소프트웨어를 선정하고 사용하는 것보다 중요하다는 결론을 내렸다.

컴퓨터는 학습의 유용한 도구이다.
Modern Curriculum Press/Pearson

또한 ISTE는 교사에게 필요한 컴퓨터 리터러시 표준도 개발하였다. 교사를 위한 기준은 기기 운용능력에는 크게 비중을 두지 않고, 대신에 학습자에게 컴퓨터와 테크놀로지를 통해 학습기회를 창출하는 능력에 초점을 맞추었다. 이러한 관점에서 교사가 컴퓨터 자원을 적절하게 활용하는 데 역할 모범이 되고 학습경험을 안내할 필요성이 대두되고 있다. 그러므로 학습을 지원하는 데 필요한 컴퓨터 자원을 활용하는 의사결정 능력이 컴퓨터의 기본적인 운용능력보다 중시되고 있다. 이와 같이 학습을 위해 컴퓨터를 활용할 줄 아는 역량이라는 컴퓨터 리터러시의 정의가 이 장에서 핵심 내용이 될 것이다.

활용 전략과 접근 방법

21세기 학습자를 교육하는 과정은 학습자들에게 단순히 정보를 제시하는 것으로부터

테크놀로지 통합 사례

지역 사회 수질 알아보기

미시간(Michigan) 주의 Ann Arbor에 소재한 한 학교는 주변에 작은 시내가 흐르는 작은 공원이 있었다. 그런데 역한 냄새가 그 개천으로부터 흘러 나왔고 많은 사람들이 불만을 토로하게 되었다. 이 학교에 재직 중인 3명의 과학 담당 교사들은 자신의 학급들을 합반해서 냄새가 나는 개천의 문제점에 대해 학생들에게 설명했다. 교사들은 학생들에게 과학 탐구 방법을 소개하고, 분석·종합하는 학습 활동에 필요한 컴퓨터와 관련기기를 제공해 주었다. 그 즉시 모둠(조)별로 구성된 학습자들은 공동 작업을 통해 그 문제에 대한 해결책을 구체화하기에 이르렀다. 더 나아가 학습자들은 그 문제의 원인을 조사했고, 그 문제를 해결하기 위해 관련된 지역 사회 차원의 실천 활동이 이루어질 수 있는 운동을 전개했다. 과학 수업을 재구성하고 학습에 필요한 테크놀로지를 통합·적용하여 이루어진 이러한 성공적인 수업은 문제 기반 학습이 학습을 위한 건설적이고 효과가 높은 교수 전략이라는 사실을 확인시켜 주었다.

Anthony Magnacca/Merrill

학습자는 컴퓨터 전문성 없이 시간을 크게 들이지 않고서도 문서 자료를 작성할 수 있다.

© Corbis RF

그들 스스로가 주어진 주제에 대한 탐구 활동을 해 나가고, 스스로에게 의미 있는 학습 활동을 창조해 나갈 수 있도록 문을 열어 주고 길을 터 주는 것으로 전환되고 있다. 컴퓨터는 이러한 과정에서 핵심적인 역할을 하고 있다. 이는 곧, 교수자는 학교가 지식을 얻는 장소가 아닌 학습하는 방법을 배우는 곳으로 생각하는 발상의 전환이 필요하다는 것을 의미한다. 위에서 제시됐던 생물 생태에 대한 보고서의 예는 학교 교육 과정에서 전혀 새로운 것이 아니라 현재 진행형이다.

이제 교수자는 모든 학습자가 학습 과제를 성취하도록 하기 위해 컴퓨터를 유의미하게 활용

© 저작권 관련 사항

컴퓨터 소프트웨어

미국 국회는 컴퓨터 프로그램 저작권의 공정한 사용에 대한 많은 논란의 여지를 해소시켜 줄 수 있는 저작권법(Copyright Act)을 개정 · 공포했다. 이 개정안은 저작권의 대상이 되는 컴퓨터 프로그램에 대해 용어 정의를 내렸으며, 저작권이 있는 컴퓨터 소프트웨어 프로그램에 대한 사용 허가 기준을 제정하였다. 개정된 법안에 따르면 컴퓨터 프로그램에 대해 다음 사항이 허락된다.

- 하나의 컴퓨터 프로그램에 대해 하나의 예비 복사본만을 만들어야 한다.
- 예비 복사본을 쉽게 만들기 위해 복제 방지 암호를 우회하는 잠금 해지 프로그램(locksmith 프로그램)을 사용할 수도 있다.
- 하나의 컴퓨터 하드디스크에 하나의 프로그램만을 설치한다.
- 만약 원하는 언어가 해당 프로그램에 없을 때는 해당 언어에 맞게 사용할 수 있다.
- 저작권이 있는 하나의 프로그램을 더 효과적으로 사용하기 위해 부가 기능을 추가할 수 있다.
- 저작권이 있는 프로그램을 사용자의 필요에 맞게 사용할 수도 있다.

저작권자의 허가 없이는 다음 행위를 하지 말아야 한다.

- 저작권이 있는 하나의 프로그램을 다수 복제한다.
- 예비 복사본으로부터 추가 복사본을 만든다.
- 저작권이 있는 프로그램을 판매 · 임대 · 대여 · 배포 또는 양도하기 위해 복사본을 만든다.
- 저작권이 있는 프로그램을 임의로 변경하여 제작한 프로그램을 판매한다.
- 학내나 여러 학교 내에서 사용 가능한 저작권이 있는 프로그램을 필요에 맞게 수정하여 다수의 복사본을 만든다.
- 허가나 특별 학내 자유 이용의 권리 없이 네트워크에 한 프로그램을 설치한다.
- 허락 없이 저작권이 있는 프로그램의 인쇄 문서를 복사한다.

저작권에 대한 포괄적인 정보를 위해서는 1장의 '저작권 관련 사항: 저작권법'을 참고하길 바란다. 그리고 1장의 끝 부분에 저작권 관련 자료(출판물과 웹링크)가 소개되어 있다.

할 수 있는 기회를 제공해야 한다. 이는 개별 학습자들을 위해 적정한 소프트웨어를 선택하는 것(예를 들어, 특정 수학 기술을 연습하거나 온라인 데이터베이스를 검색하기 위해)을 의미할 수도 있다. 또한 교사는 교육용 소프트웨어를 사용하는 데 있어 역할 모범이 되도록 노력해야 한다. 일례로 교사가 불법 복제를 하는지, 저작권 규약을 잘 따르는지의 여부에 대해 학습자는 금방 인지하게 된다. 즉, 행동이 말보다 더 큰 반향을 불러일으킨다는 것을 명심해야 한다(이 장에 소개한 〈저작권 관련 사항: 컴퓨터 소프트웨어〉 참조). 또한 교내에 전산 관련 업무를 관장하고 있는 책임자와 저작권에 관해 정기적으로 상의해야 한다.

학습자는 통제된 순서에 따라 학습자료가 주어지는 반복연습형 소프트웨어(drill-and-practice program)로 학습하는 것뿐만 아니라 학습자가 창의적으로 직접 시를 짓는 데스크탑 출판(desktop-publishing) 활동까지 다양한 방법으로 컴퓨터와 직접 상호작용할 수 있다. 즉, 컴퓨터는 학습자가 학습을 심화시키고 방향을 설정하는 데 도움을 주는 동시에 풍부한 학습경험을 제공해 주기 때문에 그 역할과 기능에서 많은 변화를 가져오고 있다. 또한 컴퓨터는 개별 학습자에 대한 정보뿐만 아니라 교수자료의 구성과 저장을 용이하게 한다. 여기서 학습자는 컴퓨터로 시험을 보고, **전자 포트폴리오**(3장의 전자 포트폴리오에 대한 추가 논의 참고)를 제출하기도 한다. 더 나아가 컴퓨터는 학습자의 교육 요구를 진단하여 학습자들을 위한 가장 적정한 수업 순서를 처방해 준다.

원래 컴퓨터는 전통적인 수업을 보조하는 역할로 활용되기도 하였다. 이러한 소프트웨어는 직접 수업이나 연습 기회를 제공하고, 종종 학습자의 응답에 따라 수업 경로를 달리하는 방법을 제공하였다. 이러한 형태의 많은 프로그램들은 여전히 교육에서 활용되고 있다. 구성주의 학습 이론을 적용하는 일환으로 요즈음에는 특정 교과 내용을 학습하는 데 있어 학습자가

모든 연령의 학생들이 학습할 때 CD-ROM 디스크를 다룰 줄 안다.

Nicola Sutton/PhotoDisc/Getty

노트북은 컴퓨터를 활용하는 방법에 혁신을 가져왔다. 무선 테크놀로지를 활용하게 되면서 어디에서든 컴퓨터를 사용할 수 있게 되었다.

Maria B. Vonada/Merrill

학생들은 CD-ROM 책으로 즐겁게 학습한다.

David Young-Wolff/PhotoEdit

다양한 학습자들을 위한 테크놀로지

컴퓨터 소프트웨어

컴퓨터를 적용하면 다양한 학습 요구에 부응할 수 있다. 다음에 제시된 예들은 특정 교육 상황에 도움을 줄 수 있는 컴퓨터 활용의 예다.

학습자는 The Factory Deluxe(www.Sunburst.com)를 통해 문제해결 능력을 키울 수 있다. 이 소프트웨어는 문제해결에 사용되는 다양한 전략에 초점을 맞추고 있다—역순으로 일을 진행, 작업 과정의 분석, 작업 절차의 결정, 창조력의 발휘. 즉, 학습자는 컴퓨터를 통해 하나의 정사각형과 네 종류의 기계를 가지고 기하학 지식을 활용해서 자신이 의도하는 물건을 제작하게 된다. 여기서 '회전기(rotator)'는 30에서 180도 각도로 회전 가능하게 되어 있다. '천공기(puncher)'는 제품을 기계에 통과시키면서 정사각형이나 삼각형의 구멍을 뚫는다. '줄무늬 생성기(striper)'는 제품에 얇거나 중간, 또는 두꺼운 줄무늬를 다양한 색채로 칠해 준다. 그리고 '절단기(cutter)'는 제품의 일부를 자르거나 제거한다. 이렇게 학습자는 기계를 이용하여 한 제품을 성공적으로 만들기 위해 문제해결 전략들을 적용하게 된다.

시각장애를 가진 학생들이 컴퓨터 소프트웨어, 이메일, 인터넷 등을 활용하기 위해서, 화면 리더(reader)라고 불리는 적응형 소프트웨어(adaptive software)는 음성 합성기(speech synthesizer)를 이용하여 아이콘의 문자 정보와 이름을 크게 읽어준다. 여기서 학습자는 키보드를 이용해서 활동하고, 'tab' 버튼을 사용해서 여러 아이콘들 사이를 옮겨 다닐 수 있다. 그리고 그래픽과 사진과 같은 비문자적 항목들은 'alt-tags'라고 하는 대안적 문자정보 설명기를 통해 시각장애 학생들에게 전달된다. 이러한 소프트웨어들은 'universal access'라는 운영 소프트웨어를 이용하는 PC나 Mac에서 활용된다.

높은 수준의 학습 능력을 보유한 학습자들은 복잡한 과제를 완수하면서 사고력의 한계를 시험해 보고 흥미로운 해결책을 창조해내는 데 도전할 수 있다. 과제들은 특정 이슈나 문제를 분석하기 위한 다양한 방법들을 발견하는 데 학생들을 적극 참여하게 만든다. 예를 들어, 탐구와 상상을 통해, 학습자는 지식을 the Jewel Quest(www.iWin.com) 게임에 제시된 과제를 해결하는 데 동원하게 된다. 여기서 최선의 방법을 찾아내는 데 도움이 되는 실마리가 학생들에게 주어진다. 이 과정 속에서 학습자는 고고학에 대해 배우게 된다. Jewel Quest는 학습자에게 도전적 과제로 활동하게 하는 여러 프로그램들 중에 하나이다.

인지적인 구조(도식)를 스스로 개발하고 구성할 수 있도록 학습자를 학습에 적극적으로 참여하게 유도하는 방법을 활용한다. 학습자가 학습에 적극적으로 참여하기 위해서는 학습자가 학습자료를 능동적으로 탐색하는 학습 환경이 제공돼야 한다. 예를 들어 Papert의 초기 연구는 디지털 'microworlds'를 위한 기반이 되어 학습자가 자유롭게 실험 · 평가 · 발명할 수 있게 허용하는 학습 환경을 제공하였다(Papert, 1993a, b). 이러한 학습환경에서 21세기의 학생은 현안이 되는 문제에 초점을 맞추어 자신에게 의미 있는 해결책을 창출하는 학습 활동에 주력한다.

앞에서 제시한 아이디어를 확대 · 발전시키면서, Jonassen, Howland, Moore,

Marra(2003)는 컴퓨터가 학습에 대한 적극 개입과 지원을 통해 학습자에게 "지적인 동반자(intellectual partners)"가 될 수 있다고 주장하였다. 즉, 학생은 인지적 학습 전략과 비판적 사고 능력을 적극적으로 활용하도록 도와주는 컴퓨터를 통해 학습 활동을 영위한다. 여기서 학습자는 자신에게 필요한 정보를 컴퓨터가 언제 그리고 어떻게 제공할 것인가를 관리하는 방식으로 컴퓨터를 활용하게 된다.

장점

- *학습자 참여.* 컴퓨터 학습자료는 학습자에게 활동에 적극적으로 참여하도록 독려하기 때문에 ASSURE 모형에서 R에 해당하는 단계가 성취될 수 있다. 이러한 학습자료는 학습자의 주의집중도 이끌어 낼 수 있다.
- *개별화.* 컴퓨터는 학습자 자신의 학습(개별화 수업) 진도와 순서에 대해 어느 정도 자유 선택권을 준다. 또한 학습 활동에 대해 제공되는 신속하면서도 개별화된 응답은 학습자에게 성공적인 강화를 준다.
- *특별 교육 요구.* 컴퓨터 자원은 영재, 문제 학생, 소수 민족 학습자, 특수아 등의 다양한 신체적, 인구통계학적 특성을 가진 학습자에게 효과적이다. 즉, 컴퓨터는 이러한 학습자의 특별한 교육 요구를 적절하게 반영해서 그들의 능력에 맞게 수업을 진행한다.
- *모니터링.* 컴퓨터의 기록 저장 능력은 개별화 수업을 가능케 한다. 즉, 교수자는 모든 학습자들을 위한 개별화 수업을 실시하고 그들의 개별 학습 진도를 점검할 수 있다.
- *정보 관리.* 컴퓨터는 정보의 폭증으로 인해 증대되는 정보 관리의 필요성에 부응할 수 있다. 컴퓨터는 모든 종류의 정보를 관리할 수 있다—그래픽, 글, 음향, 동영상. 또한 교수자와 학습자의 필요에 따른 정보의 입력도 용이하다.
- *다양한 학습경험.* 컴퓨터는 다양한 학습경험을 제공해 준다. 즉, 컴퓨터는 여러 가지 교수전략을 실현 가능하게 하며, 기본수업, 교정학습, 심화학습 등 다양한 수준의 학습을 제공해 준다.

단점

- *저작권.* 허가 없이 소프트웨어를 복제하는 행위는 회사나 개인 사업자가 양질의 교육용 소프트웨어를 제작하고 시판하는 활동에 엄청난 지장을 초래한다(이 장의 〈저작권 관련 사항〉 참고).
- 높은 *기대감.* 컴퓨터를 교육적으로 활용하는 학습자와 교수자는 공히 컴퓨터에 비현실적인 기대감을 가지고 있다. 많은 사람들은 컴퓨터가 전지전능하다고 생각하기도 하며 거의 노력을 들이지 않고도 학습할 수 있다고 기대하기도 하는데,

그러나 실제로(다른 모든 학습 도구와 똑같이) 컴퓨터 사용자는 학습에 투자한 노력만큼의 결실을 거두게 된다.

- *복잡성.* 기능이 복잡한 프로그램은 학습자에게 무엇인가를 직접 제작해야 하는 등의 고난이도 능력을 필요로 하기 때문에 활용하기 어려운 경우가 발생한다.
- *구조성 결핍.* 좀 더 구조화된 안내를 필요로 하는 특성을 가진 학습자가 활용 시에는 좌절하기 쉽다. 또한 어느 정도의 정보를 탐색해야 하는가에 대한 의사결정이 잘못 내려질 수도 있다.

교육과정과의 통합

교육에서 컴퓨터의 궁극적 가치는 기존 교육과정과 어떻게 전체적으로 매끄럽게 통합, 적용되느냐에 달려있다. 교실에서 컴퓨터는 교사가 활용해야 하는 추가적인 그 어떤 것이 아니라, 모든 학습자들을 지원하고 학습을 증진시키는 필수불가결한 요소이다 (ISTE, 2009).

이에 교사는 다양한 학습 양식을 반영하고 여러 가지 교육 방법을 제공할 수 있도록 컴퓨터 활용에 대한 사고의 틀을 가지고 있어야 한다. 그리고 무엇보다 중요한 것은 명확한 학습목표에 입각(ASSURE 모형의 두 번째 단계)해서 학습결과를 측정할 수 있어야 한다. 컴퓨터가 성공적으로 적용되는 교실에서 학습자는 자신이 책, 지도, 연필, 펜 등을 자유자재로 사용하는 것과 같이 컴퓨터를 쉽게 활용하게 된다. 컴퓨터가 잘 구비된 교실에서 교수자와 학습자는 문제해결 과정에 적극 참여하고, 창조력을 배양하며, 다른 나라의 학습자와 협동학습하고, 평생학습의 가치를 구현할 수 있다.

컴퓨터의 사용이 용이해지면서 컴퓨터의 교육적 활용은 문제해결식의 교육방법과 협동학습에 더 많은 강조점을 두는 것이 오늘날 일반화된 추세이다. 요즈음엔 복잡한 문제 상황을 해결해 나가는 데 협동학습의 방법을 사용할 수 있는 교육용 소프트웨어가 많이 출현하고 있다. 때때로 학습자는 주어진 문제 상황에서 탐구 활동을 해 나가기 위해 여러 종류의 컴퓨터 소프트웨어를 이용한다. 예를 들어, 생물의 생태에 대한 보고서를 작성하기 위해 학습자들은 모둠별로 필요한 자료를 컴퓨터 데이터베이스에서 검색한다. 또한 정보를 얻기 위해 여러 지역에 있는 사람들에게 이메일을 보내기도 하며, 취득한 정보를 보관하고 분류하기 위해 데이터베이스나 스프레드시트 프로그램을 사용하기도 한다.

컴퓨터 소프트웨어는 학습목표를 달성하는 데 많은 도움을 준다.

Peter Hvizdak/The Image Works

몇몇 소프트웨어는 단순 설명이 아닌 직접 무

엇인가를 보여 주어야 하는 학습과제에 적합할 수 있다. 일반 학습자료나 강의만으로 이러한 수업을 실행하기에는 부족하다. 이와 같은 형태의 수업과 상호작용을 원하는 학습자는 적합한 소프트웨어를 선정할 필요가 있다. 최근에 출시된 많은 소프트웨어들이 다양한 형태의 상호작용을 제시하고 있다. The Ellis Island Experience라는 소프트웨어는 1892년부터 1952년까지 미국 역사에서 핵심 이민 관문의 역할을 한 이 곳에 대한 풍부한 정보를 가진 역동적 다큐멘터리 형식을 취하고 있다. 중등 학생들을 위해 개발된 이 소프트웨어는 시각자료, 오디오, 동영상 등으로 잘 구성된 다섯 가지 학습 단원(modules)에서, 학습자로 하여금 미국의 이민자로서 입국하면서 겪게 되는 경험에 대해 탐구하는 학습활동을 가능케 한다. 여기서 학습자는 유적 보기 자료(artifacts viewer resource)를 통해 관련 시각자료, 기념 자료, 문서 등에 대한 상세한 내용을 접할 수 있다.

컴퓨터 자원의 유형

컴퓨터는 학습자의 반응에 거의 즉각적인 반응을 하며, 정보를 처리하고 저장하는 데 뛰어난 능력을 가지고 있을 뿐만 아니라 다른 어떤 교수 매체보다 많은 학습자들을 동시에 대할 수 있다는 면에서 탁월하다고 할 수 있다. 따라서 컴퓨터는 교수 매체 중에서 점점 더 중요한 위치를 차지하고 있는 추세를 보이고 있다. 즉, 컴퓨터는 학습자가 학습을 심화시키고 방향을 설정하는 데 도움을 주는 동시에 풍부한 학습경험을 제공해 주기 때문에 그 역할과 기능에서 많은 변화를 가져오고 있다. 또한 컴퓨터는 많은 교수 매체(사진, 동영상, 그래픽, 음향, 인쇄 정보 등)를 통합·적용하는 능력도 발휘하고 있다. 그리고 컴퓨터는 정보와 자료를 기록·분석하고, 키보드, 마우스, 음성 인식 장치로 입력된 학습자의 반응에 응답할 수도 있다. 학습자가 다양한 정보로 활동할 때, 컴퓨터 자원이 이를 더 쉽고 흥미롭게 해준다는 사실을 알게 된다. 학습자들은 이러한 테크놀로지를 활용해서 정보를 수집하고, 그 정보를 통해 이해하고 습득한 지식에 대해 발표할 자료를 준비할 수 있다.

컴퓨터가 교육에서 점점 보편화되고 있다. 대부분의 학습자들이 컴퓨터 기반 수업을 활용하고 영향을 받게 되었다.
Anthony Magnacca/PhotoEdit

정보를 제공하는 역할뿐만 아니라 컴퓨터는 창의성과 의사소통을 위한 도구로서도 활용될 수 있다. 특히 컴퓨터는 소셜 미디어(social

컴퓨터는 언제 사용하는가

다음과 같이 학생들의 학습이 강화될 때 사용한다.

지침	예시
수업에서 방금 학습한 내용을 연습	기술 습득과 과제 해결에 추가적인 도움이 필요한 학습자들은 반복연습형 게임을 활용해서 기술을 연습하거나 지식에 대한 이해를 높일 수 있다.
자기주도학습	유치원의 학습 센터에 컴퓨터가 설치되어, 어린 학생들이 자신의 지식을 증진시키기 위해 활동 위주의 개인교수형 소프트웨어를 활용하여 학습 과제를 완성한다.
영재아를 위한 학습 기회 제공	영재 학생들은 도전적인 과제를 좀 더 복잡한 소프트웨어 프로그램으로 해결하면서 교실 수업 관련 심화 내용을 습득하게 된다.
다른 학생들과 협력활동	학습자들은 특정 지식을 이해하기 위해 여러 학습 자료를 같이 탐색하면서 서로 도움을 줄 수 있다.
학습부진아를 도움	자신의 학습양식에 맞게 학습자료를 탐색하면서 개인적으로 의미 있는 방법으로 활용할 수 있다.
지식을 새로운 방법으로 표현	학생들은 학급이나 학교에서 다른 학습자들과 지식을 공유하기 위해 자신만의 학습자료를 만들어낸다.

media)를 통해 전 세계 사람들과 협업을 가능케 하기 때문에, 학습자들은 교사와 학급 그 이상의 수준에서 최선의 글과 작품을 만드는 노력을 경주할 수 있게 되었다.

컴퓨터는 문서 작성 내지는 데스크탑 출판(desktop publishing) 용도로 널리 쓰이고 있다. 대부분의 학생들은 보고서나 과제를 작성하는 데 문서 작성기를 활용한다. 여기서 어떤 학생들은 좀 더 완성도가 높은 발표를 위해 그래픽, 음향, 동영상 등의 매체를 통합 · 적용하여 멀티미디어 형태의 보고서를 만들기도 한다. 또한 컴퓨터와 디지털 프로젝터를 통합 · 활용하는 발표용 소프트웨어(presentation software)는 학습자들로 하여금 자신들의 결과물을 공유하고 논의할 수 있게 해준다.

자료나 정보 처리

오늘날 학습자는 정보를 탐색 · 분류 · 구조화하는 측면에서 정보를 관리하고, 이러한 정보를 바탕으로 도출된 결론을 평가하는 능력을 배울 필요가 있다. 이러한 관점에서 탐구 활동과 연구를 위해 학생은 특정 정보에 신속하게 접근하기 위해 관련된 정보를 모아 놓은 **데이터베이스**를 활용하기도 한다. 전화번호부는 인쇄물 형태의 데이터베이스인 반면에, 컴퓨터 데이터베이스는 다양한 방법으로 쉽게 접근가능한 정보로 가득한 전자 파일 보관함이라고 할 수 있다(예를 들어, 컴퓨터 데이터베이스는 전화번호를 인명이나 상호명별로 신속하게 탐색할 수 있도록 해 준다). 이러한 컴퓨터 데이터베이스는 다용도로 쓰일 수 있으며 배우기도 쉬운 컴퓨터 도구이다(그림 5.1).

이러한 데이터베이스에는 두 가지 유형이 있는데, 그 첫 번째가 학습자에 의해 만들어진 자료로 구성된 교실 데이터베이스(Classroom Database)이다. 예를 들어 학생은 정보 수집 양식(information sheets)과 설문지를 고안해서 자료를 수집하고 관련된 정보를 입력하여 다양한 방법으로 그 자료를 열어 볼 수 있다. 여기서 입력을 위해 선택된 정보에는 학습자 정보, 독후감, 수학 문제 예시 등이 포함된다. 또한 연구 및 조사의 일환으로 데이터베이스를 구성하면서 학습자는 자료를 분석하고 해석하는 고차원의 사고 능력을 발달시키는 효과를 내게 된다.

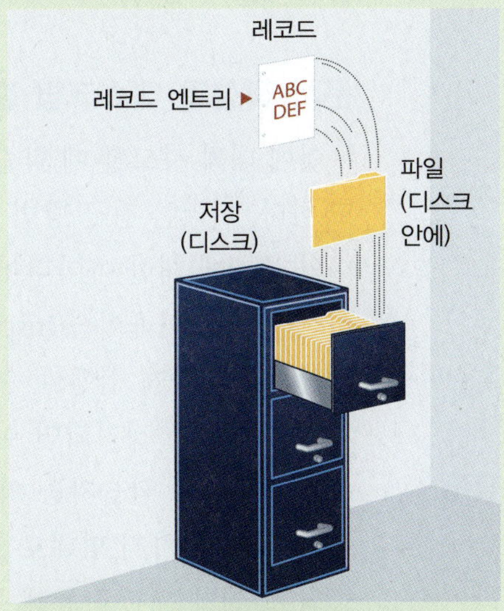

그림 5.1
데이터베이스는 필요한 정보를 사용자가 쉽게 분류 · 순서화 · 계산 · 저장할 수 있도록 정보를 구조화하는 데 활용된다.

두 번째 유형의 데이터베이스는 상업용 데이터베이스(Commercial Database)이다. 이러한 데이터베이스는 디스크나 CD-ROM 형태로 구입하거나 인터넷 접속을 통해 접근할 수도 있다. 예를 들어, Fifty States 라는 디스크 수록 또는 웹사이트형 데이터베이스는 미국 주별 인구, 주도, 지역 소개, 주요 강, 대표 새, 꽃, 나무 등에 대한 정보를 지니고 있다. 의학 정보, 환경 관련 통계, 역사적 사실, 인구 통계와 같이 좀 더 대규모의 데이터베이스들은 인터넷을 통해서 접근할 수 있도록 되어 있다. 학교의 교수 매체 전문가(media specialist)가 특정 탐구활동에 적합한 상업용 데이터베이스를 찾는 데 도움을 줄 것이다.

의사소통

이메일 메시지. 오늘날의 학생들은 친구에게 이메일, 모바일 메시지 등을 보내는 데 익숙하다. 이러한 형태의 메시지는 빠르고 간편하다. 그러므로 교실에서 학습자들은 급우나 다른 곳의 학생들(e-pal)과 이메일 메시지를 주고받는 활동에 참여할 수 있다. 이와 함께 모바일폰의 메시지에서 적절한 약어와 문장을 구사하는 방법에 대한 교육을 시켜야 한다.

구어 및 시각 메시지. 교실에서의 의사소통은 문자 형태의 메시지에 국한되지 않는다. 교사는 학습자들이 타인과의 의사소통 능력을 기르기 위해 오디오 파일과 음성을 통합하도록 독려해야 한다. 또한 학생들은 상당히 창의적이어서 자신의 모바일폰이나 디지털 카메라로 찍은 사진들을 활용하여 문자 정보를 대체하거나 자신의 메시지를 향상시킬 수 있다.

문서 작성과 데스크탑 출판(Desktop-Publishing)

무엇에 대해 사고할 때 학습자는 관련된 아이디어들 간에 존재하는 연결고리를 찾으려고 한다. 이러한 접근 방법을 개념도 만들기(concept mapping)라고 한다. 여기서는 하나의 주제에 대한 아이디어들 중에 상호 연관된 아이디어끼리 연결망을 통해 서로 이어진다. 인스피레이션(Inspiration) 또는 피코맵(PicoMap) 같은 소프트웨어는 이러한 과정을 용이하게 실행할 수 있도록 도와준다(그림 5.2). 일단 개념도를 통해 아이디어가 모두 종합 · 정리되면 이러한 아이디어를 통합된 글로 표현하기 시작한다. 이러한 문서 작성기로 학습자는 자신이 가지고 있는 아이디어를 표현하고, 다양한 제시 방법을 통해 여러 가지 형태로 표현할 수 있다. 또한 철자와 문법을 점검해 주는 기능도 제공되며, 전자 사전을 통해 특정 상황에 적합한 단어를 찾아 낼 수도 있다. 그리고 학습자가 별로 좋아하지 않았던 과정인 편집도 쉽게 이루어질 수 있게 되었다. 이렇게 편집이 쉬워지면 학습자는 표현에 있어 다양한 변화를 시도하게 된다.

학습자들은 인쇄물 형태로 아이디어를 표현하고 싶어 한다. 특히 그들은 문서 작업이 완성된 출력물로 나오는 것을 좋아한다. 데스크탑 출판을 통해 학습자는 창조적이면서 보기에도 좋게 구성한 문서를 만들 수도 있다. 이러한 데스크탑 출판을 활용해서 문서에 그래픽을 넣을 수도 있다. 그리고 자신이 만든 문서를 출력하거나 웹사이트에 수록하기 전에 각 페이지의 모양을 미리 점검해 볼 수도 있다. 모든 연령의 학습자들은 자신이 쓴 글이 작은 책자와 소식지 같은 공식적인 문서 형태로 제작되는 것을 좋아한다. 학급 소식지 또한 널리 인기를 끌고 있는데, 그 이유는 학습자들이 같이 작업해서 가족이나 친구들과 공유할 수 있는 즐거움을 누릴

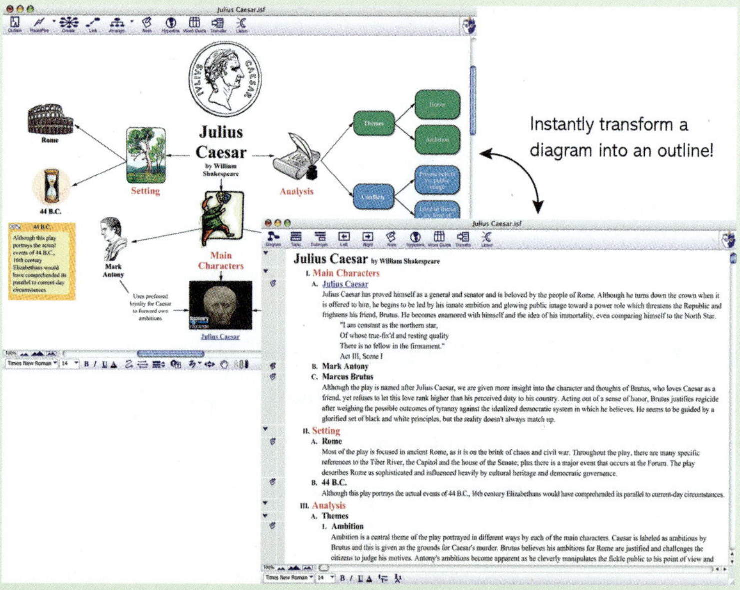

그림 5.2
인스피레이션(Inspiration)이라는 프로그램은 학습자로 하여금 다양한 주제에 대한 자신의 생각을 구조화하도록 도와준다.

출처: © 2011 Inspiration Software, Inc. Diagram created in Inspiration by Inspiration Software, Inc. Used with permission.

수 있기 때문이다.

창의성

그래픽. 그래픽을 그리고 만들어 내는 일은 학습자에게 즐거운 활동이다. 키드픽스 디럭스(KidPix Delux) 같은 컴퓨터 소프트웨어를 이용하면 그림그리기를 좀 더 즐겁게 할 수 있다. 예를 들어, 이 소프트웨어는 선을 그리기 위해 화면에 찍으면 소리를 내는 '고무 도장(rubber stamp)' 또는 물방울 형태로 나타나는 '화필(drippy paintbrush)' 기능이 있다. 뒤에 숨겨진 사진을 찾기 위해 화면에 있는 시각자료를 제거하는 '지우개' 기능도 있다. 그러므로 컴퓨터는 아동의 예술 활동에 변화를 가져오고 있다. 학습자가 그림그리기용 소프트웨어를 사용하는 데 숙달되면 좀 복잡한 그림과 제도(drafting)가 가능한 프로그램을 배울 수 있다. 그래서 고등학생 정도 되면 좀 더 복잡한 시각자료를 만들 수 있는 컴퓨터 보조 설계(computer-aided design)와 그래픽 프로그램을 사용할 수 있을 것이다. 이러한 소프트웨어를 활용하는 기술은 배우기 쉽다. 또 다른 예로, 포토 디럭스(Photo Deluxe)라는 미술용 프로그램을 통해 학습자는 선이나 모양을 만드는 기본적인 도구에서부터 그림을 편집하고 재구성하는 고차원적인 도구까지 포함한 다양한 도구를 활용하여 복잡한 작업을 해낼 수 있게 된다. 여기서 학습자는 자신만의 그림을 그릴 수도 있고 여러 종류의 클립아트(clipart)를 이용해 그림을 만들어 낼 수도 있다(그림 5.3). 그러므로 키보드를 몇 번 두드려 간단한 그림을 매우 예술적인 그림으로 변환시킬 수도 있다.

협동학습을 통해, 학생들은 데스크탑 출판 프로그램으로 학교 뉴스레터와 연감을 만들 수 있다.

Michael Newman/PhotoEdit

찍은 사진들을 특정 목적에 맞게 디지털 사진으로 처리할 수 있는 그래픽 소프트웨어 프로그램도 활용 가능하다. 예를 들어, 사진을 찍어 디지털화한 후에 **연결(link)** 기능을 이용하여 파일의 특정 부분이나 파워포인트 슬라이드에 연결시킬 수 있다. 또한 문서 작성기에도 적용 가능하다.

오디오. 다양한 형태의 음성 자료가 학습을 흥미롭게 표현하는 데 활용될 수 있다. 예를 들어, 학습자는 자신의 발표에 설명을 음성으로 제시하거나, 지구 온난화에 대한 토론을 인터넷 라디오 방송(podcast)으로 만들어낼 수도 있고, 음향 효과(문 닫는 소리, 발자국 소리, 고양이 소리 등)로 동화를 생동감 있게 표현할 수도 있다. 음악에 소질이 있거나 음악을 즐기는 학생들은 GarageBand라는 프로그램으로 재미있는 노래나 음악을 만들어낼 수 있다. 이러한 음악 파일은 파워포인트 파일과 연계되어 활용될 수 있다.

발표용 소프트웨어

발표용 소프트웨어는 교사와 학습자에게 많이 활용되고 있다. 특히 컴퓨터와 연결된 디지털 프로젝터를 사용하면 다양한 색채와 애니메이션 자료를 보여줄 수 있게 된다. 많은 학생들이 파워포인트나 애플의 키노트(Keynote)를 사용하여 발표물을 준비할 수 있다. 이러한 소프트웨어는 학생 자신의 지식을 표현하고 창의성을 발휘하기 위한 전자 포트폴리오나 전자 동화책 같은 것을 창작하는 데도 활용될 수 있다. 그러나 마이크로소프트에서 나온 파워포인트와 같은 프로그램을 사용할 때, 발표할 내용을 실제로 준비하는 것보다 색상이나 글씨체 등을 결정하는 데 더 많은 시간을 허비할 가능성이 높기 때문에 유의해야 한다.

그림 5.3
클립아트를 사용하여 학습 결과물에 시각 요소를 가미할 수 있다.

그래프 변환기(Graphing Calculators)와 스프레드쉬트(Spreadsheets)

대부분의 컴퓨터는 자체 오퍼레이팅 체제에서 기본적으로 계산 기능을 탑재하고 있으며, 새로운 옵션 사항으로 그래프 변환 기능도 가지고 있다. 학습자는 이를 활용하여 복잡한 수학 계산을 빠르고 효과적으로 수행할 수 있다. 또한 학생들은 프로젝트의 일환으로 수집한 데이터를 구조화하는 데 스프레드시트 프로그램을 사용할 수 있다(그림 5.4). 이러한 컴퓨터는 실험실에서 도출된 자료 수집을 용이하게 만드는 기능도 있다. 이렇게 수집된 자료는 스프레드시트 프로그램과 연계되어 자료 분석을 수행하고, 그 결과를 표로 만들거나 그래프로 변환할 수도 있다.

게임과 시뮬레이션

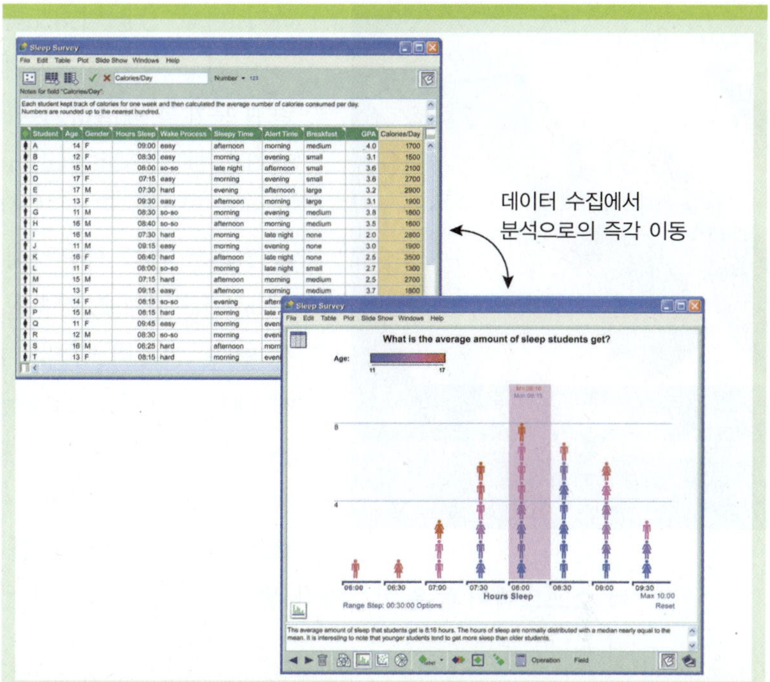

그림 5.4
스프레드시트는 글, 숫자, 공식을 줄과 칸에 입력해서 보여주는 프로그램이다. 스프레드시트는 자료를 기록하고, 평균을 계산하며, 과학 관련 자료를 처리하는 데 사용된다.

게임과 시뮬레이션은 학습자가 지식과 기술을 습득하는 데 도움을 주고, 문제 해결 전략과 기법에 참여하게 만들어주는 교수 도구이다. 게임과 시뮬레이션은 상호작용성(interactivity), 도전의식, 문제해결, 체제적 사고, 분산적 지식(distributed knowledge), 역량 직결 수행 능력 등의 많은 학습 원리를 적용하고 있다(Gee, 2005). 즉, 게임과 시뮬레이션은 구조화 또는 비구조화 문제 해결을 연습하거나, 복잡하고 고등 사고 능력을 실습하는 다양한 기회를 학습자에게 제공해준다. 여기서 학습자는 주어진 과제를 분석하고, 그 과제에 부여된 조건들을 결정하며, 해결의 실마리를 찾아내고, 자가 점검(self-monitoring)과 평가를 병행하도록 요구받는다. 이러한 문제들은 실제 상황에서 기술을 적용하는 연습을 할 수 있게 제시된다. 이렇게 학습자에게 풍부하고 다양한 문제 상황을 제공하는 것은 가상 세계에서 의미 있는 활동을 하면서 지식과 기술을 학습전략과 통합하도록 도전하게 만든다(Shaffer, Shaffer, Squire & Gee, 2005).

컴퓨터 보조 수업(Computer-Assisted Instruction, CAI)

학습자는 기본적인 기술이나 지식을 연습하는 혜택을 누릴 수 있다. 바로 컴퓨터 보조 수업이 학습자가 특정 지식이나 기술을 배우는 데 활용될 수 있다. 여기서 컴퓨터는 교실 수업을 강화하는 데 용이한 도구 역할을 한다. 모든 교과목에 걸친 다양한 수업용 소프트웨어가 많고 단순한 반복연습형부터 좀 더 복잡한 문제해결형까지 다양하다. 복습이나 연습이 필요한 학습자에게 반복연습형 프로그램은 특정 학습과제를 완수하는 데 필요한 특정 단계를 암기하도록 요구한다. 예를 들어 Math Blaster Plus라는 교육용 소프트웨어는 학습자가 게임을 통해 반복연습을 하게 하여 수학 개념(더하기, 빼기, 곱

Palm 같은 핸드헬드 컴퓨터는 학교에서 마이크로컴퓨터의 사용을 보편화하였다.
Masterfi le

하기, 나누기)을 익히도록 도와준다.

어떤 교육용 소프트웨어는 학습자가 실제 상황과 관련된 문제를 해결하기 위해 적극적으로 학습에 참여하게 하기도 한다. National Inspirer라는 프로그램은 학습자로 하여금 지리학이 미국 어느 주의 경제에도 중요한 역할을 한다는 것을 배우도록 도와준다. 그리고 이 프로그램의 국제 버전으로는 유럽, 아프리카, 아시아 등을 학습할 수 있다. 여기서 비디오 테크놀로지는 지리적 현상의 실제 예를 보여주고 그것들이 경제에 어떻게 영향을 미치는가에 집중할 수 있게 활용된다. 한편 컴퓨터에 동영상을 활용하여 좀 더 피부에 와 닿는 실제 예를 보여 주는 소프트웨어도 있다. 또한 문서 작성기, 그래픽, 여러 컴퓨터 소프트웨어 등은 학습자가 생각을 구조화하고 타인과 의사소통하는 활동을 촉진시켜 준다.

컴퓨터 관리 수업(Computer-Managed Instruction)

학생의 학습을 촉진하는 과정을 원활하게 만드는 데 컴퓨터 자료를 활용할 수 있다. 예를 들어, 모바일폰, 태블릿 PC 등의 이동통신 기기를 활용하여 학습자가 어떻게 학습 과제를 완성하는지에 대한 정보를 수집할 수 있다. 또는 학습자에게 배포할 자료(handouts)나 발표 자료와 같은 수업자료를 준비하는 데도 컴퓨터의 도움을 받을 수 있다.

소프트웨어 선정

소프트웨어를 선택할 때 고려해야 할 요소들이 많이 있다(〈선정 평가표: 컴퓨터 소프트웨어〉 참조). 무엇보다 중요한 것은 소프트웨어를 해당 소프트웨어가 가져온 학습 결과의 맥락에서 판단해야 한다는 사실이다. 고려해야 할 또 다른 변인에는 그 소프트웨어가 얼마나 창의성을 자극하고, 협동학습을 촉진하며, 적절한 피드백을 제공하는가 등이 있다.

그런데 **애플리케이션**이라는 소프트웨어는 특정 **운영체제**(operating systems)에서만 작동하도록 만들어져 있다. 매캔토시, 윈도우즈, 유닉스와 같은 운영체제는 사람과 컴퓨터를 이어주는 가교 역할을 하는 소프트웨어이다. 이 시스템은 원하는 활동 결과를 얻기 위해 사용자, 컴퓨터, 적용 프로그램의 원활한 상호작용을 도모한다. 그러므로 선택한 소프트웨어는 현재 사용되고 있는 운영체제에서 작동되도록 만들어지고, 현재 가지고 있는 특정 하드웨어에도 적절하게 기능하도록 설계된 것이어야 한다.

소프트웨어를 선택할 때 고려해야 할 사항은 교육 내용의 정확성이다. 만약 선택한 소프트웨어가 제조된 지 오래되었다면 부분적인 정보가 최신의 것이 아닐 가능성이 높다. 또한 정보의 계열화(순서화)도 중요한 고려 사항이다. 정보는 명확하고 논리적인 형태로 제시되어야 한다. 끝으로 해당 수업의 목적을 점검하고 그 목적이 학습자의 학습목표와 관련성을 가지고 있는지의 여부를 파악해야 한다.

그리고 소프트웨어는 적절한 교육 기법과 원리에 따라 만들어진 것이어야 한다. 일례로 반복연습 프로그램에서 학습자는 정보 제공 **피드백**(informative feedback)을 자주 받을 수 있도록 설계되어야 한다. 고등 사고력(higher-order thinking skills)을 배양하기 위한 소프트웨어를 활용할 때, 학습자는 선택의 질적 수준을 지적해주는 피드백을 필요로 한다. 만약 학습목표가 협동학습 기회를 제공해주는 것이라면 소집단의 학생들이 의도한 학습목표를 달성할 수 있도록 상호 협력하는 기회를 제공해주어야 한다. 이러한 유형의 소프트웨어는 많은 경우에 하나의 컴퓨터만 설치된 교실에서도 유용하게 활용될 수 있게 만들어졌다(〈매체 실례: 컴퓨터 소프트웨어〉 참고).

때때로 소프트웨어는 효과적인 학습을 위해 중요한 역할을 할 수 있는 특별 효과나 사양을 가지고 있기도 한다. 하지만 이러한 사양이 겉치레에 불과하거나 학습 과정에서 아무 가치가 없는 경우가 종종 있다. 사실 그러한 사양은 결국 학습에 방해만 될 뿐이다. 색상, 그래픽, 애니메이션, 음향 등이 학습에 공헌할 수 있을 때만 질 높은 소프트웨어의 일부가 될 수 있다. 5장에서 논의한 대로 글은 크기, 색, 위치에 있어 학습자에게 불필요한 인지적 부담을 주지 않도록 일관성 있게 제시되어야 한다. 키보드 입력과 마우스 작동도 학습자가 직관적으로 할 수 있도록 배려해야 한다. 즉, 학습자가 교육 내용을 배우는 데 몰두할 수 있도록 소프트웨어와 학습자의 상호작용이 쉬워야 한다.

컴퓨터 하드웨어

컴퓨터의 크기나 시스템의 복잡성에 관계없이 컴퓨터는 표준화된 구성요소들을 가지고 있다. 컴퓨터를 이루고 있는 물리적인 장치를 **하드웨어**라고 한다. 컴퓨터가 가지고 있는 하드웨어 요소의 특정 조합을 구성(configuration)이라고 한다. 기본적인 하드웨어의 구성요소는 그림 5.5에 나타나 있다.

ASSURE 사례 연구 성찰

PEARSON myeducationkit™

이 장의 앞부분에 소개된 'ASSURE 수업 사례 연구'와 동영상을 전체적으로 살펴보시오. Kerry Bird 교사의 4학년 학생들이 물의 순환에 대한 지식을 표현하기 위한 학습 결과물을 만들어내는 데 어떤 소프트웨어가 적절하겠는가? 학습자들이 수업 자료를 공유하기 위해서는 어떤 방법이 좋겠는가?

매체 실례

컴퓨터 소프트웨어

Inspiration/Kidspiration

Inspiration Software, Inc. (www.inspiration.com)

개념-절차 프로그램. Inspiration은 브레인스토밍, 개념도 만들기, 계획 활동을 촉진시키는 소프트웨어이다. 이 프로그램은 개인이나 소집단으로부터 창출된 아이디어를 시각적인 도표로 그려 준다. 또한 전체적인 개요, 제시용 시각자료, 흐름도 등을 만드는 데도 활용될 수 있다. 이것은 어린 학습자들이 개념도를 만드는 기술을 배양하는 데도 도움을 준다. 일단 생각이 시각화되면, Inspiration과 Kidspiration은 이렇게 완성된 개념도를 문서작성 개요로 쉽게 변환시켜 준다.

JumpStart Math for Kindergarteners

Knowledge Adventure (www.knowledgeadventure.com)

개인교수형 프로그램. JumpStart Math for Kindergarteners는 어린 학습자들을 위한 JumpStart 소프트웨어 시리즈 제품들 중의 하나이다. 이 프로그램을 통해 게임의 형태로, 미국 National Council of Teachers of Mathematics의 표준에 의거한 유치원 수준의 8개 핵심 수학 개념을 학습할 수 있다. 목적은 'Guthry the Giant' 의 생일 파티를 몰래 계획하는 활동에 참여하면서 중요한 수학 능력을 배울 수 있게 해주는 것이다. 또한 학습자들에게 수학을 재미있게 만들어줄 뿐만 아니라, 기록하고 보고하는 시스템이 있어서 교사가 학습 진도를 점검하고 개별 학습의 난이도를 조정할 수 있게 해준다.

Zoombinis Mountain Rescue

K12 Software (www.k12software.com)

문제해결 프로그램. 생기발랄한 Zoombinis가 산속 동굴에 갇혀있는 친구를 구하기 위해 재미있는 모험에 뛰어들게 된다. 학습자들은 Zoombinis가 모험 중에 직면하게 되는 논리적인 문제들을 해결하도록 도와주게 된다. 여기서 학습자들은 문제 해결을 위해 논리를 활용하는 도전을 받게 되면서 자신의 수학 능력을 연습하게 된다. 여기에 덧붙여, 해결해야 할 수수께끼들이 항상 동일하지 않기 때문에 학습자들은 항상 새로운 모험을 해야만 한다.

Mary Kate Denny/Stone/Getty

Decisions, Decisions

Tom Snyder Productions (www.tomsnyder.com)

시뮬레이션 프로그램. Decisions, Decisions는 교실에서 하나의 컴퓨터를 사용해서 토론하고 의사 결정할 수 있도록 고안된 시리즈물 형식의 역할놀이 소프트웨어이다. 이 프로그램은 전통적인 수업에서 시행하는 것과 같은 교사와 전체 학습자의 학급 토론을 제공한다. 또한 협동학습 환경을 위한 소모둠(그룹) 활동에 대한 선택의 여지도 있다. 특히 이 프로그램은 6개 조까지 관리 가능하다. 이 프로그램의 시리즈 중에는 Substance Abuse, Violence in Media, Immigration, The Environment, Town Government, Rainforest Researchers, The Great Ocean Rescue 등의 프로그램이 있다.

Magic School Bus Lands on Mars

Microsoft (www.microsoft.com)

과학적 발견 프로그램. 이 프로그램은 학생이 문제의 답을 찾기 위해 만화 캐릭터와 화면에 나타나는 활동들과 상호작용하는 소프트웨어 프로그램인 'The

Magic School Bus' 시리즈 중의 하나이다. 이 프로그램에서 학습자들은 게임을 하고, 행성 위로 화성우주선을 조종하고 몇몇 과학 실험을 하면서, 화성과 우주 탐험에 대해 배우게 된다.

Neighborhood MapMachine
Tom Snyder Productions
(www.tomsnyder.com)
사회과 프로그램. Neighborhood MapMachine은 학습자가 지역사회 지도를 만들고 활용하는 실제적인 프로그램이다. 학습자들은 자신의 지도를 만들어가면서, 지도에서 위치, 크기, 거리, 측정과 관련된 개념을 습득하게 된다. 여기에 학생들은 지역 사회 특성에 맞게 지도들을 맞춤형으로 만들기 위해 사진, 영화, 웹사이트 등을 추가한다. 또한 학습자들은 다른 학습자들과 지도들을 공유하면서 쓰기와 수학 능력을 활용할 수 있다.

PEARSON myeducationkit

입력 장치는 정보를 컴퓨터에 전달해 주는 기능을 한다. 가장 공통적으로 쓰이는 입력 장치는 키보드이다. 다른 입력 장치에는 마우스, 트랙볼(trackballs), 조이스틱(joystick), 그래픽 판(graphics tablets), 음성 등이 있다. 교사와 학생은 그림을 그려 넣기 위해 그래픽 판을 사용할 수도 있다. 또한 과학 실험실의 모니터 장치는 적절한 인터페이스 장치를 통해 PC에 직접 연결될 수 있다.

모니터는 출력장치의 전형이다. 다른 형태의 출력 장치로는 많은 학습자들에게 제시될 수 있는 디지털 프로젝터가 있다. 이 기기는 교실 수업에서 파워포인트 자료를 보여주거나, 컴퓨터실에서 특정 소프트웨어를 활용할 때 지켜야 하는 단계별 활동들을 제시할 때도 사용될 수 있다.

중앙 처리 장치(CPU)는 전체 컴퓨터 시스템을 통제하고 모든 유형의 계산을 실행하는 가장 핵심이 되는 구성요소로서 인간의 '뇌'와 같은 역할을 한다. PC에서 중앙 처리 장치는 컴퓨터 기계 내에서 아주 작은 칩들로 구성되어 있다.

기억 장치(memory)는 중앙 처리 장치에서 다루어질 정보를 저장하는 역할을 한다. 이러한 기억 장치는 통제 기능을 가지고 있다. 즉, 중앙 처리 장치에게 무엇을 어떤 순서로 실행할 것인가를 명령하는 프로그램을 의미한다. 컴퓨터에서 통제 명령과 여러 자료는 두 가지 유형의 기억 장치에 저장된다.

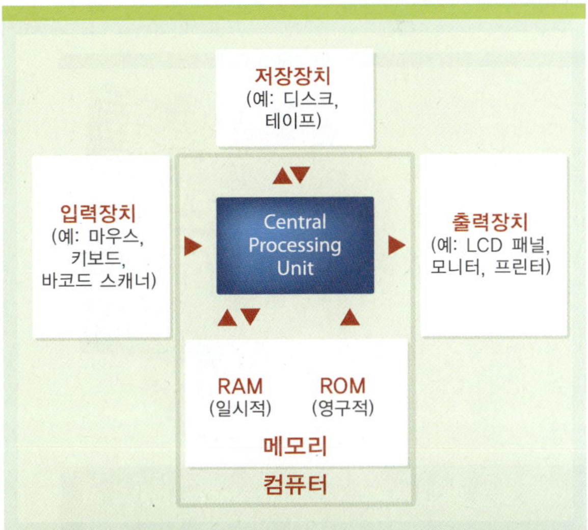

그림 5.5
데스크탑(desktop) 또는 랩탑(laptop) 컴퓨터의 기본 구성요소

- **롬(Read-only memory, ROM).** 롬은 기억 장치에 영구히 내장되어 있으며, 프로그래밍 언어와 내부 모니터 기능같이 컴퓨터가 지속적으로 필요로 하는 통제 명령으로 구성되어 있다.
- **램(Random-access memory, RAM).** 램은 기억 장치 중에 융통성을 가지고 있는 부분이다. 사용자에 의해 처리된 특정 프로그램이나 자료는 램에 임시 저장되어 있다가 다음 프로그램의 실행을 위해 삭제된다.

컴퓨터의 기억 장치 크기는 보통 한 번에 몇 바이트(byte)나 저장할 수 있는가의 차원에서 표현된다. **바이트(byte)**는 한 글자나 숫자를 제시하고 저장하는 데 요구되는 비트(bits)의 수를 의미한다. **비트(bit)**는 0(off)이나 1(on)의 이진법 형태로 부호화되는 자료의 한 단위를 말한다. 1바이트는 보통 0과 1의 다양한 조합으로 표현된 8(때때로 16 또는 32)비트로 구성된다(그림 5.16).

컴퓨터를 사용하는 전형적인 프린터

iStockPhoto

아주 작은 마이크로프로세서(microprocessors)가 마이크로컴퓨터의 혁명을 가져왔다. 이와 같은 칩은 가전제품, 자동차, 장난감, 수많은 전자 장치에서 사용되는 것과 유사한 것으로 인간의 '뇌'와 같은 기능을 수행한다.

Shutterstock

1킬로바이트(kilobyte, Kb)는 약 1,000바이트(정확히는 1,024바이트)이고, **1메가바이트(megabyte, Mb)**는 1,000킬로바이트이자 약 100만 바이트를 말하며, **1기가바이트(gigabyte, Gb)**는 1,000메가바이트이자 약 10억 바이트와 같다. 메가바이트가 컴퓨터의 RAM 용량을 측정하는 단위로 쓰이고 있다. 그래서 만약 컴퓨터가 1,024,000바이트를 저장할 수 있다면 1메가의 용량을 가지고 있다고 한다. 요즘은 용량 단위를 100만 메가바이트 또는 1조 바이트에 해당하는 **테라바이트(terabytes, Tb)**로 쓰기도 한다. 용량이 풍부한 컴퓨터는 많은 바이트를 동시에 처리하는 능력이 뛰어나다.

컴퓨터의 메모리 용량은 그 자체가 제약 요인이 될 수 있다. 그래서 해당 컴퓨터가 지금 사용하려고 하는 소프트웨어를 작동하는 데 충분한 메모리 용량을 가지고 있는가를 확인해야 한다. 만약 동시에 하나 이상의 애플리케이션을 사용하려 한다면 최소한 64메가바이트의 RAM을 가지고 있어야 하며, 되도록이면 128메가바이트는 가지고 있는 것이 좋다. 그리고 1메가바이트는 한 칸 띄우기 식으로 작성한 약 2,000장 정도의 문서를 기억할 수 있는 능력을 가지고 있다. 그러나 많은 그래픽이나 애니메이션은 적절하게 보이기 위해서 좀 더 많은 메가바이트를 요구한다. 컴퓨터의 운영체제, 애플리케이션, 자료 파일 등은 사용되지 않을 때는 중앙 처리 장치 밖에 저장하게 되어 있다. 가장 많이 통용되는 저장 장치는 자기 디스크(magnetic disk)이다. 요즈음엔 자료 기록이 가능한 CD-ROM이 각광을 받고 있다. 오늘날 소프트웨어가 요구하고 있는 기하급수적인 저장 용량의 확장과, 멀티미디어 파일 형태의 대용량 그래픽과 애니메이션으로 인해 저장 용량(메가바이트나 기가바이트로 측정)은 지속적으로 확대되고 있다.

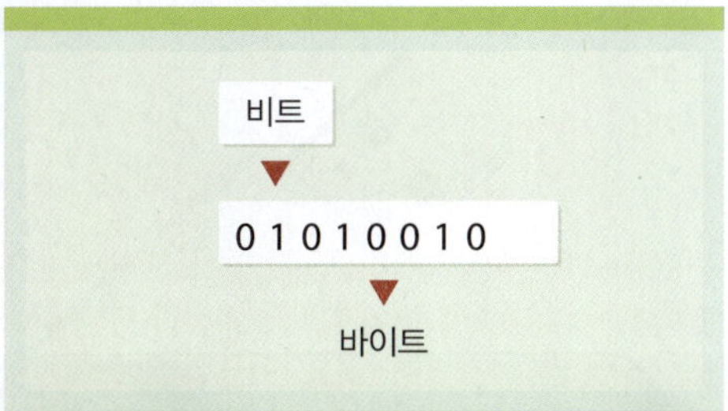

그림 5.6
ASCII(American Standard Code for Information Interchange) 코드에서 A라는 글자에 대해 표현하는 방식

요즈음은 용량이 크면서 탈착 가능하며 하드 디스크와 플로피 디스크의 혼합형인 장치가 있는데, 이는 휴대 가능한 저장 장치로서 플로피 디스크를 대체하고 있다. 이를 일반적으로 **탈착 가능 기억 장치(removable- storage devices)**라고 하는데, 이 장치는 소형이고 휴대 가능하며 컴퓨터 파일을 예비 복사하는 데 주로 이용된다. 최근에는 해당 컴퓨터를 작동하지 않고 연결이 가능토록 하는 USB 테크놀로지를 적용한 **USB** 미니드라이브(USB Minidrive)가 새로운 형태의 탈착 가능 하드 디스크의 역할을 하고 있다. 이러한 하드 디스크는 수메가에서 수기가까지의 용량을 가지고 있다. 어떤 미니드라이브는 '키(keys)' 라고 하는데, 탈착 가능 플래시 메모리 카드(flash memory cards)를 가지고 있어서 메모리칩을 교환하여 용량을 늘릴 수 있는 기능을 가지고 있다. 이러한 메모리칩은 디지털 카메라 또는 손에 들고 작동하는 컴퓨터 기기에 연결이 가능하여 동영상 정보도 쉽게 공유가 가능하다. 이러한 USB 기기는 특정 연결선을 필요로 하지 않으며 주머니에 넣고 다닐 수도 있다. 또 하나의 장점은 어떤 종류의 컴퓨터에도 연결이 가능하다는 것이다.

탈착 가능 저장 장치의 쓰임새는 다음과 같다.

- 오래돼서 더 이상 쓰지 않지만 언젠가 사용할 가능성이 높은 전자우편이나 여러 파일을 예비 복사
- 그래픽 이미지 파일과 같이 용량이 너무 크면서 가끔 사용하는 파일을 저장
- 다른 사람과 큰 파일을 서로 주고받을 때
- 기존의 컴퓨터에서 노트북 컴퓨터와 같은 다른 컴퓨터로 파일을 옮길 때
- 하드 디스크에 있는 특정 파일을 분리 · 보관할 때

CD-ROM(compact disc-read-only memory)용 드라이브는 컴퓨터에서 플로피 디스

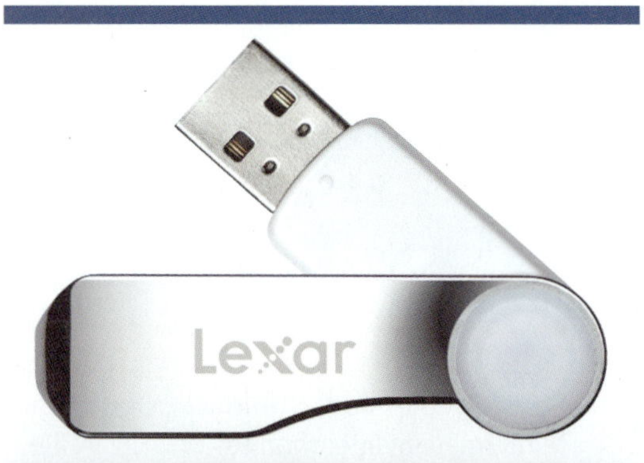

USB 미니드라이브는 컴퓨터 간에 정보를 주고받기에 간편한 방법이다.

Lexar Media

ASSURE 사례 연구 성찰

PEARSON myeducationkit™

이 장의 앞부분에 소개된 'ASSURE 수업 사례'와 동영상을 전체적으로 살펴보시오. Kerry Bird 교사의 4학년 학생들이 물의 순환에 대한 학습 결과물을 만들고, 저장하고, 발표하기 위해 어떤 하드웨어가 필요하겠는가? 이 학생들이 만든 파일들을 보관하는데 어떤 저장장치가 가장 적절하겠는가?

크나 하드 디스크에서 자료를 읽는 것과 똑같은 방법으로 콤팩트 디스크에서 자료를 꺼내 활용할 수 있다. CD-ROM은 많은 용량의 자료를 저장할 수 있는 강점이 있는데, 약 250,000쪽의 글이나 수백 개의 플로피 디스크에 해당하는 자료를 보관할 수 있다. 그러므로 백과사전의 전 질을 한 CD-ROM에 수록할 수 있다. 또한 컴퓨터는 백과사전에서 찾고자 하는 정보를 즉각적으로 찾을 수 있게 해 주는 이점이 있다.

이제 대부분의 컴퓨터는 내장된 CD-ROM 드라이브를 가지고 있다. 이와 같이 CD-ROM이 자료 저장을 위한 표준 장치가 되어 가면서 기록 가능한 CD(CD-R) 장치가 많은 컴퓨터의 사양으로 출현하게 되었다.

최신의 DVD 기술은 추가로 DVD와 DVD-R이라는 두 가지 저장 장치를 내놓았다. DVD 드라이브는 컴퓨터와 연결돼서 CD-ROM 드라이브와 같은 기능을 한다. DVD와 CD-ROM 디스크를 읽을 수 있는 DVD 플레이어는 노트북 컴퓨터나 데스크탑 컴퓨터에 있는 CD-ROM 드라이브를 대체하기 시작했다. 그리고 DVD는 저렴한 비용으로 4.7 기가바이트까지의 자료 용량을 구비할 수 있다.

대용량의 저장 능력과 미래의 발전 가능성으로 인해 CD-ROM을 대체하고 있는 DVD는 컴퓨터의 표준 저장 사양으로서 참고 자료, 멀티미디어 프로그램, 시뮬레이션 게임, 가상현실 프로그램, 복잡한 문제 해결 능력 연습 등을 위해 최고로 매력적인 교수 매체로 자리매김해 가고 있다. 이러한 최신 기술을 적용한 사례와 관련 소프트웨어에 대해서는 앞으로 얼마든지 상상의 나래를 펼 수 있을 것이다. 추가로 CD와 DVD를 비교한 표 1.1을 참고하기 바란다.

컴퓨터 시설

노트북을 여러 대 비치하고 활용하는 교실이 늘어나는 최근의 경향을 목도하고 있다. 그러나 초창기에는 학교들이 많은 컴퓨터를 구비하지 못해서 컴퓨터실에 가야만 활용할 수 있었다. 점점 더 많이 컴퓨터가 보급되면서 개별 컴퓨터가 각 교실에 제공되기 시작했다. 그래서 교사는 자신의 교실에서 여러 대의 컴퓨터를 어떻게 효과적으로 활용할 것인가에 대해 알게 되었다. 몇몇 학교들은 컴퓨터실을 해체하고 각 교실에 여러 대의 컴퓨터를 분배해서 제공했다.

단일 컴퓨터 설치 교실

몇몇 학교에서는 컴퓨터를 사용하는 것이 여전히 제한되어 있다. 수업에 컴퓨터를 활용하려는 교사들이 점점 늘어 가고 있는 추세이므로 원하는 모든 교사들이 컴퓨터실을 쓸 수 있도록 주당 시간을 배정하는 것에는 많은 제약점이 따른다. 한 해결책은 각 교실에 컴퓨터 한 대를 설치하는 것이다. 이 한 대의 컴퓨터는 하루 종일 해당 교사와 학생이 쓸 수 있는 여유를 제공한다(〈테크놀로지 통합 사례: 교실에서의 단일 컴퓨터 활용〉 참고).

그리고 한 대의 컴퓨터를 이용해 교사는 전체 학습자들에게 다양하고도 창의적인 수업을 실행할 수 있다. 몇몇 소프트웨어는 개별 학습자가 특정 과제를 수행하기 위해 사용해야만 하며, 또 다른 소프트웨어는 모둠(조)별 활동을 위해 설계되어 있기도 하다. 예를 들어, 시리즈 프로그램인 Decisions, Decisions를 통해 모둠별 학습자들은 조별 활동에 들어가기 전에 특정 정보를 찾기 위해 컴퓨터와 상호작용해야 한다('미디어 파일' 참조). 여기서 학생들은 전체 수업 시간 내내 컴퓨터로 활동할 필요 없이 필요할 때만 가끔씩 컴퓨터를 이용하게 된다. 한 모둠(조)의 학습자들이 컴퓨터와 상호작용하는 동안 나머지 학습자들은 책상에 앉아서 다른 활동을 한다.

단일 컴퓨터 설치 교실은 다음과 같이 다양한 방법으로 활용되는 장소로 인식될 수도 있다.

- *전체 학습자.* 빔프로젝터를 통해 교사는 특정 소프트웨어의 사용 방법이나 특정 정보 활용 방법에 대해 전체 학급의 학습자들에게 설명할 수 있다.
- *모둠별 학습자.* 모둠별로 학습자들은 함께 컴퓨터와 상호작용할 수 있다. 여기서 학습자들은 모둠별로 한 프로그램과 상호작용 후 제자리로 돌아감으로써 다른 모둠의 학습자들이 컴퓨터를 사용할 수 있게 해 준다. 즉, 각 모둠은 교대로 자료를 얻거나 발표하기 위해 소프트웨어를 사용하게 된다.

테크놀로지 통합 사례

교실에서의 단일 컴퓨터 활용

고등학교에서 경제학을 가르치는 한 교사는 24명이 있는 교실에서 하나의 컴퓨터를 활용한다. 컴퓨터를 빔프로젝터에 연결하면 모니터에 있는 내용을 모든 학습자가 볼 수 있다. 여기서 교사는 주요한 교육 내용과 그래프를 보여 주기 위해 OHP를 사용하기보다는 컴퓨터 그래픽으로 준비해서 보여 줄 수 있다. 그러므로 교사는 필요할 때 연속적으로 시각자료를 보여 줄 수 있으며 주요 내용을 제시하면서 설명할 수 있다.

전체 교실에서 단일 컴퓨터를 활용하는 가장 큰 장점은 '만약 ~한다면 어떻게 될까(what if)'에 관한 결과를 제시하는 데 유용하다는 점이다. 예를 들어, 수요와 공급의 법칙을 설명한 후에 학습자들은 어떤 가격으로 한 제품의 공급 가능성이 높아졌을 때의 효과를 토론하게 된다. 토론이 끝난 후 교사는 결과를 컴퓨터를 통해 곧바로 제시해 줄 수 있다. 또한 교사는 컴퓨터에 학습자가 제시한 수치를 입력해서 전체 학급이 즉각적으로 그 결과를 볼 수 있게 해 줄 수도 있다. 이와 같이 수년간의 자료가 모든 학습자들이 볼 수 있도록 몇 분 내에 처리될 때 경제학 과목에 생동감을 불러일으킬 수 있게 된다.

Ellen Senisi

- *학습 센터(learning center).* 개별 또는 모둠별 학습자들은 컴퓨터를 설치해 놓은 학습 센터에 갈 수도 있다. 특정 소프트웨어도 함께 학습 센터에 설치하여 학습 센터를 이용하는 또 다른 방법을 제공해 줄 수 있다.
- *개인 비서(personal assistant).* 모든 교사들은 성적 산출, 학부모와의 상담, 교수자료 준비 등의 책임을 맡고 있다. 컴퓨터는 이러한 업무를 도와줄 수 있다.

다수 컴퓨터 설치 교실

컴퓨터가 설치된 교실은 교사가 동시에 모든 학습자들에게 설명하고자 할 때 유용하다. 또한 학습자들이 동시에 같은 소프트웨어를 사용하는 수업을 교사가 실행할 때도 마찬가지이다(그림 5.7에서 그림 5.9까지 참조). 여기서 학생들은 2~3명이 같이 활동하면서 컴퓨터를 공유할 수 있게 된다. 그리고 교사는 모니터의 내용을 스크린에 보여 주기 위해 필요한 빔프로젝터를 구비해야 한다.

노트북 설치 교실

다수 컴퓨터 설치 교실에서 요즘 많이 나타나는 형태는 여러 대의 노트북을 제공하는 것이다. 많은 학교들이 교실에 영구적으로 컴퓨터를 설치할 필요 없이 여러 대의 컴퓨터를 구비한 랩탑 카트(laptop cart)를 제공하고 있다. 이 카트는 필요 시 교사가 컴퓨터실에 갈 필요 없이 여러 대의 노트북을 활용할 수 있게 해준다. 또한 이러한 컴퓨터들은 무선 인터넷이 연결되어 학교 중앙 서버에 장착된 소프트웨어들을 사용하는 장점을 누릴 수 있다.

컴퓨터실

교사는 각 학습자가 수업 시간 동안 컴퓨터로 활동해야 할 필요가 있다면 전체 학습자가 동시에 컴퓨터를 사용하도록 배려해야 한다. 학교는 컴퓨터실이라고 하는 방에 보통 20~25대 정도의 컴퓨터를 설치해 놓고 있다. 컴퓨터실은 학습자들이 개별 또는 모둠별로 다른 프로그램을 다루면서 상이한 활동을 해야 하는 경우에 적합하다. 그리고 학습자의 활동을 점검하고, 과제를 지속적으로 수행해 나가게 하며, 부적절하거나 관

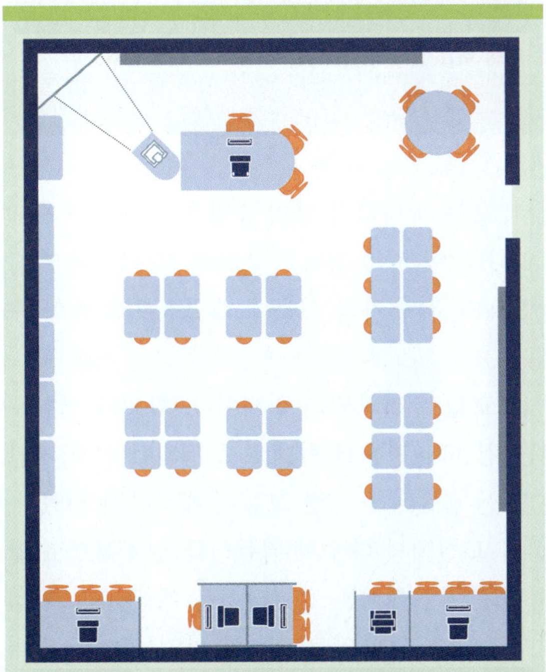

그림 5.7
개별 또는 모둠활동을 위해 4대의 컴퓨터가 설치된 초등학교 교실(미국 오하이오 주의 Interactive Learning Systems, Inc.에서 설계)

출처: Plan developed by Interactive Learning Systems, Inc., Cincinnati, OH.

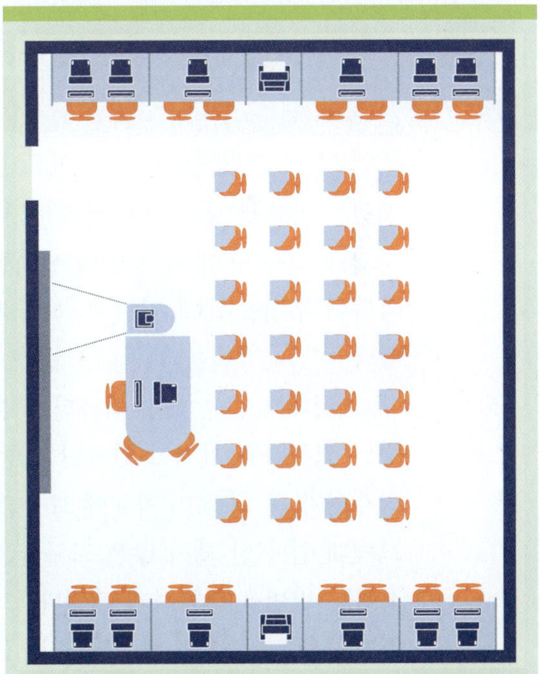

그림 5.8
12대의 컴퓨터와 2대의 프린터를 개별적으로 활용할 수 있는 고등학교 교실(미국 오하이오 주의 Interactive Learning Systems, Inc.에서 설계)

출처: Plan developed by Interactive Learning Systems, Inc., Cincinnati, OH.

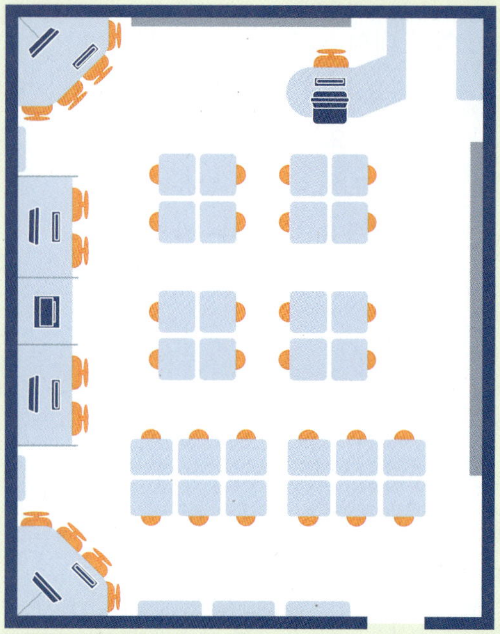

그림 5.9
협동학습을 위해 컴퓨터가 설치된 한 중학교 교실

출처: Plan developed by Interactive Learning Systems, Inc., Cincinnati, OH.

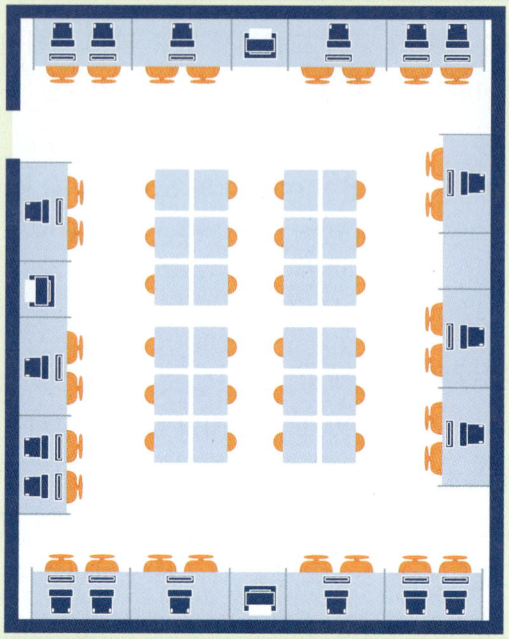

그림 5.10
교사가 모든 학생들의 활동을 점검할 수 있도록 컴퓨터실의 벽을 둘러서 컴퓨터를 설치

계없는 자료를 보는 것을 방지하기 위해서, 모든 모니터가 방의 중앙으로 향하게 하면서 컴퓨터를 방의 벽 주변에 설치할 수 있다(그림 5.10 참조). 그러면 교사는 각 학습자들이 무엇을 하고 있는지 즉시 볼 수 있으며, 학습자의 질문에 개별적으로 응할 수 있다.

그런데 요즘은 다수 컴퓨터를 설치하는 교실로 전환되는 추세이다. 학교가 제한된 수의 컴퓨터를 가지고 있었던 초창기에는 컴퓨터 전용실 형태로 운영되었다. 하지만 컴퓨터가 좀 더 많이 학교에 보급되면서 단일 컴퓨터를 개별 교실에 배정하게 되었다. 그런데 얼마 안 돼서 많은 교사들은 자신의 교실에서 다수의 컴퓨터를 성공적으로 활용하는 방법을 터득하게 되었다. 그래서 몇몇 학교에서는 컴퓨터실을 폐쇄하고 그 컴퓨터들을 각 교실에 배분하였다. 결과적으로 단지 하나의 컴퓨터만 가진 교실도 많이 출현하게 되었다.

컴퓨터실을 사용하는 데는 장점이 있다. 즉, 교사에게 좀 더 효율적인 방법이라고 할 수 있는, 많은 학습자들이 동시에 같은 수업을 듣게 할 수 있다. 또한 소프트웨어도 한 장소에 보관할 수 있는 편의성도 있다. 그리고 모든 컴퓨터가 한 방에 있을 때 장학과 도난 방지도 훨씬 용이해진다. 그리고 컴퓨터실은 모든 컴퓨터들을 하나의 네트워크에 통합시켜서 중앙 서버에 있는 소프트웨어를 모두 공유할 수 있게 만들 수 있다. 이렇게 되면 학교 내의 컴퓨터실, 교실, 매체 센터 등의 네트워크에 학생들이 자유자재로 접속할 수 있게 된다.

그러나 컴퓨터실이 가지고 있는 가장 두드러진 단점은 사용 가능성이다. 컴퓨터실 이외에 학습자들이 활용할 수 있는 컴퓨터가 교내에 없다면 학생들에게는 큰 문제가 될 수 있다. 만약 수업이 컴퓨터실을 사용해야 한다면 학습자들은 컴퓨터실이 비워질 때까지 기다려야 하는 경우도 발생할 수 있다. 또한 스케줄 문제로 인해 컴퓨터실을 전혀 사용할 수 없는 상황에 봉착할 수도 있다.

컴퓨터실은 사용 가능한 소프트웨어를 쉽게 활용할 수 있도록 체계화되기 위해 네트워크를 이용할 필요가 있다. 또 다른 해결책은 교내 곳곳에 컴퓨터를 분산 배치하는 것이다. 그러면 학습자들은 컴퓨터실, 교실 등에서 컴퓨터나 노트북을 사용할 수 있게 될 것이다.

ASSURE 사례 연구 성찰

PEARSON myeducationkit™

이 장의 앞부분에 소개된 'ASSURE 수업 사례 연구'와 동영상을 전체적으로 살펴보시오. Kerry Bird 교사의 4학년 학생들이 학습활동을 할 때 어떤 형태의 컴퓨터 시설이 적절하겠는가? 선정된 각 시설 유형의 장점과 단점에 대해 설명하시오.

혁신 테크놀로지

디지털 패브리케이터: 실물 제작 프린터

패버(fabber)라는 3D 프린터 또는 시제품 신속 제조기(rapid prototyping machines)는 재료를 정교하게 장착해서 3D 실물을 만들어내는 컴퓨터 출력 장치이다. CAD 프로그램으로 기하학적인 청사진을 만들고, 적합한 신속 제작이 가능한 액체를 적절히 넣고, 전통적인 제작 방법을 쓰게 되면 특별한 도구와 기술이 필요한 물건을 만들 수 있다. 이 장치는 새로운 디자인 아이디어를 자유롭게 내면서 다양한 물건을 실험적으로 제작해보는 모험을 가능하게 해준다. 전통적인 3D 프린터는 방 크기만 하고 많은 비용이 소요되었다. 그런데 테크놀로지가 발달되면서 관련 업체들이 사진에서 보듯이 디멘전(Dimension) 3D 프린터와 같이 학교, 가정, 소규모 사업에 활용 가능한 형태로 작게 만들 수 있게 되었다. The Fab@Home이라는 디지털 패브리케이터 프린터는 일반 프린터 크기 정도로 작아지고 가격도 내려서 가정용 컴퓨터와 함께 사용할 수 있을 정도가 되었다. 이 기기는 3D 물건을 만들기 위해 실리콘 초크(silicon calk), 신속 건조되는 합성수지, 치즈 위즈(Cheez Wiz) 등의 공통 재료를 사용한다. 이 프린터가 만들 수 없는

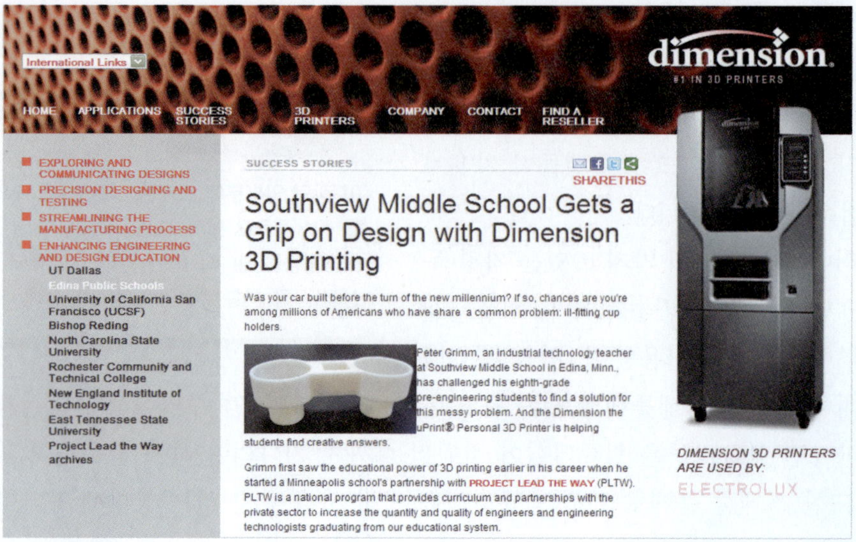

Ellen Senisi

것은 종이뿐이다! 그 외에 이 기기로 상상하는 것은 무엇이든 만들어낼 수 있다.

이 프린터는 CAD 프로그램을 학습하는 전 세계의 학생들을 위해 학교에서 제공되고 있다. 여기서 학습자들은 자신의 아이디어를 CAD 프로그램으로 설계한 후에 그 자리에서 시제품을 만들어 내게 된다. 학생들은 이렇게 만든 물건을 직접 만져보고 여러 각도에서 볼 수 있게 되어 새로운 차원의 21세기 학습 세계로 나가게 된다.

요약

컴퓨터는 교육에서 활용되는 가장 일반적이고 중요한 교수매체로 자리매김하고 있다. 학습자는 활동적이고 실제적인 학습경험을 위해 컴퓨터를 활용할 수 있다. 그리고 교사는 교실에서 학습자의 학습 진도에 대한 정보를 수집하고, 수업을 준비하고 실행하는 데 컴퓨터를 활용하고 있다. 교수자는 교실에서 몇 대의 컴퓨터를 가지고 있건 상관없이 학습과 연계해서 효과적으로 적용할 수 있다. 많은 학교들이 컴퓨터실을 가지고 있지만, 최신 경향은 각 교실에 여러 대의 노트북을 구비하고 컴퓨터실처럼 활용하는 것이다.

PEARSON **myeducationkit**™

이 장에서 학습한 내용에 대한 이해 정도를 확인하기 위해 본 장의 MyEducationKit에 제시된 'Study Plan'을 완성하시오. 퀴즈를 풀고 그에 대한 피드백을 검토한 후 이 장의 내용 이해를 촉진하는 데 도움이 되는 자원을 살펴본다.

ASSURE 수업계획서

PEARSON myeducationkit

아래에 제시된 ASSURE 수업 지도안은 ASSURE 수업 사례와 이 장의 첫머리에 소개한 동영상에 대한 자세한 설명과 분석을 제공하고 있다. 해당 동영상을 다시 보기 위해서는 'MyEducationKit' 5장에 있는 'ASSURE Video'를 클릭한다. 이 동영상은 4학년 학생들이 물의 순환에 대한 지식을 표현하는 일환으로 파워포인트 프로젝트를 완수하기 위해 Kerry Bird 교사가 어떻게 수업을 실행했는가를 보여준다.

학습자 분석(Analyze learners)

일반적 특징. Kerry Bird 교사의 4학년 학생들은 다양한 인종으로 구성되어 있으며, 저소득층에서 중산층 가정 출신이다. 학생들의 성비는 비교적 균등하게 분포되어 있고, 연령은 (만으로) 9~10세 정도이다. 대부분의 학습자들은 자기 학년 수준의 읽기 능력을 보여주고 있으며, 그 중 네 명은 4학년 이상의 수준인 반면에, 세 명은 3학년 수준에도 못 미치는 독해 능력을 지니고 있다. 전체적으로 학생들은 정상적인 교실 행동을 보이고 있지만, 수업을 일방적으로 전수받는 전통적인 수업 방식에서는 오래 집중하지 못하는 경향을 보인다.

출발점 능력. 학습자들은 전체적으로 현재 다음 능력을 가지고 있다.

- 파워포인트 발표 자료를 작성하고 저장
- 서버로부터 파일을 불러오고 내려받기
- 발표 자료에 다양한 그래픽 자료 추가
- 발표 문장을 입력하고 편집

학습양식. Kerry Bird 교사의 4학년 학생들은 체험 위주의 활동에 적극 참여할 때 가장 학습을 잘 한다. 이 학습자들의 동기화는 자신의 학습 결과물을 만들어내는 일에 컴퓨터를 활용할 때 향상된다. 그리고 몇몇 학생들은 창의적인 서술형 이야기나 직접 그린 이미지들을 통해 표현하는 것을 선호하는 반면에, 또 다른 학습자들은 자신의 생각을 표현하는 데 기존의 시각자료를 찾거나 만들어내는 것을 더 좋아한다. 또한 학생들은 학습 형태에서 독자적인 활동이나 다른 급우들과의 협동 차원에서도 선호도가 다르다.

표준과 목표 진술(State standards and objectives)

교육과정 표준. 'National Science Education Standards-Content Standard D' 에 의하면, K-4학년까지의 학습 활동의 결과로, 모든 학습자들에게 지구와 하늘의 변화에 대한 이해능력이 개발되어야 한다.

공학 표준. 초등학교 3학년을 위한 'National Education Standards-Technology Productivity Tools' 에 의하면, 학습자들은 학습을 촉진시키고, 생산성을 향상시키고, 창의력을 증진시키기 위해 테크놀로지를 활용해야 한다.

학습목표

1. 직접 그린 스토리보드에서 물의 순환 4 단계에 대해 정확하게 명명할 수 있다.
2. 다음의 기준에 적합한 파워포인트 발표 자료를 만들어낼 수 있다: 5개 슬라이드를 담고, 첫 번째 슬라이드는 제목을 표현하며; 각 슬라이드는 그래픽, 문장, 음성을 포함해야 하고; 물의 순환이라는 학습 주제에 맞는 기본 설계 형식을 따라야 한다. 이 파워포인트 발표는 물의 순환 각 단계에 대해 시각자료로 표현하고 문장으로 설명을 제시해야 한다.
3. 파워포인트 발표에서 물의 순환의 각 단계를 말로 설명할 수 있다.

전략, 공학, 매체, 자료 선정(Select strategies, technology, media, and materials)

전략 선정. Bird 교사는 교사 및 학생 중심의 교수전략을 각각 선택했다. 우선 교사 중심의 교육방법으로, 벽에 게시된 포스터를 활용해서 물의 순환 과정을 전체적으로 설명해주고, 질의응답 시간을 가졌다. 또한 이 교사는 학생들이 물의 순환 과정을 잘 이해하도록 물의 순환에 관한 스토리보드를 만드는 초기 활동에서 안내를 제공해주었다. 그리고 학습자 중심 교수전략으로서, 첫째, 물의 순환 과정의 각 단계에 대한 설명을 서술하면서 물의 순환 스토리보드를 학습자들이 직접 완성하였다. 그런 후에 학생들은 컴퓨터실에 가서 물의 순환에 대한 파워포인트 발표물을 제작하였다. 마지막 교수전략은 이 프로젝트 결과물을 발표하는 방법을 포함하고 있다.

매체 선정. 이 수업은 물의 순환에 대한 발표를 위해 컴퓨터와 파워포인트 소프트웨어를 활용하였다. 여기서 교사는 학습자들이 자신의 학습 결과물을 파워포인트로 만들어야 하기 때문에 컴퓨터실을 활용하였다. 또한 그 컴퓨터실은 발표에 필요한 빔프로젝터와 스크린을 구비하고 있다. 학생들은 파워포인트 발표를 위해 다양한 경로로 입수된 디지털 사진들을 불러 오고, 각 날씨 상태에 적합한 소리와 음악 파일들을 적재적소에 추가하였다. 교사는 테크놀로지를 포함한 교수매체 선정의 적합성을 평가하기 위해 다음 기준(guidelines)을 활용하였다.

- *표준, 결과, 목표와의 연계.* 파워포인트는 학생들이 제시된 학습목표를 달성하는 데 유용한 도구(tools)이다.
- *정보의 정확성과 최신성.* 여기 테크놀로지를 포함한 교수매체 선정에는 해당 사항 없음.
- *연령에 맞는 언어의 사용.* 파워포인트는 4학년 학습자들에게 약간 어려운 서술 형태를 취하고 있지만 해당 아이콘들이 이해를 돕는다.
- *흥미수준과 참여도.* 파워포인트는 그래픽과 소리를 집어넣고, 자신이 선호하는 바탕 화면과 색을 만들 수 있는 등의 기능들을 가지고 있어서 학습자들의 흥미와 주의집중도를 높일 수 있다.
- *기술 수준.* 파워포인트는 탁월한 기술 수준을 보여주고 있다.
- *사용의 용이성.* 파워포인트를 잘 활용하기 위해서는 서버나 인터넷에서 그래픽을 가져오는 등의 몇몇 기능들에 대한 사용법을 교육시켜야 한다.
- *사용 설명과 안내.* 파워포인트의 온라인 안내는 4학년 학생들이 이용하기에는 어렵게 만들어져 있다. 학습자들이 서로 모르는 것을 상호 질의 응답하거나 교사도 기술적인 어려움을 해결하는 데 도움을 줄 수 있다.

자료 선정. 이 수업에 쓰이는 교수자료는 물의 순환에 대한 포스터, 교사가 만든 스토리보드, 그리고 이 스토리보드를 학생들이 채우기 위해 필요한 빈 그림 종이 등으로 구성된다. 여기서 포스터는 상업적으로 만들어진 것으로 학교 예산으로 구입하였다.

공학, 매체, 자료 활용(Utilize technology, media, and materials)

공학, 매체, 자료 사전 검토. 담당 교사는 이 수업에 필요한 기능을 파워포인트가 구비했는지를 점검하였다. 그리고 그는 포스터가 수업 표준과 목표에 부합한 내용을 갖추었는지를 따져보았다. 또한 학교 서버에 저장된 디지털 사진들이 물의 순환 과정의 각 단계에 맞는 내용을 정확하게 담았는지에 대해서도 검토하였다.

공학, 매체, 자료 준비. 교사는 이 수업에 두 개의 수업자료를 준비했다. 첫 번째 것은, 학습자들이 제작할 스토리보드의 설계 기준이 될 수 있도록 교사가 직접 그린 물의 순환 스토리보드이다. 두 번째로는, 물의 순환에 대한 파워포인트 발표물인데, 이는 학습자들에게 기준이 됨과 동시에 학습활동을 성공적으로 이끄는 역할을 한다. 즉, 학생들은 학교 서버에 접속해서 파일들을 내려받으며, 음성 파일을 들어보고 추가해서, 빔프로젝터로 결과물을 보여줄 수 있다.

환경 준비. 이 수업은 교실과 컴퓨터실에서 실행된다. 각 컴퓨터에서 파워포인트가 정상적으로 작동되고, 어느 컴퓨터에서도 활용 가능하며, 모든 컴퓨터에서 학교 서버에 접속해서 파일을 저장 가능한지를 보장하기 위해 컴퓨터실을 점검해야 한다. 그리고 빔프로젝터도 명확한 이미지를 보여주는지, 컴퓨터에 제대로 연결되어 작동되는지, 모든 기능을 다 활용하면서 파워포인트 발표물을 제시하는지를 확실히 해두기 위해 시험 작동해보아야 한다.

학습자 준비. 학습자가 수업에 필요한 활동을 잘 해나가기 위한 준비를 하도록 교사는 전체 수업에 소개하고 학습목표를 제시한다. 또한 교사는 컴퓨터실에서 파워포인트 사용, 학교 서버에서 파일 다운로드, 빔프로젝터 작동에 관한 기본적인 방법들을 가르쳐주었다.

학습경험 제공. 학습경험은 교실과 컴퓨터실에서 발생한다. 이러한 경험들은 각각 교사 및 학습자 중심 교수전략을 통해서, 물의 순환에 대한 학생이 자기주도적으로 파워포인트 활용 학습결과물을 만들고 발표하면서 이루어진다.

학습자 참여 요구(Require learner participation)

전체 학습자 활동. 교사는 수업에 대해 소개하고, 학습목표를 제시한 후에, 스토리보드의 첫 두 단계를 직접 완성하면서 학습자에게 물의 순환에 대한 질문을 제기한다. 여기서 교사는 이전에 학습한 내용에 대한 이해도를 점검하기 위해 질문을 활용한다.

자기주도 학습자 활동. 전체 학습자 활동 후에, 학생들은 개별적으로 물의 순환 스토리보드를 완성한다. 이 스토리보드를 컴퓨터실에 가져가서, 학생들은 컴퓨터와 파워포인트 소프트웨어를 활용하여 물의 순환 발표물을 제작한다. 학생들은 각자 5개의 슬라이드를 만들고, 스토리보드에 서술한 내용을 각각의 슬라이드에 추가한다. 학습자들은 문장과 시각자료를 포함한 뒤에 소리를 추가하고, 바탕화면과 색을 조정하고, 각 슬라이드의 연결을 정교화한다. 최종 활동으로 학습자들은 다른 급우들에게 자신의 결과물을 발표한다.

평가와 수정(Evaluate and revise)

학습자 성취도 평가. Bird 교사는 두 가지 방법으로 학습자 성취도를 평가한다. 먼저, 학습자가 만든 파워포인트 발표물의 내용과 발표 시의 설명에 대해 평가한다. 평가의 두 번째 부분은, 학습자가 적용한 공학기술 수준, 즉 다음과 같이 사전에 교사가 제시했던 과제 평가 기준에 따라서 시행했다: 5개 슬라이드를 담고, 첫 번째 슬라이드는 제목을 표현하며; 각 슬라이드는 그래픽, 문장, 음성을 포함해야 하고; 각 슬라이드의 연결이 매끄러우며; 물의 순환이라는 학습 주제에 맞는 기본 설계 형식을 따라야 한다.

전략, 공학, 매체 평가. 교사는 수업 실행 중에 학습자들을 점검하고 수업의 결말 부분에서 전체 학급 토론을 실시하면서도, 물의 순환에 관한 수업에서 활용된 교수전략, 공학기술, 교수매체를 평가한다. 그의 목적은 공학기술 활용에 대한 학습자의 생각과 학습자가 제기하는 개선점을 도출하는 것이다. 또한 교사는 각 수업에 대해 수시로 기록하면서 이전 수업과 비교하여 장점과 단점을 도출한다.

수정. 평가 결과, 학생들은 파워포인트로 학습 결과물을 제작하는 것을 무척 흥미로워했지만 급우들에게 발표하는 것은 그리 선호하지 않았는데, 그 이유는 준비가 충분하지 못했고 발표 자체에 흥미를 느끼지 못했기 때문이다. 그래서 교사는 발표 기법에 대한 안내자료를 제공하는 것으로 수업을 개선하였다. 또한 그는 또래 평가 방법을 도입하여 탁월한 발표의 요건에 대한 학생들의 아이디어를 수집하여 반영하였다.

나의 전문성 개발하기

전문 지식 확인하기

1. 교육과정에 컴퓨터를 적용하는 기법에는 어떤 것들이 있는가?
2. 교실에서 활용 가능한 다섯 가지 유형의 소프트웨어에 대해 설명하시오.
3. 교실에서 컴퓨터 자원을 활용하는 데 따른 장점과 단점에 대해 논의하시오.
4. 단일 컴퓨터 설치 교실, 다수 컴퓨터 설치 교실, 여러 대의 노트북 제공 교실, 컴퓨터실 등의 설치 및 활용에서 나타나는 차이점에 대해 논의하시오.
5. 학습을 증진시키기 위해 컴퓨터 자원을 활용하는 데 적합한 수업 상황을 설명하시오. 설비, 학습 주제, 학습자 특성, 학습목표, 수업자료의 내용, 이러한 교수매체를 활용하는 이유 등을 포함해서 논하시오.

전문 기능 시연하기

1. 여러분의 담당 교과목에서 교사에게 컴퓨터의 교육적 활용에 대해 하루 동안 교육을 한다면 어떤 내용을 다룰 것인지 그 주제들의 개요를 작성하시오. (ISTE NETS-T 5.D)
2. 여러분의 담당 교과목에서 순수 수업 적용 목적으로 컴퓨터를 어떻게 활용할 것인지를 서술하시오. (ISTE NETS-T 2.A & 2.B)
3. 여러분의 담당 과목에 적합한 컴퓨터 프로그램을 최소한 다섯 개 선정하시오. 그런 후에 이 장에 있는 〈선정 평가표: 컴퓨터 소프트웨어〉('교실적용 탐구과제' CD-ROM에도 있음)를 사용해서 그 프로그램을 평가하시오. (ISTE NETS-T 2.A)
4. 여러분이 선택한 교실 수업 상황에 활용될 수 있는 학습 주제나 기준을 선정하시오. 여기서 학생들의 다양한 학습 요구를 반영하고, 학습자의 고등 사고력과 창의성을 개발하기 위해 컴퓨터 소프트웨어를 활용할 수 있는 세 가지 방법을 설명하시오. (ISTE NETS-T 2.A, 2.B & 2C)

전문 포트폴리오 만들기

- *수업 설계하기.* ASSURE 모형을 활용해서 부록 A에 수록된 사례집 표에 있는 한 사례를 바탕으로 수업을 설계하시오. 이 책의 4장에 서술된 교수전략 중 하나와 여러분의 수업 상황에 이 장에 소개된 컴퓨터 활용법을 적용하시오. 학습자 특성, 학습목표와 ASSURE 모형의 다른 모든 요소들을 반영하시오. 여러분이 의도한 학습목표를 여러분이 담당한 교과목에 대한 주나 국가 학습 표준에 준해서 수립하시오. (ISTE NETS-T 2.A)
- *수업 개선하기.* 위에서 설계한 수업을 활용해서 학습자 특성을 다시 고려해보시오. 몇몇 학습자들이 신체적 또는 학습차원의 장애가 있다고 가정해보시오. 또한 여러 학생들이 영재아로 판명되었다고 가정해보시오. 그러면 이러한 학생들을 인정하고 지원하여 성공적으로 학습시키기 위해 여러분의 수업을 어떻게 변환시킬 것인가? (ISTE NETS-T 4.B)
- *수업 성찰하기.* 여러분이 학습자의 요구에 부응하기 위해 수업을 개선했던 노력뿐만 아니라 여러분의 수업에서 활용한 수업 절차에 대해 성찰해보시오. 교육내용, 교수전략, 수업자료를 학습자 특성에 부합시키기 위해 적용했던 방법에서 얻은 교훈은 무엇인가? 학생들의 고등 사고력과 창의성을 길러주기 위해 무엇을 했으면 더 좋았겠는가? 수업에서 활용했던 교수자료가 어떤 면에서 학생의 학습 기회를 증진했는가? (ISTE NETS-T 5.C)

보충자료

출판물

Cook, A., & Hussey, S. (2007). *Assistive technologies: Principles and practice* (3rd ed.). St. Louis, MO: Mosby.

Counts, E. L. (2003). *Multimedia design and production for students and teachers*. Boston, MA: Allyn & Bacon.

Gura, M. (2005). *Recapturing technology for education: Keeping tomorrow in today's classrooms*. Latham, MD: Scarecrow Education.

Ivers, K. S., & Barron, A. E. (2005). *Multimedia projects in education: Designing, producing, and assessing* (3rd ed.). Westport, CT: Libraries Unlimited.

O'Bannon, B., & Puckett, K. (2010). *Preparing to use technology: A practical guide to curriculum integration* (2nd ed.). Boston, MA: Allyn & Bacon.

Roblyer, M., & Doering, A. (2010). *Integrating educational technology into teaching* (5th ed.). Boston, MA: Allyn & Bacon.

웹링크

아래에 열거된 웹사이트에 쉽게 접속하기 위해서는 'MyEducationKit' 5장에 가서 해당 웹사이트를 클릭하시오.

Awesome Library
www.awesomelibrary.org
이 사이트는 각 급 학교의 교실 수업에서 컴퓨터 활용과 테크놀로지 차원의 의사결정을 도와줄 수 있는 여러 사이트들을 링크해 놓았다.

Classroom Connect
http://corporate.classroom.com
이 사이트는 교사와 교육청 담당이 전문성을 신장하고 테크놀로지를 교육에 적용하는 데 도움을 줄 수 있는 자원과 안내를 제공한다.

Education World
www.education-world.com
수업 지도안, 학교의 자원, 새로운 테크놀로지 적용 아이디어 등을 제공한다.

InTime
www.intime.uni.edu
이 사이트는 자신의 수업에서 테크놀로지를 활용한 교사들의 다양한 동영상을 제공한다.

Kathy Schrock's Guide
http://school.discovery.com/schrockguide
Kathy Schrock이라는 교사가 직접 개발한 이 사이트에는 교사들이 활용 가능한 수업 지도안, 전문성 신장 방법, 관련 사이트 등을 많이 수록해놓았다.

선정 평가표: 컴퓨터 소프트웨어

PEARSON myeducationkit™ 이 평가표를 활용하려면 'MyEducationKit'의 5장에 가서 'Selection Rubrics'를 클릭해서 내려받으시오.

해당 자료를 찾기 위해 사용할 검색어

____

____

____

제목 ______________________________

필요한 하드웨어 ______________________________

자원/위치 ______________________________

일시 __________ 비용 __________ 길이 __________ 분 주요 사용자(들):

관련 과목 ______________ 학년 ______________ ________ 학생

교수 전략 ______________________________ ________ 교사

개요

성취기준/결과/학습목표

선행필수능력 (예: 선수지식, 읽기능력, 어휘수준)

장점

단점

특이 사항

이름 ______________________________ 날짜 ______________

평가 영역	높은 수준	중간 수준	낮은 수준
교육과정과의 적합성	교육과정 기준을 중심으로 학습촉진에 초점을 두고 있음.	교육과정 기준이 부분적으로 적용되며 학습 촉진의 가능성이 있음.	교육과정 기준이 적용되지 않으며 학습 촉진의 가능성이 적음.
정확성 및 최신성	정확한 정보 및 최신의 자료를 제공함.	정보는 정확하나 최신의 자료를 제공하지 않음.	정보가 정확하지 않으며 최신의 자료가 제공되지 않음.
학습자의 언어 수준	대상 연령에 적합한 언어 및 어휘가 사용됨.	대상 연령에 거의 적합한 언어이나 대상에 적합한 어휘 수준이 아님.	대상 연령에 부적합한 언어 및 어휘가 사용됨.
동기 유발 및 흥미	학습자의 흥미 및 학습 촉진을 유발하는 주제가 제시됨.	학습자의 흥미 및 학습 촉진을 어느 정도 유발하는 주제가 제시됨.	학습자의 흥미 및 학습 촉진을 유발하지 못하는 주제가 제시됨.
학습자 참여	대부분의 학습자들이 적극적으로 참여할 수 있는 주제가 제시됨.	일부 학습자들이 적극적으로 참여할 수 있는 주제가 제시됨.	대부분의 학습자들이 적극적으로 참여하지 않는 주제가 제시됨.
기술 수준	학습자료는 가장 적합한 매체를 사용하고 있음.	학습자료는 어느 정도 문제의 여지는 있으나 양질의 매체를 사용하고 있음.	학습자료는 질적으로 부적합한 매체를 사용하고 있음.
활용 용이성(학생이나 교사)	학습자가 활용하는 데 혼란스럽지 않고 사용하기 쉬움.	거의 대부분이 활용하기 쉽게 되어 있으나 몇몇 부분에서 사용자에게 혼란을 야기함.	대부분의 경우 사용자가 활용하기 혼란스럽게 되어 있음.
중립성(편견 등)	편견 및 광고의 의도가 없음.	편견 및 광고의 의도가 약간 있음.	편견 및 광고의 의도가 많음.
사용자 안내 및 문서화	문서가 수업 활용에 매우 유용한 자원이 될 수 있으며 학습자들이 학습자료를 사용하는 데 문서가 매우 도움이 됨.	문서가 수업 활용에 유용한 자원이 될 수 있으며 학습자들이 학습자료를 사용하는 데 어느 정도 도움이 됨.	문서가 수업 활용에 유용한 자원이 되지 못하고 학습자들이 학습자료를 사용하는 데 도움이 되지 않음.
명확한 안내와 방향성	학습목표 성취를 위해 학습자를 잘 이끌어나감.	몇몇 학생의 학습목표 성취에는 효과적임.	학습목표 성취를 위해 학습자에게 전혀 도움이 되지 못함.
창조성 자극	대부분의 학습자들이 자신만의 학습결과물을 도출하도록 촉진함.	몇몇 학습자들이 자신만의 학습결과물을 도출하도록 촉진함.	어떤 학습자도 자신만의 학습결과물을 도출하도록 촉진하지 못함.
협동을 장려	학습자들이 별 문제없이 협력적으로 학습활동을 영위함.	대부분의 경우 협동학습이 가능함.	소프트웨어를 활용하여 협동학습이 거의 불가능함.
연습과 피드백	기술이나 지식에 대한 연습이 제공되고 학습 과제를 완성하는 데 도움을 제공함.	몇몇 기술이나 지식을 연습하고, 학습 과제를 완성하는 데 어느 정도의 도움을 제공함.	기술이나 지식의 연습이 제공되지 않으며, 학습 과제 완성에 대한 도움도 없음.

교실 활용에 추천: ____________예 ____________아니오

교실 활용에 대한 아이디어:

제 6 장

웹2.0 도구를 사용한 학습자 연결

학 습 목 표

이 장에서는 ISTE NETS-T 1, 3, 4를 중점적으로 소개하며 다음의 학습결과를 기대한다.

1. 사이버 학습을 정의하고, 교실에 적용할 수 있는 예를 제시한다.
2. 사이버학습 리터러시를 설명하고, 실제 이것이 어떻게 사용될지 논의한다.
3. 세 가지의 웹2.0 자원을 알아보고, 이것이 어떻게 학습을 지원하는지 보여준다.
4. 사회적 네트워킹 문제가 교실 수업에 중요한 이유를 설명한다.
5. 네 가지의 사회-윤리 문제를 알아보고, 그것들이 학생들의 작업에 중요한 이유를 찾는다.

목적

학습을 촉진하기 위한 웹2.0 자원의 사용에 대해 이해한다.

ASSURE 수업 사례 연구

Vicki Davis는 고등학교의 기술과 교사로, 수업에 웹2.0 도구를 활용한다. 6장 'ASSURE 수업 사례 연구'는 Davis 교사가 수업을 계획하는 과정을 설명한다. 교사의 일차 목표는 학생들이 스스로 생각을 조직하고, 명확하게 의사소통하며, 프로젝트 수행을 위한 계획을 수립하도록 지도하는 것이다.

여기 언급한 수업 사례를 동영상으로 보기 위해 해당 사이트(www.myeducationkit.com)에 가서 6장의 'ASSURE Video'를 클릭하면, Davis 교사가 학생들을 토론의 장으로 이끌고 의견을 나누게 한 후, 21세기 학습 환경을 달성하기 위하여 어떻게 테크놀로지, 매체, 자료를 선택했는지를 탐색할 수 있다.

여러분은 이 장의 내용과 해당 수업 사례를 연계하는 성찰 질문들을 이 장 전체에서 받게 될 것이다. 이 장의 마지막에서 여러분이 선택한 주제와 학년에 적합한 ASSURE 수업을 위하여, 이에 필요한 전략과 기술, 매체, 자료의 사용을 통합하는 여러분만의 ASSURE 수업을 개발하게 될 것이다.

서론

21세기의 학교는 변화하고 있다. 21세기의 학교는 더 이상 지금까지의 물리적 학교 건물의 구조와 자원에 제한되지 않는다. 이제는 학교와 공식적으로 정해져 있는 수업의 틀을 넘어서, 21세기 학습자를 참여시키는 글로벌적 접근이 가능한 학습 환경 창출이 가능하다. **사이버학습**이란 학습을 위하여 웹2.0에 기반한 네트워크 컴퓨터와 커뮤니케이션 기술을 사용하는 것을 말한다. 사이버학습은 인터넷과 수업을 역동적으로 통합시킴으로써 학습의 기회를 변화시키고 있으며, 교수와 수업에 대한 새로운 시각을 요구하고 있다.

학생은 웹2.0 자원을 활용하여 의견을 나누고 탐구 활동에 참여하여 추가적인 정보를 찾을 수 있다. 교육적 가능성을 증대시키는 전자기기를 사용한 상호연결(electronic connectedness)을 통한 학생들과 교사들 간의 협력은 **학습 공동체**라고 한다. 학습의 기회를 향상시키기 위한 Wagner(2008)의 제안은 웹기반 도구들을 효과적으로 통합할 수 있는 여러 종류의 전략을 개략적으로 보여준다(교수 전략에 대한 더 자세한 내용은 4장 참조).

Wagner는 학습자들이 자신의 생각의 틀을 만드는 경험을 해야 한다고 생각하는데, 이때 상호작용적 웹2.0 자원의 도움을 받을 수 있다. 웹2.0 자원을 사용함으로써 학생들은 새로운 아이디어를 탐색하는 데 호기심과 상상력을 사용하고, 다른 학생들과 협동하고 의사소통을 하면서 비판적으로 사고하고 문제를 해결할 수 있다. 이 단원에서 소개되는 **웹2.0 도구**는 이를 사용하고 싶어 하는 사람이라면 누구나 쓸 수 있는 온라인 자원으로서, 비판적 사고력 및 문제해결력과 같은 학습을 목표로 하며, 학생들에게 단순한 정보 접근과 수집을 넘어선 다양한 학습 기회를 제공한다.

사이버학습 리터러시

일반적인 교실 환경을 넘어서 기술적 도구들을 활용할 수 있는 능력은 **사이버학습 리터러시**에 달려있다. 사이버학습 리터러시란 웹2.0 도구를 성공적으로 사용하기 위해 필요한 지식이자 기술이다. 학생들이 이러한 도구를 사용하여 지식과 기술을 향상시킬 수 있기 때문에, 교사들은 학생들이 지식과 기술을 향상시킬 수 있는 학습 기회를 제공하고 21세기의 성공적인 학습자가 되도록 하기 위해 웹2.0 도구들을 사용하여 사이버학습 리터러시를 통합하기 위한 전략을 개발하여야 한다.

수업 환경은 교사가 책임지고 준비해야 하는 공식적이고 조직화된 학습 환경을 포괄한다. 반대로 격식에 얽매이지 않는 **무형식 학습**은 학생들에게 교실 밖에서의 경험으로부터 배울 수 있는 기회를 제공한다. 예를 들어, 학생들은 인터넷의 웹사이트들을 탐색하고 **인터넷 서핑**을 통해 학교 정규수업에 중요한 정보를 검색할 수 있다. 교사가 이러한 활동을 숙제로 낸 것이 아니라면 이러한 탐색은 무형식 학습경험이 될 수 있다. 예를 들어, 학생들이 사회과 수업에서 한 국가의 특정 지역에 대해 공부할 때, 학생들은 그 지역을 설명하는 웹사이트를 찾거나 그 지역에 사는 사람들에게 이메일을 보내기 위해서 인터넷을 활용할 수 있다.

심지어 집에서의 인터넷 연결이 어려운 학생들도 학교 매체 센터나 도서관에 있는 컴퓨터로 인터넷 접속을 할 수 있다. 또한 대다수의 학생들이 휴대전화를 통해 모바일 기술 자원에 접근할 수 있다(Johnson, Levine, & Smith, 2009). 휴대전화가 점점 보편화되면서, 저소득층 가정의 학생들까지 대부분 휴대전화를 가지고 있다. 학생들은 형식적으로 주어진 과제가 아니더라도 비공식적으로 정보를 찾는 방법을 배우고, 그들이 학교 수업에서 다루지 않는 주제들에 대해서도 배우게 되며, 이러한 경험이 가지는 가치를 발견할 것이다.

웹2.0 도구를 이용하여 학생들은 다른 학생들 또는 전문가들과 상호작용할 수 있다.

Bob Daemmrich/PhotoEdit

ASSURE 사례 연구 성찰

PEARSON myeducationkit™

이 장의 첫머리에 있는 ASSURE 교실 사례와 비디오를 살펴보라. 학생들이 사고를 조직하고 생각을 함께 나누도록 돕는 웹2.0 도구의 사용에 대해 생각해 보자. 학생들이 자신의 생각을 명확하게 표현하도록 돕기 위하여 교사가 어떻게 지도하고 있고, 어떤 토론 방법을 통해 학생들의 학습을 도와주고 있는가? 학생들의 학습경험을 촉진시키기 위하여 교사가 어떠한 방법으로 웹2.0 도구를 사용하고 있는가?

웹2.0 도구

학생들의 학습을 돕는 온라인 자원에는 오디오, 비디오, 협력 웹사이트와 모바일 다중 통신망, 데이터 매쉬업(mashup)이 있다. 이러한 종류의 웹2.0 도구들은 예를 들어 학생들이 정보를 입력할 수 없이 단순히 정보를 제공하기만 하는 웹사이트(Solomon & Schrum, 2007)처럼 사용자가 다른 사람에 의해 만들어진 틀 안에서 주어진 정보를 단순히 받아들이기보다는 사용자가 직접 정보에 접근하고 조직할 수 있도록 한다. 웹2.0 도구는 학생들이 정보에 접근하고 지식을 공유할 수 있는 다양한 방법을 제공한다. 교

그림 6.1 워들(Wordle)
워들은 개념을 시각화하거나 어휘 학습을 강화시키기 위해 사용된다.
출처: www.wordle.net

사는 학생들이 가진 지식과 이해를 다른 학생들과 공유하고 소통할 수 있도록 하기 위하여 수업에 위와 같은 자원을 통합시킬 수 있다.

웹2.0에서 사용가능한 대부분의 정보자원은 **공개 출처**(open source) 개념이라서, 소프트웨어의 사용이 제한되어 있지 않고 누구나 무료로 사용할 수 있다(Pfaffman, 2007). 공개 출처 자원은 협력을 촉진하도록 만들어져 있으며, 작업을 더 쉽게 만드는 도구를 이용할 수 있게 한다. 교사들은 수업 중 이러한 종류의 도구들을 사용하기 적합한 때를 판단하는 것이 필요하다. 경우에 따라 웹2.0 자원을 활용하는 것이 기대했던 학생들의 학습경험을 가져다주지 못할 수도 있다.

공개 출처 웹2.0 자원에는 교실 수업에서 무료로 사용할 수 있는 문서편집기, 데이터베이스, 이미지 소프트웨어 등 무료 프로그램들이 포함된다. 하지만 이러한 소프트웨어는 무료로 돈을 주고 제품을 구매하거나 사용 허가 라이선스가 별도로 있는 것이 아니기 때문에 소프트웨어의 질이나 안정성에 대해 확신할 수 없다. 예를 들어 어떤 특정 응용프로그램을 사용할 계획이었으나, 더 이상 무료로 사용할 수 없고 사용료를 내야지만 쓸 수 있다는 사실을 알게 되는 경우도 있다.

공개 출처 자원 도구를 위한 하나의 새로운 방안을 **클라우드 컴퓨팅(Cloud computing)**이라 하는데, 이는 네트워크화된 컴퓨터를 통해 처리능력과 응용프로그램에 뛰어난 접근성을 확대시키는 것이다. 클라우드 기반 자원은 무료이거나 매우 저렴하고, 웹을 통하여 다른 사람과 정보와 파일을 공유할 수 있게 하는 중요한 기능을 가지고 있다. 소프트웨어나 파일은 개인 데스크탑이나 노트북에 저장되지 않고, 소프트웨어 응용프로그램을 지원하는 클라우드 혹은 네트워크화된 컴퓨터에 저장된다.

교실에서 사용할 수 있는 가장 익숙한 종류의 클라우드는 단어들을 사용하여 만들어진 시각 매체인 워들(wordle)이다. 워들은 학생들이 어휘와 개념 학습을 연습하고 단어들 사이의 관계를 찾을 수 있도록 하는 시각적 이미지를 만드는 재미있는 활동이다(그림 6.1 참조). 학생들은 생각을 표현하기 위하여 그들만의 워들을 만들 수 있다. 교사는 미리 준비한 워들 그림을 보여주고 학생들이 아이디어 간의 관계를 찾아보도록 할 수 있으며, 브레인스토밍 그룹 활동으로도 활용할 수 있다. 'Guess-the-Wordle' (http://projectsbyjen.com/GTW)이라는 학생용 웹사이트는 학생들이 점점 어려워지는 워들 퍼즐을 풀어볼 수 있는 오늘의 워들 퍼즐이 제공된다.

온라인 오디오와 비디오

오디오는 수년간 CD의 디지털 콘텐츠로서 사용되어 왔다. 최근 들어 인터넷을 통해 디지털 오디오 파일들을 검색하여 **다운로드**할 수 있고, 컴퓨터 혹은 휴대전화나 MP3 플레이어와 같은 모바일 디지털 기기에 디지털 오디오 파일을 복사할 수도 있다. 예를 들어 **팟캐스트(podcast)**는 아이팟(iPod)이나 휴대전화 같은 개인 음향기기에 다운로드할 수 있는 오디오 파일이다. 또한 팟캐스트는 오디오 파일 자체는 네트워크 서버에 존재하지만 개인의 오디오 기기에서 들을 수 있도록 **스트리밍**될 수도 있다. 다수의 교육용 사이트에서 교사들과 학생들이 보다 더 향상된 학습경험을 할 수 있도록 팟캐스트를 제공한다. 예를 들어 NASA(그림 6.2 참조), NPR, Grammer Girls와 같은 사이트들이 수업에 사용할 만한 팟캐스트 자원을 제공하고 있다.

초기에는 개인용 오디오 데이터베이스에 넣을 수 있는 음악 형식으로 오디오 다운로드가 이루어졌다. 음악 다운로드는 여전히 개별 음악이나 컬렉션 형태로 아이튠즈(iTunes)나 아마존(Amazon)과 같은 많은 온라인 자원을 통해 지원된다. 최근 들어 교육자들은 학생들의 학습 기회를 증진하기 위하여 다운로드가 가능한 오디오 자료를 사용하고 있다. 예를 들어, 학생들이 학습 참고자료로서 복습할 때 사용할 수 있도록 교실 수업을 녹음한 것을 팟캐스트 형태로 제공할 수 있다. 또는 수업을 하기 전 학생들이 팟캐스트를 통해 미리 녹음한 강의를 듣고 오게 할 수 있으며, 이를 통해 실제 수업 시간에는 수동적으로 교사의 수업을 듣는 것보다 학생 활동에 기반한 학습경험에 초점을 맞출 수 있다. 또한 팟캐스트는 과거의 뉴스 프로그램, 유명한 연설 또는 다양한 관련 정보 자료에의 접근을 가능하게 만들어 학습자들이 교실에서 공부하는 개념이나 사건들과 연결시킬 수 있는 실제 방송을 들을 수 있게 한다.

또한 팟캐스트는 비디오 형식으로 기록하고 저장할 수도 있다. **비드캐스트(vidcast)**는 학생들이 제공되는 정보를 들을 수 있을 뿐만 아니라 볼 수도 있게 해준다. 비록 비디오 파일은 오디오 파일보다 용량이 큰 단점이 있지만 비디오의 시각적인 요소는 메시지

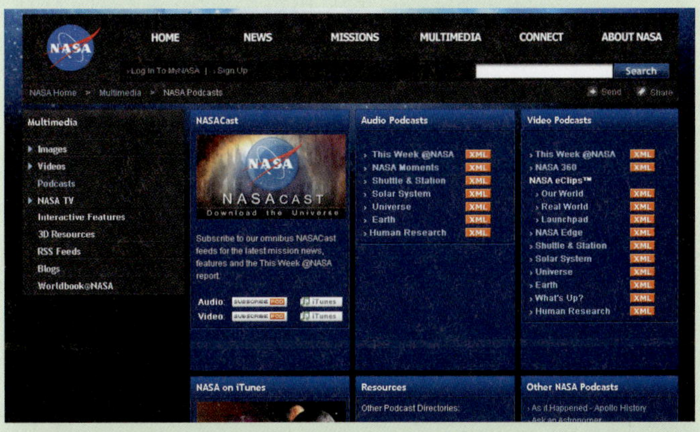

그림 6.2 교육용 팟캐스트
학생들의 학습을 도와주는 교육용 팟캐스트가 많다.
출처: www.nasa.gov/multimedia/podcasting/index.html

테크놀로지 통합 사례

곤충

Paszotta 교사가 가르치는 유치원생들이 곤충에 대한 공부를 시작했을 때, Paszotta씨는 학교의 철학인 '예술과 테크놀로지를 학생의 학습경험에 통합하기'를 실현하고 싶었다. 그녀는 4학년 학급 교사인 Mullins와 이야기를 나눈 후, 4학년들 또한 곤충을 배우고 있는 것을 알았다. 두 교사는 협력 수업을 통해 유치원생들과 4학년생들이 함께 자신들이 배운 것에 대한 비드캐스트를 만드는 활동을 하는 것을 계획하였다.

유치원생들은 각자 공부하고 싶은 곤충을 한 가지씩 정했다. 유치원생들은 자신이 정한 곤충에 대해 4학년들과 짝을 지어 같이 공부하고, 그들이 함께 배운 것에 대해서 짧은 발표를 준비했다. 유치원생들은 그들이 선택한 곤충 가면을 그렸고, 4학년 파트너들은 비디오에 나오는 곤충에 대한 소개를 준비하기 위해서 유치원생 파트너들과 함께 작업했다.

학생들은 짝을 지어 짧은 비디오를 만들었고, 그들이 만든 것을 비드캐스트로 저장했다. 테크놀로지 교사의 도움으로 학생들은 학교 웹사이트에 이 비드캐스트를 올렸고, 또한 이 자료를 그 지역의 초등학교 어린이들과 공유했다.

전달에 매우 중요하다. 비디오 팟캐스트를 통해 학생들은 교실 밖에서 독립적으로 수행하는 활동에 도움이 되는 설명을 제공받을 수 있다. 예를 들어 학생들은 과학 실험 절차나, 수학 문제 풀이 과정, 일련의 이야기를 보여주는 개념도를 만드는 방법을 보여주는 비드캐스트를 수업 전에 미리 볼 수 있다(〈테크놀로지 통합 사례: 곤충〉 참조). 그리하여 학생들은 실제 수행에 참여할 준비를 할 수 있고, 수업 시간을 효율적이고 효과적으로 사용하고, 교사의 개별적인 지도를 잘 활용할 수 있다.

많은 온라인 자원에 가장 흔히 포함되는 요소가 된 웹2.0 도구들 중에 오디오를 위한 VoiceThread, Animoto와 비디오를 위한 YouTube, TeacherTube가 있다. 이러한 것들은 학술적 혹은 비학술적인 청각적, 시각적 자료의 저장고이다. New Media Consortium은 이러한 사이트에서 사용가능한 영상을 '일반인이 제작한 비디오(grassroots video)'라고 하는데, 이는 몇 초의 영상을 찍기 위하여 휴대전화와 같이 쉽게 사용가능한 기술들을 사용하여 현장에서 즉시 만들어지는 영상을 의미한다(Johnson, Levine, & Smith, 2009). YouTube와 같은 상업적 사이트 접근이 허용되지 않는 학교들은 TeacherTube를 대신 사용할 수 있다. TeacherTube는 교사들이 직접 만든 영상과 수업 지도안, 다양한 종류의 학습 자료 등 모든 학년 전반에 걸쳐 방대한 내용을 담고 있다.

학생들은 사용하기 쉬운 도구들을 이용하여 그들만의 오디오 및 영상 디지털 자료를 쉽게 만들 수 있다(그림 6.3 참조). 예를 들어, 녹음용 소프트웨어가 구비된 컴퓨터, 마이크, 인터넷 접속만 있으면 학생들도 오디오 팟캐스트를 직접 만드는 것이 가능하다. 학생들은 공부하고 있는 주제에 대하여 그들만의 팟캐스트를 만들기 위해 혼자서 혹은 다른 학생들과 협력하여 작업할 수 있고, 이를 학급의 다른 친구들이나 전 세계의 다른 이들과 공유할 수 있다. 또한 학생들은 어린 학생들을 위한 학습용 비드캐스트를 만들기 위해 교사와 함께 디지털 비디오카메라를 사용할 수도 있다. 이러한 간단한 도구들을 사용하여 누구나 다른 사람들과 공유할 수 있는 창의적인 학습 자료를 만들 수 있다.

협력 웹사이트

협력 웹사이트(collaboration websites)는 사용자들이 교육적인 목적으로 다른 사용자들과 상호작용할 수 있게 하는 자원이다. 가장 흔한 형태에는 블로그(blogs)와 위키(wiki)가 있다. **블로그**는 웹로그(web logs)의 줄임말로 특정 주제에 대한 일련의 개인적 글의 모음이다. Blogger.com과 같은 사이트를 이용하여 개인용 블로그를 직접 만들 수도 있고, 'TeacherLingo'와 같이 교사들이 아이디어와 자료를 공유하기 위하여 개발한 블로그에 참여할 수도 있다(그림 6.4 참조). **위키**는 사용자들이 협력하여 함께 글을 쓰고 편집하도록 하는 웹기반 자원이다. 여러 명의 교사나 학생들이 하나의 문서나 프로젝트 작업을 위해 함께 일할 수 있으며 문서에 들어가는 아이디어에 대해 즉각적인 피드백을 줄 수 있다. 블로그나 위키와 같은 협력 도구를 통해 학습자들은 다른 사람들과 정보를 공유할 수 있다.

그림 6.3 포드빈(PodBean) 팟캐스트 호스팅
오디오 팟캐스트를 만드는 것은 매우 쉬우며, 다양한 웹2.0 도구들의 도움을 받을 수 있다.
출처: www.podbean.com/start-podcast?sourceid=goog_66.Reprinted by permission.

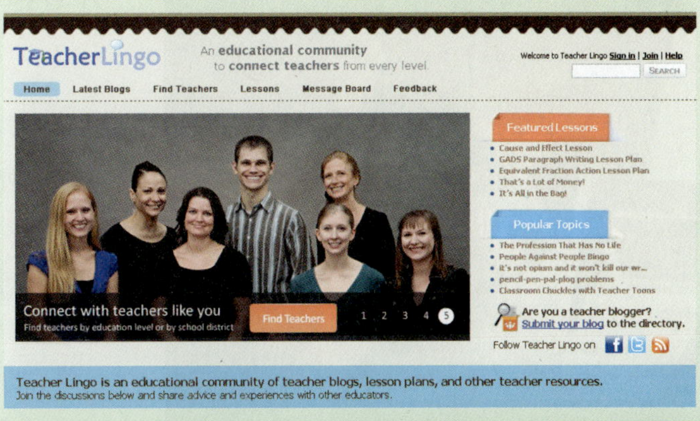

그림 6.4 TeacherLingo
교사들이 다양한 아이디어를 공유하는 블로그이다.
출처: http://teacherlingo.com. Reprinted by permission.

블로그. 글과 그림, 웹사이트 링크를 담을 수 있는 블로그를 통해 학습자들은 다른 학습자들과 혹은 교사와 함께 정보를 공유할 수 있다. 게다가 블로그에는 어떤 주제

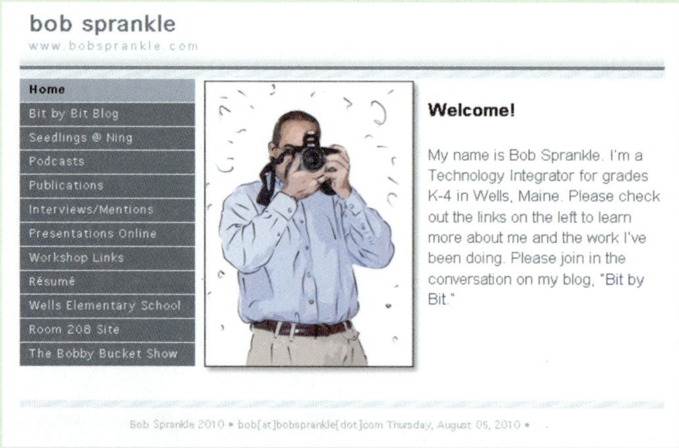

그림 6.5 교사들의 웹사이트
교실에서의 성공적인 테크놀로지 활용에 대한 다른 교사들의 이야기를 읽는 것은 매우 흥미로운 일이다.

출처: http://bobsprankle.com/bobsprankle/index.html. Reprinted by permission.

에 대하여 개인적인 성찰이나 해석을 담을 수 있을 뿐 아니라, 블로그를 통해 동일한 주제나 이슈에 관심 있는 사람들과 대화를 할 수 있기 때문에, 전 세계 동료들과 함께 할 수 있다(그림 6.5 참조). 블로그의 구조는 가장 최근의 게시물이 가장 맨 위에 오게 설정되어 있어 사람들이 가장 최근의 의견을 쉽게 볼 수 있도록 한다. 하지만 누구든 원하면 블로그의 이전 게시물을 쉽게 살펴볼 수 있다.

과학자와 같은 내용 전문가들이 쓰는 블로그들은 학생들에게 특정 주제에 대한 가장 최신의 정보를 알려줄 수 있다. 하지만 정보가 최근의 것이라 해서 그것이 반드시 정확한 것은 아니다. 본질적으로 많은 블로그들은 개인의 생각을 청중에게 드러내기 위한 수단으로 쓰였기 때문에 주관적인 성격을 가진다. 따라서 교사는 학생들이 믿을 만한 정보를 찾을 수 있도록 지도해야 한다. 학생들에게 글 쓰는 방법을 지도할 때, 블로그는 학생들의 생각과 글에 대하여 비평할 수 있는 실제 청중을 제공할 수 있는 좋은 방법이다. 학생들이 일반에게 공개되는 블로그를 사용하기에 앞서, 블로그 환경에서 훌륭한 글쓰기 기술을 성공적으로 발휘할 수 있는 방법을 배우기 위하여 학급 블로그를 먼저 시작하는 것이 좋다.

교사로서 여러분의 역할은 학생들이 소셜 미디어 환경에서 상호작용을 하며 과제를 수행하는 것을 지도하는 것이다.

Shutterstock

위키. 위키는 사용자가 다른 사람들이 작성하거나 편집한 문서와 상호작용할 수 있게 만든 웹페이지다. 위키를 통해 사용자들은 새로운 정보를 쓰거나 협력 사이트에 게시되어 있는 정보를 편집할 수 있다. 사용자가 페이지와 상호작용할 때마다 그 내용은 바뀔 수 있다. 협력 백과사전인 위키피디아(Wikipedia)는 위키 중 하나로 잘 알려져 있다(그림 6.6 참조). 10년마다 한 번씩 업데이트되는 인쇄된 백과사전과 달리 위키피디아의 내용은 사용자들에 의해서 가장 최신의 내용으로 업데이트되고 바뀔 수 있다.

위키는 학생들이 공동의 글쓰기 프로젝트를 할 수 있도록 하는 좋은 도구이다. 학생들은 아무 컴퓨터나 웹브라우저를 통해 위키에 접속할 수 있다. 또한, 학생들은 동일한 장소에 있을 필요가 없이 한 학생은 집에 있고 다른 학생은 가까운 도서관에 있어도 함께 작업할 수 있다. 교육용으로는 무료로 사용할 수 있는 구글 닥스(Google Docs)와 같은 위키 공간들을 활용하면, 교사들은 학생들의 협동적 글쓰기 활동을 보다 유용하게 지도할 수 있다.

그림 6.6 위키피디아(wikipedia)
백과사전과 같이 위키피디아는 방대한 주제에 대한 최신 정보를 제공한다.
출처: www.wikipedia.org

사회적 네트워킹(Social networking). 또 다른 웹기반 협력 자원인 사회적 네트워킹 사이트는 자신에 관한 페이지를 만들거나 다른 이들과 정보를 공유하고 싶은 사람들 누구에게나 열려있다. 잘 알려진 사회적 네트워킹 사이트에는 트위터(Twitter), 마이스페이스(MySpace), 페이스북(Facebook) 등이 있다. 이러한 사이트를 통해 개인은 글과 사진, 영상, 좋아하는 웹페이지 링크를 게시할 수 있다. 또한 이러한 사회적 네트워킹 사이트들은 커뮤니티 집단을 통해 사용자들이 비슷한 주제나 이슈에 관심을 가지는 다른 사람들과 소통할 수 있도록 해 준다. 커뮤니티는 비슷한 관심사를 가진 누구에게나 개방될 수 있고, 개인이 가입하기 위해서는 초대장이 필요한 '닫힌' 커뮤니티로 설정될 수도 있다. 이러한 커뮤니티들은 인터넷을 통해 공유되기 때문에 전 세계 누구나 사이트의 정보를 사용할 수 있다.

위키와는 달리 사회적 네트워킹 사이트들은 글의 분량이 오직 몇 구절로 제한되며, 따라서 정보를 교환할 때 간단한 커뮤니케이션이 요구된다. 예를 들어, 트위터는 가장 최신의 상태에 있는 정보를 매우 짧은 메시지로 공유하는 온라인 커뮤니케이션 네트워크인데, '트위츠(tweets)' 라 하는 게시물을 140자로 제한한다. 인스턴트 메시지와 트위츠 혹은 다른 네트워크 자원과 같은 간단한 노트 개념에 대응하여 사용자들은 허용된 글자의 수를 낭비하지 않고 자신의 아이디어를 소통하기 위한 줄임말들을 새로 만들어

그림 6.7 Schools United Networking
자신의 학급에서 사용할 수 있는 소셜 네트워킹 사이트를 만들 수 있다.
출처: www.theschoolsunited.com/community. Reprinted by permission.

내고 있다. 예를 들어 사용자들은 'you'를 나타내기 위하여 'u'를 쓰고, 단어 'to' 대신 숫자 2를 적으며 'be right back'의 의미로 'BRB'를 쓴다. 교사들은 학생들이 언제 줄임말을 쓰는 것이 적합한지 인지할 수 있게 해야 하며, 언제 훌륭한 글쓰기 기술을 연습해야 하는지 알게 해야 한다.

많은 학교들이 교내 내에서 사회적 네트워킹 사이트에 접속하는 것을 제한한다. 이는 교사가 교육용 응용프로그램을 만들었어도 이를 교내에서는 학생들과 사용할 수 없다는 것을 의미한다. 하지만 21세기 학생들은 이러한 정보자료에 매우 익숙해져 있으므로, 이러한 정보자료가 교육적인 환경에서 어떻게 유용하게 사용될 수 있을지 고민하게 하는 것이 중요하다. 많은 학생들이 이미 마이스페이스(Myspace)와 페이스북(Facebook)에 계정을 갖고 있으며, 단지 개인의 사회적 상호작용을 위해서만 사용하고 있다. 교사들 또한 자신들의 계정을 가지고 있으며, 사회적 네트워킹 페이지에 게시한 정보와 사진들을 학부모들이나 학교 행정 관리자, 학교 이사회 사람들이 볼 수도 있다는 사실을 생각해 봤을 것이다. 사회적 네트워킹 사이트들의 인기를 활용하여 이러한 자원을 교육적인 방법으로 사용하고 싶다는 생각도 있을 것이다. 몇몇 교육 사이트들이 사회적 네트워킹 자원을 반영하기 시작하고 있지만, 학생들의 안전한 환경을 보장하기 위한 수단으로 교실 내에서만 사용하도록 제한하고 있다(그림 6.7 참조).

데이터 매쉬업(Data mashups). 다양한 종류의 자원에서 가져온 내용들을 가지고 **데이터 매쉬업**은 원래의 소스와는 다른 새로운 사이트들을 만들 수 있다. 예를 들어, 온라인 뉴스 미디어 사이트는 매 15분마다 업데이트되는 실시간 정보와 글, 영상, 소리를 합친다. 학생들과 교사들은 이러한 정보의 결합으로 만들어진 최신의 자료를 활용하여 교실 활동을 하거나 보고서를 쓸 수 있다.

학생들은 지리학이나 지도제작 기술을 배우는 데 매쉬업 사이트를 활용할 수 있다. 학생들은 매쉬업 사이트를 통해 전 세계 도시들의 구체적인 위치를 알기 위하여 인공위성 정보와 지도 제작을 결합시킬 수 있다. 구글 맵(Google Maps)과 같은 사이트를

웹2.0 도구는 언제 사용하는가

다음과 같이 학생들의 학습이 강화될 때 사용한다.

지침	예시
공유한 학습경험에 대해 읽고 쓰기	중학교 학생들이 학급 블로그 사이트에 정보를 게시한다.
제2외국어로 영어 연습하기	고등학교 영어 학습자들이 교실 수업을 위하여 팟캐스트를 듣는다.
학급의 다른 친구들과 정보 교환하기	초등학교 학생들이 자신들이 그린 그림과 쓴 이야기를 다른 사람들과 공유하기 위하여 Bookr에 디지털 이야기를 게시한다.
탄소발자국 프로젝트에 대한 정보 교환하기	중학교 학생들이 학급 블로그 사이트에 휴대전화로 찍은 영상을 게시하고 그들이 관찰한 것에 대하여 글을 쓴다.

활용하여 특정 건축물이나 특정한 형태를 가진 건물의 위치를 찾는 과제를 할 수도 있으며, 이런 활동을 통해 학생들은 특정 장소를 정확하게 찾아내고 방향을 잡거나 주변 지역까지의 거리를 파악하기 위하여 지도를 활용할 수 있다.

모바일 다중 통신망(Mobile Broadband)

비록 새로운 기술은 아니지만, 오늘날의 휴대전화는 확장된 도구와 응용프로그램을 제공한다. 휴대전화로 사진과 짧은 영상을 찍을 수 있으며, 이메일과 웹사이트 검색을 위하여 인터넷에 접속할 수도 있다. 또한 휴대전화는 달력이나 다른 개인 관리 도구를 제공한다.

휴대전화는 방대한 이퀄라이저(equalizer)로 합성되어 왔다(Paine, 2009). 오늘날 대부분의 취학 아동이 휴대전화를 가지고 있고 별 어려움 없이 응용프로그램 사용법을 배운다. 대부분 어린이의 안전을 목적으로 구매되었기 때문에 어린

학생들은 학습경험의 일부로 휴대전화를 이용하여 지역사회의 사진을 찍어, 설명과 함께 학교 서버에 올린다.
Chris O'Meara/AP

ASSURE 사례 연구 성찰

PEARSON myeducationkit

이 장의 첫머리에 있는 'ASSURE 교실 사례'와 비디오를 살펴보라. 교사가 수업에 통합시킨 웹2.0 도구에는 어떤 것들이 있는지 확인해 보자. 학생들은 학습을 위하여 이러한 도구들을 어떻게 사용하고 있는가?

이들의 휴대전화는 많은 경우 부모하고만 통화할 수 있게 하지만, 고학년 학생들은 온라인 자원에 접근이 쉬운 휴대전화를 가지고 있다.

우리는 교육자로서 이러한 확장된 휴대전화의 기능을 학습 도구로 이용하는 방법에 대하여 고민하기 시작해야 한다. 이러한 휴대전화의 교육적 활용 예로서 학생들이 거주하는 지역 사회의 탄소발자국을 보여주는 현상이나 사건의 사진을 찍는 현장기반 학습경험이 있다. 학생들은 이 사진들을 학급 웹사이트에 올리거나, 그들이 관찰한 것에 대하여 블로그 게시물을 쓸 수도 있다. 탄소발자국 전문가들도 추가적인 정보를 제공해주거나 관련 주제에 대한 학습을 지도할 수 있다. 이제 교실은 학교 건물 밖으로 확장되고, 수업일의 제한에서 벗어나고 있다.

사회-윤리적 문제

인터넷상에서 학생들과 함께 일할 때는 반드시 두 가지 중요한 사회-윤리적 문제인 '보안' 과 '학생 상호작용' 에 대하여 고려해야 한다.

보안

학생들은 자신의 이름이나 휴대전화 번호, 집 전화 번호, 주소와 같은 개인 정보를 드러내서는 안 된다는 것을 알아야 한다. 때때로 학생들에게 부도덕한 사람들이 접근하거나 해를 가하는 사건이 일어나고 있다. 교사들은 학생들이 주소와 같은 정보를 알려줘야 할 필요가 있을 때 학교 주소를 알려주도록 지도해야 한다. 또한 교사들은 학생들의 사진이나 수필, 시와 같은 글 그리고 예술 창작물을 웹에 올리기 전에 학부모들의 허락을 받아야 한다. 정보 보증과 보안 교육 연구센터(Center for Education and Research in Information Assurance and Security, CERIAS)를 통해 온라인 보안 문제에 대한 내용을 더 알아볼 수 있다(www.cerias.purdue.edu).

교사로서 학생들이 웹사이트를 이용할 때 학생들을 지도하는 것은 중요한 일이다.
Christopher Barth/AP

학생 상호작용

학생들이 사이버 환경에서는 다른 사람들과 긍정적이고 적합한 상호관계를 맺어야 한다. 교사는 학생들이 다른 사람들을 대할 때 적절한 행동을 취하도록 지도해야 한다. 의사소통을 할 때 명확하고 상황에 적합한 언어 사용법에 대한 학생들의 이해를 돕는 것은 중요하다. 예를 들어, 학생들이 문자 메시지를 교환할 때, 단어를 생략하거나 축약하는 것이 효율적이라 생각할 것이다. 하지만 손위 사람에게 혹은 기관에 이메일을 보내야 할 때는 완전한 문장으로 사용하는 것이 적합하다.

ASSURE 사례 연구 성찰

PEARSON myeducationkit

이 장의 첫머리에 있는 'ASSURE 교실 사례'와 비디오를 살펴보라. 교사가 학생들이 테크놀로지를 적절한 방식으로 사용하고 있는지 확인하는 방법을 살펴보자. 학생들이 온라인에서 적절하게 행동해야 함을 숙지하도록 하기 위해서 교사는 어떻게 학생들을 지도하고 있는가?

또 다른 문제는 인터넷 폭력이다. 요즘 인터넷 폭력이 점점 심각해지고 있어서 이에 대한 교사의 감시와 개입이 필요하다. 인터넷 폭력은 적절하게 처리되지 않으면 매우 골치 아프고 심지어 위험한 문제를 일으킬 수 있다. 인터넷 폭력 연구 센터(The Cyberbullying Research Center, www.cyberbullying.us)는 온라인 폭력 문제와 관련 이슈를 처리하기 위한 해결책에 관한 정보와 연구 결과를 제공한다. 또한 실제 일어난 온라인 폭련 사건 사례들과 도움을 구할 수 있는 연락처를 제공한다. 전문가들이 제시된 온라인 폭력 사례나 기타 다른 온라인 폭력 문제를 논의할 수 있는 블로그도 제공된다.

교실에서 웹2.0 도구 사용하기

장점

- *휴대성.* 아이팟(iPods)이나 휴대전화와 같은 개인 기기를 통해 어디에서나 정보에 접근할 수 있고, 정보를 사용할 수 있다.
- *제작 용이.* 새로운 종류의 기술은 팟캐스트와 온라인 영상과 같이 자료를 준비하고 제작하는 과정을 간단하게 만든다.
- *실제 청중.* 글쓰기나 의사소통 기술을 학습할 때 블로그나 위키와 같은 상호작용 도구는 교실을 넘어서 귀중한 피드백을 해 줄 수 있는 독자들과 만날 수 있는 기회를 제공한다.
- *유대감.* 학생들 간에 의사소통이 이루어지면서 협동심이 촉진된다.
- *사회적 인식.* 학생들은 서로에 대한 정보를 접할 수 있는 사회적 네트워킹 사이트를 통해 다른 사람에 대해 더욱 민감해진다.
- *무료.* 많은 웹2.0 도구가 교육적인 목적으로 사용될 경우 무료로 제공된다.

단점

- *복잡한 하드웨어 장치 필요.* 몇몇 웹2.0 도구들은 저렴한 모델에서는 사용이 불가능한 하드웨어 성능을 요구한다.
- *메시지의 질.* 웹2.0 게시물은 쉽게 만들어지고 무료이기 때문에, 질이 낮고 제대로 만들어지지 않은 게시물이 많다.
- *신뢰성.* 정보가 웹상에 올려졌다고 해서 진짜이거나 믿을 수 있는 출처에서 나온 것은 아니다. 웹2.0 도구는 정확하지 않을 수 있는 정보를 게시하는 것 또한 매우 쉽게 만든다.
- *보안 문제.* 근본적으로 개방된 자료라는 속성을 갖기 때문에, 사용자들이 개인적인 정보를 공유할 때에는 주의와 우려가 필요하다는 것을 인식해야 한다.

다양한 학습자들을 위한 테크놀로지

교실에서의 웹2.0 도구

학습 장애가 있거나 모국어가 영어가 아닌 경우 제한된 언어 사용 능력 때문에 교실에서 자기 자신을 표현하는 데에 어려움을 겪는 학생들이 있다. 이들은 조용할 때가 많으며 집단 토론이나 교실 수업에 참여하지 않는 경향이 있다. 반대로 영재 학습자들은 그들만의 학습을 위해 더 많은 도전을 원하는 경우가 있다. 학생들의 학습을 향상시키기 위해 모든 학생들이 정보에 접근하는 것을 도와주는 자원이 많이 있다.

오디오 팟캐스트는 수업이 끝나고 학생들이 교사의 설명을 다시 들을 수 있게 한다. 이를 통해 학생들은 수업 내용을 복습할 수 있고, 제시된 지시사항을 따를 수 있으며, 교실에서 다룬 내용에 대한 시험을 준비할 수 있다. 비디오 팟캐스트는 청각 자료와 함께 시각자료를 제공하여 학생들이 다양한 학습 양식을 사용하여 학습하는 것을 돕는다. 이러한 도구는 특히 개념이나 적용된 전략의 시각적인 표현을 통해 학습 효과를 얻을 수 있는 학습자들을 도와줄 수 있다. 또한 교사의 시연을 충분히 이해하기 위해 한 번 이상 절차를 복습해야 하는 학생들에게 매우 도움이 된다.

학생들이 글쓰기를 어려워할 때, 위키를 통해 다른 독자들이나 학급 친구들과 정보를 공유함으로써 학생들의 글쓰기 능력을 향상시킬 수 있다. 위키는 모든 사람들이 정보를 제공하고 교환할 수 있게 한다. 또한 위키는 글을 통해 생각을 표현하는 방법을 다른 사람들에게 알려줄 수 있기 때문에 글쓰기 실력에 영향을 줄 수 있다.

폭넓은 범위의 기술과 능력을 지닌 학생들에게 도전적인 과제를 제시하는 것은 어려운 일이다. MIT의 새로운 리터러시 프로젝트(MIT New Literacies Project)와 같은 협력적 소셜 네트워킹 도구를 사용하여 영재 학생들은 전 세계의 다른 학생들과 그들의 생각을 나눌 수 있다. 학생들은 이러한 교류를 통해 그들 스스로를 표현할 기회를 얻고 다른 사람들로부터 배울 수 있다.

교육과정과의 통합

교실에서 웹2.0 도구가 학습을 도울 수 있는 방법은 매우 많다. 교사의 역할은 학생들이 이러한 자원을 사용하여 학습 기회를 최적화할 수 있는 최선의 방법을 찾는 것이다(〈선정 평가표: 웹2.0 도구〉 참조).

Lisa Zawilinski(2009)는 한 교사가 5학년 학생들의 읽기 활동을 지도하는 데 어떻게 블로그를 활용하였는지 보여준다. 이 교사는 학생들이 읽은 책의 내용을 상기시키고, 이야기에 대해 생각해보게 하면서, 그들이 이해한 내용을 발표하게 하였다. 그러자 학생들은 자신들이 지은 시나 각자 읽은 책에 대한 독후감들을 게시할 수 있는지 물어보기 시작했다. 교사는 학생들이 블로그 방식을 활용할 수 있는 좋은 기회라고 생각하였고, 학생들의 문학탐구를 지도하는 데 이용하였다.

데이터 매쉬업은 학생들의 학습을 도울 수 있는 또 다른 방법이다. 예를 들어, 수학에서 추정하는 법을 학습할 때, 학생들로 하여금 집에서부터 학교까지 걷는 거리를 추정해 보도록 할 수 있다. 학생들이 거리를 추측하고 나서, Gmaps Pedometer 사이트에 접속하여 실제 측정된 거리값을 확인할 수 있다(Branzburg, 2009). 지리나 과학 수업 시간에 최근 7일 동안 전 세계에서 일어난 지진의 위치와 강도에 대한 정보를 제공하는 사이트에 접속할 수 있다(http://earthquackes.tafoni.net). 학생들이 지구 단층과 판구조론에 관한 지질학적 정보를 비교하도록 지도할 수도 있다.

사회적 네트워킹은 학생들이 다른 사람과 연결하여 사회과 탐구를 할 수 있게 하는 수단이다. 현재 살고 있는 지역에 대한 주제를 다루고 있다면, 학생들에게 온라인 자원을 이용하여 정보를 모으게 할 수 있다. 학생들이 방문한 사이트 중 즐겨찾기 한 곳을 딜리셔스(Delicious - http://delicious.com)에 게시하여 학급 내 다른 학생들과 링크를 공유하게 할 수 있다. 학생들의 즐겨찾기 목록이 들어있는 폴더는 학급의 학생들만 접근할 수 있도록 제한할 수 있다. 또는 만약에 같은 지역에 대해 탐구하고 있는 다른 학급의 교사를 알고 있다면, 학생들의 탐구의 폭을 넓히기 위하여 링크를 서로 주고받게 할 수 있다. 이러한 교류를 통해 학생들은 추가적인 정보를 얻을 수 있는 기회를 가질 수 있으며, 추가적인 자원을 찾는 방법의 예시를 보면서, 내용에 대해 더 많이 공부할 수 있다. 그리고 학생들 간의 협력학습이라는 개념을 확장하기 위하여, 위키를 통해 학생들이 보고서를 협력해서 만들고 이를 다른 학생과 학부모들, 학교 위원회와 공유하도록 할 수도 있다.

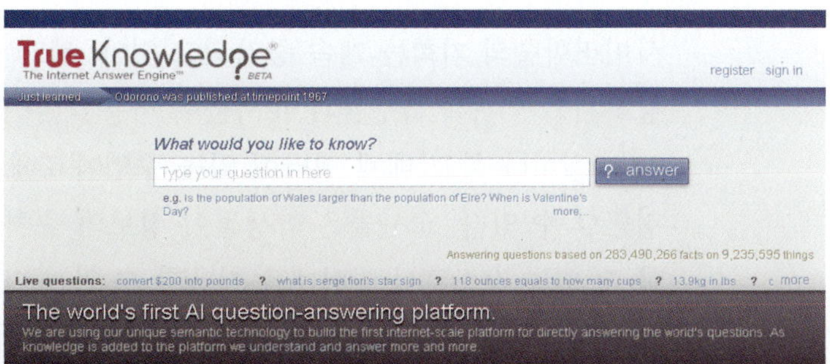

출처: www.trueknowledge.com. Reprinted by permission.

혁신 테크놀로지

스마트 웹 브라우저, '의미 인식 응용프로그램'

구글과 같은 검색 엔진을 사용하면 주요 단어를 입력한 후 수많은 검색 결과를 얻을 수 있다. '의미 인식 응용프로그램' 은 컴퓨터가 여러분이 무엇을 알고 싶어 하는지를 이해하도록 도와주고 여러분이 던진 질문에 대한 답을 검색하도록 한다. 컴퓨터는 주요 단어 그룹에 대한 검색을 하기보다는 여러분이 알고 싶은 것에 초점을 맞추어 여러분이 입력한 내용을 기반으로 연계시킨다. 이렇게 완전히 새로운 인터넷 검색 방법을 통해, 컴퓨터는 여러분이 입력한 질문이나 단어의 의미를 인식하고, 심지어 다양한 사이트에서 추출된 정보에 대해 단어가 아닌 이미지를 이용하여 여러분이 찾고 있는 정보를 빠르게 수집한다. 이는 다수의 페이지를 검색하는 것을 더 이상 필요 없는 과거의 일로 만든다.

의미 인식 기술을 통해 질문을 제기하고 답을 찾는 과정 자체가 매우 쉬워져서 귀중한 시간을 절약할 수 있다. 여러분의 컴퓨터는 여러분에 대해 더 잘 이해하며 검색을 더욱 편리하게 만들려고 한다. 그래서 여러분이 다른 사람과 지식을 공유하고 검색하는 일과 같은 폭넓은 범위의 인터넷 활동을 성공적이고 효율적으로 수행할 수 있게 한다. 또한 여러분의 컴퓨터는 날짜와 장소와 사람을 연결하는 것을 배울 수 있으며, 이러한 정보를 통해 여러분이 직접 하지 않아도 여러분의 일정 달력이나 관심 장소, 연락처를 가장 최신의 상태로 유지시킨다. '의미 인식 응용프로그램' 은 정보를 찾고 연결시키는 것을 쉽게 만들며, 인터넷을 사용하는 사람이면 누구나 새로운 정보를 쉽게 찾고 학습하도록 만든다.

요약

사이버학습의 기회는 계속 증가되고 있다. 웹2.0 도구를 통해 교실 활동을 확장시키고 강화시키기 위해 학생들과 교사들이 사용할 수 있는 자원이 많아졌다. 교사들은 더 이상 교실이나 학교 매체 센터에 있는 수업자료에 제한되지 않고 전 세계의 정보자원에 접근할 수 있다. 교사들은 학생들이 정보의 출처로서, 협력도구로서, 창의성을 시험해 볼 수 있는 장소로서 인터넷을 이용할 수 있는 다양한 경험을 제공한다. 학생들은 생각을 교환하기 위하여 다른 학생이나 전문가들에게 접근할 수 있다. 사이버 학습은 인터넷을 통해 전 세계의 정보의 풍요로움으로 교실의 문을 활짝 열었다!

PEARSON myeducationkit

이 장에서 학습한 내용에 대한 이해 정도를 확인하기 위해 본 장의 MyEducationKit에 제시된 'Study Plan'을 완성하시오. 퀴즈를 풀고 그에 대한 피드백을 검토한 후 이 장의 내용 이해를 촉진하는 데 도움이 되는 자원을 살펴본다.

ASSURE 수업계획서

PEARSON myeducationkit

아래에 제시된 ASSURE 수업 지도안은 ASSURE 수업 사례와 이 장의 첫머리에 소개한 동영상에 대한 자세한 설명과 분석을 제공하고 있다. 해당 동영상을 다시 보기 위해서는 'MyEducationKit' 6장에 있는 'ASSURE Video'를 클릭한다. 이 비디오는 Davis 교사가 가상세계에서 7학년 학생 수업을 위하여 자신의 9학년 학급 학생들과 협력하는 모습을 보여준다.

학습자 분석(Analyze learners)

일반적 특성. Davis 교사가 맡은 고등학생들은 대부분 시골지역 학생들로 테크놀로지에 대한 관심은 다양하다. 학생들의 성별 분포는 고른 편이며 연령 분포는 13세에서 15세 사이이다. 학급 내에는 학습 장애를 진단받은 학생들이 몇 명 있지만, 학생들의 읽기 실력은 평균 또는 평균 이상이다. 학생들의 행동 문제는 거의 없다.

출발점 능력. 학생들은 전반적으로 다음의 것들을 할 수 있다.

- 타자를 치는 능력, 문서를 편집하는 능력과 일반적인 컴퓨터를 다루는 기술
- 7학년 학생들을 대상으로 가르치게 될 수업의 강의 대본과 같은 문서 자료 및 수업을 위한 위키와 블로그 자료 준비 능력
- 블로그와 위키에 참여하고, (주로 OpenSim을 이용한) 가상 세계에서 학생 각각의 아바타를 가지고 상호작용하기 위한 웹2.0 소프트웨어 사용 능력

학습양식. Davis 교사의 학생들은 의미 있는 주제에 관해 생생한 토론을 벌이는 등 자신들과 관련된 활동에 참여할 때 학습이 가장 잘 일어난다. Davis 교사의 학생들이 7학년 학생들과 이야기할 때 편안해하는 정도는 달랐으나, 어린 학생들에게 '디지털 시민권(digital citizenship)'과 인터넷 안전을 가르치기 위해 만든 가상 세계 교실에서는 매우 편안해하였다. Davis 교사는 학생들이 선행 경험과 기술을 기반으로 테크놀로지를 사용하도록 지도한다. 모둠활동을 할 때에는 코칭 스타일을 이용하여 학생들의 팀워크 능력을 촉진시킨다.

표준과 목표 진술(State standards and objectives)

교육과정 표준. 이 수업에서는 기술과 진로 교육 공통 핵심 표준(Georgia Common Core Standards for Technology and Career Education)을 다룬다; (2) 테크놀로지를 사용하여 생각과 아이

디어와 정보와 메시지를 전달한다; 학생들은 블로그와 위키 그리고 어린 학생들을 위한 수업 준비를 하며 협력한다; (5) 생각을 구조화시킨 후 예의를 갖춰 간결하게 의사소통한다. 학생들은 토론활동과 프레젠테이션을 통해 자신의 생각을 전달한다; (8) 성과를 이루기 위해 행동 계획을 수정한다; 7학년들이 디지털 시민권과 인터넷 안전의 중요한 요소를 배울 수 있도록 학생들은 프레젠테이션을 조직한다.

공학 표준. 학생용 전국 교육공학 표준 기술 기준 1—창의성과 혁신: 학생들은 창의적 사고를 발휘하고 지식을 구성하며, 혁신적인 제품과 절차를 개발하기 위해 웹2.0 도구를 사용한다; 4—비판적 사고와 문제해결 그리고 의사결정: 학생들은 연구를 계획하고 수행하며, 프로젝트를 관리하고 문제를 해결하고 의사결정을 하기 위해 테크놀로지를 사용한다; 5—디지털 시민권: 학생들은 테크놀로지와 관련된 인적, 문화적, 사회적 이슈들을 이해하고 합법적이고 윤리적인 행동을 실천한다.

학습목표

1. 학생들이 참여할 가상세계를 만든다. 이 가상세계 시나리오에서 학생들은 디지털 시민권과 인터넷 안전 수칙을 적용해본다.
2. 팀의 목표를 성취하기 위해 적절한 테크놀로지 도구를 선택한다.
3. 실제 연구에 참여해보고 아이디어를 위한 적절한 속성을 사용한다.
4. 문제를 해결하기 위한 웹2.0 도구 사용 전략에 대해 이야기한다.
5. 디지털 시민권과 안전에 대한 지식을 보여줄 수 있는 아바타(avatar) 대본을 쓴다.

전략, 공학, 매체, 자료 선정(Select strategies, technology, media, and materials)

전략 선정. Vicki Davis 교사는 7학년을 대상으로 한 수업을 계획하기 위하여 교사 중심 전략과 학생 중심 전략을 선택했다. 교사 중심 전략은 추가적인 아이디어로 이끄는 질문과 피드백을 통해 학생들을 토론에 참여시키는 것을 포함한다. 학생 중심 전략은 학생들이 7학년 학생들을 위해 계획하는 수업을 위해 아이디어를 설계하도록 하는 것과, 정보를 공유하고 흥미로운 학습경험을 만들기 위해 웹2.0 도구를 활용하는 것을 포함한다.

공학 선정. 이 수업에서 학생들은 위키와 블로그에 자신의 아이디어를 게시하기 위하여 컴퓨터와 웹2.0 소프트웨어를 사용한다. 학생들은 또한 어린 학생들의 학습 요구를 충족시켜 줄 가상 세계 환경을 만들기 위한 소프트웨어를 사용한다. 교사는 자신이 선택한 테크놀로지와 매체의 적절성을 평가하기 위하여 다음 지침을 적용하였다.

- *표준, 결과, 목표와의 연계.* 웹2.0 도구들은 9학년 학생들이 학습목표를 달성하기 위해 필요한 도움을 제공한다.
- *정보의 정확성과 최신성.* 학생들은 디지털 시민권과 안전에 대한 연구를 수행하는 데 인쇄된 자료와 인터넷 자료를 모두 사용한다.
- *연령에 맞는 언어의 사용.* 9학년 학생들은 7학년 학생들에게 가상세계와 디지털 시민권 및 안전에 대하여 가르칠 때 7학년 학생들이 개념을 잘 이해할 수 있는 언어 사용을 고려한다.
- *흥미수준과 참여도.* 9학년 학생들은 가상세계에서 디지털 시민권과 안전에 대한 지식을 7학년 학생들과 공유하는 것을 즐거워한다. 그들은 7학년 학생들에게 가상 세계를 탐색하는 데에 필요한 기술을 알려주고, 디지털 시민권과 안전에 대해 배우는 것을 도와줄 수 있는 수업을 적극적으로 설계한다.

- *기술 수준.* 웹2.0 도구가 가진 기술 특성은 학생들의 다양한 온라인 상호작용을 가능하게 하며, 학교 수업 시간이나 물리적 학교 건물 같은 제한을 넘어서 일어나는 학생들의 의사소통을 쉽게 할 수 있도록 만든다.
- *사용의 용이성.* 웹2.0 도구는 고등학생들이 이해하기 상당히 쉬우며, 특히 그들이 학습을 위해 웹2.0 도구를 정기적으로 사용할 때 더욱 이해하기 쉽다.
- *객관성.* 웹2.0 소프트웨어는 편파적이지 않다.
- *사용 설명과 안내.* 몇몇 웹2.0 도구의 온라인 도움말은 학생들이 사용하기에 적당히 쉬운 편이다. 학생들은 기술적인 문제에서 도움을 얻기 위하여 소프트웨어 안에 들어있는 도움말을 사용하거나, 친구들끼리 자주 물어본다.

자료 선정. 교사는 학생들에게 상호작용하고 연구하며 아이디어를 고안할 때 사용할 수 있는 다양한 종류의 웹2.0 도구를 제공한다.

공학, 매체, 자료 활용(Utilize technology, media, and materials)

공학, 매체, 자료 사전 검토. 교사는 웹2.0 소프트웨어가 학생들이 성공하기 위하여 필요한 요소를 갖추고 있는지 확인하기 위하여 소프트웨어를 미리 검토한다. 교사는 특정한 도구가 학생들의 필요를 충족시키는지 확인하고, 교실 환경에서 학생들이 선정된 테크놀로지 자원을 사용할 수 있는지 확인하기 위해 검토한다.

환경 준비. 교사는 컴퓨터실의 컴퓨터를 점검하고 각 컴퓨터에서 필요한 소프트웨어를 사용할 수 있는지 확인한다. 또한 교사는 컴퓨터실과 가까운 학교 매체 센터에 연결하기 위하여 필요한 테크놀로지의 성능을 점검한다.

학습자 준비. 9학년 학생들은 이전에 모둠별 토론에 참여한 적이 있기 때문에 학습자 준비 과정은 주로 실제 수업과 후속 토론에서 다루게 될 주제에 초점을 맞춘다.

학습경험 제공. 학습경험은 세 가지 형태로 일어난다: 7학년 학생들을 대상으로 실제 프레젠테이션 해보기, 프레젠테이션 다음에 이어지는 토론에서 상호작용하기, 이 프로젝트에 대하여 블로그와 위키에서 온라인 토론 벌이기.

학습자 참여 요구(Require learner participation)

연습활동. 9학년 학생들은 7학년 학생들을 대상으로 한 프레젠테이션을 준비하고 참여하기 위하여 컴퓨터와 그들이 만든 가상 세계, 그리고 웹2.0 소프트웨어를 사용한다. 학생들은 다음 번 프레젠테이션을 향상시키고 가상 세계와 디지털 시민권, 안전에 관한 일련의 수업을 만들기 위하여 관찰로부터 얻어낸 정보를 사용하고 아이디어 창출을 위한 토론을 한다. 토론을 하는 동안 학생들은 스스로 생각해낸 질문을 던지고 답하면서 자신의 지식과 기술을 점검한다. 수업 시간 이후의 추가적인 탐색과 토론을 위해 학급 블로그에 아이디어를 올린다. 더불어 학생들은 디지털 시민권과 안전에 대한 7학년 수업을 계획하고 설계하는 데 학급 위키를 사용하여 협력한다.

피드백. 학생들이 토론에 참여하는 과정에서, 교사는 학생들에게 끊임없이 피드백을 주며 그들이 7학년 학생들과 소통하기 위한 가장 좋은 방법을 결정할 수 있도록 지도한다. 교사는 학생들이 온라인 토론을 통해 서로에게 피드백을 주도록 격려한다.

평가와 수정(Evaluate and revise)

학습자 성취도 평가. 교사는 위키에 게시된 토론 노트를 검토한다. 교사는 학교 블로그를 위해 준비된 자료를 점검하고, 9학년 학생들이 7학년 학생들의 수업을 위해 만든 자료를 살펴본다. 또한 학생들이 7학년 학생들에게 보여주는 것이 적절한지 판단하기 위해 찾아 놓은 비디오도 검토한다. 교사는 평가표를 사용하여 학생들의 댓글과 게시물들을 평가함으로써 학생들이 독창적으로 테크놀로지를 적용하는 능력과 의사소통 기술을 측정한다. 또한 교사는 평가표를 사용하여, 9학년 학생들이 준비한 가상 세계 대본에 포함된 디지털 시민권과 안전에 관한 정보의 정확도도 평가한다.

전략, 공학, 매체 평가. 교사는 수업에서 학생들과 수업 과정에 대하여 이야기하면서, 수업 전략의 유효성을 평가한다. 테크놀로지와 매체에 대한 평가는 학생들이 만든 가상 세계 환경과 웹2.0 소프트웨어의 기능을 측정하는 것으로 이루어진다.

수정. 평가 결과는 상호작용과 정보교환을 늘리기 위해 학생들이 짝을 지어서 과제를 수행하게 한 것이 상호작용에 효과가 있었다는 것을 보여준다. 게다가 학생들의 위키 작업에 대한 교사의 노트와 편집은 훌륭한 수업 기록이 되었다. 평가 결과에서 도출된 또 다른 수정 사항은 학생과 학생 사이의 토론을 이끌어내기 위해서 교사의 직접적인 질문이 제한되어야 한다는 것이다.

나의 전문성 개발하기

전문 지식 확인하기

1. 사이버 학습을 정의하고 교실 적용의 예를 제시하시오.
2. 사이버 학습 리터러시를 설명하고 그것이 교실에서 어떻게 사용되는지 논의하시오.
3. 세 가지 웹2.0의 자원을 제시하고 그것이 어떻게 학습을 도울 수 있는지 예를 들어 설명하시오.
4. 사회적 네트워킹 문제가 교실에서 중요한 이유를 설명하시오.
5. 네 가지의 사회-윤리 문제를 제시하고, 학생들과 작업할 때 이 문제들이 왜 중요한지 설명하시오.

전문 기능 시연하기

1. 웹2.0 도구 중 하나를 선택하고 그 도구를 수업에서 어떻게 사용할지를 보여주는 10분짜리 프레젠테이션을 만드시오. (ISTE NETS-T 5.A)
2. 학생들이 웹2.0 도구를 사용하여 작업할 때에 숙지해야 할 안전 수칙을 담은 온라인 자원을 찾아 제시하시오. (ISTE NETS-T 4.C)
3. 웹2.0 도구의 실제 사용에 대하여 설명한 학습 지도안을 찾아 비평하시오. (ISTE NETS-T 5.C)

전문 포트폴리오 만들기

- *수업 설계하기.* ASSURE 모형을 사용하여 부록 A(Appendix A)에 제시되어 있는 사례 연구 중 한 수업을 만들거나 여러분이 생각해낸 시나리오를 사용하시오. 그리고 수업에 학생들의 학습

을 촉진할 수 있는 웹2.0 도구를 통합하시오. 청중과 학습목표, 그리고 ASSURE 모형의 모든 다른 요소들을 주의 깊게 설명하시오. 여러분이 의도한 결과가 국가의 교육과정과 여러분이 속한 지역의 기술 표준에 맞는지 확인하시오.

- *수업 개선하기.* 여러분이 이전 활동에서 만든 수업을 사용하여 다양한 능력을 가지고 있는 학생들의 요구를 어떻게 충족시킬 수 있을지 고민하라. 읽기를 어려워하는 학생들을 도와주면서도 앞서 있는 학생들이 적극적으로 참여할 수 있게 하는 조정방안은 무엇이 있을까? 학생들이 기술과 지식을 다른 학습 상황에 전이시키기 위하여 필요한 변화는 무엇일까? 여러분은 수업을 향상시키기 위하여 추가적인 웹2.0 자원을 찾아볼 수도 있다. 어떻게 추가적인 기술과 매체 사용을 수업에 통합시킬 수 있을까?
- *수업 성찰하기.* 여러분이 수업을 계획하기 위하여 사용한 과정을 돌아보고, 여러분의 수업에서 학생들의 필요를 충족시키기 위하여 들였던 노력에 대해 다시 한 번 생각해보라. 이 장의 웹2.0에 대한 정보가 여러분이 수업을 계획하는 데에 있어 어떠한 영향을 미쳤는가? 여러분이 강의를 위해 선택한 기술과 매체들이 학생들의 학습 기회에 어떤 식으로 기여했는가?

보충자료

출판물

Kidd, T.,& Chen, I. (2009). *Wired for learning: An educator' s guide to Web 2.0.* Charlotte, NC: Information Age.

Jenkins, H. (2009). *Confronting the challenges of participatory culture: Media education for the 21st century.* Boston: MIT.

Lanclos, P. (2008). *Weaving Web 2.0 tools into the classroom.* Eugene, OR: Visions Technology in Education.

Richardson, W. (2009). *Blogs, wikis, podcasts, and other powerful web tools for classrooms* (2nd ed.). Thousand Oaks, CA: Corwin.

Vossen, G., & Hagemann, S. (2007). *Unleashing Web 2.0: From concepts to creativity.* Burlington, MA: Morgan Kaufmann Publishers.

웹링크

브라우저에서 이 웹 링크에 쉽게 접속하려면, 본 교재용 MyEducationKit 6장에 가서 웹 링크를 클릭하시오.

Educause Learning Initiative
www.educause.edu/eli

Educause Learning Initiative는 공학의 새로운 방향에 대한 정보를 제공하며, 그것이 어떻게 학습에 용이하게 사용될지를 설명한다. 매년 봄 이 기관은 Horizon Report를 출판하는데, 여기서 단기 · 중기 · 장기적인 공학 트렌드를 통찰할 수 있다.

eSchool News
www.eschoolnews.com
이 사이트는 학교에서 사용되는 기술에 관한 최신 정보를 자동으로 받을 수 있는 편리한 방법을 제공한다.

International Society for Technology in Education
www.iste.org
국제교육공학회는 학습, 교수-수업, 행정에서 공학을 사용함으로써 교육을 개선시키는 데에 초점을 맞춘다. 국제교육공학회는 교사, 행정가, 컴퓨터 코디네이터, 정보 자원 관리자, 교육 기술 전문가로 구성된다.

Project New Media Literacies
http://newmedialiteracies.org
The MIT New Media Literacies 프로젝트는 청소년들이 글로벌 세계에 참여하기 위하여 필요한 사회적 기술과 문화적 역량을 이해할 수 있도록 돕는 방안을 모색하고 있다.

Web 2.0: Cool Tools for Schools
http://cooltoolsforschools.wikispaces.com
이 사이트는 교사들이 수업에 활용할 수 있는 다양한 종류의 웹2.0 도구를 제공한다. 프레젠테이션 도구와 같은 카테고리나 수학과 읽기 등의 내용 영역별로 구성되어 있으며, 수업에서 사용될 수 있는 자원이 많이 소개되어 있다.

선정 평가표: 웹2.0 도구

PEARSON myeducationkit

이 선정 평가표를 다운로드하여 활용하려면, MyEducationKit의 6장에 가서 '선정 평가표'를 클릭하라.

자원을 찾기 위해 사용된 검색 용어

____

____

____

제목 ______________________________

자원/위치 ______________________________

일시 ____________ 비용 ____________

관련 과목 ____________ 학년 ____________

교수 전략 ______________________________

형식

________ 팟캐스트

________ 비드캐스트

________ 블로그

________ 위키

________ 기타 ____________

개요

성취기준/결과/학습목표

선행필수능력 (예: 선수지식, 읽기능력, 어휘수준)

장점

단점

특이사항

이름 ______________________________ 날짜 ____________

평가 영역	높은 수준	중간 수준	낮은 수준
표준, 결과, 학습목표와의 연계성	표준/결과/학습목표가 설명되어 있고, 웹 도구의 사용은 학생의 학습을 향상시킨다.	표준/결과/학습목표가 부분적으로 설명되어 있고, 웹 도구의 사용이 학생의 학습을 향상시킬 수도 있다.	표준/결과/학습목표가 부분적으로 설명되어 있지 않고, 웹 도구의 사용으로 학생의 학습을 향상시키기 어렵다.
최신의 정확한 정보	정보가 정확하며 오랜 시간이 지난 정보가 포함되지 않았다.	정보는 정확하나, 오래된 정보를 포함하고 있다.	정보가 정확하지 않고 오래된 정보를 포함하고 있다.
연령에 적합한 언어	사용된 언어가 연령에 적합하고, 이해할 수 있는 단어를 썼다.	사용된 언어가 연령에 약간 적합하고, 몇 개의 단어가 학생의 연령보다 높거나 낮은 수준이다.	사용된 언어가 연령에 적합하지 않고, 단어가 학생 연령에 명확하게 부적합하다.
흥미도와 참여	주제가 제시되고 학생들이 흥미를 가지고 활발하게 학습에 참여한다.	대부분의 시간에 학생들의 흥미를 끌기 위한 주제가 제시되고, 대부분의 학생들이 학습에 참여한다.	주제가 제시되고, 학생들이 흥미를 가지지 못하고, 학습에 참여하지도 않는다.
기술의 수준	자료가 사용가능한 최상의 매체를 대표한다.	자료를 사용하는 데 조금 문제가 있어 보이나, 좋은 품질의 매체를 대표한다.	자료가 잘 준비되어 있지 않으며 매우 낮은 품질의 매체를 대표한다.
사용의 편리함(학생 혹은 교사)	자료가 사용자를 혼동시키지 않는 사용하기 쉬운 패턴을 따른다.	자료 중 몇 개가 사용자를 혼란시키나, 대부분 따르기 쉬운 패턴을 따른다.	자료가 패턴이 없고 대부분의 시간동안 사용자들은 매우 혼란스럽다.
편견 없음	불쾌한 편견이나 광고의 흔적이 없다.	편견이나 광고의 흔적이 조금 있다.	편견과 광고의 흔적이 많다.
사용자 안내와 지침	사용자 안내는 수업을 돕기 위해 매우 훌륭한 자원이다. 지침은 교사와 학생들이 자료를 사용하는 데에 도움을 주어야만 한다.	사용자 안내는 수업을 돕는 데에 좋은 자원이다. 지침은 학생과 교사가 자료를 사용하는 데에 도움을 줄 수도 있다.	사용자 안내는 수업을 돕는 데에 좋지 못한 자원이다. 지침은 교사와 학생이 자료를 사용하는 데에 도움을 주지 못한다.
읽기 수준	대부분의 학생들이 학습을 나타내는 원본을 만들기 위해 웹2.0을 사용할 수 있다.	몇 명의 학생들이 그들의 학습을 나타내기 시작하는 원본을 만들기 시작하는 데 웹 2.0 도구를 사용할 수 있다.	대부분의 학생들이 그들의 학습을 나타내는 원본을 만들기 위해 웹 도구를 사용할 수 없다.
협동 촉진	자료가 적절한 수준으로 제시되어 대부분의 학생들이 정보를 공유할 수 있다.	제시된 자료의 수준에서 몇몇 학생들이 자료를 공유할 수 있다.	제시된 자료의 수준에서 아주 적은 소수만이 정보를 공유할 수 있다.
구성의 명확성	대부분의 학생들이 정보를 사용할 수 있는 방식으로 자료가 제시되어 있다.	몇 명의 학생들이 정보를 교환할 수 있는 방식으로 자료가 제시되어 있다.	매우 적은 학생들만이 정보를 사용할 수 있는 방식으로 자료가 제시되어 있다.

교실 활용에 추천: ___________예 ___________아니오

교실 활용에 대한 아이디어:

제 7 장

원격교육

학습목표

이 장에서는 ISTE NETS-T 1, 2, 3을 중점적으로 소개하며 다음의 학습결과를 기대한다.

1. 원격교육을 정의한다.
2. 초·중등 및 대학교육에 원격교육 활용의 타당성을 설명한다.
3. 어떻게 오디오와 TV 시스템이 원격 교육을 촉진할 수 있는지 설명한다.
4. 온라인교육과 원격교육을 비교한다.
5. 근거리 통신망, 장거리 통신망, 인트라넷, 무선 네크워크의 특성을 설명한다.
6. 사용자를 위한 5가지 인터넷 네티켓을 제시한다.
7. 저작권 관련 예를 하나 들고 왜 이것이 중요한 이슈인지 설명한다.

목적

원격교육이란 무엇이고 어떻게 원격교육이 학습을 촉진할 수 있는지 설명한다.

ASSURE 수업 사례 연구

이 장에서는 하와이의 한 고등학교 Jimmy Chun 교사가 사회과 수업에 원격교육을 도입한 수업설계를 제시한다. 이 수업의 목적은 기본적으로 하와이 학생들이 미국 본토, 특히 뉴 햄프셔에 있는 학생들과 연결하여 1770년 이전 미국 역사에 대해 더 잘 이해하도록 하는 것이다. 이 기간에는 하와이 섬과 뉴 햄프셔의 역사적 사건들이 밀접하게 연결되어 있다. Chun 교사는 뉴 햄프셔 고등학교 교사들과 협조하여 각 주의 과거와 현재 정보를 교환하도록 수업설계를 하였다.

여기 언급한 수업 사례를 동영상으로 보기 위해 해당 사이트(www.myeducationkit.com)에 가서 7장의 'ASSURE Video'를 클릭하면, Chun 교사가 다른 교사와 원격으로 가르치기 위해 어떠한 수업방법을 적용하고 어떠한 기술, 매체, 자료를 사용하였는지를 탐색할 수 있다.

여러분은 이 장의 내용과 해당 수업 사례를 연계하는 성찰 질문들을 이 장 전체에서 받게 될 것이다. 그리고 이 장 마지막 부분에서는 여러분이 선택한 학년과 학습주제를 정하고 이러한 방법, 기술, 매체, 자료를 통합적으로 적용하여 ASSURE 수업설계를 해 볼 것이다.

서론

현대의 첨단 공학 기술이 교육에 주는 가장 큰 이점은 교사가 가르치는 장소에 직접 가지 않고도 교육을 할 수 있다는 것이다. 다시 말해, 시간을 초월한 교육(실제 강의시간이 아닌 원하는 시간에 강의를 들을 수 있음)과 장소를 초월한 교육(교사와 멀리 떨어진 곳에서도 강의를 받을 수 있음)을 할 수 있게 해 주었다. 물론 책이 먼저 시간과 장소를 뛰어넘어 교육을 받을 수 있도록 해준 것이며 현재도 여전히 책을 많이 사용하고 있다.

학생들은 온라인을 통해 지역, 국내, 또는 세계 여러 곳의 학생 및 교사들과 상호작용할 수 있다.

Shutterstock

거의 1세기 동안 세계의 사람들은 전통적 우편 시스템을 이용하여 개별적으로 원격교육에 참여할 수 있었다. 학습자들은 프린트한 강의자료를 받고 과제를 제출하고 멀리 있는 교사로부터 피드백을 받았다. 그러나 현대의 신기술은 풍부한 시청각 자료를 바로 활용할 수 있게 해주며 특히 교사와 학생 간의 상호작용을 훨씬 빠르고 쉽게 할 수 있게 해준다. 7장에서는 원격교육 및 원격학습의 개념을 설명하고 오디오 및 비디오 원격통신 시스템에 대해 소개한다. 8장에서는 온라인 학습 중 컴퓨터 중심의 원격교육에 대해 다룰 것이다.

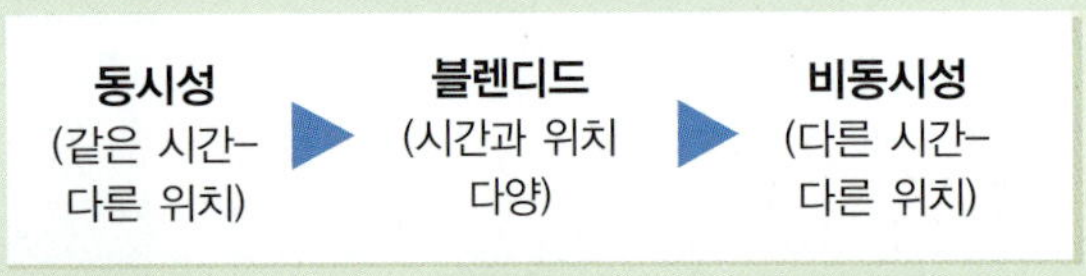

그림 7.1
원격교육 종류

교사로서 이 장에서 다루는 다양한 선택들, 즉 다양한 기술들을 활용하는 원격교육이나 컴퓨터 기반 온라인 학습 등에 대해 제대로 인식하고 있어야 한다. 그리고 학습을 지원할 수 있는 가장 효과적인 기술과 매체를 적절하게 선택할 수 있어야 한다. 이 장에서 제시하는 방법들을 원격으로 학습하는 학생들을 위해 활용할 수 있을 것이다.

원격학습 리터러시

원격학습은 원격통신을 이용하여 교육하는 것을 의미한다. 이 장에서 **원격통신**이란 라디오, 전화, TV(방송, 케이블, 위성 TV) 등 다양한 원격통신 미디어를 모두 포함한다.

이러한 미디어들은 공통적으로 그리스 어원 'tele'의 의미 '원거리에서' 또는 '멀리 떨어진'이라는 뜻을 가지고 있다. 이러한 미디어들은 모두 원거리 간의 통신을 위한 시스템이다. 좀 더 구체적으로 정의하면 '원격교육'이란 다음과 같은 특성을 가진 교육형태를 말한다.

- 학습자가 교사로부터 물리적으로 떨어져 있음
- 체계화된 교육용 프로그램
- 공학 매체
- 양방향 통신

비디오 화상회의 시스템은 교사가 간단히 모든 학생들에게 보여주고 싶은 이미지를 선택하도록 해준다.

iStockPhoto

교사 중심 수업이나 학습자 중심 수업 또는 원격학습이나 전통수업에서든 학습자의 학습이 가장 중요하다. 4장에 제시한 일반학습에서의 학습전략을 원격학습에서도 그대로 적용할 수 있다. 어떠한 기술을 이용한 원격수업시스템이라도 학습을 지원하기 위한 기술들을 제대로 활용해야 할 것이다.

- *정보 제시.* 어떠한 수업에서든지 가장 기본적인 요소는 학습자에게 정보를 제시하는 것이다.
  - 교사의 강의나 연설
  - 교과서 내용이나 삽화(예: 교과서, 유인물, 통신학습 자료)
  - 육성 녹음내용, 음악, 기타 음성 자료
  - 동영상 자료(비디오, CD-ROM)
- *피드백 실시.* 학습은 학습자가 능동적으로 참여할 때 가장 효과적으로 이루어진다. 교사는 학생들의 활동을 증진하기 위하여 다양한 방법을 사용해야 한다.
  - 질문-답변 시간(수업 중이나 수업이 끝난 후 실시)
  - 토론 (수업 중이나 숙제를 통해 이루어짐)
  - 시험
  - 그룹활동(예: 역할놀이나 게임)
  - 그룹 프로젝트

교사는 수업에 공학기술을 사용하여 학생들을 모니터할 수 있다.

Corbis RF

TV 송수신 관련 공학기술이 발전하여 원격 학습도 실제 교실에서 하는 것과 비슷하다.

Joe Don Buckner/AP

- 동료교사 활동(peer-tutoring)

- *학습자료 활용.* 수업 이후에 학생들은 개인 활동이나 숙제 혹은 프로젝트를 통하여 학습할 수 있다. 학과 이외 시간에 활용할 수 있는 학습자료에는 다음과 같은 것들이 있다.
  - 유인물(예: 교과서, 읽기 보충자료, 과제지)
  - 시청각 교육 자료(예: 오디오-비디오 카세트, 멀티미디어, CD-ROM)
  - 컴퓨터 데이터베이스(예: 온라인 검색)
  - 도구 세트(kits)(예: 실험 실습이나, 실제 사물을 관찰하는 데 필요한 도구 세트)

학습장소에 대해 다른 시각으로 생각해 보아야 한다. 지금은 교실이라는 것이 서로 연결되어 있다. 교사의 역할도 직접 가르치기보다 촉진자의 역할로 바뀌었다. 그러면서 수업에 소외자가 없도록 잘 관찰해야 한다.

최신 공학기술을 이용하여 학생들은 상호작용을 더 잘 할 수 있으나 학습자들의 상호활동을 활성화할 수 있도록 조절하는 역할은 교사의 몫이다(Simonson, Smaldino, Albright, & Zvacek, 2006). 학생들도 친구들이나 교사와 상호작용하기 위해 네티켓을 잘 지키며 어떠한 원격기술을 사용해야 하는지 알아야 한다.

원격교육에 대한 이러한 요소들을 들여다보면 교사들을 위한 ISTE NETS 기준이 결국 원격상황에서 학습경험이 잘 이루어지도록 하는 지식과 기술이다. NETS-T 표준을 활용하여 원격교육 능력을 다음과 같이 정의할 수 있을 것이다.

- 학습경험을 설계하고 촉진한다.
- 학습과 책임을 증진한다.
- 평생학습을 하도록 한다.

원격학습

학습자의 학습을 지원할 수 있는 세 가지 기본적인 원격학습 자원은 오디오, 비디오, 온라인이다. 이 중 어떠한 자원을 사용하더라도 늘 저작권(자세한 내용은 1장 참고)을 고려해야 한다. 이 장에서는 원격학습과 관련한 저작권 내용을 살펴보자.

오디오 공학은 언제 사용하는가

다음과 같이 학생들의 학습이 강화될 때 사용한다.

지침	예시
학습자들을 인적 자원과 연결	학생들이 책의 저자와 책에 대해서 또는 지역 공무원과 최근 지역 이슈에 대해 토의할 수 있다.
지방 학생들에게 기회 확대	지방 학생들에게 기회가 없던 심화 수업을 들을 수 있다.
학습자 간에 협동학습	학생들이 프로젝트 과제를 하기 위해 서로에게 가장 좋은 시간에 같이 일할 수 있다.
장애나 질병으로 수업 참여가 어려운 경우	장애나 질병으로 토의나 수업에 빠지지 않아도 된다.

오디오 공학

오디오는 원격학습에 오랫동안 사용되어 왔다. 오디오는 오늘날 많이 사용되고 있지 않지만 라디오는 아직도 국제적으로 지역적으로 떨어진 지역 등 인터넷 연결이 좋지 않은 경우에 사용되고 있다.

오디오를 학습에 잘 사용하기 위해 가장 중요한 것은 다양한 지역에 학습자들에게 어떠한 자료가 가능한지를 아는 것과 오디오 자료가 학습내용을 충분히 다루고 있는지를 파악하는 것이다. 학습내용을 오디오로 잘 전하기 위해 카세트나 CD 등을 직접 보내거나 또는 양방향 커뮤니케이션을 하도록 전화회의를 할 수도 있을 것이다.

오디오 원격회의—전화, 위성, 인터넷 등을 이용한 실시간 상호대화 방법—는 여러 다른 곳에 있는 사람들을 연결시킨다. 오디오의 한 가지 아쉬운 한계는 시각적으로 볼 수 없다는 점이다. 그러나 이러한 문제는 유인물, 파워포인트 자료 등을 팩스로 보내 보완할 수 있다.

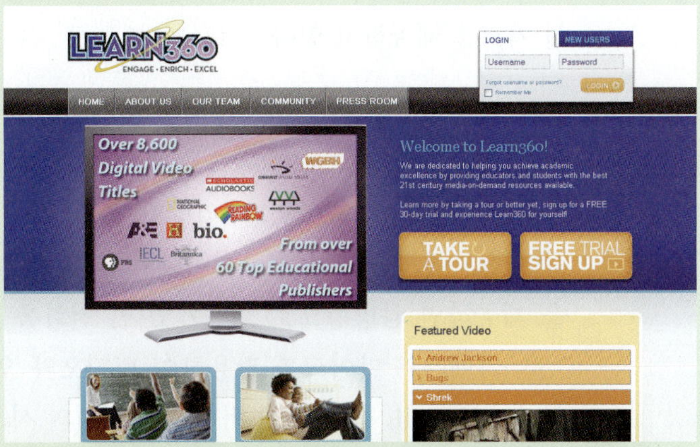

그림 7.2 Learn360
스트림 비디오를 거의 모든 학습에 사용할 수 있다.
출처: www.learn360.com. Reprinted by permission.

비디오 공학

세 가지 비디오 기술이 있다: 스트림드 비디오, TV, CD/DVD.

스트림드 비디오. 인터넷을 통해 전달되는 **스트림드 비디오**는 바로 컴퓨터로 또는 프로젝터를 통해 전체 학급에 보여줄 수 있다.

일방향 텔레비전 공학은 언제 사용하는가

다음과 같이 학생들의 학습이 강화될 때 사용한다.

지침	예시
수업 보완	어린이들이 집에서 부모와 수업 관련 TV 프로그램을 볼 수 있다.
학습자료 확대	교과서의 정보가 한정적인 경우 TV 다큐멘터리 프로그램으로 보충한다.
추가 정보	교육적인 TV 프로그램을 통해 특정 주제를 더 깊이 알 수 있다.
최근 정보	TV 뉴스를 통해 최근 시사 정보를 알고 수업토의에 참여한다.

교사는 학생들이 TV프로그램을 볼 때 안내하고 감독해야 한다.

Will Hart/PhotoEdit

비디오 자료는 전체로 또는 조금씩 나누어 보내면 전송이 빠르고 쉽게 내려받을 수 있다. 비디오 자료 목록은 유치원부터 중등 대상 자료까지 교육청을 통해 쉽게 얻을 수 있다. 따라서 학생이나 교사들이 편리하게 자료를 구할 수 있다. 또한 이러한 비디오 자료는 수업방법, 수업자료, 보충자료 등을 함께 제공하는 경우가 많다. 교사들이 비디오를 먼저 검토하여 꼭 필요한 부분만 한정하고 학습자들이 이 부분에 집중하여 보도록 할 수 있다. 'Discovery Education'과 'Learn360' 둘다 여러 영역과 학년별 다양한 자료를 제공하고 있다.

텔레비전. TV 공학기술도 다양한 방법으로 학습기회를 준다. 개별적으로 디스커버리(Discovery) 채널을 보며 학습을 할 수도 있다. 또한 학점이나 학위를 따는 TV 코스에 등록하여 공부할 수도 있다. 일방향 TV는 학습자와 교수자의 상호작용 없이 학습내용을 학습자에게 전달하는 방법이다. 그러나 실제로 이러한 일방향 TV도 오디오 피드백을 제공하면 양방향으로 할 수 있다. 전화를 사용하여 상호작용을 할 수 있다(그림 7.3). 카메라와 마이크를 활용하여 비디오와 오디오로 동시에 양방향 소통을 할 수도 있다(그림 7.4). 한 학교에 비디오 원격회의 시스템을 갖추고 사용할 수도 있지만 필요에 따라 임대하여 사용할 수도 있다. 이러한 경우 TV가 일반 교실 학습을 더 활성화할 수 있다. 어떤 양방향 TV는 정보를 간단히 줄여 **압축 비디오**를 사용하기도 한다. 이러한 경우 비디오 자료의 화질이 좋지 않을 수 있지만 비용면에서 좀 더 싸다.

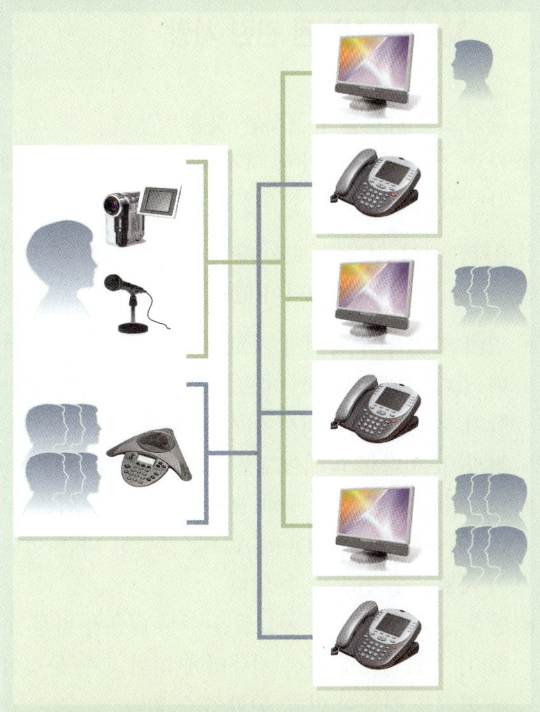

그림 7.3 일방향 텔레비전 공학
일방향 비디오와 양방향 오디오가 아마 가장 보편적인 상호작용 교육 TV 시스템일 것이다.

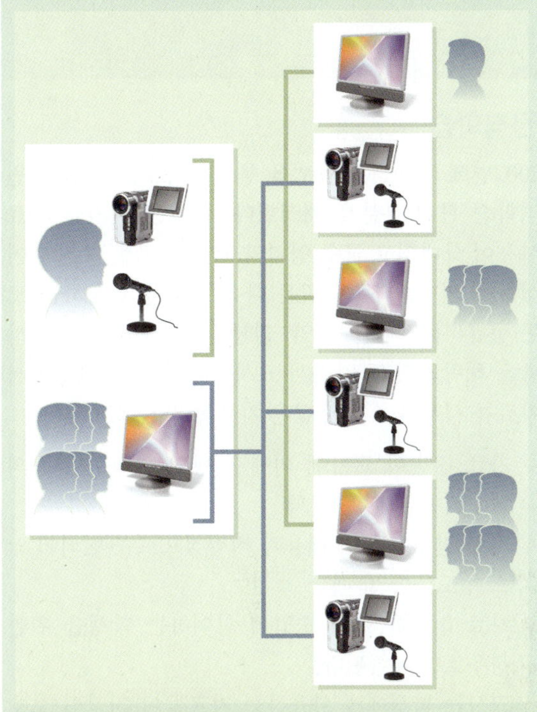

그림 7.4 양방향 텔레비전 공학
양방향 비디오 및 오디오는 학생들 간 상호작용을 잘 할 수 있지만 양쪽 위치에 모두 카메라와 마이크 시스템이 필요하다.

CD/DVD. 비디오 자료는 CD나 DVD에 저장할 수 있다. 이러한 자료는 개별 학교가 직접 구입하거나 일정한 기간 동안 빌려서 사용할 수 있다. 또한 비디오를 비디오 가게에서 대여하거나 온라인으로 살 수도 있다. CD, DVD 자료도 개별적으로 컴퓨터 모니터로 보거나 TV 모니터나 프로젝터를 통해 전체에게 보여줄 수 있다.

양방향 텔레비전 공학은 언제 사용하는가

다음과 같이 학생들의 학습이 강화될 때 사용한다.

지침	예시
학습대상 확대	여러 주 또는 여러 나라의 학생들이 참여하여 토론하므로 학습을 확대할 수 있다.
학습자료 확대	특강 강사가 어떠한 주제로 참여할 수 있다.
지방 학생들에게 기회 확대	수업을 선택할 수 있는 여지가 많지 않은 학생들이 대학준비를 위해 원거리에서 수업을 들을 수 있다.
추가정보	다른 학교 교사가 관련 수업경험을 추가로 보여줄 수 있다.

저작권 관련 사항

원격학습

2002년에 국회는 교육법을 통과시켜 저작권법의 원격학습 관련 부분을 개정했다. 이것은 디지털 자료 사용이 확대되고 교수 영역의 경계가 교실 벽을 넘어섰음을 의미했다. 이 법은 다음 조건을 만족하는 모든 종류(시각, 예술, 음악, 영상 등) 자료의 게재와 사용을 허락하였고, 따라서 교사들은 온라인 환경에서 자료를 사용하는 데에 많은 자유를 가지게 되었다.

- 자료 전송이 교사에 의해 진행되는 교수 활동의 필수적인 한 부분일 때
- 자료 전송이 교수 내용과 직접적으로 관련되어 있으며 도움이 될 때
- 자료 전송은 실제 수업에 참여하는 학생을 위한 경우로만 제한된다.
- 교사는 학생에게 사용하는 자료들이 저작권 보호를 받고 있다는 것을 알린다.
- 기관은 수업시간 외에 학생들이 자료를 가지고 있는 것을 막을 수 있는 방법을 마련한다.
- 기관은 학생들에게 자료가 전송되는 것을 제한하고, 허락받지 않은 학생들이 보유하는 것 또는 기술적으로 자료를 유포하는 것을 막는다.
- 자료 전송을 위해 아직 디지털화되지 않은 자료에 한하여 일부 자료의 스캔을 허용한다.

원격학습에서 저작권 보호 자료 사용을 위해 구체적인 제한이 상세히 설명되어 있다.

- 면대면 실제 수업에서 자료의 사용에는 시간제한이 있다. 또한 저작권 자료들을 수업 과정이 있는 학기 기간을 넘어서까지 사용할 수 없으며 사전 허가 없이 다른 학기에도 사용할 수 없다.
- 교사들은 학생들이 구매 또는 획득할 수 있는 교재, 인쇄물, 또는 CD나 DVD를 포함한 다른 미디어 자료들을 전송할 수 없다.
- 방송 중이 아닌 녹음 자료들은 원본 내용을 바꿀 수 없다. 물리적으로 혹은 컴퓨터에 의해 교수 문집이나 편집을 위하여 변형, 통합될 수 없다.

더 많은 정보를 위하여, '기술, 교육, 그리고 저작권(2002)' 웹사이트 www.ala.org/washoff/teach.html를 참고하라.

일반적인 저작권 관련 정보를 원한다면, 1장의 '저작권 관련 사항: 저작권법' 을 참고한다.

온라인 공학

온라인 학습(이러닝)은 컴퓨터 온라인으로 이루어지는 학습을 의미한다. 온라인 학습 교육자료는 주로 네트워크를 통해 접근된다. 자원은 웹사이트, 인터넷, 인트라넷, CD-ROM, DVD를 포함한다. 이러닝은 수업을 하며 학습자의 수행을 모니터링하고, 학습자의 수업 진척 과정을 보고할 수 있다.

이러닝으로 학습내용을 전달하는 것 외에도 학생들의 학습을 모니터링하거나 어떻게 이루어지는지 알려줄 수 있다. 온라인 학습은 갈수록 늘어나고 있다. 학생들은 더 이상 교과서에만 의존하지 않고 학교 밖의 다양한 학습자료를 접근할 수 있다. 교사와 학생들이 원거리 또는 다른 나라에 있는 도서관 자료도 접할 수 있다. 예전에는 거의 접근이 어려웠던 자료를 지금은 거의 누구나가 사용할 수 있게 되었다.

학생과 교사들은 풍부한 자원(데이터베이스, 도서관, 특정 관심 그룹)을 이용하여

그림 7.5 Monarch Butterfly Journey North
이런 온라인 학습 프로그램은 데이터, 비디오, 지도나 다른 자원을 연결하므로 교실의 학습을 더 풍부하게 해준다.

출처: www.learner.org/jnorth/monarch. Reprinted by permission of Journey North.

정보에 접속하기, 다른 학생들 또는 특정 연구 분야의 전문가들과 컴퓨터로 의사소통하기, 데이터 교환하기를 통하여 교실학습을 강화할 수 있다. 미국 지리협회(National Geographic)에서 수행한 것과 같은 활동은 학생과 교사들이 다양한 주제를 탐구하기 위해 학생, 교사, 과학자들을 국가적인 네트워크로 연결함으로써 혜택을 누릴 수 있게 해 준다(그림 7.5).

이러닝은 종종 직접 면대면 학습과 함께 하기도 하는데, 이를 **블렌디드 수업(blended instruction)**이라고 한다. 이어서 수업에 다양한 공학기술을 어떻게 활용하는지와 또 이를 위해 고려할 이슈들을 다루도록 한다.

원격으로 가르치기

원격으로 가르칠 때는 여러 가지 이슈들을 고려해야 한다. 원격으로 가르치는 것은 일반 수업에 단지 오디오, 비디오, TV, 컴퓨터 등을 사용하는 것과는 다르다. 수업의 여러 가지 요소들을 조정하고 다르게 해야 한다. 교사들은 어떠한 리소스들이 있는지, 학생들이 관련 기술들에 익숙한지, 학습경험을 위해 무엇을 고려해야 하는지 등을 잘 인식하며 수업을 조절해야 한다(Dabbah & Bannan-Ritland, 2005).

원격학습에서 종종 간과하는 것이 학습자들의 자료에 대한 접근성이다. 교사가 학생들과 협력학습을 하고자 할 때 각 학생들이 필요한 자료, 예를 들어 매체 센터의 책

온라인 학습은 언제 사용하는가

다음과 같이 학생들의 학습이 강화될 때 사용한다.

지침	예시
빠르게 피드백을 주고받기	학생들이 어떤 기술이나 학습내용을 컴퓨터 피드백을 받으며 연습할 수 있다.
개별학습	학생들이 숙제를 하기 위해 관련 자료들을 검색할 수 있다.
영재학생들 기회 확대	영재학생들은 여러 다른 방법으로 인터넷 검색을 할 수 있다.
협력학습	여러 곳에 있는 학생들이 같은 학습주제에 대해 함께 컴퓨터 프로그램을 활용하며 공부할 수 있다.

또는 인터넷 자료에 접속할 수 있느냐가 중요하다. 교사는 직접 손으로 하는 활동이나 자료를 보내기 위해 일부 조정을 해야 한다. 원거리에 있는 학생들이 자료에 대한 접근 어려움을 겪지 않도록 해야 한다. 교사들은 학교에 매체 전문가와 협조하여 모든 학생들이 공정하게 학습에 중요한 자료를 잘 접속할 수 있도록 해야만 한다. 인터넷으로 이

저작권 관련 사항

온라인 학습

저작권이 있는 작품을 허락 없이 복사한 내용이 저작권 소유자가 모르는 채 웹사이트에 게시되는 경우가 빈번하다. 최근에 저자가 가르치는 학생 한 명이 ASSRUE 모형 웹사이트에 자료 출처에 대한 표식이 없는 것을 발견했다. 일반 사용자들은 그 자료가, 발견된 웹사이트를 개설한 대학에 의해 개발되었다고 가정했을 것이다. 그 경우가 아니더라도 저작권법에 대한 심각한 위반 사례가 있다!

- 일반 사람들의 생각과 달리, 모든 인터넷 자료들은 이것이 저작권 표시를 하고 있지 않거나 저작권 보호를 받는다고 명시하지 않더라도 저작권 보호를 받는다.
- 이메일은 실재하는 표현의 매개체로서 원작으로 여겨지기에 저작권 보호를 받는다. 이것이 정당한 사용의 경우를 제외하고 교수 목적으로 복사되거나 전달된다면 불법이다. 이메일을 개인적으로 사용하기 위하여 복사물을 하나 만들 수는 있다.
- 저작권법과 사생활법에 의하면 어떠한 이메일도 허락 없이 전달하지 않을 것을 권한다. 그러나 발췌문을 인용할 수 있고 메시지의 요지를 보고할 수는 있다. 예를 들어, 만약 교사가 여러분에게 시의 원본을 보냈다면 이것은 자동적으로 저작권 보호를 받게 되고, 여러분이 그것을 친구에게 보냈다면 여러분은 명백히 저작권과 사생활권을 침해한 것이 된다(Becker, 2003).
- 여러분이 중앙 일간지의 신문 웹사이트에서 기사를 다운로드한 다음 그 주제에 대해 토론하기 위하여 학생들에게 미리 복사본을 나누어 준다. 저작권법을 위배하지 않고 할 수 있는가? 그렇다. 이것은 교실 수업 사용을 위해서 다량 복사를 허용한 현재의 복사 지침을 따르는 대부분의 신문에 대해 허용될 수 있다. 그러나 개인적으로 서명한 저작권이 있는 Jack Anderson의 칼럼 같은 기사는 예외이다. 그러한 기사를 학생들에게 나누어 주기 위해 복사하는 것은 불법이다(Becker, 2003).
- 학생, 학부모 또는 보호자의 사전 허락 없이 학생의 수필, 시, 또는 다른 작품들을 학교 웹사이트에 게재할 수 없다.
- 항상 웹사이트와 연결된 다른 사이트가 아닌 메인 페이지에 링크하라. 일반적으로, 다른 웹사이트에 링크하는 것은 저작권 침해로 보지 않는다. 그러나 이것은 저작권 관련 쟁점으로 불거질 수 있다. 링크로 인해 사용자가 저자 작품의 중심부로 들어가고 이를 초기 웹사이트가 사용자에게 알리지 않는다면, 이것은 잘못하면 계속 원본 사이트에 있는 인상을 줄 수 있어 링크된 사이트에 신뢰를 주지 못할 수 있다.
- 비디오, 오디오, 그리고 다른 자료 파일 공유 및 다운로드는 원작자나 저작권법의 허락을 받지 않는다면 저작권 침해로 간주된다.
- 교육자들은 인터넷상의 저작권 자료를 인쇄 서식을 다루듯 대해야 한다. 왜냐하면 저작권법은 아직도 뒤죽박죽이고, 가장 좋은 방법은 자료를 사용할 때 먼저 이것이 허가된 것인지 아닌지를 고려하는 것이다. 이것은 그렇게 어려운 일은 아니다. 만약 이것이 의심스러울 때는 물어보아라!

더 많은 정보를 원한다면 1장의 '저작권 관련 사항: 저작권법'을 참고한다.

러한 상황이 많이 해소되었지만 여전히 인터넷으로 전달하기 어려운 자료도 있고 저작권의 어려움이 있기도 하다. 학교의 매체 전문가는 저작권에 대해 잘 알고 자료를 사용하도록 도와주어야 한다(〈저작권 관련 사항: 원격학습〉 참고).

ASSURE 사례 연구 성찰

PEARSON myeducationkit™

7장 시작에 있는 ASSURE 성찰과 비디오를 다시보아라. 그리고 어떻게 원격교육기술들이 학생들의 역사공부를 도와주는지 설명해 보아라. 어떻게 Chun 교사가 정보 프레젠테이션, 연습과 피드백, 학습자료 접속성 등을 사용하여 학습을 지원하는가?

전략과 접근방법

교사 중심 수업이나 학습자 중심 수업 또는 원격학습이나 전통수업에서든 학습자의 학습이 가장 중요하다. 4장에 제시한 일반학습에서의 학습전략들을 원격학습에서도 그대로 적용할 수 있다. 어떠한 기술(오디오, 비디오, 컴퓨터 등)을 이용하든 또는 실시간 화상수업이든 비실시간 수업이든 일련의 원격수업 시스템이 제대로 학습을 지원해야 한다.

- *정보 제시.* 학습자 중심 수업이나 교사 중심수업이나 수업에 가장 기본적인 것은 학습자에게 정보를 제시하는 것이다. 가장 보편적인 정보 제시 예는 다음과 같다.
  - 교사의 프레젠테이션과 시범
  - 학습자의 프레젠테이션 또는 소집단 활동
  - 프레젠테이션을 보완하는 글이나 그래픽(예, 이미지, 유인물, 워크시트 등)
  - 실시간 음성, 음악, 또는 소리
  - 동영상(비디오, CD, DVD)
- *피드백 실시.* 학습은 학습자가 능동적으로 참여할 때 가장 효과적으로 이루어진다. 교사는 학생들의 활동을 증진하기 위하여 다양한 방법을 사용해야 한다.
  - 질문-답변 시간(수업 중이나 수업이 끝난 후 실시)
  - 토론(수업 중이나 숙제를 통해 이루어짐)
  - 시험
  - 그룹활동(예: 역할놀이나 게임)
  - 그룹 프로젝트
  - 동료교사 활동(peer-tutoring)
- *학습자료 활용.* 수업 이후에 학생들은 개인 활동이나 숙제 혹은 프로젝트를 통하여

원격 커뮤니케이션 방법들이 발달하면서 학교 밖의 많은 정보를 접할 수 있다.
Travis Morisse/AP

학습을 할 수 있다. 학과이외 시간에 활용할 수 있는 학습자료는 다음과 같은 것들이 있다.

오디오	비디오	문자
오디오 원격회의	TV	게시판에 올리기
오디오 송신	비디오 송신	이메일
오디오 녹음(테이프, 디지털 파일)	온라인 비디오	블로그, 월드와이드웹

그림 7.6
원격교육에 사용된 매체 예

- 유인물(예: 교과서, 읽기 보충자료, 과제지)
- 시청각 교육 자료(예: 오디오-비디오 카세트, 멀티미디어, CD-ROM)
- 컴퓨터 데이터베이스(예: 온라인 검색)
- 도구 세트(kits)(예: 실험 실습이나, 실제사물을 관찰하는 데 필요한 도구 세트)
- 도서관 자료(자료의 원본 등)

원격학습에서도 일반학습에서처럼 다양한 기술, 매체, 자료를 사용할 수 있다(그림 7.6). 여러 가지 원격학습 시스템은 각각의 장점과 단점을 가지고 있다.

주요 문제

이러닝이 인터넷을 중심으로 이루어질 경우 관련한 중요한 이슈들이 여러 가지 있다. 이러한 이슈들은 보안, 학습자 사용 모니터링, 사용 규칙, 네티켓 등을 포함한다.

보안. 학생들은 인터넷상에서 자기의 전화번호, 주소 및 기타 개인 정보를 배포하지 않도록 지도받아야 한다. 비양심적인 사람들이 학생들과 접촉하고 심지어는 해를 입혀 왔다. 학생들은 연락이 필요한 경우에 학교 전화번호나 주소를 알려주는 것이 현명하다. 또한 교사들은 웹에 학생들의 사진을 게시하려면 반드시 학부모의 허락을 받아야 함을 명심하자.

정보 보안 교육 연구소(CERIAS)는 정보 보안 분야에서 간학문적인 연구와 교육에 초점을 맞추고 있다. 이 기관의 관심사는 사생활, 윤리, 정보의 운영에 관한 쟁점들에 관하여 교육자들을 지원하는 것이다. 학생 기록의 비밀 유지, 사생활 정보, 학생들이 온라인에서 작업할 때의 보호와 같은 쟁점들이 중요한 고려사항이다. 이 기관에서는 교육자들이 학생, 교사 및 학교 사회를 보호하기 위한 학교 정책을 수립할 때 활용할 수 있는 지침을 제공한다(www.cerias.purdue.edu).

학습자 사용 모니터링. 교사와 학부모는 학생들이 인터넷을 사용할 때 그들의 행동이 적절한지 그리고 고의로 또는 우연히 부적절한 자료를 탐색하지 못하도록 살펴보아야 한다. 모니터링(monitoring)의 양과 수준은 학생의 연령에 따라 다르므로 고학년 학생보다는 저학년 학생들을 더 많이 모니터링해야 한다. 모니터링에 대한 교사의 최종 결정은 부모와 학교 행정가들과 연계되어 이루어져야 한다. 또한 만일 학생들이 부적절한 정보나 시각자료를 접했을 때 그들이 그 자료의 출처에 대하여 교사에게 자연스럽게 알릴 수 있어야 한다. 학생들이 '경계 밖' 에 있는 사이트를 방문할 수 없도록 막아주는 소프트웨어가 있다. 그러한 소프트웨어는 사이트를 '가로채서' 지역 컴퓨터의 하드 드라이브에 저장한다. 이 경우에 학생들은 인터넷에 실제로 연결되지 않은 채로 그 사이트에 방문한 것처럼 가상의 상황에 놓이게 된다.

직접적인 감독이 중요하다. 컴퓨터 네트워크 시스템은 자체적인 감독 시스템을 가지고 있지 않은 경우가 많다. 따라서 교사는 학부모들과 학교 외 환경에서 접속하는 자료를 감독해야 한다. 학생들이 건전하지 않은 자료에 접속을 하게 될 수도 있다. 보통 학교의 컴퓨터들은 인터넷 필터시스템을 설치해 놓는다. NetNanny 또는 Content Barrier라는 소프트웨어는 가정에서 불건전한 인터넷 자료 사용을 막아줄 수 있다.

인터넷 사용 규칙. **인터넷 사용 규칙(Acceptabl Use Policies, AUPs)**은 인터넷의 부적절한 사용에 대하여 관련 당사자인 학생, 교사/보호자 및 학교 행정가 간의 동의서이다. 많은 학교들이 수용할 만한 규칙을 개발해 왔다. 재직 중인 학교에 그런 규칙이 있는지 확인해 보자.

이 규칙은 보통 학교가 부적절한 정보의 접속을 통제하기 위해 무엇인가 할 것이라는 점, 학생들은 그러한 정보에 접속하지 않을 책임을 받아들일 것이라는 점, 부모들은 자녀가 학교의 노력에도 불구하고 그러한 정보에 접속할 가능성이 있다는 것을 이해한다는 점 등을 포함한다. 모든 당사자들은 규칙을 읽고 그것을 지키기로 동의한다는 서명을 한다. 대부분의 주 교육청에서는 교육자들이 자신이 근무하는 학교에서 사용할 AUP를 작성할 수 있도록 돕기 위하여 참고자료를 만들었다.

네티켓. 인터넷에는 적절한 행동을 위한 비공식적인 규칙이 있다. 인터넷을 정보 고속도로에 비유한다면 그 규칙은 곧 '교통법규' 와 같은 것이다. 인터넷 규칙인 네티켓은 이메일과 웹에서의 다른 상호작용에도 적용된다.

- 메시지를 짧고 간결하게 하자. 메시지를 한 화면에 모두 나타나도록 쓰자. 쓰기 전에 생각하자. 간단하게 요점만 쓰자.
- 의사소통에서 송신자로서 이름, 학교 주소를 포함하여 어디의 누구인지 밝히자. 모든 인터넷 주소가 송신자를 명확하게 밝혀 주는 것은 아니다.
- 메시지를 전송하기 전에 주소나 URL을 재확인하자.
- 메시지에 회신할 때는 원래 메시지에서 관련 있는 부분을 포함시키자.
- 수신자가 아닌 다른 사람이 읽지 않기를 바라는 것은 쓰지 말자. 이메일은 가로

채이거나 타인에게 전달 될 수 있다.

- 철자, 문법, 구두점을 확인하자. 고유명사와 문장의 시작을 제외하고는 소문자를 사용하자.
- 다른 사람들에게 민감해지자. 특히 사회적, 문화적, 윤리적인 입장이 다른 사람들을 존중과 예의로 대하자.

ASSURE 사례 연구 성찰

PEARSON myeducationkit™

7장 첫머리에 있는 ASSURE 성찰과 비디오를 다시 보시오. 그리고 어떻게 원격교육 기술이 학생들의 역사공부를 도와주는지 설명해 보시오. 어떻게 Chun 교사가 학생들이 원격상호작용을 할 때 안전하면서도 적절하게 상호작용하도록 하고 있는가? 그리고 학생들의 부모들의 허락을 받기 위해 어떠한 것들을 고려해야 하는가?

- 빈정거리지 말자. 그것은 효과가 없으며 좋은 인상을 주지 않는다.
- 유머를 조심하여 사용하자. 그것은 양 날을 가진 칼이다. 독자는 대면하지 않기 때문에 여러분의 얼굴 표정, 신체 언어나 목소리의 음조를 느끼지 못한다. 윙크 표시로 ;), 찡그리는 표시로 :(과 같은 **이모티콘**이나 '이메일 신체 언어' 를 사용할 수 있지만, 그것 또한 대면하여 말하는 것만큼의 의사소통이 이루어지지는 않는다.
- 협동하고 공유하자. 인터넷에서도 다른 사람의 집을 방문한 손님처럼 행동하자. 다른 사람들과 정보를 기꺼이 공유하자. 도움과 정보를 주고받을 때는 질문에 기꺼이 답하고 여러분의 자원을 나눠 주자.
- 저작권을 주의 깊게 생각하자. 어떤 정보가 전자적으로 복제될 수 있다 하더라도 그것이 곧 허락 없이 배포될 수 있다는 것을 의미하지는 않는다. 달리 언급되지 않았더라도, 인터넷에 있는 모든 자료는 저작권의 보호를 받는다(1장과 7장의 〈저작권 관련 사항〉 참조).
- 외설물을 경계하자. 외설을 규제하는 법이 인터넷에 있는 메시지에 적용된다. 그러나 법적으로 외설이라고 여기지 않는 자료라도 학령기 아동에게 부적합할 수 있다.

수업에 원격학습 적용

장점

- *매체의 다양성.* 인터넷은 전 세계에 있는 학습자들에게 다양한 정보를 전달하는 수단이다. 인터넷 사이트는 문자, 오디오, 그래픽, 애니메이션, 비디오와 다운로

드가 가능한 소프트웨어 등의 다양한 매체를 포함할 수 있다.

- *최신 정보.* 몇 년 전까지만 해도 교육자들이 이용할 수 있는 자원은 교실이나 학교 건물 내에 있는 것뿐이었다. 그러나 이제는 지역사회와 전 세계에 걸쳐 있는 자원을 연결할 수 있게 됨으로써 교수와 학습에 새로운 길이 열렸다. 학생들은 지역적인 한계를 넘어 도서관과 데이터베이스에 접속할 수 있다. 이것은 홈 스쿨링을 실시하는 개인뿐만 아니라 작은 시골 지역 학교의 정보 접촉 범위를 확장한다.
- *아이디어 교환.* 학생들은 특정 연구 분야의 전문가들과 '대화' 함으로써 연결될 수 있다. 더욱이 다른 학생들, 심지어는 다른 나라에 살고 있는 학생들과도 아이디어 교환을 가능하게 하는 활동에 참여할 수 있다.
- *상호작용.* 모든 학생들이 동시에 교사와 학생들에게 말할 수 있으므로 같은 메시지를 얻거나 같은 상호작용을 할 수 있다.
- *심화자원.* 원격학습은 홈 스쿨링을 하는 학생들이나 작은 규모 학교들에게 학습기회를 확대해 줄 수 있다. 또한 학습능력이 뛰어난 학생들에게는 더 어려운 자료를 접하거나 수준 높은 수업을 들을 수 있도록 해준다.
- *성찰/복습.* 원격학습은 학습에 도움이 더 필요한 학생들이 활용할 수 있다. 질병이나 다른 이유로 공부가 뒤떨어진 학생들이 원격교육 프로그램을 통해 공부할 수 있다.

단점

- *나이에 부적합한 자료.* 컴퓨터 네트워크, 특히 인터넷에서 볼 수 있는 몇 가지 주제들은 어린 학생들에게 적합하지 않다는 점이 염려스럽다. 술과 담배 광고는 인터넷상에서 어린이들이 즐겨 하는 게임이나 음악과 함께 제공된다. 학생들은 그들의 이해력보다 너무 앞서거나 지나치게 어른스러운 주제 속으로 순진하게 푹 빠져들 수 있다. 그러므로 더욱 치밀하게 관리, 감독해야 한다. 몇몇 컴퓨터 네트워크는 통제할 수 있는 조직이나 단체가 없다. 그래서 개인 스스로 통제해야 한다. 결과적으로 학생들은 호기심을 자극하는 자료에 접속할 수 있다. 넷 내니(Net Nanny)와 같은 차단 소프트웨어는 교사나 부모가 지정한 주제에 접근하는 것을 방지할 수 있으므로, 도서관들도 연방정부의 자금 지원을 받아 차단용 소프트웨어를 설치해야 한다.
- *저작권.* 정보에 매우 쉽게 접근할 수 있기 때문에 개인이 파일을 재빠르게 다운로드해서 몇 가지를 의도하는 대로 변경하여 불법적으로 만들기 쉽다. 그리하여 학생들은 자신이 직접 수행하지 않은 과제나 프로젝트를 제출할 수도 있다.
- *미숙한 성장.* 매일 수천 개의 새로운 웹사이트가 인터넷에 추가되는 것으로 추

산된다. 이러한 성장은 정보 찾기를 매우 어렵게 만든다. 정보 검색을 돕기 위해 여러 개의 상업적인 회사와 대학들은 웹 링크를 추적하여 검색어에 맞는 결과를 보여주는 검색 엔진을 제공한다.

- *지원.* 적절한 기술적 지원을 신속하게 받을 수 있어야 한다. 그러한 지원 없고 신중하게 운영하지 않으면 컴퓨터 네트워크는 빠르게 소멸할 수 있다. 네트워크상의 문제들은 컴퓨터실을 망가뜨릴 수 있으며, 심지어는 학교나 회사 전체의 컴퓨터를 고장 나게 할 수 있다. 그러므로 기술자들이 고용되어 네트워크를 설치하고 유지, 보수해야 한다.
- *접속.* 유선 또는 무선 시스템이나 모뎀 중 어느 것이든 상관없이 모든 사용자들은 네트워크에 접속할 수 있는 방법이 있어야 한다.
- *비용.* 질 좋은 원격학습 시스템은 값이 비싸다. 효과적으로 운영하려면 용량이 큰 컴퓨터와 속도가 빠른 인터넷 접속이 가능해야 한다. 원격학습 수업설계를 위해 교사는 수업내용 이해뿐 아니라 관련 하드웨어, 소프트웨어, 그리고 기술적 지원도 잘 알아야 한다.
- *부담.* 이러한 기술에 익숙하지 않은 학생들은 참여에 부담을 가질 수 있다.
- *경험 부족.* 대부분의 교사와 학생들은 이러한 상호작용 원격방법에 익숙지 않다.

교육과정과의 통합

원격학습은 교실의 학습활동을 더 촉진하거나 어떠한 관심 주제에 대한 정보 제공처로서 점차 확대되고 있다.

가상공립학교(Virtual public schools, VPS). 인터넷으로 수업이나 전체 프로그램을 운영하는 가상공립학교가 차츰 많아지고 있다. VPS는 주로 주정부 주관으로 이루어지며, 이를 통해 지방의 학생들이 다른 학교의 과목들을 수강하거나 일부 학생들은 다른 고등학교와 여러 나라 대학들이 제공하는 심화과목 등을 수강하고 또는 직접 학교에 다니지 않고 학위를 딸 수도 있다. 여러 소프트웨어(예: WebCT, Blackboard)들이 교사와 학생들이 수업 및 자료에 쉽게 접속할 수 있도록 해준다. 원격학습을 고려하는 경우 몇 가지 이슈들을 먼저 고려해야 한다.

- 학위 제공에 대한 기관의 신뢰성
- 과목의 수준 및 질
- 온라인 코스 비용, 예를 들어 장비, 온라인 비용, 학비 등

이메일. 문자 중심 이메일로 소통하는 방법도 수업에 활용할 수 있다. 학생들이 교실 밖의 학생들이나 전문가들로부터 정보를 받거나 그들에게 질문하는 일 등을 할 수 있

다. 예를 들어 날씨에 대해 공부할 때 학생들이 다른 지역 학생들로부터 온도, 강수량, 바람의 방향 등에 대해 정보를 얻을 수 있다. 또한 학생들이 지역 날씨에 대한 기상지도를 기상청에서 받아보거나 NOAA 웹사이트에서 인공사진을 받아볼 수도 있다(그림 7.7). 기상청의 전문가로부터 특정한 질문에 대해 답을 들을 수도 있다. 이러한 수업을 위해서는 교사가 미리 필요한 사항들을 조정해 두어야 한다.

그림 7.7 NOAA
NOAA는 지구에 대해 많은 자료를 제공하고 있다.
출처: www.noaa.gov

학생들은 또한 개인적인 프로젝트를 위한 정보를 수집하기 위해 이메일을 사용할 수 있다. 예를 들면, 중학교 학생들은 조사하고 싶은 직업을 선택하여 그들이 만든 질문에 대한 답을 찾기 위해 각 분야의 전문가들과 연락할 수 있다. 학생의 조사 결과물은 구두 발표나 보고서로 공유되는 '직업 조사 보고서' 가 될 수 있다.

초중고 학생들이 사용하는 'Pen pals' 과 'Key pals' 은 글쓰기 능력을 향상시켜 준다. 예를 들어 한 교사가 학생들을 지역 대학의 영어 문법 수업에 연결해 준다. 그러면 대학생들이 학생들의 글쓰기에 대해 이메일로 도움을 준다. 학생과 대학생 그룹에게 동시에 이로운 방법이다. 어린 학생들은 글쓰기 도움을 받고 대학생들은 어린 학생들과 함께하는 것을 배운다. 이러한 예가 멘토들이 어떻게 학생들과 잘 연결할 수 있는지 보여준다.

테크놀로지 통합 사례

Key Pals

북아이오와 대학 교수인 Traw는 그의 초등교육전공 학생들이 영어문법에 대한 경험을 더 넓힐 수 있기를 바란다. 스케줄 잡기가 어려워 그의 학생들이 초등학교에 가서 아이들 글쓰기 관련 실습을 하도록 하는 것이 매우 어려웠다. 그러나 인터넷을 통해 초등학교 학생들이 자신의 글을 대학교 'Key Pals' 학생들이 검토할 수 있도록 보낼 수 있었다. 초등학생들은 자신의 글을 누가 읽어준다는 것에 흥미를 느끼고 대학생들도 미래 작가들인 초등학생들과 직접 일할 수 있는 경험이 좋다. Traw 교수와 교실 교사는 대학생들이 초등학생들의 글쓰기를 가르칠 때 유의할 사항에 대한 안내를 받는다.

Stockdisc

원격시스템은 서로 다른 언어를 사용하는 국가 간에도 컴퓨터를 기반으로 문화적 교류를 할 수 있도록 해준다. 언어 차이가 있을 경우 컴퓨터가 통역을 하기도 한다.

학생들이 원거리에 있는 친구들과 프로젝트를 계획하고 완성하기도 한다. 예를 들어 서로 다른 지역의 학생들 간에 지역 역사에 대해 공부하거나 어려운 수학 문제들을 서로 해결하기도 한다.

웹퀘스트 통합. 학생들은 웹상의 풍부한 정보에 접속할 수 있지만, 임의로 또는 별로 깊이 생각하지 않고 검색한다. 교사는 학생 중심 학습 활동에서 정보를 수집하기 위해 웹을 효과적으로 사용하도록 돕는 **'웹퀘스트'**를 사용할 수 있다(Dodge, 1999). 샌디에이고(San Diego) 주립대학의 Dodge 교수에 의해 개발된 웹퀘스트를 이용하면 인터넷을 학교교육 과정에 적용할 수 있다. 웹퀘스트는 학생들이 상호작용하는 대부분의 정보를 인터넷에서 가져오는 탐구 지향 활동이다. 학생들은 과제 해결에 의미 있는 정보를 모으기 위하여 일련의 단계들을 따른다. 교사들은 특정 학습 결과를 염두에 두고 웹퀘스트를 설계한다. 학생들을 위한 탐구에는 다음과 같은 구체적인 단계가 있다.

1. *소개.* 시나리오에서 강조하는 쟁점이나 개념을 지적해 주어 학생들이 질문하도록 준비시킨다.
2. *과제.* 학생들은 쟁점과 문제를 확인하여 탐색을 위한 질문을 만든다.
3. *절차.* 그룹 내에서 학생들은 역할을 분담하여 그들의 질문에 대한 답을 찾기 위한 정보를 모으기 위해 따라야 할 절차를 확인한다.
4. *출처.* 교사와 학생들은 궁금한 점을 조사하기 위하여 자원을 확인한다. 이 단계는 교사가 웹사이트에 연결하는 방법과 교실이나 학교 도서관에 있는 인쇄 자료에의 접근방법을 제공하도록 돕는 단계이다.
5. *결론.* 탐구의 마지막 단계로, 학생들이 쟁점이나 문제를 계속 탐구하도록 한다. 탐구는 종종 학생들이 성취를 위한 기준으로 사용한 과정에 대한 평가로 끝맺는다.

웹퀘스트는 다음과 같은 여러 가지 유형의 수업에 적용될 수 있다.

- 사회과목 현재의 사건 모니터링
- 날씨나 우주 관련 탐험 과학활동
- 글쓰기 과제에 대한 토론
- 논리적으로 생각해야 하는 수학 퍼즐
- 아이디어나 정보를 온라인으로 교환하는 토론
- 직업 찾기 활동에서 직업은행과 이력서 쓰기 연습

테크놀로지 통합 사례

GLOBE: 학생, 교사, 과학자 네트워킹

Bill Aron/PhotoEdit

GLOBE은 공학기술을 이용하여 과학탐구와 환경 보호에 대한 관심을 높이는 프로그램이다. 학생들이 참여하기 위해서는 인터넷을 활용하여 수집한 과학적인 데이터를 GLOBE 네트워크에 올리는 것이다. 그렇게 하면 학생들이 보낸 데이터와 이러한 데이터가 좀 더 넓게 어떻게 유용한지 알려준다. 100여개가 넘는 나라 학생들이 GLOVE 프로그램에 참가하고 있다. 여러 분야의 전문가들이 참여하며 환경에 대한 지식을 더 향상시키려고 심화된 지식들을 활용한다. 예를 들어, 과학자들이 지구변화에 대해 연구하기 위해 학생들이 보낸 데이터를 사용한다. 학생들도 세계의 전문가들과 대화할 수 있는 이점 뿐 아니라 자료 수집, 과학적 지식, 데이터베이스 등을 배울 수 있다.

컴퓨터 화상회의. 컴퓨터 회의는 주로 개인끼리 또는 그룹별로 여러 대의 컴퓨터를 연결하여 문자, 비디오, 오디오, 그래픽 등을 교환하며 상호작용하는 시스템이다. 컴퓨터 화상회의 소프트웨어와 비디오 카메라가 있으면 컬러 비디오 화상채팅을 쉽게 할 수 있다. 여러 사람이 동시에 토론에 함께 참여할 수 있다. 참여한 사람들이 서류나 정보를 서로 주고받거나 자료에 접속할 수 있다.

학부모들과 연계. 학부모와의 연계도 인터넷을 통해 향상할 수 있다. 일반적인 정보는 전체 학부모에게 보내고 특정한 사항은 개별 학부모에게 보낸다. 학교 홈페이지는 학부모에게 자녀들의 과제, 학부모회의, 프로젝트를 위한 준비물 등을 안내해 준다. 인터넷 접속이 어려운 학부모에게는 전화나 문서를 통해 연락한다.

교사들과 연계. 교사들도 아이디어 교환을 위해 이메일을 사용할 수 있다. 수업설계를 첨부하여 다른 교사에게 보내거나 교육청 서버에 올릴 수 있다. 수업관련 질문들을 다른 교사들에게 물어볼 수도 있다. 또 다른 아이디어 교환 방법으로 온라인 토론 형태의 블로그를 활용할 수 있다. 전문가의 블로그를 통해 교사와 학생들이 정보를 얻는다. 교사가 학생들이 블로그를 만들거나 정보를 교환하도록 도와줄 수 있다. 이러한 상호작용 커뮤니티를 활용할 때 학생들이 개인정보를 노출하지 않도록 주지시킨다.

지역사회와 연계. 지역 도시들이 웹을 통해 지역사회의 다양한 기관과 단체, 학교, 기업, 공공기관 등과 연결된다. 이러한 시스템이 학생과 교사들에게 교실의 한계를 벗어

ASSURE 사례 연구 성찰

PEARSON myeducationkit

7장 첫머리에 있는 ASSURE 성찰과 비디오를 다시 보시오. 그리고 어떻게 원격교육 기술이 학생들의 역사공부를 도와주는지 설명해 보시오. Chun 교사가 학생들의 학습을 지원하기 위해 어떠한 다른 자료를 사용할 수 있겠는가?

나 수많은 정보, 사람들, 자원을 언제든지 접속할 수 있는 좋은 예이다(〈테크놀로지 통합 사례 : GLOBE: 학생, 교사, 과학자 네트워킹〉 참조). 또한 많은 박물관, 동물원 등이 온라인으로 관람할 수 있도록 하고 있다. 학생들이 예술가들에 대해 공부할 때 구겐하임 박물관에 접속하여 작품들도 볼 수 있다. 또한 학생들이 국립역사박물관이나 자연박물관에 들어가 학습을 위해 개발한 프로그램을 사용할 수 있다. 또한 저널 및 학술지들이 부수적으로 온라인 형태로 제공되거나 완전히 온라인 형태로만 만들어지기도 한다. 출판사들 또한 책, 소프트웨어 등의 목록을 온라인으로 제공하고 쉽게 주문할 수 있도록 하고 있다. 더욱이 많은 출판사들이 실제 상품들을 일정 기간에 한하여 온라인으로 사용해 볼 수 있게도 하고 있다. 하지만 저작권 관련 어려움이 있어서 이러한 방법을 꺼리는 경우도 많이 있다.

인트라넷 연계. 교육청이나 일부 학교들이 **인트라넷**을 통해 제공할 수 있는 수업모듈을 구입하거나 개발하기도 한다. 인트라넷으로 제공하는 수업모듈을 활용하여 좀더 업그레이드된 자료로 학습기회와 학습을 해 볼 수 있게 되었다. 왜냐하면 예전에는 수정이 필요한 부분을 문서로 만들거나 디스켓에 담아서 교육청으로 보내야만 했던 반면 교사가 쉽게 디지털 자료를 수정할 수 있도록 되어 있기 때문이다. 이러닝 시스템은 학생들에게도 학습이 훨씬 융통성 있게 어디서나 언제든지 이루어질 수 있도록 하였다. 심지어 학생들이 인터넷으로 시험을 볼 수도 있다. 시험결과도 바로 확인되고 교사와 학생들에게 보내진다. 온라인 학습은 학생들이 여러 곳에 멀리 떨어져 있거나 학습내용이 자주 업데이트되어야 할 때 편리한 방법이다.

네트워크

컴퓨터가 학생들을 여러 사람들과 다양한 수업자원과 연결시켜 줄 수 있다. 학습자가 사람들과 연결되고 다양한 정보를 주고받을 수 있다면 이러한 상황이 바로 **네트워크**이다. 네트워크는 학교, 집, 도서관, 사회기구와 비즈니스 업체들을 연결하여 학습자, 가족, 전문가들이 서로 접속하며 정보 및 수업을 직접 공유할 수 있도록 해 준다.

네트워크 종류

근거리 통신망(LAN). 모든 네트워크 중에서 가장 간단한 것이 근거리 통신망(LAN)이다. 근거리 통신망은 일반적으로 건물, 사무실 또는 실험실 같은 제한된 지역 내의 컴퓨터들을 연결한다. 이런 네트워크들은 개별 컴퓨터를 다른 컴퓨터와 연결하여 파일과 기타 자원을 교환할 수 있도록 한다(그림 7.8).

LAN은 특정한 전선으로 연결된 모든 컴퓨터를 '지원'하는 **파일 서버(file server)**라는 중앙 컴퓨터에 의존한다. 컴퓨터실에 있는 모든 컴퓨터들은 보관소 안이나 또는 별도의 장소에 보관된 단일 파일 서버로 연결되기 때문에 컴퓨터실은 대개 LAN이 설치되어 있다. 건물 전체도 LAN

교사는 컴퓨터실에서 LAN으로 수업을 할 수 있다.

Getty RF

다양한 학습자들을 위한 테크놀로지

원격교육 자원

보통 교실의 학생들은 다양한 개인차를 가지고 있다. 다음 예들은 원격학습 자원이 학생들의 개별적인 필요를 어떻게 보완해 주는지 보여준다.

시각장애 및 읽기에 어려움을 가진 학생들을 위해 여러 디자인 원칙들을 사용할 수 있을 것이다. 예를 들어, '고양이'라는 단어 가까이에 고양이 그림을 제시한다. 그리고 칸수가 많거나 복잡한 표는 가능한 한 피한다. 컴퓨터의 문자 읽기 기계는 각 칸에 있는 글자를 따로따로 읽지 않고 한 줄을 한꺼번에 읽는다. 하이퍼링크에 연결을 할 때는 그래픽이나 '여기를 누르세요'라는 문구보다는 구체적으로 어떠한 것으로 연결되는지 간단히 단어로 표시한다. 그 밖의 화면 디자인 정보는 www.w3.org에서 참고할 수 있다. www.cast.org/bobby는 어떠한 웹사이트에 대해 장애를 가진 사람들의 접근성을 분석해 주는 사이트이다.

인터넷을 좀 더 안전하게 사용하고 싶은 어린이들은 Woogworld(www.woogworld.com)에 가입할 수 있다. 이 프로그램의 게임과 활동을 통해 아이들이 어떻게 인터넷을 안전하게 사용할 수 있는지 안내 받을 수 있다. 이 프로그램을 사용하기 전에 아이들은 부모의 정식 허락을 받아야 한다. 부모들에게 아이의 아이디와 비밀번호 그리고 어떠한 종류의 활동들이 가능한지 안내를 받을 것이다.

학생들 중 좀 더 심화된 정보를 원하거나 고등사고를 원하는 경우도 인터넷을 다양한 방법으로 사용할 수 있다. JingProject.com은 다양한 시각자료들을 쉽게 캡처하여 자신들의 과제에 통합할 수 있도록 해준다. 또한 이 사이트에서 학생들이 서로 협동하며 아이디어를 나누고 간단한 비디오도 만들 수 있다.

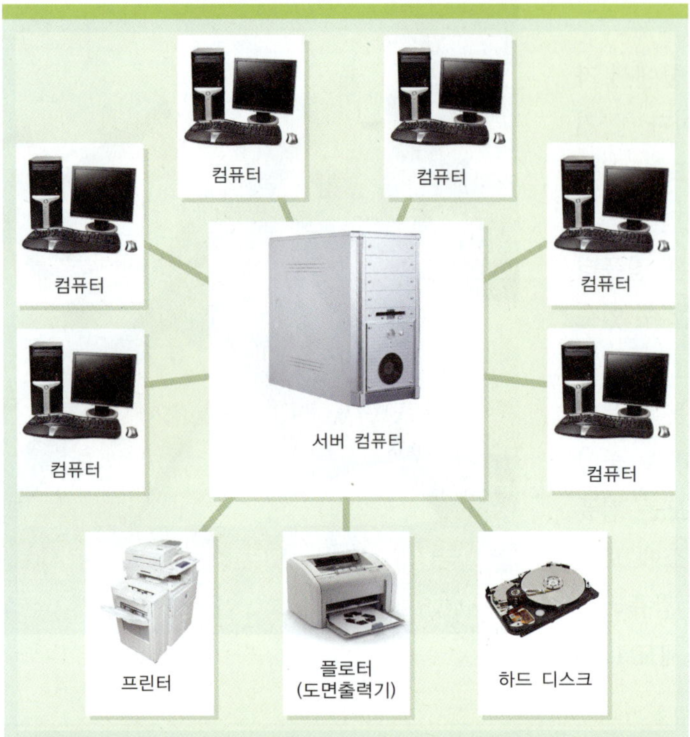

그림 7.8
컴퓨터실의 일반적인 LAN 환경

으로 연결될 수 있다. 일반적으로 사무실이나 매체 센터에 위치한 단일 컴퓨터는 전체 학교의 파일 서버로 사용할 수 있다. LAN을 통해서 교내의 모든 학급은 학교에 구비된 모든 소프트웨어에 접속할 수 있다. 많은 학교들이 교사와 학습자들의 결과물을 서버 개인 폴더에 저장할 수 있도록 한다. 이러한 방법은 여러 학생들이 동시에 컴퓨터를 사용할 때 매우 유용하다. 또한 같은 컴퓨터실에 있을 때 교사들이 학생들의 학습 결과물, 예를 들면 파워포인트 프레젠테이션 자료 등에 접속할 수도 있다.

LAN 시스템이 한 학교내 통신 담당자의 일을 줄여줄 수 있다. LAN이 없으면 프로그램 설치, 관리 등의 업무가 상당히 많을 것이다. 통신 담당자가 기계나 프로그램 관리보다는 교사나 학생들과 시간을 보낼 수 있도록 해준다. 예를 들어 매체 센터에서 소장하고 있는 자료 목록을 서버에 올리고 사용자들이 검색하여 접속할 수 있도록 해준다.

원거리 통신망(WAN). 실내와 건물의 벽을 넘어 확장된 네트워크는 **원거리 통신망(WAN)**이라고 한다. 어떤 WAN은 하드 배선(hardwired configuration)으로 구성되는데, 캠퍼스 내에 케이블이나 광섬유로 모든 건물을 연결하는 네트워크가 그러한 예이다. 이런 배치에서 건물은 모든 소프트웨어를 공동으로 사용할 수 있도록 호스트 역할을 하는 중앙 컴퓨터에 연결된다.

WAN은 지리적으로 넓은 지역(예: 도시나 주[state] 심지어는 국경을 넘어서)의 컴퓨터를 연결할 수도 있지만, 주로 학교 내의 건물이나 대학 내의 캠퍼스를 연결한다

이름에서 알 수 있듯이 **무선 통신망**은 선 없이 컴퓨터를 연결한다. 선 대신에 네트워크에의 연결을 위해 기지국에 의존하는 라디오 주파수, 극초단파, 또는 적외선 기술을 이용한다. 그러한 통신망은 건물이나 캠퍼스 전체에 장착된 송신기를 사용하는데, 배선으로 연결된 통신망과 같은 방법으로 작동된다. 몇몇 도시는 중심가에 무선 통신

망을 설치하고 있다. 무선 통신망은 특히 낡은 건물에 설치할 때 비용이 드는 케이블을 사용하지 않아도 된다. 또한 컴퓨터는 더 이상 워크스테이션에 연결하지 않는다. 노트북은 방, 건물, 또는 캠퍼스 어디서든 사용될 수 있다.

무선 네트워크는 학생들이 교실을 떠나지 않고도 인터넷을 사용하도록 해준다.

A. Ramey/PhotoEdit

인트라넷. **인트라넷**이라는 특별한 형태의 네트워크는 일반 대중이 사용하는 것이 아니라 회사와 대규모 조직이 사용한다. 그것은 국가나 세계의 다양한 사이트를 연결하는 비공개 네트워크이거나 폐쇄적인 네트워크이다. 인트라넷에 연결된 시스템은 사적이어서 주어진 조직체나 회사 내의 개인만 접속할 수 있다.

인트라넷은 회사나 학교에 내부 네트워크를 제공한다. 인트라넷은 부서, 학과 및 연구 단체들이 별도의 **컴퓨터 플랫폼**(하드웨어 또는 운영체제)을 사용하거나 지리적으로 먼 곳에서 작업하는 사용자들이 있는 회사나 학교 내에서 의사소통, 협력 및 정보 보급을 위해 점차 많이 사용되고 있는 모형이다. 사용자들은 네트워크에 직접 또는 전화번호를 입력함으로써 인트라넷에 접속한다. 인트라넷이 더 큰 네트워크(예, 인터넷)에 연결된다 할지라도 **방화벽**이라는 소프트웨어가 있어서 내부 사용자들이 외부 네트워크에 접속할 수 있도록 하는 반면에, 인터넷 네트워크에 접속된 외부 사용자들이 내부 네트워크에 접속하는 것을 막아 준다(그림 7.9).

인터넷. **인터넷**은 소규모의 컴퓨터 네트워크를 함께 연결하기 위한 세계적인 시스템이다. 그것은 전 세계의 수천만 사람들을 지원하는, 자주 변화하는 수백만 컴퓨터 네트워크의 네트워크이다. 인터넷 사용자는 누구든지 인터넷상에 있는 다른 사용자와 의사소통할수 있다. 모든 컴퓨터들이 서로서로 의사소통할 수 있게 해주는 표준 프로토콜이 있기 때문에, 누구든지 인터넷상에서 그들이 가지고 있는 컴퓨터 유형에 관계없이 모든 정보에 접근할 수 있다. 대부분의 정보는 **인터넷 서비스 업체**(ISP: AOL, Yahoo!, 지역 ISP 같은)의 계정을 유지하기 위해 요구되는 접속료를 제외하고는 사용료 없이 공유된다. 많은 기업들과 대부분의 전문대학, 종합대학은 그들의 고용원, 직원, 학생들에게 무료 인터넷 계정을 제공한다.

전화 회사와 케이블 텔레비전 회사들은 고속 인터넷 접속을 제공한다. **통합 서비스 디지털 네트워크(ISDN)** 전용선은 일반 아날로그 전화선보다 5배 빠른 속도를 제공한

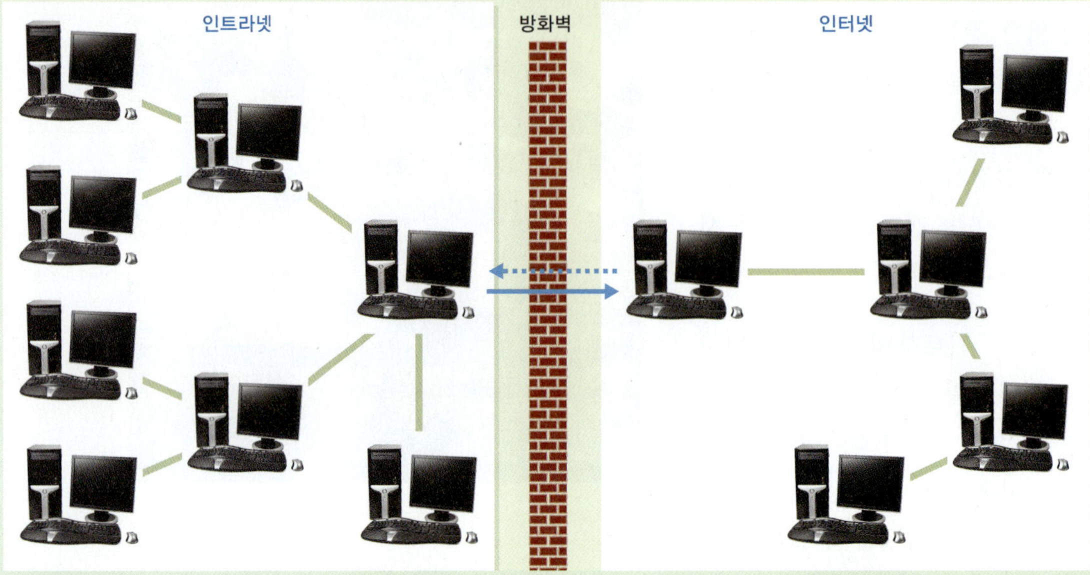

그림 7.9 방화벽
방화벽은 외부 사용자들로부터 내부 네트워크를 보호하고 동시에 내부 사용자들은 외부 네트워크를 사용할 수 있도록 보호해 준다.

다. 전화선을 이용한 **디지털 회원 전용선**(DSL)은 심지어 표준 전화선의 속도보다 30배 더 빠른 속도를 제공한다. 케이블 TV 회사도 **케이블 모뎀**을 통해 그에 못지않은 고속 서비스를 제공한다. 이러한 모든 접속 서비스는 가정에서 사용하는 사람들에게 인기 있다.

특정 통신 소프트웨어는 컴퓨터를 원격통신 서비스에 연결해 준다. 인터넷에 연결할 때, 사용자는 네 가지 통신 서비스, 즉 컴퓨터, ISP, 서버(호스트 컴퓨터), 원격통신 네트워크(통신 소프트웨어와 모뎀, 전화나 케이블 모뎀)의 도움을 받을 수 있다. 사용자의 컴퓨터(클라이언트)는 통신 소프트웨어를 실행한다. 모뎀과 통신 소프트웨어는 사용자의 컴퓨터와 ISP 간의 길을 열어 준다. ISP는 사용자를 인터넷에 연결시켜 준다.

상당수의 교육적(상업적)인 네트워크들은 인터넷에 연결하는 방법을 개발하고 있다. **게이트웨이**(gate-ways) 또는 **포털**(portals)이라고 알려진 이러한 연결 모형이 여러 가지 유형의 서비스에 대한 접속을 제공하기 위해 개발되고 있어 네트워크 서비스의 성능이 날로 확장되고 있다. 인터넷은 그 연결이 매우 복잡하지만, 사용자에게는 매우 '투명' 하다는 점이 매력이다. 사용자들은 컴퓨터에 로그 온(개인의 비밀번호로 컴퓨터 시스템에 들어가는)만 하면 그들의 네트워킹 서비스나 ISP에 연결되어 정보를 교환하기 시작한다.

그림 7.10 인터넷 서비스 업체
사용자는 가정에서 또는 교실에서 인터넷 서비스 업체(ISP)를 통하여 웹에 연결할 수 있다.

정보 검색이 복잡한 것은 인터넷이 위계적으로 작동하지 않기 때문이다. 웹에는 종합적인 디렉터리 구조가 없으며 인터넷 자원에 대한 목록도 없다. 국회 도서관 주제 분류표(Library of Congress cataloging scheme)나 듀이 십진법(Dewey Decimal system)도 없다. 인터넷은 모든 책꽂이에 '잡동사니'라는 팻말이 붙은 도서관이라고 생각할 수 있다. 관심 있는 서비스나 정보의 아이템을 하나 찾았다고 해서 그것이 다른 것보다 더 좋은 아이템이라고 보장할 수 없다. 사실 인터넷 자원의 대부분은 네트워크상의 조그마한 주머니(cul-de-sacs) 속에 있지만, 소재를 파악하기 쉽도록 유사한 자료끼리 연결되어 있는 것은 아니다. 사용자가 인터넷상에서 정보를 찾을 때는 입력한 키워드나 문구를 포함하는 웹사이트를 확인해 주는 **검색엔진(search engines)**을 사용한다(〈매체 실례: 어린이들의 검색엔진〉 참조).

월드 와이드 웹

월드 와이드 웹(the Web)은 텍스트, 데이터, 소리, 비디오를 포함하는 문서에 접속하고, 열람하고, 유지 보수하도록 해주는 네트워크의 네트워크이다. 웹은 인터넷과 분리되어 있는 것이 아니다. 웹은 인터넷상에서 실행되는데, 이것은 마치 파워포인트 같은 응용프로그램이 윈도우와 같은 운영체제에서 실행되는 것과 유사하다.

웹은 클라이언트와 서버 간에 주고받는 일련의 의사소통 프로토콜이다. 이러한 프로토콜은 다른 문서로 연결되고 인터넷을 통해 컴퓨터에 저장되도록 하는 문서 안의 정보를 표현한다. **하이퍼텍스트 전송 프로토콜(HTTP)**이라는 웹 프로토콜은 정보의 호환성 여부를 확인한 후에 전송한다. 웹은 **웹페이지**라는 문서들로 구성된다. 각 웹 페이지들의 집합을 **웹사이트**라고 한다. 사용자들은 브라우저(이 장의 끝에 있는 웹사이트 목록 참조)에 웹페이지의 주소나 **URL(Uniform Resource Locator)**을 입력하여 웹사이트에 접속한다. URL은 호스트 컴퓨터(서버) 이름, 도메인 이름, 서버상의 디렉터리, 웹페이지 이름(실제 파일명)을 포함한다. 웹페이지 내의 또는 웹페이지 간의 이동은 하이퍼텍스트 링크를 통해 이루어지며, 그 링크를 선택하면 사용자는 같은 페이지에서 다른 곳으로, 같은 호스트 컴퓨터상의 다른 웹사이트로 또는 웹상에서 다른 컴퓨터로 이동하게 된다.

온라인 학습을 위해 웹을 사용하려면 웹페이지를 설계하여 개발하여야 하며, 그 내용을 관리하도록 호스트 컴퓨터가 있어야 한다. 대학과 대기업들은 일반적으로 직접 인터넷에 연결해서 필요한 웹호스팅(서버) 소프트웨어를 실행한다. 인기 있는 온라인 원격학습 프로그램으로 **Course Management Tool(CMT)**이 있다. CMT는 교사가 쉽게 Discussion Board, Test Option, Grade Book과 같은 시스템의 일부분으로 사용할 수 있다. 교사들이 블랙보드(Blackboard)나 무들(Moodle) 같은 CMT 프로그램을 사용하면 컴퓨터 프로그래밍에 신경 쓰지 않고 수업에 집중할 수 있다.

매체 실례

어린이들의 검색엔진

askkids.com

이 사이트는 Ask.com의 어린이 버전으로서 어린이들이 질문을 할 때 나이에 적합한 검색어들을 사용하여 좀 더 효과적으로 검색하도록 관리해준다.

kidsclick.org

도서관들이 어린이들의 검색을 돕기 위해 만들었다. 메인 메뉴들과 링크들이 어린이들이 좀더 친근한 검색을 하도록 도와준다.

kids.yahoo.com

이 사이트는 7~12세 어린이들을 위해 미리 선정한 사이트들로 다양한 컬러색과 상호작용할 수 있는 방법으로 검색하도록 도와준다. 교사들이 선정한 사이트들을 검토하였고 또한 부모들이 어린이들이 인터넷을 좀 더 의미 있게 활용할 수 있도록 도울 수 있는 안내도 제공하고 있다.

매체 선정기준을 살펴보고 어떠한 매체가 자신의 수업설계에 적합한지 평가하고 결정해 보라.

PEARSON myeducationkit

웹자료 평가. 웹에는 학습자들에게 어떠한 자료가 좋을지 결정하기 어려운 자료가 상당히 많이 있다. 7장 맨 뒤에 학습자들의 학습과 교사의 전문성을 향상할 수 있도록 자료 평가표를 제시하였다. 교사가 학습자 스스로 이러한 평가표를 사용하여 자신이 찾은 자료를 평가해 보도록 할 수도 있다(웹자료 선정 평가표 참조).

혁신 테크놀로지

증강현실

증강현실(AR)은 시각 데이터—서류, 매체, 실제 행동—들을 통합하여 어떠한 정보를 실제 현실처럼 느끼도록 해준다. 스마트폰과 같은 무선 기기가 발전하면서 증강현실은

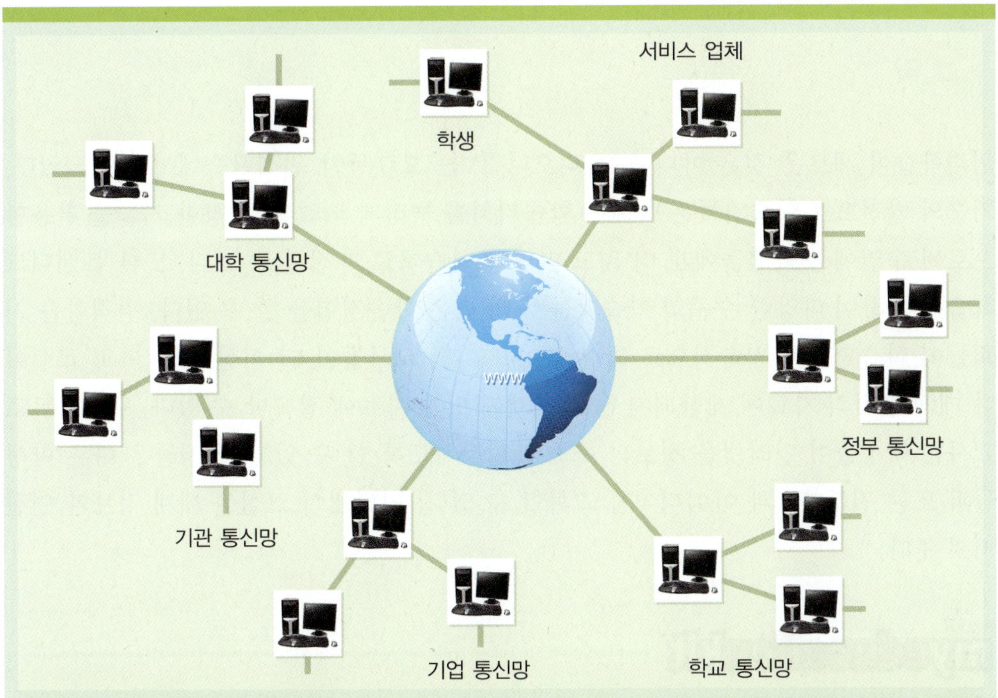

그림 7.11 월드 와이드 웹
인터넷은 컴퓨터 네트워크의 집합체다. 예를 들면 학생은 집이나 학교 컴퓨터실에서 인터넷에 접속할 수 있다.

실제 데이터를 시각자료와 연계해 준다. 스마트폰 GPS와 AR 프로그램으로 사용자는 어떤 하나의 이미지를 캡처하고 인터넷 정보로 이를 보완하기도 한다. 예를 들어, 주변 어떤 곳에 직접 가볼 때, 학생들이 한 건물 사진을 찍고 그 이미지를 살펴보면서 건물에 대해 더 자세히 인터넷으로 알아볼 수 있다. 단지 스마트폰이 사회적 상호작용을 위한 것만이 아니라 학생들이 가장 필요한 때 학습자료를 볼 수 있게도 해준다. 특히, 3D 기능을 추가하여 어떠한 실제 대상이 '팝아웃(Pop Out)' 되도록 하면 이에 대해 새로운 관점으로 볼 수도 있다.

http://eduscapes.com/tap/index.htm

웹 규약 | 도메인 이름 | 서버의 디렉터리 | 파일 이름

그림 7.12
웹 주소(URL) 예

학생들이 책에 있는 이미지 사진을 찍고 AR 소프트웨어를 사용하면 그 이미지가 '팝아웃(Pop Out)' 되어 3D로 볼 수 있다.

Courtesy of Metaio, Inc.

요약

원격학습이 새로운 것은 아니다. 오디오나 TV는 오랫동안 원격학습에서 사용되었다. 기술의 발전으로 학습자들은 폭넓은 학습기회를 누리게 되었다. 다양한 기술을 활용함으로써 수업에서 학생들에게 더 넓고 다양한 학습자료를 접할 수 있다. 또한 블렌디드 학습을 통하여 다양한 수준의 학습자들이 더 높은 학습경험을 할 수 있다. 원격학습 기회들이 학습활동을 지속적으로 확장해주고 있다. 교사들이 더 이상 해당 학교 교실이나 매체 센터의 자료에 제한되지 않고 세계에 있는 자료에 접속할 수 있다. 웹퀘스트로 교사는 학생들이 인터넷을 정보의 소스로 활용하도록 할 수 있고, 학생들은 다른 학생들과 또는 전문가들과 아이디어를 교환할 수 있다. 인터넷이 교실을 세계 정보와 연결시켜 준다.

PEARSON myeducationkit™

이 장에서 학습한 내용에 대한 이해 정도를 확인하기 위해 본 장의 MyEducationKit에 제시된 'Study Plan'을 완성하시오. 퀴즈를 풀고 그에 대한 피드백을 검토한 후 이 장의 내용 이해를 촉진하는 데 도움이 되는 자원을 살펴본다.

ASSURE 수업계획서

PEARSON myeducationkit™

아래 ASSURE 수업계획서는 이 장 앞부분에 나왔던 수업 사례와 비디오에 대해 자세한 설명과 분석을 제시한다. 비디오를 다시 보려면 온라인 7장에 있는 MyEducationKit와 'ASSURE Video'를 클릭한다.

학습자 분석(Analyze learners)

일반적 특성. Chun 교사 반 고등학교 학생들은 대부분 하와이 저중산층 가정의 학생들이다. 나이는 15~17세 정도이고 성비도 비슷하다. 읽기 능력은 같은 학년과 비슷하거나 조금 높은 수준이다. 문제행동은 거의 없는 편이다.

출발점 능력. 학생들은 일반적으로 다음 능력을 가지고 있다.

- 온라인 검색을 할 수 있다.
- 디지털 자료를 주고받거나 토론에 참여하기 위해 Blackboard 프로그램을 사용할 수 있다.

학습양식. Chun 교사 반 학생들은 생활과 밀접한 주제로 토론을 하거나 직접 활동을 하는 방법으로 학습하기 좋아한다. 학생들이 뉴 햄프셔에 있는 학생들과 어떠한 원격방법으로 대화하는지는 차이가 있다. 학생들이 실시간 오디오 또는 문자중심 토론방을 좋아하는 경우 등 다양하다.

표준과 목표 진술(State standards and objectives)

교육과정 표준. 국가 수준 사회교과 III. 사람, 장소, 그리고 환경: 사회교과 수업은 사람, 장소, 환경 등에 대해 공부하는 경험을 주어야 한다. 그래서 학습자들이 역사적인 사건들이 지역, 국가, 글로벌 환경에 물리적, 지형적으로 어떠한 영향을 받았는지 또는 어떠한 영향을 주는지에 대한 경험을 할 수 있도록 해주어야 한다.

공학 표준. NETS 4—의사소통 기술 도구: 학습자들은 원격 커뮤니케이션으로 또래, 전문가, 다른 대상자들과 함께 협력, 출판, 상호작용 등을 한다; NETS 5—연구 기술 도구: 학습자들이 다양한 소스로부터 정보를 찾고, 평가하고, 수집하기 위해 공학을 사용한다.

학습목표

1. 1770년 이전의 하와이와 뉴 햄프셔 지역의 문화, 종교, 정부, 경제, 사회구조 등에 대한 미국 역사에 대해 인터넷이나 도서관 자료 검색 내용을 가지고 학습자들이 온라인 토론에서 질문을 하거나 응답할 수 있다.
2. 토론에서 본 질문이나 정보를 가지고 하와이 학습자들이 뉴 햄프셔 지역의 학생들에게 1770년 이전의 문화, 종교, 정부, 경제, 사회구조 등에 대해 질문할 수 있다.
3. 토론이나 개인이 가진 지식을 가지고 하와이 학습자들이 뉴 햄프셔 학생들이 하와이 지역 1770년 이전의 문화, 종교, 정부, 경제, 사회구조 등에 대해 물은 질문에 답할 수 있다.

전략, 공학, 매체, 자료 선정(Select strategies, technology, media, and materials)

전략 선정. Chun 교사는 교사 중심 및 학습자 중심의 수업방법을 택하였다. 교사 중심 방법은 수업목표에 대한 상세한 설명과 어떻게 뉴 햄프셔 지역 학생들과 원격회의를 할지에 대해 잘 설명하는 부분이다. 또한 Chun 교사는 학생들이 마친 과제에 대해 피드백을 주었다. 학습자 중심 방법은 학습자들이 각 주의 1770년 이전 역사에 대해 인터넷 자료를 검색하는 것, 토론방에 질문을 올리는 것, 뉴 햄프셔 지역 학생들과 양방향 오디오/비디오 원격회의에 참여하는 것 등이다.

공학, 매체 선정. 이 수업에서는 학생들이 의견이나 자료를 교환하기 위해 컴퓨터, 원격교육 장비, Blackboard 토론 프로그램 등을 사용한다. Chun 교사는 기술 및 매체 선정을 효과적으로 하기 위해 다음 가이드라인을 적용하였다.

- *표준, 결과, 목표와의 연계.* 인터넷 사이트, Blackboard 소프트웨어, 원격 화상회의 등이 Chun 교사 반 학생들이 학습목표를 달성하기 위해 필요한 지원을 한다.
- *정보의 정확성과 최신성.* 학생들이 1770년 이전 역사에 대해 알아보기 위해 교재와 인터넷 자료들을 사용한다.
- *연령에 맞는 언어의 사용.* Chun 교사는 학생들이 고등학교 수준에 적합한 인터넷 자료에 접속하도록 한다. 필요한 경우에 교사가 토론방에 도움을 주기도 한다.
- *흥미수준과 참여도.* 하와이와 뉴 햄프셔 학생들은 양방향 오디오/비디오 원격회의 토론방에서 서로 만나는 것을 재미있어 하고 1770년 이전의 역사와 현 시대의 주제 중 중요한 내용에 대해 토론한다.

- *기술 수준.* 양방향 오디오/비디오 원격회의 시스템은 비디오가 조금 느린 현재 기술 기준과 비슷하다. 토론방과 인터넷 검색은 양쪽 학교 모두 인터넷 속도가 빠르므로 잘 이루어진다.
- *사용의 용이성.* Blackboard는 초기 훈련과 지원이 필요하지만 고등학생들이 쉽게 사용할 수 있는 수준이다.
- *객관성.* 학생들이 내용의 객관성을 위해 다양한 자료를 참고하였다.
- *사용 설명과 안내.* Blackboard의 온라인 도움 기능은 비교적 쉽다. 학습자들이 서로 또는 교사에게 기술적인 어려움을 물어본다.

자료 선정. 교사가 1770년 이전 역사에 대해 참고할 인터넷 사이트를 제공하였다.

공학, 매체, 자료 활용(Utilize technology, media, and materials)

공학, 매체, 자료 사전 검토. 교사는 Blackboard 프로그램이 학습에 필요한 특성을 가지고 있는지 검토하였다. 교사는 선정한 자료로부터 학생들이 1770 이전 역사에 대해 충분히 알 수 있는지 검토하였다. 그는 또한 학생들이 충분히 잘 보고 들을 수 있는지 비디오 원격회의 시스템을 확인하였다.

공학, 매체, 자료 준비. 교사는 학생들 최종 학습결과를 측정할 수 있는 기준이 있는 과제 안내 자료를 준비하였다. 그리고 Blackboard에 첫 질문을 올렸다.

환경 준비. 교사는 컴퓨터실의 컴퓨터들을 점검하고 모든 컴퓨터에서 Blackboard에 접속이 잘 이루어지는지도 확인하였다. 또한 뉴 햄프셔의 교실과 연결이 잘되는지 원격장비도 점검하였다.

학습자 준비. 학생들은 이전에도 뉴 햄프셔 학생들과 인터넷 연구와 비디오 원격회의도 해 보았다. 그래서 학습자 준비는 주로 토론으로 다루어질 주제에 중점을 두었다.

학습경험 제공. 학습경험은 두 가지 원격교육 방식으로 이루어졌다: 하와이와 뉴 햄프셔에 있는 학생들 간 토론방을 통한 문자 중심 소통과 오디오/비디오 양방향 상호작용.

학습자 참여 요구(Require learner participation)

연습활동. 학생들은 1770년 이전 하와이와 뉴 햄프셔 역사를 공부하기 위해 컴퓨터, 인터넷, Blackboard 프로그램을 사용한다. 학생들은 비디오 원격회의에 물어볼 질문들을 생각하기 위해 스스로 검색한 것이나 토론방의 주제들을 활용한다. 실시간 원격회의 동안 학생들이 서로 질문이나 답변을 하며 배운다.

피드백. 교사는 학생들이 과제를 하거나, 토론에 참여하거나, 뉴 햄프셔 학생들과 상호작용하는 동안 지속적으로 피드백을 제공한다.

평가와 수정(Evaluate and revise)

학습자 성취도 평가. 교사는 1770년 이전 하와이와 뉴 햄프셔 역사에 대한 지식을 평가하기 위해 각 학생들이 토론방에서 어떻게 하였는지 검토한다. 학생들이 뉴 햄프셔 학생들의 질문에 어떻게 응답을 하는지 비디오 원격회의 자료도 검토한다. 또한 공학기술 사용 및 연구 능력을 보기 위해 학생들의 Blackboard도 평가한다.

전략, 공학, 매체 평가. 교사는 뉴 햄프셔 교사와 학생들 그리고 자신의 학급 학생들의 이야기를 들어보며 수업방법을 평가한다. 공학기술이나 매체 평가는 Blackboard, 인터넷 브라우저, 양방향 원격교육 시스템의 기능을 평가하는 것이다.

수정. 평가 결과 학생들이 다른 주의 학생들과 상호작용 및 정보교환하는 것이 의미 있는 것으로 나타났다. 또 다른 평가 결과 교사의 양방향 오디오/비디오에 참여를 제한하고 학생들의 토론을 장려하는 것이 더 바람직하다는 것이다.

나의 전문성 개발하기

전문 지식 확인하기

1. 원격학습이란 무엇인가?
2. 초등 교육, 중등 교육을 위해 왜 원격학습을 사용하는가?
3. 어떻게 오디오와 텔레비전 시스템이 원격학습을 용이하게 하는가?
4. 온라인 학습과 원격학습의 세 가지 차이점을 알아보시오.
5. LAN, WAN, 인트라넷, 무선 네트워크의 각 특징을 알아보시오.
6. 인터넷 네티켓을 정의하고 사용자를 위한 5가지 지침을 제시하시오.
7. 저작권 관련 화제를 한 가지 제시하고 왜 이것이 중요한지 설명하시오.

전문 기능 시연하기

1. 교실에서 오디오 또는 텔레비전을 원격학습에 자주 사용하는 교사를 인터뷰하시오. 다뤄진 목적, 활용된 공학기술, 직면한 문제들에 관한 간결한 기록 혹은 녹음 형식의 보고를 준비하시오. 공동체 문제를 조사하기 위해 초등학교 학생들이 오디오/비디오의 두 가지 방식을 사용하는 것이 한 가지 예가 될 수 있다. (ISTE NET-T 1.B, 3.C)
2. 웹퀘스트를 학생들이 사용해볼 수 있는 수업을 구상해보시오. 수업 지도안을 만들 때, 웹퀘스트를 수업에 이용하기 위하여 어떤 변화들이 필요했는가? 어떤 인터넷 보안 문제에 직면하는가?
3. 인터넷 사용규정을 만들어보시오(여러분이 다니는 학교 또는 가르치는 학교에서). (ISTE NETS-T 4.A & 4.C)
4. 원격수업에 참관하고 교사와 학생이 어떻게 상호작용하는지 설명해 보시오. 또한 어떠한 매체들을 수업에서 사용하는지 설명해 보시오. (ISTE NETS-T 1.D & 3.C)

전문 포트폴리오 만들기

- *수업 설계하기.* ASSURE 모형을 사용하여 부록 A에 있는 사례표의 한 사례 또는 본인이 해 보고 싶은 수업을 하나 설계해 보시오. 4장에서 배운 수업전략과 7장에서 배운 원격교육이나 온라인 학습을 수업설계에 반영해 보시오. 특히, ASSURE 모형에서 강조하는 학습자, 수업목표, 그리고 다른 요소들에 대한 정보를 자세히 제시하시오. 수업의 결과가 주정부 또는 연방정부의 학습기준과 일치하도록 주의한다. (ISTE NETS-T 2.A, 2.B, & 2.C)
- *수업 개선하기.* 앞에서 설계한 지도안의 학습자들을 다시 한 번 고려해 보시오. 학생들 중 특

별한 요구를 가진(예를 들어 신체장애나 학습장애 경우들을 생각해 보시오. 또한 일부 학생들은 영재아일 수도 있다. 어떻게 이러한 학생들을 수업에서 잘 알아차릴 수 있고 학습을 성공적으로 하도록 지원할 수 있는지 고려해 보시오. 이러한 고려가 수업설계에 어떠한 영향을 미치는가? (ISTE NETS-T 2.A, 2.B, & 2.C)

- *수업 성찰하기.* 수업에서 다양한 학습자들의 요구를 위한 수업설계 과정과 수업방법을 성찰해 보시오. 학습자, 학습내용, 수업방법, 수업자료를 잘 연결하기 위해 어떻게 유의 하였는가? 학생들이 사고활동을 더 깊고 창의적으로 하고 원격으로 좀 더 적극적으로 참여할 수 있게 하기 위해 무엇을 더 잘할 수 있었을까? 어떠한 수업전략들이 학습자들의 학습할 기회를 높여 주었다고 생각하는가? 원격에서 또 다른 수업을 계획한다면 어떠한 점들을 더 잘 고려하고 싶은가? (ISTE NETS-T 5.C)

보충자료

출판물

Conrad, R. M., & Donaldson, J. A. (2004). *Engaging the online learner: Activities and resources for creative instruction*. San Francisco: Jossey-Bass.

Lipinski, T. A. (2005). *Copyright law and the distance education classroom: Working within the information infrastructure*. Lanham, MD: Scarecrow Press.

Moore, M. G., & Anderson, W. G. (2008). *Handbook of distance education*(2nd ed). Mahwah, NJ: Lawrence Erlbaum.

Palloff, R. M., & Pratt, K. (2007). *Building online learning communities: Effective strategies for the virtual classroom*. San Francisco: Jossey-Bass.

Shank, P. (2007). *Online learning idea book: 95 proven ways to enhance technology-based and blended learning*. San Francisco, CA: John Wiley & Sons.

Simonson, M., Smaldino, S. E., Albright, M. J., & Zvacek, S. (2011). *Teaching and learning at a distance: Foundations of distance education* (4th ed.). Upper Saddle River, NJ: Merrill/Prentice Hall.

웹링크

이 장과 관련한 웹링크들을 접속하기 위해서는 MyEducationKit로 가서 7장을 찾고 거기 웹사이트들을 클릭하시오.

The Adventures of Cyberbee
www.cyberbee.com
이 사이트에는 수업에 인터넷을 활용할 수 있는 다양한 아이디어들이 있다.

Classroom Connect
www.classroom.net
이 사이트는 유치원, 초, 중, 고등학교 교사와 학생들이 인터넷을 수업에 잘 활용하도록 다양한 교실들, 수업자료, 다른 교사들을 연결해준다.

CNN Interactive

www.cnn.com

이 사이트는 세계의 뉴스와 정보, 즉 날씨, 스포츠, 과학, 공학, 비지니스, 건강 등에 관한 가장 최신 내용을 전해준다.

Public Broadcasting Service (PBS)

www.pbs.org

PBS는 비상업적인 TV프로그램을 일반인들에게 제공하여 교육자와 학부모들에게 질 높은 교육프로그램 자료들을 제공하고 있다.

San Diego Zoo and Wild Animal Park

www.sandiegozoo.org

이 사이트는 샌디에이고 동물원에 대해 가상투어와 동물들에 대한 정보들을 제공해준다.

Sesame Workshop

www.sesameworkshop.org

비영리 교육기관인 '세서미 스트릿' 은 아이들을 위한 라디오와 텔레비전 오락 프로그램들을 제공한다. 특히 이러한 프로그램들은 다양한 미디어 형태로 정규 교사, 놀이방 교사, 학부모들을 지원하며 학생들의 학습을 돕는다.

선정 평가표: 웹 자료

PEARSON myeducationkit™ 이 평가표를 다운로드하여 사용하려면, MyEducationkit의 7장에서 'Selection Rubrics'을 클릭하라.

해당 자료를 찾기 위해 사용할 검색어

____

____

____

제목 ______________________________ 필요한 하드웨어

출처 ______________________________ 주요 사용자(들):

일시 ______________ 비용 ______________ ________ 학생

관련 과목 ______________ 학년 ______________ ________ 교사

교수 전략 ______________________________

개요

성취기준/결과/목표

선행필수능력 (예: 읽기 능력, 어휘 수준, 수학 능력, 선수 지식)

장점

단점

특이사항

이름 ______________________________ 날짜 ______________

평가 영역	높은 수준	중간 수준	낮은 수준
교육과정의 적합성	교육과정 기준을 중심으로 학습촉진에 초점을 두고 있음.	교육과정 기준이 부분적으로 적용되며 학습 촉진의 가능성이 있음.	교육과정 기준이 적용되지 않으며 학습 촉진의 가능성이 적음.
정확성 및 최신성	정확한 정보 및 최신의 자료를 제공함.	정보는 정확하나 최신의 자료를 제공하지 않음.	정보가 정확하지 않으며 최신의 자료가 제공되지 않음.
연령에 적합한 언어	대상 연령에 적합한 언어 및 어휘가 사용됨.	대상 연령에 거의 적합한 언어이나 대상에 적합한 어휘 수준이 아님.	대상 연령에 부적합한 언어 및 어휘가 사용됨.
동기 유발 및 흥미	학습자의 흥미 및 학습 촉진을 유발하는 주제가 제시됨.	학습자의 흥미 및 학습 촉진을 어느 정도 유발하는 주제가 제시됨.	학습자의 흥미 및 학습 촉진을 유발하지 못하는 주제가 제시됨.
학습자 참여	대부분의 학습자들이 적극적으로 참여할 수 있는 주제가 제시됨.	일부 학습자들이 적극적으로 참여할 수 있는 주제가 제시됨.	대부분의 학습자들이 적극적으로 참여하지 않는 주제가 제시됨.
기술 수준	학습자료는 가장 적합한 매체를 사용하고 있음.	학습자료는 어느 정도 문제의 여지는 있으나 양질의 매체를 사용하고 있음.	학습자료는 질적으로 부적합한 매체를 사용하고 있음.
사용 편리성	자료들이 혼돈스럽지 않고 쉽게 사용할 수 있음.	자료들이 혼돈스러운 것도 있으나 대체로 쉽게 사용할 수 있음.	자료들이 혼돈스럽고 대체로 쉽게 사용할 수 없음.
중립성(편견 등)	편견 및 광고의 의도가 없음.	편견 및 광고의 의도가 약간 있음.	편견 및 광고의 의도가 많음.
사용자 안내 및 문서화	문서가 수업 활용에 매우 유용한 자원이 될 수 있으며 학습자들이 학습자료를 사용하는 데 문서가 매우 도움이 됨.	문서가 수업 활용에 유용한 자원이 될 수 있으며 학습자들이 학습자료를 사용하는 데 어느 정도 도움이 됨.	문서가 수업 활용에 유용한 자원이 되지 못하고 학습자들이 학습자료를 사용하는 데 도움이 되지 않음.
분명한 지시	항해가 논리적이고 페이지는 잘 조직되어 있음.	항해가 주요한 사용에는 논리적이나 혼란스러울 수 있음	항해가 논리적이지 않고 페이지는 잘 조직되어 있지 않음.
창의성의 자극	웹 자원의 사용은 학생들에게 새로운 학습경험에 참여하게 하는 많은 기회를 제공함.	웹 자원의 사용은 몇몇 학생들에게 새로운 학습경험에 참여하게 하는 약간의 기회를 제공함.	웹 자원의 사용은 학생들에게 새로운 학습경험에 참여하게 하는 기회를 제공하지 않음.
시각적 설계	웹 자원은 학생들의 이해를 촉진하기 위해 적절한 그래픽과 텍스트로 설계됨.	웹 자원은 보통 수준의 그래픽과 텍스트로 설계됨.	웹 자원은 불량하고 학생들의 이해를 분산시키는 그래픽과 텍스트로 설계됨.
링크의 질	웹 자원 링크는 자료를 항해하고 추가 정보를 찾는 것을 촉진함.	웹 자원 링크는 항해하기에 쉽지 않고 추가 정보를 찾는 것이 어려움.	웹 자원 링크는 자료를 항해하는 것과 추가 정보를 찾는 것이 매우 어려움.
사이트 맵	사이트 맵은 학생들이 항해하고 정보에 접속하는 데 이용할 수 있고 유용함.	사이트 맵은 학생들이 항해하고 정보에 접속하는 데 이용할 수 있고 어느 정도 유용함.	사이트 맵은 학생들이 항해하거나 정보에 접속하는 데 이용할 수 없거나 유용하지 않음.

교실 활용에 추천: ____________예 ____________아니오

교실 활용에 대한 아이디어:

제 8 장

시각자료를 통한 학습 향상

학 습 목 표

이 장에서는 ISTE NETS-T 2를 중점적으로 소개하며 다음의 학습결과를 기대한다.

1. 시각 리터러시를 자신의 말로 정의하고 시각 리터러시를 가르칠 때 사용할 수 있는 일반적인 전략 두 가지를 규명한다.
2. 시각자료의 여섯 가지 유형을 말하고, 각 유형의 예를 든다.
3. 학습에서 시각자료의 역할을 기술한다.
4. 교실에서 시각자료를 효과적으로 보기 위한 네 가지 방법을 규명한다.
5. 시각자료의 장점, 단점, 통합 방안을 기술한다.
6. 시각 디자인이 성취해야 할 목표가 무엇인지 자신의 말로 진술한다.
7. 시각자료를 만들기 위한 네 가지 기법을 논의한다.
8. 이미지를 캡처하는 두 가지 방법을 논의한다.

목적

시각자료의 다양한 유형과 사용방법을 논의하고, 학습을 촉진하기 위해 시각자료를 만들고 활용하기 위한 일반적 원리를 논의한다.

ASSURE 수업 사례 연구

3학년 교사인 Roman은 시험 성적을 통해 학생들이 수학 도형을 시각화하는 데 문제가 있다는 것을 알게 되었다. 특히 학생들은 2차원 도형을 3차원 이미지로 전환하는 데 어려움을 겪고 있었다. 교사는 미술교사인 Edlund와 함께 학생들이 아이디어를 시각화하는 것을 이해할 수 있도록 도와주는 방법에 대하여 논의하였다. 미술과 테크놀로지를 학습에 활용하는 것에 대하여 학교가 관심을 갖고 있기 때문에 Edlund 교사 역시 미술을 이용하여 학습을 평가하는 방법을 찾기 원했고, 미술 수업에 테크놀로지를 활용할 방법을 찾고 있었다. 두 교사는 학생들이 자신의 학습에 대하여 생각하고 자신을 표현하는 데 어려움을 겪고 있다는 것을 알고 있었다.

여기 언급한 수업 사례를 동영상으로 보기 위해 해당 사이트(www.myeducationkit.com)에 가서 8장의 'ASSURE Video'를 클릭하면, Roman 교사가 미술교사인 Edlund와 함께 학생들이 아이디어를 시각화하는 것을 이해하도록 돕기 위해 미술과 테크놀로지를 활용한 방법을 찾아가는 과정을 탐색할 수 있다. 여러분은 이 장의 내용과 해당 수업 사례를 연계하는 성찰 질문들을 이 장 전체에서 받게 될 것이다. 이 장의 마지막에서는 여러분이 선택한 주제와 학습자를 위해 수업전략, 테크놀로지, 매체, 수업자료를 통합하는 ASSURE 수업을 개발하게 될 것이다.

서론

이 장에서는 학습을 위한 시각자료의 선택과 활용에 관한 내용을 다룬다. 시각자료가 교실에서 흔히 사용되기는 하지만, 실제 학습자의 학습에 얼마나 도움이 되는가는 효과적인 수업 자료를 선택하고 만들 수 있는 교사의 능력에 달려있다.

수업에서 시각자료의 설계와 활용은 매우 중요하게 고려되어야 하는데, 왜냐하면 많은 학습 활동이 시각적 이미지와 관련되기 때문이다. 학습자들은 아이디어를 시각화할 줄 알아야 하며, 이 과정에서 종종 테크놀로지를 활용한다. 컴퓨터 코스웨어, 멀티미디어, 비디오 프로그램, 디지털 이미지와 같이 이 책에 소개된 대부분의 매체들은 시각적 요소를 포함하고 있다. 수업이 이미지를 활용하여 이루어짐에도 불구하고 시각자료는 수업에 많이 활용되지 못하고 종종 학습 동기나 장식을 위한 요소로 격하되기도 한다. 많은 학습자들이 시각적 이미지를 통해 보다 쉽게 학습할 수 있으며, 비록 언어적 학습자일지라도 개념의 형성을 위해서는 시각적 지원이 필요하다.

읽기는 인쇄 리터러시의 해독 활동이다.
iStockPhoto

쓰기는 인쇄 리터러시의 부호화 활동이다.
iStockPhoto

비디오 프로그램 해석은 시각 리터러시의 해독 활동이다.
Scott Cunningham/Merrill

비디오 프로그램 생성은 시각 리터러시의 부호화 활동이다.
Jeff Greenberg/PhotoEdit

테크놀로지 통합 사례

시각 리터러시

시각자료의 범람으로 인하여 시각자료를 읽고, 이해하고, 만들고, 분석하고, 시각자료로부터 학습할 수 있는 능력의 중요성은 그 어느 때보다 강조되고 있다. 최근 연구는 학습자들이 자신의 학습을 나타내고, 세상 사람들과 학습을 공유하고, 점차 시각화되는 세상에서 성공에 필요한 기능과 역량을 얻기 위한 학습 도구로서 시각자료를 사용하고 제작하는 것의 가치를 강조하고 있다. 테크놀로지는 시각 매체의 설계, 개발, 생성에 중요한 역할을 하는데, 이는 학습자의 학습 능력을 향상시켜 주는 비판적 사고와 문제해결 기능을 활용한다. 미국과 다른 여러 나라에서는 시각자료를 해석하고 시각적으로 의사소통하는 것에 대한 개념과 기능을 학습자에게 소개하기 위한 시각 리터러시 개발을 교육 프로그램에 포함시켜 왔다. 이러한 교육 프로그램에서 교사는 시각적으로 사고하고, 교과서와 동화책을 포함한 인쇄자료나 디지털 자료의 시각적 요소에 학습자의 시선을 집중시키도록 자극된다. 유치원부터 고등학교와 대학에 이르는 학교에서 제공되는 모든 매체의 시각적 정보의 제작과 해독을 돕는 프로그램을 통해 시각 리터러시는 모든 교육 과정에 중요한 요소로 인정되고 있으며, 시각 리터러시는 지역, 주, 또는 국가 차원의 성취기준과 연계된 교과의 교육활동과 평가활동 속에서 다루어질 때 가장 잘 개발될 수 있다. 국제 시각 리터러시 연합(IVLA)은 시각 리터러시 전문가들을 위해 설립된 조직이다.

공립학교의 프로그램들은 학습자들이 문학, 문해, 사회과학, 과학 등의 교과 내용 성취기준을 달성하고, 동시에 테크놀로지 성취기준을 달성하기 위한 목표를 충족하기 위해 학습자를 비판적 고찰 활동과 매체 제작 프로젝트에 참여시킨다. 예를 들어 학습자들은 색, 관점, 설계, 제시속도와 같은 각 매체의 요소들이 시각 메시지에 미치는 영향에 초점을 맞추어 시각자료를 분석한다. 국립 미술관이나 국회 도서관을 포함한 박물관 웹사이트들이 이러한 분석 활동을 지원한다. 교사들은 수업자료 선정 시 학습자의 시각적 학습방식을 고려해야 할 필요가 있으며, 다양한 형태의 기능을 개발하고 제2언어 학습을 지원하기 위한 시각자료의 중요성도 강조된다. 여러 지역에서 학습자들이 포스터 캠페인을 만들고, 새로운 상품과 광고를 설계하고, 텔레비전 시청 습관을 조사하고, 광고 메시지를 분석하고, 연구 결과를 디지털 보고서로 만들기 위한 학습 활동 및 적절한 테크놀로지 활용 활동에 참여하도록 장려되고 있다. 그들은 학습을 확장하고 그들의 지식을 전 세계와 공유하기 위해 디지털 영화를 만들고 공유하며, 웹사이트를 만들고, 사진이나 기타 매체의 전시회를 열기도 한다.

출처: Rhonda S. Robinson, Northern Illinois University.

시각 리터러시

시각 리터러시는 시각 메시지를 정확하게 해석하고 만들 수 있는 학습된 능력이다. 시각 리터러시는 두 가지 접근방법을 통해 개발될 수 있는데, 첫 번째 접근방법은 시각적 분석 기술을 연습함으로써 시각자료를 능숙하게 **해독**(decode)하거나 읽을 수 있도록 도와주는 것이고, 두 번째는 자신을 표현하고 다른 사람과 의사소통하도록 시각자료를 **부호화**(encode)하거나 제작하도록 도와주는 접근방법이다.

해독: 시각자료의 해석

시각자료를 본다는 것 자체가 곧 학습을 의미하지는 않는다. 학습자들은 시각자료를 정확히 해독할 수 있도록 안내되어야 한다. 따라서 시각 리터러시의 한 요소는 시각자료를 해석하고, 시각자료로부터 의미를 생성하는 것이다.

학습자가 시각자료를 해독하는 방식에 많은 요인들이 영향을 준다. 어린 아이들은 비교적 나이가 많은 아이들에 비해 이미지를 있는 그대로 해석하는 경향이 있다. 아주 어린 아이들은 현실적 이미지와 그들이 그린 그림을 구별하지 못하는 것으로 알려져 있다(DeLoache, 2005). 12세가 되기 전 아이들은 시각자료를 전체적으로 해석하기 보다는 부분적으로 해석하는 경향이 있다. 그림에서 본 것을 말해보라고 하면, 그들은 전체 장면 중 특정한 요소만을 선정하기 쉽다. 그러나 나이가 든 학생들은 전체 장면을 요약하고 그림의 의미에 대한 결론을 제시하는 경향이 있다.

수업을 할 때 시각자료의 해독 활동이 문화적 배경의 영향을 받는다는 점을 명심해야 한다. 다른 문화적 배경을 지닌 집단은 시각자료를 다른 방식으로 인식하기 쉽다. 예를 들어 수업에 도심 어린이들의 가정과 거리 생활을 묘사한 시각자료가 포함되었다고 가정해 보자. 도심에서 살고 있는 학습자와 도심 생활의 문화적 배경이 없는 학습자는 시각자료를 달리 해독할 것이 분명하다. 마찬가지로, 과거 서부 생활을 그린 시각자료에 대한 미국 원주민 출신 아이의 해석은 흑인이나, 백인, 멕시코계 미국인 출신 아이의 해석과 다르다.

시각자료의 선정에 있어 교사는 선호되는 시각자료와 효과적인 시각자료 사이에서 적절한 선택을 해야 한다. 자신이 선호하는 시각자료를 통해 가장 효과적으로 학습하는 것은 아니다. 대부분의 학습자들은 흑백 시각자료보다는 컬러 시각자료를 선호한

의사전달자의 문화적 편향은, 비록 말로 표현되지는 않지만, 다른 문화적 배경을 가진 사름들에 의해 인식될 수 있다.

SuperStock

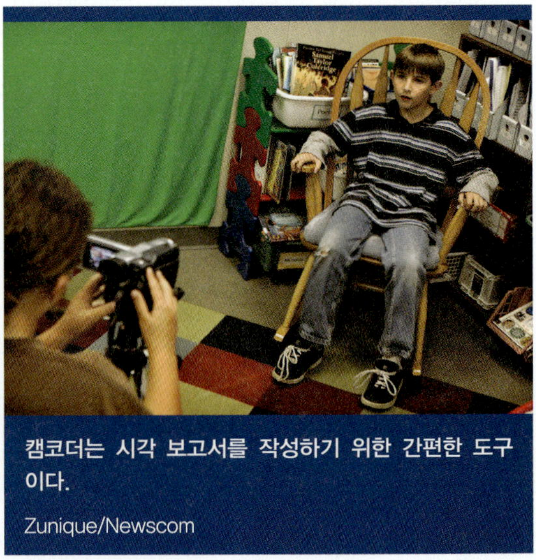

캠코더는 시각 보고서를 작성하기 위한 간편한 도구이다.

Zunique/Newscom

다. 그러나 색이 학습 내용과 관련되는 경우를 제외하면 컬러 시각자료와 흑백 시각자료 사이에 학습량의 차이는 없다. 대부분의 학습자들은 또한 단순 그림이 의사소통을 보다 원활히 해주는 상황에서도 단순 그림보다는 상세한 사진을 선호한다. 많은 학습자들은 현실적 시각자료를 추상적 표현보다 선호하지만, 교사는 수업의 목적을 달성하기 위해 이들 간 균형을 고려해야 한다. 어린 학습자들은 단순한 시각자료를 선호하고 고학년 학습자들은 복잡한 시각자료를 선호하지만, 학습자의 연령에 관계없이 단순한 시각자료가 학습에 효과적이다.

부호화: 시각자료의 생성

시각 리터러시의 또 다른 요소는 시각자료를 제작할 수 있는 능력이다. 글쓰기가 읽기 능력 개발을 촉진하듯이, 시각자료를 제작하는 것은 시각자료를 이해하는 매우 효과적인 방법이 될 수 있다.

CD나 온라인 자료 모음에서 이미지를 신중히 선택하여 학급에서 리포트를 발표하도록 학습자들을 격려할 필요가 있는데, 이는 학습자들의 미적 재능을 개발하는 것을 도와줄 것이다. 비디오 캠코더는 학생들이 아이디어나 사건을 시각자료로 제작하고 발표하는 것을 연습하기 위한 편리한 도구이다. 학생들은 또한 사진이나 그림을 스캔하고 이를 파워포인트나 키노트(Keynote) 같은 소프트웨어를 사용해 만든 프레젠테이션에 삽입할 수 있다. 이 모든 활동과 관련된 저작권 지침을 반드시 따라야 한다는 것을 학습자들에게 상기시켜야 한다.

시각 교육에 거의 항상 포함되는 기능이 계열화 기능이다. 읽기 전문가들은 계열화 능력—즉 아이디어를 논리적 순서로 배열하는 것—은 언어 리터러시, 특히 서면 의사소통(communication in writing) 능력의 중요한 요소라는 것을 인식해 왔다. 학생들은 시각자료를 논리적 계열로 배열하는 것을 연습할 필요가 있는데, 이것은 읽기와 쓰기에서의 언어적 계열화와 같이 학습된 기능이다. 이러한 이유로 인해 시각 교육 프로그램, 특히 어린 아이들을 위한 시각 교육 프로그램은 시각자료의 배열을 필요로 하는 활동을 강조한다. 파워포인트와 같은 디지털 프레젠테이션의 계열적 특성은 학생들이 이 기능을 획득할 수 있도록 지원한다.

교실에서 사용되는 시각자료의 유형

교실수업에서 흔히 사용되는 여섯 가지 유형의 시각자료—사진, 그림(스케치와 다이어그램 포함), 차트, 그래프, 포스터, 만화—를 살펴보도록 하자.

사진

사진은 인물, 장소, 사물 등을 사실적으로 묘사한 것이다. 사진은 인터넷, 서적, 잡지, 신문을 통해 쉽게 활용할 수 있다. 사진은 비록 2차원적이지만, 동일한 사물이나 장면을 서로 다른 각도와 위치에서 촬영한 여러 사진을 함께 제시함으로써 3차원성의 결함을 보완할 수 있다. 뿐만 아니라 일련의 계열적 사진은 움직임을 나타낼 수도 있다.

사진은 다양한 방식으로 활용될 수 있다. 예를 들어 지역 건축물 사진을 통해 건축 양식을 실제적으로 보여줄 수 있다. 현장 견학에서 찍은 디지털 사진은 후속 교실수업 활동을 위한 가치 있는 자료가 될 수 있다.

학습자들은 교과서에 있는 사진은 장식물이 아니라 학습 보조물이라는 점을 이해하고 그렇게 활용할 수 있어야 한다. 인쇄된 단어를 읽는 것처럼 사진 자료도 읽을 수 있도록 학습자들을 자극할 필요가 있다. 학습자들에게 교과서와 컴퓨터의 사진을 해독하는 기능을 가르치고 학습의 목적을 위해 그것들을 사용할 수 있도록 동기화해야 한다. 사진의 질과 양은 당연히 교과서와 매체 선택의 중요한 요인이다.

그림

그림, 스케치, 다이어그램은 사람, 장소, 사물, 개념을 나타내기 위하여 선(lines)을 시각적으로 배열한 것이다. 그림은 교과서와 컴퓨터 기반 수업 자료에서 쉽게 찾을 수 있다. 그림은 수업의 도입 부분에서부터 평가에 이르기까지 수업 전반에 걸쳐 사용될 수 있다.

교사가 그린 그림은 효과적인 학습 보조 자료가 될 수 있다. 수업의 특정 부분을 나타내기 위하여 화이트보드에 스케치를 할 수 있다. 예를 들어 원과 선으로 단순화한 그림과 화살표를 사용해 사물의 움직임을 빠르고 쉽게 보여줄 수 있다.

아이워크(iWork), 포토샵, 어도비 일러스트레이터 등의 소프트웨어 프로그램을 사용하여 배치, 디자인, 삽화 작업을 할 수 있다. 대부분의 컴퓨터 그래픽 소프트웨어 프로그램에는 수백 내지 수천 개의 서체(typeface)와 클립아트 이미지가 포함되어 있으며, 상상할 수 있는 모든 방식으로 시각자료를 조작할 수 있다. 대부분의 워드프로세싱과 프레젠테이션 프로그램에는 기본적인 그리기 도구와 마이크로소프트의 스마트아트(SmartArt)와 같은 높은 수준의 시각화 도구가 포함되어 있다.

차트

차트는 연대기, 수양(quantities), 위계와 같은 추상적 관계의 시각적 표현이다. 차트는 종종 표나 흐름도로 나타내며, 조직도, 분류표(예: 주기율표), 연대표 형태가 있다(그림 8.1 참조).

조직도는 회사, 기업, 시민 단체, 또는 정부 부서와 같은 조직의 구조나 명령 체계를 보여준다. 조직 차트는 보통 직원이나 부서의 위계를 다룬다.

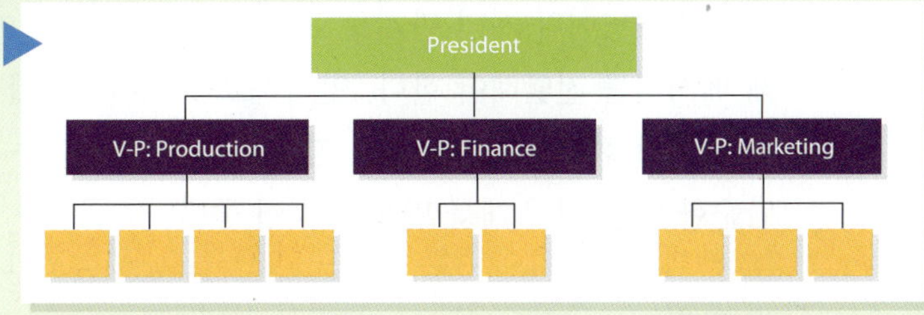

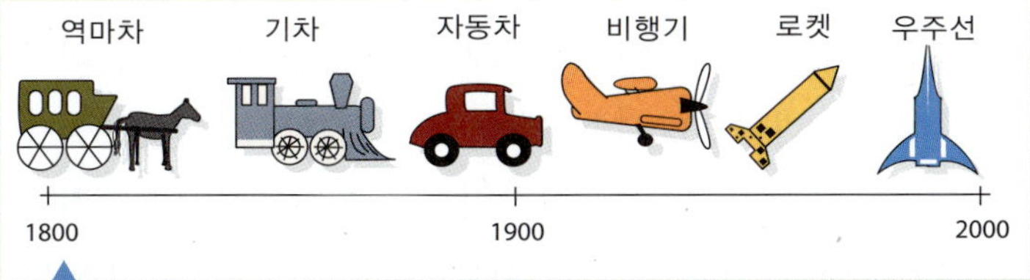

연대표는 사태의 연대기적 관계를 나타낸다. 연대표는 역사적 사건이나 유명 인사와 그들의 사건들의 관계를 계열적으로 나타내기 위하여 사용된다. 중요 개념을 나타내기 위해 사진이나 그림이 첨가될 수 있다. 연대표는 일련의 사건을 요약하는 데 매우 도움이 된다.

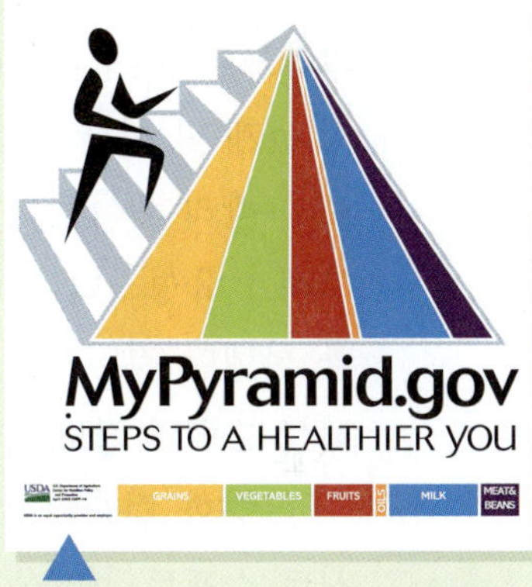

분류도는 조직도와 유사하지만 주로 사물, 사건, 또는 종족을 분류하거나 범주화하기 위해 사용된다. 일반적인 분류도의 하나는 자연적 특성에 따라 동물과 식물을 분류한 것이다. 음식 안내 피라미드는 음식물을 조직하고 건강식을 위한 음식물의 비율을 나타내기 위하여 색상을 이용한다.

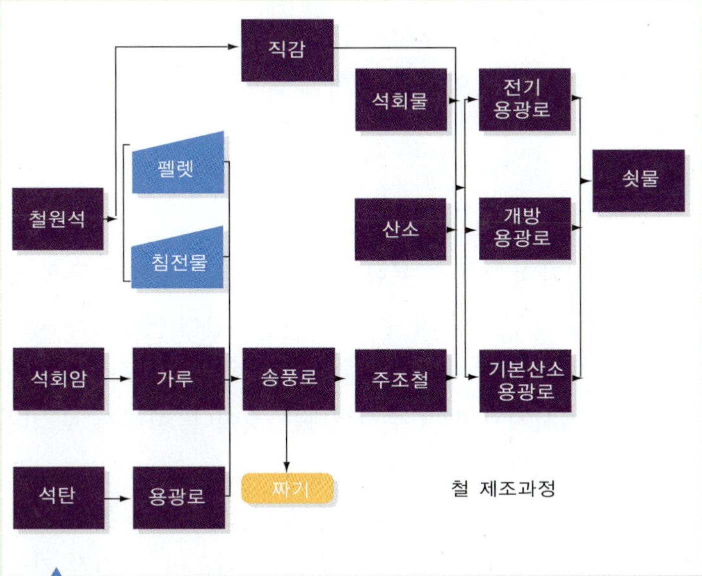

흐름도 또는 절차도는 계열, 절차, 또는 이름이 암시하듯이 절차의 흐름을 보여준다. 흐름도는 어떻게 서로 다른 활동, 요소, 또는 절차가 서로 관련되는지를 보여준다.

수입 비율

	밀	철	석유	면화
USA	0	0	20	35
England	65	95	35	10
France	15	95	30	90
Japan	85	15	0	95
Brazil	0	0	20	70

도표 또는 표는 수치 정보 또는 데이터를 포함한다. 표는 기차나 비행기의 시간표와 같이 시간 정보를 일목요연하게 나타내기 편리하다.

그림 8.1 차트의 유형
학습자에게 정보를 전달하기에 가장 적절한 차트의 유형을 이해하는 것이 중요하다.

차트는 명확하고 잘 정의된 수업 목적을 가지고 있어야 한다. 일반적으로 차트는 단 하나의 개념이나 개념 관계를 표현해야 한다. 잘 설계된 차트는 주로 시각적 채널을 통해 메시지를 전달해야 한다. 언어자료는 시각자료를 보완해야 하며, 그 반대가 되지 않도록 해야 한다. 전달해야 할 정보가 많은 경우에는 복잡한 차트를 하나 만들기보다는 단순한 차트 여러 개를 만드는 것이 좋다.

그래프

그래프는 수치 데이터를 시각적으로 나타낸 것이다. 그래프는 또한 데이터 단위 사이의 관계 및 시간 변화에 따른 성향을 나타낸다. 데이터는 표 형태보다는 그래프를 통해 보다 빨리 해석될 수 있다. 그래프는 또한 표보다 시각적으로 흥미롭다. 네 가지 주요 그래프 유형—막대그래프, 그림그래프, 원그래프, 선그래프(그림 8.2)—중에서 어떤 것을 선택할 것인가는 주로 제시하고자 하는 정보의 복잡성과 대상 학습자들의 그래프 해석 능력의 정도에 의해 결정된다.

다양한 컴퓨터 소프트웨어 프로그램, 특히 마이크로소프트 엑셀과 같은 스프레드시트 소프트웨어는 전문가가 작성한 것 같은 그래프를 쉽게 만들도록 지원해준다. 스프레드시트에 데이터를 입력하고 마우스를 이용해 몇 차례 클릭만 하면 원하는 그래프를 만들 수 있다.

포스터

포스터는 이미지, 선, 색, 단어의 시각적 조합을 포함한다. 포스터는 주로 설득을 목적으로 한 단순한 메시지 전달을 위해, 보는 사람의 주의를 끌어 시선이 머물도록 의도된 것이다. 포스터는 주의를 끌어야 하고, 신속히 메시지를 전달해야 한다. 포스터 활용의 한 가지 단점은 친숙함으로 인해 메시지가 빨리 무시된다는 것이다. 따라서 포스터는 너무 오랫동안 전시되지 않도록 해야 한다.

포스터는 다양한 학습 상황에서 효과적으로 활용될 수 있다. 포스터를 통해 새로운 주제에 대한 흥미를 자극할 수 있으며, 특별한 행사를 알릴 수 있으며, 사회적 기능을 향상시킬 수 있다. 포스터는 학습동기를 유발한다—학습자들을 학교 재활용을 위한 회의나 매체 센터로 유인하거나 독서를 더 많이 할 수 있도록 자극할 수 있다. 실업교육 수업이나 과학 실험실, 또는 위험이 수반되는 다른 수업 상황에서, 포스터는 학습자들에게 안전 요령을 상기시킬 수 있다. 포스터는 또한 마약 복용 근절이나 군것질하지 않기와 같은 건강 실천을 개선하거나, 광합성과 같은 개념을 시각적으로 나타내기 위해 사용될 수 있다(그림 8.3).

기업, 항공사, 여행사, 정부 부서, 전문 조직 등 다양한 곳에서 포스터를 구할 수 있다. 컬러 마커, 컴퓨터 인쇄, 포스터 크기의 문서 인쇄 도구 등을 이용해 스스로 포스터

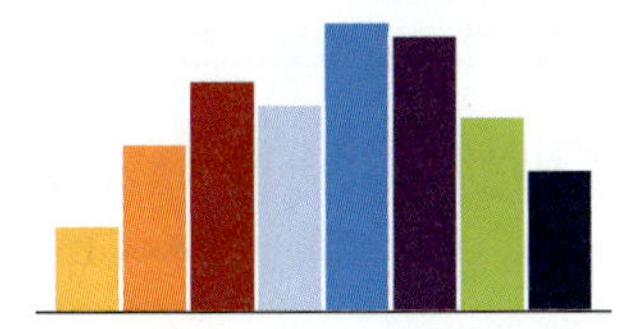

막대그래프는 읽기 쉬우며 모든 학생들에게 사용할 수 있다. 막대의 높이는 대상의 양을 나타낸다. 혼동을 피하기 위해 막대의 넓이는 같아야 한다. 부분을 나타내기 위해 한 막대를 여러 개로 나눌 수 있다. 비교 대상의 개수는 여덟 개 이하로 제한하는 것이 좋다. 그렇지 않으면 그래프가 혼란스럽고 혼동을 주게 된다. 막대그래프는 특히 유사한 대상을 서로 다른 시간대에 비교하거나 같은 시간대에 서로 다른 대상을 비교할 때 적절하다. 예를 들어 시간 경과에 따른 식물의 높이 변화나 같은 시기에 여러 학생들의 키를 나타낼 때 막대그래프를 사용할 수 있다. 막대그래프는 변화를 1차원으로만 나타낸다.

그림그래프는 막대그래프를 변형시킨 것으로 수치 단위를 단순한 그림을 통해 나타낸다. 그림그래프는 여러 사람들, 특히 어린 학습자들에게 시각적으로 흥미를 주고 호소력이 있다. 그러나 막대그래프에 비해 조금 읽기 어렵다. 시각적 상징물로 양을 나타내기 때문에 부분적 상징물은 부분적 양을 나타낸다. 혼동을 피하는 데 도움을 주기 위해 각 그림의 아래 또는 오른편에 값을 기재한다.

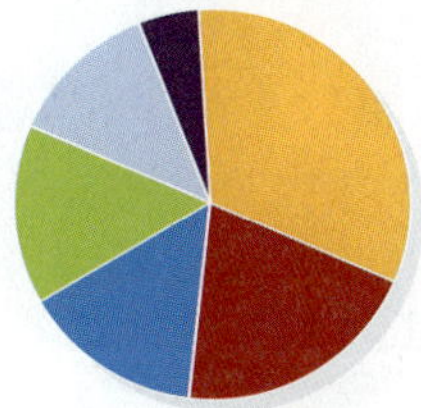

원(또는 파이)그래프는 해석하기가 비교적 쉽다. 이 유형의 그래프에서 원 또는 파이는 부분으로 나뉘며, 각 부분은 전체의 일부 또는 퍼센트를 나타낸다. 원 그래프를 사용하는 전형적인 사례는 세금 배분(tax-dollar allocation)을 나타내는 것이다. 원그래프를 구성하는 부분의 총합은 물론 100퍼센트가 되어야 한다. 특별히 관심을 가져야 할 영역은 전체 원에서 잘 구별되도록 나타냄으로써 강조할 수 있다.

선그래프는 그래프 중에서 가장 정확하고 복잡하다. 선그래프는 직교하는 두 점을 기초로 한다. 각 점은 종축의 값과 횡축의 값을 갖는다. 직선(또는 곡선)은 점들을 연결하여 그린다. 선그래프는 2차원에서의 변화를 보여주거나 시간이 지남에 따른 2 또는 그 이상의 요인들에서의 변화를 나타낸다. 예를 들어 선그래프를 통해 기체의 부피가 일정할 때 압력과 온도와의 관계를 나타낼 수 있다. 선그래프는 정확하기 때문에 성향을 나타낼 때 유용하다. 복잡한 정보를 단순화하는 데에도 도움을 줄 수 있다.

그림 8.2 그래프의 유형
학습자에게 정보를 전달하기에 가장 적절한 그래프 유형을 이해하는 것이 중요하다.

를 만들 수도 있다.

만화

만화는 실제 또는 가상의 인물, 동물, 사건 등을 대략적인 선으로 나타낸 캐리커처로 그린 그림이다. 만화는 다양한 인쇄매체—신문, 정기간행물, 교과서—에 등장하는데, 오락용 만화에서부터 사회나 정치 논평 만화에 이르기까지 다양한 형태가 있다. 유머와 풍자는 만화가가 지닌 기술의 결정체이다.

그림 8.3 포스터
포스터는 단일한 메시지를 전달하기 위해 이목을 집중시킨다.

그림 8.4 툰두(ToonDoo)
이 소프트웨어는 학습자들이 만화영화를 제작할 수 있는 간단한 도구를 제공한다.

출처: www.toondoo.com. ToonDoo.com and the education-friendly version, ToonDooSpaces.com, are property of Zoho Corp, Inc. Reprinted by permission.

컬러 사진은 원래 대상의 현실성을 많이 가지고 있는 매우 영상적인 시각자료가 될 수 있다.

Scott Cunningham/Merrill

만화는 쉽고 신속하게 읽히며 모든 연령의 아동들에게 호소력이 있다. 최고의 사례가 될 만한 만화는 재치는 물론 교훈도 포함한다. 수업의 핵심을 나타내거나 강조할 때 만화를 사용할 수 있다. 그러나 만화의 이해와 해석 정도는 학습자의 경험과 교양에 의해 달라질 수 있다. 수업을 목적으로 하는 만화는 대상 학습자들의 경험과 지적 능력 범위 내에서 활용되어야 한다.

툰두(ToonDoo)와 같은 온라인 소프트웨어를 활용하여 학습자들이 만화를 만들 수도 있다(그림 8.4 참조). 이 소프트웨어는 인물, 배경, 소도구의 모음을 제공함으로써 학습자들이 전달해야 할 메시지를 만화로 표현할 수 있도록 한다. 예를 들어 학습자들은 재활용, 지구 온난화, 역사적 사건, 시사문제, 또는 책의 줄거리 등에 관한 아이디어를 나타내는 만화를 만들 수 있다.

시각자료의 목적

시각자료는 교실에서 다양한 목적으로 활용될 수 있다. 아이디어에 관한 유의미한 대상물을 제공하고, 추상적 아이디어를 구체적으로 만들어주며, 중요한 개념에 주의집중하도록 유도하고, 여러 형태로 학습을 반복하도록 하며, 선수 학습내용을 회상할 수 있도록 지원하고, 무엇보다도 학습에 필요한 노력을 감소시켜 준다.

아이디어에 관한 구체적 대상물의 제공

단어는 실제 사물처럼 보이거나 소리가 나지 않는다. 대신 시각자료는 **영상적**(iconic)이다. 즉 시각자료는 실제 대상물이 나타내는 것과 유사하다(그림 8.5 참조). 컴퓨터 화면에 있는 아이콘들이 하드 드라이브, 인터넷 브라우저, 또는 휴지통을 나타내기 위해 사용되는 것처럼 시각자료는 본래 아이디어에 쉽게 기억될 수 있는 연결 통로를 제공해준다. 교실에서 교사는 가르친 내용을 학습자들이 쉽게 기억할 수 있도록 돕기 위해 시각자료를 사용한다. 예를 들어 기하학을 가르치는 교사는 도형의 모양을 가르치기 위해 음식을 담은 용기를 활용할 수 있다(예: 오렌지=구(sphere), 캔 = 원기둥).

추상적 아이디어의 구체화

자유를 나타내기 위해 투표하는 사람들의 사진을 보여주거나, DNA 모델을 보여주기 위해 서로 연결된 구슬을 이용하거나, 또는 초보 읽기 학습자 지원을 위해 단어 끝말을 나타내는 다이어그램을 사용하는 것은 추상적 아이디어를 설명하기 위해 실제적인 것을 보여주는 사례들이다.

학습자의 동기화

흥미는 동기를 증가시킨다. 시각자료는 수업의 흥미를 증가시키기 때문에 학습자의 주

그림 8.5 구체-추상 연속선

출처: Dale's Cone of Experience (Dale, 1969).

1850	미국 여성 권리 회의가 매사추세츠 주의 Worcester에서 개최
1869	Susan B. Anthony와 Elizabeth Cady Stanton이 미국 여성 선거권 협회를 결성
1893	콜로라도 주에서 처음으로 여성에게 투표권을 인정하는 법 개정을 채택
1913	Alice Paul과 Lucy Burns가 여성 투표권을 인정하는 연방 법 통과를 위한 국회 조합 결성
1920	여성에게 투표권을 인정하는 19번째 헌법 개정이 법으로 인준
1935	Mary McLeod Bethune이 직업 차별, 인종주의, 여성차별에 대항하기 위한 로비를 하기 위해 국가 흑인여성 위원회를 조직
1961	케네디 대통령이 여성 위상에 대한 대통령 위원회를 설치하고 Eleanor Roosevelt를 의장으로 임명
1963	사업자가 사업장 내 같은 직업을 가진 여성 임금을 남성 임금보다 적게 주는 것을 금지하는 동일 임금법령(Equal Pay Act)을 통과시킴
1964	시민 권리 장전이 인종과 성에 따른 고용 차별을 금지함
1966	미국 최대 여성 권리 단체인 국가 여성 조직(NOW)이 페미니스트들에 의해 창설
1971	Ms. Magazine이 첫 출간
1972	학교에서의 성차별 금지. 이 결과 체육 및 전문학교의 여성 등록자가 급증
1996	미 대법원이 남성만 입학이 허가되던 버지니아 군사학교에게 공공 지원을 계속 받기 위해서는 여성들의 입학을 허용할 것을 명령
2003	미 대법원이 육아 의료 법령(Family Leave Medical Act) 위반 시 연방 법원에 고발될 수 있음을 명령
2009	오바마 대통령이 차별적 임금 희생자가 고용주를 정부에 고발할 수 있도록 하는 공정 임금 법령(Fair Pay Restoration Act)을 승인

그림 8.6
역사 연대기

의집중을 유발하고 유지시키는 동시에 학습자를 학습과정에 몰입시킴으로써 학습동기를 높일 수 있다. 시각자료는 수업이 관련성을 갖도록 하기 위하여 학습자의 개인적 흥미를 끈다. 예를 들어 역사 수업 시간에 단추와 지퍼 사진을 차례로 보여주고, 로타리식 전화기와 휴대전화 사진을 차례로 보여주고, 버터 교반기와 마가린 통 사진을 차례로 보여주는 것처럼 과거와 현재의 사진을 보여줄 수 있다.

직접적 주의 집중

시각 지시자(visual pointer)는 시각자료 중 특정 관련 부분에 학습자의 시선과 생각을 끌어들인다. 시각 지시자에는 색상, 단어, 화살표, 아이콘, 음영, 또는 애니메이션 등이 있다. 복잡한 시각자료 중 중요한 부분에 주의집중시킬 때 시각 지시자를 사용한다.

정보의 반복 제시

시각자료가 구술(verbal) 또는 서면(written) 정보와 함께 제시될 때, 시각자료는 정보를 서로 다른 형태로 제시하게 되는데, 이를 통해 어떤 학습자들은 구술 또는 텍스트 형태로 제시된 정보에서 이해하지 못한 내용을 시각적으로 이해할 수 있는 기회를 갖는다.

선수 학습내용의 회상

수업의 도입 단계에서 시각자료는 장기기억 장치에 저장된 선수 지식을 활성화할 수 있으며, 수업 정리 단계에서는 수업 내용을 요약할 수 있다. 같은 시각자료를 다음 수업의 도입 부분에 사용함으로써 학습자들에게 이전에 학습한 내용을 상기시킬 수 있다(그림 8.6).

학습에 필요한 노력의 감소

시각자료는 이해하기 어려운 정보를 단순화시킬 수 있다(그림 8.7). 다이어그램은 그러한 정보를 쉽게 저장하고 인출할 수 있도록 지원할 수 있다. 다이어그램은 또한 흐름도나 연대표에서처럼, 구성 요소들 사이의 관계를 시각적으로 나타냄으로써 조직화 기능을 수행할 수 있다. 시각화를 통해 내용은 종종 보다 쉽고 효과적으로 의사소통될 수 있다(Mayer & Morenom, 2003). 교사는 학습자들이 적은 노력을 기울이고도 시각자료의 내용을 이해하고, 메시지 자체의 이해를 위한 정신적 노력에서 벗어날 수 있도록 메시지를 전달하기를 원한다.

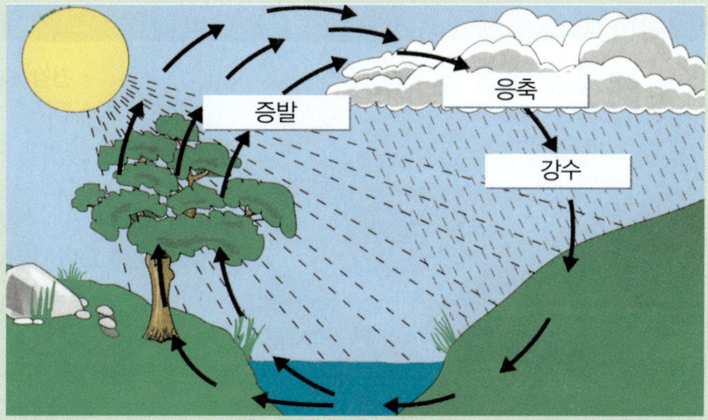

그림 8.7 시각자료와 선수 학습
복잡한 과정은 시각적으로 단순화될 수 있으며 따라서 이해하고 기억하기 쉬워진다.

시각자료의 범주

특정 상황에서 선택되는 시각자료는 학습과제에 의존해야 한다. 시각자료는 여섯 가지 유형으로 분류될 수 있다: 실제적, 비유적, 조직적, 관계적, 변형적, 해석적(Clark & Lyons, 2004).

실제적

실제적 시각자료는 수업에서 다루어지는 실제적 대상을 보여준다. 실제적 시각자료는 추상적 아이디어를 더욱 실제적 형태로 변형할 수 있는데(그림 8.8), 이를 통해 구체-추상의 연속선상(그림 8.5)의 추상적(언어적) 상징 수준으로부터 보다 구체적(시각

ASSURE 사례 연구 성찰

PEARSON myeducationkit

이 장의 첫머리에 제시된 ASSURE 수업 사례 연구와 비디오를 다시 검토하시오. 시각자료의 사용이 학습자들이 3차원 사물을 시각화하는 것을 학습하는 데 얼마나 도움을 주는지 규명하시오. 2차원 평면에 있는 사물을 3차원적으로 시각화하는 것을 학습자가 이해할 수 있도록 하기 위해 Roman 교사는 어떻게 시각자료를 사용할 수 있는가? 어떠한 유형의 시각자료가 가장 효과적인가? 미술 수업의 학습을 촉진시키기 위해 시각자료가 어떻게 사용될 수 있는가? 한 유형의 시각자료를 사용하는 것은 다른 유형의 시각자료 사용보다 더 유리할 수 있는가?

그림 8.8 실제적 시각자료로서의 차트
시각자료는 잘 설계된 차트에 주요 메시지를 전달한다.

그림 8.9 현실적 시각자료로서의 사진
사진, 삽화, 그래픽, 단어는 여러 종류 상징이 갖는 현실성의 연속적 관계를 나타낸다.

적) 수준으로 수업을 변환시켜 준다. 예를 들어 그림 8.9에 있는 지붕 달린 마차의 컬러 사진은 실제적 시각자료이다. 자연적인 색채의 사용은 실제성을 높일 수 있다. 물론 어떤 표현도 완전히 실제적이지는 못하다. 실제 사물과 사태는 항상, 비록 삼차원의 컬러 동영상이라고 할지라도, 시각적으로 포착되기 어려운 부분이 있기 마련이다.

연구에 의하면 어떤 경우에는 실제성이 의사소통과 학습을 방해할 수 있다. Dwyer(1978)는 바람직한 실제성의 정도는 단순한 '예-아니오' 의 이슈가 아니라, 학습과 곡선의 관계에 있다는 결론을 내렸다. 즉 실제성이 너무 높거나 너무 낮아지면 학업 성취도가 떨어질 수 있다(그림 8.10).

그림 8.10 현실성과 학습의 관계
시각자료는 지나치게 현실적이거나 추상적일수록 유용성이 떨어지는 경향이 있다.

그림 8.11 조직도
이 장의 일부 내용을 나타내는 것과 같은 조직도는 개념 간 관계를 보여주는 것을 도와준다.

비유적

비유적 시각자료는 다른 어떤 것을 보여주고 유사성을 암시함으로써 개념이나 주제를 전달한다. 연결된 병렬 파이프들 간의 물의 흐름을 보여줌으로써 전류에 관하여 가르치는 것은 비유적 시각자료를 사용하는 사례이다. 감염에 맞서 싸우는 백혈구는 요새를 공격하는 군대로 비유할 수 있다. Newby, Ertmer, Stepich(1995)는 생물학 개념을 배우는 학습자들이 시각적 비유의 사용을 통해 학습에 도움을 받았음을 보여주었다. 이러한 시각자료는 학습자들이 선수 지식을 활용해 새로운 정보를 해석하고 학습이 촉진될 수 있도록 도움을 준다.

조직적

조직적 시각자료는 다양한 요소들 간 질적 관계를 보여준다. 조직적 시각자료의 전형적인 예로는 앞서 살펴보았던 분류도, 연대표, 흐름도, 지도 등이 있다. 이러한 조직도는 텍스트 자료에 있는 주요 관점이나 개념 사이의 관계를 보여줄 수 있다. 이러한 유형의 시각자료는 내용의 조직을 의사소통하도록 도와준다(그림 8.11).

관계적

관계적 시각자료는 양적 관계를 보여준다. 관계적 시각자료의 사례에는 막대그래프와 파이(원)그래프, 또는 선그래프와 그림그래프 등이 있다(〈교실에서 시각자료 사용하기〉 참조).

변형적

변형적 시각자료는 시간과 공간적 움직임을 나타낸다. 사례로는 신발 끈을 매는 방법과 같은 수행 절차를 보여주는 다이어그램, 움직임을 나타내는 요소를 포함하는 선으로 표현된 단순 그림(그림 8.12), 물의 상태변화를 나타내는 애니메이션 등이 있다.

해석적

해석적 시각자료는 이론적 또는 추상적 관계를 나타낸다. 사례로는 전기회로의 구조, 먹이 피라미드, 비상시 탈출 계획(그림 8.13) 등의 구조적 다이어그램을 들 수 있다. 해석적 시각자료는 학습자들이 비가시적이거나 추상적인 또는 비가시적이면서 추상적인 사건이나 과정에 대한 정신 모델(mental model)을 형성하도록 도와준다.

시각자료 보기

교실에서 시각자료를 보는 방법은 다양하다. 정지 이미지는 이미지를 컴퓨터나 실물 화상기(document camera)로부터 디지털 프로젝터나 텔레비전 모니터로 전송함으로써 스크린에 확대해 제시할 수 있다. 시각자료를 제시하는 도구에는 화이트보드, 상호작용 화이트보드, 게시판, 직물판, 자석판, 플립차트 등이 있다(〈교실에서 투사 시각자료 사용하기〉 참조).

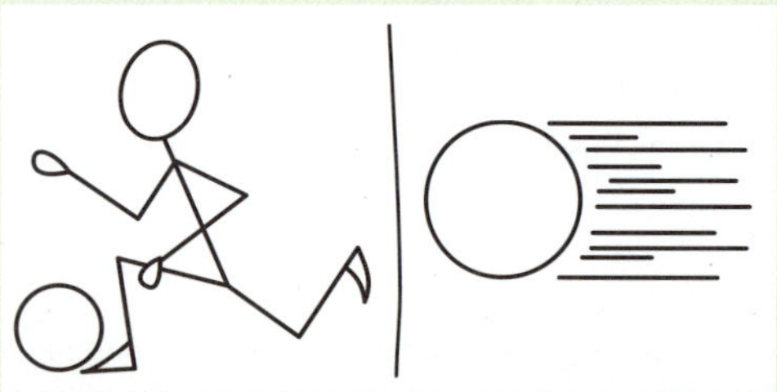

그림 8.12 변형적 시각자료
좌측에 제시된 것 같은 동적 자세그림은 우측에 제시된 것과 같은 속도선처럼 임의적인 그래픽 규칙을 적용한 그림보다 움직임을 보다 쉽게 전달한다.

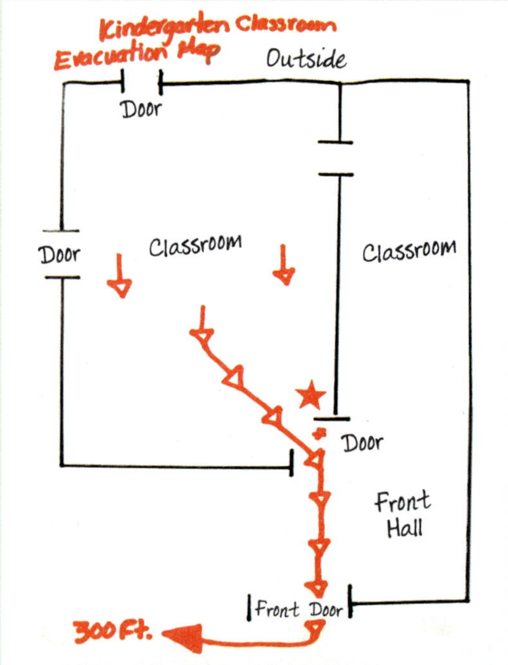

그림 8.13 대피 계획
대피 계획은 해석적 시각자료의 한 예다.
출처: Annie Pickert/Pearson

프레젠테이션 소프트웨어

프레젠테이션 소프트웨어는 디지털 프로젝터를 사용하여 컴퓨터 기반의 시각자료를 제시하는 형태를 취한다. 가장 널리 알려진 프레젠테이션 소프트웨어는 파워포인트다. 교사는 물론 학생들은 매우 전문적으로 보이는 프레젠테이션을 만들기 위해 양식(template)을 사용할 수 있다. 파워포인트 패키지에는 문서, 그림 그리기, 표, 다이어그램, 그래프 만들기, 디지털 사진과 동영상

ASSURE 사례 연구 성찰

PEARSON myeducationkit

이 장 첫머리에 있는 ASSURE 수업 사례 연구와 비디오를 다시 검토하시오. Roman 교사가 수학 개념을 가르칠 때 파워포인트를 사용하는 것의 장점을 고려해 보시오. 어떻게 학습자들이 자신의 아이디어를 설명하도록 할 수 있는가? Edlund 교사는 미술 수업에 파워포인트를 어떻게 사용할 수 있는가? 학습자들이 미술 수업에서 배우는 내용을 수학 수업 내용과 연결할 수 있도록 하기 위해 무엇을 할 수 있는가?

교실에서 투사 시각자료 사용하기

- *다양한 시각자료 사용하기.* 프레젠테이션 자료를 부분으로 나눌 수 있도록 제목을 첨부하면서 다양한 유형의 시각자료를 혼합한다. 읽을 수 없는 내용으로 혼란을 주지 않는 시각자료를 사용한다.
- *연습하기.* 오디오로 미리 녹음되지 않은 것이라면, 투사된 자료에 대한 내레이션을 계획하고 연습한다.
- *계속 넘기기.* 각 시각자료에 대한 설명 시간을 제한한다. 대부분의 경우, 새로운 내용의 추가나, 다음 자료로 넘기기나, 스크린을 검정과 흰색으로 변화시키기 위한 키보드 조작 등이 없이 하나의 시각자료를 보여줄 때 20초에서 30초를 넘지 않도록 한다.
- *토론을 위해 중단하기.* 프레젠테이션을 하는 동안 학습자들을 적극적으로 참여시키기 위해 관련 질문을 한다. 시각자료에 있는 중요한 정보를 강조하기 위해 언어적 단서를 제공한다.
- *자주 요약하기.* 청중이 프레젠테이션에서 제시하는 큰 그림을 자주 볼 수 있도록 한다.
- *미리 준비하기.* 이미지가 스크린 상하, 좌우 모두 꽉 찰 수 있도록 프로젝터를 위치시킨다. 이미지가 스크린의 맨 아래와 인접하지 않도록 하여 뒤에 앉은 사람도 전체 이미지를 볼 수 있도록 한다.
- *주의집중하기.* 프로젝터를 켜서 학습자의 주의를 스크린에 집중시킨다. 발표자에게 다시 주의를 집중시키기 위해 프로젝트를 끈다. 학습자들이 스크린에 집중할 준비가 될 때까지는 프로젝터를 다시 켜지 않는다.
- *노트 사용하기.* 이미지가 투사되는 동안 유의미한 내용을 첨가할 방법에 대한 계획을 세운다. 이것은 프레젠테이션에 자연스러움을 불어넣어 주고 학습자들이 흥미를 유지하고 적극적으로 참여하도록 도와준다. 대본을 읽는 대신 노트 카드에 핵심 단어를 기록하고 자연스럽게 말할 수 있도록 사용한다.
- *시각적 테스트 하기.* 프레젠테이션은 중요한 시각 정보를 제공할 것이기 때문에 시각적 개념의 완성도를 테스트하기 위한 시각자료 사용을 고려해볼 필요가 있다. 개별 학습자에게 보여준 대상이나 과정을 규명하거나 기술하는 질문을 할 수 있다.

시각 자료는 학습자가 선수학습을 회상하도록 도와줄 수 있다.

Bob Daemmrich/PhotoEdit

클립 가져오기, 오디오 삽입하기, 애니메이션 만들기 등의 기능이 포함된다. 교사는 물론 학생들은 소프트웨어에 대한 많은 훈련을 받지 않고도 디지털 프레젠테이션 자료를 만들 수 있다. 대부분의 소프트웨어는 사용자를 지원해 주기 위해 '마법사' 또는 안내를 포함한다. 양식은 다양한 디자인을 반영하며, 사용자는 양식을 선택하고 내용을 입력하기만 하면 된다.

프레젠테이션 소프트웨어를 이용해 학생들을 위한 유인물을 만들 수 있다. 한 장의 종이에 하나에서 아홉 개까지의 슬리이드를 인쇄할 수 있다. 또한 이 프레젠테이션 소프트웨어를 활용하여 한 페이지에 빈 줄로 구분되는 세 개의 슬라이드만을 포함하는 '노트 페이지'를 만들 수 있다. 이와 같은 형태의 노트 페이지 활용은 학생들이 슬라이드 내용과 교사가 설명한 내용을 그대로 받아 적기보다는 유인물에 노트할 수 있도록 한다.

디지털 이미지

시각자료는 디지털 카메라나 스캐너를 활용하여 디지털 형태의 파일을 만들고 이를 저장할 수 있다. 디지털 저장 매체로는 CD, DVD, 소형 저장 장치, 컴퓨터 하드 드라이브 등을 들 수 있다. 개인이나 모둠은 컴퓨터 화면의 이미지를 그대로 보거나 투사해볼 수 있다. 디지털 이미지를 모둠에게 보여주기 위해 대형 텔레비전 모니터나 디지털 프로젝터를 사용할 수 있다.

실물 화상기(document camera)는 아래로 향한 스탠드에 비디오 카메라를 장착한 것으로 서류, 사진, 그래픽, 또는 동전과 같은 작은 실물 등을 촬영한다. 촬영된 이미지는 디지털 프로젝터나 대형 화면의 텔레비전 모니터를 통해 투사되어 보일 수 있으며, 웹 컨퍼런싱이나 원격통신 테크놀로지를 통해 원격으로 전송될 수 있다. 어떠한 유형의 시각자료도 판(stage) 위에 올려놓을 수 있으며, 판 위에 놓인 자료를 조작하거나 종이 위에 판서를 할 수도 있다.

스탠드형 실물 화상기와 다른 형태의 실물 화상기로는 Ken-A-Vision의 비디오 플렉스 카메라(Video Flex camera)와 같은 컴퓨터 플렉스 카메라(computer-flex camera)가 있는데, 이것은 원격통신뿐 아니라 교실에

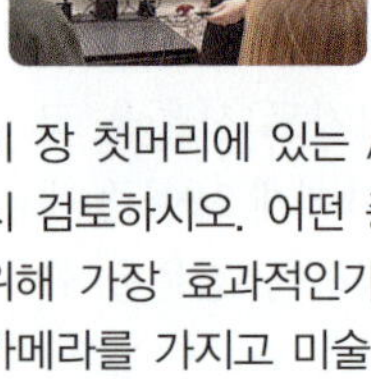

ASSURE 사례 연구 성찰

PEARSON myeducationkit™

이 장 첫머리에 있는 ASSURE 수업 사례 연구와 비디오를 다시 검토하시오. 어떤 종류의 이미지가 Roman 교사의 수업을 위해 가장 효과적인가? Edlund 교사는 학교에 있는 디지털 카메라를 가지고 미술 수업에서 무엇을 할 수 있는가?

다양한 학습자들을 위한 테크놀로지

프레젠테이션 소프트웨어

교사는 텍스트의 점자 전환을 포함한 몇 가지 방법을 통해 시각 장애를 가진 학습자들에게 활용할 수 있는 프레젠테이션을 만들 수 있다. 또 다른 접근 방법은 프레젠테이션이 진행되는 동안이나 직후에 교사와 학습자 사이의 상호작용을 증가시키는 것이다. 텍스트와 이미지에 대한 설명과 기술은 시각 장애 학생들은 물론 모든 학습자들의 이해와 기억을 향상시킨다.

새로운 수학 개념을 습득하고 있는 학습자들에게 시각자료는 매우 도움이 된다. 학습자들이 수학과 같은 교과목의 요소를 시각자료와 연결시키는 것은 그들의 정신 이미지를 향상시키는 것을 도와주고 학습하고 있는 개념의 이해도를 향상시킨다. 이러한 학습자에게 그래픽, 선 그림, 차트 등의 시각 전시물은 평가에서 필수적인 정보를 회상하는 것을 지원한다.

아이디어를 시각 형태로 변형하는 것은 학습한 것을 전통적 방식으로 보여주는 것에서 벗어날 준비가 된 학습자들에게 도전감을 주는 좋은 방법이다. 학습자들에게 그림, 차트, 그래픽 등의 시각자료를 준비하도록 요구하는 것은 지식을 독특하고 흥미 있는 방식으로 융통성 있게 표현할 수 있도록 한다.

서의 면대면 학습을 위해 설계되었다. 이 카메라는 텔레비전 모니터, 디지털 프로젝터, 또는 컴퓨터와 연결되어 실물 화상기와 유사한 방식으로 사용된다. 이 카메라를 사용할 때의 장점은 크기가 작고 저렴하다는 것이다. 반면 단점은 이미지의 질이 떨어진다는 점이다.

오버헤드 프로젝션

오버헤드 프로젝션(overhead projection) 시스템은 높은 이용가능성, 낮은 가격, 사용의 용이성 등으로 인해 아직도 교실에서 널리 활용되고 있다. 전형적인 오버헤드 프로

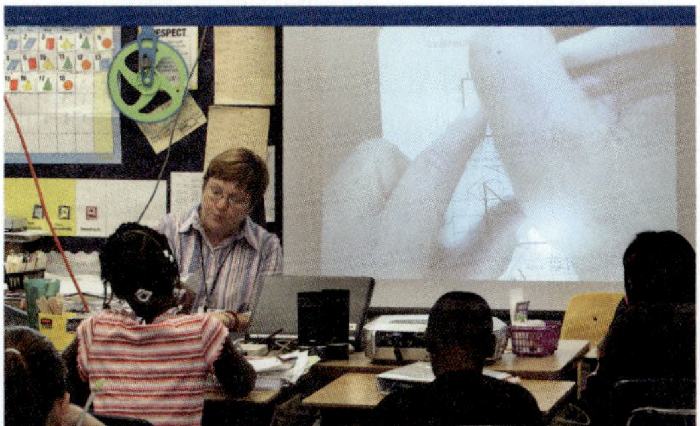

교사나 학습자들은 직접적인 시범을 큰 이미지로 투사하기 위해 실물 화상기를 사용한다.

Zuma/Newscom

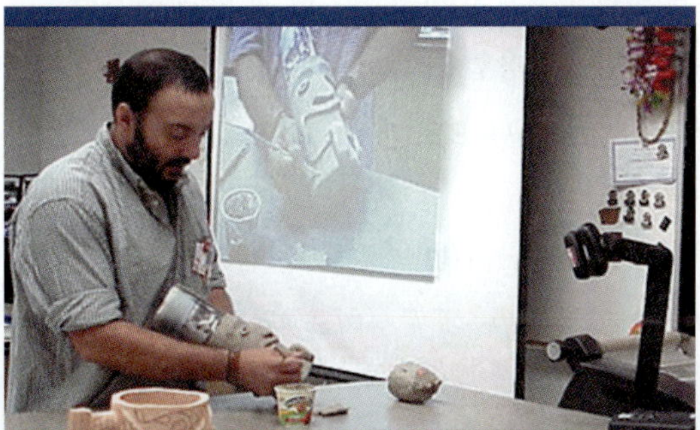

실물 화상기는 시각자료나 작은 대상물을 교실 전체에 보여주기 위하여 교사가 쉽게 사용할 수 있다.

Courtesy of AverMedia Technologies, Inc.

ASSURE 사례 연구 성찰

PEARSON myeducationkit

이 장 첫머리에 있는 ASSURE 수업 사례 연구와 비디오를 다시 검토하시오. 아이들이 자신의 아이디어를 설명할 수 있도록 돕기 위하여 Roman 교사가 사용할 수 있는 이미지의 유형을 고려하시오. 그림 그리기에 대한 투사적 이미지는 Edlund 교사가 3학년 학습자들에게 미술 기법을 설명하는 것을 도와주는가? 학습자들이 시각적 이미지에 대하여 생각하는 것을 돕기 위하여 Edlund 교사는 어떠한 질문을 해야 하는가?

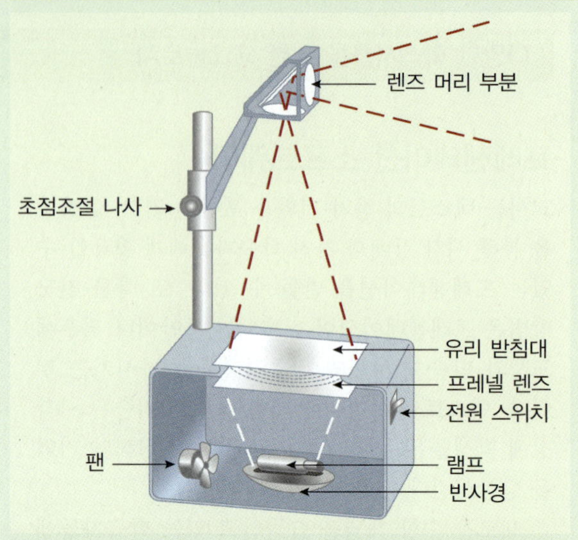

그림 8.14 오버헤드 프로젝션
오버헤드 프로젝터 램프는 TP 내용을 보여주기 위하여 유리판에 빛을 통과시킨다.

젝터는 단순한 장비이다(그림 8.14). 기본적으로 이것은 위 표면이 큰 유리로 된 상자이다. 상자 안에 있는 강력한 램프로부터 나온 빛이 렌즈에 의해 한 곳에 집중되고 스테이지에 놓인 투명 필름(TP)을 통과한다. 상자 위에 있는 받침대에 달려 있는 렌즈-거울 시스템은 빛을 90도로 꺾어 발표자의 어깨 너머 뒤로 이미지를 투

교실에서 **시각자료** 사용하기

- *모든 사람이 동시에 볼 수 있는 큰 시각자료를 사용한다.* 또한 폰트의 크기는 가독성이 있도록 해야 한다. 만일 시각자료가 모든 사람이 볼 수 있을 정도로 충분히 크지 않으면 이 장에 제시된 투사 기법을 사용한다.
- *읽을 수 없는 내용으로 혼란스럽지 않은 시각자료를 사용한다.*
- *관련 없는 자료는 일반 종리로 가린다.*
- *시각자료를 소집단에게 보여줄 때에는 시각자료가 움직이지 않게 해야 하는데, 책상이나 테이블에 올려놓거나 이젤에 올려놓는 방법이 있다.*
- *주어진 시간에 사용하는 시각자료의 수를 제한한다.* 너무 많은 시각자료를 보여주어 모든 시각자료에 대한 설명을 제대로 하지 못하는 것 보다는 제한된 수의 시각자료를 사용하는 것이 효과적이다.
- *비교를 목적으로 하는 경우를 제외하고는 한 번에 하나의 시각자료만을 사용한다.* 다음 자료로 넘어가기 전에 한 자료의 제시를 완전히 끝낸다.
- *학습자들의 주의를 집중시키고, 질문을 함으로써 그들이 시각자료를 통해 학습할 수 있도록 도움을 준다.*
- *시각자료를 해석하는 것을 학습자들에게 가르친다.*
- *시각자료에 있는 중요한 정보를 강조하기 위해 언어적 단서를 제공한다.*

사한다. 수업 상황에서 일반적 용어인 **트랜스패런시**(Transparency, TP)는 오버헤드 프로젝트에 사용되는 8 × 10인치의 투명한 필름이라는 특별한 의미를 가지고 있다. TP는 개별적으로 사용하거나 기본 TP 위에 일련의 여러 이미지로 구성된 TP를 여러 장 겹쳐서 사용할 수도 있다. **겹치기**(overlay)는 여러 장 겹쳐진 투명 필름들로서 기본 필름 위에 추가적인 정보를 포함하는 필름을 올려놓은 것이다. 일련의 필름 자료를 한 번에 한 장씩 겹치면서 그림 요소를 추가해 감으로써 복잡한 주제를 차례차례 설명할 수 있다(그림 8.15).

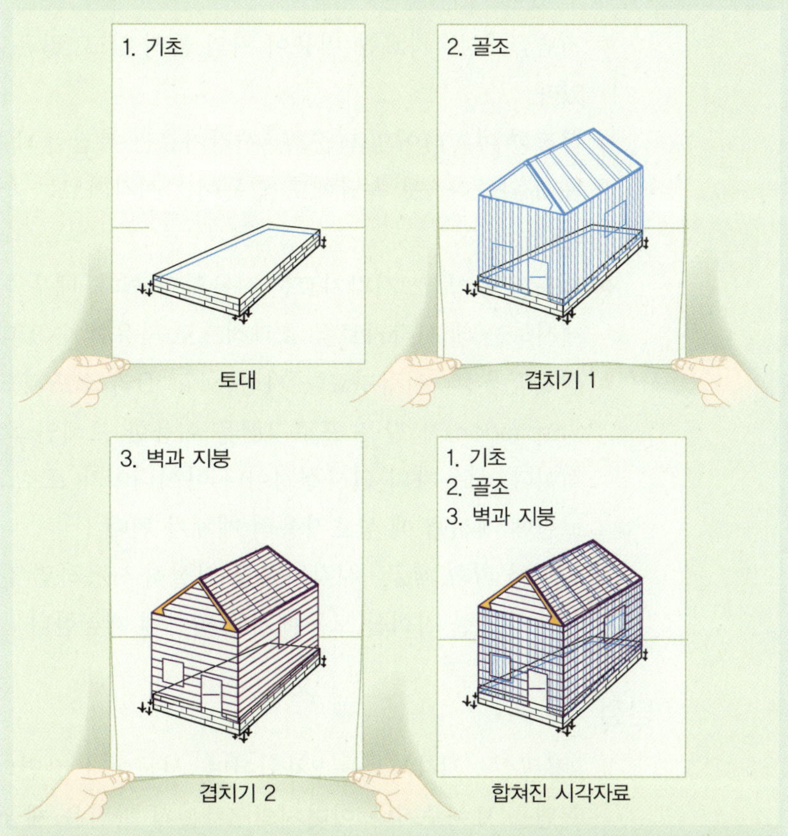

그림 8.15 겹치기
겹치기 방법을 통해 복잡한 시각자료를 단계적으로 구성하면서 보여줄 수 있다.

인쇄 시각자료

시각자료의 가장 단순한 활용은 책이나 벽, 또는 교사의 설명 자료에 있는 인쇄 자료이다. 인쇄자료는 어떤 장비로 요구되지 않기 때문에 사용하기 쉽다. 인쇄자료는 또한 상대적으로 저렴하며, 사실 많은 인쇄자료는 무료로 얻을 수도 있다. 인쇄자료는 모든 교과목의 모든 수준에서 다양한 방법으로 사용될 수 있다.

장점

- *이용 가능성.* 시각자료는 어디에나 있다. 시각자료는 교과서, 컴퓨터 프로그램, 그리고 모든 수업 자료에 있다.
- *자료의 활용 범위.* 시각자료는 모든 교육과정의 모든 학년에 적용될 수 있다.
- *준비의 용이성.* 시각자료를 스스로 쉽게 제작하고 이 장에 기술된 대로 제시할

수 있다.

- *저렴함.* 시각자료는 비용이 거의 들지 않고, 많은 시각자료는 무료로 사용할 수 있다.
- *복잡한 아이디어의 단순화.* 시각자료는 복잡한 내용과 관계를 단순화할 수 있도록 도와준다. 옛 속담에도 있듯이, "시각자료는 천마디 말과 같은 가치를 지닌다!"
- *사용의 용이성.* 시각자료는 사용하기 쉽다. 매우 어린 아이들조차도 아이디어를 제시하는 데 시각자료를 효과적으로 사용할 수 있다.
- *상호작용성.* 시각자료는 가상(what if)의 스프레드시트 데이터나 인스피레이션(Inspiration)과 같은 프로그램을 이용한 브레인스토밍 활동을 제시하기에 이상적이다. 사용자의 의사결정이나 아이디어가 프로그램에 투입되고 그 결과가 스크린에 제시될 때 상호작용적 매체가 된다.
- *공정한 기회 제공.* 시각자료를 적절히 사용하면 같은 시간에 같은 자료를 볼 수 있는 동일한 기회를 모두에게 동일하게 제공한다.

단점

- *2차원성.* 시각자료는 2차원이며, 사물이나 장면의 단면만을 보여준다. 다양한 측면을 보여주거나 이미지의 3차원적 관점을 제공해주는 소프트웨어를 사용함으로써 이러한 단점을 보완할 수 있다.
- *너무 많은 정보의 제시.* 어떤 사람들은 한 시각자료에 너무 많은 단어를 기입하기도 한다. 각 시각자료에 사용되는 단어 수를 제한하여야 한다.
- *하드웨어의 크기.* 시각자료는 종종 부피가 크고, 무겁고, 카트 없이는 운반하기 곤란한 대형 모니터의 사용을 요구하거나 또는 컴퓨터와 투사할 스크린이 필요한 디지털 프로젝터의 사용을 요구한다. 모니터나 디지털 프로젝터가 없이는 디지털 자료를 투사할 수 없다.
- *비용.* 높은 화질의 디지털 카메라, 스캐너, 프로젝터는 구입하는 데 많은 비용이 든다. 수업의 요구를 충족시킬 수 있을 정도의 성능이 결여된 저가의 장비에 만족하지 못할 수 있다.

교육과정과의 통합

모든 교사는 학습을 신장시키기 위해 시각자료를 효과적으로 통합할 수 있다. 시각자료는 다양한 수업 상황에 유용하다. 제시된 다음 사례와 같이 모든 교과 영역 내의 모든 학년 수준에 적용될 수 있다.

- *미술.* 감성을 자극하기 위한 색채의 사용을 보여준다; 두 색이 결합하면 어떻게 되는지 시범을 보인다; 다양한 시기의 미술품의 사례를 보여준다.
- *소비자와 가족.* 바느질 패턴, 직물, 요리법을 학습자 집단에게 보여주기; 다양한 가구 스타일과 배치에 대한 개별적 연구; 건강식 안내
- *드라마.* 기초 TP에 무대 계획을 그리고 활동 범위와 영역의 조명을 보여주기 위한 겹치기 TP 만들기; 다양한 얼굴 표정 사례; 다양한 무대 배열 고안
- *외국어.* 독일어 학습과 관련된 이미지와 텍스트 조사; 소집단 학습자들에게 스페인어를 사용하는 서로 다른 국가 조사하기; 각 소집단이 그림과 차트를 이용하여 모든 학습이 공유할 수 있는 프레젠테이션을 협동적으로 준비하기; 정보 제시를 돕기 위해 사진 이용하기
- *건강.* 몸의 성장을 돕기 위한 건강 다이어트의 필요성 연구하기; 예를 들어 한 교사가 포스터와 다른 시각자료들을 지역에서 얻었다. 학습자들은 다양한 음식을 보여주는 시각자료를 활용한 전시물을 선택된 음식의 중요성을 설명하기 위한 추가적 시각자료와 함께 제작한다.
- *언어.* 표절의 사례를 보여준다. 어린 학생들을 동기화시킬 수 있는 이야기를 포함하고 있는 초등학교 수준의 컬러 시각자료 책을 사용한다; 전원 장면을 그린 시각 인쇄물에 대한 연구를 보여주고 모든 학습자에게 그 시각자료와 관련된 이야기를 글로 쓰게 한다.
- *도서관 사용 기능.* 도서관 사용 오리엔테이션의 일부로 학교 매체 센터의 배열 계획을 세워서 보여주기; 도서목록 안내자료로부터 도서 목록의 다양한 분야를 삽화로 작성하기.
- *수학.* 방정식의 x값과 y값의 대수 관계를 보여주는 그래프 제시하기; 투명 필름

시각자료는 학습자들이 먹는 음식과 건강의 관계를 학습하도록 한다.

Jonathan Nourok/Getty

학생들은 외국어를 공부하기 위해 시각자료를 사용한다.

Myrleen Ferguson Cate/PhotoEdit

위에 플라스틱 자를 이용하여 두 점 사이의 거리를 측정하는 방법 보여주기

- *음악.* 각 부분에 서로 다른 색을 칠한 세 부분의 하모니로 배열된 악보를 보여준다; 학습자들에게 다양한 유형의 악기를 보여주는 그림을 제공한다.
- *체육.* 모든 학생에게 몸의 위치와 순서를 상기시키기 위해 준비 운동을 나타내는 정지 사진을 사용한다; 다양한 농구 플레이 모습을 삽화로 제시한다.
- *과학.* 각 학습자에게 해결책을 구하기 전에 알려진 것과 알려지지 않은 값 사이의 관계를 보여주는 다이어그램을 그림으로써 물리 문제를 시각화하도록 요구한다; 멸종 위기의 동물들을 PTA(육성회)에서 보여주기 위한 준비를 위해 학생들에게 세계 여러 나라의 동물을 볼 수 있는 CD 제공하기. 화산 폭발 단계를 시범을 통해 설명하기.
- *사회과학.* 세계 여러 나라 어린이들의 삶의 조건 비교하기; 전투와 전쟁의 연대

시각자료는 언제 사용하는가

다음과 같이 학생들의 학습이 강화될 때 사용한다.

지침	예시
복잡한 개념을 단순화할 때	한 고등학교 교사가 우성과 열성의 유전 특성을 보여주기 위하여 유전 차트를 사용한다. 학생들은 각 학생이 가지고 온 디지털 사진을 유전 집단별로 분류한다.(예: 달라 붙은 귓볼, 곱슬머리, 눈동자 색 등)
관계를 살펴볼 때	유치원생들이 현재의 가정생활과 1800년대 가정생활의 유사점과 차이점을 규명하기 위하여 1800년대의 역사적 사진을 공부한다.
	한 고등학교 교사가 과거 100년간 지역사회의 인구 증가를 보여주는 스프레스시트 차트를 투사하여 보여준다. 교사는 학생들에게 다음 100년 동안의 변화를 예측해 보도록 한 후 수치 값의 변화를 통해 예측된 변화를 보여준다.
과정을 설명할 때	초등학생들이 사회교과 시간에 알래스카 이글루 설치 과정에 대한 사진 저널을 만들기 위해 일회용 카메라를 사용하여 알래스카 이글루 모형을 만든다.
	한 초등학교 ESL 교사가 씨앗의 일생을 보여주는 상호작용적인 이중 언어(영어/스페인어) 차트를 투사한다.
흥미를 유발할 때	중학생에게 세익스피어를 소개할 때, 학습자의 흥미를 유발하기 위하여 세익스피어 연극의 서로 다른 장면에 대한 학습 유인물을 사용하면서 수업을 시작한다.
	문화적 배경을 공부할 때, 초등학생은 자신의 인종적 역사에 대한 그림을 공유하기 위하여 실물 화상기를 사용한다.
창의성을 자극할 때	학생들이 둘씩 짝을 이루어 역사적 사건에 대한 정치적 만화를 만들어본다.
	중학생들이 둘씩 짝을 이루어 TP에 수학 문장제 문제를 만들고, 각 문제를 교사의 지도하에 모든 학급 학생들이 풀어볼 수 있도록 한다.

기 연구하기; 지역의 유적지 탐방하기

- *직업/테크니컬.* 지역 제조회사에서 일하는 사람을 초청하여 학습자들이 공장을 직접 견학하지 않고도 사진을 통해 공장 투어 하기; 소집단 학습을 위한 청사진 작성하기

시각 디자인 가이드라인

시각자료의 디자인은 사용하고자 하는 개별 그림이나 텍스트 요소들을 모으는 것으로 시작한다. 이것은 물론 학습자들의 요구와 학습 주제에 대한 관심을 이미 파악하였고, 계획하고 있는 시각자료를 통해 달성하고자 하는 수업목표를 이미 결정하였다는 것을 가정한 것이다. 다음에 제시되는 가이드라인은 컴퓨터 화면, 멀티미디어 프로그램, 인쇄 자료, 화이트보드, 전시물, TP 자료, 파워포인트 슬라이드, 게시판 등에 적용된다.

배열

우선 시각자료에 어떠한 요소를 포함시킬 것인지를 결정해야 한다. 그러고 나면 시각자료의 전체 '모습(look)' 또는 **배열**을 고려할 준비가 된 것이다. 이것은 기본 패턴을 형성하는 것으로, 게시물을 보는 관람자의 시선이 어떻게 흘러갈 것인지를 결정한다.

파워포인트 슬라이드 세트, 여러 페이지의 유인물, 또는 연속된 컴퓨터 화면과 같은 연속된 시각자료 사용을 계획한다면 요소들을 배열하는 데 일관성을 유지해야 한다. 시각자료를 보는 관람자들은 연속된 시각자료를 보는 과정에서 무의식적으로 게시물의 어디에서 정보가 나타날 것이라는 일련의 규칙을 형성하기 시작한다.

균형

심리적 평형감, 또는 **균형**은 게시물에 포함된 요소의 비중이 수평이나 수직 또는 수평과 수직의 모두에 균등하게 분배될 때 형성된다. 수평과 수직 모두에 균형이 이루어지면 균형은 대칭 또는 형식적(formal)이 된다.

그러나 대부분의 경우에 사람들의 시선을 잡고 정보 제공을 목적으로 하는 시각자료를 디자인할 때에는 비대칭적 또는 비형식적 균형을 유지하는 것을 목표로 삼아야 한다. 비대칭적 균형은 각 측면의 비중이 대체로 유사하지만 각 측면에 포함된 요소들이 서로 다른 경우이다(한 면에 커다란 빈 정사각형을 놓고 반대편에 작고 검은 원 세 개를 놓는 경우). 비형식적 균형은 형식적 균형보다 역동적이고 흥미를 끌기 때문에 선호된다(그림 8.16). 비중의 분배를 달리하는 불균형은 시각자료를 보는 사람의 신경을

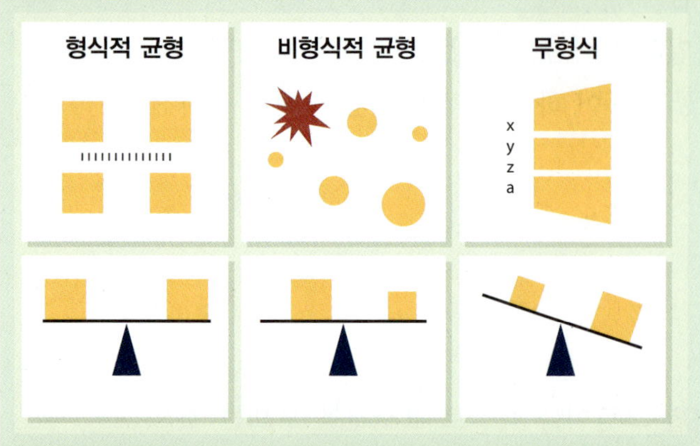

그림 8.16 시각적 균형
저울 비유는 균형의 세 유형을 나타낸다.

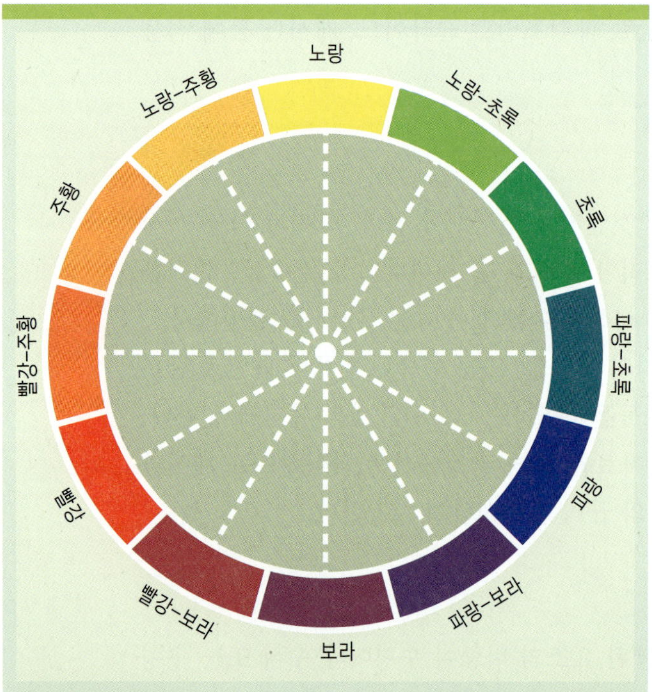

그림 8.17 색환
전통적 색환은 보조색을 시각화하는 것을 도와준다.

거슬리게 하는 경향이 있기 때문에 일반적으로 피하는 것이 좋다.

색채

게시물의 색채를 선택할 때에는 색의 조화를 고려해야 한다. 색환(color wheel)은 가시 스펙트럼 색상 간의 관계를 이해하는 데 유용하다(그림 8.17).

색환에서 정확하게 서로 반대편에 위치한 두 색을 **보색(complementary color)**이라고 하는데, 예를 들어 빨강과 초록 또는 노랑과 보라가 이에 해당된다. 보색은 흔히 전체적인 색채의 측면에서 서로 조화를 잘 이룬다. 그러나 빨강 배경에 초록 글자를 사용하는 것과 같이 두 보색을 직접 나란히 배열하는 것은 피하는 것이 좋다. 여기에는 두 가지 이유가 있다. 첫째, 색의 색가(color value) 또는 명도가 같은 경우 효과적인 색 대비(contrast)를 기대하기 어렵다. 둘째, 강한 두 보색이 나란히 위치하면 두 색에 동시에 초점을 맞추기 어렵고, 불쾌감을 가져오는 진동 효과가 나타나게 된다.

색환에서 서로 이웃한 색을 **유사색(analogous color)**이라고 하는데, 예를 들면 파랑-초록, 파랑-보라가 이에 해당된다. 유사색은 게시물에 함께 사용하면 조화가 잘 이루어진다.

파워포인트 슬라이드나 컴퓨터 화면을 위한 색채를 생각할 때에는 배경색, 배경에 대비되어 나타나는 이미지나 텍스트의 색, 강조를 위한 색의 관점에서 생각하는 것이 도움이 될 것이다. 조화가 잘 이루어지는 색의 조합이 표 8.1에 제시되어 있다. 서로 다른 색의 조합은 서로 다른 대비를 나타내준다. 그림 8.18에 제시된 것처럼 노란 바탕 위의 검은 글씨는 가장 가독성이 높은 조합이다. 어두운 바탕색 위의 어두운 색의 시각 요소들로 이루어진 조합은 제시된 어떠한 조합들보다 가독성이 떨어진다.

표 8.1 파워포인트 슬라이드와 컴퓨터 스크린을 위한 효과적인 바탕색과 이미지 조합

바탕색	전경 이미지와 텍스트	강조색
흰색	짙은 파랑	빨강, 주황
연한 회색	파랑, 녹색, 검정	빨강
파랑	연한 노랑, 흰색	노랑, 빨강
연한 파랑	짙은 파랑, 짙은 녹색	빨강–주황
연한 노랑	보라, 브라운	빨강

출처: Based on recommendations in Loosmore, Judy. (1994, November–December). "Color in Instructional Communication." *Performance and Instruction, 33*(10), 36–38.

흑백 게시판에 있는 컬러 단어나 이미지는 눈길을 끌 것이다. 그림 8.19를 보면 '뜨거운' 색의 화살표가 차가운 배경으로부터 얼마나 두드러지게 나타나 보이는지를 잘 알 수 있다. 뿐만 아니라 게시물의 다른 부분에 하나의 색을 반복적으로 사용하는 것은 이들 부분 간의 관계를 보여주는 경향이 있다. 예를 들어 게시물에 두 가지 상징물만이 체리색(cherry red)이라면 이들은 서로 관련된 것으로 보일 것이며, 사람의 시선은 이 두 상징물 사이를 오갈 것이다. 이러한 색채 사용에 대한 제안은 절대적인 규칙으로 여기기보다는 일반적인 가이드라인으로 이해해야 한다. 왜냐하면 어떠한 상황에서든 특정 색이 적합할 것인가 하는 것에는 많은 요인이 영향을 미칠 것이기 때문이다.

컴퓨터 화면의 색은 컴퓨터마다 다를 수 있다. 투사된 색 역시 달라질 수 있다. 컴퓨터에서는 좋아 보이는 색도 투사되면 달리 보일 수 있다. 투사된 색이 메시지를 효과적으로 전달하는지의 여부를 결정하기 위해서는 프레젠테이션을 연습해보는 것이 좋다.

(a) 노랑 바탕 위의 검정 글씨

(b) 흰 바탕 위의 녹색, 빨강, 파랑 글씨

(c) 파랑 바탕에 흰색 글씨

(d) 흰 바탕 위의 검정 글씨

(e) 검정 바탕 위의 노랑 글씨

그림 8.18 색과 가독성
노랑 바탕에 검정 글씨(a)는 가독성이 가장 높다. 나머지 조합은 순서에 따라 가독성이 점차 떨어진다.

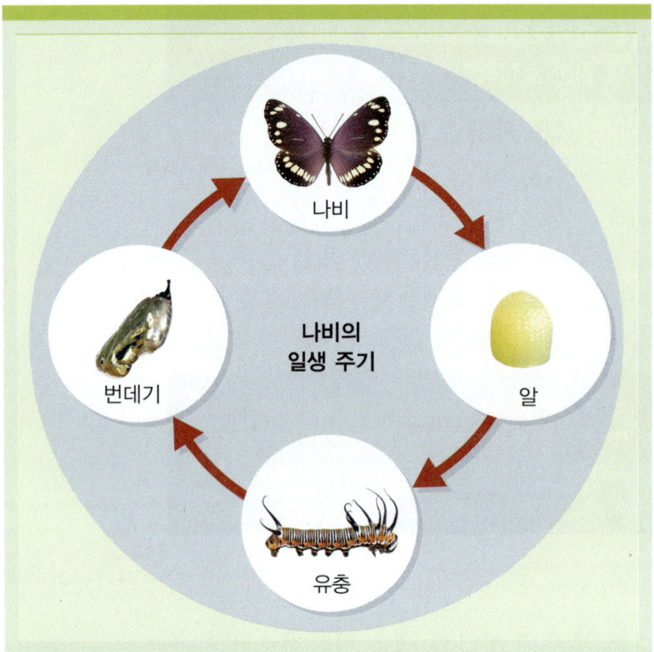

그림 8.19 색과 강조
화살표는 주의를 시계 방향으로 이끈다.

가독성

게시물에 있는 단어와 이미지를 제대로 볼 수 없다면 시각자료 역할을 하지 못하는 것이다. 이 단순한 규칙이 자주 깨진다는 것은 놀라운 일이다. "여기 내용을 여러분이 볼 수 없을지도 모르니 제가 읽어 주겠습니다."와 같은 강의자의 말을 자주 들어보았을 것이다. 이러한 일이 일어나지 않도록 하기 위해서는 가장 멀리 떨어진 청중을 포함한 모든 청중이 볼 수 있도록 충분히 큰 시각자료를 사용해야 한다. 이것은 인쇄자료, 투사자료, 게시물 모두에 적용된다.

가독성은 시각자료에 있는 이미지 확대, 서체, 대상물 사이의 대비 등을 통해 개선될 수 있다. 색의 대비에서 논의된 것과 같이, 대비는 모든 시각자료에 적용될 수 있다. 시각자료에 있는 대상물이 서로 잘 구분될 수 있도록 해야 한다. 좋은 시각 디자인은 전달하고자 하는 메시지를 방해할 수 있는 장애물을 가능한 한 많이 제거하는 것이다. 학습자들이 시각자료를 볼 수 없다면, 그들은 그것으로부터 아무것도 학습하지 못한다는 것을 기억해야 한다.

호소력

시각자료를 보는 사람들의 주의를 이끌어 내고 유지하지 못한다면 시각자료의 효과를 기대하기 어렵다. 호소력을 높이기 위한 기법으로는 스타일, 경이감(surprise), 질감(texture), 상호작용 등을 들 수 있다.

대상자와 상황이 달라지면 그에 따라 시각자료의 디자인 스타일도 달라져야 할 필요가 있다. 단순하고, 정련되어 있으며 원색적인 모양을 한 어린이용 텔레비전 쇼를 복잡하고, 화면 전개가 빠르고, 실제적인 색채를 사용하는 성인용 액션 드라마와 비교하여 생각해 보자. 이와 마찬가지로 초등학교 1학년 학급의 게시판 스타일을 교사 전문성 개발 학술대회 프레젠테이션 스타일과 동일하게 하지는 않을 것이다. 글자와 그림 유형의 선택은 서로간에 일관성을 유지해야 하며, 대상자의 선호와도 일관성을 유지해야 한다.

대부분의 시각자료는 2차원이다. 그러나 질감이나 실제 자료를 사용해서 제3의 차

그림 8.20 전시물의 상호작용과 호소력

원을 추가할 수 있다. 3차원적 대상과 자료의 특징을 통해 질감은 독자에게 촉감을 사용하도록 유도함으로써—예를 들어 서로 다른 곡물 낱알을 만짐으로써—주제에 대한 보다 명확한 아이디어를 전달할 수 있다. 질감을 통해 간단히 몰입을 유도할 수 있는데, 예를 들면 솜뭉치를 이용해 구름을 나타내거나 책표지를 입혀서 새로운 책을 읽도록 유인할 수 있다.

학습자들에게 시각 게시물에 포함된 자료를 조작해 봄으로써 시각 게시물에 반응하도록 요구할 수 있는데, 시각 게시물에 질문을 제시하고 학습자가 질문에 답하도록 요구할 수 있다. 수학 문제에 대한 응답 카드를 학습자들이 정확한 위치로 이동시키도록 요구할 수 있다. 지리 문제에 대한 정답을 덮개로 가려 놓을 수도 있다. 교사나 학습자는 날씨 예보나 실제 교실 밖의 날씨를 나타내기 위해 날씨 게시판의 눈금을 움직일 수 있다. 상호작용적 형태의 게시물의 사례는 그림 8.20에 제시되어 있다.

일반적 디자인

시각자료를 설계할 때 교사는 학습자들의 연령, 능력, 교과영역에 관계없이 가능한 한 많은 학습자들에게 유용한 시각자료를 만드는 데 도움을 주는 일반적 디자인의 원리를 사용할 필요가 있다. 일반적 디자인은 학습 부진아나 특수 영재아를 포함한 다양한 수준의 학습자들에게 적용된다. 이 원리는 시각자료를 단순하고, 직관적이고, 공정하고, 융통적으로 활용하도록 촉진한다. 이 절의 시각 디자인 가이드라인에 관한 아이디어는 일반적 디자인을 촉진시킨다.

시각자료의 제작

시각자료 제작에 있어 기획은 중요한 요소이다. Inspiration과 Kidspiration에서 제공되는 소프트웨어는 스토리보딩이나 개념도와 같은 기획 활동 지원을 위한 효과적인 도구이다. 글자 도안 기법이나 그림, 스케치, 또는 만화 작성법과 같은 방법을 이해하는 것도 도움이 된다. 프레젠테이션 그래픽과 TP 작성 기법 역시 시각자료 제작을 위해 중요하다.

기획 도구

만일 학습자들이 컴퓨터 화면, 파워포인트 슬라이드, 비디오 자료, 또는 TP 자료와 같은 일련의 시각자료를 설계하고 있다면 스토리텔링은 기획을 위한 편리한 전략이다. 영화와 비디오 제작에서 사용되는 이 기법은 활용하고자 하는 시각자료와 텍스트에 대한 단순 스케치나 표현(representations)의 전체적인 계열을 창의적으로 배열하고 재배열하도록 한다. **스토리보드**에 자료에 대한 설명(narration)을 포함할 수 있으며, 시각자료와 자료에 대한 설명을 연결시키는 제작 노트(production note)도 포함할 수 있다. 이와 같은 일련의 카드를 제작하고 난 후 이들을 대략적인 순서에 따라 평평한 표면이나 스토리보드 홀더 위에 배열한다(그림 8.21).

스토리보드 작업을 위해 색인 카드가 흔히 사용되는데, 이는 색인 카드가 견고하고 저렴하며 다양한 색과 크기로 사용할 수 있기 때문이다. 색인 카드 대신 작은 크기의 종이를 사용할 수도 있다. 제거 가능한 자기 접착식 메모지는 카드판, 책상, 벽, 화이트보드, 게시판 등 거의 모든 물건에 접착이 가능하기 때문에 많이 사용되고 있다.

텍스트나 설명문, 제작 노트 등을 수용할 수 있도록 스토리보드 카드를 몇 개의 영역으로 나눈다(그림 8.22). 스토리보드 카드의 정확한 구성형태는 자료의 요구와 목적에 부합되어야 한다. 현재 사용되고 있거나 제안된 구성형태가 적절치 못하다면, 작업을 촉진시킬 수 있도록 카드의 구성형태를 새롭게 디자인해야 한다. 카드에 직접 간단한 그림을 그리거나, 의도한 시각자료에 대한 설명을 기술하거나, 디지털 사진이나 잡지에서 오려낸 시각자료를 사용할 수 있다.

그림 8.21 스토리보딩
스토리보드는 프레젠테이션의 초안을 계획하고 작성해보는 데 유용하다.

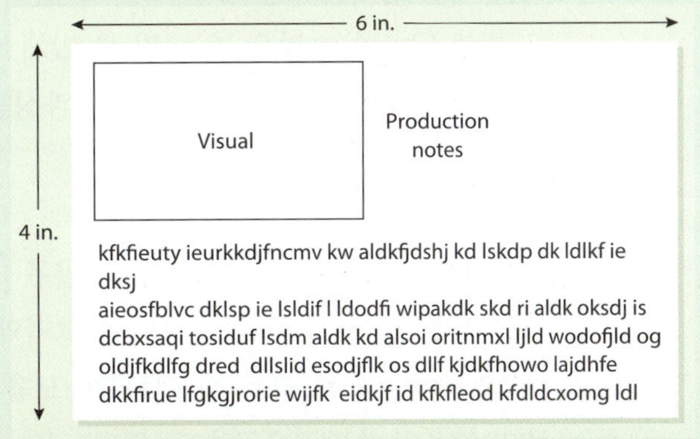

그림 8.22 스토리보드 카드
스토리보드 카드는 시각물, 작성 노트, 설명 등을 위한 공간을 포함한다.

Inspiration은 비록 스토리보드 작업을 위한 것은 아니지만 아이디어를 조직하는 것을 도와줄 수 있다. Inspiration은 브레인스토밍, 개념도 작성, 기획을 촉진시키는 소프트웨어 패키지다. 이것은 개인이나 집단에 의해 도출된 아이디어의 개념도 생성을 위한 시각적 다이어그램을 만든다. 개요, 프레젠테이션 시각자료, 흐름도 등을 만들기 위해 이 프로그램을 사용할 수 있다. Inspiration은 이미지와 텍스트를 쉽게 연결시켜 주고, 아이디어를 컴퓨터 스크린 여기저기로 이동시키면서 정보를 조직화한다. 집단의 아이디어가 일단 시각화되면, Inspiration은 개념도를 쉽게 문서 개요로 변환시킨다.

유치원에서 5학년 정도의 어린 학습자에게는 Kidspiration이 시각적 사고와 학습을 향상시킬 수 있다. 어린 학습자의 사고, 시각화, 개념도 작성 기능을 개발하기 위해 설계된 Kidspiration은 아주 나이 어린 아이들에게도 문자와 시각자료를 통해 아이디어 브레인스톰을 할 수 있도록 지원한다. 나이 어린 학습자들은 사고 연결망과 시각 매핑 활동을 통해 새로운 아이디어를 탐색하면서, 정보를 조직하고 범주화하는 것을 배우게 된다.

문자 작성 기법

시각자료를 위해 다양한 문자 작성 기법을 활용할 수 있다. 가장 간단한 방법은 다양한 색과 크기로 구성된 펠트(felt) 촉으로 된 마커를 가지고 손으로 글자를 도안하는 것이다. 문구점과 사무용품점에서 미리 제작된 문자를 구입하여 사용할 수도 있다. 이러한 글자들은 대부분 뒷면에 접착력이 있기 때문에 사용하기 쉽지만 가격이 조금 비싸다. 다른 대안으로 큰 글자나 다른 모양의 문자는 공작용 판지를 가위로 오려서 빠르게 만들어낼 수 있다. 공작용 색판지로부터 글자본을 복제하기 위해 사용되는 Ellison Prestige 다이 커터와 같은 글자 생성 도구들이 많은 학교에서 활용되고 있으며, 취미용품과 스크랩북 용품 가게에서 구입할 수 있다.

그림, 스케치, 만화

우리는 흔히 자신이 시각자료의 자원이라는 사실을 간과한다. 그렇다고 그림을 그리는 예술가가 될 필요는 없다. 그림, 스케치, 만화를 통해 효과적으로 의사소통하기 위한 기본 지침을 제공하는 책들이 있으며, 구체적 노하우를 다룬 책들도 많다. 약간의 연습을 통해 얼마나 그림을 잘 그릴 수 있게 되는지에 스스로 놀라게 될 것이다. 단순 그리기는 판서, 유인물, 게시판, TP의 효과성을 향상시킬 수 있다.

클립아트

클립아트는 다양한 디지털 서류와 발표 자료에 삽입될 수 있는 시각 이미지(그림과 디지털 사진)로 구성된다. 이미지의 크기와 위치는 사용자의 요구에 따라 수정될 수 있다. 최근에는 주로 웹과 소프트웨어 모음집을 통해 저작권의 구애를 받지 않는 시각자료의 활용이 폭발적으로 늘고 있다.

컴퓨터를 활용한 시각자료 디자인

그림과 삽화뿐 아니라 배열과 디자인을 위한 그리기 프로그램을 사용할 수 있다. KidPix, iWorks, 포토샵, 어도비 일러스트레이터와 같은 그래픽 프로그램에는 수백 내지는 수천 가지의 서체와 클립아트 이미지가 포함되어 있어 모든 상상력을 동원하여 시각자료를 조작할 수 있다.

이러한 프로그램을 통해 만든 시각자료는 컴퓨터와 디지털 프로젝터를 사용하여 투사되거나, TP 필름에 바로 출력하거나, 또는 종이로 만들어 TP 제작을 위한 마스터로 사용될 수 있다.

프레젠테이션 그래픽 제작

마이크로소프트의 파워포인트와 애플의 키노트(Keynote)와 같은 프레젠테이션 그래픽 소프트웨어를 사용하여 그래픽에 대한 전문 훈련을 받지 않은 사용자라도 전문 프레젠테이션을 위한 적절한 형태의 매력적인 시각자료를 만들 수 있다. 메뉴에서 시각스타일을 선택하고 원하는 배열(예: 전체 구성, 글머리표로 표되신 목록, 그래프, 차트, 또는 이들의 조합)을 지적하고 나서, 프로그램에서 지적하는 대로 메시지를 입력하면 된다(그림 8.23). 자신이 원하는 속성을 통제하거나, 프로그램이 자동적으로 가독성 있는 서체와 크기를 선택하고 사진과 텍스트를 시각적으로 깔끔하게 배열하여 조직할 수 있다. 프레젠테이션 그래픽 소프트웨어를 사용할 때에는 다음 지침을 명심해야 한다.

- *단순하고 밝은 색의 배경을 사용한다.* 벽지 같은 화려한 배경은 집중을 저해할 수 있다. 대부분의 사람들은 짙은 배경 위의 밝은 텍스트보다는 밝은 배경 위의 짙은 텍스트를 쉽게 읽을 수 있다.
- *슬라이드 상단의 중간 또는 좌측에 제목을 기입한다.* 독자들이 프레젠테이션의 조직 구조를 이해하는 데 도움을 주기 위해 각 슬라이드 상단에 제목 또는 부제

목을 기입하는 것이 필요하다.

- *내용을 간결하게 작성한다.* 슬라이드에 담는 단어 수를 최소화해야 한다. '6×6'의 규칙은 한 줄에 6단어 이상을 넘지 말고 6줄을 넘지 않을 것을 제안한다.
- *일관적인 시각 형태를 유지하기 위해 일정한 양식을 사용한다.* 만일 모든 슬라이드가 동일한 배경색에 동일한 시각 요소를 보여주는 프레젠테이션을 제작하고자 한다면 모든 슬라이드에 이미 규격화된 양식을 사용하거나 또는 새로운 양식을 디자인할 수 있다.

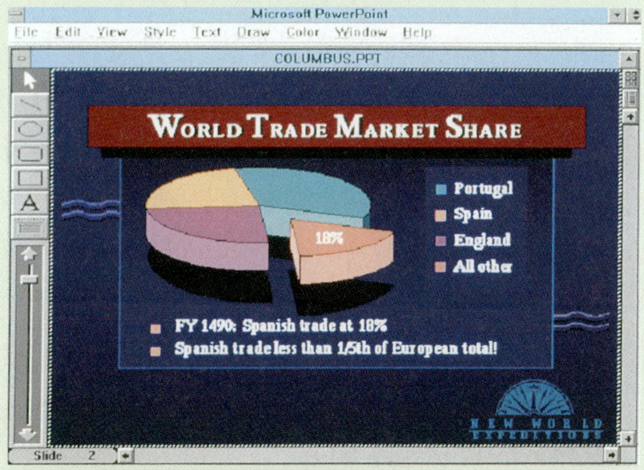

그림 8.23 프레젠테이션 소프트웨어
프레젠테이션 그래픽은 전문적으로 보이는 시각자료를 텍스트와 함께 개발하는 데 도움을 준다.

- *일관된 텍스트 형식을 유지하기 위해 마스터(master) 슬라이드를 사용한다.* 마스터 슬라이드는 모든 슬라이드의 동일한 위치에서 특정한 서체를 사용하도록 해 준다.
- *내용과 관계없이 멋을 부리기 위한 부가적 요소들을 최소화한다.* 멋을 부리기 위한 부가적인 요소를 많이 담기보다는 중요한 내용을 중심으로 프레젠테이션을 만들어야 한다. 눈길을 끌게 하는 요소를 너무 많이 사용하는 것은 독자의 주의를 산만하게 하고 불쾌감을 유발한다. 파워포인트가 이러한 기능을 가지고 있다는 이유만으로 그러한 기능을 사용하지는 말라!
- *적절한 그래픽을 사용한다.* 내용과 적절치 못하거나 관련성이 없는 이미지 사용을 피하라. 메시지를 효과적으로 전달할 수 있는 그래픽을 선택하거나 만들어야 한다.
- *일관성 있게 화면을 전환시킨다.* 한 슬라이드에서 다른 슬라이드로 전환시킬 때 프레젠테이션 전반에 일관성을 유지해야 한다. 무작위적인 화면 전환을 사용하지 말고

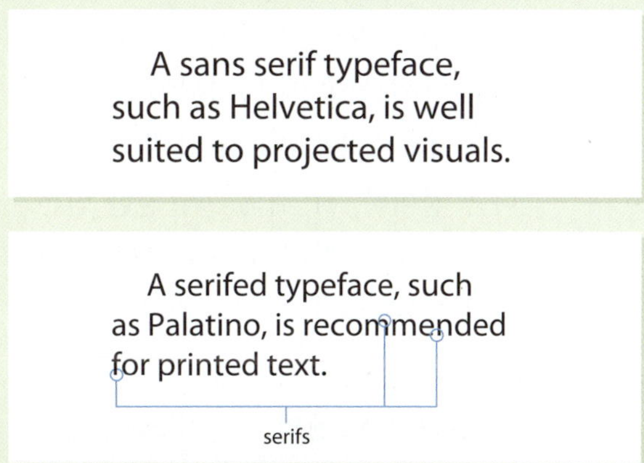

그림 8.24 폰트 유형
서체를 목적에 맞게 선택한다.

화면 전환 시 오디오 효과의 사용은 피하는 것이 좋다.

- *단순하게 구성한다.* 구성 효과는 한 슬라이드 내에 있는 글머리표를 단 텍스트와 그래픽을 소개하는 방법이다. 새로운 텍스트가 회전하면서 슬라이드로 들어오는 '소용돌이' 같은 효과는 독자의 주의를 산만하게 할 수 있다. 내용을 읽는 것보다 효과를 보는 데 더 많은 시간이 걸리는 경우가 많다.
- *애니메이션을 사용할 때는 극적인 효과를 노리기보다는 수업 메시지 지원에 충실한다.* 예를 들어 먹이 피라미드의 한 부분을 설명할 때 해당 층의 내용이 새로 나타나게 하거나, 태양과의 거리 순서에 따라 혹성이 하나씩 차례로 나타나게 하는 것과 같이 어떤 모델의 각 요소를 설명할 때 해당 내용이 새롭게 나타나도록 할 수 있다.
- *사운드의 사용을 최소화한다.* 프레젠테이션의 효과를 높이는 경우에만 사운드를 사용해야 한다. 급제동 타이어 소리나 금전 계산기 소리는 주의를 급속히 산만하게 한다.
- *슬라이드를 구별할 수 있도록 꼬리말을 사용한다.* 꼬리말은 슬라이드 밑에 발표자의 이름과 소속, 발표 주제, 발표 일자 등으로 주석을 달도록 해 준다.

TP의 제작

디지털 혁명에도 불구하고, 많은 공립학교는 여전히 OHP를 갖추고 있다. 따라서 교실에서 가장 일반적으로 사용되는 절차를 통해 OHP용 TP를 제작하는 데 도움이 될 만한 지침을 제공하고자 한다. TP를 가장 빨리 준비하는 방법은 마킹 펜을 이용하여 TP 필름용지에 직접 그리는 것이다. 손으로 그리거나 글씨를 쓸 때 명심해야 할 것은 가독성과 정돈(neatness)이 중요하다는 점이다. TP 위의 불완전한 면은 스크린에 크게 확대되어 나타날 것이다. 판독하기 어려운 내용으로는 학습할 수 없다!

많은 OHP 사용자들은 TP 위에 직접 쓰거나 그린다.
David Young-Wolff/PhotoEdit

일반 펠트 펜의 수성 잉크는 아세테이트지에 잘 묻지 않을 것이다. 아세테이트지에 잘 묻고 컬러로 투사된다는 것을 나타내는 '오버헤드 프로젝트 펜' 의 표시가 있는 펜을 사용해야 한다. 수성 잉크는 축축한 종이로 지우거나 또는 TP 전체를 완전히 닦아낸 후 재사용할 수 있다. 반면에 영구 잉크 펠트 펜은 잉크는 아세테이트지에 달라 붙지만 '오버헤드 프로젝터 펜' 만이 컬러를 투사하도록 만든 것이다. 대부분의 사용자들은 손으로 직접 그리기를 위한 미리 준비된 TP 제작을 위해 영구 잉크를 사용하는데, 재사용을 목적으로 하는 경우 그러한 경향이 더 커진다.

컴퓨터는 TP 및 유사 형태의 시각자료의 제작을 손쉽게 해준다. 모든 워드프로세서 프로그램은 시각자료와 텍스트가 포함된 TP 마스터를 만들 수 있다. 프린터를 통해 TP에 직접 출력을 하거나 마스터로 일반 종이에 출력할 수 있다.

시각자료의 생성

디지털 이미징을 통해 정지 이미지와 비디오 이미지를 얻고, 편집하고, 제시하고, 공유하고, 연결할 수 있다. 테크놀로지 덕분에 교사와 학습자들은 이러한 과정을 쉽게 만들게 되었다. 사용자들은 이미지를 다른 디지털 기기로 전동하고, 컴퓨터에 저장하고, 또는 인터넷을 통해 공유할 수도 있다.

사진

디지털 카메라는 빛 에너지를 디지털 데이터로 변환하는데, 디지털 데이터는 수백 장의 사진을 저장할 수 있는 탈부착 가능한 메모리카드와 같은 소형 디지털 레코더에 저장된다. 필름이 사용되지 않기 때문에 인화나 현상을 기다릴 필요가 없다. 그리고 이미지를 카메라 뒤에 있는 작은 모니터를 통해 즉각적으로 볼 수 있는데, 이것은 사진을 찍기 전과 찍은 후에 사진을 볼 수 있도록 허용한다. 원하지 않는 이미지는 지우고 원하는 이미지를 얻을 때까지 대상을 재촬영할 수 있다.

디지털카메라는 컴퓨터 기반 프로그램이나 웹사이트에서 사용할 수 있는 사진을 쉽게 찍을 수 있게 한다.

Shutterstock

이미지를 조작하기 위해 이미지를 컴퓨터에 다운로드할 수 있으며 컴퓨터 하드 드라이브, 플래시 드라이브, 또는 포토 CD에 저장할 수도 있다. 저장된 디지털 이미지는 시간이 지난다고 화질이 나빠지지는 않지만 저장 메커니즘에 문제가 생기면 잃어버릴 수 있다.

디지털 편집이나 이미지의 수정 시 왜곡된 표현의 문제가 발생될 가능성이 있기 때문에 주의해야 할 필요가 있다. 컴퓨터 도구의 기능이 향상되면서 현실을 왜곡시키고 그릇된 메시지를 독자에게 전달하거나, 원본 이미지의 저작권을 침해할 수 있는 방식으로 이미지를 변형할 수도 있다(1장의 '저작권 관련 사항: 저작권법' 참고).

디지털 이미지를 출력하는 것은 빠르고 쉽다. 컴퓨터를 이용해 컬러 프린터로 이미지를 출력하거나 포토 프린터를 이용해 메모리카드에 있는 데이터로부터 직접 출력할 수도 있다.

여행 중 사진을 찍거나. 포토 에세이를 만들거나, 역사적 사물을 촬영하거나, 수업용 사진을 개발하거나, 가족과 친구의 사진을 찍거나 관계없이 다음에 제시된 몇 가지 지침은 사진을 효과적으로 만들어 줄 수 있다.

- 아이디어를 전달하는 데 도움이 되는 모든 요소들을 포함시킨다.
- 주의를 산만하게 하는 배경과 같은 불필요한 요소를 제거한다.
- 주요 대상물의 크기가 명확치 않게 나타나는 경우에는 자동차, 사람, 손, 동전 등과 같이 크기의 단서가 되는 사물을 포함시킨다.
- 사진의 영역을 수직과 수평 모두 삼등분한다. 관심의 대상이 되는 중요 내용이 교차점 부근에 놓여야 한다. 이것을 '삼등분 규칙' 이라고 한다. 이미지의 중요 부분이 사진의 가장자리에 놓이지 않도록 해야 한다.
- 어떤 일을 하는 방법(how-to-do-it)에 관한 사진을 제작하는 경우, 관찰자의 관점이 아니라 학습자의 관점에서 사진을 촬영해야 한다.
- 심도가 중요한 경우에는 중심 대상물을 표현하기 위해 꽃으로 덮인 나뭇가지나 이끼로 덮인 바위와 같은 전경 대상물을 사용한다.

저작권 관련 사항

시각자료

다음 지침은 교사와 학습자의 시각자료 활용에 관한 내용이다.

다음 사용은 허용된다.

- 서적, 정기간행물, 또는 신문당 하나의 삽화
- 하나의 원자료(source)로부터 하나의 다이어그램, 차트, 또는 사진
- 프레젠테이션(파워포인트 슬라이드, TP 등) 원자료 중 하나의 시각 요소

다음 사용은 허용되지 않는다.

- 저작권이 있는 만화 캐릭터의 재생산

저작권에 관한 일반적 정보는 1장의 '저작권 관련 사항: 저작권법' 을 참고하시오. 저작권 관련 자료(인쇄자료와 웹사이트)는 1장 마지막에 제시되어 있다.

스캐너

이미지를 스캔하는 것은 간단하다.
Shutterstock

스캐너는 컴퓨터와 함께 사용되어 학습자가 그린 그림이나 사진과 같은 종이로 된 시각 이미지를 디지털 그래픽 포일로 전환시킨다. 플랫베드 스캐너는 복사기의 윗부분과 유사하게 생겼다. 사용자는 덮개를 올리고 자료가 아래를 향하도록 유리로 된 표면 위에 이미지를 놓는다. 컴퓨터에 연결된 특별한 소프트웨어가 스캐너를 작동시킨다. 디지털 사진과 마찬가지로 학생들은 스캔된 이미지를 워드프로세서 프로그램 파일에 신속하게 포함시킬 수 있다. 적절한 소프트웨어를 사용하여 이미지의 질을 향상하거나 수정할 수 있다. 스캔한 이미지를 프레젠테이션에 쉽게 삽입할 수도 있다.

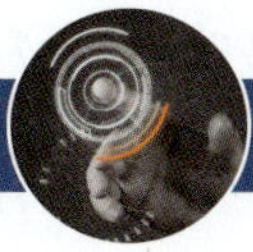

혁신 테크놀로지

3D를 활용한 생동감 있는 교실 만들기

3D 활용이 교실에 생동감을 가져다주고 있다! 극장에서 사용되는 테크놀로지가 이제는 학교에서 사용되고 있다. 3D만큼 학습자들의 주의를 집중시키는 것은 없는데, 3D는 정지 이미지와 동영상 이미지 모두를 강렬하게 만들어준다. 학교에서 3D 프로젝터의 사용이 증가하면서 과거, 현재, 또는 미래의 유명한 건축 구조물을 철저하게 탐색할 수 있게 되었다. 3D 프로젝터는 사실 한 화면에 두 이미지를 동시에 생성하는데, 하나는 왼쪽, 그리고 다른 하나는 오른쪽 눈을 위한 것이다. 두 이미지를 결합하고 놀라운 3D 효과를 만들어내는 3D 안경을 끼고 관람한다.

요약

이 장에서는 교사와 학습자 모두에게 적절히 사용되어야 할 중요한 학습도구로서의 시각자료의 중요성이 논의되었다. 시각 리터러시의 개념이 먼저 제시되었고, 시각자료의 해독과 부호화의 중요한 측면들이 제시되었다. 수업에 시각자료가 사용될 때 학습자들이 어떻게 가장 잘 학습할 수 있는지를 설명하였다. 시각자료의 유형, 목적, 범주를 제시하였으며 프레젠테이션 소프트웨어, 디지털 시각자료, 실물 화상기, OHP, 인쇄 시각

PEARSON myeducationkit™

이 장에서 학습한 내용에 대한 이해 정도를 확인하기 위해 본 장의 MyEducationKit에 제시된 'Study Plan'을 완성하시오. 퀴즈를 풀고 그에 대한 피드백을 검토한 후 이 장의 내용 이해를 촉진하는 데 도움이 되는 자원을 살펴본다.

자료 등을 위한 지침을 제시하였다. 시각자료의 장단점을 소개하였으며, 교실에서 시각자료의 통합과 활용을 위한 기법을 제시하였다. 결론 부분에서는 교사와 학습자들이 시각자료를 기획, 제작, 생성하도록 돕는 지침을 제시하였다.

ASSURE 수업계획서

PEARSON myeducationkit™

아래에 제시된 ASSURE 수업 지도안은 ASSURE 수업 사례와 이 장의 첫머리에 소개한 동영상에 대한 자세한 설명과 분석을 제공하고 있다. 해당 동영상을 다시 보기 위해서는 'MyEducationKit' 8장에 있는 'ASSURE Video'를 클릭한다. 비디오는 3학년 교사인 Roman과 미술교사인 Edlund가 디지털 이미지와 전자 포트폴리오를 활용하여 학습자들의 학습을 어떻게 돕는지를 보여준다.

학습자 분석(Analyze learners)

일반적 특성. 대상 학습자는 최근 주에서 실시하는 수학 지식과 기능 시험에 응시했던 23명의 3학년 학생들이다. 새 학교이기 때문에 학습자들은 이전까지 서로를 알 수 있는 많은 기회를 갖지 못했다. 어떤 학생들은 같은 동네에서 살고 있지만, 어떤 학생들은 외곽에 있는 작은 지역사회에서 살고 있다. 모든 학습자들은 쉬는 시간에 노는 것을 좋아하고 영화와 비디오게임을 즐긴다. 많은 남학생들은 스포츠에 관심을 가지고 있는데, 특히 야구에 관심이 많다. 대부분의 여학생들은 독서와 TV 시청에 관심이 많다.

출발점 능력. 많은 학생들이 이전에 치렀던 수학 시험에서 좋은 점수를 받았다. 몇몇 학생들은 이미 완전히 습득했어야 할 기본적 수학 기능에서 어려움을 겪고 있다. 학생들은 책에 제시된 3차원 이미지의 개념을 이해하는 데 어려움을 겪고 있는 것으로 나타났다. 최근의 시험 성적에 반영된 것처럼, 학습자들은 3차원 이미지를 어떻게 시각화하는지에 대한 개념 형성에 어려움을 겪고 있다.

학습양식. 학급 구성원들은 다양한 학습양식을 가지고 있다. 대부분의 학습자들은 시각 기능과 공간 기능을 가지고 있으며 수학 능력이 좋다. 그림 그리기를 좋아하며 다양한 자료를 통해 생각을 표현할 수 있는 미술시간이 오기를 기대한다.

표준과 목표 진술(State standards and objectives)

교육과정 표준. 수학 3에 대한 국가 교사 위원회—기하학과 공간 감각: 2차원 및 3차원의 기하학적 사물의 특징과 속성 분석하기. 미술교육 5에 대한 국가 표준: 자신과 다른 사람의 작품을 성찰하고 평가하기.

공학 표준. 3단계 학생들을 위한 국가교육공학 표준—테크놀로지 생산성 도구: 학습자들은 학습 효과를 높이고, 학습 생산성을 높이고, 창의성을 높이기 위해 테크놀로지 도구를 사용한다.

학습목표

1. 미술 재료가 주어지면, 학습자들은 공작용 판지를 오리고 접어서 원통, 원뿔, 입방체 등의 3차원 사물을 만들 수 있음을 보여줄 수 있다.
2. 그림 재료가 주어지면, 학습자들은 미술시간에 배운 규칙을 적용하여 종이 위에 3차원 사물을 그릴 것이다.
3. 그림 재료가 주어지면, 학습자들은 입체감을 나타내는 규칙을 사용하여 운동장 그림을 그릴 것이다.
4. 디지털 카메라와 파워포인트 소프트웨어가 주어지면, 학습자들은 학습한 내용을 성찰하면서 미술교과의 전자 포트폴리오를 만들 수 있다.

전략, 공학, 매체, 자료 선정(Select strategies, technology, media, and materials)

전략 선정. Roman 교사는 학습자들이 2차원과 3차원 그림을 연결할 수 있는 능력을 향상시키기 위한 방법을 찾기 위해 미술교사인 Edlund 교사와 함께 일하기로 결정한다. 그녀는 학습자의 학습을 나타내기 위한 또 다른 방안으로 전자 포트폴리오를 사용한다는 생각에 적극 동의한다. 전자 포트폴리오는 Edlund 교사가 자기 반 학생들과 함께 개발하고자 하는 것이다. 그들은 학생들에게 전자 포트폴리오를 가르칠 몇몇 접근방법들을 시도해 보기로 한다. Roman 교사는 직접 교수법과 교과서를 활용한 수학적 조작 활동을 병행하기로 계획을 세운다.

Edlund 교사는 학습자들이 포트폴리오를 만들기 위한 작품을 선정하도록 하는데, 학교에서 예술과 테크놀로지에 초점을 두기 때문에 여기에서 만드는 포트폴리오는 전자 포트폴리오(e-portfolio)이다. 교사는 디지털 카메라 조작 방법, 사진을 컴퓨터에 전송하는 방법, 전자 포트폴리오를 만들기 위해 파워포인트를 사용하는 방법 등을 시범을 통해 보여준다. 학습자들이 미술활동과 교실 지식과의 연관성을 성찰할 수 있도록 도와주기 위하여, 교사는 사고를 촉진시키는 질문을 통해 학습자들을 유도하였다.

공학, 매체 선정. 이 수업은 학습자가 컴퓨터, 디지털 카메라, 포토샵, 파워포인트 소프트웨어를 이용하여 전자 포트폴리오를 만드는 활동이다. Edlund 교사는 이동식 랩탑 카트에 있는 랩탑 컴퓨터들을 사용하기로 결정한다. 교사는 전자 포트폴리오를 위한 소프트웨어로 파워포인트를 선정하는데, 이는 파워포인트가 교실에 있는 컴퓨터뿐 아니라 랩탑 컴퓨터에서도 사용 가능하기 때문이다. 교사는 이 소프트웨어가 복잡한 프로그램을 배울 필요 없이 전자 포트폴리오를 만들 수 있도록 충분한 융통성을 제공할 것이라고 생각한다. 그리고 파워포인트가 고등학교 때까지 학교에서 계속 사용될 것이기 때문에 학습자들은 학교를 다니는 동안 그들이 만든 포트폴리오에 새로운 내용을 계속 추가할 수 있을 것이라는 것을 알고 있다. 교사는 테크놀로지와 매체 선정의 적절성을 평가하기 위해 다음 지침을 사용한다.

- *표준, 결과, 목표와의 연계.* 디지털 카메라는 학습자들이 포트폴리오에 포함시킬 미술 작품을 포착하여 담아낼 수 있도록 한다. 포토샵과 파워포인트 소프트웨어는 학습목표에 기술된 것처럼 포트폴리오 생성에 필요한 도구를 제공한다.

- *정보의 정확성과 최신성.* 학습자들은 그들이 만든 미술품으로 작업을 하고 있기 때문에 현재 통용되는 것이다. 인터넷 정보가 사용되지 않기 때문에 정확성은 본 수업에서 문제되지 않는다.
- *연령에 맞는 언어의 사용.* 포토샵과 파워포인트 메뉴는 3학년생으로서의 기본 훈련과 사용하는 동안 지속적인 지원을 요구하는 수준의 용어를 사용한다.
- *흥미수준과 참여도.* 포토샵과 파워포인트 소프트웨어를 사용하여 자신이 만든 미술작품을 조작해보는 것은 학습자들에게 그들의 성찰과 재능을 창의적으로 나타내주는 개별적 전자 포트폴리오를 만들 수 있는 기회를 제공한다.
- *기술 수준.* 디지털 카메라, 포토샵, 파워포인트 소프트웨어는 기술 수준이 우수하다.
- *사용의 용이성.* 기본적인 훈련을 하고 나면 3학년 학습자들은 디지털 카메라를 포토샵과 파워포인트 소프트웨어와 함께 효과적으로 사용할 수 있다.
- *객관성.* 포토샵과 파워포인트는 편향되어 있지 않다.
- *사용 설명과 안내.* 포토샵과 파워포인트의 온라인 지원은 3학년 학습자들이 사용하기에는 너무 복잡하다. 따라서 Edlund 교사는 학습자들에게 지속적인 지원과 안내를 제공한다.

자료 선정. Edlund 교사는 학습자들이 찰흙을 사용하여 3차원 사물을 만들도록 한다. 그러고 나서 교사는 깊이를 나타내는 미술 규칙들을 보여주면서, 찰흙으로 만든 사물을 종이에 어떻게 그리는지를 학습자들에게 보여준다. 교사는 학습자들을 운동장에 데리고 나가 운동장 그림을 그리도록 함으로써 학습한 지식을 학습자들이 적용할 수 있는지의 여부를 결정한다. 교사는 학생들이 미술활동과 교실경험을 연결할 수 있다고 결정한다. 교사는 학습자들에게 미술 포트폴리오를 만들도록 하는 것은 그들이 무엇을 학습했는지를 나타내고 미술 성취활동에서 중요한 것이 무엇인지를 깨닫게 하는 방법 중 가장 좋다고 생각한다.

공학, 매체, 자료 활용(Utilize technology, media, and materials)

공학, 매체, 자료 사전 검토. Edlund 교사는 학습자들이 미술작품에 대한 전자 포트폴리오를 만드는 데 필요한 특징을 지니고 있는지를 확인하기 위하여 디지털 카메라의 특징과 포토샵과 파워포인트 소프트웨어를 검토한다.

공학, 매체, 자료 준비. Edlund 교사는 디지털 카메라가 잘 작동하는지 확인하고 랩탑 카트를 예약한다. 또한 학생 미술품을 담은 폴더를 모아 완전한지를 확인하기 위하여 내용을 검토한다.

환경 준비. Edlund 교사는 정지 장면 촬영을 위한 디지털 카메라를 설치하고 디지털 사진이 카메라에서 컴퓨터로 전송되는지 확인한다. 교사는 포토샵과 파워포인트가 모든 컴퓨터에 잘 설치되고 기능이 잘 수행되는지 테스트한다. 교사는 학생 미술품을 모아 정리한다.

학습자 준비. Edlund 교사 학급 학생들은 미술작품을 디지털 사진으로 어떻게 촬영하고, 포토샵을 이용해 어떻게 사진의 일부를 잘라내고, 또 파워포인트를 이용해 어떠한 과정으로 전자 포트폴리오를 만드는지 보여준다.

학습경험 제공. Edlund 교사는 3학년 학생들의 학습 과정을 쉽게 만들기를 원하기 때문에 학생들이 우선 전통적 미술 자료를 사용하는 데 초점을 둔다. 미술시간에 학생들에게 이미지를 만들도록 함으로써, 학습자들이 미술수업뿐 아니라 수학 수업과 연관된 내용에 대하여 생각해보도록 안내할 수 있다. 교사는 미술 수업에 테크놀로지를 통합하기를 원하며, 전자 포트폴리오 아이디어가 그 목적을 달성할 수 있을 것이라고 생각한다.

학습자 참여 요구(Require learner participation)

연습활동. 학습자들은 수학과 미술 수업에서 획득한 개념의 이해 정도를 보여주기 위해 다양한 매체를 사용한다. 그들은 그림에 있는 필수 내용을 담을 수 있을 만큼 사진의 질이 높다는 것을 확인하면서 디지털 카메라를 작동해본다. 그들은 자신의 사진을 어떻게 컴퓨터에 전송하고, 스크린에 있는 이미지의 일부를 어떻게 자르고 조절하며, 학교 서버에 사진을 어떻게 저장하는지에 대하여 학습한다. 학습자들은 파워포인트의 기본을 적용하고 소프트웨어를 사용하여 그들의 성취도를 보여주기 위한 방법을 탐색하기 시작한다.

피드백. Edlund 교사는 학습자들이 전자 포트폴리오에 성찰 내용을 기입하는 동안 지속적인 안내를 제공한다. 이러한 피드백을 통해 학습자들은 아이디어를 어떻게 성찰하는지 이해할 수 있으며, 현재의 관점을 나타내는 미술 작품들을 분리하기 시작한다.

평가와 수정(Evaluate and revise)

학습자 성취도 평가. Edlund 교사와 Roman 교사는 학습자들이 미술활동에서 무엇을 했는지를 보기 위해 만난다. 그들은 학습자들이 수학 수업 내용과 미술 수업 활동을 연결할 수 있음을 확인한다. 더 나아가 전자 포트폴리오는 학습자들이 개념의 의미를 유의미하게 나타내도록 하는 방법임을 확인한다. Edlund 교사와 Roman 교사 모두는 학습자들이 보다 성찰적으로 학습하는 방법을 배웠다고 느낀다.

전략, 공학, 매체 평가. 두 교사는 모두 전자 포트폴리오 경험이 학생들에게 가치 있으며, 미래의 실행 가능한 평가를 위한 접근방법이라고 생각한다.

수정. 두 교사는 모두 그들이 가르친 수업 방식을 보고 그들의 교실 수업과 예술 수업 간 협동을 확장할 수 있는 방법을 고려한다. 그들은 또한 전통적 시험을 뛰어넘을 수 있는 학습 평가 방법을 탐색한다.

나의 전문성 개발하기

전문 지식 확인하기

1. 시각 리터러시는 무엇인가? 시각 리터러시를 가르치기 위해 사용할 수 있는 두 가지 일반 전략을 규명하시오.
2. 여섯 가지 시각자료를 말하시오. 각 유형의 사례는 무엇인가?
3. 시각자료가 학습에서 하는 역할은 무엇인가?
4. 교실에서 시각자료를 보기 위한 네 가지 방법을 기술하시오.
5. 시각자료의 장점, 단점, 그리고 통합 방법은 무엇인가?
6. 좋은 시각 디자인의 목적은 무엇인가?
7. 시각자료를 만들기 위한 기법을 기술하시오.
8. 이미지를 얻기 위한 두 가지 방법을 기술하시오.

전문 기능 시연하기

1. 연속된 일련의 수업 이미지를 디자인하시오. 대상, 목표, 그리고 시각 디자인의 목적을 달성하는 데 도움을 주는 특성에 대한 기술서를 붙이시오. (ISTE NETS-T2.A)
2. 수업에 유용할 것이라고 생각되는 여섯 가지 시각자료(비투사적 그리고 투사적 시각자료)를 찾아보고 이들을 시각자료 선정 평가표(Selection Rubric: Visual)를 사용하여 평가하시오. (ISTE NETS2.C)
3. 수업에서 가르칠 주제에 대한 그래프(선, 막대, 원, 또는 그림) 하나와 차트(조직도, 분류도, 연대표, 표, 또는 흐름도) 하나를 만드시오. (ISTE NETS3.C)

전문 포트폴리오 만들기

- *수업 설계하기.* ASSURE 모델을 이용하여 부록 A에 있는 시나리오를 위한 수업을 설계하거나 자신의 수업 시나리오 설계를 사용하시오. 학습을 위한 시각자료와 관련하여 4장에서 제시된 내용과 함께 4장에서 제시된 수업 전략 중 적어도 하나를 사용하시오. 대상 학습자, 수업목표, 그리고 그 밖의 ASSURE 모형의 요소들에 대한 기술이 포함되도록 하시오. (ISTE NETS-T 2.A & 3.A)
- *수업 개선하기.* 다양한 학습자들의 요구를 어떻게 충족시킬 것인지, 그리고 서로 다른 테크놀로지를 어떻게 통합할 것인지를 기술함으로써 이전 단계에서 개발한 수업의 효과를 향상시키시오. 특히, 수업을 통해 달성하고자 하는 지식과 기능을 이미 습득하고 있는 학습자들을 위해 포함할 수 있는 추가적인 전략을 기술하시오. 또한 수업에 필요한 선수 요건들을 갖추고 있지 못한 학습자들을 지원하기 위해 통합할 수 있는 전략, 테크놀로지, 매체, 자료를 기술하시오. (ISTE NETS 2.D, 3.D, & 5.D)
- *수업 성찰하기.* 수업의 개발 내용과 수업의 향상을 위한 활동에 대해 성찰하시오. 사용했던 절차에 대하여 생각해보고, 대상 학습자, 내용, 전략, 테크놀로지, 매체, 자료 등을 연계시키는 것과 관련하여 무엇을 배웠는지 생각해 보시오. 어떠한 시각자료를 사용하였는가? 시각자료는 학습자들의 학습경험을 어떻게 향상시킬 수 있는가? 수업을 다시 설계해야 한다면, 어떤 시각자료를 왜 선택하겠는가? (ISTE NETS 4.C & 6.B)

보충자료

출판물

Benjamin, A. (2005). *Differentiated instruction using technology.* Larchmont, NY: Eye on Education.

Bull, G., & Thompson, A. (2004). Establishing a framework for digital images in the school curriculum. *Learning and Leading with Technology,* 31(8), 14 - 17.

Carlson, G. (2004). *Digital media in the classroom.* San Francisco: CMP Books.

Evans, J. (2005). *Literacy moves on: Popular culture, new technologies, and critical literacy in the elementary classroom.* Portsmouth, NH: Heinemann.

Finkelstein, E., & Samsonov, P. (2008). *PowerPoint for Teachers: Dynamic presentations and interactive classroom projects.* San Francisco: Jossey-Bass.

Frey, N., & Fisher, D. (2008). *Teaching visual literacy: Using comic books, graphic novels, anime, cartoons, and more to develop comprehension and thinking skills*. Thousand Oaks, CA: Corwin Press.

Gangwer, T. (2009). *Visual impact, visual teaching: Using images to strengthen learning* (2nd ed.) Thousand Oaks, CA: Corwin Press.

Lidwell, W., Holden, K., & Butler, J. (2010). *Universal principles of design*. Beverly, MA: Rockport Publishers.

Lohr, L. L. (2007). *Creating graphics for learning and performance: Lessons in visual literacy* (2nd ed.). Upper Saddle River, NJ: Prentice Hall.

Luckner, J., Bowen, S., & Carter, K. (2001). *Visual teaching strategies for students who are deaf or hard of hearing*. Teaching Exceptional Children, 33(3), 38 - 44.

Newby, T. J., Stepich, D., Lehman, J., & Russell, J. D. (2011). *Education technology for teaching and learning* (4th ed.). Upper Saddle River, NJ: Merrill/Prentice Hall.

Stafford, T. (2010). *Teaching visual literacy in the primary classroom: Comic books, fi lm, television, and picture narratives*. New York: Routledge.

Walling, D. R. (2005). *Visual knowing: Connecting art and ideas across the curriculum*. Thousand Oaks, CA: Corwin Press.

Woolner, P., Clark, J., Hall, E., Tiplady, L., Thomas, U., & Wall, K. (2010), Pictures are necessary but not suffi cient: Using a range of visual methods to engage users about school design. *Learning Environments Research*, 13(1), 1 - 22.

Woolsey, K., Kim, S., & Curtis, G. (2004). *VizAbility: Learn to communicate visually*. Boston: Thomson Course Technology.

웹링크

여기에 있는 웹 사이트에 쉽게 접근하기 위해서는 MyEducationKit에 접속한 후, 8장으로 가 '웹 사이트(web links)'를 클릭하시오.

Inspiration과 Kidspiration

www.inspiration.com

Inspiration은 학습자들이 프로젝트를 계획, 연구, 완성하기 위해 사용할 수 있는 도구이다. 통합된 다이어그램과 개요 보기를 통해 학습자들은 그래픽 조직자(graphic organizer)를 만들면서 주제를 확장해 나갈 수 있다. 이러한 활동의 조합은 학습이 다양한 형태로 일어나도록 촉진한다.

Kidspiration은 학습자들이 그래픽 조직자, 개념도, 아이디어 맵, 기타 시각자료를 생성하고 갱신할 수 있도록 함으로써 그들의 시각적 사고 기법을 지원한다.

Kodak

www.kodak.com

이 사이트는 디지털 카메라, 프린터, 악세사리 등에 대한 정보를 사용자에게 제공한다.

파워포인트

http://office.microsoft.com/en-us/powerpoint

이 사이트는 사용자가 파워포인트로 만든 모든 특성을 지닌 프레젠테이션 자료를 볼 수 있게 한다. 이 뷰어는 또한 암호가 걸린 마이크로소프트 파워포인트 프레젠테이션 자료를 열어볼 수 있도록 지원한다.

무료 및 저렴한 자원

NASA

www.nasa.gov

정부를 포함한 많은 조직이 무료이거나 저렴한 수업 자료를 제공한다. 한 예가 NASA인데, 이곳에서는 혹성, 우주선, 일식 등의 아름다운 이미지를 담은 교육용 포스터를 무료로 제공한다. 교육용 그림은 일식이 어떻게 생기게 되는지 설명한다. 시각자료는 CD에 인쇄 형태로 저장되어 있다.

국제 시각 리터러시 협회

www.ivla.org

국제 시각 리터러시 협회(IVLA)는 시각 리터러시 원리를 위해 공헌하는 연구자, 교육자, 미술가로 구성된 비영리 단체이다.

선정 평가표: 시각자료

myeducationkit 이 평가표를 다운로드하여 사용하려면, MyEducationkit의 8장에서 'Selection Rubrics'를 클릭하라.

자원을 찾기 위해 사용된 검색 용어

____

____

____

제목 ______________________________

자원/위치 ______________________________

일시 ______________ 비용 ______________

관련 과목 ______________ 학년 ______________

교수 전략 ______________________________

형식

________ 사진

________ 그림

________ 차트

________ 그래프

________ 포스터

________ 만화

개요

성취기준/결과/목표

선행필수능력 (예: 선수지식, 읽기능력, 어휘수준)

장점

단점

특이사항

이름 ______________________________ 날짜 ______________

평가 영역	높은 수준	중간 수준	낮은 수준
성취기준, 학습결과, 목표와의 연계	성취기준, 학습결과, 목표가 제시되었으며, 시각자료의 사용이 학습자의 학습을 향상시킨다.	성취기준, 학습결과, 목표가 부분적으로 제시되었으며 시각자료의 사용이 학습자의 학습을 향상시킬 수 있다.	성취기준, 학습결과, 목표가 제시되지 않았으며 시각자료의 사용이 학습자의 학습을 향상시키지 못할 것 같다.
정보의 정확성과 최신성	정보가 정확하며 오래된 정보를 포함하고 있지 않다.	정보가 정확하지만 오래된 정보를 포함하고 있다.	정보가 정확하지 않고 오래된 정보를 포함하고 있다.
연령에 적합한 언어	사용된 언어와 어휘가 대상의 연령에 적절하다.	사용된 언어가 대상의 연령에 거의 적절하고 어떤 어휘는 학습자 연령보다 높거나 낮은 수준이다.	사용된 언어가 대상의 연령에 적절치 않으며 어휘가 학습자의 연령에 적절치 않다.
관심 수준과 몰입	학습자가 흥미를 갖고 적극적으로 학습에 몰입할 수 있도록 주제가 제시된다.	대부분 학습자가 흥미를 갖고 대부분의 학습자가 학습에 몰입될 수 있도록 주제가 제시된다.	주제의 제시 방식이 학습자의 흥미와 몰입을 일으키지 못한다.
기술 수준	수업자료가 이용 가능한 것 중 최고의 테크놀로지와 매체를 나타낸다.	수업자료가 양질의 테크놀로지와 매체를 나타내지만 사용상에 문제가 발생될 수 있다.	수업자료가 잘 준비되지 않고 질이 낮은 테크놀로지와 매체를 나타내고 있다.
사용의 용이성(학습자와 교사)	자료가 사용하기 쉬운 패턴을 따르고 있으며 사용자를 혼동시키는 것이 없다.	자료가 대부분 사용하기 쉬운 패턴을 따르고 있으나 몇몇 사용자를 혼동시킨다.	자료가 패턴을 따르지 않고 있으며 대부분 사용자를 혼동시킨다.
중립성	거부감을 일으키는 편견과 광고의 증거가 없다.	편견이나 광고 내용이 거의 없다.	많은 편견과 광고의 증거가 있다.
사용자 안내와 방향제시	사용자 안내서가 수업을 지원해주는 매우 훌륭한 자료이다. 방향지시서가 교사와 학습자가 자료를 사용하는 것을 돕는다.	사용자 안내서가 수업을 지원해주는 좋은 자료이다. 방향지시서가 교사와 학습자가 자료를 사용하는 것을 도와줄 수 있다.	사용자 안내서가 수업을 지원해줄 정도의 질을 갖추지 못한 자료이다. 방향지시서가 교사와 학습자가 자료를 사용하는 것을 도와주지 못한다.
가독성 (크기와 명확성)	대부분의 학생들이 정보를 보고 이해할 수 있도록 시각자료가 제시된다.	일부 학생들이 자료를 보고 이해할 수 있도록 시각자료가 제시된다.	대부부의 학생들이 자료를 보고 이해하지 못하도록 시각자료가 제시된다.
단순성 (명확하고 통일된 디자인)	시각자료가 잘 조직화되어 있다; 학습자들은 정보를 잘 이해할 수 있다.	시각자료는 상당히 잘 조직화되어있다; 학습자들은 정보를 이해할 수 있을 것이다.	시각자료가 잘 조직화되어 있지 못하다; 대부분의 학습자들은 정보를 이해하지 못한다.
색상의 적절한 사용	색상이 수업주제와 잘 어울리고 학습 잠재력을 높여준다.	색이 수업주제와 조금 일치하고 학습 가능성을 높여줄 수 있다.	색이 수업주제와 전혀 일치하지 않으며 학습 가능성을 높이지 못한다.
명확하고 효과적인 의사전달	반드시 학습을 촉진시키도록 정보가 시각적으로 제시된다.	학습을 촉진시킬 수 있도록 정보가 시각적으로 제시된다.	학습을 촉진시키기 어려울 수 있도록 정보가 시각적으로 제시된다.
시각적 호소	시각자료가 대부분 학습자들의 주의를 끈다.	시각자료가 어떤 학습자들의 주의를 끌 수 있다.	시각자료가 많은 학습자들의 주의를 끌지 못할 수 있다.

교실 활용에 추천: ___________예 ___________아니오

교실 활용에 대한 아이디어:

제 9 장

오디오에 의한 학습 향상

학 습 목 표

이 장에서는 ISTE NETS-T 2를 중점적으로 소개하며 다음의 학습결과를 기대한다.

1. 청각과 청취를 구분한다.
2. 소리에 의한 의사소통의 4단계를 식별하고, 이러한 단계 구분의 근거를 제시한다.
3. 청취력을 향상시키는 네 가지 기법을 기술한다.
4. 수업에서 가장 많이 사용되는 아날로그와 디지털 오디오 양식을 장단점을 포함하여 기술한다.
5. 소리 매체의 장단점을 비교한다.
6. 자신의 교과 영역에서 소리 매체의 활용 가능성을 기술한다. 이 때 교과 영역, 대상, 목표 학생의 역할 평가방법 등을 포함한다.

목 적

교실에서 다양한 오디오 자료를 활용한다. 청각과 청취 과정을 기술하고, 학습자의 청취 기능을 개발한다.

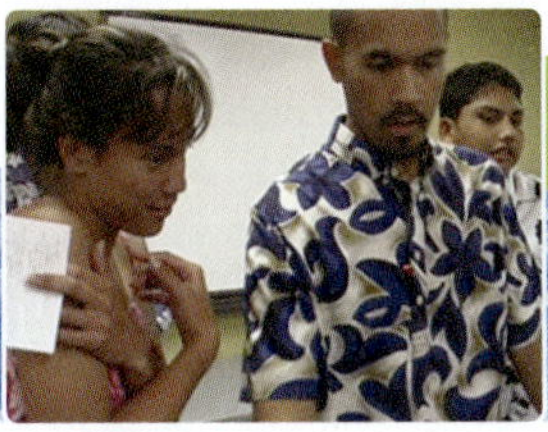

ASSURE 수업 사례 연구

이 장의 ASSURE 수업 사례 연구 비디오에는 하와이의 한 고등학교에서 Aina Akamu 교사가 행한 연설 및 의사소통 심화과정의 수업 계획이 담겨 있다. 이 교사는 다음 목적을 달성하기 위해 학기말 학습자 프로젝트를 생성하고자 한다: 구술 발표에 대한 확신을 높이고, 연구 수행 능력을 키우고, 협력적 학습에 학습자를 참여시키고, 학습자가 창의성과 아이디어를 표현하기 위해 오디오 매체를 사용한다.

여기 언급한 수업 사례를 동영상으로 보기 위해 해당 사이트(www.myeducationkit.com)에 가서 9장의 'ASSURE Video'를 클릭하면, Akamu 교사가 의사소통 기능을 가르치고, 21세기 학습 환경을 갖추기 위해 공학, 매체, 자료를 사용하기 위해 어떻게 전략을 활용하였는지 탐색할 수 있다.

여러분은 이 장의 내용과 해당 수업 사례를 연계하는 성찰 질문들을 이 장 전체에서 받게 될 것이다. 이 장의 끝에서는 이러한 전략, 공학, 매체, 자료를 사용하여 여러분이 선택한 주제와 학년에 맞는 자신의 ASSURE 수업을 개발하게 될 것이다.

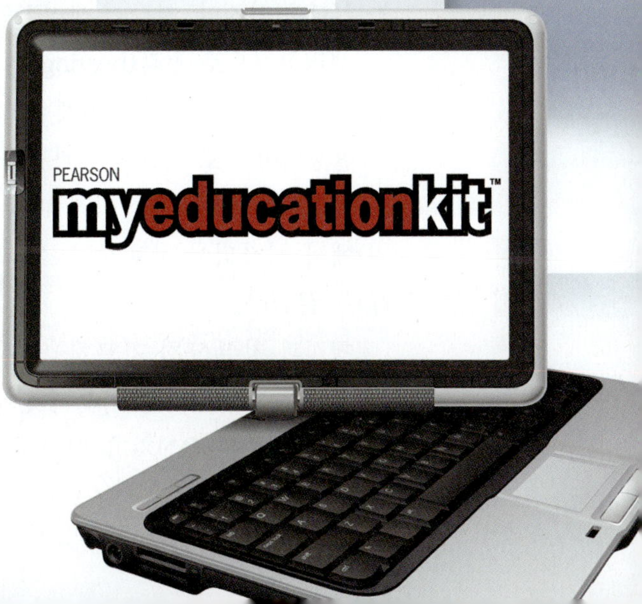

서론

수업 중 학생이 가장 많은 시간을 소모하는 활동은 무엇인가 하는 질문을 받았다면, 수업자료 읽기, 질문에 답변하기, 학습한 내용 암송하기, 시험 보기 중에서 무엇이라고 하겠는가? 사실, 전형적인 초등 및 중등학교 학생들은 수업 시간의 50% 이상을 듣는데 사용한다. 따라서 수업에서 오디오 경험의 중요성이 과소평가되어서는 안 될 것이다. 이 장은 수업을 위해 음성과 그 외의 소리를 녹음하고 전달하는 다양한 수단–오디오 매체–에 대해 논의한다.

이 장에서는 오디오 매체와 초중등학교에서 이 매체가 효과적으로 활용될 수 있는 방법을 탐색한다. 또한 청각-청취 과정, 청취 기술의 계발도 검토한다. 오디오의 전달과 기록 장치가 변하였지만, 교수-학습에서 오디오를 사용하는 기본적인 사항은 여전히 동일하다. 수업의 견지에서 보면 오디오의 원천–CD, MP3 플레이어, 컴퓨터, 웹, 또는 오디오카세트–과는 관계없이 수업에 포함시키는 것이 중요하다.

오디오 문해력

오디오 문해력(audio literacy)은 청각과 청취가 합쳐져 있다. 학습자가 메시지를 들을 때 자신에게 의미 있도록 만드는 것이 청취에서 중요하다. 청취 학습은 학습에서 효과적인 수단이 되도록 하기 위해 학습자가 적절한 기능을 연습하고 계발해야 하는 과제이다.

청각과 청취

청각과 청취는 비록 서로 관련되어 있지만, 분명히 상이한 것이다. 지나치게 단순화하는 위험은 있지만, 청각이 생리적인 과정이라면 청취는 심리적인 과정이다.

생리학적으로 **청각**(hearing)은 소리 파동이 외이(外耳)로 들어가서 고막에 전달되고, 다시 중이(中耳)에서 기계적인 진동으로 변환된 다음, 내이(內耳)에서 전기적 신호로 변경되어 뇌로 전달되는 과정을 말한다.

청취(listening)의 심리적 과정은 소리나 발언을 인지하고 주의를 기울이는 것(받기)에서 시작되어 구체적인 소리 신호의 식별과 인지(해독)가 이루어지며, 이해(이해)로 끝난다.

청각과 청취 또한 가르치고 배우는 과정이다. 시각적 의사소통과 학습처럼 메시지는 송신자에 의해 작성되고, 수신자에 의해 해독되어 의미를 갖게 된다. 준비된 메시지의 질적 수준은 송신자가 메시지를 얼마나 명확하고 논리적으로 작성할 수 있느냐에

초·중등학교 학생들은 수업 시간의 절반 이상을 남의 얘기를 듣는 데 사용한다.
Scott Cunningham/Merrill

달려 있다. 메시지를 얼마나 적절하게 준비하느냐는 송신자가 메시지를 조직하고 제시하는 기능을 갖추고 있느냐에 달려 있다. 예컨대, 교사는 녹음된 시를 학습자들이 이해할 수 있을 것임을 확신하기 위해서는 학습자들의 어휘 수준을 알아야 한다. 메시지가 송신자에게서 수신자로 전달되는 과정 중에 의사소통이 얼마나 효율적으로 이루어지느냐는 오디오 매체의 질적 수준과 효율성의 영향을 받는다. 메시지 이해 가능성은 수신자의 메시지 이해 능력에 달려 있다. 오디오 의사소통 과정의 어느 단계에서든지 단절이 이루어질 수 있다: 오디오에 의한 의사소통에서 단절은 그림 9.1에 나타낸 것처럼 부호화, 청각, 청취, 해독 등의 과정 중 어느 시점에서든지 발생할 수 있다. 청각과 청취 과정은 의사소통이 학습자에게 알려지고, 지시하고, 동기화하도록 하는 21세기의 기능으로 인지되고 있다.

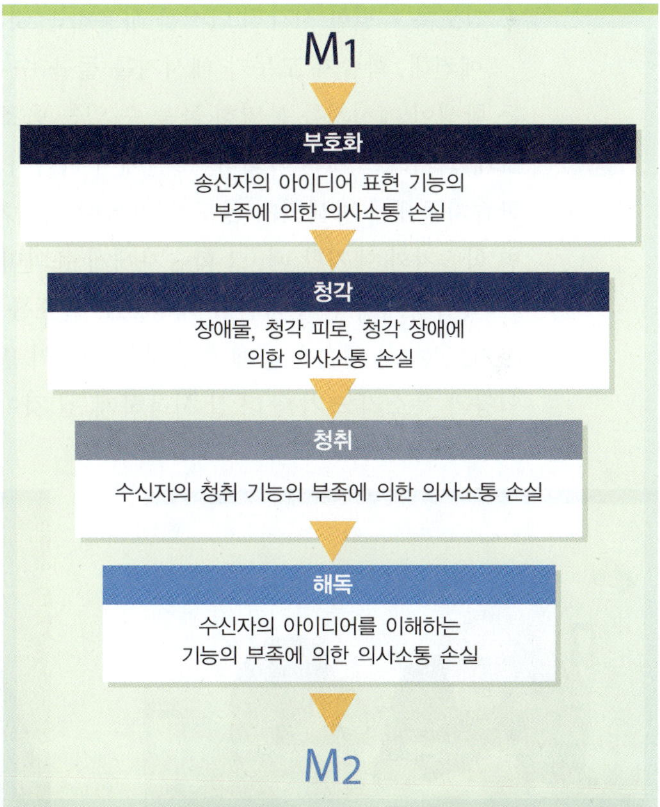

그림 9.1 오디오 의사소통 과정
청각-청취 과정 각 단계에서의 방해는 일종의 여과지와 같은 역할을 하여 의도했던 의미를 조금씩 줄여 의미를 인지하게 한다.
M_1 = 송신자가 최초에 의도한 의미
M_2 = 수신자에 의해 인지되고 이해된 의미

학습자가 오디오 자원으로 학습할 수 있느냐에 대한 결정에는 다수의 요인이 고려된다. 첫째, 소리의 크기가 너무 작거나 클 수 있다. 오디오가 너무 작으면 정확하게 의미를 찾아내기 힘들다. 오디오가 너무 크면 귀를 막아 소리 자체를 들으려 하지 않는다.

둘째, 교사의 지루한 목소리처럼 단조롭게 지속되면 청각 피로 현상을 초래할 수 있다. 가끔 귀에 거슬리는 소리, 예컨대 타고 가는 차의 소음을 들은 경험이 있을 것이다. 그런데, 조금만 시간이 지나면 이 소리가 전혀 신경 쓰이지 않았음을 기억할 것이다. 정지할 때까지 이 소리를 생각하지 않기로 했을 수 있고, 그렇게 하여 소리가 중단된 것 같은 느낌을 받는다. 이것은 청각 피로, 즉 소리

ASSURE 사례 연구 성찰

PEARSON myeducationkit

이 장의 첫머리에 있는 ASSURE 수업 사례 연구와 비디오를 다시 보시오. Akamu 교사는 학생들이 메시지의 부호화와 해독에 대해 생각하도록 하기 위해 그들을 어떻게 안내하였는가?

에 익숙해져 의식하지 않게 되는 것의 좋은 예이다. 이 청각 피로는 생리적인 동시에 심리적이다. 즉, 소리를 뇌에 전달하는 중간 단계의 기관들이 말 그대로 동일한 정보를 끊임없이 전달하느라 피로하게 되는 것이다. 소리에 대한 의식도 새로운 것이 아니기 때문에 관심을 두지 않게 되어 점차 줄어들게 된다. 뇌는 우리가 필요로 하지 않는, 관심을 둘 필요가 없는 소리를 걸러 내는 데 탁월하다.

셋째, 개인의 청각력이 생리학적으로 문제가 있을 수 있다. 학생이 감기에 걸리면 시끄러운 교실에서 청각력이 떨어질 수 있다. 심지어 약간만 정확도가 떨어져도 학생은 단어와 구문을 구분하는 데 어려움을 겪게 된다. 최근에는 일반 교실에 청각 장애를 가진 아동이 함께 공부하고 있는데, 이 경우 교사는 이러한 학생들이 정보를 잘 이해할 수 있도록 특별한 시각적 단서를 사용하는 것과 같이 특별히 신경을 기울여야 한다.

예컨대, 학습자 모두가 메시지를 들을 수 있도록 하기를 원한다면, 교실에 있는 모든 학생이 메시지를 분명히 들을 수 있는 음조와 크기로 소리를 낸다. 그렇다고 소리를 크게 외치라는 것은 아니다. 교실에서 학습자와 개별적으로 대화하기를 원한다면 다른 학습자들에게 방해되지 않도록 가까이 다가가서 낮은 목소리로 얘기한다. 더불어, 개별 학습자와 얘기할 때, 그 학습자에게 유의미하도록 단어를 선택하는 것이 중요하다.

학습자에게 전체 학급을 대상으로 발표를 준비하도록 지정할 때, 연습 기회를 제공하기도 한다. 연습을 통해 학습자는 전체가 발표를 명확하게 듣고 이해하는 데 적합한 억양과 목소리 크기를 더 잘 사용하게 될 것이다. 한편으로 학급의 모든 학습자들이 잘

교실에서 개인별 또는 소집단으로 과제를 수행할 때 교사는 이들의 학습 요구에 적합한 목소리 크기와 단어 수준을 살펴야 한다.

Shutterstock

학습자는 자신이 학습한 것을 공유하기 위해 동료 학습자에게 발표하는 것을 좋아한다.

Michael Newman/PhotoEdit

들을 수 있도록 마이크와 스피커를 사용할 수도 있다.

메시지는 또한 수신자의 청각력의 영향을 받는다. 학습자는 일련의 주어진 소리(메시지)에 집중할 수 있어야 한다. 학습자는 또한 메시지를 받으면서 미리 생각하고(인간은 읽고 쓰는 것보다 빨리 생각하듯이 청각보다 빨리 생각한다), 그 시간차를 이용하여 정보를 이해할 수 있도록 조직하고 내면화하는 기능을 가지고 있어야 한다.

마지막으로, 의사소통은 수신자가 메시지를 내면화하고 이해하는 데 필요한 경험적 배경이 부족하기 때문에 단절될 수 있다. 교사는 학생에게 익숙한 단어와 학생이 이해하는 언어 양식을 사용해야 한다.

청취력의 계발

최근까지 정규교육에서는 읽기와 쓰기에 많은 관심을 쏟은 반면, 말하기에는 약간의 관심을 쏟았고, 듣기에는 전혀 신경을 쓰지 않았다. 그러나 최근에 교육자들은 청취가 다른 기술들처럼 연습에 의해 향상될 수 있다고 인식한다.

청각은 청취의 기반이 된다. 그렇기 때문에 학생들이 정상적인 청각 기능을 가지고 있는지 확인해야 한다. 대부분의 학교에서는 언어 및 청각 치료사를 정기적으로 고용하여 청각 검사를 실시하고, 필요한 결과를 제공한다. 표준화된 검사를 통해 학생들의 청취 능력을 확인해 볼 수도 있다. 이러한 검사는 종종 지역 교육청에 의해 실시되므로 이 청취력 검사 결과가 있는지 확인해 보면 된다.

교실은 청각 장애를 가진 학생에게 학업 성취를 위한 이상적인 환경이 아닐 수도 있다. 이들에게 교실의 소음과 잔향은 문제가 될 수도 있기 때문이다. 이에 대한 해결책은 학생을 앞쪽에 앉히거나 커튼이나 카펫과 같은 소음을 감소시키는 장치를 사용하는 것이다. 소리 증폭 장치를 사용하는 방법(이 장의 끝에 있는 〈혁신 테크놀로지〉 참조)도 있다. 이 장비로 교사는 무선 마이크를 사용하여 교실에 설치되어 있는 다수의 소형 스피커로 목소리를 전송한다. 이 장비는 감기에 걸렸거나, 청각 장애, 영어가 제2언어인 학습자에게 도움이 되는 것으로 알려져 있다(Crandell, Smaldino, & Flexer, 2005)

학생들의 청취력을 높이는 방법으로는 다음을 들 수 있다.

- *청취를 안내한다.* 학생들의 청취를 안내하려면 미리 목표나 질문을 준다. 우선 짧은 글과 한두 개의 목표로 시작한다. 그런 다음 글의 길이와 목표의 수 및 난이도를 높여 간다.
- *지시문을 제시한다.* 오디오테이프 또는 미리 준비한 모바일용 인터넷 전송 파일(podcast)을 사용하여 학생들에게 지시문을 제공한다. 학습자가 이 지시문에 따라 제대로 수행할 능력이 있는지는 워크시트 또는 활동 결과를 검사해 보면 확인

할 수 있을 것이다. 구두로 지시문을 줄 경우 '한 번만 말하기' 규칙을 적용하여 학생들이 서로의 시간을 존중하게 하고, 그런 행동이 보상을 받을 수 있도록 한다.

청취 기능은 21세기 의사소통 기능 중 핵심 요소다.
Will Hart/PhotoEdit

- *핵심 내용, 세부사항, 추론을 청취하도록 요구한다.* 학생들의 연령을 고려하면서 구두로 내용을 읽어 준다. 이야기를 들려주고 학습자에게 일어난 일을 그림으로 그리도록 할 수도 있다. 핵심 내용을 듣도록 요구하고, 그것을 노트에 적게 한다. 내용을 듣고 세부사항이나 추론을 이끌어 낼 때에도 이 기법을 사용한다.
- *문맥을 활용한다.* 어린 학생들은 단어가 빠져 있는 문장을 듣고 적합한 단어를 말해 보게 하는 연습을 통해 구두 문맥에서 의미를 구별해 내는 것을 배울 수 있다.
- *발표 구조를 분석한다.* 학생들에게 구두 발표의 개요를 제시하도록 한다. 이렇게 하면 학생들이 핵심을 구별하고 하위 주제를 식별하는 능력을 확인할 수 있다.
- *관련 있는 정보와 관련 없는 정보를 식별한다.* 구두 발표 후에 학생들에게 핵심을 식별하고 다른 내용에 대해서는 중요도(매우 관련 있음에서 전혀 관련 없음)를 매겨 보도록 한다. 초등학생의 경우에는 이 기법을 단순화하여 문장에서 관련 없는 단어 또는 문단에서 관계없는 문장을 식별하도록 해 본다.

교실에서의 오디오

오디오는 교실 환경에 새로운 차원을 추가하여 학습자의 학습경험을 확장하고 심화한다. Abraham Lincoln이 취임사를 하는 것, Einstein이 상대성 이론을 설명하는 것, Ernest Hemingway가 자신의 소설 중에 한 구절을 읽어주는 것, Picasso가 자신의 그림을 해석하는 것을 여러분의 학습자들이 듣는다고 상상해 보라. 3학년 학생이 자신의 디지털 포트폴리오에 포함될 이야기를 녹음하고, 1학년 및 2학년 때 녹음한 것과 비교하는 것을 상상해 보라.

교사의 오디오 사용법

교사는 직접 교수법에서 사용할 녹음자료를 준비할 수도 있다. 예컨대 2학년 담당 교

다양한 학습자들을 위한 테크놀로지

오디오

학생들은 학습 요구가 다양하다. 다음 사례는 학습을 지원하기 위해 오디오 자료를 사용하는 것을 보여준다.

청취 장애를 가진 학습자를 지원하는 가장 잘 알려져 있는 기법은 텔레비전이나 비디오 프로그램 자막이다. 웹에서 멀티미디어 발표 자료와 오디오 자료도 이 기능을 사용한다. 오늘날 제공되는 대부분의 미디어에서 이 기능이 필요에 따라 선택할 수 있도록 제공된다. 이 공학은 제2언어를 배우거나, 시끄러운 환경에서 들어야 하거나, 연습이 더 필요한 학습자에게 도움이 된다.

Anne Vega/Merrill

이야기를 듣는 것을 좋아하고 책의 오디오 부분을 '따라 읽는' 것을 통해 도움을 받는 학습자들도 있다. 자신에게 맞는 읽기 수준을 넘어서는 책을 선택한 학생도 이야기를 오디오로 전달받는 것이 도움이 되기도 한다. 오디오 책은 학생들이 단어를 연습하고 개별 독서의 일부분으로서 독서 경험을 향상시킨다. 영어 학습자를 가르칠 때 오디오 단서를 추가하면 학습자가 읽고 있는 내용을 이해하는 데 도움을 줄 수 있다.

학습경험에 도전적인 학생들은 유명한 연설을 탐색하거나 특정 시대의 경험을 증강시키기 위해 오디오를 사용함으로써 역사를 좀 더 깊이 파고 들 수 있다. 예컨대 Martin Luther King에 관한 주제와 시대에 대해 동료 학습자에게 발표를 준비하려고 그의 연설을 탐구하고자 하는 학생은 그 연설을 직접 듣고, PPT 자료에 그 연설의 일부분을 오디오 형태로 포함시킬 수도 있다.

사는 단어 카드를 사용하여 문장을 생성하라는 지시문을 녹음할 수도 있다. 교사가 생성한 녹음 자료는 외국어 발음과 같은 기능 연습에 사용될 수도 있다. 이 장 전체에 걸쳐 제시된 여러 사례에서 볼 수 있듯이 가능성은 무한하다.

학습장애가 있지만 평균정도의 지능을 가진 학생을 담당하는 교사가 강의, 연설, 그리고 다른 구두 발표를 듣는 법에 대한 수업을 한다고 하자. 학생은 녹음된 이야기, 시, 수업 등이 저장된 CD로 청취 기능을 연습한다. 교사는 또한 연설이나 이야기가 담겨 있는 상업용 CD나 무료 인터넷 파일을 사용하기도 한다. 학생은 교사의 지도하에 청취 기능을 연습한 후에 이전에 듣지 않았던 녹음 자료를 사용하여 평가받는다.

중학교 교사가 수업 중에 20분간 CD를 사용하기 위해 교실을 준비하고 있다. 음악이 몇 초 정도 짧게 제시된 다음에 노래가 사라지면서 나레이터가 "새로운 교실 경영 기법은 어떤 것들이 있습니까? 오늘 우리는 여러분의 교실 기능을 형상시켜 줄 세 가지 기법을 함께 탐구합니다."라고 말한다. CD는 교실 작업 환경을 학습 환경으로 바꾸며, 교사의 시간을 효과적으로 사용하여 전문성을 개발하도록 한다.

오디오 자료의 사용에서 학습목표의 달성 정도를 평가하는 것이 흔히 간과된다. 예컨대, 학생들을 위해 미리 검사문항을 녹음하여 개별적으로 사용하도록 할 수도 있다. 학생들에게 녹음 자료에서 특정 소리를 식별(예컨대, 특정 마디에서 연주되는 독주 악기의 이름을 말한다)하라거나 특정 곡의 작곡가를 식별하도록 할 수도 있다. 사회과 수업에서 학생들은 유명한 연설문 중의 일부분을 듣고 그것을 행한 역사상의 인물이 누구인지 또는 어느 시대의 것인지를 식별하도록 할 수도 있다. 오디오를 사용한 검사와 평가는 특히 교수-학습이 오디오 형태로 이루어질 때 적절하다.

학생의 오디오 사용법

역사 구술하기(oral history)는 사회과 수업에서 널리 활용되는 프로젝트로 학생이 속한 공동체의 시민을 면담하여 역사를 녹음하는 것이다. 면담을 통해 수집된 녹음 자료들은 모두 학교 매체 센터에 보관된다. 이 프로젝트는 학생과 거주민들에게 지역 역사에 대해 알려주는 것과 더불어 이렇게 수집하지 않으면 사라질 수도 있는 정보를 수집하고 보관하는 두 가지 목적을 가진다.

오디오 녹음은 책 비평에도 사용될 수도 있는데, 학생들은 자습시간을 이용하여 매체 센터 또는 집에서 녹음할 수 있다. 가장 좋은 자료는 학교 도서관 웹 사이트에 올려, 매체 센터, 교실 또는 집에서 컴퓨터로 내려받을 수 있다. 이러한 녹음된 책 비평은 다른 학생들이 읽을 책을 선택하기 전에 살펴보도록 권장하는 데 사용될 수 있다.

학생들은 휴대용 장치에 현장견학에서 얻은 정보를 기록할 수도 있다. 교실로 돌아오는 중에 학생들은 녹음 자료를 다시 들으면서 논의나 검토를 할 수 있다. 대부분의 박물관, 관측소, 공공 전시장 등에는 방문객들에게 전시되고 있는 다양한 물품에 대한 정보를 미리 저장하여 제공하거나 경우에 따라서는 웹사이트에서 내려받거나 녹음할 수 있도록 하여 교실에서 다시 들을 수 있도록 한다.

학생들은 구술되는 역사를 녹음하면서 배운다.
Claudia Wiens/Alamy

학생들은 또한 직접 시를 낭송하거나 연설하거나 음악을 연주하는 것과 같은 것을 녹음할 수도 있다. 학생들은 사적으로 녹음 자료를 들을 수도 있고, 교사나 다른 학생들로부터 자신의 수행에 대한 비평을 들을 수도 있다. 대부분의 소집단 프로젝트는 교실에서 다른 학습자들에게 발표하기 위해 보고 자료를 녹음하기도 한다. 이러한 녹음 자료는 개별 학생의 전자 포트폴리오에 포함될 수 있다.

학습 센터에서 유치원생은 CD나 오디오 카세트에 담겨 있는 책을 듣는다. 학생은 책을 따라 가면서 소리와 글자 조합을 연관시킨다. 이 기법은 읽기를 독려하면서 문해력을 높인다.

초등학교에서는 CD에 담겨 있는 음악과 구령에 맞춰 일일 체조를 실시한다. 교사는 이 경험이 매일 운동과 식사 조절을 통해 평생 동안 건강을 유지하도록 도와줄 것으로 기대하며, 또한 이것을 가르친다.

학생들은 이야기를 듣거나 말하는 것을 좋아하는데, 이 이야기는 재미를 위한 것 또는 정보를 제공하기 위한 것일 수도 있다. 이야기하기는 모든 연령대의 학생들이 개발해야 하는 중요한 기능이다. 학생들에게 구두 의사소통을 통해 아이디어를 표현하도록 가르치는 것이 목표이다. 학생들은 Audacity라는 공개 소프트웨어를 사용하여 발표를 더 좋게 만들기 위해 특별한 소리 효과나 음악 요소를 포함시켜 녹음 자료를 준비할 수도 있다. 학생들은 또한 발표의 일환으로 특별 '손님' 과의 오디오 면담을 사용할 수도 있다.

학생들은 개별적으로 컴퓨터에 연결된 키보드를 사용하여 자신의 음악을 '작곡' 할 수도 있다. 화면으로 음악을 '볼' 수도 있고, 교실의 다른 학생들을 방해하지 않기 위해 작곡한 음악을 헤드폰으로 들을 수도 있다. 학습자는 자신이 창작한 음악이나 소리에 맞춰 가사를 쓴다.

테크놀로지 통합 사례

계관 시인

하루는 10학년 담당 영어 교사가 NPR(National Public Radio, 미국 공영라디오) 방송을 들으면서 출근하고 있었다. 그 날 아침 'All Things Considered' 라는 프로에서 미국의 계관 시인이 "선호하는 시 프로젝트"를 설명하는 대담을 방송하고 있었다. 그는 특히 미국을 두루 돌아 다니면서 무작위로 일반 시민, 교사, 용접공 등에게 자신이 좋아하는 시를 읽고, 설명하도록 하고, 그 내용을 오디오 테이프에 녹음하였다. 교사는 여기서 자신의 수업에 이 프로젝트를 차용해야겠다는 아이디어를 얻었다. 학생들도 정말 좋아했다. 교사는 학생들이 제출한 감정이 듬뿍 담긴 구술된 해석에 놀랐을 뿐만 아니라 시에 대한 짧은 논의에 담겨 있는 분석의 깊이에 놀랐다. 이 활동은 학력 수준이 낮은 학습자들도 성공적으로 수행하였다.

출처: Matt Rose, Purdue University

오디오 형식

오디오는 크게 두 가지 형식, 디지털과 아날로그로 되어 있다. 디지털 형식에 대해 먼저 살펴보자. **디지털 녹음**에서 소리(음악, 연설, 또는 음향 등 어떤 형태로 되어 있든지)는 일련의 1과 0으로 구성된 이진 정보, 컴퓨터에서 사용되는 것과 동일한 수학적 기호로 변환된다.

디지털 오디오는 스트리밍과 포드캐스팅과 같이 다양한 저장 형식과 파일을 접근하는 방식을 지원한다. 디지털 오디오로 된 교육 자료는 CD로 구매할 수도 있고, MP3 형식으로 내려받거나 직접 들을 수도 있으며, 웹에서 WAV 형식으로 내려받을 수 있으며, 교사 자신 또는 학습자에 의해 생성될 수 있다. 디지털 녹음 자료는 다양한 플레이어로 들을 수 있다.

디지털 오디오

디지널 파일은 CD, 컴퓨터 HDD, 플레시 드라이브, 또는 휴대용 디지털 녹음기 등과 같은 다양한 디지털 저장 장치에 보관된다. 디지털 파일은 일반적으로 MP3 또는 WAV 형식으로 저장된다.

CD. CD(Compact Disc)는 교육 현장에서 표준 형식이다. CD는 음악 또는 다른 소리를 디지털화한 정보로 저장하고 80분 정도의 오디오 정보를 담을 수 있다. CD 사용자는 디스크에서 빠르게 선택한 것을 찾을 수 있고, 원하는 순서에 따라 실행하도록 재구성할 수도 있다. 정보는 학습자에 의해 선택적으로 인출될 수도 있고 교수자에 의해 재구성될 수도 있다. CD의 주요 장점은 잘 손상되지 않는다는 점이다. 묻은 때는 씻어 낼 수 있고, 가볍게 긁혀도 실행하는 데는 영향을 받지 않는다. 오디오 신호의 질에 영향을 줄 정도로 긁혔을 경우에도 송진을 구해서 디스크에 바르면 된다.

학생들은 음악을 작곡하거나 음악 이론을 이해하기 위해 소프트웨어를 사용할 줄 안다.

Corbis RF

대부분의 컴퓨터는 오디오 CD를 만들거나 '구울 수 있는' 장비를 갖추고 있어서 교사와 학생이 CD 녹음 자료를 쉽게 생성할 수 있다. 미리 녹음된 자료나 음악을 포함시킬 때에는 저작권 제한을 미리 살펴보아야 한다.

저작권 관련 사항

음악

음악 사용은 저작권법이 적용되는 영역 중에서 가장 심하게 통제되고 있는 활동이다. 더불어 음악 업체에 의해 엄격하게 감찰되고 저작권법이 강제되고 있다.

음악을 복사하는 것이 허용되는 경우는 다음과 같다.

- 상연이 아닌 교육적으로 사용할 경우 교사 및 학생들은 음악 작품의 10%까지 복사할 수 있는데, 다만 복사한 것은 단락, 악장, 아리아 등과 같이 연주 단위의 전체가 아니어야 한다.
- 학생 연주 녹음을 낱개로 복사하는 것은 예행연습이나 평가의 목적으로 허용된다.
- 저작권이 지정된 음악의 CD나 카세트와 같이 낱개로 된 녹음 자료는 구두 연습 또는 평가를 만들기 위한 목적으로 학교나 교사가 소유하고 있는 녹음자료를 사용하여 복사할 수 있다.

다음 경우는 금지된다.

- 작품집, 편집, 또는 모음집 제작
- 음악 악보 인쇄물 복사. 악보는 추가로 구매하거나 복제권을 협상해야 한다.
- 저작권 보호 음악 작품을 저작권자의 허락 없이 재구성. 이것은 파생물 생성으로 분류된다.
- 저작권자의 허락 없이 음악 작품을 일반인들에게 들려주는 것.
- 웹사이트에서 음악을 복사하는 것. 인터넷에서 내려받는 음악도 사용료를 지불해야 한다. 소리 녹음 자료의 저작권자는 1995년 Digital Performance Right in Sound Recording Act와 1998년 Digital Millennium Act에 그 권리를 규정해 두었다. 이 법률들은 소리 녹음 자료 저작권자에게 자신들의 녹음자료가 온라인으로 실행될 때의 권리를 규정하고 있다.

인터넷 전송은 음악 작품의 재생산과 배포, 저작권이 걸려 있는 음악 작품 또는 소리 녹음 자료를 자신의 서버나 하드디스크로 복사(이러한 작품이 담긴 파일을 올려두는 것과 같은)하는 것과 관련될 수도 있다. 허가되지 않은 복사는 재생산권을 침해하는 것이다. 소리 녹음 자료의 저작권자에게 연락하여 그 자료를 서버나 하드디스크로 복사하는 것을 허락받아야 한다. 일부 인터넷 사이트는 음악이 저작권에 걸려있지 않다고 선전한다. 음악 파일을 제공하는 사이트를 확인해 보는 것이 현명하며, 음악을 불법 복제하여 붙잡히는 것보다 먼저 물어보는 것이 더 낫다.

저작권에 대한 일반 정보는 1장을 참조한다. 이와 관련된 참고문헌(인쇄물과 웹사이트)은 1장 끝에 제시되어 있다.

MP3. **MP3(MPEG Audio Layer 3)** 형식으로 된 오디오 파일은 인터넷에서 빠르고 쉽게 다뤄질 수 있도록 오디오 파일을 작게 줄이기 위해 오디오가 압축되어 있다. MP3 오디오 압축 기술은 저장공간과 더불어 올리고 내리는 시간을 줄여준다. MP3는 '공개된' 표준이기 때문에 인터넷에 접근할 수 있다면 누구든지 사용가능하다. MP3를 사용하기 위해 필요한 소프트웨어는 무료 가입 웹사이트 또는 애플 컴퓨터의 iTunes Music Store와 같이 사용한 만큼 지불하는 웹사이트에서 무료 또는 저렴한 비용으로 내려받을 수 있다.

MP3는 음악 애호가가 좋아하는 음악을 즐기고 특정 음악가의 최신곡을 획득하는 방법이다. 일부 인터넷 사이트는 사용자들이 선택한 것을 취향에 따라 재구성하여 독특한 '앨범'을 만들 수 있도록 허용하기도 한다. 다른 한편으로 저작권과 관련된 경고도 있다. 모든 인터넷 사이트가 합법적으로 음악자료를 올려두고 있지는 않다. 오디오와 관련된 저작권법을 지키는 것은 사용자에게 책임이 있다(〈저작권 관련사항: 오디오〉 참조).

WAV. 한때 오디오를 저장하고 사용하는 가장 일반적인 방법이었던 **WAV** 파일은 컴퓨터 사운드 카드와 소프트웨어를 사용하여 아날로그 오디오를 디지털 형식으로 전환하여 파일로 저장하기 위해 생성된 아날로그 오디오의 디지털 판이다. WAV 오디오 파일은 컴퓨터에서 개인적으로 듣기 위해 CD, 플래시 드라이브, 또는 네트워크 드라이브 등과 같은 모든 디지털 저장 장치에 저장이 가능하다. WAV 파일 양식이 가진 장점으로는 오디오 파일의 음질이 좋고 소리에 다중 채널을 사용할 수 있다는 점이다. WAV 파일의 단점은 파일 사이즈가 커서 오디오 클립의 분량이 짧다는 점이다. 오디오 파일이 WAV 형식으로 저장되었다면 먼저 전체를 내려받은 다음에야 듣는 것이 가능하다.

학생은 컴퓨터를 사용하여 오디오 파일을 들을 수 있다

Nivek Neslo/Taxi/Getty

일부 디지털 녹음기는 컴퓨터로 파일을 쉽게 내려받을 수 있도록 USB 연결 단자를 내장하고 있다.

Shutterstock

아날로그 오디오

일반적으로 오디오 카세트 테이프 형태로 저장되어 있는 아날로그 오디오는 여전히 읽기 센터, 활동 도구 모음, 개별화 수업 등을 위해 교실에서 많이 사용되는 자원이다. 오디오 카세트로 교사나 학생은 테이프를 쉽고 싸게 만드는 게 가능하다. 내용이 오래되었거나 더 이상 쓸모 없으면 테이프에서 전자 신호를 지우고 다시 사용하면 된다. 카세트는 오래 가고, 사용하기 편하고, 쉽게 손상되지 않고, 보관이 쉽다.

카세트도 다수의 단점이 있다. 예컨대, 테이프가 길어지면, 특히 C-120, 테이프가 매우 얇기 때문에 녹음기 안에서 붙어버리거나 뒤엉키기 쉽다. 테이프의 내용이 독특하고 고려할 만한 가치가 없다면 디지털 형식으로 전환하고 테이프를 버리는 것이 좋다.

오디오 카세트 녹음기는 디지털 오디오 녹음기로 빠르게 바뀌고 있다. 카세트 재생기의 주파수 응답과 전체적인 질적 수준은 디지털 재생기보다 못하며 수

리비가 고음질의 디지털 녹음기를 구매하는 것보다 더 비싼 경우도 있다. 디지털 녹음기는 큰 파일도 저장할 수 있다.

오디오 접근방법

디지털 오디오 파일은 스트리밍, 팟캐스팅, 인터넷 라디오, 디지털 재생기와 같이 다양한 방법으로 접근하여 들을 수 있다.

스트리밍 오디오

스트리밍 오디오로 제공되는 오디오 파일은 컴퓨터에 패킷 형태로 보내지며, 파일의 첫 부분을 듣는 동안 나머지를 내려받는다. 스트리밍으로 제공되는 MP3는 인터넷에 연결된 컴퓨터만 있으면 누구든지 접근이 가능하다. Windows Media Player나 iTunes와 같이 MP3 오디오 파일을 실행하기 위해 컴퓨터에 필요한 소프트웨어는 무료이며 대개 컴퓨터에 설치되어 있다.

팟캐스팅

팟캐스팅(Podcasting: iPod과 broadcasting의 합성어)는 MP3 형식으로 저장되어 인터넷으로 배포되는 오디오 파일을 지칭한다. 이 오디오 파일은 자동으로 등록한 사람들에게 보내져, 사용자가 편리한 시간에 들을 수 있도록 컴퓨터에 저장될 수 있다. 이 파일은 완전히 내려받은 후에 들을 수 있다. 팟캐스팅 소프트웨어를 사용하여 교사와 학생은 자신의 뉴스캐스트나 다큐멘터리를 만들어 회원들이 자신의 컴퓨터나 휴대 장치에 내려받아 듣도록 할 수도 있다(그림 9.2).

그림 9.2 학생의 학습을 지원하기 위해 팟캐스트 사용

출처: www.podcastalley.com/index.php

팟캐스트는 전통적인 인터넷 오디오와는 두 가지 중요한 면에서 구별된다. 과거에 청취자는 방송 편성표에 맞춰 웹 라디오에 맞추거나, 검색을 통해 웹 페이지로부터 파일을 내려받아야 했다. 팟캐스트는 내려받는 것이 훨씬 쉽고 파일이 자신의 컴퓨터나 휴대용 재생기에 저장되기 때문에 언제든지 들을 수 있다. 이 파일은 회원에게 자동으로 배달될 수도 있기 때문에 직접 내려받을 필요도 없다. 팟캐스팅은 Tivo와 같이 텔레비전 프로그램을 나중에 시청할 수 있도록 녹화하여 저장한다는 점에서 디지털 비디오 녹화기(DVR)와 기능적으로 매우 유사하다.

팟캐스팅은 교사나 학생에게 지역 공동체 또는 전 세계에 자신의 목소리를 알릴 수 있는 주목할 만한 기회를 제공한다. 팟캐스팅은 작문이 없는 블로그 사용 또는 모든 학급에 자신의 라디오 방송국을 갖게 하는 방식으로 여겨질 수 있다.

인터넷 오디오

인터넷 오디오는 음악, 스포츠, 과학, 날씨, 그리고 지역, 국가 및 전 세계의 뉴스 등과 같은 다양한 프로그램을 제공하는 인터넷 라디오 방송국을 지칭한다. 교실 컴퓨터에서 재생이 가능한 전 세계의 생방송 또는 녹음된 프로그램은 언어, 사회, 과학, 시사 수업 등에 큰 도움이 된다.

휴대용 디지털 오디오

휴대용 디지털 오디오 재생기는 사용자가 항상 오디오 파일을 지닐 수 있게 한다. 사람들이 음악을 재생하기 위해 주로 사용하기 때문에 '휴대용 디지털 음악 재생기' 로 불리기도 한다. 애플의 아이팟(iPod)이 대표적인 예이다. 사용자의 손이나 주머니에 쏙 들어갈 정도로 작지만 수천 곡의 노래나 소리 파일을 담을 수 있고, 컴퓨터에 연결하여 복사도 된다.

오디오 카세트와 CD와 함께 오디오 발표, 교과목과 관련된 음악, 말하는 책, 역사적 연설, 교향곡, 외국어 대화 등과 같이 교육적으로 활용이 가능하다. 휴대용 디지털 오디오 재생기와 마이크를 사용하여 수업부터 시 낭송까지 모두 오디오 파일로 저장할 수 있다. K-12의 모든 교육과정은 오디오를 수업에 포함시킬 때 생생해질 수 있고 무한한 가능성을 가진다.

휴대용 디지털 오디오 재생기는 또한 언어 학습자에게 흥미 있는 새로운 선택권을 제공한다. 예컨대, 학생은 읽기 과제물을 녹

ASSURE 사례 연구 성찰

PEARSON myeducationkit

이 장의 앞부분에서 제시된 ASSURE 수업 사례 연구와 비디오를 검토한다. Aina Akamu 교사는 '하와이 사람이라는 것의 의미' 를 보여주기 위해 MP3, 팟캐스팅, 스트리밍과 같은 서로 다른 오디오 형식을 학생들이 사용하도록 하려면 어떻게 할 수 있었을까? 학생들이 각 형식을 사용할 때의 장단점을 기술한다.

음하고 또 녹음하여 파일로 교사에게 제출하여 평가를 받을 수도 있다. 학생은 또한 구술 발표를 연습할 수 있고 공부하고 있는 외국어를 말하고 자신의 말하기 능력을 평가할 수도 있다. 교사는 수업 계획이나 연구 노트를 녹음하거나 생각날 때마다 해야 할 일을 녹음할 수 있다.

오디오 녹음기

오디오 카세트와 디지털 녹음기는 쉽게 구할 수 있고, 작동할 수 있다. 아주 어릴 때부터 이 기기들을 사용해온 학생들도 있다. 아주 어린 아이도 자신의 목소리를 녹음하고 다시 듣는 것을 좋아한다. 어린 아이들이 오디오 녹음기를 사용하는 또 다른 일반적인 방법은 이야기책을 낭송하여 저장한 것을 들으면서 그 책을 따라 가는 것이다.

카세트 재생기/녹음기는 'plug-and play'를 지원한다. 카세트 테이프를 그냥 집어 넣기만 하면 재생할 준비가 된 것이다. 카세트 재생기 스위치를 켜고 학생들에게 테이프에 저장된 것을 들려주면 된다. 디지털 재생기/녹음기는 테이프가 필요 없다. 마이크를 추가하면 자신의 목소리나 다른 소리를 저장할 수도 있다.

오디오 만들기

오디오 녹음 장치는 학생이 노트를 구술하고, 외국어를 연습하고, 공동체 안에서 면담을 실시할 수 있도록 한다. 오디오 장비는 음악 재생기 이상으로 구술과 소리 녹음, 노트를 녹음 및 재생하고, 오디오 책과 신문을 듣기 위한 휴대 장치이다. 음악과 낭독으로 '라디오 프로그램' 만들기는 학생들의 주의를 끌고, 디지털 세상에서의 창의성을 유발할 수 있다.

MIDI

MIDI(Musical Instrument Digital Interface) 공학은 학생들이 악기를 연주하는 기법이나 악보를 학습하는 것보다 음악적 아이디어에 초점을 맞춰 음악을 창작할 수 있도록 한다. 대부분의 컴퓨터에 장착할 수 있는 다소 저렴한 장비인 MIDI와 애플의 GarageBand와 같은 음악 작곡 소프트웨어는 학생들이 Gardner(2006)의 9가지 지능 중 하나인 '음악적/운율적' 지능을 사용하도록 한다. 문서작성기가 글쓰기를 촉진하듯이 MIDI

학생들은 컴퓨터에서 디지털 오디오 파일을 기록하고 녹음할 수 있다.

Diane Bondareff/AP

는 학생들이 음악을 쉽게 창작하도록 한다. 전통적인 기보법을 사용하기보다 이 공학은 격자에 소리를 나타내는 선을 사용하여 선의 높이로 음고, 선의 길이로 지속시간을 표시한다.

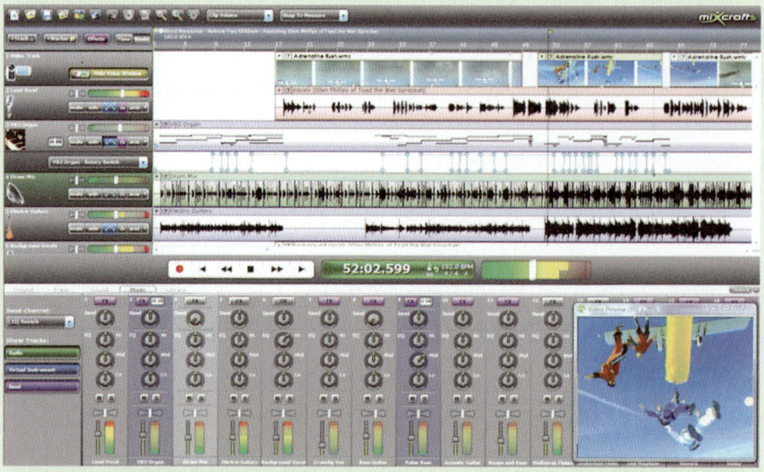

그림 9.3 Mixcraft
Acoustica의 Mixcraft는 디지털 신디사이저 소프트웨어의 일종으로 학생들이 다양한 악기로부터 미리 녹음된 음악, 자신이 연주한 음악, 또는 다른 곳에서 구한 음악 등을 저작권 지침 안에서 추가하거나 수정하는 것이 가능하다.

출처: www.acoustica.com/mixcraft. Reprinted by permission.

디지털 신디사이저 소프트웨어

디지털 신디사이저 소프트웨어로 학생들은 포트폴리오에 포함시킬 독창적인 음악, '라디오 프로그램,' 자료를 만들 수 있다. 학생들은 '전문가에 의해 다듬어진' 결과물을 선사하는 소프트웨어를 사용하여 자신의 오디오 발표 자료를 만들 수도 있다.

오늘날 사람들은 모두 팟캐스트를 원하는 것으로 보인다. 디지털 신디사이저 소프트웨어로 팟캐스트를 만드는 것은 학생들을 모든 기능을 갖춘 라디오 방송국의 조정실에 앉히는 것이다. Mixcraft(그림 9.3 참조)와 같은 소프트웨어는 소리 효과와 오디오 라이브러리에 다양한 소리를 포함하고 있다. 학생들은 저장된 사람, 동물, 기계 소리 같은 여러 가지 소리를 열람하고 선택할 수 있으며, 이것을 마우스로 클릭하여 자신의 팟캐스트에 끌어 넣어 음성 트랙과 맞춘다.

ASSURE 사례 연구 성찰

PEARSON myeducationkit™

이 장의 앞부분에서 제시된 ASSURE 수업 사례 연구와 비디오를 검토한다. Aina Akamu 교사는 학생들이 자신의 창작한 음악을 발표에 포함시키기 위해 어떻게 할 수 있었을까? Akamu 교사는 음악 창작이 학생들로 하여금 수업의 지적 결과를 성취하는 데 잘 맞춰지고 도움을 주기 위해 어떤 지침이 필요했을까?

장점

- *쉽게 구할 수 있고, 사용이 간단하고, 휴대할 수 있다.* 대부분의 학생들은 CD 재생기, 오디오 카세트, MP3 기기를 어릴 때부터 사용해 왔으며, 작동도 간편하다. 이런 유형의 재생기는 작동이 쉽고 휴대가 가능하다. 또한 '현장에서' 사용이 가능하다. 휴대용 오디오 기기는 가정 학습에 이상적이며, 대부분의 학생들이 이미

자신의 재생기를 갖고 있다.

- *저렴하다.* 일단 저장 매체와 장비만 구입하면 저장 장비가 삭제 가능하고 재사용할 수 있기 때문에 더 이상 추가 비용이 들지 않는다. 개별 오디오 카세트도 싼 편이다. MP3 파일은 인터넷에서 무료로 또는 저렴한 가격으로 구할 수도 있다.
- *복제가 용이하다.* 적절한 소프트웨어와 장비만 있으면 오디오테이프와 디지털 파일은 복제가 가능하다. 오디오 자료는 원하는 수만큼 교실, 매체 센터, 가정에서 사용할 수 있게 손쉽게 복제가 가능하다. 저작권 지침을 따라야 한다.
- *학습을 향상하기 위해 음성 메시지를 제공한다.* 읽는 능력이 부족한 학생들은 소리를 듣고 그에 따라 시각 및 문자 자료를 사용함으로써 오디오 매체로 학습할 수 있다. 학생들은 내용을 이해하는 데 필요한 만큼 반복해서 오디오 자료의 일부분을 다시 들을 수도 있다.
- *최신 정보를 제공한다.* 웹 기반 오디오는 종종 연설, 발표, 또는 공연을 생방송한다.
- *외국어 교육에 적격이다.* 오디오 자원은 외국어를 가르치는 데 적격이다. 학생들은 원어민의 발음을 반복해서 들을 수 있고, 자신의 발음을 녹음할 수도 있기 때문이다.
- *흥미를 자극한다.* 소리 매체는 읽기와 교사의 수업을 듣는 것에 흥미를 불러일으키는 대안이 될 수 있다. 소리는 문자보다 극적으로 정보를 전달할 수 있다. 조금만 생각해 보면 소리를 여러 모로 활용할 수 있다.
- *견고하다.* CD는 테이프가 없기 때문에 뒤엉키거나 끊어질 염려를 하지 않아도 된다. 얼룩은 씻어 낼 수 있고 일상적인 흠집은 재생에 영향을 주지 않는다. MP3 파일은 컴퓨터 하드디스크, USB 드라이브, 또는 MP3 재생기에도 저장이 가능하다.

단점

- *저작권 문제.* 상업적으로 생산된 오디오도 쉽게 복제될 수 있으며, 저작권을 위반할 수도 있다.
- *학습자가 주의를 기울이는지 점검하지 않는다.* 혼자서 학습하는 것이 어려운 학생들도 있다. 이들은 녹음된 오디오를 듣다가 딴전을 피우기도 한다. 학생들은 녹음 내용을 듣기는 하지만 주의를 기울여 듣지 않기 때문에 전혀 이해하지 못한다. 교사는 수업 중에 학생들이 딴전을 피우면 즉시 찾아낼 수 있지만, 재생장치는 그럴 수 없다.
- *속도 조절이 어렵다.* 학생들의 주의 집중 시간이 다양하고 경험이 다양하면 정보를 제시하는 속도를 결정하는 것이 힘들다.
- *제시 순서가 고정되어 있다.* 오디오 매체는 특정 부분을 다시 듣거나 앞부분으

로 이동하여 듣는 것이 가능하지만 제시 순서는 고정되어 있다. 오디오 자료는 문서 자료와는 달리 대충 살펴보는 것이 어렵다. CD는 이러한 단점이 없기 때문에 수업에서 많이 활용되고 있다.

- *정보의 특정 부분을 찾기 어렵다.* 오디오테이프는 특정 부분을 찾는 것이 쉽지 않다. 녹음기에 있는 계수기 도움을 받을 수는 있지만 이것도 정확하지는 않다. 이에 비해 CD에서는 매우 쉽게 찾을 수 있다.
- *실수로 삭제할 수도 있다.* 오디오테이프는 쉽게 삭제할 수 있으며, 그렇기 때문에 문제가 생길 수 있다. 필요하지 않을 때 빠르고 쉽게 삭제할 수 있는 것처럼 저장되어 있어야 하는 경우에도 실수로 삭제될 수 있다. 만약 삭제해서는 안 될 내용이라면 삭제 방지 탭을 제거하여 실수로 삭제되지 않도록 한다.

교육과정과의 통합

오디오 매체는 교사와 학생들의 상상력에 의해 얼마든지 효과적으로 활용될 수 있다. 오디오 매체는 수업의 여러 단계, 즉 주제에 대한 소개부터 학습에 대한 평가에까지 활용된다. 최근에는 오디오 매체가 자율학습 도구로 널리 활용되고 있다. 학습 장애가 있는 학생들은 수업의 일부분을 필요한 만큼 반복해서 들으면 된다. 소리 재생장치만큼 참을성이 많은 교사도 없기 때문이다. 학습 속도가 빠른 학생들은 특정 내용을 건너뛰거나 속도를 빨리 할 수도 있다.

학생들은 녹음된 오디오 미디어를 들으면서 음악 공부를 한다.

Valerie Schultz/Merrill

ASSURE 사례 연구 성찰

PEARSON myeducationkit™

이 장의 앞부분에서 제시된 ASSURE 수업 사례 연구와 비디오를 검토한다. Aina Akamu 교사는 학생들이 발표 자료를 만들 때 오디오를 어떻게 사용할 수 있을까? 어떤 유형의 오디오 정보가 미리 준비될 수 있을까? '하와이 사람이라는 것의 의미'에 대한 발표를 위해 학생들은 오디오를 준비할 수 있을까?

매체 실례

오디오

LibriVox
http://librivox.org
공공부문에서 오디오 책을 제공하는 곳으로 고전부터 단편, 시집 등이 있다. 소장 자료는 오디오 매체에서 자발적으로 제공한 것으로 구성되었으며, 모두 저작권 제한이 없는 것들이다. 12개 이상의 언어로 되어 있으며, 원어민이 자신에게 친숙한 책을 읽은 것을 녹음한 것이다.

Audio Theatre Production Kit
www.balancepublishing.com
학생들이 직접 자신의 소리 극장 제작실을 꾸밀 수 있다. 이 장치에는 두 가지 스크립트가 들어 있는데, 읽기 능력 수준이 낮은 학생을 위해 어휘가 변경되어 있는 것과, 읽기 능력 수준이 평균 또는 우수한 학습자를 위한 것이 있다. 더불어 배경 음악과 소리 효과가 CD에 함께 담겨 있다. 학생들은 협력하여 녹음하고 다른 학생들과 공유하게 된다. 학생들은 함께 작업하는 과정에서 기술적인 기능도 습득하게 된다. 이 장치는 학생들이 읽기와 어휘력을 향상하도록 도와주는 데 매우 유익하다.

Joy Stories
www.joystories.com
짧은 이야기를 영어와 스페인어로 제공하는 곳으로 아동이 개인적 영감과 긍정적 자아상을 가지도록 도와주기 위해 개발되었다. 다양성, 결심, 실망 같은 쟁점을 제시하기 위해 창의적인 이야기를 창작하여 아동이 새로운 시각에서 자신의 개인적 도전을 볼 수 있도록 도와주고 있다.

A Kid's-Eye View of the Environment
www.mishmashmusic.com
Michael Mish는 남부 캘리포니아에 있는 다수의 학교를 방문하여 학생들과 환경에 대해 얘기를 나눈 내용을 바탕으로 일련의 곡을 작곡하였으며, CD와 MP3로 내려받을 수 있다. 그는 학생들이 자신이 생각했던 것보다 훨씬 더 환경에 대해 잘 알고 있고, 관심을 가지고 있는 것을 알 수 있었다. Mish는 학생들이 가장 관심 있는 주제(예: 재활용, 물과 공기의 오염, 푸른 집 효과 등)를 택했다. 이 노래들은 참여를 이끌어 내는 따라 부르기 형식의 합창이다. 여기에 담긴 메시지는 어린이들이 지구를 더 안전하고 깨끗하게 만드는 것에 대해 얘기해 보도록 하는 것이다.

PEARSON myeducationkit

여러 교과 영역별로 녹음 자료가 보급되어 있다. 음악 수업에서 CD는 새로운 자료를 소개하거나 반주 음악이 필요할 때 활용할 수 있다. 다양한 악기 소리들을 개별적으로 들려줄 수도 있고 함께 들려줄 수도 있다. 유치원 또는 초등학교 1학년에서 테이프와 CD는 리듬감을 개발하고, 이야기를 들려주고, 게임을 하거나, 이야기나 노래를 부르는 데 활용된다. 소리 매체는 일반적으로 학습 센터에서 널

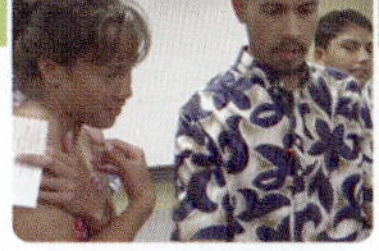

ASSURE 사례 연구 성찰

PEARSON myeducationkit

이 장의 앞부분에서 제시된 ASSURE 수업 사례 연구와 비디오를 검토한다. Aina Akamu 교사의 학생들은 멀티미디어 프로젝트의 요소로 오디오를 어떻게 사용할 수 있을까? 전체 프로젝트에 도움이 되도록 오디오를 사용하게끔 하기 위해 어떤 지침을 제공할 수 있을까?

오디오는 언제 사용하는가

다음과 같이 학생들의 학습이 강화될 때 사용한다.

지침	예시
낭독된 글 듣기	읽기 능력이 떨어지는 고등학생은 세익스피어 소네트를 녹음한 것을 듣는다.
중요한 정치 연설 듣기	중학생이 토론을 준비하면서 시장 후보가 행한 연설의 팟캐스트를 듣는다.
구술 사례에 대한 용이한 접근	학생이 월별로 자신에게 가장 중요한 학습경험에 대한 소견을 녹음하여 디지털 일지를 만든다.
작가가 자신의 이야기를 낭독한 것 듣기	초등학생들이 스크린에 투사된 이야기를 보면서 아동을 위한 이야기책 사이트에서 제공하는 그 이야기의 저자가 직접 읽은 스트리밍 녹음 자료를 듣는다.
자연의 소리 듣기	초등학생이 새와 관련된 웹사이트를 사용하여 그 지역에 사는 여러 새의 소리를 식별하는 연습을 하고, 현장 견학을 준비한다.
전문가 의견 청취	미술 수업에서 학생들은 성공한 사진 작가가 균형 잡힌 사진을 찍는 법을 설명하는 것을 듣는다.
시사 문제 청취	사회과 수업에서 교사가 최근의 대통령 연설이 담긴 인터넷 라디오 방송을 들려준다.
개인적 독서 녹음	초등학생이 자신이 좋아하는 이야기를 읽은 것을 녹음한 디지털 독서 일지를 만든다.

리 사용되고 있다. 학습 센터는 이런 이유로 '청취 센터' 라고 하기도 한다.

적당한 장비와 압축하지 않은 오디오 파일은 매우 커질 수 있으므로 컴퓨터에 오디오 파일을 처리할 만큼 충분한 메모리를 갖추고 있다면 오디오 파일을 추가하는 것은 상대적으로 쉬운 작업이다. 파워포인트는 소프트웨어 패키지 안에 오디오 파일이 포함되어 있다. CD나 오디오테이프에 들어 있는 오디오는 SoundEdit와 같은 소프트웨어를 사용하여 오디오 파일로 만들 수 있다. 마이크와 SoundEdit를 사용하면 교사와 학생은 제시되는 정보를 보조하는 독특한 오디오를 만들 수 있다. 디지털 오디오 파일을 만드는 과정은 오디오테이프를 만드는 과정과 비슷하다.

혁신 테크놀로지

교실 음성 증폭 장치

21세기 교실은 학생 모두에게 청취 환경을 최적화하는 오디오 공학 체제로 옮겨가고 있다. 교사의 가벼운 무선 마이크는 교실 곳곳에 적절하게 설치된 일련의 스피커에 연

www.lightspeed-tek.com. Reprinted by permission.

결되어 있다. 그 결과 학생들의 수업 참여를 돕고 학습과 수행을 지원하는 질 높은 청취 환경이 갖춰지게 된다.

목소리에 의해 증폭이 작동하는 방식이 사용되기 때문에 이 장치는 교사의 목소리 크기만 교실 소음보다 약간 높게 증폭시킨다. 시끄러운 교실에서는 교사의 목소리를 듣기가 어려울 때가 있는데, 이 목소리를 약간만 증폭시켜 듣기 편하게 만든다. 소리 증폭은 청각 장애 학생, 청취 장애 학생, 영어가 제2 언어인 학생, 심지어 학습 장애가 전혀 없는 것으로 밝혀진 학생까지도 포함한 모든 학생에게 도움이 된다는 증거가 있다(Crandell, Smaldino, & Flexer, 2005).

요약

이 장에서는 교수-학습에서 오디오의 중요성을 강조하였다. 청취 기능 개발 방법과 함께 청각과 청취의 과정을 대략적으로 살펴본 다음에 교실에서 오디오 사용법을 다양하게 살펴보았고, 디지털과 아날로그 형식을 기술하였다. 이 장 전반에 걸쳐 오디오 자료를 생성하고 편집하는 방법과 더불어 다양한 오디오 형식과 자료를 선택하는 방법도 제시되었다. 오디오 매체의 독특한 장단점이 제시되었으며, 오디오를 수업에 통합하기 위한 지침도 제시되었다.

PEARSON **myeducationkit**

이 장에서 학습한 내용에 대한 이해 정도를 확인하기 위해 본 장의 MyEducationKit에 제시된 'Study Plan'을 완성하시오. 퀴즈를 풀고 그에 대한 피드백을 검토한 후 이 장의 내용 이해를 촉진하는 데 도움이 되는 자원을 살펴본다.

ASSURE 수업계획서

PEARSON myeducationkit™

아래에 제시된 ASSURE 수업 지도안은 ASSURE 수업 사례와 이 장의 첫머리에 소개한 동영상에 대한 자세한 설명과 분석을 제공하고 있다. 해당 동영상을 다시 보기 위해서는 'MyEducationKit' 9장에 있는 'ASSURE Video'를 클릭한다. 비디오는 Akamu 교사가 오디오를 통합한 고등학교 의사소통 수업을 보여준다.

이 장의 ASSURE 수업 사례 연구는 Akamu 교사가 고등학교 고급 연설 및 의사소통 과목에서 기말 프로젝트를 개발하는 과정에 사용한 수업계획서를 기술하고 있다. Akamu 교사는 학생들이 '하와이 사람이라는 것의 의미'를 보여주는 집단 발표 자료를 생성하기를 원한다. 발표는 구두로 이루어지며, 파워포인트 자료를 사용하고, 하와이 원주민과의 면담이 담긴 아이무비(iMovie)가 포함되기를 원한다.

학습자 분석(Analyze learners)

일반적 특성. Akamu 교사의 고급 연설과 의사소통 수업에 등록한 학생들은 16~17세이다. 학생들의 학습 능력은 평균 이상이다. 학습 장애를 가진 학생은 없는 것으로 확인되었다. 학생들은 대부분 사회경제적 지위가 평균 또는 그 이하의 가정 출신이며, 모두 하와이 원주민들이다. 무엇보다도 학생들은 모범생이며, 자신의 문화, 배경과 관련된 과제에 아주 관심이 많다.

출발점 능력. 고등학생들은 일반적으로 다음을 할 수 있다.

- 디지털 비디오 파일을 생성, 편집, 녹음한다.
- 인터넷을 살펴본다.
- 디지털 비디오를 아이무비로 생성, 편집, 저장한다.
- 파워포인트 발표자료를 만든다.

학습양식. 학생들은 매우 세련되고, 모둠으로 작업하는 것을 선호한다. 또한 수업 과제물에 공학과 매체를 통합하는 것을 좋아한다. 대부분의 학생들은 오디오와 비디오를 사용하려고 하는데, 창의성을 발휘하고 자신의 견해를 표현하는 작품을 만들 수 있도록 하기 때문이다. 그러나 자신의 생각을 글로 기술하고 구두로 표현하는 것을 선호하는 학생도 있다. Akamu 교사가 맡고 있는 학생들은 대부분 집단 토론과 활동 간의 이동을 조장하는 안락한 분위기 속에서 가장 잘 배운다.

표준과 목표 진술(State standards and objectives)

교육과정 표준. National Council of Teachers of English 7: 학생들은 아이디어와 질문을 생성하고 문제를 제기하는 것에 의해 쟁점과 흥미에 대한 연구를 수행한다. 학생들은 다양한 원천(인쇄물과 비인쇄물, 작품, 사람 등)으로부터 자료를 수집, 평가, 종합하여 자신의 목적과 청중에게 적합한 방식으로 자신이 발견한 것을 소통한다.

공학 표준. National Educational Technology Standards for Students 2—의사소통과 협력: 학생들은 개별 학습을 지원하고 다른 학습자의 학습을 도와주기 위한 의사소통과 협력을 위해 디지털 매체를 사용한다.

학습목표

- 현재 하와이 사람이라는 것에 대한 기본적, 개인적 이해를 반영한 파워포인트 자료를 만든다.
- 면담 실시 절차를 만들고 하와이인의 정체성에 대해 사람들과 면담을 실시한다.
- 주어진 장비와 소프트웨어로 하와이인의 정체성에 관한 2분 정도의 iMovie를 찍고, 편집하여 마무리한다.

전략, 공학, 매체, 자료 선정(Select strategies, technology, media, and materials)

전략 선정. '하와이 사람이라는 것의 의미' 수업의 내용을 고려할 때, Akamu 교사는 학생들이 하와이 원주민과의 면담으로 정보를 많이 수집할 필요가 있음을 깨닫는다. 따라서 주요 전략 중 한 가지는 주제와 관련하여 인터넷을 검색하고, 아이디어를 브레인스토밍하는 것이다. 학생들은 이 정보를 사용하여 면담에서 사용할 질문을 개발한다. 또 다른 수업 전략은 학생들이 파워포인트 발표와 iMovie를 위한 스토리보드를 협력하여 만들도록 하는 것이다. 학생은 집단으로 최종 발표를 계획할 때, 다음과 같은 역할을 지정한다: (1) 구두로 제시될 개요를 멋있게 만든다, (2) 파워포인트 슬라이드에 정보를 제시한다, (3) iMovie에 소개 자료를 넣는다, (4) 마무리를 제시한다.

공학, 매체 선정. 이 수업에서 학생들은 컴퓨터, 디지털 오디오 녹음기, 디지털 비디오 카메라, 파워포인트와 iMovie 소프트웨어를 사용해야 한다. Akamu 교사는 디지털 오디오 녹음기를 선택했는데, iMovie로 가져올 수 있는 디지털 형식으로 면담을 저장할 수 있기 때문이다. 디지털 형식은 또한 iMovie 소프트웨어로 편집하려면 필요하기 때문이다. Akamu 교사는 파워포인트 소프트웨어가 면담, 음악, 사진 등을 발표 자료에 포함시킬 수 있기 때문에 선택하였다. 교사는 자신이 선택한 공학과 매체의 적절성을 확인하기 위해 다음 지침을 사용하였다.

- *표준, 결과, 목표와의 연계.* 디지털 오디오 녹음기와 비디오 카메라는 목표 성취를 보여줄 발표 자료를 생성하기 위한 면담과 비디오를 녹화, 전송, 편집할 수 있도록 한다.
- *정보의 정확성과 최신성.* Akamu 교사는 인터넷을 검색할 때 정확하고 최신의 정보를 수집하기 위한 지침을 학생들에게 알려준다.
- *연령에 맞는 언어의 사용.* 파워포인트와 iMovie 메뉴가 고등학생에게 최초 활용법 연수와 향후 지속적인 지원이 요구되는 수준으로 쓰여 있다.
- *흥미수준과 참여도.* 학생이 만든 파워포인트와 iMovie 발표 자료를 통합하여 사용하는 것은 학생들에게 독특한 구두 발표 자료를 생성함으로써 창의성을 표현할 기회를 제공한다.
- *기술 수준.* 디지털 오디오 녹음기, 디지털 비디오 카메라, 파워포인트와 iMovie 소프트웨어는 믿을 만하고 질도 높다.
- *사용의 용이성.* 기본 기능만 습득하면 고등학생들은 디지털 오디오 녹음기, 디지털 비디오 카메라, 파워포인트와 iMovie 소프트웨어를 사용할 수 있다.
- *객관성.* 파워포인트와 iMovie는 편견에서 자유롭다.
- *사용 설명과 안내.* 파워포인트와 iMovie 온라인 도움말은 고등학생들에게 적합하며 디지털 녹음기와 카메라를 위한 사용자 지침서이다.

자료 선정. 이 수업을 위한 자료로는 Akamu 교사가 만든 개요와 과제물 안내 유인물, 발표 채점 기준표가 있다. 개요와 과제물 안내지는 수업의 목적, 학생의 목표, 발표 지침과 형식, 주요 일정, 집단 구성원의 책무, 프로젝트 일정 등을 담고 있다. 발표 채점기준표에는 각 집단에 대한 두 가지 평점이 포함되어 있다: 개별 학생 발표자에 대한 것과 집단 전체에 대한 것. 개별 발표자에 대한 준거는 교감, 목소리, 유창함, 몸짓, 내용 등이다. 발표자는 1~5의 척도—5가 최고 점수—로 점수가 매겨진다. 집단 평가는 가장 잘 발표한 경우 10점을 부여하는 형태로 이루어진다. 예컨대, 첫 번째 준거는 "발표가 주의를 끄는 형태로 시작되었다. 발표자는 발표 중 구두로 설명하는 부분 전체에 걸쳐 관심을 끌었다"라고 진술되어 있다. 다른 준거에는 "제시된 정보는 신뢰할 수 있고 믿을 만하다"라고 되어 있다. Akamu 교사는 발표에 참석한 동료 학생들과 외부 심사자와 함께 채점 기준표를 작성한다.

공학, 매체, 자료 활용(Utilize technology, media, and materials)

공학, 매체, 자료 사전 검토. Akamu 교사는 디지털 오디오 녹음기와 카메라의 기능, 파워포인트와 iMovie 소프트웨어가 학생들이 발표자료를 생성하기 위해 학생들에게 요구되는 기능을 갖고 있는지 미리 살펴본다.

공학, 매체, 자료 준비. Akamu 교사는 디지털 오디오 녹음기와 카메라가 제대로 작동하는지 살펴본다. 컴퓨터 실습실을 예약하고 유인물을 복사한다.

환경 준비. 교사는 디지털 오디오 녹음기와 비디오 카메라를 학생들이 사용할 수 있도록 준비한다. 컴퓨터실의 컴퓨터에 파워포인트와 iMovie가 설치되어 있고, 작동되는지를 확인한다. 학생들에게 유인물을 나눠준다.

학습자 준비. Akamu 교사는 학생들에게 디지털 오디오 녹음기와 디지털 비디오 카메라, 파워포인트, iMovie 소프트웨어 사용법을 수업 전에 보여준다.

학습경험 제공. Akamu 교사는 '하와이 사람이라는 것의 의미' 에 대한 논의로 수업을 시작하면서 다양한 반응을 끌어낸다. 학생들이 하와이인을 어떻게 보는지 조부모와의 차이점을 얘기한다. 또한 오디오 녹음으로 이야기를 수집하는 것이 갖는 힘에 대해서 소개한다. Akamu 교사는 학생에게 수업의 기말 프로젝트 과제물을 제시한다.

학습자 참여 요구(Require learner participation)

연습활동. 학생들은 '하와이 사람이라는 것의 의미' 에 관한 가족과 공동체 구성원들의 아이디어를 수집하기 위해 디지털 오디오 녹음기와 디지털 비디오 카메라를 사용한다. 학생들은 모둠으로 오디오와 비디오를 합쳐서 발표자료를 작성하되 파워포인트와 iMovie를 사용한다. 발표에는 '하와이 사람이라는 것의 의미' 에 대한 모둠의 인식을 포함하고 이 견해를 지지하는 정보가 들어 있다.

피드백. Akamu 교사는 단원의 주요 요소로서 피드백을 포함한 수업을 설계한다. 이 과목은 고급 연설과 의사소통이므로 오디와 비디오 발표자료가 평가 대상이다. 학생들은 동료, 교사, 그리고 발표에 참석한 외부 심사자로부터 피드백을 받는다.

평가와 수정(Evaluate and revise)

학습자 성취도 평가. Akamu 교사는 학생, 외부 심사자, 자신의 채점기준표 평점을 통합하여 개별 학습자를 평가한다. 과제물 유인물에 명시된 준거에 따라 최종 결과물도 평가한다.

전략, 공학, 매체 평가. Akamu 교사는 전략, 공학, 매체를 평가하기 위해 비공식적으로 외부 심사자와 학생을 면담하여 수업을 개선할 아이디어를 수집한다.

수정. Akamu 교사가 수집한 수정에 대한 제안에는 개별 학생이 '하와이 사람이라는 것의 의미' 에 대한 인식을 개발하도록 개별적으로 활동하도록 하라는 것도 들어 있다. 가족이 갖고 있는 하와이인의 문화에 대한 영감을 얻을 수 있도록 수업을 가족 구성원에 초점을 맞추라는 제안도 있었다. 세 번째로 '하와이 사람이라는 것의 의미' 에 대한 웹사이트를 개발하여 학생이 작성한 면담 팟캐스트, iMovie, 사진 등을 게시하라는 제안이 있었다.

나의 전문성 개발하기

전문 지식 확인하기

1. 청각과 청취의 차이점을 설명한다.
2. 오디오 의사소통에서 단절의 네 영역을 식별한다. 각 단절의 원인을 설명한다.
3. 청취 기능을 향상시키는 네 가지 기법을 기술한다.
4. 수업에서 사용되는 가장 일반적인 디지털 및 아날로그 오디오 매체를 기술한다. 각 유형의 장단점은 무엇인가?
5. 자신의 수업 교과에서 오디오 매체를 사용하는 사례를 제시한다. 교과영역, 대상, 목표, 학생의 역할, 평가방법 등도 포함한다.

전문 기능 시연하기

1. 상업적으로 제공되는 오디오 자료를 구하고, 오디오 자료 선택 채점기준표를 사용하여 평가한다. (ISTE NETS-T 2.A)
2. 자신의 학교나 조직과 오랫동안 관련된 사람들을 면담하여 구술 역사를 만든다. 면담을 5분 분량으로 편집한다. (ISTE NETS-T 3.C)
3. 자신의 수업에서 공학을 사용하는 것이 어떤 의미를 갖는지에 대한 생각과 아이디어를 오디오 형식으로 수집한다. 몇 가지 수집한 다음에 자신의 목소리를 들어본다. 자신의 아이디어에 대해서 무엇을 배웠는가? 오디오에 대한 자신의 아이디어가 성찰에 어떤 영향을 끼쳤는가? 문서 일지의 일부로 오디오 자료를 고려하겠는가? 왜 그렇게 하겠는가/하지 않겠는가? (ISTE NETS-T 5.C)

전문 포트폴리오 만들기

- *수업 설계하기.* ASSURE 모형을 사용하여 부록 A에 있는 표로부터 시나리오를 선택하거나 스스로 시나리오를 작성하여 수업을 설계한다. 수업에 적합할 것으로 생각하는 수업 전략을 사용한다.
- *수업 개선하기.* 앞서 활동에서 생성된 수업에 학습자의 다양한 요구를 충족시키고, 다양한 유형의 공학과 매체를 통합하는 방법을 기술하여 수업을 더 낫게 만든다. 특히, 수업계획에서 정한 지식과 기능을 이미 갖추고 있는 학습자를 위한 전략을 추가한다. 또한 수업의 선수기능을 갖추지 못한 학습자를 지원하기 위해 통합할 수 있는 전략, 공학, 매체, 자료를 기술한다. 수업 전략에 통합될 수 있는 다른 공학과 매체를 기술한다. 수업에 정한 학습목표를 대부분 또는 전부를 달성한 학생을 위해 오디오를 사용하여 학습 주제에 관한 발표자료를 개발하도록 하는

것을 고려한다. 오디오를 사용하도록 선택하고 계획하는 것을 돕는다면 무엇이 필요한가? (ISTE NETS-T 2.B, 2.C, 3.D, & 5.C)

- *수업 성찰하기.* 자신이 생성한 수업에 대해 성찰하고 수업을 어떻게 개선했는지 성찰한다. 자신이 사용한 과정과 대상자, 내용, 전략, 공학, 매체, 자료 등을 일치시키는 과정에서 배운 것을 성찰한다. 이 성찰에서 다음을 생각해본다: 어떤 오디오 자료가 사용되었는가? 오디오가 학생의 학습경험을 어떻게 향상시켰는가? 수업을 다시 설계한다면 어떤 오디오 자료를 선택하고 왜 그렇게 하겠는가? (ISTE NETS-T 5.C)

보충자료

출판물

Boyle, E. A., Rosenberg, M. S., Connelly, V. J., Washburn, S. G., Brinckerhoff, L. C., & Banerjee, M. (2003). Effects of audio texts on the acquisition of secondary-level content by students with mild disabilities. *Learning Disability Quarterly*, 26(3), 203 - 214.

Farkas, B. G. (2006). *Secrets of podcasting* (2nd ed.). Berkeley, CA: Peachpit Press.

Hagopian, P. (2000). Voices from Vietnam: Veterans' oral histories in the classroom. *Journal of American History*, 87(2), 593 - 601.

Isbell, R. T. (2002). Telling and retelling stories: Learning language and literacy. Supporting language learning. *Young Children*, 57(2), 26 - 30.

Jalongo, M. R. (1995). Promoting active listening in the classroom. *Childhood Education*, 72(1), n.p.

Koskinen, P. S., Blum, I. H., Bisson, S. A., Phillips, S. M., Creamer, T. S., & Baker, T. K. (1999). Shared reading, books, and audiotapes: Supporting diverse students in school and at home. *Reading Teacher*, 52(5), 430 - 444.

McDrury, J., & Alterio, M. (2003). *Learning through storytelling: Using refl ection and experience to improve learning*. London: Kogan Page.

Petress, K. C. (1999). Listening: A vital skill. *Journal of Instructional Psychology*, 26(4), 261 - 262.

Roy, L. (1993). Planning an oral history project. *Journal of Youth Services in Libraries*, 6(4), 409 - 413.

Schmeidler, E., & Kirchner, C. (2001). Adding audio description: Does it make a difference? *Journal of Visual Impairment and Blindness*, 95(4), 197 - 212.

웹링크

다음의 웹링크를 브라우저에서 쉽게 접속하려면 MyEducationKit 속에 9장의 웹 링크를 클릭한다.

Multimedia Seeds: Exploring Audio and Visual Collection Use
http://eduscapes.com/seeds/different.html
이 사이트는 학습을 위한 오디오와 시각자료를 사용하는 팁을 제공한다. 교사를 대상으로 하는 학교 매체 전문가 또는 학생을 대상으로 하는 교사 모두에게 오디오와 비디오 매체를 학생들이 효과적으로 사용하는 것을 돕는 다양한 방법을 제공한다.

Podcast Alley

www.ipodder.org

이 사이트는 팟캐스트 자료에 대한 링크로 구성되어 있는데 MP3가 담겨 있는 RSS-2.0 파일로 알려져 있는 링크들이다. 다만 팟캐스트에 대한 설명, 사례, 평가가 결여되어 있다.

Sound and Learning

http://soundlearning.publicradio.org

Sound Learning은 Minnesota Public Radio 프로그램과 최신의 학업 표준, 오디오 파일에 접근하는 것을 도와주는 기술 안내, 효과적인 학습 전략을 위한 제안을 제공한다.

선정 평가표: 오디오 자료

PEARSON myeducationkit™ 이 평가표를 다운로드하여 사용하려면, MyEducationkit의 9장에서 'Selection Rubrics'을 클릭하라.

해당 자료를 찾기 위해 사용할 검색어

____

____

____

제목 ______________________________

지원/위치 ______________________________

일시 __________ 비용 __________ 길이 __________ 분

관련 과목__________ 학년 __________

교수 전략 ______________________________

형식

_______ 인터넷 오디오

_______ 팟캐스트

_______ 디지털

- CD
- MP3
- WAV

_______ 아날로그

- 오디오카세트 테이프

개요

성취기준/결과/목표

선행필수능력 (예: 선수지식, 읽기능력, 어휘수준)

장점

단점

특이사항

이름 ______________________________ 날짜 __________

평가 영역	높은 수준	중간 수준	낮은 수준
성취기준, 결과, 목표와의 관련성	성취기준, 결과, 목표가 명시되었고, 오디오 사용이 학습을 촉진할 것이다.	성취기준, 결과, 목표가 부분적으로 다뤄졌으며 오디오 사용이 학습을 촉진할 수도 있다.	성취기준, 결과, 목표가 다뤄지지 않았으며 오디오 사용이 학습을 촉진하지 않을 것이다.
정확성 및 최신성	정보가 정확하고 오래된 자료가 없다.	정보는 정확하나 오래된 자료가 있다.	정보가 정확하지 않으며, 오래된 자료가 있다.
연령에 적합한 용어의 사용	대상 연령에 적합한 언어 및 어휘가 사용되었다.	대상 연령에 거의 적합한 언어가 사용되었으나, 일부 어휘가 연령보다 높거나 낮은 수준이다.	대상 연령에 부적합한 언어 및 어휘가 사용되었다.
흥미 수준과 참여	학습자의 흥미 및 학습 참여를 촉진하는 주제가 제시되었다.	주제가 학습자의 흥미를 대부분 끌고, 대부분의 학습자의 참여를 유발하는 것이다.	학습자의 흥미 및 학습 참여를 촉진하지 못하는 주제가 제시되었다.
기술적 품질	자료는 현존하는 최고의 공학과 매체이다.	자료는 어느 정도 문제의 여지는 있으나 양질의 공학과 매체이다.	자료는 잘 준비도 되지 않고, 낮은 품질의 공학과 매체이다.
편의성(학생 또는 교사)	자료가 사용하기 편하게 되어 있어서 사용자를 전혀 혼동시키지 않는다.	자료가 대부분 사용하기 편하게 되어 있지만, 일부분에서 사용자를 혼동시킬 수도 있다.	자료가 사용하기 편하게 되어 있지 않고, 사용자가 혼동하게 되어 있다.
중립성(편견 등)	편견 및 광고의 의도가 없다.	편견 및 광고의 의도가 약간 있다.	편견 및 광고의 의도가 많다.
사용자 안내 및 지침	사용자 안내서가 수업을 지원하는 데 매우 유용한 자원이 된다. 지침이 교사와 학생이 자료를 사용하는 데 도움이 된다.	사용자 안내서가 수업을 지원하는 데 좋은 자원이 된다. 지침이 교사와 학생이 자료를 사용하는 데 도움이 될 것으로 보인다.	사용자 안내서를 수업을 지원하는 자원으로 보기 어렵다. 지침이 교사와 학생이 자료를 사용하는 데 도움이 되지 않는다.
속도의 적절성	오디오 자료가 대부분의 학생들이 정보를 이해하고 처리할 수 있을 정도로 제시된다.	오디오 자료가 일부 학생들이 정보를 이해하고 처리할 수 있을 정도로 제시된다.	오디오 자료가 대부분의 학생들이 정보를 이해하고 처리할 수 없을 정도로 제시된다.
인지적 학습 지원 도구 사용(개요, 단서, 요약)	오디오 자료가 명확하게 조직되어 있고, 인지적 학습 지원 도구를 사용하고 있다.	오디오 자료가 대체적으로 잘 조직되어 있고, 인지적 학습 지원 도구를 일부 사용하고 있다.	오디오 자료가 조직되어 있지 않고, 인지적 학습 지원 도구를 사용하지 않고 있다.

교실 활용에 추천: ____________예 ____________아니오

교실 활용에 대한 아이디어:

제 10 장

비디오를 이용한 학습 강화

학습목표

이 장에서는 ISTE NETS-T 2를 중점적으로 소개하며 다음의 학습결과를 기대한다.

1. 비디오 리터러시(video literacy)를 정의하고 비디오 활용 및 제작에 대한 다섯 가지 핵심 개념을 정리한다.
2. 각 교수영역(인지적 영역, 정의적 영역, 심체적 영역, 대인관계 영역)에서의 비디오를 활용함으로써 학습이 어떻게 강화되는지를 설명한다.
3. 학습을 지원하는 교육용 비디오의 네 가지 유형을 나열하고 설명한다.
4. 비디오의 세 가지 속성을 설명하고 그 속성들이 교실수업에 어떠한 영향을 주는지를 설명한다.
5. 비디오의 디지털 형식과 아날로그 형식을 비교하고 대조한다.
6. 교실에서의 활용을 위해 비디오를 선택하고 평가하는 과정을 살펴본다.
7. 학생과 교사가 비디오를 제작하는 데 필요한 기법을 설명한다.

목적

PK-12 수업에서 비디오의 적절한 활용 방법을 이해한다.

ASSURE 수업 사례 연구

10장에서는 ASSURE 수업 사례 연구로 Scott James 교사의 수업계획에 대해 살펴볼 것이다. 그는 저소득층부터 중류층 가정까지의 학생들이 다니는 학교의 5학년 교사이다. James 교사는 수업이 현실 상황을 반영할 때 학생이 가장 잘 학습할 수 있으며, 수업에서 컴퓨터를 활용할 때 학생의 동기와 흥미를 높이게 된다고 생각하고 있다. 그가 근무하는 학교에서는 최근 디지털 비디오 카메라와 iMovie 소프트웨어를 구입하여 컴퓨터실에 설치하였다. James 교사는 이러한 자원을 활용하기 위해 학생들에게 설명문 쓰기 기술을 가르치기 위한 방법으로 새로운 디지털 비디오 카메라를 활용하는 자연재해에 대한 다학문적 수업을 설계하였다. 수업에서 학생들은 짝을 지어 자연재해 '방송뉴스' 대본을 쓰고 디지털 비디오를 제작하였다. 한 명의 학생이 '현장' 뉴스 리포터 역할을 하고, 다른 한 명은 뉴스 앵커 역할을 맡았다.

MyEducationKit에 있는 10장의 ASSURE 비디오를 클릭하면 이 장의 ASSURE 수업 사례 연구 비디오를 볼 수 있다. 또한 교사가 학생들로 하여금 어떻게 디지털 비디오를 활용하게 하는지를 볼 수 있다. 교사는 21세기 학습 환경에서 비디오를 활용하는 것의 장점과 제한점에 대해 논의하고 몇 가지 제안사항을 제기하였다.

이 장을 공부하는 동안 이 장의 내용을 ASSURE 수업 사례 연구와 연계하는 성찰 질문들을 발견하게 된다. 이 장을 공부하고 나면, 수업의 토픽과 학년에 따른 전략, 테크놀로지, 매체, 자료를 활용하는 ASSURE 수업을 개발하고자 하는 도전의식이 생길 것이다.

서론

오늘날의 PK-12 학생들은 비디오를 보고 제작해보면서 공부하는 경험을 하고 있다. 교사들은 마우스 클릭만으로 수업경험을 풍부히 하게 할 수 있는 비디오를 선택할 수 있다. 예를 들어, Discovery Education은 80,000개 이상의 비디오 클립을 백만 명 이상의 교사와 3천5백만 명의 학생들에게 온라인으로 제공하고 있다(Discovery Education, 2010). 더구나, PK-12 학교에서의 비디오 제작 장비는 급속도로 차세대 기술로 대체되고 있다. 600명 이상의 교육 행정가들과 기술 코디네이터들을 대상으로 한 2010년 5월 설문조사에서 응답자들의 반 이상이 내년까지 비디오 장비를 구입 "할 것이다" 라고 응답하였고, 응답자의 80%는 테크놀로지가 "학생의 학습 방법을 향상시키고" "학생들을 미래의 인적 자원으로 준비시키는 데에 도움을 주는" 역할을 한다고 응답하였다(Carter, 2010). 이 장에서는 학습에서의 비디오 특성과 효과적 활용을 탐색할 것이다.

비디오 리터러시

"인쇄물을 읽는 것만으로는 더 이상 충분하지 않다. 어린이, 청소년, 성인 모두 멀티미디어 문화의 강력한 이미지를 비판적으로 해석할 수 있는 능력이 필요하다." (Thoman & Jolls, 2004, p. 18). 비디오 리터러시는 21세기에 성공을 가름하는 결정적 요소다.

메시지를 제시하기 위해 '영화(motion picture)' 를 이용하는 전자매체 형식을 **비디오**라고 할 수 있다. 이 책에서는 전자적으로 저장된, 움직이는 이미지를 지칭할 때 비디오라는 표현을 사용할 것이다 예컨대, DVD나 컴퓨터 기반 및 인터넷 동영상을 비디오라 할 수 있다.

비디오 리터러시는 비디오 제작뿐 아니라 새로운 비디오를 의미 있게 '소비하기' 위해 요구되는 지식과 기술을 포함한다. 비디오 리터러시를 이해하기 위해서는 다섯 가지 핵심 개념이 필요하다. (1) 저자가 메시지를 구성한다. (2) 메시지별로 형식이 고유하다. (3) 시청자별로 그 메시지를 다르게 해석한다. (4) 관점과 가치는 각 메시지의 일부분이다. (5) 대부분의 메시지들은 특정 목적을 촉진하기 위해 구조화된다(Jolls, 2008).

비디오 보기

교육용 비디오를 보는 데에는 컴퓨터와 넷북, 아이패드, 아이폰과 같은 모바일 기기로 보는 작은 규모의 방법뿐 아니라 디지털 프로젝트나 큰 화면의 텔레비전 모니터로 학급 전체가 함께 보는 방법을 포함하여 여러 가지 선택사항이 있다. 학생들에게 비디오를 '비판적으로' 보게끔 가르칠 때에는 Bloom의 교육분류체계의 모든 수준(지식, 분석, 이해, 적용, 종합, 평가)을 포함해야 한다. 비디오를 보는 과정에서 다음과 같은 질문을 통해 핵심 개념에 접근하게끔 유도할 수 있다.

1. 누가 이 메시지를 만들었는가?
2. 주의를 끌기 위해 어떤 창의적인 기법들이 활용되었는가?
3. 다양한 사람들이 이 메시지를 어떻게 다르게 이해하고 있는가?
4. 어떤 가치, 생활방식, 관점이 묘사되거나 누락되었는가?
5. 이 메시지의 목적은 무엇인가? (Jolls, 2008, p. 37)

비디오 제작

학생들이 비디오 제작에 필요한 비디오 리터러시 지식과 기술을 신장시키도록 도움을 주는 데에도 핵심 개념들은 중요한 역할을 한다. 비디오 제작 시 학생들은 우선 '스토리를 이야기할' 형식을 계획하고 개발, 편집한 후 최종 비디오에서 의도한 메시지가 공유되는지를 평가함으로써 고차적 사고 기술을 습득한다. 학생들의 비디오 제작을 안내하기 위한 핵심 개념을 다루는 주요 질문들은 다음과 같다.

1. 내가 무엇을 저작하고 있는가?
2. 비디오 형식, 창의성, 테크놀로지를 이해할 수 있는 메시지인가?
3. 메시지는 청중에게 매력적이고 설득력이 있는가?
4. 나는 메시지에 분명하고 일관되게 가치, 생활방식, 관점을 표현하였는가?
5. 목적을 효과적으로 전하였는가? (Jolls, 2008, p. 37)

수업에서의 비디오 활용

Nugent(2005)에 따르면, 많은 교사들이 토픽을 소개하거나, 내용을 검토하며, 교정이나 개선(remediation), 강화(enrichment)를 촉진하기 위해 비디오를 활용한다. 비디오는 전체 학급, 소집단, 개별 학생이 공부하는 모든 수업 환경에 적합하다. 비디오는 학습자를 어떤 장소에든지 데려갈 수 있고 교실 벽을 넘어 학생들의 흥미를 확장시킬 수 있다. 회사에서 국립공원에 이르기까지 조직들은 다양한 조립라인이나 자연경관과 같은 현상을 관찰하게 하기 위해 비디오 투어를 제공한다. 너무 작아서 육안으로 볼 수 없는 것뿐 아니라 너무 커서 교실에 가져올 수 없는 것들도 공부할 수 있다. 일식과 같이 직접 관찰하기에 위험한 사건들도 안전하게 다루어질 수 있다. 비디오는 모든 학습자에게 모든 수업 영역에서 다루어지는 어떤 토픽에서든 이용될 수 있다.

비디오와 학습영역

비디오의 다면적 본질은 인지적 영역, 정의적 영역, 심체적 영역, 대인관계 영역의 네 가지 주요 영역에서 학습을 확장시키는 우수한 교육 자원이 되게 한다.

인지적 영역. 인지적 영역에서 학습자들은 역사적 사건의 극적인 재현과 최근 사건의 실제 기록을 관찰할 수 있다. 색, 소리, 움직임은 활기차게 만든다. 비디오는 과정, 관계, 기법을 보여줌으로써 교과서를 향상시킬 수 있다. 학생은 비디오를 보는 것과 함께 책을 읽을 수 있다. 토픽에 대한 비디오를 보기 전에 토픽 소개를 읽게 하거나 토픽에 대해 읽으면서 흥미를 돋우기 위해 비디오를 사용할 수 있다.

정의적 영역. 일반적으로 비디오는 정의적 학습을 위한 정서나 바라는 점이 있을 때 효과적이다. 비디오의 역할 모형과 극적인 메시지는 태도에 영향을 미칠 수 있다. 정서적 효과가 잠재적이기 때문에, 비디오는 개인의 태도와 사회적 태도를 형성하는 데에 유용할 수 있다. 다큐멘터리 프로그램은 종종 학생의 태도에 주목할 만한 효과가 있음을 알 수 있다. 예를 들어, 대공황(Great Depression) 시대에 만들어진 다큐멘터리는 어려운 시절을 전혀 모르는 학생들에게 그 시대의 어려움을 느끼게 한다. 모든 지구촌 사람들을 묘사한 비디오를 보여줌으로써 문화적 이해도 개발될 수 있다.

심체적 영역. 비디오는 운동 기술의 활용과 관련된 과정을 보여주기에 매우 좋다. 예를 들어, 18세기 장인이 Colonial Williamsburg에 통(barrel)을 어떻게 만드는지를 보여주는 Colonial Cooper라는 짧은 교육용 비디오가 있다. 심체적 기술의 시연은 종종 현실에서보다 매체를 통하는 것이 더 쉽다. DVD로 단계별 과정을 가르친다면, 실시간으로 과정을 보여줄 수 있고, 개요를 위해 빠르게 진행시키거나 주의 깊게 봐야 할 부분은 비디오를 정지시켜 보거나 앞으로 이동할 수 있다. 아울러 학생들의 수행을 비디오로 녹화할 수 있고, 학습자들로 하여금 자신이 하는 것을 관찰하고 동료학습자, 교사, 혹은 다른 사람들로부터 피드백을 받을 수 있다.

대인관계 영역. 비디오 프로그램을 함께 봄으로써 다양한 집단에 속한 학습자들이 공통된 경험을 형성하여 토론을 위한 촉매로 작용할 수 있다. 학생들이 갈등해결이나 동료학습자 간 관계를 다루는 것과 같이 대인관계 기술을 공부할 때에는 설명과 분석을 위한 비디오를 통해 다른 사람의 행동을 관찰하게 된다. 그런 다음 학생들은 카메라 앞에서 대인관계 기술을 연습하고 자신의 행동을 관찰하며 동료학습자와 교사로부터 피

ASSURE 사례 연구 성찰

PEARSON myeducationkit™

이 장의 앞부분에서 설명한 ASSURE 수업 사례 연구와 비디오를 생각해보시오. James 교사가 5학년 학생들의 인지적 기술, 정의적 기술, 심체적 기술, 대인관계 기술을 개발하기 위해 어떻게 비디오를 활용하였는가? 학생들이 자연재해 비디오를 제작하고 편집하는 동안 네 가지 영역 중 어느 것이 강화되었는가? 이 방법으로 수업 활동은 학습을 강화하였는가?

드백을 받을 수 있다. 역할극 삽화(vignettes)들은 무슨 일이 있었는지를 결정하고 학습자들에게 다음에 일어날 일을 물어보기 위해 분석될 수 있다. 개방형 드라마는 해결되지 않은 대립상태를 표현하여 그 문제를 다루는 다양한 방식에 대해 토론하게 한다.

교육용 비디오의 유형

PK-12 교실에서 활용되기에 적절한 상업적 교육용 비디오는 무수히 많지만 대부분의 비디오들은 다큐멘터리, 드라마, 비디오 스토리텔링, 가상 현장 견학의 네 가지 일반적인 유형으로 나뉠 수 있다.

다큐멘터리. 비디오는 실제 사건이나 재연된 사건을 기록하여 교실로 가져올 수 있는 주요 매체이다. 다큐멘터리는 허구 혹은 사실의 소설화된 버전이 아닌 사실을 다룬다. 다큐멘터리는 본질적으로 현실의 상황과 인물들에 대한 사실적 이야기를 묘사한다. PBS(Public Broadcasting System)와 같은 많은 비영리 기관들은 규칙적으로 유의미한 다큐멘터리들을 만들어내고 있다. 예를 들어, To the Ends of the Earth라는 비디오는 William Golding의 동명 소설에 기초하여 아주 위험한 바다 여행 이야기를 다루고 있어 학생들로 하여금 바다 여행을 '경험'하게 한다. 미니시리즈 남북전쟁(Civil War)은 미국의 중대한 시기를 다룬 다큐멘터리이다. Nova 및 내셔널 지오그래픽(National Geographic) 특집 방송과 같은 프로그램들은 과학, 문화, 자연에 대한 뛰어난 다큐멘터리를 제공하고 있고, 이들 중 많은 프로그램들이 인터넷에서 볼 수 있게 되어 있다(그림 10.1). 사실상 모든 텔레비전 다큐멘터리도 구입이 가능하다.

드라마. 비디오는 학생들이 눈앞에서 펼쳐지는 드라마로 넋을 읽게 하는 힘을 가지고 있다. 빨강머리 앤(Anne of Green Gables), 햄릿(Hamlet), 모비딕(Moby Dick)과 같은 고전문학들은 책과 비디오 간의 차이점을 비교하고 대조하게 함으로써 학생들의 학습 기회를 확장시킨다. 쇼군과 전쟁과 평화(Shogun and War and Peace) 같은 역사소설은 역사적 사건을 극적으로 만들기 위해 소설과 사실의 결합시킨다. 아울러 드라마는 다문화주의, 장애, 자아존중감, 협동과 같은 긍정적 성품과 태도를 형성하는 훌륭한 방법이다.

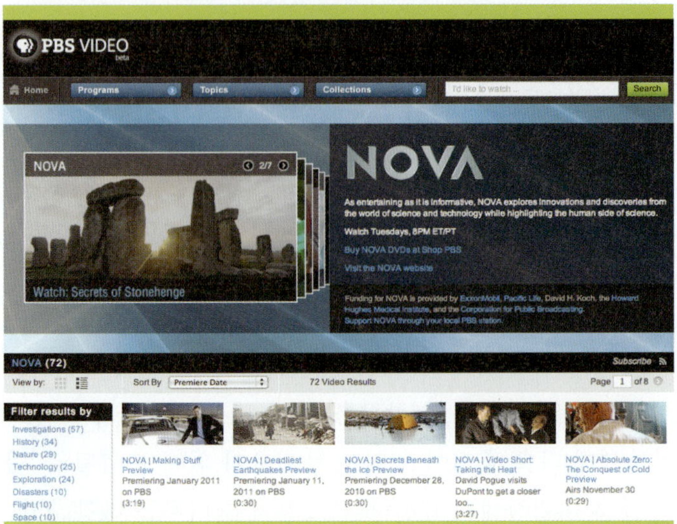

그림 10.1 PBS 다큐멘터리

공영방송서비스(PBS)는 매우 다양한 과학, 테크놀로지 다큐멘터리들을 인터넷으로 볼 수 있도록 무료로 제공한다.

출처: http://video.pbs.org/program/979359664#result. Courtesy of PBS and NOVA/WGBH-TV Boston, © 1996-2010 WGBH Educational Foundation.

비디오 스토리텔링. 인간은 '스토리텔링의 동물'이다. 우리는 이야기를 듣고 말하는 것이 즐거움을 주고 유익하기 때문에 이야기를 듣고 말하는 것을 좋아한다. 이야기들은 무료인 북극 이야기(Arctic Stories) 비디오 시리즈와 같은 비디오를 통해 수업에 포함될 수 있다(그림 10.2). 또한 스토리텔링은 모든 세대의 학생들이 발달시켜야 할 중요한 기술이다. 글쓰기, 시각 리터러시, 비디오 제작 기술을 개발하는 동안 비디오 스토리텔링은 학생들을 창의적이게 한다. 학생들에게 이야기를 통해 아이디어를 표현하는 것을 가르치는 것은 창의력을 개발하려는 목적을 지닌다. 그 과정에서, 학생들은 서로 가르치고 배울 수 있다. 〈테크놀로지 통합 사례: Bridges to Understanding〉을 보라.

가상 현장 견학. 비디오는 학생들을 그들이 갈 수 없는 곳으로 데려다줄 수 있다. 학생들은 아마존 열대우림, 뉴기니 정글, 갈라파고스 군도에도 갈 수 있다. 또한 이집트 피라미드를 가상 투어할 수 있으며, 중국의 만리장성을 걷거나 그리스 아테네의 아크로폴리스를 탐험할 수 있다. 비디오는 교과서나 인터넷 설명을 읽거나 강의를 들음으로써 얻는 지식을 강화하고 확장시킨다.

그림 10.2 북극 이야기(Arctic Stories)

북극 이야기 웹사이트는 과학, 해빙, 야생동물, 기후, 북극 사람들에 대한 비디오를 무료로 제공한다.

출처: www.arcticstories.net. Reprinted by permission of Don Congdon Associates, Inc. Copyright © by Peter Lourie.

테크놀로지 통합 사례

Bridges to Understanding

Bridges to Understanding(www.bridges2u nderstanding.org)은 상호작용적 웹사이트를 통해 전 세계의 중고등학교 교실을 연결하는 비영리조직이다. "디지털 테크놀로지와 스토리텔링을 통해 전 세계의 청소년들에게 자율권을 주고 연합시키며, 문화 간 이해를 도모하고, 글로벌 시민의식을 형성하게 하는 것"이 Bridges의 미션이다. Bridges의 교육과정은 소규모의 학생팀이 자신의 삶, 커뮤니티, 글로벌 이슈에 대한 디지털 스토리를 창작하고 공유하도록 이끈다. 아울러 학생들은 Bridges의 토론게시판에 질문과 답변을 올리고, 지구 반대편의 다른 학생들에 대해 배운다.

비디오의 특수한 속성

대부분의 사람들이 비디오를 우리 주위의 세계에 대한 현실적 이미지를 만들어내기 위해 설계된 매체로 생각하기 때문에, 우리는 비디오의 기본적인 속성이 시공간적 관점을 다루는 능력임을 잊는 경향이 있다. 시공간을 다루고, 애니메이션을 활용하고, 다른 비디오 컨벤션은 드라마틱하고 창의적인 목적을 제공할 뿐 아니라 수업의 중요한 의미를 가진다.

시간 다루기

비디오는 사건을 관찰하기 위해 요구되는 시간을 늘리거나 줄일 수 있다. 예를 들어, 학생들이 실제로 고속도로 건설 과정을 보는 데에는 매우 오랜 시간이 걸린다. 그렇지만 고속도로를 건설하는 동안의 다양한 활동들을 비디오로 편집하여 몇 분 내의 필수 사건들로 재현하게 된다.

시간 제거(Removal of Time). 비디오는 일부 시간을 삭제할 수 있다. 예를 들어, 우리는 한 장면이 점점 희미해졌다가 다음 날 점점 뚜렷해지는 장면에 익숙하다. 이 기법을 통해 우리는 현실에서 경험하지 않았지만 밤이 지났다고 이해하게 된다.

호수 위의 밤하늘에 보이는 별의 이동을 저속촬영한 사진

Jerry Schad/Photo Researchers

빠른 속도의 사건을 슬로모션으로 고속촬영함으로써 더 오랜시간 동안의 화면으로 확장된다.

Ray Massey/Stone/Getty Images

시간 압축(Compression of Time). 비디오는 사건을 관찰하는 데에 걸리는 시간을 압축할 수 있다. 눈앞에서 개화하거나 별이 밤하늘을 가로질러 이동할 수 있다. **저속촬영**(time lapse)이라 알려진 이 기법은 수업에서 중요하게 활용되는 기법이다. 예를 들어, 번데기가 나비가 되는 과정은 너무 느려서 교실에서 쉽게 관찰하기 어렵다. 그러나 저속촬영을 통해 몇 분 내에 번데기가 나비가 될 수 있다.

시간 확장(Expansion of Time). 시간은 **슬로모션**(slow motion)이라는 기법을 통해 비디오로 확장될 수 있다. 몇몇 사건들은 너무 빨리 발생하여 육안으로 볼 수 없다. 극도로 빠른 속도로 발생하는 사건들을 촬영하고 정상속도로 그 이미지들을 보여줌으로써 그 사건이 어떻게 발생되는지를 관찰할 수 있게 된다. 예를 들어, 개구리가 곤충을 잡는 것은 인간의 눈으로 관찰하기에 너무 빨리 진행된다. 고속촬영은 그 과정을 우리가 관찰할 수 있게끔 속도를 늦춰줄 수 있다.

공간 다루기

비디오는 우리가 대우주와 소우주 모두에서의 현상을 볼 수 있게 한다. 다시 말하면, 아주 가까운 거리 혹은 어마어마하게 먼 거리에서의 현상을 볼 수 있게 한다. 학생들은 우주비행선에서 지구를 보고(거시적) 현미경으로 세포분화(미시적)를 관찰할 수 있다. 생방송 TV는 분할된 화면으로 동시에 방송되지만 학생들이 먼 거리에서 발생하는 두 가지 사건을 관찰할 수 있게 한다. 한 명의 리포터가 다른 나라 현장에 '실시간'으로 있는 동안 다른 한 명의 리포터는 방송국에 있으면서 뉴스를 진행할 때에 이러한 기법은 종종 활용된다.

애니메이션

애니메이션에서는 시공간이 조작될 수 있다. 다양한 기법이 연관될 수 있는 이러한 과정은 무생물의 객체에 움직임을 부여하기 위해 **잔상**(persistence of vision)을 이용한다. **애니메이션**은 기본적으로 여러 장의 사진, 그림, 객체나 이미지의 작은 이동을 담은 컴퓨터 이미지로 만들어진다. 객체를 하나의 프레임에 나타내고, 매우 짧은 거리를 이동하여 다시 나타내고, 다시 움직이고 나타내는 것을 반복한다면, 객체는 연속적으로 공간에서 이동하는 것처럼 나타나게 된다.

시각 이미지를 다루는 컴퓨터 소프트웨어의 계속된 진화로 우리는 비디오를 통해 애니메이션의 재발견을 경험하고 있다. 복잡하거나 빠른 과정을 쉬운 형태로 묘사하기 위해 교육용 비디오 프로그램에서 컴퓨터로 만들어낸 애니메이션 장면은 점점 더 많이 활용되고 있다.

비디오 컨벤션

시공간을 다루는 비디오 장비와 기법들은 대부분의 사람들에게 용인된 컨벤션을 이용한다. 운동선수가 점프할 때 공중에서 멈추는 것은 실제 공간에서 멈춘 것이 아님을 우리는 이해하고 있다. 회상장면도 정상적인 시간의 흐름을 실제로 거꾸로 되돌린 것이 아님을 이해한다. 백열전구가 실제 파열되는 시간보다 천천히 산산조각나는 것이 아님을 이해한다. 그러나 교사는 비디오 컨벤션을 이해하는 능력이 습득된 기술임을 잊지 말아야 한다. 아이들이 회상장면, 두 개의 장면을 겹치게 하는 디졸브장면, 장면의 급전환 등을 다루는 법을 언제 배워야 할까? 불행히도, 우리는 아이들이 언제 어떻게 현실의 비디오 조작을 이해하게 해야 하는지 거의 알지 못하고 그 문제에 대해서도 연구되어야 할 것이 많이 남아있다.

비디오는 해석과 감상을 위해 용인된 컨벤션에만 의존하는 것은 아니다. 회상장면 기법은 문학에 자주 활용되고 독자에 의해 보통 일반적으로 인정되고 있다. 연극을 좋아하는 사람들은 연극적 컨벤션에 선뜻 동의한다. 피카소에 관한 다음의 일화는 새로운 예술적 컨벤션이 작자가 의도하는 실제에 대한 의미 있는 관점이라기보다는 실제에 대해 왜곡된 것으로 익숙하지 않은 사람에게 보일 수 있다는 것을 나타내주고 있다. 아울러 컨벤션을 통해 실제로 존재한다는 사실을 새삼 깨닫게 할 수 있는지를 설명한다.

피카소는 어느 날 미국 군인에게 자신의 작업실을 안내하며 보여주었다. 안내가 끝나자, 젊은 군인은 피카소의 괴상한 페인팅 기법을 이해할 수 없다고 고백했다. 왜냐하면 캔버스 위의 어느 것도 사실과 같지 않았기 때문이다. 그래서 피카소는 혹시 미국에 여자 친구가 있는지를 물어봄으로써 대화를 부드럽게 이어갔다. 그러자 그 군인은 지갑에서 작은 사진을 빼내어 보여주었다. 피카소는 그 사진을 돌려주며 말했다. "매력적

이네요. 그렇지만 너무 작지 않나요?" (Forsdale & Forsdale, 1966, p. 609).

비디오 형식

대부분의 매체와 같이, 비디오도 디지털 형식과 아날로그 형식으로 만들어진다. 디지털은 최근 인기 있는 비디오 형식이다. 기술적으로 말하면, 디지털 비디오 신호는 고정된 점들의 명도와 채도를 통해 제시되는 1과 0의 형식을 띤다. 반면에 아날로그 비디오 신호는 여러 장의 스캔을 통해 제시되는 파장으로 만들어진다. 디지털이 더 새로운 기술이고 많은 장점을 가지지만 두 가지 형식 모두 널리 이용될 수 있다.

디지털 비디오

디지털 비디오 이미지는 조작되고, 저장되고, 복사되고, 한 컴퓨터에서 다른 컴퓨터로 보내지고, 질을 손상시키지 않고 재생할 수 있다. DVD는 약 500줄의 해상도를 제공하는데, 그것은 아날로그 비디오카세트의 두 배에 해당한다. 디지털 캠코더는 비용을 줄이고 비디오 녹화의 편의성과 이동성을 증대시켰다. 비디오 캠코더는 현장에서의 비디오 제작을 가능하게 하여 과학실험실, 교실, 상담실, 운동장, 공장 작업 라인, 병원, 이웃집, 심지어는 집에서도 가능하다. 또한 시스템이 간단하여 비전문가, 교사, 학생들이 비디오 자료를 만들 수 있다.

디지털 비디오의 또 다른 장점은 쉽게 이미지를 다루는 컴퓨터 소프트웨어로 편집할 수 있다는 것이다. 편집과 복사하는 동안 비디오카세트처럼 비디오 이미지의 화질은 떨어지게 된다. 디지털 비디오는 다양한 속도로 재생할 수 있기 때문에 학생들은 매우 느린 속도부터 빠른 속도까지 이미지를 볼 수 있다. 정지화상은 디지털 비디오 파일에서 캡처하여 만들고 디지털 비디오에 삽입할 수 있다. 결국, 고속 연결부를 사용하여 빠르고 쉽게 대용량 비디오 파일을 컴퓨터로 옮길 수 있다. 일반적인 디지털 비디오 형식은 DVD, 블루레이 디스크, 컴퓨터 파일, 인터넷 비디오 등이다.

DVD. 디지털 비디오디스크(DVD)는 디지털 저장과 동영상 비디오 재생을 제공하는 매체이다. CD가 음악을 위한 것이라면 DVD는 영화를 위한 것이다. 디스크는 오디오 CD와 동일한 사이즈이지만 질 높은 사운드트랙을 포함한 9시간짜리 비디오를 담을 만큼 데이터를 충분히 담을 수 있다. CD처럼 DVD는 즉시 사용할 수 있고 내구성도 있다. 슬로모션으로 DVD를 볼 때에도 왜곡현상이 없다. DVD는 표준 비디오카세트에 비하여 우수한 음질과 화질을 제공한다. DVD는 비디오테이프와 달리 시간이 지나도 질이 낮아지지 않는다.

블루레이 디스크(Blue-ray Disc). BD라고 알려진 **블루레이 디스크**는 BD 로고(그림 10.3)가 붙어 있는 디스크에 고화질 비디오, 게임, 그 외 데이터를 저장한다. 그 이름은 디스크를 읽는 데에 활용되는 블루 레이저에서 비롯되었다. BD의 의미는 BD 비디오 플레이어(DVD도 재생할 수 있다)에서만 볼 수 있다는 뜻이다 . BD가 표준 DVD와 동일한 사이즈일지라도, DVD의 거의 열 배에 해당하는 데이터를 저장할 수 있다.

그림 10.3 블루레이 로고

출처: http://vectorlogo.blogspot.com/2009/03/blu-ray-disc-logo-eps.htm

컴퓨터 기반 비디오(Computer-Based Video). 학생들은 비디오 보고서, 발표, 디지털 포트폴리오를 컴퓨터로 준비할 수 있다. 그들이 녹화하거나 DVD에서 추출한 자료로부터 비디오나 이미지로 시작하여 워드프로세서나 프레젠테이션 소프트웨어로 정보를 재배열하듯이 iMovie나 Movie Maker와 같은 비디오 편집 소프트웨어를 활용하여 이미지와 소리를 편집할 수 있다. 예를 들어, 학생들이 구술 보고서를 만들 때 멀티미디어를 활용할 수 있다. 학생들은 책, 데이터베이스, 비디오, CD, 그 밖의 매체로 토픽을 연구한다. 최종 보고서를 발표하기 전에 관련 내용을 비디오로 '캡처' 하고 편집하며 학생 내레이션을 추가한다. 다른 사람들이 만든 비디오를 활용할 때에는 저작권법이 적용됨을 기억하라. 〈저작권 관련 사항: 비디오〉를 참고한다.

인터넷 비디오(Internet Video). 많은 웹사이트들이 뉴스 같은 이야기, 과학 활동, 문화적 프레젠테이션을 포함한 사이트의 사건이나 활동에 대해 인터넷 방송을 제공하고 있다. 몇몇 방송들은 실시간으로 진행되고 몇몇 방송들은 녹화되어 제공된다. '생방송(Live cams)' 은 학생들로 하여금 실시간으로 활동을 관찰할 수 있게 박물관, 국립공원, 동물원, 역사적 명소, 아쿠아리움으로 '데려갈' 수 있다(그림 10.4). 이러한 인터넷 방송은 압축된 비디오나 스트리밍 비디오를 활용한다.

압축 비디오(Compressed Video). 압축 비디오는 각 프레임을 이동하거나 바꾸는 것만으로 데이터 공간을 줄이는 것을 말한다. 바꾸지 않은 그림의 일부분을 녹화하지 않는다. 이미지를 재생산할 필요가 있는 데이터를 줄이고, 비디오 파일을 더 작게 만들려는 이유 때문이다. 압축 비디오는 인터넷에 비디오 파일을 업로드하고 다운로드하기 위해 활용된다.

스트리밍 비디오(Streaming Video). 비디오는 스트리밍 비디오를 활용하여 인터넷

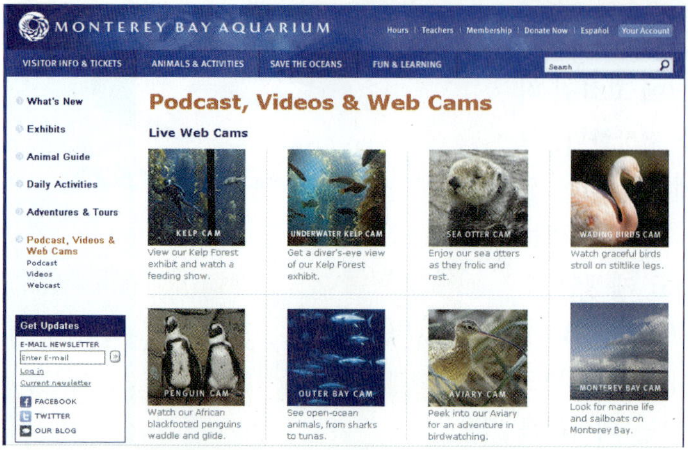

그림 10.4 몬트레이 베이 아쿠아리움

몬트레이 베이 아쿠아리움 웹사이트는 웹 캠을 통해 해초, 해달, 8개의 섭금류, 펭귄, 새 등을 실시간으로 관찰할 수 있도록 비디오를 제공하고 있다.

출처: www.montereybayaquarium.org/efc/cam_menu.aspx. © 2010, Monterey Bay Aquarium. Reprinted by permission.

으로 전달할 수 있다. 스트리밍은 재생되기 전에 그 파일이 완전히 다운로드될 필요가 없음을 의미한다. 대신에, 사용자가 스트리밍 비디오를 포함한 링크를 클릭하자마자 그 내용은 재생되기 시작한다. 비디오는 실제 사용자의 컴퓨터에 사용자가 그 자료를 보기 전에 잠깐 작은 정보 패킷으로 다운로드되고 있다. 어떤 비디오 자료는 스트리밍 기법을 활용하여 인터넷으로 전달될 수 있다. 그 내용은 컴퓨터에 저장되지 않는다. 컴퓨터 메모리에 '흘러들어가서(flow)', 제시되고 (혹은 재생되고), 그런 다음 지워진다.

ASSURE 사례 연구 성찰

PEARSON myeducationkit™

이 장의 앞부분에서 설명한 ASSURE 수업 사례 연구와 비디오를 생각해보시오. 자연재해 수업을 위해 디지털 비디오나 아날로그 비디오를 활용하는 것의 장점은 무엇인가? 여러분은 수업에서 비디오를 어떻게 활용할 수 있는가?

아날로그 비디오

많은 학교와 매체 자원 센터들에는 다양한 영역에 대한 비디오카세트 자료실이 있다. 대부분의 교실에는 큰 화면의 TV나 VCR을 연결한 디지털 프로젝터가 있다. 교실에서는 천정에 고정된 TV로 중앙 방송국에 연결하여 요청한 비디오를 지정한 시간에 재생하는 것이 일반적이다. 학생들이 아침 정보 방송(뉴스)를 만들어 내보내는 것도 동일한 시스템이다.

장점

- *움직임.* 움직이는 이미지들은 학습에 필수적인 움직임(뉴튼의 운동 법칙, 침식, 변태와 같은) 개념과 과정들을 묘사하는 데에 고정된 시각자료 보다 명백한 장점을 가지고 있다.

- *위험하지 않은 관찰.* 비디오를 사용하면 일식, 화산 폭발, 전투와 같이 학습자가 너무 위험해서 직접적으로 볼 수 없는 현상을 관찰할 수 있다.
- *드라마화.* 극적 재연은 역사적 사건과 인물에 활기를 불어넣는다. 드라마를 보고 학생들은 인간의 상호작용을 관찰하고 분석할 수 있다.
- *정의적 학습.* 정서적 효과에 대한 엄청난 잠재력을 가지고 있기 때문에, 비디오는 '친환경(going green)'과 같은 개인적 태도 및 사회적 태도를 형성하는 데에 유용할 수 있다. 다큐멘터리와 캠페인 비디오가 시청자의 태도에 엄청난 영향을 미치는 것을 종종 발견할 수 있다.
- *문제해결.* 개방형 드라마는 해결되지 않은 상황을 제시함으로써 학생들에게 다양한 해결방식을 토론하게 하는 데에 종종 활용된다.
- *문화적 이해.* 우리는 다른 사회의 일상을 묘사함으로써 다른 문화를 깊게 이해할 수 있다. 인류학 비디오는 이러한 목적에 유용하다. 장편 인류학 비디오에는 *The Hunters*, *The Tribe That Hides from Man*, *The Nuer*, *River of Sand* 가 있다.
- *공통성 설정.* 비디오 프로그램을 함께 봄으로써, 이질적인 학생 집단은 효과적으로 토론할 공통적 경험을 형성할 수 있다.

단점

- *고정된 속도.* 토론을 위해 비디오를 정지시킬 수 있지만, 여러 명이 함께 보는 동안은 보통 그럴 수 없다. 프로그램은 고정된 속도로 재생되기 때문에 학생들이 참을성 있게 다음 장면을 기다리는 동안 몇몇 학생들은 뒤처질 수 있다.
- *장황하게 이야기하기(Talking head).* 많은 비디오들이, 특히 지역 프로덕션은 사람들 인터뷰로 마무리한다. 비디오는 우수한 구술 매체가 아니라 시각적 매체이다! 언어적 메시지를 위해서는 오디오 녹화를 활용하라.
- *고정된 현상.* 비디오가 움직임과 관련된 개념에 유용하지만, 하나의 시각자료에 대해 세밀하게 공부하는 데에는 적합하지 않다(예를 들어, 지도, 배선도, 조직차트).
- *오해.* 다큐멘터리와 드라마는 종종 이슈에 대해 복잡하거나 정교한 처방을 제시한다. 어리거나 순진한 학생들은 풍자를 의도한 장면을 문자 그대로 받아들일지도 모른다. 주요 등장인물에 대한 생각이 제작자의 태도와 가치로 해석되곤 한다.
- *시각자료 없는 추상적 수업.* 비디오는 시각자료 없는 추상적 정보를 제시할 때에는 좋지 않다. 언어 제시에 선호되는 매체는 텍스트이다. 철학과 수학은 특정 개념이 토론되지 않는 한 비디오에 적합하지 않고 역사적 장면, 그래픽 표상, 양

식을 활용하는 그림에 적합하다.

교육과정과의 통합

우리는 비디오 세대를 가르치고 있다. 결론적으로, 비디오의 활용과 제작은 학생의 학습을 엄청나게 강화할 수 있다. ASSURE 모형에서 중점을 두듯이, 학생들의 비디오 시청이나 제작은 비디오 리터러시 지식과 기술을 형성하는 동안 수업 기준과 목표를 달성하도록 직접적으로 지원한다.

한 가지 접근법은 비디오의 일부분을 수업에 맞추어 전략적으로 통합하는 것이다. 학생들이 30분도 안 되는 TV 프로그램을 보며 자라왔다는 점을 기억하라. 예를 들어, "세사미 스트리트(Sesame Street)"는 몇 분마다 토픽을 바꾼다. 몇 분짜리 비디오는 교사가 명확하게 학생의 요구와 관련된 학습을 촉진하는 데에 극대화된 유연성을 제공한다. 많은 교육용 비디오들이 "교사가 다양한 시나리오들을 지원하는 다양한 방법으로 수집할 수 있는 짧고 명확한 부분들"(Nugent, 2005, p. 61)로 유용하다.

다양한 학습자들을 위한 테크놀로지

비디오 특징 조정하기

비디오는 다양한 학습자의 요구를 충족하는 다양한 옵션을 제공한다.

비디오 테크놀로지는 청각 장애를 가진 학생들을 돕는다. 자막 넣기는 학습 장애와 청각 장애를 가진 학생들을 돕는 방법으로써 TV와 다른 비디오 형식에서 손쉽게 활용될 수 있다. 자막 넣기는 화면 아랫부분에 텍스트로 구성된다. 텍스트는 학생들에게 다른 사람들이 비디오의 오디오 채널을 통해 들을 수 있는 내용을 읽을 수 있도록 제공한다.

아울러 비디오 테크놀로지는 시각 장애를 가진 학생들을 돕는다. 화면 해설 비디오는 시각 장애를 가진 학생들이 시각적으로 제시되는 내용을 들을 수 있게 부드러운 목소리로 비디오 화면을 설명하는 기법이다. 이러한 서비스는 많은 TV 프로그램과 수업용 비디오에 유용하게 쓰인다. 더 많은 정보를 얻으려면 테크놀로지, 매체, 자료를 활용해 특수교육 실천을 향상시키기 위한 국립 센터(National Center to Improve Practice in Special Education through Technology, Media, and Materials(http://www2.edc.org/NCIP/library/v&c/cronin.htm))에 있는 Cronin과 King(2007)의 화면해설 비디오의 개발(Development of the Descriptive Video Services)을 보라.

비디오 테크놀로지는 영재 학생들에 의해서 활용될 수 있다. 영재 학생들은 고차적 개념을 위해 비디오를 탐색하고, 추후 연구를 위해 질문을 생성하며, 영재 학생과 일반 학생이 함께 있는 집단에서 공유할 수 있도록 요점을 제시하는 기회를 가질 수 있다. 더구나, 다양한 비디오 제작에 재능을 가진 학생들은 모든 학생들이 그 기술을 형성할 수 있도록 동료학습자 튜터링(peer tutoring)을 제공할 수 있다.

비디오는 학생의 특정 요구를 충족시키기 위한 수업에 적용하는 것에 도움이 된다. 사운드트랙을 포함한 비디오 기반 수업은 다양한 유형의 학습자들을 겨냥할 수 있다. 텍스트는 다중 언어로 제시될 수 있고 비디오 콘텐츠에 자막을 처리하거나 주석을 달기 위해 활용된다. DVD는 빠른 이동을 위해 제목, 장(chapter), 트랙, 타임코드(time-code)로 검색하는 인덱스를 포함하여 수업에의 적용과 접근성을 위한 많은 도구들을 제공한다. 또 다른 예로, DVD에서 특정 비디오 부분에 접근하기 위해 텍스트 자료에 종종 바코드가 추가된다. 몇몇 DVD는 실시간으로 선택될 수 있는 아홉 개 이상의 카메라를 활용하여 다양한 앵글로 사물을 보여주는 것을 제공한다.

수업에서 학생이 비디오를 제작하는 데에는 몇 가지 장점이 있다. 비디오 만드는 것이 재미있기 때문에 학생의 참여와 동기의 증가는 첫 번째 장점이라 할 수 있다. 실제 청중을 위해 해결안을 시연하는 비디오를 협력적으로 제작함으로써 비구조화되었지만 실제적 문제들을 해결하기 위한 고차적 기술을 활용하는 것도 부가적 장점이라 할 수 있다(Schuck & Kearney, 2008). 아울러 학생의 비디오 제작은 학생을 위한 여섯 가지 NETS를 달성하는 것을 조정하고 지원한다.

수업을 계획할 때, 학습 강화를 돕는 중요한 비디오 특징—움직임을 묘사하고, 과정을 보여주며, 위험 없는 관찰 기회를 제공하고, 드라마를 제공하며, 기술을 학

비디오는 언제 사용하는가

다음과 같이 학생들의 학습이 강화될 때 사용한다.

지침	예시
움직임	고등학생들은 다양한 화학 반응 비디오 클립을 보고 가솔린 엔진을 활용하는 것의 환경적 영향을 판단할 수 있다.
과정	초등학생들은 재활용 과정의 각 단계를 보여주는 비디오를 보고 알루미늄 캔이 어떻게 재활용되는지를 배울 수 있다.
위험 없는 관찰	중학생들은 하와이 화산 폭발에 대한 비디오를 볼 수 있다.
드라마	초등학생들은 교통수단의 진화를 비디오로 볼 수 있다.
기술 학습	예술 분야 중학생들은 음영을 그리기 위해 활용되는 기법들을 단계별로 보여주는 비디오를 볼 수 있다.
정의적 학습	유치원 학생들은 비디오를 보고 장애를 가진 어린이의 느낌과 도전을 더 잘 이해할 수 있다.
문제 해결	학제간 영재 학급의 중학생들은 미국 대도시의 인구 과부하를 설명하는 다큐멘터리들을 보고 가능한 해결책에 대해 토론할 수 있다.
문화적 이해 및 공통성 형성	다양한 인종이면서 영어를 배우는 고등학교 학생들은 민족성 간의 공통성을 강조하는 비디오를 볼 수 있다.

습하는 것을 지원함—을 기억하라. 비디오에서 묘사된 시나리오들은 정의적 학습을 형성하고, 개방형 문제 해결을 소개하고, 문화적 이해를 형성하고, 공통성을 수립하기 위한 도구이다. 각 가이드라인의 예를 위한 〈비디오는 언제 사용하는가〉를 보라.

비디오 선택

PK-12 수업에서 비디오를 적용하는 것은 많은 장점이 있다. 이렇듯 유용한 자원을 통합하기 위한 첫째 단계는 수업목표를 달성하기 위해 직접적으로 조정되고 지원하는 비디오를 찾는 것이다. 목표에 실제로 맞는지와 학생의 요구를 충족시키는지를 확인하기 위해 선택된 비디오를 평가하는 것이 둘째 단계이다.

비디오 찾기. 대부분의 교육 환경에서, 교사들은 다양한 출처에서 수많은 교육용 비디오에 접근한다. 소개에서 언급하였듯이, 백만 명 이상의 교사들이 80,000개 이상의 디스커버리 교육 디지털 비디오(Discovery Education digital videos)에 온라인으로 접근할 수 있다. 또한 인터넷은 교실에서 시청하기에 자유롭게 활용될 수 있도록 광대한 교육용 비디오 옵션을 제공한다. 학교 도서관의 매체 전문가들은 학교, 학구, 지역 센터가 소장하고 있는 비디오를 찾을 수 있는 주요 자원이다. 게다가 그들은 다른 사람들이 제공한 비디오를 찾는 것도 도와줄 수 있다.

사기업, 단체들, 정부기관들은 다양한 이유로 비디오를 후원한다. 사기업들은 제품을 홍보하거나 공공 이미지를 강화하기 위해 비디오를 제작한다. 단체와 정부기관들은 더 나은 건강습관, 자연보호, 공원과 휴식공간의 적절한 활용 같은 캠페인을 벌이기 위해 비디오를 후원한다. 이러한 많은 비디오들이 무료 혹은 저렴하게 교육용 자료로 활용될 수 있다.

그러나 교육용 목적으로 후원받은 비디오를 활용하는 데에는 몇 가지 주의사항이 있다. 몇몇 사기업의 자료는 너무 노골적으로 자기 잇속만 차린다. 혹은 그들이 제공하는 비디오가 교육 환경에 적합하지 않은, 예를 들어 주류나 담배 같은 제품을 다루기도 한다. 몇몇 단체와 정부의 자료는 상당한 양의 캠페인이나 특정 내용에 대한 항변을 포함하기도 한다. 적절한 비디오를 선택한다면, 교실수업에 적용될 수 있는 자료가 많다. Modern Talking Picture Service는 후원받은 비디오의 주요 공급처 중 하나이다.

비디오 평가하기. 유용한 비디오를 찾은 후에, 수업에 맞추어 조정할 평가 도구를 활용하라. 몇몇 학교와 온라인 교사 웹사이트는 더 형식적인 여러 요소를 포함하는 세밀한 평가로 만든 표준화된 평가 양식을 제공한다. 좋은 평가 형식은 매우 짧지만 교사들이 학습을 강화할 자료를 선택하는 데에 도움을 주기에 충분하다. 몇몇 사례에서, 평가 결과는 특정 항목을 구입하거나 대여할 것을 결정하게 도와준다.

매체 실례

비디오

Abraham Lincoln: Animated Hero Classics
www.nestfamily.com/Animated-History-Biographies-C1518.aspx
이 비디오는 에이브러햄 링컨(Abraham Lincoln)의 일대기를 다룬 것이다. 링컨의 개인적 삶과 정치적 삶을 제시하여 "Kids First" 상을 수상하였다. 이 이야기는 7세에서 12세의 학생들을 대상으로 한다. 링컨의 인간적 측면과 모든 미국인의 시민으로서의 자유를 향한 그의 열정을 묘사하였다(Nest Family Entertainment).

Math... Who Needs It?
www.fasestore.org/default.asp
이 비디오는 부모와 아이들을 위한 것이다. 이 비디오는 우수한 수학 능력을 가진 사람에게 보상과 기회에 대한 관점을 제공한다. 수학에 대한 신화에 도전하고, 수학에 대한 사회적 오해를 비웃으며, 더 긍정적인 방식으로 수학에 대해 생각하고 이야기하게끔 유도한다(FASE Productions).

The Supreme Court
www.ambrosevideo.com/items.cfm?id=1217
2008년 Parents' Choice Gold Award를 포함한 명망 있는 8개의 상을 수상한 대법원에 대한 네 부분의 비디오 시리즈는 고등학교 역사 및 사회 수업에 적합하다. 이 비디오는 대법원의 역사와 영향력에 대해 탐구하기 위해 기록화면, 재판관 인터뷰, 디지털 그래픽을 활용하였다(Ambrose Video Publishing, Inc).

One Woman, One Vote
www.pbs.org/wgbh/americanexperience/films/OneWomanOneVote
여성의 투표권을 위해 초보 연합체에서 세련된 대중운동까지 70년 동안 고군분투한 내용을 다루고 있다. 이 비디오는 Elizabeth Cady Stanton이 여성의 투표권리를 요구한 1848년 Seneca Falls Convention에서의 여성 투표권 운동에서부터 1920년 19세기 미국 헌법 수정을 위한 마지막 투쟁까지의 역사를 기록하고 있다.

Are Your Addicted?
www.hrmvideo.com/items.cfm?action=view&item_id=2307&search_keywords=Are%20You%20Addicted%3F
성인을 대상으로 한 비디오로 중독된 세 청소년에 초점을 두고 있다. 두 명의 의학전문가는 중독의 정의를 설명하고 중독으로 이끌 수 있는 암시와 징후를 통해 학생을 어떻게 지도해야 하는지에 대해 말한다. 이 비디오의 마지막은 회복에 중점을 두고 있다(Human Relations Media).

이 장의 끝에 제시된 〈비디오 선정 평가표(The Selection Rubric: Video)〉는 가장 일반적으로 활용되는 준거, 특히 효과성에 대한 연구를 포함하고 있다. 비디오를 평가하는 데에 있어 개요나 요약과 같은 인지적 학습 보조자료의 활용은 중요한 평가 영역이다. 단서(cues)는 또 다른 보조도구이다. 꽃의 일부분을 반짝이는 화살표로 가리키는 것과 같이 학습자에게 비디오의 중요한 부분을 지적해준다. 교사는 비디오를 평가하면서, 학습을 강화하기 위해 추후 설명이나 강조가 필요한 부분과 교실 토론의 토픽을 기록할 기회를 가지게 된다.

교실에서 비디오 사용하기

다음의 팁들은 학생들에게 비디오를 효과적으로 제시하기 위한 것이다.

- *시선.* 모든 사람들이 비디오를 보고 들을 수 있게 하기 위해 빛, 좌석, 볼륨 조절을 체크한다.
- *빛 조절.* 디지털 비디오 프로젝션을 사용할 때에는 어둡게 하거나 조명을 끈다.
- *인지적 수용 태세.* 학생들이 비디오를 볼 준비를 하게 하기 위해 토픽에 대해 간략히 사전 내용을 검토하고 질문한다.
- *선행조직자.* 이 비디오가 다루는 주요 요점의 목록을 만들고 소개한다.
- *단어.* 새로운 단어를 간단히 소개한다.
- *영상단락.* 한 번에 비디오의 8분 내지 12분만 보여준다(학생이 어릴수록 더 짧아야 한다). 30분 정도의 비디오를 시작부터 끝까지 보여주는 것보다 다음과 같은 기법을 활용하여 학습과 파지를 증가시킨다. 첫 번째 부분을 소개하고 비디오의 약 10분 정도를 보여주고 논리적으로 휴지기에 멈춘다. 시청한 부분에 대해 토론하고 두 번째 부분을 소개한다. 두 번째 10분 정도를 보여주고, 그 과정을 반복한다. 모든 비디오의 부분들이 학습목표에 맞게 조절되어야 함을 기억한다.
- *역할 모형.* 가장 중요한 것은 프로그램에 자신이 관여해야 한다는 것이다. 비디오를 보는 동안 주의 깊게 비디오를 보고 적절한 시기에 학습자를 참여시킨다.
- *추후활동.* 의미 있는 활동으로 비디오의 내용을 보강한다.

비디오 제작

학생의 비디오 제작은 문화, 정치, 과학, 금융, 환경 이슈에 대해 비판적 사고를 하도록 학습을 촉진한다. 그와 동시에, 비디오 제작은 테크놀로지 리터러시 기술을 형성하는 데에 도움을 준다. 테크놀로지에 대한 학생의 열정은 세계를 적극적으로 탐험하는 것을 부채질할 수 있다. 이러한 두 가지 특성을 결합하는 것은 창의적이고 즐거운 경험이 되기 때문에 학습에 대한 열정을 불러일으킬 수 있다. 학생의 비디오 제작은 학생의 관심을 독려하고, 창의성을 발달시키며, 참여를 불러일으키고, 교실 바깥의 삶과 연결시키는 ISTE NETS-S에 맞추어 조절하고 지원한다. 교사는 수업에 맞도록 시각자료를 조정함으로써 비디오를 제작할 수 있다. 기억하라. 여러분과 학생들은 비디오를 제작할 때에 저작권 지침을 준수해야 한다.

비디오카메라 촬영 혹은 비디오 제작은 학생들이 비디오를 만드는 과정을 통해 교육과정 내용을 탐색하게 할 수 있다. 비디오 제작 기술에 덧붙여, 학생들은 21세기에 요구되는 기술인 문제 해결, 일정 관리, 분석, 연구, 계획, 상상력, 커뮤니케이션을 배

저작권 관련 사항

비디오

1976년 저작권법은 저작권이 있는 방송의 복사본을 교육적으로 활용하는 것까지 포함하지 않았다. 산업체, 교육기관, 정부의 대표자들로 구성된 협상 위원회는 교육 목적을 위한 방송의 비디오 녹화에 대한 가이드라인에 동의하였다. 다음 가이드라인은 비영리 교육 기관에만 적용된다.

다음 내용을 지켜야 한다.

- 장비나 전문성이 부족하다면, 매체/테크놀로지 전문가에게 프로그램 녹화를 요청하라.
- 45일 동안 녹화한 방송(케이블 전송을 포함하여)을 보유하라. 그 이후에는 프로그램을 지워야 한다.
- 45일 중 처음 10일 동안 학급당 한 번씩 녹화물을 활용하라. 그리고 수업에서 필요하다면 두 번째 활용이 가능하다.
- 합법적인 요구를 충족시키기 위해 복사본 수를 제한하라. 그렇지만 원본을 지울 때에는 복사본도 지워야 한다.
- 보증서가 있는 프로그램일 경우, 일부분만 활용하라.
- 그 프로그램을 계속적으로 활용하기 위해서는 저작권을 가지고 있는 사람에게 라이선스 동의를 구하라.

다음 내용을 삼가야 한다.

- 허가 없이 HBO와 같은 고급 케이블 서비스를 기록하는 것
- 프로그램의 원래 내용을 바꾸는 것
- 프로그램에 있는 저작권 안내를 제외하는 것
- 활용할 것이라 예측하여 프로그램을 녹화하는 것
- 45일 이후에도 프로그램이나 복사본을 보유하는 것

이러한 지침은 저작권법의 일부분이 아니라 제작자와 교육자 간의 동의라 할 수 있음을 기억하라.

저작권에 대한 일반적인 정보를 얻기 위해서는 1장의 '저작권 관련 사항: 저작권법'을 보라. 1장의 끝에 저작권에 대한 자원(인쇄물 및 웹사이트)을 제시하였다.

울 수 있다. 그럼으로써 학생들은 더 나은 사고, 더 나은 커뮤니케이션, 더 나은 문제해결을 할 수 있는 사람이 된다.

비디오 장비(카메라, 마이크, 컴퓨터, 소프트웨어)를 일단 구입하면, 비디오 제작은 다음과 같은 교육적 장점과 비교할 때 저렴한 편이라고 할 수 있다.

- 학생의 이야기, 노래, 시를 드라마화
- 수행을 향상시키기 위한 즉각적 피드백
- 기술 훈련(예를 들어, 디지털 과학 무인 탐사선 활용 방법)
- 대인관계 기법(예를 들어 협동적으로 공부하는 방법)
- 학교나 이웃에서의 이슈에 대한 학생의 다큐멘터리
- 지역 전통문화의 보존
- 과학 실험 시연과 안전한 연습
- 교실에서의 추후활동을 위한 현장 견학 재현

ASSURE 사례 연구 성찰

PEARSON myeducationkit

이 장의 앞부분에서 설명한 ASSURE 수업 사례 연구와 비디오를 생각해보시오. James 교사는 학습을 지원하기 위해 대본 쓰기를 어떻게 활용하였는가? James 교사가 디지털 비디오 제작에 학생을 참여시킨 방법은 무엇인가? James 교사는 학생들이 비디오를 제작하는 동안 어떤 역할을 하였는가?

계획

모든 매체 제작에서처럼 제작 전 계획은 필수적이다. 비디오를 설계할 때에 학생을 적극적으로 참여시켜라. 계획은 스토리보딩, 대본 작업, 녹화를 위한 아웃라인 준비, 비디오 수정과 관련된다. 학생들에게 다양한 경험을 제공하기 위해 작가, 편집자, 카메라 조작자, 카메라에 찍히는 사람들 중 역할을 바꾸어가면서 하게 하라.

학생은 비디오 계획과 제작을 촉진하기 위해 스토리보드를 만드는 것으로 비디오 제작 과정을 시작한다. 스토리보드는 화면에 대한 대략 스케치, 대본, '얼굴을 클로즈업하기 위한 줌인' 과 같은 카메라 조작을 위한 노트를 포함한다. Kidspiration과 Inspiration 같은 그래픽 소프트웨어는 스토리보드를 만들기 위한 유용한 도구를 제공한다. 학생 집단은 비디오를 설계하는 데에 협동적으로 관여하고, 스토리보딩은 특히 다양한 관점을 조직하고 제시하는 데에 유용하다.

녹화

이동식 카메라에는 보통 마이크가 내장되어 있다. 이 마이크는 잘 들리는 수준으로 소리를 유지하기 위해 볼륨을 조절하는 자동 조절 기능을 가지고 있다. 다시 말하면, 카메라는 '보는' 것처럼 '듣는다'. 문제는 마이크가 여러분이 원하는 소리와 함께 발걸음 소리, 기침소리, 거리의 소음, 장비의 소음을 포함한 모든 오디오를 증폭시킨다는 점이다. 그러므로 여러분은 특정 목적에 맞는 별도의 마이크를 연결함으로써 내장된 마이크를 무시하기를 원할 것이다.

한 명을 촬영할 때에는 목걸이형이나 옷걸이형 마이크가 좋다. 넥타이나 옷에 고정시키거나 목에 걸거나 옷 안에 숨겨둘 수 있다. 테이블에 앉은 사람 혹은 여러 토론자들을 위해서는 책상용 스탠드 마이크를 활용할 수 있다. 상황에 따라 원하지 않는 배경 소음이나 이동이 있을 때에는 집음 마이크가 좋다.

고화질 캠코더는 HD 비디오 녹화뿐 아니라 다양한 테크놀로지 도구를 제공한다.

Shutterstock

편집

디지털 비디오 편집은 컴퓨터와 편집 소프트웨어를 활용하여 비디오를 분리하고 합치는 방법을 일컫는다. 몇몇 디지털 캠코더는 비디오테이프가 없다. 다른 것들은 디지털 모드로 녹화하기 위한 특정 비디오테이프를 활용한다. 비디오를 찍은 후에, 장면을 확인하거나 파일을 컴퓨터로 전환하기 위해 카메라에 내장된 LCD 모니터로 화면을 보거나 캠코더를 TV나 컴퓨터에 연결할 수 있다. 컴퓨터에 비디오를 저장하는 데에는 몇 가지 방법이 있다. 한 가지는 매킨토시와 윈도우즈 시스템에서 활용하기 위한 QuickTime이다. Compton의 멀티미디어 백과사전과 같은 많은 응용프로그램이 QuickTime 'movies' 를 포함한다. 전환된 비디오 파일은 애플 컴퓨터용 iMovie와 PC용 Windows Movie Maker 응용프로그램과 같은 소프트웨어를 활용하여 편집된다. 편집 소프트웨어는 내용을 삭제하고 재배열할 수 있을 뿐 아니라 제목, 음악, 사진, 특정 전환을 추가하기 위한 도구를 제공한다.

ASSURE 사례 연구 성찰

PEARSON myeducationkit

이 장의 앞부분에서 설명한 ASSURE 수업 사례 연구와 비디오를 생각해보시오. 학생들이 자연재해에 대한 디지털 비디오를 제작하기 위해 활용한 녹화 및 편집 장비는 무엇이었는가? James 교사가 비디오 제작에서 경험한 어려움을 돕기 위해 활용한 전략은 무엇이었는가?

혁신 테크놀로지

학교에 도입된 고화질 비디오 제작

새로운 테크놀로지 장비 가운데에 더 작고, 더 효율적이며, 덜 비싼 것이 고화질(HD) 비디오를 제작하는 캠코더이다. 예를 들어, Genius는 약 150달러에 포켓 사이즈의 G-Shot 캠코더 HD520을 판다. G-Shot은 녹음기, 디지털 카메라, HDMI TV/Audio-out, 웹 카메라, 'Z lighting' 으로 어둡거나 역광일 때의 밝기 조절 같은 교실에서 요구되는 다양한 테크놀로지 도구를 제공한다.

요약

오늘날의 학생들은 인터넷 비디오, TV, 움직이는 매체를 통해 학습하는 것에 익숙하다. 교실에는 많은 흥미로운 비디오가 있으며 많이 응용될 수 있다. 비디오는 학습에서

PEARSON myeducationkit

이 장에서 학습한 내용에 대한 이해 정도를 확인하기 위해 본 장의 MyEducationKit에 제시된 'Study Plan'을 완성하시오. 퀴즈를 풀고 그에 대한 피드백을 검토한 후 이 장의 내용 이해를 촉진하는 데 도움이 되는 자원을 살펴본다.

유용하다. 특히, 움직임과 관련 있는 학습에서 그렇다. 비디오 제작은 지식과 기술을 강화함으로써 학생들이 고차적 사고를 할 수 있게 한다. 교사가 제작한 비디오는 교과서를 넘어 학습을 강화하기 위한 자료를 제시할 수 있다. 이 장은 비디오의 장점 및 제한점과 함께 특성을 설명하였다. 아울러 학습에서 비디오를 선택, 제작, 통합하는 방법에 대해 기술하였다.

ASSURE 수업계획서

PEARSON myeducationkit

아래에서 제시된 ASSURE 수업 지도안은 ASSURE 교실 수업 사례와 이 장의 초입에 소개한 동영상에 대한 구체적인 설명과 분석을 제공하고 있다. 해당 동영상을 다시 보기 위해서는 'MyEducationKit'에 가서 10장에 있는 'ASSURE Video'를 클릭하시오. 이 비디오는 Scott James 교사가 만든 학제간 수업에 기초하고 있으며, James 교사의 5학년 수업 내용을 보여주며, 학생이 제작한 비디오를 성공적으로 활용하기 위한 혜안을 제공하고 있다.

학습자 분석(Analyze learners)

일반적 특성. Scott James 교사의 5학년 반은 여러 인종과 저소득층, 중류층 가정의 학생이 섞여 있다. 남학생과 여학생의 비율은 동일하였으며, 모두 9세 혹은 10세였다. 학생들의 읽기 능력 수준은 다양하였다. 전통적인 자습을 할 때 학생의 행동 문제가 증가하였다.

출발점 능력. 일반적으로 학생들은 다음과 같은 것을 할 수 있다.

1. 온라인 연구
2. 디지털 비디오 편집을 위한 iMovie 소프트웨어 활용

학습양식. James 교사 학생들은 학습내용과 관련 있고 자신이 선택한 토픽 활동에 참여할 때 가장 잘 학습하였다. 학생들이 디지털 비디오 뉴스 방송에서 말하고 행동하는 것에 익숙한 정도는 엄청나게 다양하였다. 차이점은 그래픽과 소리를 활용하는 측면에서 나타났다. 몇몇은 전통적인 방법을 활용하였고, 다른 학생들은 최종 산출물을 위해 더 창의적이고 재미있는 방법을 시도하였다.

표준과 목표 진술(State standards and objectives)

교육과정 표준. 영어 4를 위한 국가 교사 위원회(National Council of Teachers of English 4): 학생

들은 구어, 문어, 시각적 언어표현을 다양한 사람들과 효과적으로 커뮤니케이션하고 다양한 목적에 맞게끔 조절하여 활용할 수 있다. 5-8—지구 및 우주 과학을 위한 국립 과학 교육 표준: 지구 시스템의 구조. 대류운동의 글로벌 패턴은 지역 날씨에 영향을 준다. 바닷물이 많은 양의 열을 보유하고 있기 때문에 바다는 기후에 중요한 영향을 미친다.

공학 표준. 학생들을 위한 국가 교육 테크놀로지 표준 1(National Educational Technology Standards for Student 1)—창의성 및 혁신(Creativity and Innovation): 학생들은 창의적 사고를 하고, 지식을 구성하며, 테크놀로지를 활용하여 혁신적 산출물과 과정을 개발할 수 있다.

학습목표

1. 인터넷 및 도서관에서 학생이 선택한 자연재해 주제에 대해 탐구하여 도출된 내용을 토대로, 5학년 학생들은 뉴스 앵커 및 '현장' 리포터를 위한 대본을 쓸 수 있다.
2. 학생이 쓴 대본을 토대로, 학생들은 뉴스 앵커 및 '현장' 리포터를 위해 스토리보드에 대한 수업 준거를 충족시키는 스토리보드를 만들 수 있다.
3. 학생이 만든 스토리보드와 대본을 토대로, 각 학생들은 디지털 비디오로 자신이 맡은 부분의(뉴스 앵커 혹은 '현장' 리포터) 뉴스 방송을 녹화할 수 있다.
4. 뉴스 방송의 디지털 비디오 활용을 토대로, 학생들은 iMovie를 활용하여 수업 준거에 맞도록 뉴스 방송을 최종 편집할 수 있다.

전략, 공학, 매체, 자료 선정(Select strategies, technology, media, and materials)

전략 선정. Scott James 교사는 자연재해 수업을 위해 교사 중심 전략과 학생 중심 전략을 선택하였다. 교사 중심 전략은 수업목표에 대해 자세히 설명하고 학생들이 어떻게 짝을 지어 연구를 진행하고 뉴스를 제작할지에 대한 내용과 연관된다. 학생 중심 전략은 인터넷 및 도서관 연구, 대본 작업, 스토리보드 개발, 뉴스 방송 비디오 계획, 녹화, 편집과 관련된다.

공학, 매체 선정. 수업은 학생이 컴퓨터, 디지털 캠코더, 마이크, 크로마키용 그린 스크린, iMovie를 활용하여 자연재해 비디오를 편집하는 것이다. James 교사는 테크놀로지 및 매체 선정을 위해 다음 지침을 활용하였다.

- *표준, 결과, 목표와의 연계.* 도서관, 인터넷 사이트, iMovie 소프트웨어는 학생들이 학습목표에 도달하기 위해 필수적인 도구를 제공한다.
- *정보의 정확성과 최신성.* 학생은 자연재해에 대한 정보를 찾기 위해 텍스트 기반 자원과 인터넷 자원을 탐구한다.
- *연령에 맞는 언어의 사용.* 학생들은 5학년 학생에게 적합한 웹사이트와 책을 검토하였다. James 교사는 iMovie의 학생용 안내와 도움말을 제공하였다.
- *흥미수준과 참여도.* 학생들이 자연재해라는 토픽을 선택하고 뉴스 방송을 제작하였다. 이는 학생들의 흥미와 참여를 높였다.
- *기술 수준.* 인터넷 사이트와 iMovie는 높은 기술 품질을 지니고 있다.
- *사용의 용이성.* iMovie의 사용은 초기 교육과 지원을 요하지만, 기초 기술 교육을 받은 후에 활용하기에는 5학년 학생들에게 쉬운 편이었다.
- *객관성.* 학생들은 편견 없는 내용이 되도록 다양한 참고문헌을 활용하였다.
- *사용 설명과 안내.* iMovie의 온라인 도움말은 5학년 학생들이 따라하기에 쉽지 않은 내용이었다. 그래서 학생들은 기술적 지원을 서로에게 혹은 James 교사에게 요청하였다.

자료 선정. Scott James 교사는 학생 탐구를 위해 '아이들에게 적합한' 인터넷 사이트와 도서관 자료를 선택하였다.

공학, 매체, 자료 활용(Utilize technology, media, and materials)

공학, 매체, 자료 사전 검토. Scott James 교사는 '아이들에게 적합한' 인터넷 사이트, 도서관 자료, iMovie 소프트웨어를 선택하고 소개하였다.

공학, 매체, 자료 준비. James 교사는 최종 산출물을 평가하기 위해 사용할 요구사항과 준거를 기술한 과제 안내물을 준비하였다.

환경 준비. James 교사는 컴퓨터 실습실의 인터넷 연결과 컴퓨터마다 iMovie가 설치되어 있는지를 확인하였다. 아울러 그는 디지털 비디오 카메라가 제대로 작동하는지, 컴퓨터로 다운로드 가능한지를 확인하였다.

학습자 준비. 학생들은 인터넷 검색과 iMovie 경험이 있다. 그러므로 수업은 기술 소개와 자연재해에 대한 소개로 시작된다.

학습경험 제공. James 교사는 학생들이 교실에서 비디오를 제작하고 최종 비디오를 발표하는 동안 학습을 안내한다.

학습자 참여 요구(Require learner participation)

연습활동. James 교사 수업의 학생들은 컴퓨터, 인터넷, 도서관 자료, iMovie를 활용하여 자연재해 뉴스 방송을 완성하였다. 짝을 지은 학생들은 자연재해를 선택하고 그 주제에 대한 정보를 찾기 위해 인터넷과 도서관을 탐구하였다. 이러한 정보로 학생들은 뉴스 앵커와 "현장" 리포터의 대본을 쓰고 스토리보드를 만들었다. 그런 다음 학생들은 디지털 비디오로 뉴스 방송을 녹화하였다. 그들은 iMovie로 편집하여 최종 비디오를 만들고 뉴스 방송을 발표하였다.

피드백. James 교사는 학생들이 주제에 대해 탐구하고, 대본을 쓰며, 스토리보드를 만들고, 비디오를 편집하며, 뉴스 방송을 발표할 때 계속적인 피드백을 제공하였다.

평가와 수정(Evaluate and revise)

학습자 성취도 평가. James 교사는 두 가지 방식으로 학습자의 학업 성취도를 측정하였다. 학생의 대본, 스토리보드, iMovie 발표에서 보여준 지식에 대한 시연이 첫 번째 방식이다. 두 번째 방식은 학습목표로 제시된 과제 준거에 따라 평가하는 테크놀로지 기술의 시연이다.

전략, 공학, 매체 평가. James 교사는 학생들과의 끊임없는 커뮤니케이션을 통해 수업 전략을 평가하였다. 아울러 이러한 전략들이 효과적인지를 판단하기 위해 학생의 산출물을 검토하였다. 테크놀로지와 매체 평가는 수업이 진행되는 동안 발생하는 기술적 문제와 관련된다. 이는 다양한 소프트웨어, 인터넷 및 도서관 자원, 디지털 캠코더의 기능을 검토하도록 요구한다.

수정. 학생의 학업 성취도 측정과 수업 전략, 테크놀로지, 매체 평가 결과를 검토한 후에 James 교사는 한 가지 예외 없이 수업이 잘 진행되었다고 결론지었다. 그는 계획한 3주가 너무 길다고 생각하였다. 그래서 그는 모든 학생을 녹화하는 데에 소요되는 시간을 줄이기 위해 지역 매체 센터에서 디지털 비디오 카메라를 빌리는 것으로 수업 계획을 수정하였다.

나의 전문성 개발하기

전문 지식 확인하기

1. 비디오 리터러시를 정의하고 비디오를 보여주고 만드는 다섯 가지 핵심 개념을 나열하시오.
2. 각 수업 영역에서 비디오의 적용에 의해 학습이 어떻게 강화되는지를 설명하시오.
3. 네 가지 교육용 비디오 유형이 어떻게 학습을 지원하는지 정리하고 설명하시오.
4. 비디오의 세 가지 속성과 교실수업에 어떻게 영향을 미치는지를 설명하시오.
5. 디지털 비디오 형식과 아날로그 비디오 형식을 비교하고 대조하시오.
6. 교실에서의 활용을 위해 비디오를 선택하고 평가하는 과정을 개괄하시오.
7. 학생과 교사에 의한 비디오 제작 기법을 설명하시오.

전문 기능 시연하기

1. 비디오 선정 루브릭을 활용하여 비디오를 소개하고 평가하시오. (ISTE NETS 2.C)
2. 비디오 제작 가이드라인에 기초하여 학습 내용을 강화하고 교실 활동을 비평하기 위해 학생이 비디오를 제작하는 교실을 관찰하시오. (ISTE NETS 5.C)
3. 여러분이 비디오 활용에 있어 선택한 주제에 대해 수업을 계획하시오. 학습을 평가하기 위한 다양한 평가 기법들을 브레인스토밍하시오. (ISTE NETS-T 2.B & 2.D)
4. 여러분이 학생들을 위해 창의적이고 혁신적인 사고의 모범을 보이는 방법으로서 여러분이 가르칠 주제를 지원하고 학습을 강화할 디지털 비디오를 만들어라. (ISTE NETS-T 1.A)

전문 포트폴리오 만들기

- *수업 설계하기.* ASSURE 모형을 활용하여 부록 A의 시나리오를 위한 수업을 설계하거나 자신이 설계한 시나리오를 만들어라. 4장에서 설명한 교수 전략과 이 장에서 제시한 정보 중 하나로 비디오를 수업에 적용하시오. 반드시 학생, 목표, ASSURE 모형의 모든 요소들에 대한 정보를 포함하시오.
- *수업 개선하기.* 설계된 수업에 대해 다시 한 번 학생을 고려하시오. 몇몇 학생들은 신체적 어려움이나 학습 어려움 같은 특수한 요구를 가지고 있을 것으로 가정하시오. 아울러 몇몇 학생들은 영재 학생일 것을 고려하시오. 여러분은 이러한 학생들이 수업목표에 성공적으로 도달하게 하기 위해 수업 설계를 어떻게 바꿀 것인가?
- *수업 성찰하기.* 수업을 설계하는 과정과 학생의 요구를 충족시키는 과정을 성찰하시오. 학생, 내용, 전략, 자료를 맞추면서 여러분은 무엇을 배웠는가? 학생의 고차적 사고나 창의력을 개발시키기 위해 무엇을 할 수 있는가? 선정된 자료와 직접 해보는 활동은 어떤 점에서 학생의 학습 기회를 강화하는가?

보충자료

출판물

Abrams, A., & Hoerger, D. (2009). *Award winning digital video projects for the classroom.* Eugene, OR: Visions Technology in Education.

Chenail, R. J. (2008). YouTube as a qualitative research asset: Reviewing user generated videos as learning resources. *The Weekly Qualitative Report,* 1(4), 18 - 24.

Theodoskis, N. (2009). *The director in the classroom: How fi lmmaking inspires learning* (Version 2.0). British Columbia, Canada: Author.

Watson, L. (2010). *Teach yourself visually: Digital video.* New York: Wiley.

웹링크

브라우저에서 웹 링크에 쉽게 접근하기 위해, MyEducationKit로 가서 10장을 선택하고 웹링크를 클릭하시오.

Library Video Company

http://libraryvideo.com

국내 학교를 대상으로 한 교육용 비디오, DVD, 오디오북 유통업체이다. 이 회사는 모든 연령과 학년을 위한 다양한 주제의 18,000개 이상의 타이틀을 보유하고 있다. 각 프로그램은 교실 환경에 적합한지 주의 깊게 검토되고 선정되었다.

neoK12

www.neok12.com/

이 사이트는 PK-12 학생들을 위한 무료 온라인 교육용 비디오, 수업, 게임, 웹 2.0 도구, 퀴즈 모음을 제공한다. 다루는 주제는 물리학, 생명과학, 우주과학, 사회학, 수학, 영어, 인체를 포함한다. 미국 도서관 연합회(American Library Association)는 neoK12를 '2009 어린이용 우수 웹사이트(Great Web Site for Kids 2009)' 로 지정하였다.

TED: Ideas Worth Speading

www.ted.com

TED는 Technology, Entertainment, and Design(TED)이라는 이름으로 '가치로운 아이디어의 확산(Ideas Worth Spreading)' 을 위해 헌신하는 작은 비영리기관이다. 이 사이트는 전 세계의 가장 흥미로운 사상가들과 실천가들로부터 500개 이상의 무료 발표를 모았다. 그들은 자신의 삶에 대해 발표하였다(18분 이내로). 모든 발표는 영어로 자막을 달았고, 다양한 언어의 자막이 제공되고 있다. 이 비디오는 Creative Commons license하에 배포되며, 자유롭게 공유되고 재포스팅될 수 있다.

무료 및 저렴한 자원

비디오

TeacherTube

www.teachertube.com

이 사이트는 교사, 학생, 학교, 홈스쿨링 학습자들을 위한 무료 교육용 비디오를 제공한다. 비디오 모음은 학생이 새로운 지식과 기술을 학습하는 데에 도움을 주기 위해 교사가 설계한 비디오와 교사들의 전문성 개발을 위한 비디오를 포함한다. 이 사이트에서는 비디오 활용에 흥미를 가지는 다른 교사들을 돕기 위해 피드백과 제안사항을 제공하는 비디오 평가 시스템을 활용하고 있다. TeacherTube는 부적합한 자료를 제거하기 위해 직원에게 경고하기 위한 flagging system을 활용하고 있다.

KidsKnowIt

www.kidsknowit.com/index.php

이 사이트는 아바타 형태의 캐릭터가 형용사, 산과 염기, Lewis와 Clark, 시계 보기, 토네이도 같은 기초적인 지식과 기술을 가르치는 무료 교육용 영화를 제공한다. 각각의 영화는 상호작용적 온라인 퀴즈로 마무리한다. 새로운 영화가 매주 추가된다.

SqoolTube

http://sqooltube.com

이 사이트는 매우 다양한 무료 온라인 비디오를 제공한다. 이 사이트는 책 관련, 캐릭터 교육, 유아, 명절, 수학, 음악, 읽기와 커뮤니케이션, 안전, 과학, 사회학, 스페인어 등에 대한 내용을 제공한다.

선정 평가표: 비디오

이 평가표를 내려받아 사용하려면 MyEducationKit를 사용하여 10장에 있는 '선정 평가표'를 클릭하면 된다.

자원을 찾기 위해 사용된 검색 용어

____

____

____

제목 ______________________________

자원/위치 ______________________________

일시 ______________ 비용 ______________

관련 과목 ______________ 학년 ______________

교수 전략 ______________________________

형식

______ DVD

______ 블루레이

______ 컴퓨터 기반

______ 인터넷

______ 압축

______ 스트리밍

______ 비디오카세트

개요

성취기준/결과/학습목표

선행필수능력 (예: 선수지식, 읽기능력, 어휘수준)

장점

단점

특이사항

이름 ______________________________ 날짜 ______________

평가 영역	높은 수준	중간 수준	낮은 수준
성취기준, 결과, 목표와의 관련성	성취기준, 결과, 목표가 명시되었고, 비디오 사용이 학습을 촉진할 것이다.	성취기준, 결과, 목표가 부분적으로 다뤄졌으며, 오디오 사용이 학습을 촉진할 수도 있다.	성취기준, 결과, 목표가 다뤄지지 않았으며, 오디오 사용이 학습을 촉진하지 않을 것이다.
정확성 및 최신성	정확한 정보를 담고 있고, 오래된 자료가 없다.	정확한 정보를 담고 있고, 오래된 자료가 있다.	정보가 정확하지 않고, 오래된 자료가 있다.
연령에 적합한 용어의 사용	대상 연령에 적합한 언어 및 어휘가 사용되었다.	대상 연령에 거의 적합한 언어가 사용되었으나, 일부 어휘가 연령보다 높거나 낮은 수준이다.	대상 연령에 부적합한 언어 및 어휘가 사용되었다.
흥미 수준과 참여	학습자의 흥미 및 학습 참여를 촉진하는 주제가 제시되었다.	대부분 주제가 학습자의 흥미를 끌고, 학습자의 참여를 유발하는 것이다.	학습자의 흥미 및 학습 참여를 촉진하지 못하는 주제가 제시되었다.
기술적 품질	자료가 현존하는 최고의 공학과 매체이다.	자료가 어느 정도 문제의 여지는 있으나 양질의 공학과 매체이다.	자료가 잘 준비되지 않고, 낮은 품질의 공학과 매체이다.
편의성(학생 또는 교사)	자료가 사용하기 편하게 되어 있어서 사용자를 전혀 혼동시키지 않는다.	자료가 대부분 사용하기 편하게 되어 있지만, 일부분에서 사용자를 혼동시킬 수도 있다.	자료가 사용하기 편하게 되어 있지 않고, 사용자가 혼동하게 되어 있다.
중립성(편견 등)	편견 및 광고의 의도가 없다.	편견 및 광고의 의도가 약간 있다.	편견 및 광고의 의도가 많다.
사용자 안내 및 지침	사용자 안내서가 수업을 지원하는 데 매우 유용한 자원이 된다. 지침이 교사와 학생이 자료를 사용하는 데 도움이 된다.	사용자 안내서가 수업을 지원하는 데 좋은 자원이 된다. 지침이 교사와 학생이 자료를 사용하는 데 도움이 될 것으로 보인다.	사용자 안내서를 수업을 지원하는 자원으로 보기 어렵다. 지침이 교사와 학생이 자료를 사용하는 데 도움이 되지 않는다.
속도의 적절성	비디오 자료가 대부분의 학생들이 정보를 이해하고 처리할 수 있을 정도로 제시된다.	비디오 자료가 일부 학생들이 정보를 이해하고 처리할 수 있을 정도로 제시된다	비디오 자료가 대부분의 학생들이 정보를 이해하고 처리할 수 없을 정도로 제시된다.
인지적 학습 지원 도구 사용(개요, 단서, 요약)	비디오 자료가 명확하게 조직되어 있고, 인지적 학습 지원 도구를 사용하고 있다.	비디오 자료가 대체적으로 잘 조직되어 있고, 인지적 학습 지원 도구를 일부 사용하고 있다.	비디오 자료가 조직되어 있지 않고, 인지적 학습 지원 도구를 사용하지 않고 있다.

교실 활용에 추천: ____________ 예 ____________ 아니오

교실 활용에 대한 아이디어:

제 11 장

멀티미디어

학 습 목 표

이 장에서는 ISTE NETS-T 2를 중점적으로 소개하며 다음의 학습결과를 기대한다.

1. 미디어를 소비하고 생산하는 차원에서의 미디어 리터러시에 대해 논의한다.
2. 학습에서 멀티미디어의 장점, 제한점, 교육적 활용에 대해 토의한다.
3. 학습 센터의 네 가지 유형에 대해 논하고, 구체적인 예를 각각 설명한다.
4. 학습자가 보고 직접 조작할 수 있는 교수매체에 특히 적합한 수업 상황에 대해 설명한다.
5. 다양한 전시판의 장점과 단점을 비교한다.
6. 특히 현장학습, 전시물, 디오라마에 적합한 수업 상황에 대해 설명한다.

목 적

학습을 증진하기 위해 멀티미디어를 선정, 통합, 활용할 수 있다.

ASSURE 수업 사례 연구

이 장에서는 1학년 담당 Phil Ekker 교사가 20여 명의 학생들에게 교수 매체를 어떻게 활용했는지를 설명하고 있다. 이 학교는 중산층에서 상위층 가정이 주류를 이루고 있는 교외 지역에 위치하고 있다. 학생들은 읽기, 쓰기, 수학 능력에서 다양하게 분포해 있다. 이로 인해 교사는 위의 교과목들에 대한 단일 수준 수업이 상당히 어렵다는 것을 인식하였다. 이에 대응하여 Ekker 교사는 교수 전략에 멀티미디어와 학습 센터를 적용하려고 한다. 그러나 학생들의 개별 학습 요구에 부합하는 적절한 멀티미디어 자료와 학습 센터 전략을 어떻게 선정해야 하는지에 대해 확신하지 못하고 있다.

여기 언급한 수업 사례를 동영상으로 보기 위해 해당 사이트(www.myeducationkit.com)에 가서 11장의 'ASSURE Video'를 클릭하면, Ekker 교사가 21세기 학습 환경을 위해 멀티미디어를 어떻게 활용했는가를 탐색할 수 있다.

여러분은 이 장의 내용과 해당 수업 사례를 연계하는 성찰 질문들을 이 장 전체에서 만나게 될 것이다. 그리고 이 장의 마지막 부분에서는 여러분이 선택한 학년에 적합한 교수전략, 교수매체, 자료를 통합적으로 활용한 ASSURE 수업계획서를 설계할 기회를 가질 것이다.

서론

다양한 교수매체가 수업을 좀 더 실제적이고 흥미롭게 만들어줄 수 있다. 이 장에서는 Ekker 교사가 21세기 학습자를 교육시키기 위해 멀티미디어와 학습 센터를 어떻게 활용했는가를 보여줄 것이다. 이 장에서 논의된 많은 교수매체와 자료는 비록 교수자들에 의해 그 교육 가치가 저평가되었지만, 여러분은 화이트보드, 플립 차트, 벽면 게시판, 그리고 다른 형태의 제시형 교수매체들을 능숙하게 활용해야 한다. 실물과 모형은 교실수업에 실제성을 그대로 가져오게 해준다. 또한 학습자들은 학습 활동의 일환으로 전시물이나 디오라마를 제작할 수 있다. 수업자료가 효용성이 높기 위해서 디지털 형태이거나 고가일 필요는 없다. 사실 작은 것이 아름다울 수 있고, 저렴한 것이 효과적일 수 있다!

미디어 리터러시

오늘날의 학생들은 문자, 소리, 시각자료, 동영상, 실물, 모형 등 다양한 매체의 소비자이자 생산자이다. 이러한 여러 매체들이 통합되어 멀티미디어 형태로 활용될 수 있다. 이전 장에서 설명했듯이 교육용 컴퓨터 프로그램은 여섯 가지 유형으로 분류된다. 이렇게 다양한 형태의 매체가 어떻게 의미를 만들어내는지에 대해 이해하는 것을 **미디어 리터러시**(media literacy)라고 한다.

매체의 소비

'매체에 능수능란(media literate)' 해지려면, 학습자는 모든 형태의 매체(문자, 소리, 시각자료, 동영상 등)들을 해석하고 활용할 줄 알아야 한다. 모든 형태의 매체를 해독하고 이해하기 위해서, 매체로부터 주어지는 다양한 형태의 메시지를 정확하게 분석하고 논의할 줄 아는 비평적 사고능력을 학생들에게 가르쳐 주어야 한다. 이 사진은 진짜인가 또는 진실을 왜곡하기 위해 조작되었는가? TV에 나오는 저 메시지는 사실인가? 또한 학습자들이 다른 시각을 가진 TV와 인터넷의 뉴스와 정보에 대해 논의할 줄 알도록 가르쳐주어야 한다.

매체의 생산

학생은 다양한 형태의 조합으로 매체를 만들어낼 줄 알아야 한다. 교사는 교실 프로젝트나 보고서를 작성할 때 매체의 모든 네 가지 형태를 구비하도록 독려해야 한다. 그리고 학습자는 어떤 형태의 매체를 통해서도 성공적으로 의사소통할 수 있어야 한다. 예를 들어, 특정 동영상을 만들 때 학생들은 보는 사람과 어떻게 의사소통해야 하며 해당 설명 내용에 적합한 시각자료를 어떻게 제작해야 하는지에 대해 이해해야 한다.

비투사 시각자료는 널리 활용되는 교수매체이다.

David Young-Wolff/PhotoEdit

멀티미디어

일반적으로 **멀티미디어**라는 용어는 해당 제시자료나 자기 학습 프로그램에서 다양한 매체 형식들을 순차적으로 또는 동시에 사용하는 것을 의미한다. 컴퓨터는 통상적으로 문자, 소리, 정화상, 동영상 등을 통합한 멀티미디어 형태를 보여준다.

암스테르담 소재 안네 프랑크(Anne Frank)의 은신처에 대한 이야기를 담은 CD-ROM을 통해 'Anne Frank House Museum'을 관람하는 것이 그 예가 될 수 있다. 여기서 학생들은 나치가 네덜란드를 침공했을 때 안네 프랑크의 가족들이 숨어 지냈던 곳을 디지털 재생한 것을 접할 수 있다. 여기서 학습자들은 키보드와 마우스를 조작하여 1942년부터 1944년까지 안네가 살았던 곳을 3D로 여기저기 관람할 수 있다. 그리고 당시에 살았던 사람들의 증언도 비디오와 오디오를 통해 보고 들을 수 있다. 학생들은 또한 당시 안네가 곤경에 처하면서 기록했던 일기 내용에 대해 학습하게 된다.

가장 많이 쓰이는 교수매체의 통합 형태는 **멀티미디어 킷(kit)**으로, 한 종류 이상의 매체가 특정 학습 주제를 중심으로 구성된 교수학습 자료의 모음을 의미한다. 여기에는 실물, 모형, 작동모형(mock-ups) 등이 포함된다. 그리고 컴퓨터 프로그램, 음성 및 동영상 자료, 활동지, 차트, 그래프, 책자 등이 연계되기도 한다. 몇몇 멀티미디어 모음은 교사가 수업에서 제시할 때 사용할 수 있도록 설계되어 있기도 하다. 또 다른 형태는 개별 학습자나 모둠(조)별 학습자들에 의해 사용 가능하도록 만들어지기도 한다.

멀티미디어 킷은 다양한 감각 경험을 제공한다. 이 교수매체는 추상적인 인지 능력을 위한 견고한 기반을 구축하여 구체적인 인지를 가능하게 만든다.

Bob Torrez/PhotoEdit

시판되는 멀티미디어 모음은 다양한 교과목을 위해 제공되고 있다. 여기에는 학습자용 연습장과 교사용 매뉴얼(manual)도 포함되어 있다.

멀티미디어는 언제 사용하는가

다음과 같이 학생들의 학습이 강화될 때 사용한다.

지침	예시
수업에서 방금 학습한 내용을 연습	기술 습득과 과제 해결에 추가적인 도움이 필요한 학습자들은 멀티미디어 자료를 활용해서 기술을 연습하거나 지식에 대한 이해를 높일 수 있다.
영재아를 위한 학습 기회 제공	영재 학생들은 도전적인 과제를 멀티미디어 또는 좀 더 복잡한 소프트웨어 프로그램으로 해결하면서 교실수업 관련 심화 내용을 습득하게 된다.
다른 학생들과 협력적으로 활동	학습자들은 특정 지식을 이해하기 위해 여러 학습자료를 같이 탐색하면서 서로 도움을 줄 수 있다.
학습부진아를 도움	자신의 학습양식에 맞게 멀티미디어 자료를 탐색하면서 개인적으로 의미 있는 방법으로 활용할 수 있다.
지식을 새로운 방법으로 표현	학생들은 학급이나 학교에서 다른 학습자들과 지식을 공유하기 위해 자신만의 멀티미디어 자료를 만들어낸다.

교사나 매체 전문가(media specialist)는 이러한 멀티미디어 모음을 직접 개발할 수도 있다. 이러한 자료의 주목적은 학습자에게 실제적인 경험을 제공하는 데 있다—만져 보고, 관찰하고, 실험하고, 의문을 가져 보고, 결정하기도 한다.

장점

- *상호작용성.* 멀티미디어는 학습자가 자료 내에서 의미 있는 선택을 하면서 활동하게 만들어서 주의집중하도록 해야 한다. 이는 학습자 참여라는 필수 사항을 충족시키는 장점이 있다.
- *개별성.* 멀티미디어는 학습자에게 학습결과에 대한 통제권을 더 제공하여 자신의 학습 진도와 순서에 따라 활동할 수 있도록 해야 한다.
- *특수 교육 요구.* 멀티미디어는 특수아(일탈 행동아, 다문화 가정 아이, 장애아, 영재아 등)에게 효과적이다. 이러한 학생들은 멀티미디어를 통해 각자의 능력에 맞게 활동할 수 있다.
- *정보 관리.* 멀티미디어는 정보의 폭증에 대응할 수 있는 지식 기반을 구축해준다. 멀티미디어는 모든 종류의 정보(문자, 그래픽, 소리, 동영상 등)를 교사나 학생이 활용할 수 있게 관리해준다.
- *다중감각 경험(multisensory experiences).* 멀티미디어는 다양한 학습경험을 제공한다. 멀티미디어는 직접 교수, 교정, 심화 등을 위한 여러 교수 전략들을 활용한다.

매체 실례

멀티미디어 자료

Rainforest Researchers

www.tomsnyder.com

CD-ROM, 비디오테이프, 인쇄 자료 등이 통합·제시된 자료를 통해 학습자는 인도네시아의 열대우림에 가 있는 듯한 느낌을 가지게 된다. 학습자들은 협동하며 문제 해결을 해 나가는 과학자 팀으로 활동하면서 풍부한 생태계를 가지고 있는 변화무쌍하고 신비한 열대우림 세계를 탐구하게 된다. 학습자들은 4명의 모둠(조)으로 활동하면서 각각 화학자, 민속식물학자(ethnobotanist), 분류학자(taxonomist), 생태학자의 역할을 맡는다. 각 팀은 비디오테이프를 보면서 정보 분석, 협동, 의사결정 등의 활동을 하기 위해 화면에 있는 해당 메뉴를 선택한다. 이러한 혁신적인 프로그램은 Software Publishers Association에서 중학교 최고의 교육 과정 소프트웨어로 선정되었다.

Neighborhood MapMachine

www.tomsnyder.com/products/products.asp?Subject=SocialStudies

이 소프트웨어는 지역사회 지도를 만들고 탐색하는 체험방식의 사회 과목 관련 프로그램이다. 학습자들은 자신의 지도를 만드는 데 열중하면서, 위치, 크기, 거리, 측정 등의 개념을 배우게 된다. 학생들은 자신이 만든 지도에 사진, 영화, 웹사이트를 연결시키기도 한다. 또한 학습자들은 다른 학생들과 지도를 공유하면서 쓰기와 수학 능력을 활용하게 된다.

Dioramas Designer

www.tomsnyder.com

축소모형 세트 디자인 프로그램으로 대상은 2~6학년이다.

이 프로그램을 사용하면 컴퓨터상에 축소 모형 세트를 쉽게 만들 수 있다. 기본적인 축소 모형 세트를 만들고 그것에 색을 칠하며, 사회 시간이나 국어 시간 등에서 배운 내용을 기초로 어떤 시대에 대한 설명을 붙일 수도 있다. 다양한 배경을 선택하고 여러 가지

요소로 장식을 할 수도 있다. 축소 모형 세트는 신발 상자에 붙일 만한 작은 크기에서 인형극 무대 크기까지 다양한 크기로 프린트할 수 있다. 프로그램 선택 기능에는 포스터, 인형극 인형, 가면을 만드는 기능도 포함되어 있다.

이 프로그램을 약간 변형한 것이 Rainforest Designer이다. 이 프로그램은 열대우림 지역 서식지를 3차원으로 만들어서 프린트할 수 있다. 이러한 프로그램에 대한 더 자세한 정보를 위해 Tom Snyder Productions의 웹사이트 http://www.tomsnyder.com에 접속해 보기 바란다.

Science Court Explorations

www.tomsnyder.com

이 CD-ROM 시리즈는 컴퓨터 프로그램과 학생들이 사용할 수 있는 조작물을 함께 한 세트로 만들었다. 2~3학년을 위해 만든 이 CD-ROM 시리즈는 Tom Snyder Production이 만든 Science Court 시리즈의 연장 판이다.

이 시리즈는 어린 학생들에게 기본적인 과학 개념을 소개할 뿐만 아니라 과학적인 탐구방법에 대한 생각을 깊게 하도록 한다. 이 CD-ROM은 과학적인 개념들을 재미있고 만화적인 표현으로 소개한다. 이런 과정을 통해 학생들이 과학적인 개념을 이해하도록 한다. 또한 학생들이 실제 실험을 하기 위해 어떻게 해야 하는지도 안내해 준다. 팀을 짜서 학습을 할

경우에는 가설을 세우고 이를 검증하기 위해 실험을 하고 질문에 답을 한다. 이러한 형태의 CD-ROM으로 'Pendulums', 'Rockets', 'Flight', 'Heat Absorption', 'Magnets', 'Friction' 등이 있다. 더 자세히 알고 싶다면 www.tomsnyder.com에 접속해 보기 바란다.

PBS for Kids

http://pbskids.org

이 프로그램은 아동들이 각 연령별 발달 단계에 적합한 언어와 수학에 대한 경험을 다양한 활동을 통해 할 수 있는 상호작용형 웹사이트이다. 여기서의 활동 주제들은 인기 있는 TV 쇼인 PBS의 *Arthur*, *Sesame Street*, *Reading Rainbow* 등과 관련되어 있다. 또 다른 웹사이트 링크에는 학부모와 교사들이 아이들의 교육을 보충할 수 있도록 학습자료에 연결시켜 준다.

PEARSON myeducationkit

© 저작권 관련 사항

멀티미디어 자료

인터넷, World Wide Web, CD-ROM, 비디오디스크(videodisc)와 같은 새로운 테크놀로지의 출현으로 인해 멀티미디어 기술 차원에서 저작권법을 재검토할 필요성이 제기되었다. 1996년 가을 미국 하원의 사법 및 지적 재산권에 관한 하원법사소위원회는 교육에서 멀티미디어의 정당한 제작 · 이용에 관한 법안을 채택했다. 이 법안에는 다음과 같은 허용 기준이 포함되어 있다.

- 멀티미디어 프로그램을 개발할 때 교사와 학생은 다음과 같은 저작물은 합법적으로 사용할 수 있을 것이다.
  글: 전체의 10% 또는 1,000개 단어까지만(둘 중에 작은 것이 적용)
  청각 자료: 10%까지만(하지만 30초 이하)
  그림이나 사진(images): 동일 화가나 사진가로부터 5장 이하
  동영상: 10% 또는 3분까지만(둘 중에 작은 것이 적용)
  수치 자료(numerical data): 10% 또는 2,500개의 개별 입력 자료(둘 중에 작은 것이 적용)
- 교육자는 멀티미디어 프로그램이나 자료를 처음으로 수업에 사용한 날로부터 2년까지의 기간 동안만 교육적 목적으로 사용할 수 있다. 그 기간이 지난 후에 사용하고자 하는 경우에는 각 저작물에 대해 저작권자의 허가를 받아야 한다.
- 학생과 교육자는 멀티미디어 프로그램을 사후 학습평가용 개인 포트폴리오로 또는 정년 보장 평가용(tenure review)과 취업 인터뷰용으로 보관할 수 있다.
- 교육자와 학생은 자신들의 멀티미디어 프로젝트를 시작할 때와 어떤 인쇄물을 추가할 때, 모든 자료는 미국 저작권법에서 정하는 정당한 사용을 위한 면책특권하에 포함되어야 한다는 주의 사항을 공지해 주어야 한다. 그리고 사용하는 모든 자료에 대해 자료 출처를 명확히 밝혀야 한다.

저작권법에 대한 일반적인 정보를 얻고 싶으면 이 책 1장의 '저작권 관련 사항'과 1장 끝에 소개한 자료(문헌과 웹사이트)를 참고하면 된다.

단점

- *비용.* 자료를 얻기 힘들거나 비용이 많이 들 수 있다.
- *자료 보관의 문제.* 여러 형태의 자료를 보관할 공간을 확보하는 문제가 대두될 수 있다.

ASSURE 사례 연구 성찰

PEARSON myeducationkit™

이 장의 앞부분에서 소개한 ASSURE 수업 사례와 동영상을 보시오. Phil Ekker 교사가 자신의 일학년 학생들에게 멀티미디어를 어떻게 활용하고 있는가? 멀티미디어 킷은 일학년에게 어떤 효과가 있는가? 왜 그런가 또는 왜 그렇지 않은가?

교육과정과의 통합

수업에서 멀티미디어를 활용하는 것은 우리에게 주어진 과제이다. 교육에서 멀티미디어의 궁극적 가치는 얼마나 전반적이고 완벽하게 기존 교육과정과 통합될 수 있느냐에 달려있다. 그리고 그 교육의 성과는 ASSURE 모형의 두 번째 단계에 해당하는 명확한 목표를 기반으로 측정되어야 한다. 멀티미디어는 문제 해결력을 키우고, 창의력을 배양시키며, 협동의식을 촉진하고, 평생 교육의 가치에도 중점을 두어야 한다.

멀티미디어 자료는 단순한 설명보다는 실제로 보여주어야 하는 학습과제에 효과적이다. 예를 들어, 인쇄자료와 강의만으로는 토양의 PH 수치, 침식의 형태, 대선 토론의 역동성 등과 관련된 수업에는 적절하지가 않다. 학습자가 가상현실이나 시각적 조작물(visual manipulatives)을 직접 다룬다거나, 느린 화면으로 얼음 형성의 동영상을 보거나, 또는 금문교(Golden Gate Bridge)를 여러 각도에서 보기 위해 웹 카메라를 이용하면서 수업에서 상호작용할 필요가 있을 때 멀티미디어가 적합한 선택이 될 수 있다. 이와 관련하여 이 장에서 소개된 〈멀티미디어는 언제 사용하는가〉를 참고하기 바란다. 그리고 여러분과 학생들이 특정 학습 목적에 따라 새로운 멀티미디어 자료를 제작할 때는 저작권법을 확실히 지켜야 한다(〈저작권 관련 사항: 멀티미디어 자료〉 참고).

학습 센터

다양한 교수매체와 자료의 통합을 바탕으로, **학습 센터(learning center)**는 특정한 과제를 중심으로 개별 학습이나 소집단 학습을 촉진하기 위해 설계된 하나의 완비된 학습 환경이다. 학습 센터는 테이블 하나와 여러 개의 의자만으로 구성된 아주 간단한 형태에서부터 그룹이 협동하여 연구하고 문제를 해결할 수 있도록 여러 대의 컴퓨터가 네트워크로 연결된 매우 정교한 형태에 이르기까지 그 형태가 다양하다. 개별 교사는 간단한 실습 활동을 위해 대집단을 여러 소집단으로 나누는 방법으로 한 교실에 한 개의 학습 센터를 만들어 활용할 수 있다. 예를 들면, 과학 수업 시간에 교실의 한 코너에 실

테크놀로지 통합 사례

교사가 직접 만든 멀티미디어 모음

한 초등학교 교사는 자신의 3학년 학생들을 위해 과학 관련 멀티미디어 모음을 시리즈로 개발했다. 그녀는 이 자료에 악기, 자석, 소형 전동기, 돌, 무해 화학제품, 곤충 표본 등의 실물을 포함시켰다. 그리고 각 주제와 관련된 사진들을 잡지와 구교재에서 모았다. 각 단원별로 준비된 학습 안내(study guide)를 통해 학습자들은 해당 주제에 대한 탐구 활동을 시작하여 가설을 수립하고 연구 활동을 전개해 나갔다. 또한 해당 주제에 대한 다양한 참고 자료가 책과 비인쇄물의 형태로 주어졌다. 오디오 테이프도 학생들이 학교와 가정에서 오디오 카세트 플레이어를 통해 들을 수 있도록 제공되었다.

음향이 필요한 단원을 위해 교사는 사진에서 보여주는 바와 같은 멀티미디어 모음을 개발했다. 이 자료는 여러 악기, 학습자가 식별해야 할 특정 소리에 대한 녹음, 인간의 귀 내부를 보여주는 모형, 인간의 청각에 관한 책, 박쥐, 개, 돌고래와 같은 동물들이 소리를 어떻게 듣고 활용하는가에 대한 교육용 비디오 등을 포함하고 있다.

학습자들은 이 멀티미디어 모음을 집에 가져가서 실험을 할 정도로 즐겁게 학습 활동을 영위해 나갔다. 학부모들의 반응도 매우 긍정적이었다. 여러 학부모들이 집에서 자녀들과 함께 활동하면서 많이 배웠다고 말했다. 그리고 학습자들이 쉬는 시간에도 이 자료로 활동하는 모습이 자주 보였다.

Michael Newman/PhotoEdit

험실 형태의 학습 센터를 만들어 조별로 이용하는 방법이 있다. 또는 'Project CHILD schools' (〈테크놀로지 통합 사례〉 참조)와 같이 학교 차원에서 학교의 일상적 수업활동과 학습 센터를 통합하기 위해 학교 전체를 그에 맞추어 조직할 수도 있다.

학습 센터는 학습자들이 단순히 둘러앉아서 책을 읽는 것이 아니라 능동적으로 참여할 수 있도록 도와주어야 한다. 대부분의 학습 센터들은 개별화 활동을 통해 학습자에게 연습과 피드백을 제공한다. 학습 센터는 학습자들에게 실제적 맥락과 사회적 상호작용을 제공하지 않는 경향이 있다. 학습 센터는 개별 학습자들이 사용하기 위해 설계되는 경향이 있으나 2명이 짝을 이루거나 3명이 팀으로 학습 활동을 하도록 설계될 수 있다.

학습 센터는 공간적 여유가 있고 설치가 적절하다면 어떤 교실에서도 준비될 수 있으며 일반적으로 학교의 도서관 매체 센터에서 흔히 볼 수 있다. 학습 센터 자료는 실제적으로 이 책에서 언급된 모든 또는 그 어떤 유형의 매체와 멀티미디어를 포함한다. 교사나 매체 전문가들은 센터의 자료 구비를 위해 상업적으로 제작된 학습자료와 소프트웨어를 구입하거나 자체 제작할 수 있다.

테크놀로지 통합 사례

CHILD 프로젝트

CHILD(Changing How Instruction for Learning is Delivered) 프로젝트는 초등학교를 위한 혁신적인 수업 체제이다. CHILD 모형은 한 교사가 한 교실의 모든 교과목을 담당하는 기존의 전통적인 교실과는 다르다. 프로젝트 CHILD에서, 교사는 다학년 통합반(기초반은 K-2학년, 중급반은 3-5학년)을 구성한다. 그리고 각 통합반의 교사들은 각각 자신의 전문 분야인 중핵 교과(읽기, 쓰기, 수학) 하나를 선택한다.

학생들은 통합반에 있는 세 반을 순회하면서, 60~90분 정도 활동하며 각 중핵 교과에 대해 집중적으로 학습한다. 각 CHILD 교실은 6개의 학습 센터가 있다.

- 교육용 소프트웨어로 학습하는 컴퓨터(Computer)
- 소집단 개인지도 교사(Teacher)
- 작문을 위한 교과서(Textbook)
- 게임 형태의 학습활동에 도전(Challenge)
- 체험방식의 활동과 프로젝트 탐구(Exploration)
- 창조적 표현을 위한 상상(Imagination)

이렇게 학생들은 같은 통합반 교사들과 3년 동안 지내게 된다. 그리고 교사들은 자신이 담당하는 전문 교과에 테크놀로지와 협동학습 방법을 적용하는 특별 연수를 받는다. 여전히 교사들은 정규 교육과정을 다루면서 다른 학교의 학습자료도 활용한다. 이러한 CHILD 프로젝트를 통해 나타난 변화는 단순 강의와 수업 듣기를 벗어나 교육방법이 테크놀로지와 체험 위주의 능동적인 학습방법으로 향상되었다는 점이다. CHILD 프로젝트를 경험한 학생들에게 다음과 같은 다양한 성과가 나타났다.

Project CHILD

- 표준화 학업성취도 평가에서 통계적으로 유의미하게 더 높은 성취도
- 생활 지도 문제 감소
- 학부모의 만족도 증가

이 내용에 대해 정보를 더 얻고 싶으면 The Institute for School Innovation(www.ifsi.org/projectchild)를 참고한다.

학습자들은 자신의 책상이나 다른 개방된 공간에서도 간단한 학습 센터 활동을 수행할 수 있지만, 학습 센터는 분명하게 확인할 수 있는 별도의 공간에 한정되거나 방해를 받지 않도록 적어도 부분적으로 폐쇄된 공간이 바람직하다. 학습 캐럴(carrels) 혹은 부스(booths)는 분명한 학습 센터 공간을 표시할 수 있으며 상업적으로 제작된 것을 구입하거나 자체 제작하여 사용할 수도 있다. 또는 교실에서 간단히 캐럴을 만드는 방법으로 딱딱한 판지를 이용하여 책상 위의 공간을 분리하여 사용할 수 있다.

다양한 학습자들을 위한 테크놀로지

학습 센터

학습 센터는 다각도의 테크놀로지와 교수매체를 통해 다양한 특성을 지닌 학생들에게 필요한 학습 자료와 활동을 제공하여 학습을 촉진시켜 준다. 교사는 이러한 학습 센터에 적합한 기존의 교수 학습 자료를 활용하기도 한다. 만일 여러분의 학습 센터를 설계한다면, 그 구성 요소들은 웹사이트나 관련 자료에서 얻을 수 있다.

하지만 테크놀로지만 가지고 저절로 학습의 흥미를 끌 수 있다고 생각해서는 안 된다. 테크놀로지와 교수매체가 각 학습자의 학습양식과 능력에 부합되어야 한다. 어떤 학생들은 짝이나 모둠과 함께 학습하기를 좋아한다. 반면에, 다른 학습자들은 자기 혼자서 활동하기를 선호한다.

특수 교육이 필요한 학생들에게는 그들의 학습 요구에 맞게 적응형(adaptive) 테크놀로지를 활용한다. 예를 들어, 신체 장애아는 크게 확대된 키보드를 사용하거나, 시각 장애 학생들은 출력-음성 전환 또는 큰 글씨 소프트웨어를 사용하게 해준다. 일반 또는 영재 학습자들에게는 그들 능력에 맞는 학습자료가 제시된다.

학습자가 선택 가능한 다양한 형태의 자기 학습 프로그램을 제공해 주어야 한다. 여기에 심화 학습 단원을 덧붙여주면 학생들이 자기 학습에 의사결정을 내릴 수 있다. 교육과정은 학습자의 능력에 따라 각 학생별로 다원화되어 나타난다. 여기서 학생들은 자신의 과제를 완수함과 동시에 다른 학습 활동 기회를 제공받는다.

각 학습자의 학업 성취도 평가는 다양한 방식으로 측정, 기록될 수 있다. 테크놀로지가 시험과 자기평가를 관리할 수도 있다. 또한 학생들은 학습 센터의 학습 주제를 완전 학습했다는 것을 보여주기 위해 컴퓨터 소프트웨어를 활용하기도 한다.

기능 센터

기능 센터(skill centers)는 학습자에게 추가적인 연습의 기회를 제공하기 위해 전형적으로 다른 매체나 다른 방법을 통해 이전에 배운 수업을 강화한다. 반복연습을 통해 형성된 기초 기능들은 기능 센터를 활용한 수업 접근방법에 적합하다. 예를 들면, 쓰기를 배우는 학습자들에게 접두사 활용 연습을 시키기 위해 기능 센터를 계획할 수 있다.

흥미 센터

흥미 센터(interest centers)는 새로운 흥미를 자극하고 창의성을 촉진할 수 있다. 예를 들면, 실제로 특정 곤충 단원을 수업하기 전에 교실에 곤충의 생활에 대해 알아보기 센터를 마련할 수 있다.

보충학습 센터

보충학습 센터(remedial centers)는 특정 개념이나 기능에 대한 보충지도가 필요한 학습자를 도울 수 있다. 예를 들면, 여러 가지 분수들의 최소공배수를 결정하는 데 어려움이 있는 학습자들은 보충학습 센터에서 필요한 도움을 받을 수 있다.

심화학습 센터

심화학습 센터(enrichment centers)는 기타 교실 활동을 모두 마친 학습자에게 보다 심화된 학습경험을 위한 자극을 제공할 수 있다. 예를 들면, 교실에서 배당된 수학 활동을 모두 끝낸 학습자들은 심화학습 센터에서 컴퓨터 수학 게임을 하도록 허용한다.

장점

- *자기 학습 속도(self-pacing).* 학습 센터는 학습자들의 자기 학습에 대한 책임의식을 촉진시키며, 자신의 학습 속도에 따라 학습을 진행할 수 있게 하여 학습 실패를 최소화하고 성공 가능성을 최대화할 수 있다.
- *능동적 학습.* 학습 센터에서는 학습자들이 직접 학습에 참여하고, 자신의 반응에 대하여 즉각적인 피드백을 받는다.
- *교사 역할.* 학습 센터는 학습자들이 스스로 학습하는 동안 도움을 필요로 하는 학생에게 개별적인 지도와 도움을 주는 코치 역할을 수행한다(〈다양한 학습자들을 위한 테크놀로지: 학습 센터〉 참고).

단점

- *비용.* 학습 센터를 계획, 설치하고 필요한 학습자료를 수집, 정리하는 과정은 상당히 많은 시간이 필요하다. 센터에서 사용될 장비와 자료 또한 비용이 든다.
- *관리 운영.* 학습 센터를 관리하는 교사는 학급 조직 및 관리에 능통해야 한다.
- *학습자 책임의식.* 어떤 자율학습이라도 성공적이기 위해서는 학습자의 능력과 자기 학습에 대한 책임의식이 바탕되어야 한다.

교육과정과의 통합

교사들은 많은 특별한 목적을 위해 학습 센터를 활용할 수 있다. 컴퓨터는 정보 획득, 지식의 구성, 문제 해결, 멀티미디어 학습을 위해 활용될 수 있다. 컴퓨터를 학습 센터에서 사용할 때는 학생들에게 헤드폰이나 이어폰을 제공하여 다른 학습자들에게 방해되지 않도록 해야 한다(〈학습 센터는 언제 사용하는가〉 참고). 또한 학습자가 창을 향해 앉지 않도록 컴퓨터 화면을 흐리게 하는 빛을 차단해주어야 한다(Morrison & Lowther, 2010).

조작물

조작물(manipulatives)은 학습 활동에서 보고 다룰 수 있는 사물을 의미한다. 조작물은 앞 장에 언급한 학습 센터와 수업 모듈(instructional modules)에서도 자주 활용된다. 또한 뒤에 서술된 현장 학습, 전시물, 디오라마가 이에 해당된다. 이 교수매체들은 학습자가 직접 다루고 탐구하는 데 활용되기 때문에 학습자의 주의 집중을 촉진하고 학습을 증진시킨다. 조작물에는 실물, 모형, 작동모형의 세 가지 유형이 있다.

실물

실물—동전, 도구, 공예품, 식물, 동물—은 구하기 쉽고 학습자의 흥미와 적극 참여를 유발할 수 있는 학습자료이다. 유치원 교실의 생쥐, 중학교 학생들의 생태계 학습을 위한 수족관, 식민지 시대의 동전 수집품, 생물 실험실의 개구리, 부모의 자녀 양육 프로그램의 아동 등은 학습 개념 이해를 돕고 상상력을 자극시켜 주는 실물의 좋은 예이다.

실물은 특히 학생들이 평상시에 직접 경험하기 힘든 학습 내용을 가르칠 경우에 효과적이다. 교육자들도 구체적인 경험 없는 이론과 개념 이해는 위험하다고 생각하였다. 자신의 삶과 의미 있는 방법으로 학습 내용을 이해하기 위해서 실제 경험이 필요하며, 교실에서 실물을 사용하는 것이 이러한 경험을 돕는 일이 될 것이다.

실물은 그대로 사용할 수도 있고 효과적으로 바꾸어 사용할 수도 있다. 다음은 실물을 바꾸어 사용하는 예이다.

- *절단면.* 물체 안쪽에 있는 것을 잘 관찰할 수 있도록 기계의 한쪽 면을 잘라 놓

학습 센터는 기능을 익히게 해주고, 흥미를 유발하며, 교정 및 심화 학습을 제공해준다.

Kayte M. Deioma/PhotoEdit

어떤 학습내용에는 실물보다 더 좋은 것이 없다.

Richard Hutchings/PhotoEdit

학습 센터는 언제 사용하는가

다음과 같이 학생들의 학습이 강화될 때 사용한다.

지침	예시
교사가 코치나 멘토 역할을 할 때	학생들은 흥미로운 학습활동에 적극 참여하는 동안 '지질학 기능 센터' 에서 다양한 암석을 파악하는 데 과학 실험을 실시한다.
자기주도적인 학습경험	학생들은 '역사 심화 학습 센터' 에서 자기 지역사회에서 town center의 지난 100년 동안의 변화를 시계열적인 사진으로 나타낸 전시물로 자신의 진도에 따라 학습한다.
교사의 직접 교수 후에 연습과 피드백	학습자들은 '수학의 막대그래프 센터' 에 가서 컴퓨터 소프트웨어로 막대그래프를 만들고 해석한다.
소집단별로 협동학습	학생들은 '언어 기능 센터' 에서 단어 카드를 통해 정확한 문장을 작성할 수 있게 된다.
새로운 개념과 학습 주제 소개	학습자들은 '미국 역사 흥미 센터' 에서 시민권운동 관련 학습자료(예: 잡지, 학술지, King 목사의 동영상 등)를 활용한다.

은 것

- *표본.* 실제 식물이나 동물을 편리하게 관찰할 수 있도록 전체나 부분을 보관한 것
- *전시품.* 과학적인 현상이나 역사적인 사건들을 보여주는 모형 전시품. 전시품은 종종 전시품에 대한 자세한 내용을 글로 써 놓기도 한다.

실물은 정보를 제공하고, 궁금증을 유발하며, 직접적인 경험을 하도록 하는 좋은 방법으로 사용되지만, 평가 자료로도 활용할 수 있다. 학생들은 실물을 중앙에 놓고 실물을 보면서 그것이 무엇인지 말하고 그 기능을 설명하고, 또한 실물을 서로 비교 대조할 수 있을 것이다. 이렇게 실물을 평가하는 방법으로 학습 주제를 실제 생활에 적용해 볼 수 있다. 이러한 방법으로 언어적으로만 배우는 학습 내용을 실제 생활에 적용해 볼 수 있다.

모형

모형(models)은 실물을 3차원으로 표현한 것이다. 모형은 실물보다 크거나 작기도 하고 실물과 같은 크기로 만들기도 한다. 모형은 교육적으로 실제보다 더 자세하고 완벽하게 표현하기도 하고, 반대로 실물보다 간단하게 표현하기도 한다. 어떤 경우는 모형이 실물로 제공할 수 없는 경험을 제공할 수도 있다. 예를 들면, 중요한 부분들에 색칠을 해서 강조할 수 있고, 조립식 모형을 만들어 실물로는 보여줄 수 없는 내부를 보여줄 수 있다.

3차원의 해부학 모형은 사진이나 그림 또는 동영상보다 훨씬 더 실제적이다.

T. Hubbard/Merrill

조형물이나 모형은 직접적인 경험을 제공한다.

Bonnie Kamin/PhotoEdit

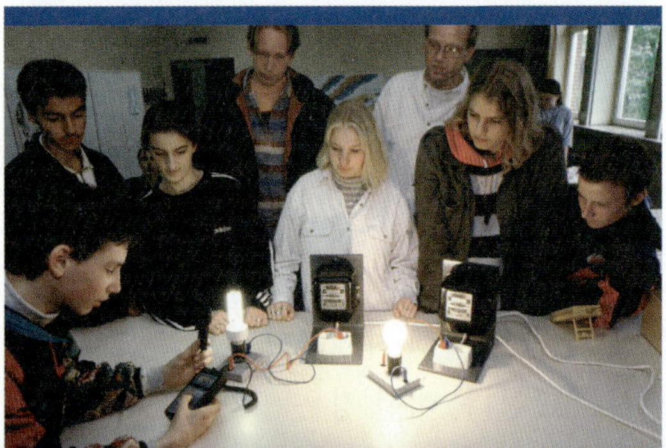

전기 시스템의 작동모형은 학습자에게 복잡한 세부 부분을 생략하고 작동 가능한 부분만을 제공해준다.

Wolfgang M. Weber/Photolibrary/Peter Arnold

대부분의 모형—비행기에서 얼룩말까지—은 학교별로 구입할 수 있다. 그리고 지역 매체 센터들도 이러한 모형 대여 서비스를 한다. 학군이나 지역 매체 센터와 박물관에서 멀티미디어 세트의 일부분으로 만든 모형 세트나 모형을 빌려주기도 한다(이 장의 앞부분에 소개).

교사와 학생들이 조립할 수 있는 다양한 조립모형도 있다. 조립 그 자체로도 교육 활동이 될 수 있다. 학급에서 모형을 조립해 보는 것은 모든 연령층의 아이들이 좋아하는 것이며(심지어 어른들까지도) 이 방법은 또한 다양한 의문과 발견을 촉진해 준다. 더욱이 조립 활동은 인지적 기능과 심체적 기능을 동시에 발달시켜 준다(그림 9.9).

작동모형

작동모형(mock-ups)은 복잡한 과정이나 장치를 간단하게 만든 것으로 일반적으로 산업교육에서 많이 사용한다. 중요한 부분은 강조하고 불필요한 부분은 생략함으로써 복잡한 부분을 잘 이해할 수 있게 한다. 작동모형은 종종 어떤 장치의 기본 작동방법을 보여주기 위해 만들기도 한다. 작동모형을 만들 때에는 학습자들이 자유로운 방법으로 모형을 만들도록 한다. 예를 들면, 학생들이 컴퓨터 모형을 만들 때 내부에 있는 컴퓨터 보드 위에는 각 부분의 이름을 써 넣기도 할 것이다. 또한 전자회로 그림까지 그려 넣기도 할 것이다. 가장 정교한 형태의 모형은 시뮬레이터이다. 시뮬레이터는 학습자가 위험 부담 없이 아주 실제적인 경험을 하도록 해준다.

장점

- *실제성.* 조작물은 실제성을 제공해주며 3차원으로 개념을 보여준다. 그래서 이 교수매체는 사물의 크기, 모양, 색의 파악을

교실에서 조작물 사용하기

- 수업 시간 전에 실물자료나 모형에 익숙해지도록 미리 다루어 보라.
- 실물이나 모형을 가지고 수업을 어떻게 할 것인지를 미리 연습하라. 특히, 실물이나 모형을 어떻게 작동시켜야 하는지 잘 확인해 두어라.
- 모형과 실물이 차이가 있다면 모형으로 인해서 실물의 색깔이나 크기, 모양 등을 학생들이 잘못 이해하지 않도록 주의하라.
- 가능하다면 학생들이 학습할 때 실물과 모형을 직접 조작해 보도록 격려하라.
- 실물이나 모형을 사용하지 않을 때는 보이지 않는 곳에 보관하라. 그렇지 않으면 다른 주제 학습에 방해가 될 수 있다.

용이하게 하고, 직접적 경험과 실험실 수준의 연습을 가능하게 해준다.

- *흥미.* 조작물은 다양한 감각기관에 호소하면서 흥미를 유발시킨다. 많은 학생들은 특정 표본을 면밀하게 조사하기 위해 실물을 만지고 조작하는 것을 좋아한다.
- *협동.* 이 교수매체는 소집단 프로젝트 활동에 동기부여하는 데 적합하다. 여기서 학생들은 실험, 문제 해결, 역할 연기를 포함한 다양한 직접 경험 방식의 연습을 통해 협동학습을 해나간다.

단점

- *비용.* 조작물은 많은 경우에 다른 전통적인 학습자료보다 더 많은 비용을 필요로 한다.
- *보관.* 보관할 장소를 확보하기 어려우며, 필요 시 찾아내기 어려운 경우도 발생한다.
- *파손 위험.* 어떤 조작물들은 쉽게 깨지거나 손상되며, 때로는 원상복구가 힘든 경우도 있다.

교육과정과의 통합

조작물은 발견 학습이 필요한 내용에 적용하기에 적합하다(〈교실에서 조작물 사용하기〉 참고). 여기서 학습자에게 탐색과 결론을 안내하는 질문을 제기할 수 있다. 특히 과학 관련 학습 주제가 더 적합하다. 예를 들어, 자성(magnetism) 단원에서는 다양한 형태의 자석, 철가루, 그리고 자석에 붙거나 그렇지 않은 사물 등을 활용한다. 수학에서는 학교와 집의 여러 사물들을 측량하는 데 접이식 자를 사용한다. 가상현실 형태의 수학적 조작물로는 추상적인 개념과 예를 깊이 이해할 수 있다(Moyer, Sallkind, & Bolyard, 2008). 이 장에 소개한 〈조작물은 언제 사용하는가〉를 보면 활용 원칙과 예시

조작물은 언제 사용하는가

다음과 같이 학생들의 학습이 강화될 때 사용한다.

지침	예시
학습자들이 직접 경험이 거의 없는 교육 내용을 접할 때	어린 학습자가 글씨 연습을 할 때 모래판을 활용한다.
구체적인 사물을 통해 추상적인 개념을 이해하는 데 필요한 기반을 구축	영재 초등학생들을 위해 블록 쌓기로 대수(algebra) 문제 해결
지식과 기술의 실제 적용에 적극 참여	전기 회로를 실험하기 위해 신호등 작동모형을 활용.
다른 교수매체로는 불가능한 경험을 제공	식물 세포의 3D 모형을 분석한다. 칠판은 사용이 간편하고 경제적인 전시 장비이다.

ASSURE 사례 연구 성찰

PEARSON myeducationkit™

이 장의 앞부분에서 소개한 ASSURE 수업 사례와 동영상을 보시오. Phil Ekker 교사는 자신의 1학년 학생들에게 기초 수학과 언어 능력을 강화하기 위해 어떤 형태의 조작물을 활용할 수 있는가? 조작물은 일학년에게 어떤 효과가 있는가?

를 알 수 있다.

2~4학년을 위해 고안된 재미있는 과학 CD-ROM 시리즈를 통해 직접 체험 방식의 조작물과 테크놀로지를 통합해서 활용할 수 있다. 이 중에서 Science Court Explorations는 어린 학생들에게 과학적 방법과 기본 과학 원리를 소개하고 강화시켜 준다. 이 소프트웨어는 재미있고 흥미로운 만화 이야기를 통해 과학적 질문을 제기한다. 그런 후에 과학적 절차에 따라 단계별 활동을 제시하고, 체험 위주의 실험을 어떻게 시행할 것인지 안내해준다. 학생들은 이 실험과 관련되어 주어진 조작물을 함께 활용하면서 모둠별로 가능한 해결안을 찾아나간다. 여기서 학습자들이 문제를 해결했다는 느낌이 들면, 확인을 위해 관련 정보를 컴퓨터에 입력한다. 이런 활동은 두 가지 교수전략의 최고 조합을 의미한다: 학습자를 위한 컴퓨터의 효과적인 활용과 실제적인 학습경험.

전시판

교사가 사진이나 그림, 차트, 그래프, 포스터와 같은 시각자료를 사용하려면 그것을 보여줄 수 있는 제시 방법이 필요하다. 교실에서 시각자료를 보여줄 수 있는 방법은 여러 가지가 있다. 잠깐 동안 보여주기 위해 손으로 들고 있는 방법도 있고, 계속적으로 보여주기 위해서는 다양한 종류의 장치를 활용할 수 있다. 시각자료를 보여주는 장치에

전시판은 언제 사용하는가

다음과 같이 학생들의 학습이 강화될 때 사용한다.

지침	예시
화이트보드	
구두 설명을 보완하기 위해 문자나 시각자료를 제시	초등학생들이 문장의 각 부분을 설명하기 위해 그림으로 표현한다.
전자칠판으로 다양한 아이디어를 도출하여 쓰고, 디지털 파일로 내려받아 다른 활동에 활용하기 위해 출력	중학 사회 교과에서 학습자들이 선거 참여율 제고를 위한 학급 아이디어를 기록하고 출력하여 시장에게 쓰는 편지에 반영한다.
두 곳 이상의 장소 간에 화상 회의를 진행하는 동안 전자칠판의 정보를 공유	고등학생들이 지역 공원의 재활용 센터를 다른 두 학교와 공동으로 설계한다.
벽면 게시판(Bulletin Boards)	
질문을 읽고 대답하거나 이동가능한 게시물과 직접 상호작용하면서 벽면 게시판의 활동에 적극 참여	초등학생들이 올바른 순서대로 그림을 나열(예, 물의 순환)하거나 단어 카드와 주머니(pocket)로 완전 문장을 작성한다.
특정 지식이나 기술을 설명하는 게시판을 제작	학생들이 매주 숙지해야 할 단어에 해당하는 사진들을 명칭을 생략한 채 게시하면, 다른 학습자들이 주머니에 있는 명칭을 꺼내 해당 사진에 붙인다.
융판과 자석판(Cloth / Magnetic Boards)	
이야기, 시, 또는 읽기 자료의 핵심 내용을 그림으로 제시	학습자들은 씨에서 꽃까지의 성장을 그림으로 나타내거나; 다른 면을 추가하면 사물의 모양이 어떻게 변하는지를 표현하거나; 이야기 속의 등장인물들이 어떻게 상호작용하는지를 제시한다.
융판의 사진, 도형, 물체를 설명하고 조작하면서 지식과 기술을 표현	학생들은 '음식 피라미드' 체계의 각 부분에 적합한 음식의 사진을 붙인다. 또는 무지개의 각 띠 색을 옳은 순서로 나열하면서 무지개를 만든다.
플립 차트(Flip Charts)	
체계적인 순서대로 설명 또는 시각 메시지를 제시	고등학생들이 비즈니스용 편지의 주요 요소를 명명한다.
개념과 정보 사이의 관계를 만드는 데 도움을 주는 시각적 힌트를 작성	학습자들은 플립 차트 1쪽의 세포 분열의 단계 1을 본 후에 2쪽의 단계 2를 보는 등으로 계속한다.
다양한 생각을 하면서 도출한 브레인스톰한 아이디어의 그림과 목록을 제시	학교에서 재활용을 더 잘하기 위한 방안들을 제안한다.
추후 토론과 의사결정을 위한 원칙을 모둠 활동으로 도출	모둠의 학생들은 학급 토론 동안 플립 차트에 기록한 아이디어를 바탕으로 가족사 인터뷰 양식을 작성한다.

화이트보드는 교육기관에서 많이 활용한다.
David Young-Wolff/PhotoEdit

는 교실 칠판, 다목적 칠판, 전자 칠판, 융판, 목박이판, 자석 칠판 등이 있다. 플립 차트나 실물과 모델 같은 다양한 형태의 시각자료를 직접 전시하는 방법도 사용한다. 시각자료를 어떻게 전시할 것인지는 자료 관람 대상의 특성, 시각자료의 특성, 자료의 양 등에 따라 달라진다.

화이트보드

교실에서 가장 일반적으로 쓰는 전시장치는 물론 **화이트보드**이다. **전자 칠판**(electronic whiteboards)은 표면에 정보를 그대로 출력할 수 있으며 원격 학습을 위해 다른 장소에 있는 전자 칠판에 접속할 수도 있다. 화이트보드는 구어적인 의사소통을 주로 지원하지만, 수업 내용에 대해 그림을 그려서 표현할 수도 있다. 화이트보드 표면에 비디오나 슬라이드, OHP 자료를 투사하기도 한다. 화이트보드는 자석 칠판으로도 사용할 수 있도록 뒷부분이 철판으로 되어 있다. 따라서 자석을 이용하여 다양한 학습자료를 이 칠판에 붙일 수도 있다. 그러나 화이트보드를 효과적으로 사용하기 위해서는 여러 가지 유의할 사항들이 있다(〈교실에서 화이트보드 사용하기〉 참고).

또한 이 화이트보드는 여러 가지 색 펜을 이용할 수 있다. 최소한 여덟 가지 색깔의 마커펜을 사용할 수 있다. 화이트보드에 사용하는 마커는 휘발성 성분을 가지고 있다. 마커 뚜껑을 꽉 닫아서 휘발성 성분이 다 날아가 버리지 않도록 해야 한다. 그리고 세워 두지 말고 옆으로 보관하는 것이 좋다. 만약에 펜의 끝이 말라 버렸다면 뚜껑을 닫고 위아래로 약 20초 동안 흔들어 사용한다.

화이트보드를 잘 관리하면 여러 해 동안 사용할 수 있다. 여기에는 지워지는 마커펜으로 글씨를 쓴다. 지워지지 않는 펜을 사용해서는 안 된다. 이런 펜은 표면에 손상을 입힌다. 이 칠판을 사용한 후에는 바로바로 잘 지워야 한다. 화이트보드도 일반 칠판처럼 천 지우개를 사용하여 지울 수 있다. 마커 표시를 칠판에 오랫동안 그냥 두면 지우기가 힘들다. 오래된 글씨 자국은 검은색 마커로 그 위에 덧쓰고 빨리 지우면 지울 수 있다. 깨끗이 지우기 위해서 물기 있는 부드러운 천으로 칠판을 닦으면 좋다. 만약 더 깨끗하게 하고 싶다면 청소용 스프레이 세제를 사용하라. 비눗기가 있는 세제를 뿌린 후 깨끗하고 부드러운 천으로 닦으면 말끔하게 지워진다.

전자 칠판은 표면에 쓴 어떤 것이든 디지털 파일화해서 저장할 수 있으며, 그 정보와 다양한 상호작용도 가능하다. 즉, 전자 칠판은 컴퓨터와 연계해서 화면에 디지털 파일 내용을 제시할 수도 있고, 반대로 화면 내용을 편집, 출력, 팩스, 또는 이메일할 수

교실에서 화이트보드 사용하기

- 수업 전에 필요한 그림과 글씨를 칠판에 미리 써 두어라. 수업 중 칠판에 글씨를 쓰고 그림을 그리는 데 너무 많은 시간을 보내면 수업 중 여유가 없게 된다.
- 칠판에 무엇을 쓸 것이고 어디에다 쓸 것인지를 미리 계획해 두어라.
- 학습자료는 사용하기 바로 전까지 안 보이게 덮어두어라.
- 학생들과 눈을 마주 치는 것은 아주 중요하다. 수업을 진행할 때 학생들을 보아야 한다. 칠판을 보고 이야기하지 말고 꼭 필요한 경우가 아니라면 학생들에게 등을 보이지 마라.
- 다양한 수업 기술을 사용하라. 칠판에 너무 의존하지 마라. 유인물, OHP 플립 차트와 같은 다른 매체들을 적절히 사용하라.
- 판서는 정확히 하라. 32피트 교실에서는 글자 크기가 1/2~2인치 정도 되어야 하고 1/4인치 두께 정도 되어야 좋다.
- 교실의 여러 각도에서 칠판이 잘 보이는지를 확인하고, 칠판이 빛에 반사되지는 않는지를 확인하라. 만약 반사된다면 칠판의 위치를 바꾸든지 블라인드를 치도록 하라.
- 글씨를 똑바로 쓰기 위해 수성 마커로 기본 선을 그려 놓아라. 이 선은 칠판 지우개로는 지워지지 않으며 물로 지우면 된다.
- 강조할 점이 있으면 색분필을 사용하라. 그러나 너무 여러 색을 남용하지 마라. 두세 가지 정도의 색깔 펜을 사용하는 것이 좋다.
- 칠판 앞 한 곳에만 서 있지 말고 가끔씩 위치를 바꾸어 움직이는 것이 좋다. 그리고 칠판에 쓴 내용을 가로막지 마라.
- 도형을 그리기 위해서 자, 원판, 원형, 모형 등을 사용하라.
- 자주 그리는 그림은 나무나 두꺼운 종이를 이용하여 모형을 만들어 놓아라.

도 있다. 특히 각 화면의 내용을 원하는 숫자만큼 복사할 수 있다. 일단 화면의 정보를 복사하면, 시간이나 아이디어를 잃을 염려 없이 지울 수도 있다 . 화이트보드의 주요 미국 제조사로는 Smart Boards(www.smarttech.com)와 Promethean ActivBoard(www.prometheanworld.com)가 있다.

전자 칠판의 그림과 문자들은 버튼 하나로 종이에 출력될 수 있다.

Najlah Feanny/Corbis

전자 칠판은 사용자로 하여금 앞뒤로 이동할 수 있는 복수의 화면 또는 프레임에 쉽게 접근할 수 있게 해준다. 또한 교사는 몇 개의 화면에 미리 수업할 내용을 준비해 놓을 수 있다. 교사가 수업을 진행하면서 준비한 프레임을 보여줄 수 있고 새로운 정보를 첨가해서 써 넣거나, 많은 화이트보드에 사용하는 마커를 사용해서 전자 칠판에 글씨를 쓸 수도 있다. 그리고 원하는 프레임으로 빠르고 쉽게 앞뒤로 옮겨 다닐 수 있다.

전자 칠판에 쓰거나 그린 내용은 다른 소프트웨어 프로그램과 연계하여 활용될 수 있다. 이 기능은 특히 브레인스토밍을 하거나 각 조별 토론을 정리하는 데에도 유용하다. 또한 복사본은 수업을 빠진 학생들에게도 도움이 된다. 그리고 복잡한 그림도 손으로 그릴 필요 없이 불러와서 쓸 수 있다. 즉, 컴퓨터와 전자 칠판의 기능을 통해 필요한 항목을 상호 연계하여 활용할 수 있다. 자료와 정보를 화상 회의를 통해 공유할 수도 있다. 또한 손가락이나 펜으로 쓰고 지우고 마우스 기능도 수행할 수 있다. 최근의 연구에 의하면, 전자 칠판이 학생의 상호작용과 참여를 증진시키고, 멀티미디어 활용의 효율성과 전문성을 신장시켜 주었다(Salton & Arslan, 2009).

벽면 게시판

게시판(bulletin board)에는 중요한 뉴스 같은 게시물을 주로 붙인다. 여기에는 모두가 알아야 할 내용물을 붙인다. 이것이 게시판의 본래 목적이지만, 오늘날은 꼭 게시물을 붙이는 용도로만 쓰지는 않는다. 게시판에 붙이는 자료는 핀으로 고정시키거나 압정, 클립 같은 것들로 붙일 수가 있다. 게시판은 주로 세 가지 목적(장식, 동기 유발, 교육)을 가지고 있다.

우선 게시판은 장식용도로 사용된다. 게시판의 기능 중 하나는 환경 자극을 주는 것이다. 교사는 특별한 날이나 계절을 표현하기 위해서 다양한 색과 디자인으로 게시판을 꾸밀 수 있다. 또한 교사는 학생들이 재미있게 읽은 책을 게시판에 전시할 수도 있다.

또한 게시판은 학생들에게 동기를 부여할 수 있다. 학생들의 작품을 게시판에 전시하여 반 학생 모두에게 보여주는 것은 학교생활에서 아주 즐거운 일이다. 이렇게 함으로써 학생들이 자신감을 가지고 더 노력할 수 있도록 격려한다.

게시판의 또 다른 목적은 교육적으로 정규 교육 과정의 목표를 보완하는 것이다. 단지 작품을 전시하기보다는 학생들이 활동적으로 참여할 수 있도록 한다. 예를 들면 질문을 한다거나, 학생들이 이 질문에 대해 답하고 확인할 수 있는 조작물(작은 메모, 엽서, 다이얼)을 붙여 놓을 수 있다. 학습자들을 참여시키는 또 다른 방법은 게시판 꾸미는 일에 직접 참여시키는 것이다. 예를 들어 보자. 동물에 대한 단원을 학습하기 위해 초등학교 학생들에게 좋아하는 동물 그림이나 사진을 가지고 오도록 한다. 학생들은 가지고 온 그림을 게시판에 붙이고 꾸민다. 또 다른 예를 들어 보면, 수학 시간에 학생들을 여

게시판은 교실에서 다양한 기능을 한다.
Matthew Steigbigel/Taxi/Getty Images

러 조로 나눈 다음, 각 조에게 각기 다른 모양의 도형을 나누어 준다. 그 후 각 도형에 대해서 공부할 때 해당 조가 그 도형 모양으로 게시판을 꾸미게 한다.

게시판을 만들기 위해 학교의 매체 센터를 이용할 수 있다. 대부분의 학교에는 교사가 게시판을 만들 수 있도록 커다란 탁자가 놓인 방이 있다. 게시판에 붙일 글자를 자르기 위해 Ellison Prestige라는 절삭 도구를 이용할 수 있다. 이 장치는 큰 글자를 간단하고 빠르게 잘라 낸다. 매체 센터는 게시판에 전시할 여러 가지 자료를 보관하고 있어서 교사들과 여러 학생들이 자료를 이용할 수 있다.

융판과 자석 칠판

융판은 베니어 합판, 매소나이트, 두꺼운 하드보드지 같은 단단한 판에 천을 깔아서 만든다. 융판에 사용하는 천은 매우 다양한데 플란넬, 펠트, 벨크로 등을 주로 사용한다.

플란넬 천조각은 약간의 압력을 가하면 서로 달라붙는다. 따라서 마커펜으로 플란넬 천조각에 그림을 그려서 그것을 플란넬 보드에 바로 붙일 수도 있다. 굵은 사포도 역시 시각자료를 융판에 붙이는 데 사용하기도 한다. 천에 쓰는 분필로 융판에 그림을 그리거나 글씨를 쓸 수 있다. 만약 융판에 붙인 자료가 잘 미끄러진다면 융판의 윗부분을 조금 뒤로 젖혀서 융판을 경사지게 하면 된다.

가장 값비싼 융판은 붙였다 떼었다 할 수 있는 천으로 만든 것이다(예를 들면 벨크로 천과 같은 것). 붙였다 떼었다 할 수 있는 보드는 표면이 작고 튼튼한 나일론 고리들로 덮여 있다. 붙일 자료 뒷부분에 거친 섬유를 대어서 그것과 보드의 천이 서로 붙어 떨어지지 않게 하는 것이다. 살짝 눌러 주면 잘 붙는다. 이렇게 붙였다 떼었다 할 수 있는 융판의 장점은 크고 무거운 자료, 책이나 삼차원 실물까지도 붙일 수 있다는 것이다.

독서 지도 교사들은 이야기, 시 혹은 다른 읽을 자료를 보여주기 위해 융판을 많이 사용한다. 예를 들면 이야기 장면이나 주인공 그림을 융판에 붙인다. 그리고 이 자료를 움직이며 이야기를 진행한다. 교사가 학생들에게 융판 자료를 직접 조작해 보도록 하여 학생들의 상상력과 창의력을 길러 줄 수도 있을 것이다.

융판은 이야기에 학습자들을 참여시킬 때 많이 활용된다.
Robin L. Sachs/PhotoEdit

수줍음을 많이 타는 아이들에게는 융판 그림 자료가 효과적이다. 이런 아이들이 보드에 있는 삽화들을 움직이거나 인물 그림을 움직여 가면서 이야기하도록 격려해 주면 좋다.

교사가 융판을 사용하지 않을 때에는 융판과 자료를 보관할 수 있는 공간이 필요하다. 가능하다면 학습자료를 벽에 기대어 쌓아 두지 말고 평평한 곳에 보관하라. 그리고 시각자료 뒤에 사포

자석 칠판에 글자나 다른 자료를 쉽게 붙일 수 있다.
Scott Cunningham/Merrill

를 대었다면 보관할 자료 사이에 종이를 대어라. 그렇지 않으면 사포가 다른 시각자료의 표면을 긁어 버릴 수도 있다.

자석 칠판은 융판과 같은 목적으로 사용한다. 시각자료 뒤에 자석을 붙여 철로 된 자석 칠판에 붙이는 것이다. 자석을 붙여 놓은 학습자료는 많이 시중에 많이 나와 있다. 자석 붙인 플라스틱 문자들을 이용하여 시각자료 제목을 만들기도 한다.

교실에 있는 철로 된 판은 모두 자석 칠판이 될 수 있다. 예를 들어 칠판 뒤에 쇠를 대어서 거기에다 자석 자료를 붙일 수 있다. 이때 시각자료 사이에 선을 긋거나 혹은 제목을 쓰기 위해 분필을 사용할 수도 있다. 쇠로 된 책장이나 벽, 출입문도 자석 칠판으로 사용할 수 있다. 쿠키를 굽는 판 혹은 서류함이나 다른 얇은 철판을 사용하여 직접 이동식 자석 칠판을 만들 수도 있다. 그 철판에 예쁜 색깔을 칠하거나 종이를 덧대면 좋다. 그리고 베니어 합판 같은 비금속 표면에 얇은 철판을 붙여 사용하는 방법도 있다.

자석 칠판의 장점은 시각자료를 융판보다 더 자유롭게 움직일 수 있다는 점이다. 예를 들어, 체육 교사는 선수들의 포지션을 신속하게 전환하면서 자석 칠판을 활용할 수 있다. 자석 칠판은 부착력도 상당히 강하다. 그래서 일부러 끌어내리지 않는 한 자석 칠판에 전시된 자료는 쉽게 미끄러지거나 떨어지지 않는다.

플립 차트

플립 차트(flip charts)는 이젤(easel)에 큰 종이 묶음을 끼우고 꽉 조여서 만든 판 같은 것이다. 각 종이는 설명 또는 시각자료 등을 부분적으로 담고, 많은 경우 소집단의 학생들에게 제시할 수 있게 순서화되어 있다. 교사는 수업을 하는 동안 직접 플립 차트에 글씨를 쓰기도 하고 플립 차트를 미리 준비해 놓기도 한다.

3M 회사에서 플립 차트 크기의 '포스트 잇(Post-It)'을 판매하기도 한다. 25×30인치 이젤 형태의 포스트 잇은 바탕이 완전히 하얀색이거나 바탕에 파란색 줄무늬가 있는 것도 있다. 이 포스트 잇은 손잡이와 단단한 받침대가 있고 운반이나 보관 중에 자료에 흠이 생기지 않도록 보호해 주는 두꺼운 종이 커버도 붙어 있다. 뒷부분에는 받침대가 있어 어느 이젤에나 쉽게 걸 수 있다.

'PosterPrinter'를 이용해 플립 차트를 제작할 수 있다. 플립 차트는 시각자료를 주어진 순서로 제시하거나 수업에서 다음 주요 내용을 상기시키는 데 유용하게 활용될 수 있다. 또한 이 교수매체는 조별 토론 과정에도 유용하게 쓰인다. 즉, 각 토론조에서

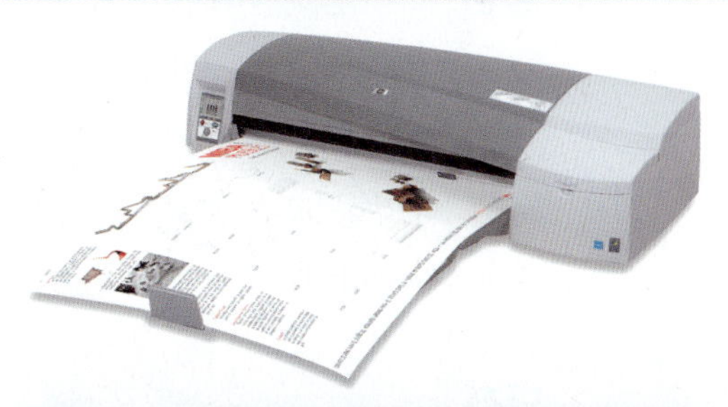

PosterPrinter는 노트북 크기의 내용을 몇 배의 크기인 포스터나 배너(banner)로 변환할 수 있다.
출처: www.hp.com/designjet

토론할 내용을 모두가 볼 수 있도록 플립 차트에 기록하기도 하고 토론 결과를 적어 놓을 수도 있다. 다음 학습에 참고하기 위해서 토론 결과를 정리한 플립 차트는 따로 떼어 내서 벽이나 유리창에 붙여 놓을 수도 있다. 플립 차트를 쉽게 이동하기 위해서 움직이는 이젤을 사용하기도 한다.

플립 차트는 편리하며 저렴한 매체이다. 플립 차트는 전기도 필요 없고 닳는 부속이 있는 것도 아니다. 또 플립 차트는 휴대하기 간단하고 펜만 있으면 어디에서나 사용할 수 있다. 그러나 플립 차트는 밝은 곳에서 사용해야 한다. 플립 차트는 칠판 다음으로 교사나 학생들이 많이 사용하는 매체이다. 그러나 플립 차트가 간단하다고 해서 그것을 아무렇게나 사용해서는 안 된다. 효과적으로 플립 차트를 사용하는 방법도 공부해야 한다(〈교실에서 플립 차트 사용하기〉 참고).

교실에서 **플립 차트** 사용하기

- 모든 학생들이 볼 수 있도록 플립 차트를 걸어두어라. 교사가 학생들의 얼굴을 볼 수 있도록 플립 차트를 왼쪽에 걸어 놓아라.
- 이젤을 알맞게 조립하고 각 장이 안전하게 붙어있도록 하라. 그렇게 해야 수업 중 플립 차트 종이가 한 장씩 떨어져 나가지 않을 것이다.
- 미리 글자와 그림을 그려 놓아라. 수업 중 직접 그려야 할 그림은 밝은 펜을 사용하여 대강 외곽선을 미리 그려 놓아라. 발표할 때 그 외곽선만 따라 가면 빠르게 그릴 수 있을 것이다.
- 글자나 그림은 모든 사람이 볼 수 있도록 간단하고 크게 그려라.
- 한 색깔 이상을 사용하되 네 가지 색 이상을 사용하지는 마라.
- 폭이 넓은 펜을 사용하되 뒷장에는 번지지 않도록 조심하라.
- 글씨는 흘려 쓰지 말고 정자로 써라.
- 짧은 단어나 잘 이해할 수 있는 약어를 사용하라.
- 간단한 그림이나, 상징, 도표를 사용하라.
- 플립 차트만 보고 있지 말고 청중과 이야기하라.
- 청중이 플립 차트를 보는 데 방해하는 물건들을 치워라.
- 자료가 순서대로 맞게 되어 있는지 확인하라.
- 학생들과 이야기할 준비가 되어 있을 때 플립 차트의 첫 페이지를 열라.
- 요약하려고 할 때 앞 장으로 다시 갈 것이 아니라 마지막 장에 요약정리 장을 첨가하여 그것을 보며 요약을 하라.

장점

- *시각적 흥미.* 전시판(display surfaces)은 수업을 위해 다채롭고 역동적인 제시가 가능하게 할 뿐만 아니라 학습자의 적극적인 참여도 유발한다.
- *다양한 교수 전략.* 전시판은 모든 형태의 수업(일반, 교정, 심화 학습 등)에 활용 가능하다.

단점

- *교사들에게 저평가.* 일반적으로 많은 교사들이 전시판의 효과성과 적용 가능성에 대해 무관심한 경향을 보인다.
- *면밀한 활용 계획.* 핵심 내용이나 목표와 직결해서 활용되어야 효과적이다.

교육과정과의 통합

전시판을 통해 미리 준비한 시각자료 또는 해당 학습 주제에 대해 토론하면서 만든 시각자료를 제시할 수 있다. 대부분의 교실에서 보통 화이트보드는 쓰기, 그리기, 투사 시각자료를 보여준다. 벽면 게시판은 교실 환경도 개선하지만 학습 동기화도 촉진할 수 있다. 융판과 자석 칠판은 수업 자료를 쉽게 조작하게 해준다. 플립 차트는 소규모 학습자들에게 편리하게 제시할 수 있다. 또 플립차트는 미리 준비한 자료를 제시하는 데도 활용된다. 전시판의 다양한 쓰임새와 가치를 저평가하지 말아야 한다. 전시판의 다양한 활용 예들은 〈전시판은 언제 사용하는가〉를 참고한다.

ASSURE 사례 연구 성찰

PEARSON myeducationkit

이 장의 앞부분에서 소개한 ASSURE 수업 사례와 동영상을 보시오. Phil Ekker 교사는 자신의 1학년 학생들에게 활용할 전시판을 선택할 때 무엇을 고려할 필요가 있는가? 화이트보드, 벽면 게시판, 자석 칠판, 플립 차트 등 여러 유형의 전시판을 활용할 때 이러한 고려사항들은 얼마나 다양한가?

전람물

전람물(exhibits)은 교육적인 목적으로 다양한 실물이나 시각자료를 모아 놓은 것이다. 시각자료, 모델, 실물뿐 아니라 이 장에서 살펴본 다양한 자료와 전시판 관련 자료도 전람에 활용할 수 있다.

복잡한 형태의 전람물은 실물, 사진, 시각자료를 설명자료와 함께 제공하여 학습자가 다양하고 적극적인 참여를 할 수 있게 해준다.

Russell D. Curtis/Photo Researchers

전람물은 시각자료와 함께 다양한 실물과 모형들을 통합한 전시 형태로 제공된다(〈전람물은 언제 사용하는가〉 참고). 종종 지역 박물관이나 역사 관련 단체에서 자료를 빌려주기도 한다. 이러한 자료를 어떻게 전시할 것인가는 많은 요인들(학습자의 특성, 원하는 사물과 시각자료의 형태, 수업 상황, 수급 가능성 등)에 의해 달라진다. 전람 장소로는 대부분 교실을 이용한다. 간단한 전람물은 탁자나 선반, 책상 등에 올려놓을 수 있다. 조금 더 복잡한 전람물일 경우에는 전람을 위해 별도의 장치를 사용하기도 한다(예를 들면, 작은 방처럼 꾸민 공간이나 책장이 필요할 수도 있다). 학교 매체 센터는 또 학생들이 직접 만든 작품들(전람물, 전시물, 디오라마 등)을 전람할 공간을 마련해 주기도 한다.

전람물에는 현장학습(field trip), 전시물(displays), 디오라마(dioramas) 등 세 가지 형태가 있다. 현장학습은 있는 그대로의 상태에서 실물을 제공한다. 그리고 전시물은 수집한 자료를 모아서 보여주는 반면에, 디오라마는 3차원 축소 모형 세트를 만들어 보여주는 것이다.

현장학습

현장학습은 학습자들이 어떤 현상이나 사물을 직접 경험해 보기 위해 교실 밖으로 학습하러 가는 것을 의미한다. 현장학습을 통해서 학생들은 교실에서는 관찰과 학습이 불가능했던 현상들을 경험할 수가 있다.

현장학습은 나무를 관찰하기 위해 학교 뒤뜰로 나가 보는 것일 수도 있고, 건물을 관찰해 보기 위해서 거리로 나가는 것, 혹은 역사적인 장소를 둘러보기 위해 며칠 간 여행을 하는 것일 수도 있다. 가장 일반적인 현지답사 장소로는 동물원, 박물관, 공공 건물, 공원 등이 있다.

학교 매체 전문가들은 지역 자원 파일을 관리하고 현장학습경험이 좀 더 효과적인 경험이 되도록 도와준다. 지역 자원 파일에는 현장학습을 위해 방문할 만한 장소와 안내를 위해 학교에 초청할 만한 인사들의 명단이 있다. 또한 이 파일에는 이러한 사람들의 이름, 주소, 전화번호도 있으며 현장학습을 위해 사전 답사가 필요한 경우와 초청 강사를 섭외할 수 있는 방법에 대해서도 안내해 준다. 지역 매체 센터와 공공 도서관은 컴퓨터로 이러한 자료를 보관하고 있기도 한다.

전람물은 언제 사용하는가

다음과 같이 학생들의 학습이 강화될 때 사용한다.

지침	예시
현장학습	
관찰이나 학습을 위해 필요하지만 교실에 가져올 수 없는 사물의 현상을 보거나 듣는 등의 직접적인 경험	학급에서 시 의회를 방문하여 행정 절차에 대해 학습하거나, 학교 뒷마당에서 나뭇잎들을 수집한다.
거리나 안전 문제로 방문이 불가능한 경우 가상 경험의 형태로 체험	인터넷의 실시간 동영상 화면으로 우주선을 탐색한다.
전시물	
설명이 포함된 사물, 시각자료, 인쇄물, 또는 교육 내용이 담긴 음향 자료 등을 보고, 배우고, 만들고, 수집	학습자들은 '우리 교실의 나라들'이라는 학습 코너를 직접 만드는데, 여기에는 각 학생들의 출신 국가나 민족의 문화를 대변하는 조형물, 조상의 나라를 나타내는 지도가 포함된다.
디오라마	
특정 사건이나 상황의 과거, 현재, 미래를 3D로 만든 것을 보거나 직접 제작	4계절에 따라 나무가 어떻게 변하는가에 대한 네 종류의 디오라마를 각 모둠의 학생들이 만든다.

가상 현장학습을 가야 하는 경우도 있다. 종종 어떤 장소를 여행하기에는 경제적으로나 시간적으로 매우 어려울 수 있다. 이 경우 인터넷을 이용하면 학생들이 집이나 학교로부터 멀리 떨어진 장소에 가 볼 수 있을 것이다. 가상 현장학습뿐만 아니라, 원격 화상회의를 통해 원격 화상회의 시설이 구비된 기업체 공장 같은 곳이면 어디든지 체험할 수 있다. 이러한 학습활동은 정해진 날짜와 시간에 선착순으로 접수를 받는다. 이런 경우 교통비나 다른 비용이 들지 않고 네트워크 사용비만 부담하면 가능하다.

예를 들어, Cincinnati 동물원(www.cincyzoo.org)은 사육사들과 직접 실시간으로 상호작용할 수 있는 가상 현장학습을 제공한다. 'Nobody likes me'라는 이 프로그램은 학생들에게 개구리, 두꺼비, 박쥐, 풍뎅이, 뱀 등을 소개해준다.

현장학습의 의미와 효과를 얻기 위해서는 현장학습이 정규 교과 과정과 직접적으로 관련이 있어야 한다. 그리고 교사는 현장학습 전의 계획뿐만 아니라 현장학습 후에 이루어져야 할 후속 학습도 미리 계획해야 한다.

사전 학습은 현장학습을 위해 학생들을 준비시키고 후속 학습은 학생들이 실제 현장 경험 속에서 보고 느낀 것을 종합적으로 이해 및 적용하도록 도와준다. 현장학습에서 후속 학습은 매우 중요하다. 만약 현장학습을 가는 목적이 사실적인 정보를 얻는 것이라면 후속 학습은 단지 어떤 사실을 알게 되었는지 확인하는 것으로 충분할 것이다.

그러나 그 목적이 태도와 생각을 형성시키는 것이라면 후속 학습은 토론과 역할극, 또는 과제 등을 함께 실시하는 것이 효과적일 것이다. 어떤 형태의 후속 학습이더라도 후속 학습이 현장학습의 효과 여부를 좌우할 수 있다. 교사와 학생은 현장학습의 내용뿐 아니라 다음 번 현장학습을 개선하기 위한 요소들을 함께 고려해 보아야 한다.

현장학습은 이 수족관에서와 같이 학생들이 직접 관찰하고 참여하는 기회를 준다.
Bob Daemmrich Photography

전시

전시(displays)는 실물 및 시각자료, 인쇄 자료를 그 이름 및 설명 자료와 함께 배열해 놓은 것이다. 대부분의 전시는 실물이나 시각자료에 대해 말로 설명해 주는 자료도 함께 배열한다. 교실에서 교육적인 목적으로 전시를 많이 한다.

전시는 학생들의 학습 동기를 유발한다. 전시는 중요한 학습 내용을 강화시켜 주고 학생들의 시각적 기능을 잘 발달시켜 준다. 예를 들어 보자. 한 6학년 교사가 통신수단에 관한 공부를 하면서 학생들에게 여러 가지 탈것을 가져오라고 했다. 어떤 학생은 설계도를 보고 스스로 자동차를 조립해 왔다. 어떤 학생들은 집에서 장난감을 가져오거나 상자로 만든 탈것을 가지고 왔다(보트, 자동차, 트럭, 기차, 우주선 등). 학생들이 가져온 삼차원 탈것들을 전시하기 위해 벽에 긴 선반을 만들었다. 그리고 그 선반 위 벽에 시간대를 나타내는 긴 종이를 붙였다. 이 종이에는 시간대별로 과거(인간과 동물들), 현재(자동차, 기차, 비행기), 미래(우주선)의 탈것들이 어떻게 변화하였는지 그려져 있다. 통신수단의 발달 과정을 학습하기에 효과적인 전시라고 할 수 있다.

디오라마

디오라마(dioramas)는 실제 장면을 입체적으로 만들어 전시하는 형태이다. 주로 전경에는 사람이나 동물, 자동차, 장비, 건물 등을 만들어 놓는다. 뒷배경은 사진이나 그림일 경우가 많다. 축소 모형 세트는 보통 뒷배경이 있는 상자 안에 표현한다. 뒤쪽의 모퉁이나 뒷배경이 전체적으로 둥글게 되어 있는 경우가 많은데, 이것은 깊이를 느끼게 하거나 특수 효과를 줄 수 있는 빛을 내기 위한 것이다.

이러한 축소 모형 세트는 보통 과거나 현재의 어떤 사건을 표현하거나 미래의 어떤 장면을 묘사하고자 할 때 만든다. 박물관에 있는 세포들은 종종 실물 크기이다. 반면에 교실에서 사용하는 것들은 좀 더 작은 크기이다. 산업체에서는 종종 회사의 제품을 보여주기 위해서 축소 모형 세트를 만든다.

교사는 학습 내용을 설명하거나 새로운 주제를 소개하기 위해서 축소 모형 세트를 만들 것이다. 학생들에게 어떤 학습 내용을 지도한 후 이에 대한 축소 모형 세트를 만들어 보라고 할 수도 있다. 역사적인 장면이나 전쟁 장면을 축소 모형 세트로 묘사할 수 있다. 동물을 생물학적으로 분류하고 그 서식지를 보여줄 수도 있다. 세계 여러 도시나 자연 경관 사진들도 지리 공부를 위한 축소 모형 세트에 활용할 수 있다. 선사 시대의 모습과 지질구조의 형성 과정 등은 인기 있는 축소 모형 세트 주제이다.

장점

- *실제 자료.* 현장학습을 하면 실제 자료를 체험할 수 있다. 전시물이나 디오라마도 학습에 활용된다.
- *다중감각적 경험.* 전시물은 시각, 청각, 촉각, 때로는 미각까지 체험할 수 있게 해준다.
- *교실에서 경험할 수 없는 학습자료.* 교실 밖에서 실행되는 현장학습과 전시물은 시청각적인 경험뿐만 아니라 교실에서 실현할 수 없는 학습자료를 체험하게 해준다.

단점

- *현장학습의 비용.* 현장학습을 시행하는 것 자체가 비용과 시간이 많이 드는 활동이다.
- *자료의 보관.* 학교에 있는 전시물과 디오라마는 보관 문제를 야기한다.
- *장소의 필요성.* 전시물이나 디오라마를 제시하는 공간은 교실이나 매체 센터에 국한되는 경우가 많다.

교육과정과의 통합

수업에서 전람물을 적용하는 것은 학습자료의 풍부성과 실제적인 체험을 제공하여 학습자가 학습에 열중하고 성공할 수 있는 기회를 높여주는 가치가 있다. 학생들이 프랑스 파리에 대해 학습하고 싶다고, 학급 전체가 그 곳에 직접 가는 것은 불가능하다. 하지만, 마우스로 몇 번 클릭하면 전체 학급이 가상 현장학습을 통해 그 도시를 보고 들을 수 있다. 비록 그 곳에 실제 있는 것만큼의 효과는 아니지만, 어느 정도는 실제 경험에 가깝게 한 장소에 대해 학습하는 것이 가능하다.

전시물은 보통 학생들에게 실제적인 체험을 제공해준다. 예를 들어, 악기를 배우는 초등학생들에게 교사는 해당 악기의 기능을 어느 정도 갖춘 축소 모형을 제공하여 기능을 설명해주고 학생들이 다룰 수 있게 해준다. 한편 현장학습 중에 중학생들은 1930년대 지역사회의 모습을 표현한 축소 모형 형태의 디오라마가 있는 역사 박물관을 방문한다. 여기서 학습자들은 그 디오라마의 사진을 찍은 후 교실로 돌아와서 같은 장소의 현재 모습과 비교해본다.

중학생들은 재활용 물건으로 만든 예술품이나 조형물의 전시회를 개최할 수 있다. 고등학생들은 현재 이슈에 대한 의견을 나타내는 정치 만화를 제시하기도 한다. 한편 세익스피어 연극의 이해를 넓히기 위한 일환으로, 학습자들은 그 연극의 핵심 장면을 표현한 디오라마를 만들 수 있다. 그런 후에 각 모둠은 각각의 디오라마와 해당 연극의 장면들을 어떻게 선정하고 표현했는지를 비교하게 된다.

ASSURE 사례 연구 성찰

PEARSON myeducationkit™

이 장의 앞부분에서 소개한 ASSURE 수업 사례와 동영상을 보시오. Phil Ekker 교사는 자신의 1학년 학생들에게 어떤 전람물을 활용하는 것이 효과적인가? 어떤 유형이 학생들의 수학 실력을 개발할 수 있겠는가? 어떤 형태의 전람물이 일학년 학습자들의 읽기 능력을 높일 수 있겠는가?

혁신 테크놀로지

3D Interactive Cube Display: 유리면을 제거한 테이블 위의 전시물

사각형 모양의 이 전시물은 실제 전시에 방해가 되는 유리면을 없애고 3D 효과를 만끽하게 해준다. 'pCubee' 라는 이 장치는 5개의 LCD 화면을 가지고 있다(사각형 각 면마다 하나 씩, 그리고 위에 하나가 있는 형태). 이것을 들고 네 면과 위에서 가상 물체를 볼 수 있다. 이 상자는 흔들거나 기울일 수도 있으며, 입력 장치인 스타일러스(stylus)를 이용해 상호작용도 가능하다. 많은 전시물들을 큰 공간을 들여 보관할 필요 없이 다양한 사물들을 보여줄 수 있는 것이 바로 이 3D 상자의 장점이다.

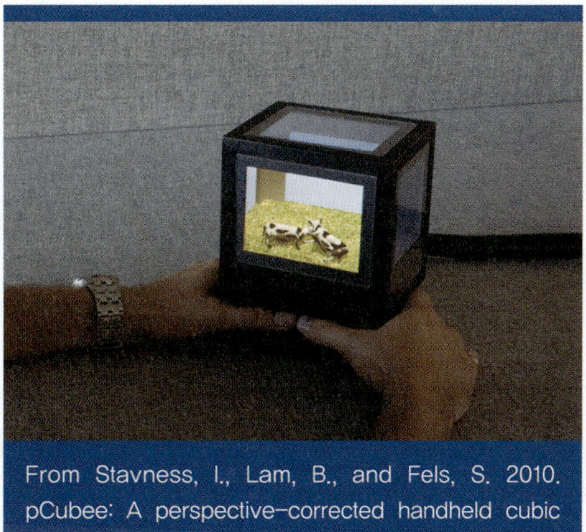

From Stavness, I., Lam, B., and Fels, S. 2010. pCubee: A perspective-corrected handheld cubic display. In Proceedings of the 28th International Conference on Human Factors in Computing Systems (Atlanta, Georgia, USA, April 10-15, 2010). CHI '10. ACM, New York

요약

멀티미디어 자료는 실물에서 인쇄물까지 다양한 방법과 형태로 제시될 수 있다. 이 매체들은 잘 활용되면 학습자의 집중도를 높이고 학습을 촉진시킬 수 있다. 이 장에서는 이러한 학습자료를 학습센터, 수업, 통합 학습 체제 등에서 활용될 수 있는 가능성에 대해 탐색해 보았다. 또한 그들의 장점 및 단점뿐만 아니라 언제 어떻게 효과적으로 활용할 것인가에 대해서도 논해 보았다. 이 장은 끝으로 현장학습, 전시물, 디오라마 등 전람물의 교육적 활용에 대해 다루었다.

PEARSON myeducationkit™

이 장에서 학습한 내용에 대한 이해 정도를 확인하기 위해 본 장의 MyEducationKit에 제시된 'Study Plan'을 완성하시오. 퀴즈를 풀고 그에 대한 피드백을 검토한 후 이 장의 내용 이해를 촉진하는 데 도움이 되는 자원을 살펴본다.

ASSURE 수업계획서

PEARSON myeducationkit™

아래에 제시된 ASSURE 수업 지도안은 1학년 학생들의 통합 교과 수업을 위해, Phil Ekker 교사가 멀티미디어 자료와 관련 체험을 학습들의 교육 요구에 맞게 어떻게 수업했는가를 보여주고 있다. 특히 학습 센터에서 교수 자료와 전시물을 성공적으로 활용한 이 교사의 통찰력을 소개한다. 해당 동영상을 보기 위해서는 'MyEducationKit' 11장에 있는 'Multimedia Video'를 클릭한다.

학습자 분석(Analyze learners)

일반적 특징. Phil Ekker 교사의 1학년 학생들은 경제적으로 중산층과 상위층 가정 출신이다. 학생들은 인종, 성별, 연령에서 다양성이 거의 없다. 학생들의 읽기 능력은 해당 학년 아래에서 그 위 수준까지 분포되어 있다. 학생들의 교실 행동의 문제는 체험 위주 활동을 할 때 거의 나타나지 않는다.

출발점 능력. 학생들은 전체적으로 다음 능력을 가지고 있다.

- 음성 이야기책을 듣기 위한 기기를 작동
- 컴퓨터에서 교육용 소프트웨어를 활용

- 기본적인 1학년 수준의 쓰기 능력을 발휘하여 과제 완수
- 학습 센터를 자기주도적으로 옮겨 다니며 학습활동을 완성

학습양식. 학생들은 각각 15~20분 정도 소요되는 다양한 활동들에 열중할 때 가장 잘 학습할 수 있다. 학생들의 흥미와 동기화 수준은 테크놀로지나 체험 위주의 활동을 할 때 상승한다. 학생들은 다른 학생들과 협동학습을 하는 데서 개인차를 보인다. 즉, 다른 학생들과 협력활동을 선호하는 학생들이 있는 반면에, 혼자서 활동하는 것을 더 좋아하는 학생들도 있다. 또한 교사나 또래들로부터 강화(reinforcement)를 받는 방법에서도 다르다.

표준과 목표 진술(State standards and objectives)

교육과정 표준. National Council of Teachers of Mathematics 1—Numbers and Operations 1.6: 숫자 개념, 숫자를 표현하는 방법, 숫자 간의 관계, 숫자 체계를 이해; 1/4, 1/3, 1/2과 같이 기본적으로 활용되는 분수를 이해하고 표현; National Council of Teachers of English 3: 문장을 이해, 해석, 평가, 감상하는 전략을 활용; National Council of Teachers of English 3: 다양한 목적으로 여러 종류의 사람들과 적절하게 의사소통하기 위해 글쓰기 요소를 이용해 쓰기를 하는 다양한 전략들을 적용할 수 있다.

공학 표준. National Educational Technology Standards for Students 1: 새로운 아이디어, 사물, 절차를 만들어내기 위해 기존 지식을 적용할 수 있다.

학습목표. 수업의 학습목표는 다음과 같다.

1. 분수의 반복연습형 소프트웨어를 가지고, 5단계까지 성공적으로 할 수 있다.
2. 음성 이야기책과 해당 기기를 가지고, 기기를 작동하여 책이 읽어주는 대로 따라갈 수 있다.
3. 알파벳 연습지를 가지고, 지정된 글자를 맞게 쓰고, 그 글자를 그림으로 표현할 수 있다.
4. 책과 읽기 친구(reading buddy)가 주어지면, 친구에게 책을 읽어주고, 듣는 친구는 교정적 피드백을 줄 수 있다.

전략, 공학, 매체, 자료 선정(Select strategies, technology, media, and materials)

전략 선정. Ekker 교사는 교사 및 학생 중심의 교수전략을 각각 선택했다. 우선 교사 중심의 교육 방법으로, 모둠별 읽기와 짝과 읽기 방법을 실행했다. 또한 Ekker 교사는 다양한 학습 센터에서 학생들이 활동할 때 피드백과 학습 안내를 제공한다. 학생 중심 교수전략으로는 다음 활동이 있다: 오디오테이프로 읽어주는 책, 분수를 위한 교육용 소프트웨어, 글쓰기, 이야기 글짓기, 소집단별로 읽기, 짝과 읽기.

매체 선정. 이 수업에서 Ekker 교사는 두 가지 형태의 테크놀로지를 선정했다: 컴퓨터와 오디오테이프 플레이어. 이 교수매체에는 분수 관련 교육용 소프트웨어, 오디오테이프로 된 책, 이야기책, 'H' 자로 표시된 글쓰기/그리기 활동지 등이 포함되어 있다. 교사는 이러한 테크놀로지와 교수매체 선정의 적절성을 평가하기 위해 다음 원칙을 반영하였다.

- *표준, 결과, 목표와의 연계.* 분수 관련 교육용 소프트웨어, 오디오테이프로 된 책, 이야기 책, 'H' 자로 표시된 글쓰기/그리기 활동지 등은 학습목표와 직결되기 때문에 선정되었다.
- *정보의 정확성과 최신성.* 학습자료는 정확한 정보를 담고 있다. 그런데 이 수업이 기초 지식에 중점을 두고 있기 때문에 자료의 정확성은 큰 고려 사항이 아니다.
- *연령에 맞는 언어의 사용.* 교사는 학습자들의 다양한 읽기, 쓰기, 수학 능력을 감안하여 학습

자료를 선정하였다.

- *흥미수준과 참여도.* 분수 관련 교육용 소프트웨어, 오디오테이프로 된 책, 이야기 책 등은 어린 학습자들에게 호소력 있고 열중하게 만들 수 있기 때문에 선정하였다.
- *기술 수준.* 오디오테이프로 된 책은 분수 관련 교육용 소프트웨어만큼 높은 수준을 가지고 있다.
- *사용의 용이성.* 오디오테이프로 된 책과 분수 관련 교육용 소프트웨어는 어린 학생들을 위해 개발되었다. 하지만 교사는 테이프 플레이어와 소프트웨어를 어떻게 사용하는지 시범을 보이면서 교육시킨다. 그런 후에 학생들은 거의 도움 없이 활용할 수 있다.
- *객관성.* 학습 센터에 자료를 포함시키기 전에, 교사는 모든 이야기책과 소프트웨어를 보면서 편견이 확실히 배제되었는지 검토한다.
- *사용 설명과 안내.* 소프트웨어의 사용 안내가 잘 되었는가를 학습 센터에 설치하기 전에 사전 점검한다.

자료 선정. 학습 센터의 모든 학습자료를 선정할 때 사전에 정해진 원칙을 반영하였다.

공학, 매체, 자료 활용(Utilize technology, media, and materials)

공학, 매체, 자료 사전 검토. 이전에 언급했듯이 Ekker 교사는 수업에 적용할 모든 테크놀로지, 교수매체, 학습자료를 학습 센터에 설치하기 전에 면밀히 점검하였다. 즉, 의도한 학습목표에 부합되는지를 명확히 하기 위해, 이야기책을 읽고, 오디오테이프로 된 책을 듣고, 분수 관련 교육용 소프트웨어를 완전히 시험해보았다.

공학, 매체, 자료 준비. 교사는 이 수업에서 분수 관련 소프트웨어가 두 개의 데스크탑 컴퓨터에서 잘 작동되는지를 점검한다. 또한 테이프 플레이어도 같은 목적으로 점검한다. 그런 후에 'H' 자로 표시된 글쓰기/그리기 활동지를 준비하고, 학습 센터 활동 상황을 기록하는 카드를 만들었다.

환경 준비. 학습 센터는 쓰기, 이야기 짓기, 테이프 듣기 활동을 위한 책상을 마련해야 한다. 짝과 읽기 활동을 위한 공간 확보도 필요하며, 언제든 활용 가능한 컴퓨터 공간도 있어야 한다.

학습자 준비. 학습자들은 이전에 학습 센터에서 활동한 경험이 있기 때문에, 학습 센터 카드를 통해 자신의 학습 활동 진도를 점검하고 학습 완성을 위해 무엇을 해야 하는가를 잘 알고 있다.

학습경험 제공. 학습경험은 각 학습 센터에서 발생하며, 자신에게 지정된 활동을 돌아가면서 이수하며 경험하게 된다.

학습자 참여 요구(Require learner participation)

연습활동. 각 학습 센터는 학생에게 읽기, 쓰기, 수학에 대해 연습하도록 요구한다. '친구와 읽기 센터' 에서 학습자는 서로에게 읽어주기 연습을 한다; 쓰기 학습 센터에서는 'H' 자로 표기된 활동지로 쓰기 연습을 한다. 또한 학생들은 자신이 선택한 주제로 이야기를 짓고 쓰는 연습을 한다. 그리고 모둠별 읽기 활동에서 학생들은 교사와 함께 활동하면서 읽기와 독해 능력을 기르게 된다. 그리고 컴퓨터는 학생들에게 분수와 관련된 연습을 제공해준다.

피드백. 학습 센터 활동에 대한 피드백은 분수 관련 소프트웨어가 학생들이 얼마나 잘하고 있는가를 알려주는 방법으로 컴퓨터 센터에서 즉각적으로 제시된다. 또한 이 상황에서 학생들의 학습 성취를 향상시키기 위해 도움이 되는 피드백을 제공해준다. 모둠별 읽기 활동에서 학생들은 교사에게서 직접 즉각적인 피드백을 받는다. 친구와 읽기 활동에서 학생들은 서로 피드백을 제공하지만, 그 피드백의 정확성은 보장하기 힘들다. 교사가 지속적으로 교정을 해주면서 학생들은 나머지 활동에 대해 계속 피드백을 받을 수 있다.

평가와 수정(Evaluate and revise)

학습자 성취도 평가. 교사는 두 가지 방법으로 학업 성취도를 평가한다. 첫째, 학습자가 활동하는 과정 속에서 수시로 평가한다. 둘째, 학습 센터 활동을 완수하고 제출한 학습 결과물을 평가한다.

전략, 공학, 매체 평가. 교사는 학습 센터에서 학생들의 활동을 관찰함과 동시에 학생들로부터 피드백을 받아서 자신의 수업 전략을 평가한다. 또한 그는 학생들의 학습 결과물을 면밀히 검토하여 자신의 교육 방법이 어느 정도 효과적인가를 결정한다. 테크놀로지와 교수매체에 대한 평가는 수업 중에 발생한 기술 문제와 연계해서 한다. 또한 교사는 분수 관련 소프트웨어가 학습자의 흥미와 능력 향상에 얼마나 도움이 되었는가도 알아본다.

수정. 위에서 실시한 다양한 결과를 전체적으로 검토한 후, 교사는 학습 센터가 성공적이었다고 결론내렸다. 하지만, 학생들에게 창조적인 글쓰기 활동이 추가적으로 필요하다고 느꼈다. 그래서 Ekker 교사는 기존의 만화에서 글이 삭제된 상태로 학생들에게 주고 학습자들이 해당 글을 창조하는 활동을 추가하여 수업을 개선하였다.

나의 전문성 개발하기

전문 지식 확인하기

1. 교수매체를 소비하고 만드는 차원에서 미디어 리터러시에 대해 논의하시오.
2. 학습에서 멀티미디어의 장점, 단점, 교육과정과의 통합 가능성에 대해 토론하시오.
3. 네 가지 유형의 학습 센터와 각각의 예를 들어 논의하시오.
4. 조작물에 특히 적용 가능한 수업 상황에 대해 토론하시오.
5. 다양한 전시판의 장점과 단점을 비교하시오.
6. 현장학습, 전시물, 디오라마 등에 특히 적용 가능한 수업 상황에 대해 논의하시오.

전문 기능 시연하기

1. 여러분의 수업에서 학습 센터를 어떻게 활용할 것인지에 대한 두 가지 아이디어를 제시하시오. (ISTE NETS-T 2.A & 3.B)
2. 여러분이 선택한 학습 주제와 학습자에게 적합한 수업 모듈을 개발하시오. (ISTE NETS-T 2.A & 3.B)
3. 여러분의 수업에 활용할 수 있는 조작물의 예를 바탕으로, 어떤 조작물을 수업에서 어떻게 활용할 것인지 학습목표와 함께 서술하시오. (ISTE NETS-T 2.C & 3.B)
4. 현장학습(가상 형태도 가능)을 적용한 수업을 계획해보시오. 여러분의 수업에서 활용 가능한 웹사이트 하나를 선정하시오. (ISTE NETS-T 2.A)

전문 포트폴리오 만들기

- *수업 설계하기.* ASSURE 모형을 활용해서 부록 A에 수록된 사례집 표에 있는 한 사례를 바탕으로 수업을 설계하시오. 이 장에 서술된 교수 전략 중 하나와 이 장에 소개된 여러분의 수업 상황에 학습 센터, 조작물, 전시판, 전람물 등을 활용하는 방법을 적용하시오. 학습자 특성, 학습목표와 ASSURE 모형의 다른 모든 요소들을 반영하시오. 여러분이 의도한 학습목표를 여러분이 담당한 교과목에 대한 주나 국가 학습 표준에 준해서 수립하시오. (ISTE NETS-T 2.A & 2.B)
- *수업 개선하기.* 위에서 설계한 수업을 활용해서 학습자 특성을 다시 고려해보시오. 몇몇 학습자들이 신체적 또는 학습차원의 장애가 있다고 가정해보시오. 또한 여러 학생들이 영재아로 판명되었다고 가정해보시오. 그러면 이러한 학생들을 인정하고 지원하여 성공적으로 학습시키기 위해 여러분의 수업을 어떻게 변환시킬 것인가? (ISTE NETS-T 2.B & 2.D)
- *수업 성찰하기.* 여러분이 학습자의 요구에 부응하기 위해 수업을 개선했던 노력뿐만 아니라 여러분의 수업에서 활용된 수업 절차에 대해 성찰해보시오. 교육내용, 교수전략, 수업자료를 학습자의 특성에 부합시키기 위해 적용했던 방법에서 얻은 교훈은 무엇인가? 학생들의 고등사고력과 창의성을 길러주기 위해 무엇을 했으면 더 좋았을 것인가? 수업에서 활용했던 교수자료가 어떤 면에서 학생의 학습 기회를 증진했는가? (ISTE NETS-T 5.C)

보충자료

출판물

Alvarado, A. E., & Herr, P. R. (2003). *Inquiry-based learning using everyday objects: Hands-on instructional strategies that promote active learning in grades 3-8.* Thousands Oaks, CA: Sage.

Bender, W. N. (2005). *Differentiating instruction for students with learning disabilities.* Thousands Oaks, CA: Corwin Press.

Butzin, S. (2005). *Joyful classroom in an age of accountability: The Project CHILD recipe for success.* Bloomington, IN: Phi Delta Kappa International.

Cambres, M., & Hawkes, M. (2004). *Toys, tools, & teachers: The challenges of technology.* Lanham, MD: Scarecrow Press.

Counts, E. L. (2003). *Multimedia design and production for students and teachers.* Boston, MA: Allyn & Bacon.

Cummings, J. P., Sayers, D., & Brown, K. (2006). *Literacy, technology, and diversity: Teaching for success in changing times.* Boston, MA: Allyn & Bacon.

Ivers, K. S., & Barron, A. E. (2006). *Multimedia projects in education: designing, producing, assessing* (3rd ed.). Westport, CT: Libraries Unlimited.

Karnes, F. A., & Bean, S. M. (2001). *Methods and materials for teaching the gifted.* Waco, TX: Prufrock.

Ruffin, M. F. (2009). *Designing and creating virtual field trips: A systematic approach with Microsoft PowerPoint 2007* (2nd ed.). Boston, MA: Pearson Learning Solutions.

Stainfield, J, Fisher, P., Ford, B., & Solem, M. (2000). International virtual field trips: A new direction? *Journal of Geography in Higher Education*, 24(2): 255–262.

웹링크

아래에 열거된 웹사이트들을 쉽게 접속하기 위해서는 'MyEducationKit' 의 11장에 가서 해당 웹사이트를 클릭하시오.

Project CHILD

www.ifsi.org/projectchild

이 사이트는 Project CHILD를 개발한 기관의 웹사이트이다. 이 프로젝트 관련 연구와 개발에 대해 더 많은 정보를 얻고 싶으면 해당 웹사이트를 참고한다.

Smart Boards

www.smarttech.com

Smart Technology는 전자 칠판을 생산하는 회사이다. 제품명은 'Smart Boards' 이다.

Cincinnati Zoo

www.cincyzoo.org

신시내티 동물원과 식물원은 동식물들과 적극적으로 상호작용하면서 지식을 얻고 체험을 얻도록 모든 노력을 기울인다. 이 기관은 아동, 성인, 학생, 가족 등을 위한 프로그램을 제공한다.

선정 평가표: 멀티미디어

PEARSON myeducationkit 이 평가표를 활용하려면 'MyEducationKit'의 11장에 가서 'Selection Rubrics'를 클릭해서 내려받으시오.

해당 자료를 찾기 위해 사용할 검색어

____

____

____

제목 ______________________________ 　　형식

지원/위치 ______________________________ 　　________ 텍스트

일자 __________ 비용 __________ 길이 __________ 분 　　________ 소리

관련 과목 ______________ 학년 ______________ 　　________ 정화상

교수 전략 ______________________________ 　　________ 실물

________ 모형

________ 만화

개요

성취기준/결과/목표

선행필수능력 (예: 선수지식, 읽기능력, 어휘수준)

장점

단점

특이 사항

이름 ______________________________ 　　날짜 ______________

평가 영역	높은 수준	중간 수준	낮은 수준
교육과정과의 적합성	교육과정 기준을 중심으로 학습촉진에 초점을 두고 있음.	교육과정 기준이 부분적으로 적용되며 학습 촉진의 가능성이 있음.	교육과정 기준이 적용되지 않으며 학습 촉진의 가능성이 적음.
정확성 및 최신성	정확한 정보 및 최신의 자료를 제공함.	정보는 정확하나 최신의 자료를 제공하지 않음.	정보가 정확하지 않으며 최신의 자료가 제공되지 않음.
학습자의 언어 수준	대상 연령에 적합한 언어 및 어휘가 사용됨.	대상 연령에 거의 적합한 언어이나 대상에 적합한 어휘 수준이 아님.	대상 연령에 부적합한 언어 및 어휘가 사용됨.
동기 유발 및 흥미	학습자의 흥미 및 학습 촉진을 유발하는 주제가 제시됨.	학습자의 흥미 및 학습 촉진을 어느 정도 유발하는 주제가 제시됨.	학습자의 흥미 및 학습 촉진을 유발하지 못하는 주제가 제시됨.
학습자 참여	대부분의 학습자들이 적극적으로 참여할 수 있는 주제가 제시됨.	일부 학습자들이 적극적으로 참여할 수 있는 주제가 제시됨.	대부분의 학습자들이 적극적으로 참여하지 않는 주제가 제시됨.
기술 수준	학습자료는 가장 적합한 매체를 사용하고 있음.	학습자료는 어느 정도 문제의 여지는 있으나 양질의 매체를 사용하고 있음.	학습자료는 질적으로 부적합한 매체를 사용하고 있음.
활용 용이성(학생이나 교사)	학습자가 활용하는 데 혼란을 주지 않고 사용하기 쉬움.	대부분 활용하기 쉽게 되어 있으나 몇몇 부분에서 사용자에게 혼란을 야기함.	대부분 사용자가 활용하기 혼란스럽게 되어 있음.
중립성(편견 등)	편견 및 광고의 의도가 없음.	편견 및 광고의 의도가 약간 있음.	편견 및 광고의 의도가 많음.
사용자 안내 및 문서화	문서가 수업 활용에 매우 유용한 자원이 될 수 있으며 학습자들이 학습자료를 사용하는 데 문서가 매우 도움이 됨.	문서가 수업 활용에 유용한 자원이 될 수 있으며 학습자들이 학습자료를 사용하는 데 어느 정도 도움이 됨.	문서가 수업 활용에 유용한 자원이 되지 못하고 학습자들이 학습자료를 사용하는 데 도움이 되지 않음.
명확한 안내와 방향성	학습목표 성취를 위해 학습자를 잘 이끌어나감.	몇몇 학생의 학습목표 성취에는 효과적임.	학습목표 성취를 위해 학습자에게 전혀 도움이 되지 못함.
창조성 자극	대부분의 학습자들이 자신만의 학습결과물을 도출하도록 촉진함.	몇몇 학습자들이 자신만의 학습결과물을 도출하도록 촉진함.	어떤 학습자도 자신만의 학습결과물을 도출하도록 촉진하지 못함.
협동을 장려	학습자들이 별 문제없이 협력적으로 학습활동을 영위함.	대부분의 경우 협동학습이 가능함.	소프트웨어를 활용하면 협동학습이 거의 불가능함.
연습과 피드백	기술이나 지식에 대한 연습이 제공되고 학습 과제를 완성하는 데 도움을 제공함.	몇몇 기술이나 지식을 연습하고, 학습 과제를 완성하는 데 어느 정도의 도움 제공함.	기술이나 지식의 연습이 제공되지 않으며, 학습 과제 완성에 대한 도움도 없음.

교실 활용에 추천: ___________예 ___________아니오

교실 활용에 대한 아이디어:

제 12 장

미래 도전에 대한 준비

학 습 목 표

1. National Education Technology Plan에 기술된 21세기 학습을 어떻게 ASSURE 모델이 지원할 수 있을지 서술한다.
2. 21세기 교사의 특징을 논의한다: 테크놀로지에 능숙함, 정보이해력, 전문적 성장과 몰두에 헌신함.
3. 21세기 환경에서 테크놀로지를 활용하는 방법을 나열한다: 통합, 학교와 가정의 연계, 온라인 교육 선택의 가능함.
4. 21세기 학습을 위하여 가능한 테크놀로지 지원금에 대해 기술하고 제안서 작성 시 필요한 기본 요소들을 간략히 설명한다.

목적

21세기 교수와 학습의 발전에 영향을 주는 요인들을 이해한다.

서론

오늘날 학교와 교사들은 지속적으로 21세기 학습을 향상시켜야 하는데 이는 우리의 사회가 혁신적인 디지털 업무, 통신, 엔터테인먼트를 향해 변화하고 있기 때문이다. 이러한 향상은 ASSURE 모델의 사용과 함께 21세기 학습환경을 교사들이 감당해갈 수 있을 안내를 제공하는 테크놀로지 활용의 전문성 개발을 통해 지원될 수 있다. 테크놀로지 지원금은 학교들이 학생들로 하여금 21세기 지식과 기술 향상을 위한 첨단 테크놀로지와 미디어에 접근할 수 있게 접근성을 높여준다.

ASSURE 모델과 21세기 학습

ASSURE 모델은 교사들이 21세기 교실에서 성취할 수 있도록 구조화되어 있다. 단계적 접근을 따라감으로써 교사들은 학생들이 학습 향상과 미래 경력 준비에 도움 되도록 하는 테크놀로지를 통합하는 수업을 개발, 실시, 평가하고 수정하는 데 필요한 지원과 안내를 제공한다. ASSURE 모델은 National Educational Technology Plan(NETP)에 제시된 학습목표를 직접적으로 지원한다.

> 목표: 모든 학습자가 글로벌하게 네트워크된 사회에서 역동적, 창의적, 지적, 윤리적 참여자가 될 수 있도록 학교 안팎에서 몰입하고 주도적인 학습경험을 할 수 있도록 한다.(p. 9)

ASSURE 모델의 첫 번째 단계는 학습자 분석으로서 교사들은 학습자들의 학습경험에 필요한 자원과 개별화된 지원을 갖추기 위해 그들의 요구사항을 확인한다. 그 다음의 네 단계는 다음과 같다.

2. 기준과 목표 설정
3. 전략, 테크놀로지, 미디어, 자료 선정
4. 테크놀로지, 미디어, 자료 활용
5. 학습자의 참여 유도

이러한 단계들은 앞에서 제시한 NETP의 학습목표에 필요한 주요 전략에 부합하는 학습경험을 전략적으로 계획하고 실행하는 안내를 제공한다.

ASSURE 모델의 마지막 단계인 평가와 수정은 학생들의 진전 상황과 수업 과정에 대한 측정을 포함하는 것으로서 잘된 것이 무엇이고 이후 반복되는 수업에서 수정되어야 할 것이 무엇인지를 결정하는 것이다. ASSURE 모델을 활용함으로써 교사들은 학생들이 21세기 지식과 기술을 향상하고 미래 성공적인 경력에 도움 될 수 있게 학생들을 지속적으로 학습 활동에 참여시킬 수 있게 된다.

21세기 교사

교사의 역할은 항상 학생들이 학습하도록 하는 것이다. 그러나 교사마다 이것을 어떻게 달성하는지는 차이가 있다. 21세기 교사의 역할도 학습을 향상시키는 것이지만 그러기 위해서는 교사들에게 내용지식, 교실에서 페다고지 활용하기, 기본 컴퓨터 활용능력 등 포괄적 능력이 필요하다. 그들은 또한 테크놀로지 역량과 정보 문해 역량이 필요하다.

테크놀로지 역량

21세기 교사는 단순 컴퓨터 활용능력 이상의 **테크놀로지 역량**이 필요하다(Morrison & Lowther, 2010). 이것은 단순 컴퓨터 문해를 넘어 더욱 중요한 것으로서 언제 어떻게 학생의 학습 향상을 위해 그것을 사용하는가를 의미한다. 예를 들어, 테크놀로지적으로 유능한 교사는 학생들에게 의미 있는 학습에 몰두하게 하는 수업 활동에 빈틈없이 풍부하게 멀티미디어적 경험을 통합시킨다. 개별화 수업을 하기 위해, 교사는 매일의 성취정도를 디지털로 기록하여 얻는 데이터에 근거하여 기대 수준을 설정할 수 있다. 측정 평가를 위해서, 교사는 학생이 PK-12 동안 만들어낸 디지털 오디오, 비디오, 문서들이 담긴 e-포토폴리오 같은 디지털 툴을 사용할 수 있다.

정보 문해

21세기 교사들에게는 **정보 문해**(information literacy)와 관련하여 높은 수준의 능력이 요구된다. 수업 준비를 위해서 교사는 다양한 온라인 소스로부터 자료를 찾아야 하며 그 자료는 정확하고, 적합하고, 쉽게 접근할 수 있으며, 나아가 저작권 이슈에 따라 사용될 수 있는 것이어야 한다. 교사는 다음 활용능력을 보여줌으로써 학생들에게 정보 문해의 모델이 되어야 한다.

- 정보에 접근
- 자료 검증

- 정보 소스에 대한 적절한 인식
- 저작권 규정 따르기

학생들과 부모들이 학습 기대와 활동에 대해 알도록 하기 위해서 그리고 이메일이나 게시판을 통해 대화할 수있도록 하기 위해서 교사는 교실 웹사이트를 활용해야 한다. 또한 교사들은 학습경험을 향상하고 확장할 수 있는 새로운 테크놀로지 활용능력을 탐색하고 발견하는 의지를 보여주어야 한다. 이렇게 하기 위해서는 학생들로부터 배우고자 해야 하며 실제 세계의 문제를 검사하고 해결하기 위해 혁신적인 테크놀로지를 적용하는 것에 대한 그들의 생각을 묻는 개방성이 필요하다. 결국 학생들은 미래 경력을 위해 이러한 역량을 준비하게 된다. 교사는 학습을 위해 테크놀로지와 미디어를 사용하는 경험을 증가할 수 있는 기회에 정기적으로 참여해야 한다.

테크놀로지 중심의 전문성 발달

다른 전문직과 마찬가지로, 학습자의 학습에 긍정적 영향을 주고 능숙함을 유지하기 위해서는 오랜 기간의 일관성 있는 전문적 발달이 요구된다. 이는 테크놀로지의 효과적 사용에 초점을 맞춘 교사 전문성 발달의 경우도 마찬가지이며 아래의 6가지 요소로 구성되어 있다(ISTE, 2009b)(그림 12.1).

1. 현직에서 요구되는 기대 수준에 맞춘 예비교사 테크놀로지 훈련
2. 훈련자와 경험 있는 교사들에 의한 테크놀로지 활용 모델 제시
3. 실천공동체
4. 전문성 참여
5. 테크놀로지 활용(의 모델 제시)에서 학교나 지역학군의 리더십 발휘
6. 온라인 학습(전문성 발달의 유형과 주제 관련)(p. 8)

교사를 위한 국가교육공학 표준(NETS-T)은 교실 실제 수업, 수업 개발, 21세기 교사의 전문성에 대한 기대에 대해 기술하고 있다(ISTE, 2008). 테크놀로지 활용의 전문성 개발(PD) 내용과 활동은 다음 영역에서 면대면이나 버추얼 세션 등을 통해 NETS-T를 충족해야 한다.

- 지역이나 학교에서 제공하는 현직 상업적 세션
- 교육 컨퍼런스의 워크숍이나 웨비나
- 대학원 코스워크

버추얼 PD는 또한 교사들의 실천공동체를 포함하는데 거기서 교사들은 최고의 실행방안과 해결안을 공유하고, 종종 선도그룹에 가입한다.

그림 12.1 효과적 테크놀로지 사용을 위한 전문성 개발 요소
ISTE의 효과적인 테크놀로지 활용을 위한 전문성 개발 모델은 장기간, 일관성 있는 전문성 개발 수행에 근거하는 6가지 요소를 포함한다.

출처: ISTE Police Brief, "Technology and Teacher Quality – The Indelible Link," p. 9. Copyright 2009.

NETS-T 1: 학생들의 학습과 창의성을 촉진하고 고무한다. 면대면 학습이나 버추얼 환경에서 어떻게 새롭고 혁신적인 테크놀로지와 미디어를 활용하여 학생들의 학습과 창의성을 높일 수 있는지를 보여주는 활동에 교사를 참여시킨다. PD 촉진자는 교사들로 하여금 몸으로 움직이는 활동 속에서 학습을 지원하고, 촉진하며, 고무하는 다양한 방법들을 모델링하는 동안 스스로 학생들의 역할을 해보게 함으로써 이러한 목적을 달성할 수 있다. 예를 들어, 교사들은 학생들이 학습해야 할 내용과 기술을 보여주는 상호작용적 디지털 포스터를 만들어볼 수 있을 것이다.

NETS-T 2: 디지털 세대의 학습 경험과 측정방법을 설계하고 개발한다. 이 기준은 교사들로 하여금 테크놀로지 코치나 또는 기타 PD 스태프가 수행하는 실습활동에 참여하는 것을 요구하고 있다. 교사들은 학생들에게 테크놀로지와 미디어를 활용하도록 요구하는 실제적 학습과 측정 경험을 설계, 개발, 평가해야 한다. 교사들을 위한 PD의 목표는 학습목표 달성을 촉진하는 수업을 만들어 내는 것이며 나아가 테크놀로지 활용에 대한 NETS의 학생 기준을 충족하는 것이다.

NETS-T 3: 디지털 시대의 일과 학습을 모델링한다. 언급한 것처럼, 21세기 교사들이 테크놀로지와 미디어 활용에 능숙해지는 것이 중요하다. 이 목표를 달성하기 위해, 많은 교사들은 PD에게 글로벌 디지털 사회에서 필요한 디지털 시대의 일과 학습 과정의 모델링을 위한 디지털 솔루션을 활용하는 지식과 활용능력을 갖도록 도와달라고 할 것이다. PD 주제는 클래스 웹사이트 개발 및 유지, 소셜 네트워크 툴 사용, 웨비나 참석, 교사 책무성 관리를 위한 디지털 툴 활용을 포함할 것이다.

NETS-T 4: 디지털 시민의식과 책무성을 촉진하고 모델링한다. 교사들이 디지털 시민의식과 관련된 법적, 윤리적 문제를 이해하기 위해서는 저작권 규정, 지역내 활용

정책, 네티켓 규정 같은 기타 일반적 안내사항을 연구하고 실제 적용하는 PD가 제공되어야 한다. 이러한 영역에서 교사들로 하여금 학생이 관련된 예를 들어 인터넷 학생 안전규정 즉 사적 정보 공유 금지, 사이버치한 즉 다른 사람들에게 상처 주거나 당황케 하는 텍스트나 이미지를 보내거나 게시하는 여러 도구, 휴대전화, 인터넷을 활용하는 학생 행위 같은 문제들을 다루는 지식과 툴을 갖추게 하는 것이 중요하다(National Crime Prevention Council, 2010).

그림 12.2 상호작용적 디지털 포스터 제작
교육적 Glogster는 상호작용적 디지털 포스터를 제작할 수 있는 온라인 툴을 제공한다. 거기에는 비디어, 오디오, 하이퍼링크, 사진, 텍스트, 이미지, 그리고 그 이상이 포함된다.

출처: http://edu.glogster.com. Reprinted by permission.

NETS-T 5: 전문성 성장과 리더십에 참여. 교사들에게 효과적인 테크놀로지 활용의 리더로 활동하고 평생학습자가 될 수 있도록 PD를 학교, 지역, 사회공동체 내에서 제공하는 것이 중요하다. 교사들은 전문성 성장과 참여를 달성하는 데 필요한 부가 옵션으로서 테크놀로지와 미디어 기관이나 저널에 소개될 수도 있다.

전문성 참여

21세기는 교사들에게 흥미로운 시대이다. 왜냐하면 형식과 비형식 교육에서 매년 교수-학습의 기회가 확대되고 있기 때문이다. 이러한 성장과 함께, 학습 향상을 위한 테크놀로지와 미디어 활용에 관심 있는 교육자를 지원하는 전문단체 수가 증가하고 있다.

전문성 조직. 교육 테크놀로지와 미디어 일반이나 특정 부분에 관심이 있든지 없든지 간에 주요 전문기관에 친숙해지는 것이 중요하다.

Association for Educational Communications and Technology(AECT).
AECT(www.aect.org)는 학교, 단과대, 종합대학, 기업, 정부, 군대에서 일하는 교육공학전문가들을 대표하는 국제 조직이다. 이 조직의 임무는 교육공학 활용과 학습의 과정에 적용하는 데 공통 관심을 가진 전문가들을 연결하여 교육적 커뮤니케이션과 테크놀로지에서 리더십을 제공하는 것이다. AECT는 다음과 같은 관심 영역에 따라 10개

분과를 가지고 있다: 설계와 개발, 원격학습, 대학원 학생 협의회, 국제화, 멀티미디어 제작, 연구와 이론, 학교 미디어와 테크놀로지, 체제적 변화, 교사교육, 훈련과 수행.

이 기관은 공식적 출판을 하고 있는데 여러 책과 비디오와 함께 간행되는 『Tech Trends』, 『Educational Technology Research and Development』는 1년에 6번 간행된다. AECT는 교실에서 새로운 테크놀로지와 교수방법을 사용하는가에 초점을 맞춘 300여 개의 교육 세션과 워크숍을 운영하는 연차별 컨퍼런스를 지원한다. 또한 여름 전문성 개발 컨퍼런스와 격년의 연구포럼을 개최한다.

Association for the Advancement of Computing in Education(AACE). AACE(www.aace.org)는 정보테크놀로지를 활용하는 다양한 수준의 학습과 티칭의 지식, 이론, 그리고 질적인 발전에 전념하는 국제적 교육 및 전문 조직이다. AACE는 출판과 컨퍼런스를 통해 연구와 적용사례를 전파한다. AACE는 『Journal of Computers in Mathematics and Science Teaching(JCMST)』, 『Journal of Interactive Learning Research(JILR)』, 『Journal of Educational Multimedia and Hypermedia(JEMH)』, 『Journal of Technology and Teacher Education(JTATE)』, 『AACE Journal(AACEJ)』, 『Contemporary Issues in Technology & Teacher Education(CITE)』를 출간한다.

AACE
Association for the Advancement of Computing in Education
Celebrating 25 Years of Service to the Educational Technology Community

American Library Association(ALA). ALA(www.ala.org)는 세계에서 가장 큰 도서관 협의체이다. 6만 명 이상의 멤버는 다양한 유형의 도서관, 즉 공공, 학교, 대학, 주정부, 정부의 특수도서관, 상업, 군대, 병원, 교도소 그리고 기타의 도서관을 대표한다. 이곳은 다양한 유형의 도서관과 서비스에 초점을 둔 11개 분과를 가지고 있다. 분과 중 하나인 The American Association of School Librarians(ASSL)는 학교 매체 전문가들의 관심에 초점을 둔 전국적 컨퍼런스를 개최한다. 또한 『School Library Media Research』를 간행하는데 이는 수업이나 정보 제공 목적의 테크놀로지 활용과 관련된 연구들을 게재한다. 특별 이슈로 커뮤니케이션, 테크놀로지, 학습환경 시설설계를 실은 적도 있다.

Global SchoolNet Foundation(GSN). GSN(www.globalschoolnet.org)은 학생들의 학업 성취도 향상을 목적으로 교사와 학생들 간의 내용주도 협동학습(content-driven collaboration)을 통한 21세기 학습을 지원한다는 미션을 가지고 교사들에 의해 설립된 조직이다. GSN에는 194개국으로부터 젊은이들이 온라인상에 모여서 커뮤니티, 문화, 과학적 이슈들을 탐색함으로써 그들의 취업과 진로를 준비하고 글로벌 시민으로서의 소양과 책임감을 키워가고 있다. Global SchoolNet의 무료회원 프로그램은 협력

GlobalSchoolNet.org
Linking Kids Around the World!

단체 등으로부터 도움을 받아 프로젝트 기반 학습(project-based learning)을 위한 활동자료, 수업자료, 참고자료를 포함한 다양한 자료를 제공해주고 있다.

International Society for Technology in Education(ISTE). ISTE(www.iste.org)는 교수-학습 및 학교 운영에 테크놀로지를 사용함으로써 교육의 개선을 가져오고자 하는 목적으로 설립된 조직이다. 교사, 행정가, 컴퓨터 코디네이터, 정보자원 관리자, 대학 교 직원, 교육공학 전문가 등이 ISTE의 회원으로 활동하고 있다. 테크놀로지의 교육적 활용 수준을 향상시키고자 하는 지역의 요구에 부응하고 지원할 목적으로 각 지역에 제휴회원 제도를 운영하고 있으며, 이러한 지원 서비스에는 각종 도서, 코스웨어, 컨퍼런스, 다양한 저작물 등이 포함된다.

ISTE는 『Learning and Leading with Technology』, 『Journal of Research on Computing in Education』, 『Journal of Digital Learning in Teacher Education』, 『ISTE Daily Leader』, 『ISTE Update』, 그리고 관련 도서들과 코스웨어 패키지 등을 출간한다. 이 중에서도 특히 교사들이 관심을 가지는 저널인 『Learning and Leading with Technology』는 PK-12 교실에 테크놀로지를 통합하는 것과 관련된 주제에 초점을 두고 있다. 많은 교사들이 컴퓨터를 교실에 도입하여 성공한 자신들의 경험을 공유하기 위하여 관련 논문들을 이 저널에 게재하고 있다.

The International Technology and Engineering Educators Association(ITEEA). ITEEA(www.iteea.org)는 공학교육에 있어서의 기술, 혁신, 설계를 주제로 하는 전문가 조직이다. 이 조직은 기술 교육과 관련 전문성 함양을 통해서 기술적 소양을 향상시키는 것을 목적으로 한다. ITEEA는 리더십, 전문성 개발, 회원 서비스, 교실 활동 등을 통하여 직업 전문성을 강화하고자 한다.

ITEEA는 『Technology and Engineering Teacher』, 『Journal of Technology Education』 등 관련 전문가들의 심사를 거치는 두 개의 학술지(peer-reviewed scholarly journal)를 출간한다. 또 다른 저널로서 기술적 소양에 관심이 있는 K-6 교사들에게 유용한 툴과 정보를 제공해주는 『Children' s Technology and Engineering(CTE)』를 출간하고 있다. ITEEA는 교사들에게 STEM(과학, 기술, 공학, 수학)에 대한 최근 흐름을 소개하기 위한 무료 온라인 뉴스레터인 『Science, Technology, Engineering, and Mathematics(STEM) Connections』를 제공하고 있다.

International Visual Literacy Association(IVLA). IVAL(www.ivla.org)는 우리가 어떻게 시각자료를 의사소통에 사용하며 이러한 시각자료를 어떻게 해석하는가

를 다루는 비주얼 리터러시(visual literacy)의 개념을 탐색해오고 있다. 특히 시각자료 문해력을 기르기 위한 교수 자료 개발과 관련된다. 이 조직에는 초중등교육, 고등교육, 기업교육, 커뮤니케이션, 전문 예술가, 개발 전문가, 설계 전문가 등을 포함하는 다양한 학문 영역과 전문직종의 회원들이 참여하고 있다.

United States Distance Learning Association(USDLA). USDLA (www.usdla.org)는 교육훈련을 위한 원격교육의 개발과 적용을 촉진해오고 있다. 이 조직은 PK-12 교육, 고등교육, 평생교육, 기업교육, 원격의료, 군관 교육훈련 등에 종사하는 20,000여 명의 회원들과 후원자들로 구성되어 있으며, 정부기관, 미 의회, 산업계, 원격 교육 프로그램 개발 기관과 각종 정보와 기술을 공유하는 최고권위를 갖는 조직으로 발전해왔다. USDLA는 50개 주에 분과를 두고 있다. USDLA는 연차학술대회를 후원하고 다양한 온라인 자료를 제공한다. 또한 USDLA는 호주, 유럽, 인도, 일본, 영국 등에서 원격교육 프로그램의 리더들이 모이는 정기 모임을 개최하고 있다.

주정부 기관. 몇몇 전국단위 전문기관들은 주정부나 지역 협력기관을 가지고 있다 (AECT, ALA, ISTE, USDLA). 이러한 기관들에 가입함으로써 여러분은 서로의 특정 관심사를 공유하는 인근의 전문가들과 접촉할 수 있다. 교사로서 여러분은 전국단위 기관에 더하여 지역 또는 주정부 기관들에서 열심히 하고 싶을 수도 있다. 전일제 학생은 할인된 회원비로 가입할 수 있다.

전문 학술지. 살펴본 바와 같이, 교육 테크놀로지와 미디어 관련 전문기관의 가장 중요한 공헌의 하나가 구성원들에게 학술지를 간행하는 것이다. 다양한 인쇄 또는 전자 정기 간행물이 교육 테크놀로지와 미디어를 사용하는 데 관심 있는 교육자들을 대상으로 한다. 전자저널은 교사들에게 최근 정보를 추가 정보 링크와 함께 제공하기에 선호되는 '그린' 상품(저공해 상품)이라 할 수 있다. 선호되는 저널은 다음과 같다.

- 『Educational Technology』는 반세기 동안 권위를 유지해온 정기 간행물로서 100여 개 국가의 교육자들이 구독하고 있으며, 이론과 실제를 포괄하는 논문을 교사들과 교육공학자들에게 제공해주고 있다(www.asianvu.com/bookstoread/etp).
- 『T.H.E. Journal』은 테크놀로지를 활용하여 학습 과정을 향상시키고 진보시킬 수 있도록 PK-12 교사들에게 정보와 교육을 제공해주는 역할을 수행하고 있다. 월간지, 디지털 저널, 두 개의 웹사이트와 다섯 개의 뉴스레터 등 다양한 자료를 90,000명이 넘는 구독자에게 제공해주고 있다(http://thejournal.com).
- 『eSchool News』는 인쇄물과 온라인 저널로 동시에 출간되며, 법 제정과 소송에

서부터 사례 연구와 신제품에 이르기까지 교육공학의 모든 영역을 다루는 "Technology News for Today' s K-20 Educator"를 제공한다. 이 뉴스페이퍼는 300,000명이 넘는 구독자를 가지고 있으며, 웹사이트는 매월 500,000회를 넘기는 조회수를 기록하고 있다(www.eschoolnews.com).

- 『Media and Methods』는 새로 출시되는 소프트웨어와 하드웨어 정보를 제공해 줌으로써 학교의 제품 구매 의사결정에 도움을 주고 있다(www.media-methods.com).
- 『Tech & Learning』은 디지털 테크놀로지의 통합으로 교육 환경을 개선하기 위한 전문가적 전략과 실용적인 자료와 함께 지역 테크놀로지 코디네이터를 제공해준다. 이 매거진은 학생들이 글로벌 디지털 직업세계에 잘 준비할 수 있도록 하기 위하여 교사들이 최신 테크놀로지와 신제품에 대하여 배울 수 있는 기회를 제공함으로써 전문성 개발 도구로도 사용된다(www.techlearning.com/).

교사들은 교육 테크놀로지 서적을 주기적으로 읽어서 학습자들에게 효과 있는 새로운 테크놀로지와 미디어를 알게 되고 따라서 전문성이 향상된다. 교사들은 이러한 지식을 사용하여 다양한 21세기 학습 환경을 창조하고 전개해갈 수 있다.

21세기 학습 환경

교사와 교과서가 정보의 주요 소스가 되는 전통적인 교실을 넘어서 21세기 학습 환경은 테크놀로지를 통한 통합교육을 실시하며, 학교와 가정을 연결하고, 온라인 교육을 제공하는 글로벌 교실로 확대 발전된다.

글로벌 교실

우리의 세계는 복잡한 위성통신 시스템을 통해서 보이지 않는 디지털 네트워크로 연결되어 있으며, 이로 인하여 오늘날의 교실은 글로벌 교실이 되었다. 학생들은 이제 교과서에서부터 지리적으로 떨어져 있는 사람들과의 실시간 화상 컨퍼런스에 이르기까지 다양한 자원을 통해 학습할 수 있게 되었다. 교사들은 ePals LearningSpace(http://learningspace.epals.com)와 같은 시스템을 사용하는데, 이 시스템은 200여 개 국의 600,000만 명의 교사와 학생들 간의 연결을 통한 다문화적 수업 활동을 가능하게 해준다. 교사들은 한두 명의 다른 교사들과 수업 지도안을 작성하거나, 또는 전 세계 아이들을 참여시키는 대규모의 상호작용적 연구 프로젝트 중 하나에 그들의 학생들을 참여시키기도 한다. 이러한 프로젝트에는 *Digital Storytelling*, *The Way We Are*, *Global Warming*,

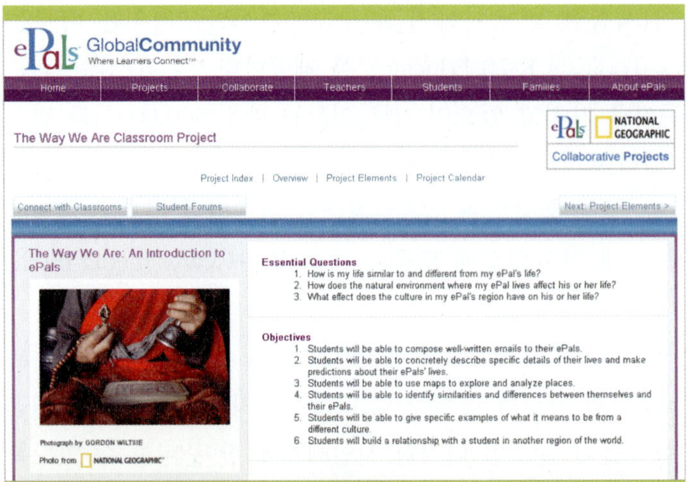

그림 12.3 ePals Global Community
내셔널 지오그래픽의 ePals Global Community는 전 세계 각지의 학생들이 협력 학습을 하는 'The Way We Are' 등과 같은 상호교류적 프로젝트에 학생들이 참여할 수 있도록 자원을 제공한다.

Maps 등이 있다(그림 12.3 참조).

또한 다운로드하지 않고도 바로 볼 수 있는 실시간 스트리밍 동영상 서비스에 의해 세계는 학생들에게 열려 있다. 학생들은 남극, 비엔나의 거리, 케냐의 야생동물 보호구역, 프랑스의 에펠탑, 독일 바이에른 국립공원의 숲, 일본의 후지산, 이탈리아의 피렌체 대성당, 홍콩의 씨티 마켓, 캠브리지의 Olivetti 연구실 등 생생한 모습을 실시간으로 볼 수 있다.

이러한 많은 사이트들은 사용자가 카메라를 직접 조종할 수 있도록 서비스하고 있어서 학생들이 다각도에서 원격지의 모습을 관찰할 수 있다. 실시간 동영상(live video) 서비스를 통해 학생들은 오후에 자신의 교실에서 해가 지고 있는 다른 나라를 관찰함으로써 시차에 대한 개념을 인식할 수 있다. 세계를 있는 그대로 관찰하는 이러한 활동은 세계 각 지역 사람들의 의상, 교통, 식생활, 활동을 있는 그대로 관찰하면서 세계 각 지역 문화의 차이점과 유사점에 대한 안목을 키워준다.

통합교육을 위한 테크놀로지

오늘날 이처럼 학교의 테크놀로지 접근성이 증대되고 있는 가운데에서도 사회경제적 수준의 격차, 인종, 지역, 성, 언어, 장애의 요인들에 의해서 여전히 이러한 서비스로부터 배제되어 디지털 격차를 경험하는 학생들이 존재하고 있다(Pew Internet & American Life Project, 2007). 특히 저소득층 또는 소수민족 학생들, 비원어민 학생들, 장애가 있는 학생들일수록 학교에서의 테크놀로지의 사용과 접근이 더 어려운 것으로 나타났다(US DOE, 2010). ISTE 보고서(Davis, Fuller, Jackson, Pittman, & Sweet, 2007)는 '디지털 평등(Digital Equity)' 을 위한 다섯 가지 전략을 제안하고 있다.

1. 학생들의 교육 경험에 중요한 역할 문화(role culture) 경험을 포함하라.
2. 교육에서 테크놀로지 기능에 대한 인식을 일깨우는 노력을 지속하라.

3. 테크놀로지 전문성 개발과 교실에의 적용 간의 연계를 독려하라.
4. 학생들이 교실 밖에서도 테크놀로지에 접근할 수 있는 기회를 창출하라.
5. 테크놀로지를 위한 펀드를 지속적으로 확보하라(pp. 11-13).

빈곤층과 소수민족 학생들. 다른 일반적인 학생들에 비해서 저소득층 또는 소수민족 가정의 학생들은 집에서 테크놀로지에 접근하는 것이 현실적으로 어려운 경우가 많다. 따라서 이러한 학생들에게는 학교에서 그러한 기회를 확대시켜 주는 것이 매우 중요하다. 이러한 학생들이 집에 컴퓨터를 가지고 있는 친구들과 동등한 컴퓨터 사용 능력을 갖출 수 있고 컴퓨터를 일상적으로 사용하는 가정과 친구들에게 접근할 수 있도록 하기 위하여 이들의 컴퓨터 사용 능력을 개선하기 위한 보충 교육을 실시하고 이들에게 컴퓨터 사용 기회를 개별적으로 허용하는 시간을 늘릴 필요가 있다. 교사들은 컴퓨터를 활용하는 학습 기회를 제공해주는 지역 커뮤니티 센터, 도서관, 교회 등지에서 운영하는 방과후 프로그램, 여름방학 프로그램 등에 이러한 학생들이 적극적으로 참여할 것을 독려해줄 수 있다(Gray, Thomas, & Lewis, 2010).

비원어민 학생들. 오늘날의 학교들은 다양한 모국어를 가지고 영어를 배워야 하는 비원어민 학생들(English language learners, ELL), 영어를 제2 모국어로 배우는 학생들(English as a second language, ESL), 또는 영어 구사력이 부족한 학생들(limited English proficient, LEP)이 점차 증가하고 있는 현실에 직면하고 있다(National Clearinghouse for English Language Acquisition, 2010). 영어 교사들은 테크놀로지와 매체가 교육적으로 유용한 도움을 제공한다는 사실을 깨닫고 있다. 가령, 튜토리얼, 드릴 앤 프랙티스, 워드 프로세싱 프로그램 등과 같이 학습 내용을 오디오 내레이션으로 들려주는 소프트웨어들은 학생들이 컴퓨터 스크린을 보면서 학습 내용을 읽어갈 때 영어 단어의 정확한 발음을 배울 수 있도록 한다. iPod과 같은 모바일 기기는 영어로 녹음된 파일에 쉽게 접근할 수 있도록 한다. ELL 학생들에게 유용한 또 다른 디지털 툴은 SNS(social networking sites)이다. 학생들은 SNS를 통해서 자신들의 모국어 사용자들뿐만 아니라 영어 사용자들과 교류할 수 있는 기회를 가질 수 있다. 교사들은 ELL 학생들의 개별적 요구를 충족시켜줄 수 있도록 다양한 테크놀로지 툴을 통합하여 사용할 수 있다.

장애 학생. 두 개의 법률 Individuals with Disablilities Education Improvement Act(IDEA)(2004)와 No Child Left Behind(NCLB)(US DOE, 2002)의 제정은 약자로서의 학생들이 일반 학생들과 동등한 높은 수준의 교육 목표에 도달할 수 있도록 가르쳐질 것을 의무화하였다. 2008년도에 대략 700만 명의 PK-12 학생들이 이에 해당하는 것으로 확인된 바 있다(Institute of Educational Sciences, 2009).

테크놀로지의 혁신적 진보는 교사들로 하여금 학습장애 또는 신체 장애가 있는 학생들의 특별한 요구를 더 잘 충족시켜줄 수 있도록 지원한다. 가령, 교사들은 맞춤화된 소프트웨어와 디지털 툴을 사용해서 학생 개별화 교육 프로그램(student individualized education programs, IEPs)을 개발하고 운영하고 보고할 수 있으며, 특수교육의 전반적인 관리 기능을 지원받을 수 있다. 아이오와 주는 교사들에게 Electronic management Filemaker IEP 소프트웨어를 제공하고(www.iowa-iep.net), 또 다른 주에서는 특수교육 사례 관리 프로그램인 Case e 등과 같은 상업적인 IEP 프로그램을 도입하기도 한다(www.msb-services.com/case-e). 특수교육 자동화 프로그램(Special Education Automation Software, SEAS)은 또 다른 관리 기능을 제공해준다(www.computer-automaion.com).

특수교육 대상 학생들을 위한 디지털 지원 도구는 디지털 폼을 즉시 작성할 수 있는 기능을 제공해준다. 장애 학생의 중요 데이터 정보를 입력할 수 있는 자동 완성 기능을 사용하기 때문에 입력 시간을 줄여주고 정확성을 높여주는 장점이 있다. 교사들은 현황 정보를 생성하고 학부모와 다른 교사들에게 이메일을 보낼 수 있다. 디지털 데이터베이스를 통해서 연구기반 개입 전략(research-based intervention strategies)에 접근 가능하다. 데이터베이스 기록은 지역구, 주정부, 연방정부 보고서로 바로 변환된다. 이러한 장점들은 교사들이 개발화 수업을 계획하고 보고 요건사항을 준수하기 위한 시간을 줄여주기 때문에 교사들이 장애 학생들을 가르치고 함께 수업할 수 있는 시간을 증대시켜 준다.

새로운 테크놀로지들은 또한 교사들이 교실 환경을 특수교육 대상 학생들에게 맞출 수 있는 능력도 키워준다. **보조공학(assistive technology)**이나 장애 학생들을 위해 특수 설계된 디지털 기기와 소프트웨어의 도움을 받아 학습지원센터(learning station)를 특수하게 갖출 수도 있다. 보조공학은 학생들이 자신의 말의 전달 속도를 조절하고, 교실에서의 오디오 신호를 증폭시킬 수 있으며, 자신들이 검색한 결과를 잘 볼 수 있도록 컴퓨터 스크린 정보를 확대시킬 수 있도록 한다. 또한 음성변환 장치가 인쇄된 책의 내용을 그들에게 들려주기도 하며, 전자 저장매체는 수업 내용을 기록하였다가 나중에 점자책으로 출력해주기도 한다. 몇몇 웹페이지들은 사용자들이 선택할 수 있는 옵션을 두어 이러한 장애 학생들의 요구에 맞춘 그래픽과 텍스트 페이지를 제공해준다. 점차적으로 청각장애 학생들에게 유인물과 노트를 제공하고, 시각장애 학생들에게 오디오 녹음자료를 사용하는 것과 같은 테크놀로지와 대안들이 모든 학생들의 학습을 증진시키는 날이 이제 곧 다가올 것이다.

학교와 가정의 테크놀로지 연결

오늘날 집집마다 컴퓨터를 가지고 있는 것이 대중화됨에 따라 교사들이 학생, 학부모들과 소통할 수 있는 기회가 더욱 많아졌다. 많은 교사들이 담당교사 연락처 정보, 일정표, 과제 시트, 학부모 공지사항, 참고사이트 링크, 그리고 지속적인 의사소통을 촉진하기 위한 소셜 네트워킹 프로그램 등을 포함하고 있는 수업 웹사이트를 운영한다. 수업 웹사이트 운영을 위해서 학교 또는 지역구 서버를 이용하거나, 교육자들을 위한 Wikispaces(www.wikispaces.com/site/for/teachers) 등과 같은 무료 또는 저렴한 웹 호스팅 서비스를 이용하기도 한다.

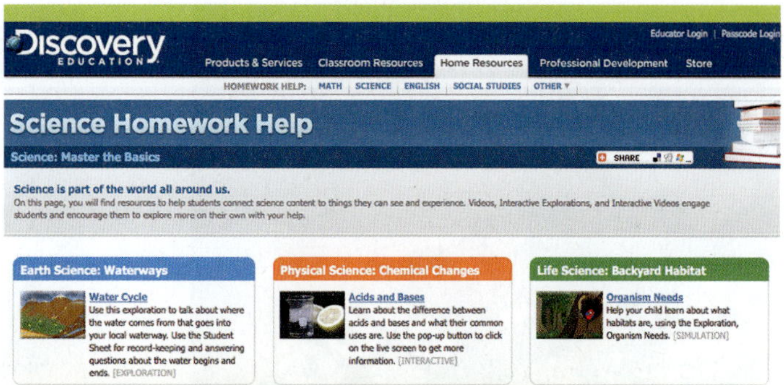

그림 12.4 Science Homework Help
Discovery Education's Homework Help에서는 다양한 과목의 숙제를 하면서 학생들이 도움을 받을 수 있다.
출처: http://school.discoveryeducation.com/homeworkhelp/homework_help_home.html

교사의 웹사이트들에서 공통적으로 제공하는 링크들은 주로 기초적인 기술 연습, 온라인 시연물, 또는 교과목별 참고 정보이다. 가령, PK-12 학생들은 National Library of Virtual Manipulatives에서 산수, 연산, 대수, 기하학, 측정, 자료분석, 확률 등의 숙제를 해결하기 위한 상호작용적 수학 프로그램을 이용할 수 있다(http://nlvm.usu.edu). 또한 인터넷은 학생들이 그들의 학업을 완수하는 것을 돕는다. 가령, 매일같이 10,000명이 넘는 학생들이 Discovery Education's Homework Help 사이트에 방문해서 숙제를 해결하는 데 도움을 받고 웹사이트에서 제공하는 교과목 자료를 활용한다(그림 12.4 참조).

Infoplease Homework Center는 또 하나의 유용한 사이트로서, 학생들에게 주제 영역별, 기술별(쓰기, 연구하기, 말하기, 듣기, 공부하기)로 범주화된 자료를 제공해주고, 그 밖에 검색해볼 만한 다른 사이트의 링크(연감, 지도, 사전, 백과사전, 인물사전)와 도구들(변환 계산기, 거리 계산기), 연습 도구들(수학 플래시카드, 철자 맞히기 게임), 연간 각종 행사 정보를 제공한다.

이와 같이 학교와 가정 간의 소통이 점차 증대됨에 따라, 학습에 쏟는 시간도 증대되고 있다. 테크놀로지는 교사들이 네트워크를 통해서 각 가정으로 숙제를 보낼 수 있게 해주었다. 학부모와 학생들, 교사들은 숙제에 대한 의사소통을 할 수 있다. 학생들은 집에서 그들의 개인 데이터 파일에 접속할 수 있고, 학교의 컴퓨터에 있는 수업 자료에 연결될 수 있다. 그러나 앞서 언급했듯이 교사들은 이러한 서비스의 혜택으로부터 벗어나있는 학생들도 디지털 자원에 접근할 수 있도록 지원함으로써 평등한 학습 기회를 제공하는 데 관심을 기울여야 한다.

보조공학은 장애학생들의 학습 기회를 확장시켜준다.
Courtesy of Flaherty family and at4Learning

학부모는 테크놀로지의 도움으로 자녀의 숙제에 대한 요구사항을 항상 알게 된다.
Masterfi le RF

온라인 교육의 선택

2010년 K-12 온라인 학습을 위한 국제 학회(iNACOL)의 'Fast Facts about Online Learning' 보고서에 따르면, PK-12 환경에서 온라인 학습 기회의 괄목할 만한 성장이 있어왔다. 특히, 2000년도에 약 50,000명의 학생들이 K-12 온라인 교육에 참여하고 있었는데, 2009년도에는 320,000명으로 늘어났다(iNACOL, 2010). Florida Virtual School(FLVS)은 1997년도에 국립 인터넷 기반 고등학교로 출발하여 2009년도에는 71,000명의 글로벌 학생들이 참여하는 국가적인 이러닝 모델로 성장하였다. FLVS는 플로리다에 국한되지 않고 약 40개국의 학교에 맞춤화된 이러닝 솔루션을 제공하고 있다. FLVS는 정부예산이 전액 학생의 수행에 투입되는 유일한 국립학교이다(www.flvs.net). FLVS는 온라인 학생들에게 전자도서관, 정보세션, 학생클럽, 페이스북 업데이트, 처음 사용자를 위한 온라인 코스 둘러보기 등을 제공한다. 특히 주정부 프로그램은 거주민들에게 무료로 제공되며, 때로는 시골, 빈곤층 또는 낮은 학력의 학교 학생들에게도 무료로 제공된다(그림 12.5 참조).

온라인 코스는 때로 학생들이 초고속 인터넷 망에 연결된 컴퓨터에 접속하는 방식으로 학교 캠퍼스에 제공되기도 한다. 빈곤층 가정의 학생들이 학업을 집에서 완수할 수 있도록 장학금과 컴퓨터 기증 프로그램도 운영한다.

온라인 학습은 거리, 가난, 소규모 학교의 제한된 코스 제공 등과 같은 제약 조건을 해소해주기 때문에 미래의 학생들은 다양한 원격교육 기회를 가지게 될 것이다. 그러나 Watson(2005)은 교사들이 그들의 원격교육 프로그램이 모든 학생들에게 공정한 접근 기회를 제공하고 있는가 등의 문제와 같은 공립학교의 기대에 부응하는가를 유심히 살펴보아야 함을 강조한다. 국가나 주는 원격교육이 지속적으로 운영되고 높은 질적 수준을 유지하기 위해서 반드시 정책과 재원을 가지고 원격교육 프로그램을 시작해야 한다.

그림 12.5 Virtual School Website
Florida Virtual School은 온라인 학생들에게 전자도서관, 정보세션, 코스 둘러보기, 학생 클럽, 페이스북 업데이트 등의 다양한 서비스를 제공한다.
출처: www.flvs.net

전반적으로, 21세기의 학습 환경은 교사들이 '글로벌 교실'을 만들어 학생들의 학습 기회를 확장시켜 주는 새로운 계기를 마련해준다. 또한 테크놀로지와 매체를 활용하여 학생들의 다양한 요구를 반영하고, 학생과 학부모와의 의사소통을 향상시키고, 이와 동시에 학생들의 개별적 학습 요구사항을 보다 충족시키기 위한 온라인 학습 기회를 제공해줄 수 있다.

21세기 학습을 위한 테크놀로지 지원금

PK-12에서 테크놀로지에 대한 접근성이 증가함에도, 많은 교사들은 학생들의 컴퓨터 사용을 하루이틀로 제한하거나 랩탑카르트로 가져다 사용하는 것보다는 컴퓨터가 한 교실에 세팅되어 있기를 원한다. 이러한 딜레마를 해결하기 위해서 지역적, 학교, 그리고 교사들은 하드웨어, 소프트웨어, 그리고 전문성 발달을 위한 테크놀로지 지원금을 받기 위해 지원한다. 컴퓨터와 다른 디지털 기구들은 다른 핵심 교과내용, 사회적 행동 향상, 경력 훈련 같은 프로그램을 위한 지원금과 함께 획득될 수도 있다.

지원금 유형

두 가지 기본 유형의 테크놀로지 지원금이 있다. 연방정부, 주정부, 지역, 학교 수준 지원금, 기업이나 비즈니스 조직의 지원금, 단체, 그룹, 연합회 차원의 비수익 조직의 지원금이다.

정부 지원금. 미교육부의 교육 테크놀로지 부서 등에서는 Federal Register of Education grants에 게시되는 여러 가지 지원금을 제공한다(http://www2.edu.gov/news/fedregister/announce/index.html). 지원금은 다년간의 데이터시스템 구축을 위한 주정부 차원의 재원에서부터 장애우를 위해 보조기구 테크놀로지 지원을 위한 아주 구체적인 것에 이르기까지 다양하다. 지역, 학교, 교사들에게 관심이 되는 것은 'Enhancing Education Through Technology' 또는 EETT 지원금으로서 테크놀로지를 활용하여 초중등 학업 성취를 높이고자 하는 것이다. 구체적으로, EETT 지원금 수혜자는 다음 목적을 달성해야 한다: (1) 8학년까지 학생들이 테크놀로지 문해가 되도록 지원함 (2) 교사 훈련이나 핵심 커리큐럼에 테크놀로지를 통합함 (3) 여러 곳에 적용될 수 있는 연구기반 수업방법을 확립함(US DOE Office of Educational Technology, 2010).

정부지원금은 상당한 액수를 제공할 수 있으나 종종 다음 사항을 요구한다: 긴 내용의, 구체적인 제안서와 예산 제출; 지역, 대학, 지역사회 기관과의 협력적 파트너십; 지역사회와 파트너로부터의 매칭펀드. 연방정부의 지원금은 학교와 교사보다는 대개 지역과 학군에 주어진다. 그러나 연방정부의 General Services Administration에서는 정부의 교체 대상 컴퓨터 재활용을 촉진하기 위하여 "Computers for Learning' (CFL)을 지원한다. CFL 프로그램은 해당 요구사항을 충족하고 지원을 완료한 지원이 시급한 학교들에게 잉여 컴퓨터와 테크놀로지 장비들을 이전해준다(http://computersforlearning.gov).

기관 지원금. 비정부 기관과 단체의 지원금은 다소 어렵지 않은 제안과정을 거치는데 지역이나, 협력 파트너뿐 아니라 개별 학교나 교사들에게 그만큼 융통성 있게 재원을 제공한다. 더하여, 대개의 학교들은 AT&T, Kellogg Foundation, Cisco Systems Virtual Schoolhouse 같은 잘 알려진 기관들에 의해 지원되는 지원금의 요구조건을 충족할 수 있다. 그러나 몇몇 지원금은 매우 분명한 대상이 있음을 주의해야 한다. 예를 들어, Lockheed Martin Corporation Philanthropy는 Lockhee Martin이 종사원을 가지고 있는 지역에서의 학교에 K-16 과학, 테크놀로지, 엔지니어링, 수학 사업만을 지원한다.

다양한 웹사이트들이 PK-12 테크놀로지 지원금을 제공하는 기관들을 알려주고 있다. Top Teaching Resource(www.topteachingresource.com)과 School Grants(http://k12grants.org)가 그 예이다. Fund$Raiser Cyberzone(www.fundsraiser.com)은 재원충당 아이디어를 제공하는데 조용한 경매, 경쟁, 기부 등을 포함한다. 더 많은 예를 위해서는 이 장의 끝에 있는 〈무료 및 저렴한 테크놀로지 지원금 소스〉를 살펴보기 바란다.

지원금 제안서 작성

성공적인 제안서 작성하기는 지원 목적을 종합적으로 달성하기 위하여 지원금을 어떻게 사용할 것인가를 분명하고 구조적으로 기술하는 것에서 시작한다. 이때 제안요청서(RFP)에서 제시하는 지침을 따르는 것이 무엇보다 중요하다. 대부분의 제안서는 페이지 분량의 제한이 있고, 정해진 순서에 따라 내용을 작성할 것을 요구받는다. 많은 지원금 제도는 다음과 같은 공통적인 사항을 RFP에 제시한다.

- *제목 페이지(Title page).* 프로젝트의 취지를 분명하고 간명하게 진술하는 제목을 작성하라. 이때 미사여구와 같은 꾸미는 말이나 겉만 화려한 표현 등은 피하라. 지원기관명과 함께 프로젝트 책임자와 공동참여자의 이름을 명시하라.
- *요약문(Project Abstract).* 일반적으로 한 페이지 분량으로 작성하되, 프로젝트의 목적, 내용, 방법과 절차, 기대사항, 책임자와 참여자, 평가 계획, 예산과 일정 등을 포함하라. 이때 학술용어의 지나친 사용은 피하라.
- *문제 제기(Statement of the Problem).* 이 부분은 제안하고자 하는 프로젝트가 학생들에게 분명히 도움이 될 것임을 지원기관에게 확신시켜 주는 것을 목적으로 작성하라. 이러한 주장은 반드시 데이터와 선행연구결과로 뒷받침되어야 한다. 학생 수 대비 컴퓨터 보급비율, 학생과 교사의 요구 등의 정보 같은 제안기관 또는 제안자의 현 상황에 대한 데이터를 포함하는 것이 중요하다. 가령, 프로젝트가 빈곤층 가정의 학생들에게 초점을 둘 것인지, 아니면 영어를 배우는 학습자(ELL), 또는 특수교육 대상 학생들에게 초점을 둘 것인지, 영재학생들에게 고급 교육을 시킬 것인지 등을 제시해야 한다. 그리고 프로젝트가 성공적인 결과물 산출을 보증하기 위하여 연구 기반 접근(research-based approach)을 시도할 것이라는 것도 보여주어라.
- *프로젝트 내용(Project Description).* 프로젝트 내용 부분은 목적과 결과, 대상자, 방법, 프로젝트 참여자, 일정을 포함한다.
  - 목적과 결과. 명료하게 진술된 목적과 프로젝트 종료 시점에 달성할 측정 가능한 결과를 제시하라.
  - 대상자. 프로젝트의 수혜자가 누구인지 명시하라. 중점을 두게 될 대상 학년, 교과목 영역과 프로젝트를 구현할 교사를 명시하라.
  - 방법. 프로젝트 구현 방법을 명료하고 간략하게 제시하라. 프로젝트 대상자들에게 어떻게 그리고 어떤 유형의 테크놀로지를 제공하게 될 것인가? 교사들을 어떻게 준비시킬 것인가? 프로젝트가 교실 활동과 학습 기회에 어떠한 변화를 가져올 것인가?
  - 프로젝트 참여자. 대부분의 지원금은 프로젝트의 연구책임자를 선정하거나

연구책임자와 함께 부책임자를 공통 참여자로 선정한다. 따라서 우선 연구책임자와 부책임자를 먼저 명시한 후에 다른 주요 참여자(전문성 개발 퍼실리테이터, 테크놀로지 코치, 기술담당자 등)를 명시하되 회계 담당자나 조교는 포함하지 않아도 된다. 모든 참여자의 이름과 함께 그들의 역할과 관련하여 간략한 이력을 제시하라.

- 일정. 주요 프로젝트 활동 단계의 일정과 각 단계의 담당자를 명시한 일정표를 작성하라. 일정표는 정보를 잘 파악할 수 있도록 하기 위하여 날짜, 활동, 담당자 항목을 포함하여 작성하라. 때로는 프로젝트 지원금이 종료된 이후에 이 프로젝트를 어떻게 지속해 나갈 것인지를 기술하는 것이 도움이 될 수 있다.

- *자원(Resources).* 프로젝트를 지원하기 위한 각종 자원(시설자원, 인적 자원, 프린터, 프로젝터, 상호작용 화이트보드 등의 장비 등)을 명시하라. 그리고 지원 예산으로 구입할 예정인 자원 목록과 함께 배정된 예산의 타당성을 제시하라.
- *평가 계획(Evaluation Plan).* 프로젝트의 목적과 결과가 잘 달성되었는지를 평가하기 위한 방법과 절차를 명료하게 기술하라. 평가자로 누가 참여하게 되는지, 어떤 평가도구를 사용할 것인지, 평가결과를 어떻게 분석하고, 그 결과를 어떻게 공유할 것인지를 기술하라.
- *부록(Appendices).* 대개의 제안요청서(RFP)는 부록의 작성양식과 페이지를 한정한다. 일반적으로 부록에는 전문성 개발 모형, 학생 활동 예시, 데이터 수집 도구, 참여자 이력 등을 포함한다.

더 좋은 테크놀로지 지원금 신청 제안서를 작성하기 위하여 여러분의 학교나 지역구에서 제출했던 과거의 제안서를 검토해보는 것이 좋다. 이전 제안서에는 여러분의 제안서에 쓸 수 있는 학교, 학생 관련 통계 등이 잘 정리되어 있다. 또한 SchoolGrants (www.k12grants.org/samples/samples_index.htm)에서 제공하는 샘플 제안서(타 학교, 타 지역구에서 제출했던 제안서)들을 검토하는 것도 유용할 것이다.

요약

이 장에서는 21세기 학습으로의 발전이 필요하다는 것을 논의하였고 어떻게 ASSURE 모델이 그 목적을 위해 교사들을 도와줄 수 있는지 설명하였다. 특히, 오늘날 교사들은 21세기 학습 환경을 전개하고 풍부하게 하기 위해서 테크놀로지와 미디어를 혁신적으로 통합할 수 있어야 한다. 교사들은 테크놀로지 중심의 전문성 발달을 위한 전국적, 지역적 기관들에 지속적으로 관여하여 전문성 향상 활동을 할 필요가 있다. 또한 교사들은 디지털 기기와 자원에 학생들이 접할 기회를 줄 수 있도록 최신의 연구와 테크놀로지 지원금 기회에 대해 정보를 지속적으로 얻어야 한다. 이러한 다각도의 노력을 통해 학생들의 학습에 도움 될 것이며 나아가 우리의 사회가 21세기 인력을 성공적으로 준비하는 데 도움 될 것이다.

나의 전문성 개발하기

전문 지식 확인하기

1. National Educational Technology Plan에 기술된 바에 따르면 ASSURE 모형이 21세기 학습을 어떻게 지원하는지를 설명하시오.
2. 테크놀로지 역량, 정보화 소양을 갖춘 전문가로서의 자질을 갖춘 21세기형 교사의 특성에 대하여 토론하시오.
3. 21세기 환경이 테크놀로지를 도입하고, 집과 학교를 연결하고, 온라인 교육 기회를 제공하기 위하여 테크놀로지를 활용하는 방법을 나열하시오.
4. 21세기 학습을 위한 테크놀로지 지원금의 유형을 제시하고, 지원금 신청 제안서의 기본 작성 양식을 간략히 설명하시오.

전문 기능 시연하기

1. 여러분이 개발한 ASSURE 수업 지도안 또는 다른 테크놀로지 통합 수업안을 리뷰하고, 그것이 NETP의 학습을 위한 목적을 어떻게 반영하고 있는가, 그리고 포함되지 않은 목적들을 반영하기 위하여 수업 지도안을 어떻게 보완할 수 있을지에 대하여 기술하시오. (ISTE NETS-T 2.A & 2.C)
2. 여러분의 테크놀로지 역량과, 다른 21세기 교사들의 특성을 평가하기 위하여 자기 성찰을 해보시오. 이때 다음 질문을 참조한다: 여러분이 수업에 테크놀로지를 활용하는 방법에 있어서 강점과 약점은 무엇인가? 여러분의 학생들이 학습을 개선하기 위하여 테크놀로지를 활용하는 방법에 있어서의 강점과 약점은 무엇인가? 그러한 약점들을 어떻게 해결할 것인가? (ISTE NETS-T 5.C)
3. 수업에 다양한 테크놀로지 유형을 통합하고 있는 두세 명의 교사와 인터뷰하거나, 교사들이 어떻게 21세기 학습 환경을 창조하는가를 주제로 교사들과 인터뷰한 내용을 다룬 MyEducationKit 비디오 두세 편을 선택하시오. 각각의 교사들이 어떻게 테크놀로지를 확산시키고, 학부모들과 대화하고, 온라인 교육을 학습의 또 다른 방법으로 생각하는가에 대하여 비교, 대조하여 3~5장 정도의 분량으로 작성해보시오. (ISTE NETS-T 5.C)
4. 여러분이 근무하고 있거나 또는 근무하고 싶은 학교의 테크놀로지 요구를 분석하고, 해당 학교의 요구를 해결하기 위한 지원금 제도를 찾아보시오. 지원금 신청 제안서 작성 가이드를 참조하여 간략한 제안서를 작성해보시오. (ISTE NETS-T 5.B)

전문 포트폴리오 만들기

- *우수한 포트폴리오 만들기.* MyEducationKit, 인터넷에서 찾거나, 또는 여러분이 개발해본 적이 있는 테크놀로지 통합 수업 지도안을 하나 선정하시오. 선택한 수업 지도안의 출처를 밝히고 난 후에, 이 장에서 논의된 주제에 따라서 그것을 분석하라. 특히 그 수업 지도안이 어떻게 21세기 학습을 해결하고 있는가를 다음 체크리스트를 참조하여 평가해보시오: (1) 통합교육을 위한 테크놀로지와 매체의 활용(ELL 학생, 장애학생, 영재 등), (2) 교실 밖에서의 의사소통을 위한 테크놀로지와 매체의 유형, (3) 교사와 학생에게 요구되는 테크놀로지 활용능력의 유형, (4) 학생들이 테크놀로지에 더 잘 접근할 수 있게 되었을 때 수업 지도안의 보완 방향. (ISTE NETS-T 4.B & 5.C)
- *수업 성찰하기.* 이 장에서 기술된 바와 같이 21세기 수업의 향상을 위한 요구를 성찰하고, 이러한 요구가 여러분의 수업에 어떠한 영향을 미치는가에 대하여 설명해보시오. 21세기 수업의 가장 큰 이득은 무엇이겠는가? 가장 도전적인 측면은 무엇이며 왜 그런지를 설명해보시오. (ISTE NETS-T 2.A & 5.C)

보충자료

출판물

Andio, L. (2006). An observatory for e-learning technology standards. *Advanced Technology for Learning*, 3(2), 99 - 108.

Orey, M., Jones, S., & Branch, R. M. (Eds). (2010). Graduate programs in educational technology. Educational Media and Technology Yearbook (35). New York: Springer.

Powell, A. (2006). Online support for teacher community of practice. In C. Crawford et al. (Eds.), *Proceedings of Society for Information Technology and Teacher Education International Conference 2006*, 2633 - 2638. Chesapeake, VA: AACE.

Reiser, R. A., & Dempsey, J. V. (2011). *Trends and issues in instructional design and technology* (3rd ed.). Upper Saddle River, NJ: Merrill/Prentice Hall.

Schlager, M. S., & Fusco, J. (2004). Teacher professional development, technology, and communities of practice: Are we putting the cart before the horse? In S. Barab, R. Kling, and J. Gray (Eds.), *Designing virtual communities in the service of learning*. New York: Cambridge University Press.

Technology Grant News (2010). *Winning at IT: Grant writing for technology grants*. New York: Technology Grant News Publication.

웹링크

다음의 웹링크를 브라우저에서 쉽게 접속하려면 MyEducationKit의 12장 웹 링크를 클릭한다.

Discovery Education

http://education.discovery.com

Discovery Education은 미국 내 90,000 여 학교에 공공 서비스, 제품, 파트너십 등을 통하여 연간 150만 명의 교사와 3,500만 명의 학생들에게 서비스를 제공하고 있다. 무료 수업지도안, Kathy Schrock's Guide for Educators, Teaching Tools, Curriculum Center, Brain Boosters, Clip Art, Puzzlemaker, Science Fair Central, Discovery Student Adventures 등을 제공한다.

Edutopia

www.edutopia.org

Edutopia는 George Lucas Eduatioanl Foundation(GLEF)에서 운영하는 사이트로서, 교실 활동, 전문가 인터뷰 등의 100여 개가 넘는 비디오 세그먼트를 비롯하여, 아티클, 비디오, 블로그, 파워포인트 프레젠테이션 자료, 토론 질문과 교실 활동 자료 등의 무료 수업 모듈을 제공한다. GLEF 아카이브에는 ISTE/NCATE NETS 표준에 부합하는 모범 자료가 제공된다.

Eduscape

http://eduscapes.com

Annette lamb과 Larry Johnson이 개발한 사이트인 Eduscapes는 교사들을 위한 다양한 자료를 포함하고 있다: 42eXplore—다양한 자료를 가지고 있는 주간 프로젝트 섹션; Multimedia Seeds—멀티미디어 사용을 개선하기 위한 아이디어와 자료; Teacher Tap—교사들이 테크놀로지를 통합할 때 가지는 공통 질문들을 해결하도록 전문성 개발을 지원하는 자료; Activate E-Journal—테크놀로지 활용 학습 환경 개발에 대한 연구 논문을 게재하는 비정기적 온라인 출간물.

National Center for Technology Innovation

www.nationaltechcenter.org

미국 특수교육 프로그램국(U.S. Office of Special Education Programs, OSEP) 산하 National Center for Technology Innovation(NCTI)은 테크놀로지 혁신의 확산을 통하여 장애 학생들에게 배움의 기회를 증진시키는 활동을 한다. 웹사이트에서는 개발자, 제조업자, 생산자, 출판업자, 연구자 등이 도구의 개발과 활용을 목적으로 상호간 자료를 공유하고 파트너십 증진을 돕는 역할을 한다.

Study Guides and Strategies

www.studygs.net/index.htm

Joseph Landsberger에 의해 개발된 공공 사이트로서 다양한 주제에 대하여 학습 가이드와 학습 전략을 제공하고 있다. 시간관리, 문제해결, 학습, 함께 학습하기, 공부, 교실 활동 참여, 온라인 학습 커뮤니케이션, 사고전략, 기억술, 독서, 연구, 프로젝트 관리, 시연 프로젝트, 쓰기 기초, 시험 전략, 수학, 과학과 기술, 교수기법 등을 다룬다.

무료 및 저렴한 자원

TeacherWeb

http://teacherWeb.com

아주 적은 연회비로 교사들에게 상호작용적인 수업 웹사이트를 만들 수 있는 폭넓고 다양한 툴을 제공해주는 유명한 사이트이다. 공지사항, 숙제, 링크, 교사 정보, 캘린더, FAQ, WebQuest 게시판 등을 제공하고 교사가 상호작용적 시험을 출제하는 기능도 제공한다.

Assign-A-Day
http://assingaday.4teachers.org
교사들이 숙제 관리를 편리하게 할 수 있는 캘린더 맞춤 서비스를 제공하는 4Teachers에서 제공하는 무료사이트이다.

School Rack
www.schoolrack.com
교사들이 디지털 파일, 과제, 학부모 공지 등을 쉽고 빠르게 제공할 수 있는 사용하기 편리한 사이트이다.

Class Homepage Builder
http://teacher.scholarstic.com/homepagebuilder
K-8 교사들이 보안이 강화된 수업 웹사이트를 개설할 수 있는 툴을 제공해준다. 추천도서, 모범과제 등을 게시할 수 있고, 학부모와 의사소통하고, 자료실 등을 운영할 수 있다. 이 사이트에서 이미지와 비디오를 가져와 게시할 수 있고 구글 캘린더를 사용할 수 있다.

무료 및 저렴한 테크놀로지 지원금 소스

Funding Your Technology Dreams
www.cpsb.org/Scripts/abshire/grants.asp
여러분의 수업을 위한 현재 신청 가능한 테크놀로지 지원금 제도, 펀딩 기회, 테크놀로지 자원을 확보할 수 있는 창의적인 해결방안 등의 다양한 목록을 제공한다. 또한 지원금 신청 제안서 작성법도 안내한다.

Kathy Schrock's Grant Sources for Educators
http://school.discoveryeducation.com/schrockguide/business/grants.html
연방정부 지원금 또는 재단 지원금 목록과 함께 제안서 작성법, 인터넷에서 지원금 제도를 찾는 방법, 교실, 학교, 지역구를 위한 테크놀로지 기금 확보 방안 등을 제공한다.

SchoolGrants
www.schollgrants.org
지원금 신청 제안서, 지원 기회, 샘플 제안서 등에 대한 다양한 정보와 자원을 제공한다. 또한 뉴스레터, 테크놀로지 자원을 포함하는 링크 목록 등도 제공한다.

Foundation Center: Proposal Writing Short Course
http://foundationcenter.org/getstarted/tutorials/shortcourse/index.html
재단과 자선기업 등이 출원한 지원금을 신청하기 위한 제안서를 작성하는 절차를 단계적으로 안내해주는 짧은 온라인 코스를 제공한다.

Teacher Tap: Grants and Grant Writing
www.eduscapes.com/tap/topic94.htm
지원금 필요여부 확인, 지원금 신청 가능성 탐색, 신청 시작하기, 요구와 여러분의 해결책 확인하기, 목적 설정하기, 지원금 신청 제안서 작성하기 등에 초점을 두고 있는 교사와 사서를 위한 전문성 개발 자료를 제공한다.

부록 A: 수업 시나리오 차트

시나리오	내용	학습자	목적
Wilson 교사는 유치원생들이 날씨의 순환을 보다 잘 이해하기를 원한다.	날씨/계절	유치원 연령의 학생들로 4~5세이며, 날씨 패턴에 대한 수업을 받은 적이 거의 없음.	수업을 모두 마치고 나면 어린이들은 계절과, 계절과 관련된 일기 패턴에 대한 일반적 이해를 할 수 있다.
Harris 교사는 1학년 학생들에게 단순 덧셈의 개념을 소개할 계획이다.	수학	5~6세의 학습자들로서, 수 개념에 대한 지식이 거의 없음.	수업을 마치고 나면 학습자들은 합이 10 이하인 단순 덧셈 문제를 해결할 수 있다.
Martinez 교사는 학생들의 전치사에 대한 이해를 강화하기를 원한다.	문학	초등학생들로, 7~8세이며 어휘력을 키워나가고 있음.	수업을 마치고 나면 학습자들은 명시되어 주어진 전치사의 위치가 어디인지를 표시할 수 있다.
Eller 교사의 학급은 그들이 살고 있는 주를 둘러싸고 있는 주위의 주에 관심을 표현한다.	미국 지리	8~9세 학습자들로서, 지리가 주의 발전에 미치는 영향에 대한 지식이 거의 없음.	수업을 마치고 나면 학습자들은 지리적 요인이 주의 경제, 사회, 정치사에 미치는 영향을 규명할 수 있다.
Cheon 교사는 학생들에게 자연석을 이용한 미술 영역을 소개하고자 한다.	미술	초등학교 고학년(9~10세) 학생들로 돌을 이용한 미술에 대한 지식이 거의 없음.	수업을 마치고 나면 학습자들은 자연석을 이용한 여러 가지 미술 활동을 규명할 수 있다.
James 교사는 학생들에게 개구리의 삶의 주기를 학습함으로써 생명 주기의 개념을 소개하고자 한다.	생명 과학	11~12세 학생들로서, 물리학 지식은 상당하지만 생물학적 배경 지식은 제한적임.	수업을 마치고 나면 학습자들은 개구리의 삶의 주기 단계를 규명할 수 있으며, 개구리 발달 단계 간의 관계를 기술할 수 있다.
Heller 교사의 학급은 건강, 특히 균형 잡힌 식사와 관련된 이슈에 관심이 있다.	영양	13~14세의 중학생들로, 먹이 피라미드에 대한 지식을 가지고 있음.	수업을 마치고 나면 학습자들은 일주일간 균형 잡힌 세 끼 식단 메뉴를 선택할 수 있다.
Galloway 교사는 세계사 교사의 세계 2차 대전 수업과 협력하기로 결정하고, 학생들에게 그 당시의 문학을 소개하고자 한다.	세계 문학	대학진학을 앞둔 16~17세의 고등학생들로, 시대적 문학을 읽고 탐색하는 것에 관심이 있음.	수업을 마치고 난 후 학습자들은 2차 세계 대전 동안의 국제관계와 그 당시의 문학과의 관계를 토론할 수 있다.
Wasileski 고등학교의 영어 학급은 연구 논문 작성법을 배울 준비가 되어 있다.	영어 작문	논문 작성에 관한 경험이 거의 없음.	수업을 마치고 난 후 학습자들은 적절한 참고문헌 인용, 서론의 일반적 패턴, 연구문제, 분석 및 논의, 결론 등을 포함하는 연구 논문을 작성할 수 있다.

부록 B: 기자재 안전과 설치

서론

대부분의 테크놀로지 사용자들은 전자 매체에 대한 마법사는 아니지만-그리고 그렇게 되기를 원하지도 않지만-하드웨어를 안전하고 효과적으로 사용할 수 있기를 원한다. 테크놀로지의 효과적인 사용을 위한 가장 기본적인 요소들은 적절하게 기자재를 설치하고, 올바르게 사용하며, 예기치 못하게 발생하는 문제에 대비할 준비를 갖추는 것이다. 부록 B에서는 매체 기자재와 컴퓨터 하드웨어를 안전하게 관리하고, 적절하게 설치하고 다루기 위한 지침을 제공한다.

기자재 안전

안전은 교사와 학생들이 테크놀로지를 사용할 때마다 가장 중요하게 고려해야 할 사항이다. 무거운 기자재를 다루면서 발생되는 사고는 심각하며 치명적일 수도 있다. 미국 소비자 제품 안전 위원회는 무거운 프로젝션 운반수레가 넘어지면서 떨어진 무거운 물건에 의해 어린이 사망자와 중상자가 발생된다고 경고한 바 있다. 이 운반수레 상부 선반에 대개 TV 모니터가 실려 있다. 높이가 50인치(127cm)가 넘는 운반수레는 특히 위험하다. 학교에서 TV 모니터 사용이 점차 증가하면서 이러한 위험에 대한 우려가 커지고 있다.

이동과 들기

모든 교육자들은 학생들의 위험한 상황에의 노출에 관련된 의무-그리고 법적 책임-를 알고 있어야 한다. 현재 적용되는 규칙은 어린이들이 무거운 기자재를 실은 운반수레를 움직이는 것을 절대 허용하지 말아야 한다는 것이다.

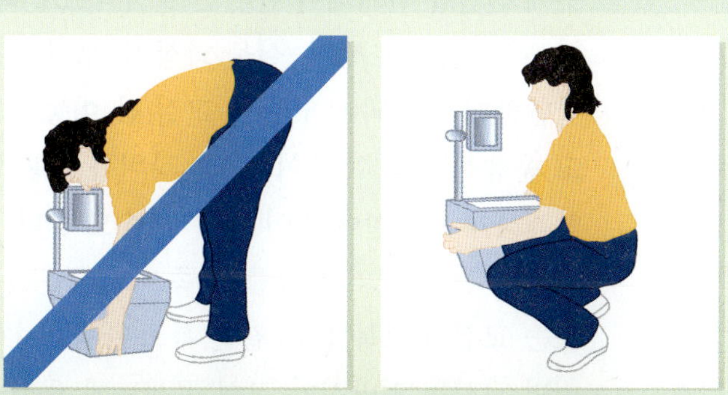

그림 B.1 기자재 들기
무거운 기자재를 들어 올리는 잘못된 자세(왼쪽)와 올바른 자세(오른쪽)

매체용 운반수레는 장비의 안전한 이동을 돕는다.
Anthony Magnacca/Merrill

성인들도 기자재를 잘못 취급하여 부상을 당할 수 있다. 단순히 허리를 굽혀 물건을 움켜잡고, 물건을 수직으로 당겨서 무거운 물건을 들어 올리려고 시도할 때 대부분의 허리 부상이 발생된다. 이러한 행동은 하부 허리에 긴장을 주게 된다. 그림 B.1과 같이 엉덩이와 무릎을 굽히고 다리를 사용해 물건을 들어 올릴 것을 권장한다.

운반수레

운반수레는 기자재에 따라 그 크기와 모양이 다양하다. 운반수레는 실내용과 실외용으로 제작된다. 실내용으로 제작된 운반수레로 기자재를 건물 밖으로 옮기는 것은 매우 위험한 일이다. 작은 바퀴가 포장도로의 틈새로 빠져 넘어질 수 있다. 이러한 이유에서 실내에서 주로 사용하더라도 바퀴의 크기가 12cm가 넘는 것을 구입하는 게 좋다.

생산업자들은 일반적으로 운반수레에 전기를 연결하는 선도 함께 제공한다. 이것들은 함께 구입할 만한 가치가 있다. 운반수레에 있는 콘센트에 기자재의 플러그를 꽂고, 운반수레의 전력 코드를 벽에 있는 콘센트에 꽂으면 된다. 누군가 전원 코드를 건드리면 운반수레가 움직이겠지만 컴퓨터, 프로젝트, 모니터는 바닥에 떨어지지 않는다. 게다가, 운반수레에 있는 전원 코드는 기자재에 있는 전력 코드보다 길다. 벽까지 더 길게 전력 코드를 늘어놓음으로써 걸려 넘어지는 것을 방지할 수 있다.

전력 코드에 걸리는 것을 최소화하려면, 연장선을 사용하여 방의 중간을 가로질러 전선을 늘어놓지 말고 벽을 따라 설치하도록 한다. 누군가 걸려 넘어질 가능성이 있는 곳에 전선을 설치해야 한다면 일시적으로 하고, 테이프로 바닥에 단단하게 고정한다.

노트북, 프로젝터, 실물 화상기, 텔레비전 모니터, 미디어 재생기 등이 운반수레에 단단하게 고정되어 있다면 교실 간 이동은 훨씬 쉬워진다. 운반수레는 장비를 조직하고 운송하는 데 도움이 된다. 장비를 보관하는 데도 용이하다. 사용하지 않을 때에는 안전하게 보관실에 밀어 넣어 둘 수도 있다.

학교는 학생의 필요를 충족시키는 운반수레도 갖추고 있다. 화상회의, 발표 장비, 또는 교실 노트북 등과 같은 특화된 운반수레도 있다. 운반수레에 있는 장비를 사용하려면 교사는 일반적인 교실 콘센트에 플러그를 꽂고, 경우에 따라서는 네트워크 선을 연결하면 된다. 대부분의 학교에는 수업 기자재 담당자가 있어서 교실에 직접 와서 교사와 학생이 어려움을 겪고 있으면 도와주기도 한다.

안전 수칙

오직 성인만이 장비를 옮길 수 있음 | 장비의 좁은 면에 힘을 가해서 움직이게 함 | 장비의 윗부분에 힘을 주지 말고 중간부분을 민다. | 잡아 당기지 말고 민다.

시각 기자재를 안전하게 운반하는 방법

프로젝션 운반수레에 프로젝터 탑재하기

- *어린 아이들이 수레에 접근하지 못하도록 한다.* 성인들에게만 프로젝터가 적재된 수레의 운반이 허용되어야 한다. 위에 제시된 국제 커뮤니케이션 산업협회(ICIA)의 경고문이 쓰여진 안전표시를 수레에 붙여야 한다.
- *이동 바퀴를 고정시킨다.* 수레에 프로젝터를 싣기 전에 수레의 이동바퀴가 고정되어 있는지 확인한다.
- 코드를 뽑아 둔다. 모든 전력 코드를 콘센트에서 뽑고 기자재 주위를 감는다.
- *하부 선반을 이용한다.* 움직이기 전에 기자재를 하부 선반에 올려 놓는다. 하부 선반으로 서로 연결된 VCR과 TV 모니터를 옮길 때에는 연결선을 뽑은 후 옮긴다.

프로젝션 운반수레의 이동

- *잠겨 있는 수레의 바퀴를 풀어준다.* 수레를 움직이기 전에 모든 수레바퀴의 잠금장치를 풀어준다.
- *잡아당기지 말고 밀어준다.* 힘을 한 곳으로 집중하여 항상 수레를 밀어주고 어디로 향하고 있는가를 주의 깊게 살핀다. 절대 수레를 잡아당기지 말아야 한다.
- *엘리베이터 이용시 각도.* 엘리베이터에 타거나 내릴 때에는 한 번에 수레바퀴가 엘리베이터와 건물 사이의 틈을 통과할 수 있도록 각도를 잡아 주어야 한다
- *경사진 곳에서는 고정시킨다.* 경사진 장소에서 수레를 위아래로 이동해야 할 경우 끈으로 기자재를 수레에 단단히 고정시킨다.

기자재의 사용

- *수레바퀴를 고정시킨다.* 프로젝션 수레를 이동하지 않을 때는 바퀴를 잠금장치로 고정한다.
- *선반의 가운데에 놓는다.* 수레 선반의 정가운데에 기자재를 얹어 두어야 하고 가장자리 돌출한 물건이 없도록 해야 한다.
- *전력 코드를 확인한다.* 전선이 닳았는지 그리고 플러그가 느슨한지를 조사한다. 전력 코드를 뺄 때는 전선이 아니라 플러그를 잡고 당긴다.
  - 코드를 보호한다.
  - 전선과 스피커용 코드가 복잡하게 얽히지 않도록 전선 간에 충분한 여유를 준다.
  - 누군가 전선을 밟더라도 기자재가 끌려오지 않고 수레가 끌릴 수 있도록 전선을 수레 다리부분의 하단 둘레에 감아둔다.

그림 B.2

ICIA에서 구할 수 있는 이 안전 스티커를 모든 운반수레에 부착해야 한다.

출처: Adapted from guidelines provided by the International Communications Industries Association (ICIA). Additional information, including safety warning stickers for carts, is available from ICIA, 3150 Spring Street, Fairfax, VA 22031.

연장선

연장선은 다양한 용도—내부, 외부, 고압과 저압 등—에 따라 만들어져 있다. 연장선을 사용할 때면 용량을 초과하지 않도록 주의한다. 잘 알지 못하면 매체 전문가에게 물어본다.

모든 교육자들은 테크놀로지 사용 시 안전 실천을 위한 역할 모델이 된다는 점을 인식해야 한다. 따라서 안전습관을 알고 실천해야 하는 특별한 책임이 있다. 그림 B.2에 제시된 안전 표시는 국제 커뮤니케이션 산업협회(ICIA)에서 제공하는 것으로 모든 매체 운반수레에 부착되어야 한다.

기자재 취급

모든 매체 기자재를 적절하게 취급하는 것이 매우 중요하다. 잘못 다뤄서 손상되면 수리하는 데 많은 비용이 들 수 있다.

디지털 프로젝터

텔레비전 모니터는 개인이나 소집단이 보는 데는 적절하지만 대집단이 잘 보려면 여러 대의 모니터가 필요하다. 비디오 녹화 자료를 재생하려면 비디오 재생기를 각각의 모니터와 연결해야 한다. 이러한 경우에 보다 나은 방법이 디지털 프로젝터를 사용하는 것이다. 비디오 이미지를 보여주기 위해 사용할 수 있을 뿐만 아니라 컴퓨터 데이터, 문서, 그래픽을 보여주기 위해 사용할 수도 있다.

천정 고정식 디지털 프로젝터의 투사

Reed Hoffmann/AP Images

디지털 프로젝터는 작은 교실의 화면부터 강당의 실물보다 크게 보여줄 수 있는 화면까지 다양한 화면 크기를 채울 수 있을 정도로 이미지를 확대하여 투사한다. 장비는 천정에 고정 설치될 수도 있고, 내려서 운반수레에 실어 더 큰 화면을 투사하기도 한다. 적절한 화면을 투사하려면 아래의 원칙을 준수하도록 한다.

- 완전히 어둡게 하기보다는 어슴프레한 상태에서 시청한다. 가능하면 화면 위의 조명은 끈다.

- 화면의 중간 부분으로 최대한 가깝게 대상자들을 앉힌다.
- 모두가 화면을 선명하게 볼 수 있도록 한다.
- 프로젝터를 장시간 사용하지 않을 때에는 대기 모드로 전환하여 프로젝트 전구를 아낀다.

오버헤드 프로젝터

오버헤드 프로젝터는 여전히 학교에서 볼 수 있는데, 몇 가지 부품으로 구성된 간단한 기자재이다. 믿을 만하지만, 그래도 방치해서는 곤란하다. 그보다는 프로젝터가 최고의 성능을 유지하도록 하기 위한 몇 가지 기본적인 주의사항을 따라야 한다.

오버헤드 프로젝터를 가능한 한 깨끗하게 보관하여야 한다. 수평대에는 먼지, 지문, 얼룩, 펜 자국 등이 많이 묻는다. 창문 청소용 스프레이나 비눗물로 정기적으로 닦아 주어야 한다. 앞면에 있는 렌즈에도 먼지나 얼룩이 묻지 않도록 해야 한다. 렌즈용 티슈에 적당한 렌즈 청소용 용액을 묻혀서 정기적으로 닦아 주어야 한다. 수평대 밑에 있는 프레넬(fresnel) 렌즈도 가끔씩 닦아 주어야 할 필요가 있지만 이것은 기자재 전문가에게 맡기는 편이 낫다. 이 렌즈는 특별 취급을 요하는 정교한 광학적 요소이다. 뿐만 아니라 이 렌즈를 청소하려면 렌즈와 결합된 부분을 분해해야 한다.

오버헤드 프로젝터의 값비싼 램프의 수명을 연장하는 가장 좋은 방법은 프로젝터를 옮기기 전에 열을 식히는 것이다. 프로젝터를 옮길 때는 주의를 기울여야 한다. 한 장소에서 다른 장소로 굴릴 수 있는 수레에 얹어서 옮기는 것이 좋다. 손으로 옮겨야 할 경우에는 위쪽의 얇은 팔을 잡지 말고 프로젝터의 몸통을 잡아야 한다. 위쪽의 팔 부분은 운반용으로 만든 것이 아니다. 운반용으로 사용하면 쉽게 휘고 결국 프로젝터에 의한 이미지 왜곡의 원인이 된다.

프로젝터 설치

프로젝트 미디어를 사용할 때 프로젝터와 스크린을 올바로 설치하는 것이 매우 중요하다. 스크린과 프로젝터가 제대로 정렬이 되지 않아서 이미지가 왜곡되거나 화면의 일부가 잘려서 산만했던 경우가 있다.

스크린 정렬

프로젝터를 설치하는 데 있어서 첫 번째 요구조건은 투사 렌즈를 스크린과 수직으로 정렬하는 것이다(스크린과 90° 각도를 이루어야 한다). 따라서 프로젝터의 렌즈는 스크린의 중앙 높이에 있어야 한다. 만일 프로젝터가 너무 높거나 낮거나 또는 양옆으로 치우

그림 B.3 키스톤 효과
'키스톤 현상'은 건축에서의 키스톤, 즉 둥근 아치의 꼭대기에 있는 쐐기모양을 한 돌 모양으로 이미지가 투사되는 것을 말한다.

쳐 있으면 이미지가 일그러지는 **키스톤(keystone) 현상**이 나타날 것이다(그림 B.3). 이 용어는 아치형 건축물의 이맛돌의 형상—꼭대기는 넓고 아래로 내려오면서 점점 좁아지는—에서 유래된 것이다. 이러한 현상을 극복하기 위해서는 프로젝터나 스크린 중 하나를 움직여서 이들이 수직 관계를 형성하도록 하는 것이다.

키스톤 현상은 특히 오버헤드 프로젝터에서 심하게 나타나는데 그 이유는 일반적으로 스크린과의 거리가 가깝고 교사가 필기할 수 있도록 하기 위해 스크린의 중앙보다 낮은 곳에 위치하기 때문이다.

프로젝터 거리

프로젝터와 스크린을 적절히 정렬했으면 이제 이들 사이의 거리를 고려해야 한다. 거리가 너무 멀면 이미지가 스크린의 한계를 넘어설 수 있다. 너무 가까우면 이미지가 스크린을 적절히 채우지 못할 것이다. 이미지 크기를 스크린과 일치시키면서 이미지 밝기가 최대가 되도록 하는 것이 가장 이상적이다. 여기에서 기억해야 할 원칙은 프로젝터와 스크린의 거리가 멀어질수록 이미지는 커지고 어두워진다는 것이다. 일반적 규칙은 다음과 같다.

- 투사된 이미지가 스크린에 비해 너무 크다면 프로젝터를 스크린에 좀 더 가깝도록 움직인다.
- 이미지가 너무 작다면 프로젝터를 뒤로 이동시킨다.

램프

램프를 취급할 때는 절대 투명한 유리전구를 만지지 않도록 해야 한다. 손가락에서 나오는 기름이 램프의 수명을 단축시킬 수 있다. 항상 램프의 밑을 잡고 다루어야 한다. 백열 램프와 텅스텐 할로겐 램프(외부 반사기가 없는)는 램프 주위가 거품물질이나 종이로 둘러싸여 있다. 프로젝터를 삽입할 때에는 이러한 물질이나 헝겊을 이용하여 램프를 잡아야 한다.

수명이 다한 램프를 제거할 때에는 손가락에 화상을 입지 않도록 하기 위해 열기가 식을 때까지 기다려야 한다. 램프를 제거할 때에는 항상 헝겊을 사용하는 것이 현명하다. 프로젝터를 켜자마자 타버린 램프도 손을 데게 할 정도로 뜨겁다.

시청각 기자재에 사용되는 램프는 비싸다. 일반적으로 가정용 전구 가격의 20배나 된다. 램프 수명을 늘리려면 사용하지 않을 때는 프로젝터의 전원을 꺼야 한다. 만일 프로젝터에 램프 절약 환경을 설정할 수 있다면 램프 수명을 늘리기 위해 가능한 한 사용하는 것이 좋다. 램프가 켜져 있을 때에는 프로젝터가 흔들리지 않도록 해야 하는데 램프가 조기에 타는 원인이 될 수 있기 때문이다. 프로젝터를 즉시 다른 장소로 이동시켜야 할 상황이 아니라면 프로젝터 사용이 끝난 후에 팬을 계속해서 돌리지 말아야 한다. 이것도 램프 수명을 단축시키기 때문이다.

스크린

투사된 시각자료를 보기 위한 적절한 환경을 설정하려면 스크린의 크기와 위치를 조절해야 한다. 일상적인 교수 상황을 위해서 흔히 교실에는 특정 유형의 고정된 스크린이 갖춰져 있을 것이다.

스크린 크기와 학습자 좌석의 관계에 대한 일반적인 규칙은 2×6 규칙이다: 어떠한 학습자도 스크린 폭의 2배에 해당하는 거리보다 가까운 거리에 위치하거나 또 스크린 폭의 6배에 해당하는 거리보다 먼 거리에 위치해서는 안 된다.

가장 멀리 떨어진 학생의 거리가 교실 앞에서부터 30피트인 가상 상황에서 가장 멀리 떨어진 학생이 스크린 폭의 6배 이내에 들게 하기 위해서는 폭이 5피트(60인치)인 스크린이 요구된다(30÷6=5). 정사각형 스크린은 정사각형 이미지(오버헤드)뿐 아니라 직사각형 이미지(슬라이드, 필름 스트립트 등)도 보여줄 수 있기 때문에 일반적으로 정사각형 스크린 사용을 선호한다. 따라서 이 경우에 60×60인치 크기의 스크린을 사용할 것을 추천한다(그림 B.4).

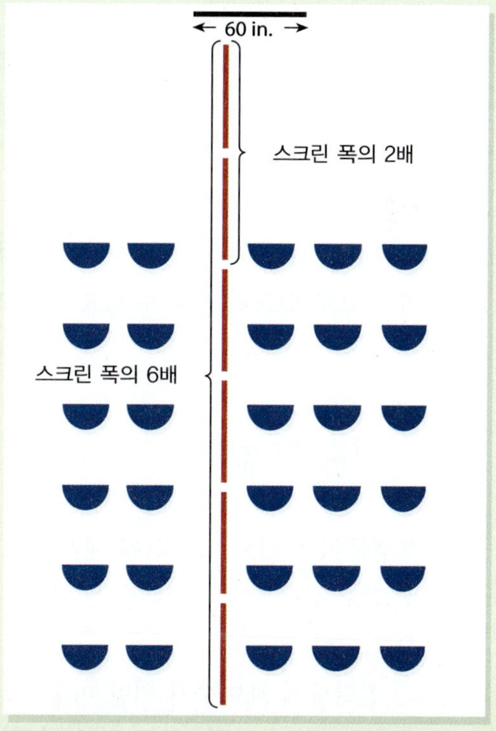

그림 B.4 스크린 크기 지침
일반 크기 교실에서 2×6 규칙에 따른 스크린의 대략적 크기

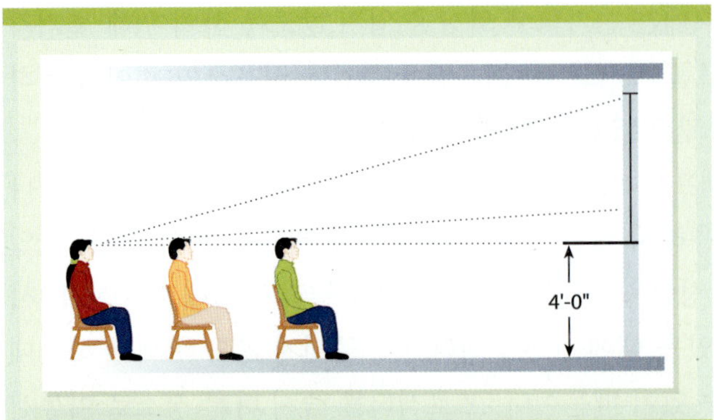

그림 B.5 스크린 위치
시선을 막지 않기 위해 스크린의 하단이 학생들의 머리보다 높아야 한다.

대부분의 경우에 교실 앞 가운데에 스크린을 설치하면 무난할 것이다. 그러나 어떤 경우에는 그렇지 않을 수도 있다. 완전히 차단할 수 없는 창으로부터 들어오는 빛은 투사된 이미지를 희미하게 만들어 버릴 수 있으며(자연광은 어떠한 인공조명보다 밝다), 프로젝터 사용 중에 칠판을 사용하려고 스크린 위치를 중앙에 둔다는 것은 이를 어렵거나 불가능하게 만든다. 또 만일 비투사적 학습활동이 진행되는 도중에 원치 않는 주의집중을 불러올 수 있다면 스크린을 중앙에 배치하지 말아야 한다. 대안적인 위치는 교실 앞의 구석이 될 수 있다. 어느 곳에도 스크린을 교실 앞 중앙에 배치해야 한다고 적혀 있지 않다. 목적에 가장 부합되는 위치에 스크린을 배치하면 되는 것이다.

일반적으로 스크린의 높이는 스크린의 맨 하단에 착석한 학생들의 머리높이 정도로 조정하는 것이 좋다. 스크린의 맨 하단은 시야 방해를 막기 위해 바닥으로부터 적어도 4피트 이상의 거리를 두어야 한다(그림 B.5). 다른 방해요소들을 제쳐 두고라도 이러한 배열은 대부분의 학습자의 시야를 상당히 분명하게 만들어줄 것이다. 일반적으로 스크린이 높을수록 시각 영역이 최적화된다. 물론 학생들이 불편하게 목을 뒤로 젖히지 않고도 스크린을 볼 수 있도록 주의를 기울여야 한다.

비디오 설치

학생들이 비디오 모니터에 제시되는 자료를 통해 배우기 전에 그들은 우선 그것을 볼 수 있고 들을 수 있어야 한다! 이것은 적절한 좌석 배열, 모니터 배치, 조명, 음량 조절을 의미한다.

집단에게 보여주기 위한 이상적인 자리 배열을 결정하는 것이 때때로 매우 어려울 수 있다. 어떤 경우에는 모든 학생들을 모니터 시청을 위해 가장 바람직한 위치에 앉힐 수 있을 만큼 충분한 크기의 모니터를 사용할 수 없을 수 있다. 학생들을 서로 더욱 가까이 밀착하도록 이동시켜 보다 많은 학생이 바람직한 위치에서 모니터를 보게 할 수도 있을 것이다. 시선을 막지 않도록 좌석을 지그재그로 배열하는 것도 필요하다.

여기에는 다음과 같은 일반 규칙이 있다.

- 시청자 수를 스크린 크기를 나타내는 인치 수보다 적게 한다. 예를 들어 23인치 모니터를 사용하는 경우 최대한 수용할 수 있는 시청자 수는 23명이 될 것이다.
- 어떤 시청자도 스크린 크기의 두 배보다 가까운 거리에 배치하지 않는다. 예를 들어 23인치 모니터를 사용하는 경우 가장 가까이 있을 수 있는 시청자의 거리는 46인치(또는 약 4피트) 정도이다.
- 어느 누구도 스크린의 인치 수보다 먼 피트 거리에 앉히지 말아야 한다. 예를 들어 23인치 모니터를 사용하는 경우 가장 멀리 떨어진 시청자의 거리는 23피트가 될 것이다(만일 수업이 학습에 중요한 작은 크기의 시각자료를 포함하고 있다면 가시거리는 훨씬 짧아질 것이다).

스크린과의 거리와 함께 위, 아래, 좌, 우 방향으로의 시청각도도 고려해야 한다. 그림 B.6에 제시된 것처럼, 모니터 머리는 머리 회전각도가 30°를 넘지 않도록 해야 한다. 일반적으로 54인치 높이의 모니터는 집단에게는 좋은 시청각도이다. 좌우의 각도 측면에서 보면 중앙선으로부터의 각도가 45°가 넘는 위치에 배치되는 학생이 없도록 하여야 한다.

비디오 모니터는 정상적이거나 아주 약간 희미한 조명에서 볼 수 있어야 한다. 눈에 편안함을 가져다준다는 것 이외에도 정상적인 조명은 학생의 참여적 활동(예, 유인물 참조나 필기)에 필요한 빛을 제공한다.

비디오 모니터는 자연광이나 조명이 스크린에 비추어 눈을 부시게 하지 않는 곳에 배치해야 한다. 모니터를 그림자가 들지 않는 창문 앞에 배치하면 TV에서 나오는 빛과 자연광이 함께 비추어 시청을 어렵게 한다.

비디오 모니터를 위한 조명 조건에 관한 일반 규칙은 다음과 같다.

- 정상적이거나 희미한 조명에서 시청한다.
- 눈을 부시게 하는 스크린으로의 직접적 조명은 피한다.
- 모니터 후면으로부터의 자연광은 피한다.

적절한 청취를 위해서는 모니터의 소리 크기를 교실 맨 뒤에 있는 학생들도 명확하게 들을 수 있도록 크게 조절해야 하지만 교실 앞에 있는 학생들을 놀라게 할 정도는 피해야 한다. 좌석 배열이 수용할 수 있는 범주 내에 있고 모니터의 스피커가 정상적으로 기능한다면 이러한 적당한 정도의 소리 조절이 어렵지는 않다.

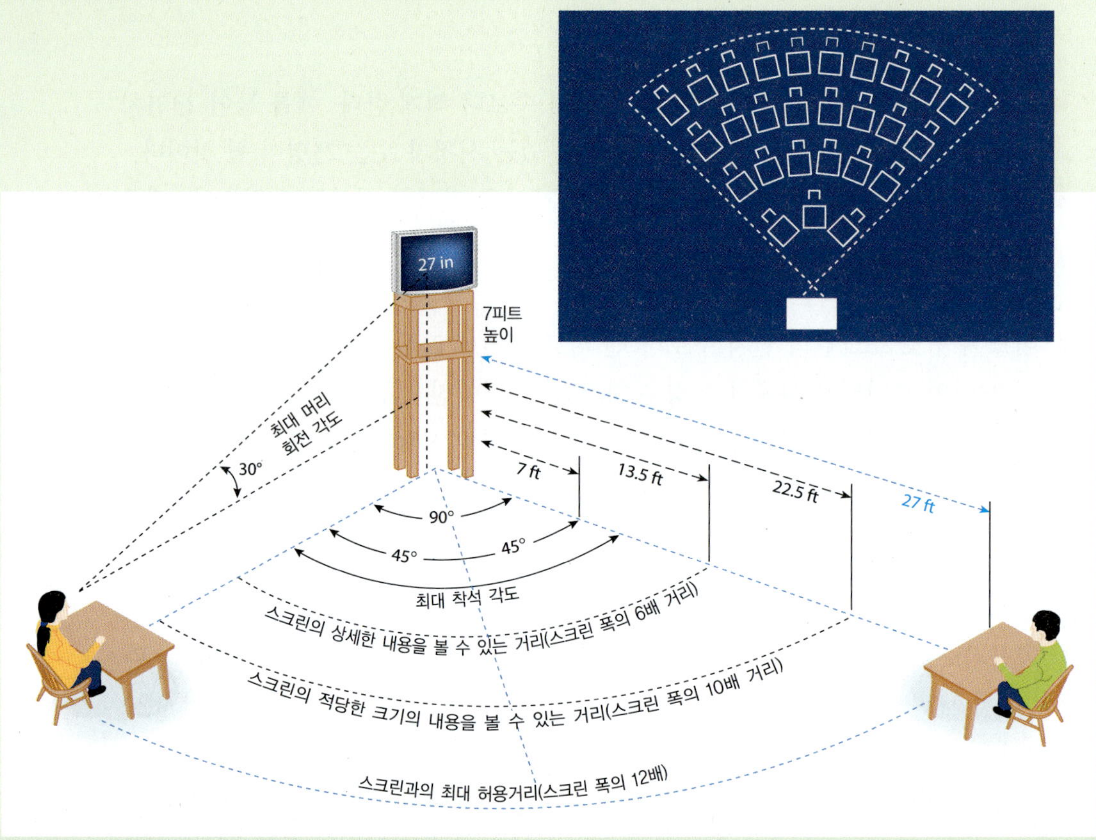

그림 B.6 모니터의 위치와 착석 거리
TV 시청을 위해 바람직한 모니터 배치와 착석거리 그림

오디오 설치

비디오 자료를 사용하기 위해 프로젝트를 적절하게 설치하는 것이 중요하듯이 오디오 설치도 학습에 동일하게 중요하다. 학생이 내용을 듣지 못한다면 배우지 못하기 때문이다.

스피커 배치

학교에서 사용하는 대부분의 시청각 기자재에는 이미 스피커 시스템이 장착되어 있다. 이러한 기자재는 대부분의 수업에서 사용할 수 있지만 모든 수업에 적절한 것은 아니다. 소형 녹음기, 필름스트립 프로젝터 등에 붙어 있는 작은 스피커는 커다란 공간에서의 명확한 소리 전달에는 적절치 못하다.

CD나 DVD를 휴대용 재생기에서 재생하거나 컴퓨터에서 비디오를 재생하는 것은 특히 일반 교실일 경우에 문제가 된다. 최상의 조건일지라도 휴대용 재생기의 음질은 스피커의 크기가 작기 때문에 심하게 제한된다. 만일 이러한 기자재를 사용하여 음악 작곡수업과 같이 오디오의 성능이 필수적인 수업에서 소리를 재생한다면 가능하면 보조 스피커를 사용하는 것이 좋다. 예를 들어 직경이 6~8인치에 이르는 고성능 스피커 하나를 재생기의 외부 스피커 단자나 이어폰 단자에 연결할 수 있다.

내장 스피커의 또 다른 문제는 이것이 주로 조절장치를 포함하고 있는 기자재의 옆에 붙어 있다는 것이다. 기자재를 작동하는 사람이 청취자일 때는 문제가 되지 않는다. 그러나 기자재를 테이블이나 책상에 놓고 교사가 학생들을 위해 작동할 경우에는 스피커의 방향이 학생들을 향하지 않을 수 있다. 이러한 상황에서 문제를 해결하는 간단한 방법은 스피커가 학생들을 향하도록 기자재를 돌리고 교사는 기기의 옆에서 조작하는 것이다.

음파가 스피커로부터 학습자들에게 전달되는 도중에 장애물이 없도록 해야 한다. 교실에 비치된 책상이나 의자 같은 가구와 학생 자체도 소리에 대한 장애물이 될 수 있다. 이러한 방해요소를 피하기 위해서는 스피커 높이가 앉아 있는 학생들의 머리 높이와 같거나 이보다 높도록 테이블이나 다른 종류의 받침대 위에 스피커를 놓아둘 필요가 있다.

CD, DVD, iPod, MP3 기기를 사용하여 입체 음향 효과가 들어 있는 오디오를 재생하기 위해 다중 스피커를 사용한다면, 왼쪽과 오른쪽 스피커는 둘 사이에 소리가 적절하게 균형을 이루도록 가급적 멀리 떨어뜨려 배치한다. 일반적으로 스피커 사이의 거리는 대상자의 중간 위치에서 두 스피커까지의 거리와 동일하도록 한다. 따라서 22×30피트 교실에서 스피커는 15피트를 떨어뜨리거나 거의 구석에 설치하면 된다.

요약하면, 스피커 위치에 관한 일반 규칙은 다음과 같다.

- 스피커를 학생들의 중앙으로 향하도록 한다.
- 스피커를 앉아 있는 학생의 머리 높이 정도에 맞춘다.

마이크의 조작과 배치

마이크는 발표자의 입과 적어도 6인치(15cm) 떨어져야 한다. 입에 가까울수록 발표자가 파열음이나 치찰음을 낼 때 터지는 소리(pops)나 쉬하는 소리(hisses)와 같은 소음이 발생할 가능성이 많다. 발표자가 마이크 안으로 이야기하지 않고 마이크에 대고 이야기할 수 있도록 마이크는 입 아래에 위치해야 한다. 따라서 마이크 위치는 입 아래쪽에 두어야 하고 입에서 적어도 6인치 떨어져야 한다.

피드백(feedback)은 대중 연설 시스템을 사용할 경우 때때로 나올 수 있는 듣기 거

손 마이크는 입 아래 45° 각도로 잡아야 한다.
Michael Littlejohn/Prentice Hall

소형 마이크는 입 아래에 있는 옷에 고정한다.
Sharon Smaldino

북한 비명소리 같은 소음이다. 피드백이 발생하는 일반적인 원인은 단순하다. 커다란 스피커로부터 나오는 신호가 다시 마이크로 유입되기 때문이다. 가장 직접적인 해결책은 그림 B.7과 같이 스피커를 마이크 앞에 오도록 설치하는 것이다.

피드백을 경험하고 있다면 이에 대한 다음과 같은 가능한 해결책이 있을 수 있다.

- 마이크를 스피커 뒤에서 사용하든지 스피커를 마이크 앞으로 이동한다.
- 이것이 불가능하다면 방해를 줄일 수 있도록 소리의 크기와 음색을 조절한다.

청취센터

많은 교실, 특히 초등학교 교실은 다양하면서도 동시다발적인 학습활동이 가능하도록 이동식 가구를 설치한 개방적인 형태로 배열되어 있다. 이러한 교실에는 학습센터가 학습을 위한 일반적인 형태이다. 많이 사용하는 학습센터 유형의 하나는 청취센터인데 이것은 오디오 매체를 위해 특별히 배치된 공간이다. 청취센터는 개별 학습자나 소집단 학습자를 모두 수용할 수 있다.

교실의 조용한 구석을 청취센터로 사용할 수 있다.
Scott Cunningham/Merrill

청취센터는 시각적, 청각적 방해를 줄일 수 있도록 소음 발생지역에

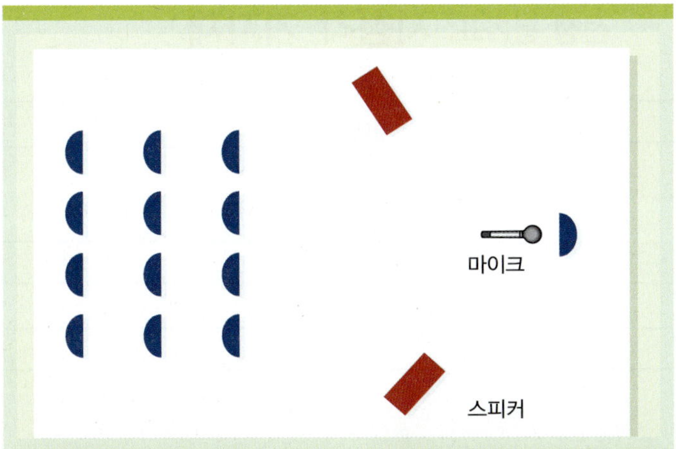

그림 B.7 마이크 위치
피드백을 피하기 위해서는 마이크를 스피커 뒤에 위치시킨다.

서 멀리 떨어진 곳에 설치하거나 적어도 부분적인 차단을 해야 한다. 개별 학습자를 위한 것이라면 오디오 재생기를 헤드셋과 함께 비치한다. 소집단을 위한 청취센터에는 오디오 재생기와 함께 복수의 헤드셋을 갖추어야 한다.

선정 평가표: 시청각 기자재

유형__________ 가격__________

제작회사__________ 모델__________

오디오

스피커 크기 __________ 엠프 출력 __________

입력 __________ 출력 __________

사운드 조절__________ 오디오 형식 __________

기타 특징 __________

프로젝트

램프__________ 전력 __________ 자극램프 __________

전력 조절__________ 램프 수준 조절__________

렌즈 __________

추가 특징 __________

수명__________

제한점__________

추천여부(다음에 제시되는 평가의 준거를 사용)

이름 __________ 날짜__________

평가 영역	높은 수준	중간 수준	낮은 수준
음질	우수한 음량과 음색 대를 가지고 있으며 깨끗하고 분명함.	왜곡 현상이 있지만 음량과 음색 대가 우수함.	음량과 음색 대가 정적이며 왜곡됨.
화질	색상과 해상도가 뛰어나며 깨끗하고 분명함.	왜곡 현상이 있지만 색상과 해상도가 수용 가능함.	색상의 번짐 현상이 있으며 해상도가 낮음.
조작의 용이성	사용설명서 없이도 쉽게 조작할 수 있음.	사용설명서를 참조하면 사용방법이 명확함.	사용설명서를 빈번히 찾아보아야 할 정도로 사용이 어려움.
가격대	다른 모델에 비해 가격 대비 가치가 높음.	다른 모델에 비해 가격 대비 가치가 보통 수준임.	다른 모델에 비해 가격 대비 가치가 낮음.
견고성	매우 견고함. 다른 사용자들이 견고하다는 평을 함.	견고성에 약간의 문제가 있음. 다른 사용자들이 몇 가지 문제점들을 보고함.	견고성이 낮음. 다른 사용자들이 견고성에 의문을 제기함.
유지의 용이성	유지보수의 필요성이 낮음. 서비스가 거의 필요치 않음.	유지보수의 필요성이 약간 있음. 어느 정도 서비스가 필요.	유지보수의 필요성이 매우 큼. 서비스가 빈번히 요구됨.
수리의 용이성	부품을 쉽게 구할 수 있으며 부품교체가 쉬움.	부품을 어렵지 않게 구할 수 있으며 부품교체가 쉽지는 않지만 가능함.	부품을 구하기 어려우며 부품교체가 매우 어려움.

선정 평가표: 컴퓨터 하드웨어

제작회사 ____________________

모델 ____________________

모니터 ____________________ 그래픽 ____________________

사운드 __________ 기억용량 __________ 확장가능성 하드용량 __________

주변장치 ____________________

기타 특성 ____________________

장점 ____________________

단점 ____________________

추천여부 ____________________

이름 ____________________ 날짜 ____________________

평가 영역	높은 수준	중간 수준	낮은 수준
조작의 용이성	사용설명서나 도움말 없이도 쉽게 조작할 수 있음.	사용설명서와 도움말을 참조하면 사용방법이 명확함.	사용설명서와 도움말을 자주 찾아보아야 할 정도로 사용이 어려움.
견고성	매우 견고함. 다른 사용자들이 신뢰하며 견고하다고 평을 함.	견고성에 약간의 문제가 있음. 다른 사용자들이 몇 가지 문제점들을 보고함.	견고성이 낮음. 다른 사용자들의 신뢰가 낮으며 견고성에 의문을 제기함.
소프트웨어 가용성	현재 사용되거나 구입할 예정인 대부분의 소프트웨어를 사용할 수 있음.	현재 사용되거나 구입할 예정인 몇몇 소프트웨어를 사용할 수 있음.	현재 사용되거나 구입할 예정인 대부분의 소프트웨어를 사용할 수 없음.
모니터의 품질	이미지 해상도가 매우 높고 뚜렷함. 색상이 명확함. 이동하는 이미지에 잔상이나 왜곡현상이 거의 나타나지 않음.	이미지 해상도가 대체로 높고 뚜렷함. 색상이 명확한 편임. 이동하는 이미지에 나타나는 잔상이나 왜곡현상이 적음.	이미지 해상도가 낮고 뚜렷하지 못함. 색상이 명확하지 못함. 이동하는 이미지에 잔상이나 왜곡현상이 나타남.
키보드 구조와 터치감	키보드의 크기와 키위치가 사용자들에게 적절함.	키보드는 사용자들에게 적절하지만 키 터치감이 그리 좋지 못함.	키보드의 크기가 사용자들에게 너무 크거나 작음.
호환성	다른 하드웨어와 주변장치와 호환됨.	다른 하드웨어와 주변장치와의 호환성에 약간 문제가 있음.	다른 하드웨어와 주변장치와의 호환성이 없음.
확장가능성	쉽게 업그레이드됨. 확장포트와 슬롯이 있음.	업그레이드가 가능함. 확장포트와 슬롯이 있음.	쉽게 업그레이드할 수 없음. 확장포트와 슬롯이 제한되어있음.
사용설명서	사용설명서와 도움말 스크린이 이해하기 쉬움. 색인과 목차를 포함하고 있음.	사용설명서와 도움말 스크린이 완전하지 못함. 제한된 색인과 목차를 포함하고 있음.	사용설명서와 도움말 스크린이 이해하기 어려움. 색인과 목차를 포함하고 있지 않거나 매우 미흡함.
서비스	판매사의 지원과 유지보수가 매우 쉬움. 서비스는 빠르고 신뢰할 수 있음.	판매사의 지원과 유지보수가 지원되지만 시간이 걸리며 항상 신뢰할 수 있는 것은 아님.	판매사의 지원과 유지보수가 지원되지 못함. 서비스는 느리고 신뢰할 수 없음.

용어 설명

ㄱ

가상 현실(Virtual reality) 사용자들이 실세계에서 경험하는 것과 같이 여러 감각의 동시 사용을 경험하고 특정한 현상과 상호작용할 수 있도록 해주는 컴퓨터가 통제하는 환경

가상 현장 학습(Virtual field trip) 학생들이 교실을 떠나지 않고 실시하는 일종의 현장견학으로, 대신에 학생들이 '그곳에 가있는' 경험을 할 수 있도록 해주는 매체를 사용함

개별 응답 시스템(Personal response systems (PRS)) 교사의 질문에 대한 학생들의 응답을 수집하여 그래픽으로 보여주기 위하여 사용하는 리모콘과 비슷하게 생긴 손에 쥘 수 있는 무선 장비

개인교수(Tutorial) 내용이 제시되고, 질문이 주어지며, 응답을 하면 피드백이 제공되는 수업전략

검색도구(Search engine) 사용자가 입력한 주제어나 문구를 포함하는 인터넷 사이트를 확인해 주는 프로그램

게시판(bulletin board) 정보 소스와 특정 그룹을 위해 메시지를 게시할 수 있는 시스템으로 사용되는 컴퓨터 시스템

겹치기/오버레이(Overlay) 문자나 다른 정보를 포함한 하나 이상의 추가적인 TP로 기본 TP 위에 겹치기로 놓을 수 있음

공개 출처/오픈 소스(Open source) 문서편집, 계산, 프레젠테이션 등을 위한 소프트웨어를 무상으로 제공함

공정한 이용(Fair use) 교육자가 교실 환경에서 저작권이 설정된 자료를 사용하는 것의 적합성 여부를 결정하는 기본 기준

공학/공학기술/테크놀로지(Technology) (1) 과업에 대한 확실하고 반복하여 적용할 수 있는 해결책을 고안하는 과정 (2) 공학적 과정의 응용결과인 하드웨어와 소프트웨어(산출물) (3) 과정과 산물의 결합; 문맥이 공학적 과정과 산출물의 결합을 가리킬 때나 과정이 산출물로부터 분리될 수 없을 때 사용함

관계적 시각자료(Relational visuals) 양적인 관계를 보여주는 시각자료

광섬유(Fiber optics) 사람의 머리카락처럼 얇은 섬유와 같은 형상의 가는 실리콘을 이용한 전송수단. 더 많은 기호들을 금속 케이블보다 고품질로 전송함

교사 동아리(Community of practice) 전 세계 교사들이 공동의 목적을 가지고 아이디어와 자원을 공유하는 교사 동아리

교수 공학/교수 테크놀로지(Instructional technology) 학습을 촉진하는 하드웨어, 소프트웨어, 절차

교수/수업 자료(Instructional material) 한 수업에서 학생들이 배우는 데 영향을 주기 위해 사용하는 구체적인 소재

교육용 게임(Education gaming) 경쟁 분위기에서 학습자들이 미리 정해진 규칙을 따르면서 도전적인 목적을 달성하기 위하여 노력함

구성주의(Constructivism) 학생들이 배움의 정수로서 유의미한 경험에의 참여를 고려하는 이론

구술 역사(Oral history) 특정한 시기, 장소, 사건에 대해 직접 참여했던 사람이 말한 내용을 녹음한 역사적 기록

균형(Balance) 신체적인 평형 감각

그래프(Graph) 수치 자료의 시각적 표현

그림/드로잉(Drawing) 사람, 장소, 물건, 개념을 표현하기 위하여 선을 그래픽화함

기가바이트(Gigabyte (Gb)) 약 백만 바이트 혹은 천 메가바이트

기능 센터(Skill center) 학생들에게 추가 실습을 할 수 있는 기회를 제공하는 학습센터로, 특히 이전에 가르친 기능을 다른 매체나 전략을 사용하여 강화할 수 있음

ㄴ

네트워크/통신망(Network) 두 개 또는 그 이상의 컴퓨터를 연결한 의사소통 시스템

네티켓(Netiquette) 웹에서의 이메일 사용과 기타 상호작용에 관련된 사용 지침

ㄷ

다운로드/내려받기(Download) 프로그램이나 데이터 파일을 컴퓨터에서 다른 기기나 컴퓨터로 전송하는 것. 또는 네트워크로부터 무엇인가를 가져오는 것

다중 지능(Multiple intelligences) Howard Gardner에 의하여 개발된 이론으로 인간은 언어적, 논리수학적, 시공간적, 음악적, 신체운동학적, 대인관계, 자기 이해, 자연주의자, 실존주의자 등 다양한 학습방법을 가진다고 제안함

다큐멘터리(Documentary) 허구나 가공된 사실이 아닌, 사실을 다루는 비디오 프로그램

단일매체(Medium) 의사소통을 위한 수단. 라틴어 medium('between')에서 유래하였으며, 보내는 사람과 받는 사람 사이에 정보를 전달하는 모든 것을 지칭한다. 복수형은 media

대인관계 영역(Interpersonal domain) 사람들 간의 상호작용과 다른 사람과 효과적으로 관계 맺는 능력을 포함하는 학습 영역

데이터베이스(Database) 특별 정보 항목에 대한 신속한 접근을 위해 조직된 관련 정보의 집합

도표(Chart) 추상적인 관계의 시각적 표현

동기(Motivation) 사람이 어떤 목표와 경험을 추구하도록 선택하게 이끄는 내적 상태

듣기/청각(Hearing) 귀 밖에서 들어온 음파가 고막으로 전송되는 생리적 과정, 중이에서 기계적 진동으로 전환되어, 내이에서 뇌에 전달시키는 신경 자극으로 전환됨

디비디(DVD) 디지털 비디오 참조

디오라마(Diorama) 실제 생활과 같은 효과를 나타내기 위하여 평면 배경과 3차원의 전경을 보여주는 진열품

디지털 녹음(Digital recording) 기록매체에 저장되기 전에 아날로그 정보가 2진 형식으로 부호화되는 녹화 절차

디지털 비디오(Digital video) 비디오 이미지를 일련의 2진수로 저장하는 비디오 녹화 기술

디지털 비디오 편집(Digital video editing) 컴퓨터와 관련 소프트웨어를 사용해서, 비디오 장면들을 분리하고 다시 조합하는 작업

디지털 이미지(Digital image) 필름에 저장되거나 필름처럼 처리되지 않고, 이미지를 나타내기 위해 디지털 숫자들을 이용하여 디스크나 컴퓨터에 저장되는 이미지

ㄹ

램(Random access memory (RAM)) 컴퓨터 저장 시 융통되는 부분. 특정한 프로그램이나 사용자가 조작 중인 자료는 임시적으로 RAM에 저장되며, 다음 프로그램이 사용되면 지워짐

로그온(Log-on) 온라인 자료에 접속하기 위하여 구체적인 이름과 비밀번호를 입력하는 절차

롬(Read-only memory (ROM)) 컴퓨터 내에 영구적으로 저장되는 통제 지시사항(control instruction). 통상적으로는 프로그램 언어와 내적 감시 기능처럼 컴퓨터가 지속적으로 사용하는 지시사항을 저장함

링크/연결(Link) 두 개(또는 이상)의 비계열적인 개념이 연관됨. 하이퍼미디어에서는 자료의 두 개의 비동기적 항목 간의 직접 연결을 의미함.

ㅁ

만화(Cartoon) 실제 인물이나 소설 속 인물, 동물, 이벤트를 개략적으로 그린 그림

매체 리터러시(Media literacy) 멀디미디어를 만들기 위하여 통합되는 텍스트, 오디오, 시각자료, 비디오 등 광범위한 매체를 해석하고 생산하는 능력

매체 센터(Media center) 다양한 정보공학 자원뿐만 아니라 전통적인 도서관 독서 자원을 제공하는 학교 시설

매체 형태/포맷(Media format) 메시지가 통합되고 제시되는 물리적 형태. 예로는 괘도, 사진과 슬라이드, 오디오와 비디오 테이프, 컴퓨터 멀티미디어가 있음

멀티미디어(Multimedia) 주어진 프레젠테이션이나 자습 프로그램에서 다양한 매체 형식을 계열적으로나 동시에 사용하는 것. 컴퓨터 멀티미디어 참조

멀티미디어 모음/킷(Multimedia kit) 하나의 주제를 가르치기 위해 사용되는 한 개 이상의 매체 형식을 포함하는 교수-학습 자료의 집합

메가바이트(Megabyte (Mb/M)) 대량 저장을 측정하는 기본 단위로 1,048,576바이트 또는 1024킬로바이트와 동일함

메모리/저장(Memory) CPU에 의해서 조작되는 정보를 저장하는 컴퓨터 부품

모델/모형(Model) 실물을 3차원으로 표현한 것; 표현하는 물체를 확대하고 축소하거나 동일한 크기로 제작함

목표(Objective) 교수의 결과로 나타나도록 의도된 새로운 능력에 대한 진술. 올바르게 진술된 목표는 가르치려는 학습자를 서술한 뒤 다음 사항을 명시한다. (1) 배워야 할 수행이나 능력, (2) 수행을 보여야 할 조건, (3) 수행을 인정할 만한 범주나 기준

무선 네트워크(Wireless network) 유선 대신 라디오 주파수, 전자파, 적외선 공학에 의하여 연결된 컴퓨터

문제기반학습(Problem-based instruction) 실제 상황에 근거하여 현실의 문제를 그대로 다루며, 학습자 중심이며, 탐구에 기반한 교수 방법

문제해결 기능(Problem-solving skills) 고등 사고력을 발휘하여 새로운 문제를 해결하는 능력으로 문제의 정의, 대안 모색, 논리적 추리가 포함됨

ㅂ

바이트(Byte) 텍스트(문자나 숫자)의 한 자(Character)를 저장하거나 표시하는 데 필요한 비트 수; 대부분(항상 그런 것은 아니나) 0과 1을 다양하게 조합한 8비트로 구성됨

반복연습(Drill-and-practice) 학습자들에게 일련의 연습을 하거나 문제를 풀게 하고 피드백을 제공하는 수업전략

발견 방법/발견법(Discovery) 다음과 같은 절차를 거치는 교수전략; 실제 혹은 고안된 문제 설정, 가설 개발, 가설 검증, 결론(중요한 사항) 도출

방화벽(Firewall) 외부 사용자들이 조직 내부의 네트워크에 접근하는 것을 막기 위한 인트라넷 소프트웨어. 하지만 내부 사용자들은 외부 네트워크에 접근 가능함

배열(Arrangement) 시각적으로 보여주는 요소들이 조직되는 패턴 또는 형태

변형적 시각자료(Transformational visuals) 시간과 공간에서 이동하거나 변화하는 모습을 보여주는 시각자료

보색(Complementary colors) 색상환에서 정확히 반대쪽에 위치한 두 가지의 색. 유사색의 상대어

보조적 공학(Assistive Technology) 학습장애나 신체장애가 있는 사람들을 위해 특별히 고안된 기구와 소프트웨어

보충학습 센터(Remedial center) 특정 개념이나 기능을 배우기 위하여 추가적인 지원이 필요한 학습자를 돕기 위한 학습센터

브릿지(Bridge) 전자 시스템의 일종으로 오디오

원격회의에 전화로 참여하는 모든 위치를 연결해주며, 소리 수준을 동등하게 하고, 외부 소음을 걸러주며 연결 상태를 유지해 줌

블렌디드 학습(Blended instruction) 이러닝과 면대면 수업을 통합한 학습의 한 유형

블로그(Blog) 한 개인이 웹에서 작성한 일지로 모든 사람이 접속 가능함

비동기적인(Asynchronous) 동시에 발생하지 않는

비디오(Video) 시각자료를 저장한 것이나 텔레비전과 같은 스크린에 비춘 전시자료

비드캐스트(Vidcast) 팟캐스트의 일종으로 학습자가 제시된 정보를 보고 들을 수 있게 함

비디오 리터러시 능력(Video literacy skills) 비디오 메시지를 이해하고 평가하며, 의도한 산출물을 적절하게 성취하기 위하여 비디오를 제작하는 능력

비디오 원격 화상회의(teleconference) 음성송신뿐만 아니라 텔레비전 유형의 영상을 포함하는 원격회의 영상은 정화상이거나 동영상 비디오임

비디오 제작(Videography) 비디오의 제작

비트(Bit) binary digit의 두문자어; 디지털 정보의 최소 단위. 비트는 전류의 흐름을 이어주거나 차단하는 것을 나타내는 1과 0의 조합임

비형식적 학습(Informal learning) 교실 외부에서 학습할 기회를 제공하는 교수 상황

ㅅ

사이버학습/가상학습(Cyberlearning) 학습을 지원하기 위한 웹2.0 네트워크 컴퓨터와 의사소통 공학의 사용

사이버학습 리터러시(Cyberlearning literacy) 공학 도구를 성공적으로 사용하기 위해 필요한 지식과 기술

사이트 자격증/라이선스(Site license) 특정 공간에서 무제한적으로 소프트웨어를 사용할 수 있는 판권 계약

사전평가/출발점 검사(Entry tests) 학생이 사전에 요구되는 전제조건을 갖추고 있는지의 여부를 결정하기 위한 형식적, 비형식적 평가

사진(Pictures) 사람, 장소, 물건을 사진(또는 사진같이)으로 묘사함

사회심리학(Social psychology) 교실에서의 학습의 사회적 조직의 영향에 관한 연구

서프(Surf) 인터넷에서 정보를 찾기 위하여 웹사이트를 탐색함

선행조직자(Advanced organizer) 언어 자료의 기억 및 저장을 증진시키기 위해 사용되는 개요, 또는 가르치기 전에 미리 제공되는 단서로서 Ausubel이 창안함. 선행교수전략이라고도 함

선행필수능력/선수능력(Prerequisites) 학생들이 수업의 혜택을 얻기 위해서 갖추어야 만 하는 능력

수업/교수(Instruction) 학습자가 수행상의 바람직한 변화를 일으키도록 돕는 경험들의 의도적인 배열; 교육과 훈련 에서의 학습 관리는 교수자의 기본 기능

수업전략(Strategy) 업무 수행 방법; 수업에서는 특정 교수-학습 활동에 학습자를 포함시키는 방법

스캐너(Scanner) 지면 위의 이미지를 컴퓨터 파일로 저장할 수 있도록 전자 형태로 변환시키는 컴퓨터 기기

스캐폴드/비계설정(Scaffold) 학습 과정의 일부분으로서 사전 지식 형성하기

스터디 프린트/교수 자료 유형(Study print) 개별 또는 집단 시험을 위해 인쇄하여 견고하게 만든 확대사진

스토리보딩(Storyboarding) 제안된 시각자료의 간략한 그림과 말로 된 메시지가 개별카드나 컴퓨터 프로그램에 저장된 시청각자료나 기획기술; 항목들은 전시물이 제시되기를 원하는 계열에 따라 배열됨

스트리밍 방식(Streamed) 오디오 파일이 네트워크 서버에 남아 있는 채로 오디오 장비를

통하여 청취자들이 들을 수 있게 전달하는 방식

스트리밍 비디오/스트리밍 방식 비디오(Streaming vidio) 인터넷에서 내려받은 비디오 파일로서 완전히 내려받기 전에 작동되기 시작함

스트리밍 오디오(Streaming audio) 사용자들이 모든 내용을 내려받기 전에 그 파일의 일부를 들을 수 있도록 꾸러미로 보내지는 오디오

시각 리터러시(Virtual literacy) 시각적 메시지를 정확하게 해독하고 그러한 메시지를 창출하는 학습된 능력

시각 지시자(Visual pointer) 시각자료의 관련된 부분에 학습자의 주의를 끌어서 생각하게 하는 물체

시간 이동(Time-shift) 실제 수업 이후에 다른 시간에 수업하는 경험

시뮬레이션(Simulation) 실제 상황이나 절차에 대한 요약이나 단순화

실물(Real object) 수업에 사용된 실제 사물의 예로 모형이나 시뮬레이션이 아님

실물 화상기(Document camera) 문서, 그림, 그래픽, 실물을 보여주기 위해 복사대 위에 비디오 카메라를 설치한 기자재

실제적 시각자료(Realistic visuals) 공부하고 있는 실물을 보여주는 시각자료

심화학습 센터(Enrichment center) 요구된 학급활동을 완수해야 하는 학생들을 위해 자극적인 학습경험을 제공하는 공간

ㅇ

아세테이트(Acetate) OHP 사용 시 유리판 위에 올려서 제시하는 투명한 플라스틱 필름

암호화(Encode) 하나의 아이디어를 다른 기법으로 표현함

압축 비디오(Compressed video) 잉여정보를 제거하기 위해 가공한 비디오 이미지로서 전송하는 데 필요한 대역폭이 감소된다. 이미지상의 변화만 전송되기 때문에 움직임이 원래의 풀모션 비디오와 비교하면 부자연스럽게 보임

애니메이션(Animation) 아티스트들이 조금씩 점진적으로 변화하도록 그림 여러 개를 나란히 이어지게 만듦으로써 고정된 이미지를 움직이는 것처럼 보이게 하는 필름 기술

애플리케이션/응용프로그램(Applications) 게임, 시뮬레이션, 개인교수, 문제해결, 제작 소프트웨어, 그래픽 소프트웨어를 일컫는 일종의 프로그램

엠비(Mb) 메가바이트 참조

연습(Practice) 학습의 가능성을 높이기 위한 학생들의 참여

영상적/아이콘(Iconic) 그것이 나타내는 것과 유사한 참조물

오디오 리터러시(Audio literacy) 학습할 때 듣기와 청취의 역할을 이해함

오디오 원격회의(Audio teleconference) 목소리만을 전달하는 원격회의. 목소리는 스피커에 의하여 송수신자 양측에서 증폭됨

오버헤드 프로젝션(Overhead projection(OHP)) 투사기의 투사대 위에 TP나 유사한 매체를 올려놓고 빛을 투과하여 이미지를 만드는 기구를 수단으로 한 투사방법. 올려진 곳에 위치한 렌즈와 거울을 이용하여 조작자의 머리나 어깨 너머로 밝은 이미지를 투사함

온라인 학습(Online learning) 컴퓨터 기반 매체를 사용하여 전자적으로 가르치는 수업의 결과

옵티컬 디스크(Optical disc) CD와 DVD처럼 레이저 빔을 사용하여 디지털 정보를 기록하거나 재생산할 수 있는 디스크 저장 도구의 유형

왠/광역 네트워크(Wide area network (WAN)) 주나 국가와 같은 넓은 지역에 걸쳐 있는 통신 네트워크

운동기능 영역(Motor skill domain) 운동적이고, 조작적이며, 육체적 활동 기능을 포함하는 인간 학습의 범주

운영체제/오퍼레이팅 시스템(Operating sys-

tem) 사용자가 컴퓨터 하드웨어를 보다 쉽게 사용할 수 있도록 인터페이스를 제공해주는 프로그램

원격교육(Distance education) 학습자가 시공간적으로 근원 지점에서 떨어져 있는 상황에서 이루어지는 모든 교수 상황으로, 교사나 다른 학습자와의 제한적인 접촉이 특징임

원격통신(Telecommunications) 장거리 의사소통 수단; 특히 전자 매체를 통해 부호화된 신호 형태로 음성과 자료를 전달하는 모든 장치

월드 와이드 웹(World Wide Web (the web)) 문서, 자료, 음성, 비디오를 포함하는 자료에 접근하고, 보고, 유지하도록 해주는 그래픽을 사용한 컴퓨터 네트워크 환경

웹(Web) 월드 와이드 웹(World Wide Web) 참조

웹2.0 도구(Web 2.0 tools) 학습자들에게 인터넷에서 단순한 정보검색만이 아니라 수많은 유형의 학습기회를 제공하는 온라인 자원

웹사이트(Website) 인터넷에서 산출물, 서비스, 이벤트, 자료 등을 제공하는 웹 페이지의 모음

웹퀘스트(WebQuest) 특정 주제에 관한 정보를 구할 때 지침으로 제공되는 일련의 단계

웹페이지(Web pages) World Wide Web을 구성하는 자료들. 웹사이트 참조

위키(Wiki) 웹 기반 기록물로 사용자들이 편집할 수 있음

유사색(Analogous colors) 색상환에서 나란히 이웃해 있는 두 색. 보색의 상대어

융판/천/헝겊 칠판(Cloth board) 천으로 만든 전시판으로 헝겊이나 뒷면이 껄끄러운 종이를 잠시 붙일 수 있음

음악 압축파일 형태(MPEG Audio layer 3(MP3)) 오디오 파일을 줄여서 다루기 쉬운 용량으로 압축하기 위한 형식으로 특히 인터넷에서 많이 사용됨

이동식 디지털 오디오 플레이어(Portable digital audio player) 애플 아이팟과 같이 사용자들이 오디오 파일을 가지고 다닐 수 있는 제품

이러닝/전자 학습(E-learning/electronic learning) 인터넷 기반 학습으로 구성 요소로는 다양한 형태의 내용 전달, 학습경험의 관리, 학습자, 컨텐트 개발자, 전문가 등을 포함한다. 네트워크화된 이러닝은 절감된 비용에 더욱 빠른 학습을 제공하고, 학습자료에 대한 접속을 증가시키며, 학습과정에서 모든 참여자에 대한 책무성을 명확하게 함

이모티콘(Emoticon) 문장부호로 만든 이메일 상징물

인지적 영역(Cognitive domain) 정보나 지식의 동화와 같은 지적 기술을 포함하는 인간 학습의 한 영역

인지주의(Cognitivism) 정신적 처리과정이 학습을 매개하며 학습은 정신적 스키마타를 구성하고 형성한다는 이론

인터넷 라디오(Internet radio) 인터넷에서 온라인 프로그램을 방송하기 위하여 사용하는 시스템

인터넷 사용 규칙(Acceptable Use Policy (AUP)) 인터넷의 적절한 이용에 대한 학생들과 부모들/보호자, 학교 행정가들 간의 합의

인터넷/웹 사이트 주소(Uniform resource locator (URL)) 프로토콜 타입, 도메인, 주소, 사이트 이름이나 페이지를 포함하는 www이나 인터넷 사이트 주소

일관성(Consistency) 구성요소를 비슷하게 배열하는 시각자료의 특성

일반 리터러시(General literacy) 학생들이 정보를 이해하거나 해독하는 능력으로 정보를 사용하고 변형하며 새로운 정보를 만들어 냄

ㅈ

자석 칠판(Magnetic board) 뒷면에 자석을 붙인 자료를 일시적으로 부착시키기 위하여 금속으로 만든 전시판

작동모형/모조품(Mock up) 복잡한 기구나 절차의 (간략한) 표현

잔상(Persistence of vision) 이미지가 눈의

망막에 도달하여 시신경을 통해 뇌에 전달할 때 일어나는 정신생리학적 현상. 뇌는 이미지가 사라진 뒤에도 몇 초 동안 그 이미지를 계속하여 '본다'

장소 이동(Place-shift) 실제 교사와 멀리 떨어진 장소에서 수업하는 경험

저작권(Copyright) 독자적인 저작물이 사용되고 복사되는 것에 관해 기술한 규정. 저작권법은 작가나 예술가가 창작물에 대해 배상받을 수 있는 방식을 규정함

전시(Display) 실물, 시각자료, 인쇄물의 배열

전시(Exhibit) 다양한 매체 형식(실물, 정지그림, 모형, 그래픽)을 교육적인 목적으로 전체 하나로 통합한 진열

전자 메일/이메일/전자 우편(Electronic mail /e-mail) 컴퓨터 네트워크를 통한 개인적인 메시지의 전달. 사용자들은 메일을 한 사람에게 보내거나 시스템의 다수 이용자에게 제공할 수 있음

전자 포트폴리오(Electronic portfolio) 학생들의 작품을 디지털화하여 모은 것으로, 그 내용에 대한 학습자 자신의 성찰을 포함하며 학습의 발전 상황을 보여줌

정렬(Alignment) 이미지의 가장자리를 가상의 수평선이나 수직선에 동일하게 위치시킴으로써 요소들 간의 시각적 관계를 정립시키는 것

정보 리터러시(Information literacy) 현대 사회에서 효과적으로 참여하기 위하여 광범위한 비판적 사고와 문제해결 기술을 사용하는 능력

정보 처리(Information processing) 정보를 배우기 위해 사용하는 접근법

정보(Information) 메모, 강의, 교과서, 웹사이트에 제시되는 지식, 사실, 뉴스, 코멘트, 내용

정의적 영역(Affective domain) 흥미, 태도, 가치의 변화와 감상능력의 발달을 포함하는 인간 학습의 한 영역

조작물(Manipulative) 학습환경에서 보여지고 조작되는 물체

조직적 시각자료(Organizational visuals) 다양한 요소들의 질적인 관계를 보여주는 시각자료

종합정보통신망(Integrated Services Digital Network (ISDN)) 디지털 커뮤니케이션을 이용하여 인터넷에 초고속으로 접속시켜 주는 네트워크

주제 단위(Thematic unit) 하나의 주제로 조직된 수업

증강현실(Augmented reality (AR)) 현실세계의 데이터를 가상 데이터와 통합함

지비(Gb) 기가바이트 참조

ㅊ

참 평가/수행평가(Authentic assessment) 일반적으로 수행중심이며 자연적인 상황에서 배운 것을 시연해 보이도록 요구하는 평가

청각피로(Auditory fatigue) 소리에대한 집중력이 소리의 단조로움으로 인해 점차적으로 감소하는 과정

청취(Listening) 사람이 소리나 말의 패턴을 의식하여 주의를 기울이기 시작하고, 구체적 청각 신호의 확인과 인지를 통하여 이해하는 것으로 종결되는 심리적 과정

청취 센터(Listening center) 오디오 매체를 위해 특별히 고안된 학습 센터

초인지(Metacognition) 자신의 사고 과정에 대하여 알고 생각함

ㅋ

컴퓨터 관리 학습/컴퓨터 관리 수업(Computer-managed instruction (CMI)) 학습자 수행과 학습자 자원에 관한 정보를 다루며 개별 수업을 처방하고 통제하기 위해 컴퓨터 시스템을 사용하는 방식

컴퓨터 보조 수업(Computer-assisted instruction (CAI)) 학습자들이 컴퓨터 시스템 내의 프로그램화된 학습내용과 상호작용하면서 직접적으로 전달되는 수업

컴퓨터 플랫폼(Computer platform) Mac OS, Unix, Windows와 같은 다양한 유형의 컴퓨터 운용체제

컴퓨터(전용)실(Computer laboratory) 정규 교실과는 분리된, 다수의 컴퓨터가 설치된 교실. 흔히 각 교실마다 컴퓨터가 설치되지 않은 학교에 있음

케이블 모뎀(Cable modem) 매우 빠른 속도로 인터넷에 접속할 수 있게 해 주는 텔레비전 유선망

케이비(Kb) 킬로바이트(kilobyte) 참조

코스웨어(Courseware) 컴퓨터를 통해 전달되는 수업으로, 프로그램화된 소프트웨어에 의해 제어되는 교수 설계에 따라 전달되는 내용으로 구성됨

클라우드 컴퓨팅(Cloud computing) 응용 시스템으로 네트워크 컴퓨터를 통해 더 많은 소프트웨어(애플리케이션)를 분배할 수 있음 [역주: naver의 N 드라이브]

클립 아트(Clip art) 미리 마련된 시각적 이미지(직접 그린 그림, 디지털 그림)로 디지털 자료나 제시물에 삽입할 수 있음

키스톤 현상(Keystone effect) 투사기(프로젝터)가 스크린과 직각으로 정렬되지 않아서 생기는 투사된 상의 일그러짐 (보통 위는 넓고 아래는 좁음)

킬로바이트(Kilobyte (Kb/K)) 약 1,000바이트; 정확하게는 1,024 바이트

ㅌ

테라바이트/티비(Terabyte/TB) 약 백만 메가바이트

테크놀로지 역량(Technology competence) 학생들의 학습을 증진시키기 위하여 컴퓨터 리터러시의 기본뿐만 아니라 공학을 언제 어떻게 사용하는지를 아는 능력

텍스트 리터러시(Text literacy) 정보를 수집하고 의사소통하는 수단으로서 텍스트를 사용하는 능력

통합 학습 시스템(Integrated learning system (ILS)) 학교나 연수 기관의 교육과정에 부합하도록 조직된 상호 관련이 있는 컴퓨터 기반 학습의 집합

티비(Tb) 테라바이트 참조

ㅍ

파일 서버(File server) local area networks(LAN)에서, 파일이나 대량 데이터 저장 서비스를 그 네트워크의 다른 컴퓨터에 제공하도록 지정된 컴퓨터(station)

팟캐스트/모바일용 인터넷 전송 파일(Podcast) 멀티미디어 파일을 인터넷을 통해서 이동용 전자 제품에 직접 내려받을 수 있게 포맷한 파일

팟캐스팅(Podcasting) 인테넷을 통한 MP3에 저장된 오디오 파일의 전송

평가표/루브릭(Rubric) 학생들의 수행을 더욱 종합적으로 평가하기 위하여 수행범주, 평정척도, 수행 수준 서술문을 사용하는 도구

포스터(Poster) 이미지, 선, 색, 단어를 시각적으로 통합한 자료

포털/프로토콜 변환 장치(Portal) 게이트웨이 참조

포트폴리오(Portfolio) 학생들이 진보와 성취를 보여주기 위하여 다양한 매체로 제작한 작품 모음

표준/성취기준(Standard) 교육청, 주 정부, 국가 수준에서 고시한 학생들이 반드시 알아야 하고 수행할 수 있어야 하는 교육과정 목표

프레젠테이션/발표(Presentation) 학습자에게 정보를 말하고, 극화하고, 보급하기 위한 수업 전략

프레젠테이션/발표 소프트웨어(Presentation software) 특별한 제작 기술이 없어도 매력적인 그래픽 제시물을 창작하여 디지털 프로젝터로 제시할 수 있는 컴퓨터 소프트웨어

프로토콜 변환 장치/게이트웨이(Gateway) 유형이 다른 두 개의 네트워크를 상호 접속하여 의미가 통하게 하는 컴퓨터. 포털이라고도 함

플래시 드라이브(Flash Drive) USB 미니 드라이브; 사용자들이 컴퓨터 외부에 파일을 저장할 수 있는 이동식 저장도구

플립 차트/괘도(Flip chart) 윗부분이 묶여 있고 이젤에 걸 수 있는 커다란 종이 다발

피드백(전자적)(Feedback (electronic)) 전자 제품에서, 스피커에서 나오는 소리가 다시 그 시스템의 마이크로 들어감으로써 생기는 소리의 재발생으로 울림소리 또는 찍찍거림의 원인이 된다. 커뮤니케이션에서, 도착 지점으로부터 원메시지의 수신에 관한 정보를 제공하는 출처로 되돌려 보내진 신호들

피드백(학습자)(Feedback (learner)) 학습자들의 진보를 위하여 수행을 교정하고 제언하는 정보

ㅎ

하드웨어(Hardware) 컴퓨터를 구성하는 기계 및 전자 부품 성분; 컴퓨터 시스템을 구성하는 물리적 장치이며, 폭넓게는 시청각 장비를 총칭함

학교 매체 센터(School media center) 다양한 매체가 구비되어 학생과 교사가 사용할 수 있는 학교 공간

학생 중심 전략(Student-centered strategies) 학습경험을 결정할 때 학습자들이 포함되는 학습경험의 유형

학습(Learning) 경험의 결과로 나타난 비교적 장기간의 능력 변화에 대한 일반적인 용어. 또한 그러한 변화를 가져오는 절차. 학습에 대한 또 다른 의미를 파악하기 위해서는 행동주의와 인지주의 참조

학습 공동체(Learning communities) 학생과 교사가 전자적 연결을 이용하여 아이디어를 공유하고, 탐구활동에 참여하며, 추가적인 정보를 탐색함

학습목표(Learning objective) 목표 참조

학습 센터(Learning center) 개인이나 소집단이 구체적인 과제를 학습하는 것을 촉진하기 위하여 설계되었으며 자료가 완비된 환경

학습양식(Learning style) 사람이 학습환경을 인식하고, 상호작용하며, 정서적으로 반응하는 방식을 결정하는 심리적 특성

항해(Navigate) 하이퍼미디어 환경에서 버튼이나 화면상의 도구를 작동하여 자유자재로 이동하는 것

해독(Decode) 제시된 정보를 이해함

해석적 시각자료(Interpretive visuals) 이론적 관계 또는 추상적인 관계를 보여주는 시각자료

행동주의(Behaviorism) 학습을 관찰 가능한 행동의 변화로 보는 이론. 이 이론에서는 학습이 일어나게 하는 정신적인 사건에 관해서는 다루지 않음

현장학습(Field trip) 실제 상황, 사람, 사물을 공부하기 위한 교실 밖 답사여행

협동 학습(Cooperative learning) 개인간 경쟁보다는 함께 과제를 수행하면서 협력하는 소그룹을 포함하는 교수 형태

협력적(Collaborative) 경험을 공유하거나 협동하는 특성

화이트보드(Whiteboard) 보드 마커를 사용하여 시각과 문자 정보를 제시할 수 있는 전시판으로 다목적판 또는 마커보드라고 함

흥미 센터(Interest center) 학습센터의 한 유형으로 학생들을 차후에 수업에서 다룰 새로운 주제에 노출시켜서 새로운 흥미를 자극하고 창의성을 조장함

영문순

CMT(Course Management Tool) 교사들이 원격학습 시스템에서 토의장(discussion board), 시험출제(test option), 채점(grade book) 같은 자원을 쉽게 활용할 수 있도록 고안된 소프트웨어

CPU(Central processing unit) 컴퓨터의 핵심 부속으로 모든 계산을 수행하고 전체 시스템을 통제함

HTTP(Hypertext transfer protocol) 정보를 전송하기 전에 호환성을 보증하는 웹 프로토콜

Hybrid instruction 블렌디드 학습 참조

ILS 통합 학습 시스템 참조

Media 단일매체(Medium) 참조

MIDI(Musical Instrument Digital Interface) 학습자들이 악기 연주 기법이나 음악적 표기법을 배우기보다는 음악적 아이디어에 초점을 맞춤으로써 음악을 창조하도록 하는 공학기술

NET-S(National Education Technology Standards for Students) 학생들이 공부하면서 공학을 사용하는 목표를 요약한 문서

ROM 롬 참조

TP 자료/트랜스패런시(Transparency) OHP에 사용되는 넓은 (8×10인치) 필름

URL 인터넷/웹 사이트 주소 참조

USB(universal serial bus) 사용자가 컴퓨터를 다시 시작하지 않아도 한 장치에 연결할 수 있는 컴퓨터 인터페이스 공학

WAN 왠/광역 네트워크 참조

WAV 아날로드 오디오를 디지털 형태로 바꾸어 저장하기 위하여 컴퓨터 사운드 카드와 소프트웨어를 사용하여 만든 디지털 오디오

참고문헌

Barrett, H. (2009). *ePortfolios with GoogleApps.* Retrieved March 14, 2010, from http://sites.google.com/site/eportfolioapps/Home

Bausell, C. V. (2008). Tracking U.S. trends. *Education Week: Technology Counts,* 27(30), 39–42.

Becker, G. H. (2003). *Copyright: A guide to information and resources* (3rd ed.). Lake Mary, FL: Gary H. Becker (P.O. Box 951870, Lake Mary, FL 32795–1870).

Black, P., & William, O. (1998). Assessment and classroom learning. *Assessment in Education,* 5(1), 7–73.

Bloom, B. S., Engelhart, M. D., Furst, E. J., Hill, W. H., & Krathwohl, D. R. (Eds.). (1956). *Taxonomy of educational objectives: The classifi cation of educational goals. Handbook 1: Cognitive domain.* New York: David McKay.

Bowes, K. A., D' Onofrio, A., & Marker, E. S. (2006). Assessing technology integration: Its validity and value for classroom practice and teacher accountability. *Australasian Journal of Educational Technology,* 22(4), 439–454.

Bransford, J., Brown, A., & Cocking, R. (Eds.). (2000). *How people learn: Brain, mind, experience, and school.* Washington, DC: National Research Council.

Branzburg, J. (2009, May). *Use Google Maps mashups in K–12 education.* Retrieved July 17, 2009, from www.techlearning.com/articles/5760

Butler, K. A. (1986). *Learning and teaching style: In theory and in practice* (2nd ed.). Columbia, CT: Learner' s Dimension.

Carter, D. (2010, May). Ed-tech offi cials: Video will make schools more "effi cient." *eSchool News.* Retrieved May 14, 2010, from www.eschoolnews.com/2010/05/05/ed-tech-offi cials-video-will-make-schools-moreeffi cient/2/?_login=cb81edbc3b?_login=cb81edbc3b

Center for Applied Special Technology (CAST). (2009). *Universal design for learning.* Retrieved August 21, 2009, from www.cast.org/about/index.html

Clark, R. C., & Lyons, C. (2004). *Graphics for learning.* San Francisco: Pfeiffer.

Cooper, C., & Varma, V. (Eds.). (1997). *Processes in individual differences.* London: Routledge.

Crandell, C. C., Smaldino, J. J., & Flexer, C. (2005). *Sound fi eld amplifi cation: Applications to speech perception and classroom acoustics* (2nd ed.). Clifton Park, NY: Thompson/Delmar Learning.

Cronin, B. J., & King, S. R. (2007). *The development of the descriptive video services.* National Center to Improve Practice in Special Education through Technology, Media, and Materials. Retrieved May 15, 2010, from www2.edc.org/NCIP/library/v&c/cronin.htm

Dabbagh, N., & Bannan-Ritland, B. (2005). *Online learning: Concepts, strategies, and application.* Columbus, OH: Merrill/Prentice Hall.

Dale, E. (1969). *Audio-visual methods in teaching* (3rd ed.) New York: Holt, Rinehart, & Winston.

Davis, T., Fuller, M., Jackson, S., Pittman, J., & Sweet, J. (2007). *A national consideration of digital equity*, www.iste.org/digitalequity. Washington, DC: International Society for Technology in Education.

DeLoache, J. S. (2005). Mindful of symbols. *Scientifi c American*, 33(3), 73–77.

Dick, W., Carey, L., & Carey, J. O. (2009). *The systematic design of instruction* (7th ed.). Boston: Allyn & Bacon.

Discovery Education. (2010). *About us*. Retrieved May 14, 2010, from www.discoveryeducation.com/aboutus

Dodge, B. (1999). *The WebQuest page*. Retrieved from http://webquest.org/index.php

Donovan, M. S., & Bransford, J. D. (2005). Introduction. In M. S. Donovan & J. D. Bransford (Eds.), *How students learn: Mathematics in the classroom*. Washington, DC: National Academies Press.

Driscoll, M. P. (2005). *Psychology of learning for instruction* (3rd ed.). Boston: Allyn & Bacon.

Dunn, R., & Dunn, K. (1992). *Teaching elementary students through their individual learning styles: Practical applications for grades 3–6*. Boston: Allyn & Bacon.

Dwyer, F. M. (1978). *Strategies for improving visual learning*. State College, PA: Learning Services.

Farmer, D. (2009, May 18). *Digital information growth outpaces projections, despite down economy*. EMC Corporation. Retrieved August 21, 2009, from www.emc.com/about/news/ press/2009/20090518-01.htm

Flynn, J., & Russell, J. (2008). Personal response systems: Is success in learning just a click away? *Educational Technology*, 48(6), 20–23.

Forsdale, J. R., & Forsdale, L. (1966). Film literacy. *Teachers College Record, 67*(8), 608–617.

Gagné, R. M. (1985). *The conditions of learning* (4th ed.). New York: Holt, Rinehart & Winston.

Gagné, R. M., Briggs, L. J., & Wager, W. W. (1992). *Principles of instructional design* (4th ed.). Fort Worth, TX: Harcourt Brace Jovanovich.

Gardner, H. (2006). *Multiple intelligences: New horizons*. New York: Basic Books.

Gee, J. (2005). Good video games and good learning. *Phi Kappa Phi Forum*, 85(2), 33–37.

Gray, L., Thomas, N., & Lewis, L. (2010). *Educational technology in U.S. public schools: Fall 2008 (NCES 2010–034)*. U.S. Department of Education, National Center for Education Statistics. Washington, DC: U.S. Government Printing Offi ce.

Gronlund, N. E. (2009). *Writing instructional objectives for teaching and assessment* (8th ed.). Upper Saddle River, NJ: Merrill/Prentice Hall.

Hightower, A. E. (2009, March). Tracking U.S. trends: States earn B average for policies supporting educational technology use. *Education Week: Technology Counts*, 28(26), 30–33.

Individuals with Disabilities Education Improvement Act (IDEA). (2004). Special Education and Rehabilitation Services, U.S. Department of Education. Retrieved October 23, 2006, from www.ed.gov/policy/speced/guid/idea/idea2004.html

Institute of Educational Sciences. (2009). *Digest of education statistics: 2009 tables and fi gures*, Table 50. Retrieved June 26, 2010, http://nces.ed.gov/programs/digest/d09/tables/dt09_050.asp

International Association for K-12 Online Learning (iNACOL). (2010). *Fast facts about online learning*. Retrieved June 27, 2010, from www.inacol.org

International Society for Technology in Education (ISTE). (1998). *National educational technology standards (NETS) for students*. Retrieved August 21, 2009, from www.iste.org/Content/NavigationMenu/NETS/ForStudents/1998Standards/NETS_for_Students_1998.htm

International Society for Technology in Education (ISTE). (2007). *National educational technology standards for students (NETS-S)* (2nd ed.). Eugene, OR: ISTE. Retrieved August 21, 2009, from http://cnets.iste.org/students/index.html

International Society for Technology in Education (ISTE). (2008). *National educational technology standards for teachers (NETS-T)*. Eugene, OR: ISTE.. Retrieved August 21, 2009, from www.iste.org/Content/NavigationMenu/NETS/ForTeachers/ NETS_for_Teachers.htm

International Society for Technology in Education (ISTE). (2009). *ISTE policy brief: Technology and teacher quality-the indelible link*. Washington, DC: ISTE Advocacy.

Jeng, H., Chandler, P., & Sweller, J. (1997). The role of visual indicators in dual sensory mode instruction. *Education Psychology*, 17(3), 329-343.

Johnson, D. W., & Johnson, R. T. (1999). *Learning together and alone: Cooperative, competitive, and individualistic learning*. Boston: Allyn & Bacon.

Johnson, L., Levine, A., & Smith, R. (2009). *The 2009 horizon report*. Austin, TX: The New Media Consortium.

Jolls, T. (2008). *Literacy for the 21st century: An overview and orientation guide to media literacy education*. Retrieved May 11, 2010, from www.medialit.org/reading_room/ article540.html

Jonassen, D. H., Howland, J., Marra, R., & Crismond, D. (2008). *Meaningful learning with technology* (3rd ed.). Upper Saddle River, NJ: Merrill/Prentice Hall.

Jonassen, D. H., Howland, J., Moore, J., & Marra, R. M. (2003). *Learning to solve problems with technology: A constructivist perspective*. Upper Saddle River, NJ: Merrill/Prentice Hall.

Keegan, D. (1980). On defi ning distance education. *Distance Eduction*, 1(1), 13-16.

Keller, J. (1987). The systematic process of motivational design. *Performance and Instruction*, 26(9), 1-8.

Keller, J. M., & Suzuki, K. (1988). Use of the ARCS motivation model in courseware design. In D. H. Jonassen (Ed.), *Instructional designs for microcomputer courseware*. Hillsdale, NJ: Lawrence Erlbaum.

Mager, R. F. (1997). *Preparing instructional objectives: A critical tool in the development of effective instruction* (3rd ed.). Atlanta, GA: The Center for Effective Performance.

Marzano, R. J., Pickering, D. J., & Pollock, J. E. (2001). *Classroom instruction that works: Research-based strategies for increasing student achievement*. Alexandria: VA: Association for Supervision and Curriculum Development(ASCD).

Maslow, A., & Lowery, R. (Eds.). (1998). *Toward a psychology of being* (3rd ed.). New York: John Wiley & Sons.

Mayer, R. E., & Moreno, R. (2003). Nine ways to reduce cognitive load in multimedia learning. *Educational Psychologist*, 38(1), 43-52.

Morrison, G. R., & Lowther, D. L. (2010). *Integrating computer technology into the classroom* (4th ed.). Upper Saddle River, NJ: Merrill/Prentice Hall.

Moursund, D. (2006). *Introduction to using games in education: A guide for teachers and parents.* Eugene, OR: Author.

Moyer, P., Salkind, G., & Bolyard, J. J. (2008). Virtual manipulatives used by K–8 teachers for mathematics instruction: The infl uence of mathematical, cognitive, and pedagogical fi delity. *Contemporary Issues in Technology and Teacher Education, 8*(3), 202–218.

National Clearinghouse for English Language Acquisition. (2010). National Clearinghouse for English Language Acquisition & Language Instruction Educational Programs. Retrieved June 26, 2010, from www.ncela.gwu.edu

National Crime Prevention Council (NCPC). (2010). *Cyberbullying*. Retrieved August 7, 2010, from www.ncpc.org/newsroom/ current-campaigns/cyberbullying

Nelson, T. A. (1992). *Metacognition.* Boston: Allyn & Bacon.

Newby, T. J., Ertmer, P. A., & Stepich, D. A. (1995). Instructional analogies and the learning of concepts. *Educational Technology Research and Development,* 43(1), 5–18.

Newby, T. J., Stepich, D. A., Lehman, J. D., & Russell, J. D. (2010). *Educational technology for teaching and learning*(4th ed.). Upper Saddle River, NJ: Merrill/Prentice Hall.

Nielsen Company. (2010, January 22). *Led by Facebook, Twitter, global time spent on social media sites up 82% year over year.* Retrieved March 8, 2010, from http://blog.nielsen.com/nielsenwire/global/led-by-facebook-twitterglobal-time-spent-on-social-media-sites-up-82-year-overyear

Nugent, G. C. (2005). Using and delivery of learning objects in K–12: The public television experience. *TechTrends,* 49(4), 61–66.

Paine, S. (2009, May). Profi le. *T.H.E. Journal.* Retrieved July 22, 2010, from http://thejournal.com/articles/2009/05/01/profi le--steven-paine.aspx?sc_lang=en

Papert, S. (1993a). *The children' s machine: Rethinking school in the age of the computer.* New York: Basic Books.

Papert, S. (1993b). *Mindstorms: Children, computers, and powerful ideas.* New York: Basic Books.

Partnership for 21st Century Skills. (2009). *Framework for 21st century learning.* Retrieved August 6, 2009, from www.p21.org/index.php?option=com_content&task=view&id=254&Itemid=119

Partnership for 21st Century Skills. (n.d.). *Learning for the 21st century: Report and mile guide for 21st century skills.* Retrieved October 2, 2008, from www.p21.org

Pew Internet and American Life Project (2007). *Information searches that solve problems.* Retrieved June 26, 2010, from www.pewinternet.org/pdfs/Pew_UI_LibrariesReport.pdf

Pew Internet and American Life Project. (2009). *Demographics of internet users.* Retrieved August 7, 2009, from www.pewinternet.org/Trend-Data/Whos-Online.aspx

Pfaffman, J. (2007). It' s time to consider open source software. *TechTrends,* 51(3), 38–43.

Prensky, M. (2006, December/January). Adopt and adapt: 21st century schools need 21st century technology. *Edutopia,* 43–45.

Robertson, K. (2008). *Preparing ELLs to be 21st-century learners.* Retrieved February 15, 2010, from www.colorincolorado.org/article/21431

Robinson, F. P. (1946). *Effective study.* New York: Harper & Row.

Salton, F., & Arslan, K. (2009). A new teacher tool, interactive white boards: A meta analysis. In I. Gibson et al. (Eds.), *Proceedings of Society for Information Technology & Teacher Education International Conference 2009* (pp.2115-2120). Chesapeake, VA: AACE.

Schuck, S., & Kearney, M. (2008). Classroom-based use of two educational technologies: A sociocultural perspective. *Contemporary Issues in Technology and Teacher Education,* 8(4). Retrieved May 15, 2010, from www.citejournal.org/vol8/iss4/currentpractice/article2.cfm

Shaffer, D., Shaffer, K., Squire, R., & Gee, J. (2005). Video games and the future of learning. Phi Delta Kappan, 87(2), 105-111.

Simonson, M., Smaldino, S., Albright, M., & Zvacek, S. (2006). *Teaching and learning at a distance: Foundations of distance education* (3rd ed.). Upper Saddle River, NJ: Merrill/Prentice Hall.

Slavin, R. E. (1989-1990). Research on cooperative learning: Consensus and controversy. *Educational Leadership,* 47(4), 52-54.

Solomon, G., & Schrum, L. (2007). *Web 2.0: New tools, new schools.* Eugene, OR: ISTE.

Stansbury, M. (2009). Groups push for media literacy education. *eSchool News.* Retrieved May 15, 2009, from www.eschoolnews.com/ resources/measuring-21st-century

Thoman, E., & Jolls, T. (2004). Media literacy: A national priority for a changing world. *American Behavioral Scientist, 48*(1), 18-29.

U.S. Department of Education (USDOE). (2002). *No Child Left Behind Act of 2001.* Retrieved October 21, 2006, from www.ed.gov/admins/lead/account/nclbreference/page_pg28.html#ii-d1

U.S. Department of Education (USDOE). (2010). *National Education Technology Plan (NETP).* Retrieved July 5, 2010, from www.ed.gov/technology/netp-2010

U.S. Department of Education Offi ce of Educational Technology. (2010). *Grant programs.* Retrieved June 28, 2010, from www2.ed.gov/about/offi ces/list/os/technology/edgrants.html

Wagner, T. (2008). *The global achievement gap: Why even our best schools don' t teach the new survival skills our children need-and what we can do about it.* New York: Basic Books.

Watson, J. (October, 2005). *Keeping pace with K-12 online learning: A review of state-level policy and practice.* Naperville, IL: North Central Regional Educational Lab at Learning Point Associates.

Weinstein, P. (2005). Assessments unplugged. *Technology and Learning,* 25(6), 8-12.

Wikipedia. (2009). *Computer literacy.* Retrieved September 9, 2009, from http://en.wikipedia.org/wiki/Computer_literacy

Wood, C. (2005, April/May). Highschool.com: Online learning comes of age. *Edutopia,* 32-37.

Zawilinski, L (2009). HOT blogging: A framework for blogging to promote higher order thinking. *The Reading Teacher, 62*(8), 650-661.

찾아보기

역자 소개

이미자
서울교육대학교 초등교육과 졸업(1987)
Lehigh University 교육공학박사(1999)
서울 서초초등 교사
Lehigh Univeristy 교육공학 조교
Indiana University 교육공학과 객원교수
현, 광주교육대학교 교육학과 교수
leemj@gnue.ac.kr (7장)

권혁일
한양대학교 교육공학과 졸업(1992), 교육공학 석사
Pennsylvania State University 수업체제공학 박사
현대경제연구원 책임연구원 역임
진주교육대학교 교수 역임
현, 청주교육대학교 교육학과 교수
hkwon@cje.ac.kr (8장, 부록 A)

김도헌
한양대학교 교육공학과 졸업(1994) 및 대학원 석사(1996)
미국 University of Georgia 교육공학 Ph.D(2002)
현대경제연구원 수석연구위원 및 디지탈교육연구실장
현, 진주교육대학교 교육학과 교수
dhkim@cue.ac.kr (2장, 특기사항)

박인우
서울대학교 사범대학 교육학과 졸업(1988)
서울대학교 교육학 석사(1990)
Florida State University 교육공학 박사(1993)
계명대학교 사범대학 교육학과 교수 역임
현, 고려대학교 사범대학 교육학과 교수
parki@korea.ac.kr (9장, 부록 B)

설양환
부산교육대학교 졸업(1982)
한국교원대학교 초등교육 석사(1990)
Brigham Young University 교육공학 박사(1995)
한국교원대학교 대학원 강사 역임, 초등학교 교사 역임
현, 공주교육대학교 교육학과 교수
yhsol@gjue.ac.kr (용어 설명, 찾아보기)

손 미
이화여자대학교 교육공학과 졸업(1986)
이화여자대학교 교육공학 석사(1988)
Indiana University 교육공학 박사(1996)
부산대, 경성대 강사 역임
현, 부산교육대학교 교육학과 교수
shonm@bnue.ac.kr (1장, 4장)

송상호
국민대학교 교육학과 졸업(1989)
서울대학교 교육공학 석사
Florida State University 교육공학 박사(1998)
서울대학교 Post Doctor 연구원 역임
한국교육공학회 상임이사 역임
현, 안동대학교 사범대학 교육공학과 교수
songs@andong.ac.kr (10장, 12장)

이수영
서울대학교 생물교육과 졸업(1994)
미국 University of Michigan, Ann Arbor 교육학 석사(1995) 및 박사(2001)
미국 Technical Education Research Centers 선임연구원 역임
한국직업능력개발원 부연구위원 역임
현, 서울교육대학교 교육학과 교수
sylee@snue.ac.kr (6장, 서문)

최 욱
고려대학교 교육학과 졸업(1985)
University of Minnesota 교육공학 석사(1988)
Indiana University 교육공학 박사(1995)
한국기업교육학회 부회장 역임
현, 한국교육공학회 감사 겸 이사
현, 경인교육대학교 교육학과 교수
kwkchoi@ginue.ac.kr (5장, 11장)

홍기칠
대구교육대학교(1974), 계명대학교 졸업(1983)
경북대학교 대학원 교육학과 교육학 석사(1985)
경북대학교 대학원 교육학과 교육학 박사(1994)
경북대, 영남대 강사, 초등학교 교사 역임
Pennsylvania State University 수업체제 프로그램 객원교수 역임
현, 대구교육대학교 교육학과 교수
kchong@dnue.ac.kr (3장)

교육공학과 교수매체 10판
Instructional Technology and Media for Learning

발행일 | 2011년 9월 9일 초판 발행
저 자 | Sharon E. Smaldino · Deborah L. Lowther
James D. Russell
역 자 | 이미자 · 권혁일 · 김도헌 · 박인우 · 설양환
손 미 · 송상호 · 이수영 · 최 욱 · 홍기칠
발행인 | 홍진기
발행처 | 아카데미프레스
주 소 | 122-900 서울시 은평구 역촌동 58-9
부호아파트 102동 상가 3호
전 화 | (02)2694-2563
팩 스 | (02)2694-2564
웹사이트 | www.academypress.co.kr
등록일 | 2003. 6. 18, 제313-2003-220호
ISBN | 978-89-91517-89-9 93370

값 25,000원

* 역자와의 합의하에 인지첩부는 생략합니다.
* 잘못된 책은 바꾸어 드립니다.